Siegfried Jäger (†), Margarete Jäger,
Regina Wamper & Benno Nothardt

Kritische Diskursanalyse

Eine Einführung

8., vollständig überarbeitete und aktualisierte Auflage

EDITION DISS

Edition des Duisburger Instituts für Sprach- und Sozialforschung im *UNRAST* Verlag, Münster

UNRAST

Bibliografische Information der Deutschen Bibliothek
Die Deutsche Bibliothek verzeichnet diese Publikation in der Deutschen Nationalbibliografie; detaillierte bibliografische Daten sind im Internet über http://dnb.de abrufbar.

Die Edition DISS wird im Auftrag des Duisburger Instituts für Sprach- und Sozialforschung herausgegeben von Gabriele Cleve, Margarete Jäger, Wolfgang Kastrup, Helmut Kellershohn, Anna-Maria Mayer, Benno Nothardt, Jobst Paul & Regina Wamper.

Siegfried Jäger (†), Margarete Jäger, Regina Wamper & Benno Nothardt:
Kritische Diskursanalyse
Edition DISS Bd. 42

8., vollständig überarbeitete und aktualisierte Auflage, Oktober 2024
ISBN 978-3-89771-771-8

www.unrast-verlag.de | kontakt@unrast-verlag.de
Mitglied in der assoziation Linker Verlage (aLiVe)

Umschlag: Unrast Verlag, Münster
Satz: Unrast Verlag, Münster
Druck: Multiprint, Kostinbrod

Inhalt

1 Vorwort

> *»Aus Gründen, die zutiefst mit meiner politischen Wahl – im weiten Sinne des Wortes – zusammenhängen, will ich auf keinen Fall die Rolle von jemandem spielen, der Lösungen vorgibt. Ich bin der Ansicht, dass die Rolle des Intellektuellen heute nicht darin besteht, das Gesetz zu machen, Lösungen vorzuschlagen, zu prophezeien; denn in dieser Funktion trägt er zwangsläufig dazu bei, eine bestimmte Machtsituation zu zementieren, die meines Erachtens kritisiert werden muss.«*
> (Foucault, DE 4, S. 107 f.)

Die hier vorliegende 8. Auflage der Kritischen Diskursanalyse (KDA) ist nach dem Tod von Siegfried Jäger entstanden. Wir wollten diese Neuauflage eigentlich mit ihm zusammen erarbeiten. Das war nicht mehr möglich. Nun haben wir uns ohne ihn darangesetzt, haben Passagen und auch ganze Kapitel neu verfasst, haben gestrichen und hinzugefügt, und wir haben vieles übernommen. Insofern war es nur folgerichtig, ihn als ›Vater‹ der KDA weiterhin als Mitautor zu nennen.

Siegfried Jäger hat sein wissenschaftliches Handeln immer auch als politisches Handeln begriffen, das sich gegen Ausbeutung und Unterdrückung richtet, gegen die Herrschaft des Menschen über Menschen und Natur. Er legte Wert darauf, dass dieses Handeln antifundamentalistisch und undogmatisch ist. Und er interessierte sich für die kleinen Kämpfe, vereinnahmte nicht und versuchte nicht zu dominieren. Dem schließen wir uns an.

In gewisser Weise ›schreibt‹ jeder Leser und jede Leserin an diesem Buch mit. Zumindest denkt sie oder er beim Lesen mit. Das gilt natürlich auch für die Abfassung dieses Buches, an dem viele mitgeschrieben haben. Da sind zum einen die Verfasser*innen all der Werke, auf die wir uns bezogen haben (siehe Literaturverzeichnis), deren Texte wir gelesen haben, ohne sie hier alle zitieren zu können, zum anderen aber auch diejenigen, mit denen wir zusammengearbeitet und diskutiert haben. Das gilt in erster Linie, aber nicht nur, für die Mitarbeiter*innen im *DISS* und in der *Diskurswerkstatt*[1]. Sie alle haben sich an diskursanalytischen Projekten beteiligt. Hervorheben möchten wir die Herausgeber und Mitverfasser*innen des *Lexikons Kritische Diskursanalyse*, das 2010 erschienen ist und an dem 16 Personen mitgearbei-

1 Die Diskurswerkstatt ist eine Arbeitsgruppe im DISS, die sich seit 1992 mit Diskurstheorie und Diskursanalyse beschäftigt. Sie ist offen für interessierte Studierende und Wissenschaftler*innen.

tet haben.[2] Dieses Lexikon ist für die Abfassung dieser Einführung überaus hilfreich gewesen, bis hin zu der dadurch gegebenen Möglichkeit der teils wörtlichen Übernahmen ganzer Passagen und Definitionen. Danke dafür!

2 S. Jäger/Zimmermann (Hg.) 2010.

2 Einleitung

Muss das selbstverständlich sein, was als selbstverständlich angesehen wird? Muss das wahr sein, was als wahr gilt? Muss das normal sein, was wir als normal annehmen? Diese Fragen waren für Michel Foucault leitend. Im Anschluss an die Rezeption der Foucaultschen Schriften haben wir uns am *Duisburger Institut für Sprach- und Sozialforschung* (*DISS*) die Frage gestellt: Wie lassen sich Evidenzen aufheben, Selbstverständlichkeiten in Frage stellen und machtvolle Konstruktionen von Wahrheiten untersuchen, statt selbst machtvoll Wahrheit zu erzeugen? Gibt es dafür eine Methode, ein Verfahren, das man an die Wirklichkeit heranträgt und mit dem man sie zwingt, ihre Wahrheit preiszugeben?

Foucault betonte:

> »Die Wahrheit ist von dieser Welt; in dieser wird sie aufgrund vielfältiger Zwänge produziert, verfügt sie über geregelte Machtwirkungen. Jede Gesellschaft hat ihre eigene Ordnung der Wahrheit, ihre ›allgemeine Politik‹ der Wahrheit: d.h. sie akzeptiert bestimmte Diskurse, die sie als wahre Diskurse funktionieren lässt; es gibt Mechanismen und Instanzen, die eine Unterscheidung von wahren und falschen Aussagen ermöglichen und den Modus festlegen, in dem die einen oder anderen sanktioniert werden; es gibt bevorzugte Techniken und Verfahren zur Wahrheitsfindung; es gibt einen Status für jene, die darüber zu befinden haben, was wahr ist und was nicht.« (Foucault 1978, S.51)

Hier setzt Kritische Diskursanalyse (KDA) an. Sie fragt nach der Konstruktion von Wahrheit und den damit verbundenen Ausschlussmechanismen sowie der Relativität von Wahrheit, indem die nicht gesagten Voraussetzungen und als Wahrheit vertretene Setzungen, zu Unrecht Konsens beanspruchten Aussagen oder falschen Verallgemeinerungen und dementsprechenden Fluchtlinien sichtbar gemacht werden. Gesellschaftliche Wirklichkeit wird *gedeutet*, nicht erkannt. Und sie wird höchst unterschiedlich gedeutet. Daher gibt es immer einen Streit um Wahrheit. Somit mischt sich Diskursanalyse immer auch in diese politischen Deutungskämpfe ein. Sie hinterfragt Selbstverständlichkeiten, problematisiert sie und ermöglicht Kritik an den herrschenden Diskursen. Insofern ist Diskursanalyse auch ein politisches Projekt, das sich dem Mythos wissenschaftlicher Wertfreiheit radikal widersetzt.

Die KDA, wie wir sie am *DISS* seit Mitte der 1980er Jahre entwickelt haben und stetig weiterentwickeln, ist in einer Vielzahl von Forschungsprojekten angewendet worden. Sie stellt nicht den Anspruch, objektive Wahrheiten zu produzieren. Es geht darum, diskursive Sagbarkeitsfelder und deren Grenzen darzustellen, diese zu interpretieren und einer Kritik zu unterziehen.

Die erste Veröffentlichung von Siegfried Jäger zur Diskursanalyse erschien 1988, ein Jahr nach Gründung des Duisburger Instituts für Sprach- und Sozialforschung (DISS) 1987. Mit dieser *Anleitung zur Analyse politischer Texte* sollte die Kritikfähigkeit der Leser*innen gestärkt werden. Denn dass Kritik zu üben sei, war Siegfried Jäger damals bereits sehr bewusst. Erinnert sei hier nur an das Erstarken rechtsextremer Parteien und Organisationen wie der *NPD* und der *Republikaner*. Die Analyse ihrer Publikationen war deshalb auch der erste Gegenstand der damals noch so genannten »Text- und Diskursanalyse«. So erschien denn auch im gleichen Jahr im Dietz-Verlag (Bonn) das Buch *RechtsDruck. Die Presse der Neuen Rechten*, das von Siegfried Jäger 1988 herausgegeben wurde und dessen Autor*innen zum Teil bis heute zum Mitarbeiter*innenstamm des DISS gehören.

Der methodische Ansatz der Text- und Diskursanalyse wurde in der Folgezeit von Siegfried Jäger und seinen Mitarbeiter*innen im DISS in mehreren Etappen zur Kritischen Diskursanalyse (KDA) weiterentwickelt – immer begleitet von Publikationen, mit denen damals und heute brisante Themen analysiert wurden.[3] Dies geschah immer in Auseinandersetzung mit Ansätzen kritischer Wissenschaften. Zu Beginn dominierte eine ideologiekritische Sichtweise, wie sie in marxistischen Zusammenhängen im Vordergrund steht. Sie wurde sozusagen überwunden in Auseinandersetzung mit den Analysen der kultuRRevolution, vor allem mit den Arbeiten von Jürgen Link. Diese resultierten schließlich in einer intensiven Beschäftigung mit den Schriften von Michel Foucault. Insofern lässt sich sagen, dass die KDA auf der Rezeption dieser beiden theoretischen Ansätze aufbaut. Dabei hat sich zu dem Projekt kultuRRevolution eine solidarisch-arbeitsteilige Zusammenarbeit entwickelt, die sich an wichtigen diskursiven Ereignissen – wie z.B. den Anschlägen vom 11.9.2001 oder der am 27.2.2022 proklamierten »Zeitenwende« – in gemeinsamen Publikationen niederschlägt.[4]

---

3 In den 36 Jahren seines Bestehens wurden dazu zahlreiche Analysen vorgelegt, die hier nicht alle aufgeführt werden können. Ein Einblick darüber gibt die Homepage des DISS unter http://www.diss-duisburg.de/edition-diss.

4 Siehe die gemeinsamen Sonderhefte von kultuRRevolution und DISS-Journal zum NATO-Krieg gegen Jugoslawien (Nov. 1999), NATO-Krieg gegen den Irak 2003 (Aug. 2003) und zu dem russischen Krieg gegen die Ukraine und der ›Zeitenwende‹ (Juli

Das Bestreben der KDA ist stets darauf gerichtet, konkrete Analysemethoden und -schritte vorzuschlagen und zu unternehmen, mit denen Diskurse auf verschiedenen Ebenen analysiert werden können. Alle bisher vorgelegten Analysen verfolgen deshalb das Ziel, kritische Aspekte in wissenschaftliche und politische Debatten der Bundesrepublik hineinzutragen. Es geht darum, Formen *und* Inhalte von Diskursen zu problematisieren, ungerechtfertigte Wahrheitsansprüche offenzulegen, Widersprüche aufzudecken und die suggestiven Mittel diskursiver Ansprache aufzuzeigen, um zukünftig – wie Foucault es einmal schrieb – »nicht dermaßen regiert zu werden« (Foucault 1992, S.12).

Diskursanalysen könnte man insofern auch als ›Frühwarnsysteme‹ auffassen. Sie können auf Gefahren hinweisen, die noch nicht aktuell sind, es aber unter bestimmten Bedingungen werden können. Diskursanalysen können Ungerechtigkeiten und Unterdrückung beziehungsweise Herrschaft sichtbar machen und gegen Blockaden durch Macht-Wissensverhältnisse aller Art angehen, die Foucault auch als Herrschaftsverhältnisse bezeichnet.

2.1 Vorherige Auflagen, Erweiterung der Autor*innen

Diese Einführung in die Kritische Diskursanalyse (KDA) wurde von uns komplett überarbeitet. Teile sind neu geschrieben worden, andere Teile haben wir übernommen und neu zusammengefügt. Inspiriert waren wir von zahlreichen DISS-Workshops zur KDA, auf denen wir erfahren haben, wo Schwierigkeiten in der Umsetzung der Methode liegen, wo Unklarheiten bestehen, welche Passagen weiter ausgeführt werden sollten und wo Beispiele sinnvoll sind.

Wie auch die vorherigen Auflagen beruft sich diese Einführung auf Erfahrungen mit empirischen diskursanalytischen Projekten, die seit den frühen 1990er Jahren bis in die Gegenwart im DISS durchgeführt worden sind.[5]

2022) (alle online unter http://www.diss-duisburg.de/online-bibliothek/alle-ausgaben) sowie Kellershohn/Kastrup (Hg.) 2023.

5 Ein Teil dieser Projekte ist zusammenfassend vorgestellt in M. Jäger/S. Jäger 2007. Viele liegen in ausführlicher Buchform vor und lassen sich über den Unrast-Verlag Münster beziehen, einzelne auch als Volltexte in der Online-Bibliothek auf unserer Homepage www.diss-duisburg.de.

Flankiert wurden diese Projektarbeiten durch eine intensive Lektüre insbesondere der Foucaultschen Schriften[6], aber auch durch die verfügbare Sekundärliteratur dazu, wobei die Texte von Jürgen Link und die Texte in der *kultuRRevolution. zeitschrift für angewandte diskurstheorie* besondere Hervorhebung verdienen. Diese Arbeit fand über weite Strecken in Verbindung mit der 1992 gegründeten Diskurswerkstatt im DISS statt. Daneben hat eine fortlaufende Auseinandersetzung mit Schriften aus dem Bereich der Sozialwissenschaften stattgefunden.

In den Ausgaben der KDA von 1993 und 1999 waren die meisten wichtigen Fragen zur Diskursanalyse bereits gestellt und vielfach auch angemessen beantwortet, wenn auch nicht in jedem Detail.[7]

Mit der hiermit vorgelegten Neufassung versuchen wir den Duktus der Einführung beizubehalten. Sie richtet sich an Forschende, die mit der KDA arbeiten wollen. Wir hoffen, dem Anspruch gerecht zu werden, diese Einführung so zu gestalten, dass im Anschluss an die Lektüre eine wissenschaftliche Studie mit der KDA durchgeführt werden kann. Zuzugeben ist: Die eigene intellektuelle Kreativität der Diskursanalytiker*in soll nicht, ja kann nicht in ein starres methodisches Schema gezwängt werden. In diesem Sinne bitten wir selbstbewusst mit dieser Methode der qualitativen Sozialforschung umzugehen.

Das vorliegende Buch versteht sich erstens als Lehrbuch und ›Gebrauchsanweisung‹ für die Erarbeitung von Diskurs- und Dispositivanalysen, zweitens als wissenschaftlicher Text zum Thema Diskurs und Dispositiv und drittens als politischer Text, in dem eine Möglichkeit kritischer Wissenschaft vorgestellt wird.

2.2 Ein Konzept qualitativer Sozial- und Kulturforschung

Die Kritische Diskursanalyse versteht sich im Kern als ein Konzept qualitativer Sozial- und Kulturforschung, wobei sie sich zugleich auf die Linguistik und ausgewählte Instrumente aus anderen Disziplinen, vor allem aus den Human- und Sozialwissenschaften bezieht.[8]

---

6 Als Einstieg in das Verständnis der Foucaultschen Diskurstheorie empfehlen wir *Foucault im Gespräch mit Ducio Trombadori* in DE 4, S. 51-119.

7 Vgl. dazu auch den Überblick zu notwendigen Präzisierungen in S. Jäger 2008b.

8 Dies ergibt sich bereits aus dem Verständnis von Diskurs und seiner sich auf Foucault beziehenden Definition. Dabei ist zu bedenken, dass Foucault selbst kein griffiges Kon-

Die KDA ist inter- und transdisziplinär.[9] Sie lässt sich auf Inhalte aller Art beziehen, auf Themen der Wissenschaften wie der Medien, auf Themen der Politik wie des Alltags. Insofern kann man die KDA auch als ein Konzept der Cultural Studies ansehen, welche sich als prinzipiell kontextuell, theoriegeleitet, interventionistisch, inter- und transdisziplinär sowie selbstreflexiv verstehen.[10]

Sozialwissenschaften sind immer politisch, auch dann, wenn beansprucht wird, dass sie rein deskriptiv vorgehen; denn auch bloße Beschreibung verfestigt das Beschriebene und lässt es als selbstverständlich und nicht hinterfragbar erscheinen. Das ist ein politischer Akt.

Es ist davon auszugehen, dass Human- und Sozialwissenschaften immer schon gesellschaftliche Wirklichkeit in sehr unterschiedlicher Weise und aus den verschiedensten Perspektiven *gedeutet* haben, und das geschah und geschieht immer auf dem Hintergrund eines *Wissens*, das das jeweilige (auch wissenschaftliche) Subjekt im Lauf seines Lebens erworben hat. Der Historiker Ulrich Brieler spricht in seinem Buch von der Unerbittlichkeit der Historizität (Brieler 1998) und legt dar, dass in jede wissenschaftliche Aussage die jeweilige historische Position eingeht und die eigene Position des/der Sprechenden.

Das im Folgenden entwickelte Konzept der KDA erhebt nicht den Anspruch, einen Beitrag zur Sprachtheorie oder gar zur Grammatik zu leisten. Es bedient sich zwar einiger linguistischer und literaturwissenschaftlicher, aber auch einer Fülle anderer – vor allem sozialwissenschaftlicher – Instrumentarien. Insofern versteht sich diese Einführung in die Kritische Diskursanalyse nicht als Teil der Sprachwissenschaft oder der Literaturwissenschaft herkömmlicher Prägung (vgl. dazu auch Maingueneau 1994, bes. S.192-194). Sie ist ein Analyseverfahren, das auf der Diskurstheorie von Michel

zept von Diskurs vorgelegt hat, sondern dieses Konzept ständig umkreist. Die Definition von Diskurs, die die KDA verwendet, ist darum bemüht, den ›Kern‹ dieses Umkreisens zu erfassen. Vgl. dazu auch die Begriffsdefinition in Kammler/Parr/Schneider (Hg.) 2008, S.233-237. Das Foucault-Lexikon von Ruoff 2009 fokussiert sich dagegen im Wesentlichen darauf, zu einer Reihe von Kern-Begriffen, die von Foucault verwendet wurden, eine Vielzahl von Belegstellen anzuführen und diese jeweils einzuführen. Dabei ging es dem Verfasser insbesondere auch darum, die Veränderung begrifflicher Definitionen zu erfassen und zu dokumentieren.

9 Wir gehen davon aus, dass die derzeitige Einteilung der (Einzel)Wissenschaften nicht in Stein gemeißelt, sondern ständigen Veränderungen ausgesetzt ist.

10 So Hepp/Krotz/Thomas 2009, S.8 in Anlehnung an Grossberg 1997.

Foucault beruht bzw. sich an dieser orientiert. Diskurse werden als ›Fluss von Wissen durch Zeit und Raum‹ verstanden. KDA ist transdisziplinär und übersteigt somit die Grenzen der Disziplin der Linguistik und der Literaturwissenschaft. Sie konzentriert sich auf die Analyse von Diskursen und ragt in andere sozialwissenschaftliche Disziplinen, auch in die Naturwissenschaften, hinein. Reiner Keller (1997, S.310) spricht deshalb von der Diskursanalyse als einer ›Querschnittsdisziplin‹. Diskursanalyse kann Fragen für andere Disziplinen, einschließlich der Sprachwissenschaften, aufwerfen, deren Beantwortung für diese Disziplinen selbst fruchtbar sein kann.[11]

2.3 Überblick über das Buch

Diese Einführung beruft sich auf die Schriften von Michel Foucault, ohne die Absicht zu verfolgen, eine Einführung zu Foucault (als Theoretiker und Empiriker) insgesamt darzustellen.[12] Der Schwerpunkt liegt hier auf der Methode der Kritischen Diskursanalyse (KDA). Es handelt sich also sozusagen um eine »Gebrauchsanweisung« (Foucault OD, S.9) für konkrete theoriegeleitete empirische Analysen.

Im folgenden Kapitel (Kapitel 3) wird es um ausgewählte Schulen der Diskursanalyse gehen. Wir werden verschiedene Theorien und Ansätze vorstellen und uns zu diesen in Beziehung setzen.

Anschließend werden wir in Kapitel 4 die Grundlagen der KDA darlegen und dann in Kapitel 5 auf die Methode der Kritischen Diskursanalyse eingehen. Wir haben versucht, die wichtigsten Elemente der grundlegenden Theorie von Michel Foucault im Zusammenhang zu entfalten, so dass diese Einführung auch als Hinführung zur Foucaultschen Diskurstheorie gelesen werden kann.

Anschließend werden auf dieser Basis Forschungsdesigns von Diskursanalysen auf verschiedenen Diskursebenen, Printmedien- und Alltagsdiskurs, vorgestellt (Kapitel 6). Hier werden wir auch Exkurse zu weiteren

11 Kögler 2008 diskutiert den Nutzen der KDA für die Naturwissenschaften. Wie nützlich die Beachtung von Wissen, Wissenshorizonten, Weltwissen etc. z. B. für semantische Theorien gewesen ist, zeigen u.a. die Arbeiten von Busse (Busse 1987, 1992, Busse/Teubert 1994). Zur Genese der KDA als transdisziplinäres Projekt vgl. auch Diaz-Bone 2006.

12 Siehe hierzu beispielsweise: Brieler 1998, Lemke 1997, Kleiner (Hg.) 2001, Kögler 2008, Kammler/Parr/Schneider (Hg.) 2008, Ruoff 2009.

Diskursebenen, zu Online-Diskursen, Spezialdiskursen und TV-Diskursen vornehmen.

Kapitel 7 widmen wir der Dispositivanalyse. In Kapitel 8 wird es um Güte- und Qualitätskriterien qualitativer Sozialforschung gehen sowie um das Problem der Vollständigkeit des Analysematerials und um die Position der Diskursanalytiker*innen. Wir gehen auf die ›prognostische Kraft‹ von Diskursanalysen ein, auf den politischen Einsatz der KDA und schließen das Kapitel mit einer Diskussion um technische Hilfsmittel für Materialaufbereitungen.

Zur Veranschaulichung finden sich im Anhang eine exemplarische Tabelle zur Vorbereitung von Strukturanalysen, exemplarische Strukturanalysen und eine exemplarische Feinanalyse.

3 Schulen der Diskurstheorie und Diskursanalyse

In den Sozial- und Geisteswissenschaften gibt es etliche diskurstheoretische Ansätze. Es lassen sich sprachwissenschaftliche, sozialwissenschaftliche, historische und literaturwissenschaftliche Ansätze von Diskursanalyse unterscheiden. Bei all diesen Ansätzen liegt keine einheitliche Bestimmung des Diskursbegriffes vor. Der folgende Überblick soll die unterschiedliche ›Spielarten‹ von Diskurstheorie und Diskursanalyse verdeutlichen.[13] Dazu werden zusammenfassend einige Ansätze vorgestellt, die als diskurstheoretisch beschrieben werden, sich jedoch auf unterschiedliche Diskursbegriffe bzw. unterschiedliche Erläuterungen vorgegebener Diskursbegriffe stützen. Anschließend wird der von Jürgen Link entwickelte Ansatz der Interdiskursanalyse ausführlicher dargestellt, da dieser die KDA stark beeinflusst und mit der Normalismustheorie und der Kollektivsymboltheorie wichtige Analysewerkzeuge liefert. Vor diesem Hintergrund wird abschließend der Ansatz der Kritischen Diskursanalyse (KDA) herausgearbeitet, der sich an Foucault orientiert und von Jürgen Links Schriften inspiriert ist.

*Leser*innen, die erst einmal wissen wollen, was genau unser Verständnis von Diskurs ist, können dieses Kapitel überspringen und im 4. Kapitel weiterlesen.*

3.1 Sprachwissenschaftliche Diskursanalyse

Der Sprachwissenschaftler Konrad Ehlich geht bei seinem Verständnis von Diskurs von der Pragma-Linguistik aus und knüpft an der angelsächsischen Version des Diskursbegriffs an, ohne sich restlos mit ihr zu identifizieren. In seinem »funktional-pragmatischen Ansatz« fasst Ehlich Diskurs lediglich als spezifische Verbindungen von sprachlichen Handlungen (vgl. Ehlich 1986, S.27) und geht davon aus, dass »der Diskurs über die Kombinatorik von Sprechsituationen verstanden werden kann« (ebd., S.28). Er definiert:

> »Diskurse verstehe ich als über den Zusammenhang von Zwecken konstituierte Musterfolgen, die sich an der sprachlichen Oberfläche als Abfolge sprachlicher Handlungen darstellen.« (ebd. S.27)

13 Dieser Überblick beansprucht keine Vollständigkeit (vgl. dazu auch S. Jäger 1995). Thomas Laugstien spricht bereits 1995 in Bezug auf Diskurstheorie und Diskursanalyse von einem »Dickicht von Methoden und interdisziplinären Synthesen«, das die Linguistik hervorgebracht habe (vgl. Laugstien 1995, Sp. 735).

Damit setzt er sich sowohl gegenüber dem Diskursverständnis von Jürgen Habermas wie auch gegenüber dem von Michel Foucault ab.[14]

Der niederländische Sprachwissenschaftler Teun van Dijk begründet seinen diskursanalytischen Ansatz einer Critical Discourse Analysis (CDA) sozio-kognitionswissenschaftlich (van Dijk 1993).[15] Van Dijk bemüht sich vor allem darum, den Zusammenhang von Diskurs und Subjekt zu fassen. Wie das Individuum Bedeutungen erzeugt und vernetzt, bleibt aber weiter unbekannt. Einigermaßen sicher ist nur, *dass* das individuelle Bewusstsein dies tut und die Inhalte, die ihm durch den Diskurs vorgegeben sind, aufnimmt und verarbeitet, so dass es keine Schwierigkeiten bereitet, von den *Wirkungen* des Diskurses auf das individuelle Bewusstsein zu sprechen.

Der britische Linguist Norman Fairclough entwickelt eine soziolinguistische Diskurstheorie, in der er den Einfluss von Machtverhältnissen auf Inhalt und Struktur von Texten untersucht, wobei er sich gelegentlich auch an Foucault orientiert, im Bereich der Linguistik jedoch an der multifunktionalen Sprachtheorie Michael A. K. Hallidays (Halliday 1978, 1985).[16]

In seinem Buch *Als der Geist der Gemeinschaft eine Sprache fand. Sprache im Nationalsozialismus* hat Utz Maas (1984) seinen diskurstheoretischen Ansatz in Gestalt einer Reihe von Textanalysen vorgestellt. Dabei begreift er Texte als »Inskriptionen sozialer Praxis«. Für ihn ist – im Unterschied

14 Zur Kritik dieses Ansatzes vgl. Bredehöft 1994. Der britische Sozialwissenschaftler Stephen C. Levinson kritisiert dagegen Konzepte der Diskursanalyse der angelsächsischen Tradition etwa die Arbeiten von van Dijk 1972, Labov/Fanshel 1977. Er wirft ihnen methodologische und theoretische Schwächen vor und favorisiert dagegen die sogenannte Konversationsanalyse, wie sie von Harvey Sacks, Emmanuel Schlegloff und Gail Jefferson, aber auch von Andrew Pomerantz entwickelt worden sind (Sacks/Schlegloff/Jefferson 1978, Pomerantz 1978). Diese arbeiteten streng empirisch und vermieden voreilige Theoriebildung (vgl. Levinson 1990, S.285-293). Zu beachten ist jedoch, dass van Dijk in seinen späteren Arbeiten theoretisch sehr differenzierte Analysen vorgelegt hat, die an die KI-Forschung anknüpfen (vgl. etwa van Dijk/Kintsch 1983), sowie eine Fülle empirischer Untersuchungen, die sich auf eine Vielzahl von Diskursebenen beziehen (vgl. u. a. van Dijk 1993, 2008, 2009).

15 Sein Ansatz bedürfte einer ausführlichen Darstellung, die jedoch im Rahmen dieses Buches nicht geleistet werden kann. Wir verweisen dazu auf van Dijk/Kintsch 1983 und insbesondere auf die von ihm vom SAGE-Verlag herausgegebene Zeitschrift Discourse and Society.

16 Vgl. Fairclough 1992, 1993 und 2009. Zu den Arbeiten von Fairclough vgl. auch die knappe Darstellung bei Titscher et al. 1998, S.182-189 und in Wodak/Meyer (Hg.) 2009, S.162-186.

zu Michel Foucaults Diskursverständnis – ein Text »Ausdruck, bzw. Teil einer bestimmten gesellschaftlichen Praxis«. Ihm geht es also nicht darum, beabsichtigte oder gar tatsächliche ›Wirkungen‹ bzw. Folgen eines Textes zu bestimmen, sondern er sieht in Texten den ›Ausdruck‹ bestimmter zeitgeschichtlicher Denkweisen, die er mittels der Analyse herauszufiltern und zu rekonstruieren sucht. Diese Art von eher ideologiekritisch orientierter Diskursanalyse stellt einen Beitrag einer diskurstheoretisch aufgeladenen Sprachwissenschaft zur Geschichtsforschung dar.

Der Sprachwissenschaftler Franz Januschek versteht unter Diskurs sowohl das komplexe System zusammengehörender Äußerungen[17] und Texte (institutionell, sozial, thematisch, ökonomisch) wie auch einzelner Äußerungen und Texte, die Bestandteile dieses Komplexes sind oder sich auf ihn beziehen bzw. beziehen lassen. Nach Januschek vermittelt der Diskurs die Sprache mit dem Sprechen. Die Entwicklung des Diskurses geschieht durch die Tätigkeit des Sprechens oder Schreibens (Januschek 1986, siehe auch Bredehöft 1994). Dieser Ansatz steht dem Foucaultschen Ansatz deshalb nahe, weil er Sprechen als eine Praxis versteht, die Wirklichkeit *konstituiert.* Franz Januschek entwickelt sein Konzept von Diskursanalyse im Rahmen einer »Linguistik der Anspielung« (Januschek 1991). Für ihn ist für das Verständnis des Diskurses zentral, dass sich seine Bedeutung erst auf der Ebene von Anspielungen erschließt. Anspielungen sind dabei nicht als individuelle Assoziationen aufzufassen. Er untersucht systematisch Anspielungen, indem er die Verstehens*möglichkeit* ermittelt, die eine sprachliche Ausdrucksform im Unterschied zu allen anderen Ausdrucksformen im Diskurs eröffnet.[18]

Einen diskursanalytisch und kritisch orientierten Ansatz vertritt auch die Arbeitsgruppe um Ruth Wodak.[19] Die Arbeitsgruppe untersucht eine Vielfalt von Textsorten und begründet damit die Notwendigkeit »vielfältiger Methoden« (Wodak/Nowak/Pelikan/Gruber u.a. 1990, S.32). Zu diesen Methoden zählen die Theorie sprachlichen Handelns, die Soziolinguistik, die linguistische Vorurteilsforschung und die linguistische Argumentations-

17 Zur Unterscheidung von Äußerungen und Aussagen siehe Kapitel 4.2.

18 Dazu hat er eine Vielzahl von Analysen vorgelegt, insbesondere auch solche, die sich mit den Auslassungen des österreichischen Rechtspopulisten Jörg Haider auseinandersetzen (Januschek 1991, 1994) oder auch mit der Grabrede für einen ehemaligen Nazi-Richter und wichtigen Politiker in der BRD nach 1945 (Januschek 2008).

19 Vgl. z. B. Wodak/Nowak/Pelikan/Gruber u.a. 1990. Eine Darstellung des diskurstheoretischen Ansatz findet sich bei Titscher et al. 1998, S.190-203.

und Erzählforschung. Erwähnt werden ferner die qualitative Textanalyse, Stilistik, Fragen der Rhetorik und der persuasiven Kommunikation. Diese Ansätze bilden die Basis für eine »diskurs-historische Methode« (vgl. ebd., S.33ff.).[20] Dieser Ansatz sieht sich in der Nähe »einer hermeneutisch-interpretativen, wie auch von der cognitive science beeinflussten Richtung« (ebd., S.53) und versteht sich nicht als abbildtheoretisch, d.h. er sieht keinen Determinismus zwischen Diskurs und Gesellschaft/Wirklichkeit. Ähnlich wie Teun van Dijk geht Ruth Wodak von einer soziokognitiven Vermittlungsinstanz zwischen individuellem Bewusstsein und Gesellschaft aus (vgl. Titscher et al. 1998, S.190 ff.).[21]

Neben diesen sprachwissenschaftlichen Ansätzen ist die Rezeption der Arbeiten von Michel Foucault in den deutschen Sprachwissenschaften inzwischen verbreitet. Das gilt vor allem für die Rezeption der *Archäologie des Wissens* (AW), aber auch für die Rezeption der *Ordnung der Dinge* (OD). Beide Werke spielen in der sprachwissenschaftlich orientierten *Historischen Semantik* seit Mitte der 1980er Jahre eine Schlüsselrolle.

Insbesondere Dietrich Busse entdeckte die Bedeutung der *Archäologie des Wissens* für die *Historische Semantik* (Busse 1987). Ihm geht es um Begriffe und deren Wandel im Fluss der Zeit. Dieser Wandel wird in den jeweiligen Diskursen sichtbar, wobei er einer »diskurslinguistischen Kontextualisierung« besondere Aufmerksamkeit widmet. »Linguistische Diskursanalyse«, so konstatiert er, »dient der Erfassung des [...] verstehensrelevanten Wissens und schreibt sich damit [...] ein in den die Linguistik überschreitenden Rahmen einer umfassenderen Epistemologie« (Busse 2007, S.81).

Busse geht es um Begriffsgeschichte als Bewusstseinsgeschichte. Sein Ziel ist eine historische Semantik als Diskurssemantik. Er versteht das Aussagenfeld als »Ort des Auftauchens der Begriffe« (Busse, 1987, S.230). Dabei be-

---

20 Eine ausführliche Darstellung dieser Ansätze findet sich bei Wodak et al. 1990, S.35-52. Der theoretische Ansatz ist knapp entfaltet ebd., S. 52-58. S. auch Wodak/Meyer (Hg.) 2009.

21 Im Kern geht es dieser Arbeitsgruppe um die Auffindung eines geeigneten Analyseinstrumentariums als Basis für ihre empirischen Studien – nicht nur zum Antisemitismus in Österreich, sondern darüber hinaus zu einer Vielfalt von kritischen politischen Themenfeldern wie etwa zur Arbeit des europäischen Parlaments (vgl. z.B. Wodak 2009). Mit den entsprechenden Verfahren wurden von dieser Arbeitsgruppe auch Untersuchungen zum Rassismus in Österreich und anderen europäischen Ländern vorgelegt.

tont er: »Die Diskursanalyse ist zunächst einmal, das ist Foucaults Einstieg, keine Begriffsgeschichte« (ebd., S.238). Das liege daran, dass Foucault nur über einen »reduzierten Sprachbegriff« (ebd., S.240) verfüge. Das wird folgendermaßen begründet: »Für die Analyse des Sprechens als Praxis selbst fehlte das Vokabularium, das diese Praxis als genuin sprachliche hätte definieren können« (ebd., S.246). Weiter heißt es: »Interpretation ist immer ein aufgrund von Vorannahmen wertender Eingriff in die vorliegenden Phänomene; dieser Eingriff entfernt sich dann von völliger Willkür, wenn die Vorannahmen und die Kriterien des Eingreifens bewusst gemacht werden« (ebd.).

In Auseinandersetzung mit Busses Arbeiten entwickelte sich in der Diskurslinguistik eine rege Forschungstätigkeit auf dem Gebiet der Begriffsgeschichte, die auch an die Forschungen anderer Wissenschaftler, etwa Reinhart Koselleck anschließen (Koselleck 1979, S.19-36).

Zu erwähnen ist ferner die Heidelberg/Mannheimer Gruppe, zu der Dietrich Busse vom Ursprung her selbst zu zählen ist, sowie Fritz Hermanns (Hermanns 1995) und Wolfgang Teubert (Teubert 1999), die *Düsseldorfer Schule*, die Mitte der 1980er Jahre von Georg Stötzel gegründet wurde und sich zunächst der Sprachgeschichte seit 1945 widmete[22].

Thomas Niehr setzt sich mit dem Diskursbegriff sowohl von Dietrich Busse wie auch von Wolfgang Teubert auseinander. Diese definieren Diskurs »als eine Menge aufeinander verweisender Texte zum gleichen Thema« und differenzieren so »zwischen *Diskurs* als virtuellem Gesamtkorpus und dem zu konstituierenden realen Untersuchungskorpus« (Niehr/Böke 2008, S.361).

Demgegenüber fasst Thomas Niehr zusammen mit Karin Böke Diskurs »nicht als Menge von Texten«, sondern als »thematisch zusammenhängende Aussagenkomplexe« (ebd.). Dies biete für die Forschungspraxis eine bessere Möglichkeit für die Analyse von Argumentationsmustern oder Topoi (vgl. Niehr/Böke 2008, S.361 f.).

Im Sinne einer sprachwissenschaftlichen Diskursanalyse sind auch die Arbeiten von Martin Wengeler zu verstehen (Wengeler 2003 sowie Wengeler 2007), einem ›Schüler‹ der Düsseldorfer Schule. Er untersucht *Topoi* als feste Bilder und Bestandteile diskursiven Wissens, das aus sprachlichen Äußerungen zu erschließen sei. Topoi seien als ›Aussagen‹ zu verstehen. Es

22 Siehe dazu besonders Stötzel/Wengeler 1995.

handle sich wie bei Metaphern und Begriffen auch um Diskurssegmente. Gemeint sind spezifische Argumentationstopoi, die stereotyp bei bestimmten Themen auftauchen, z.B. Missbrauch in Verbindung mit Einwanderung (vgl. Wengeler, 2007, S. 169). Man könne sie auch als kontextspezifische *Argumentationsmuster* bezeichnen (ebd., S. 170.). Sie erscheinen nicht an der sprachlichen Oberfläche, sondern seien Abstraktionen aus Äußerungen bzw. Texten. Es handele sich um Denkfiguren des Herangehens an eine politische Fragestellung (ebd., S. 172 f.).

Auch Ingo Warnke bezieht sich auf Textfolgen und nicht allein auf lexikologische Fragen. Er fasst Diskurslinguistik als dezidiert »performanzorientiert« auf. »Sie befasst sich mit sprachlicher Oberfläche, eben mit dem, was Foucault die Positivität nennt.« Ihr Gegenstand sei »eine Menge von Aussagen im Sinne sprachlicher Oberflächenphänomene […] ›insoweit sie zur selben diskursiven Formation‹ (AW, S. 170) gehört« (Warnke 2007, S. 13).

Insgesamt ist eine interdisziplinäre Öffnung der Sprachwissenschaften festzustellen, die nach den Möglichkeiten von Macht- und Herrschaftskritik sucht. Mit der Etablierung einer Diskurslinguistik bewegen sich die oben genannten Ansätze im Umfeld von einer Foucaultschen Diskursanalyse. Das gilt insbesondere für Warnke/Spitzmüller (Hg.) 2008, ein Sammelband mit einer Reihe anregender Ansätze.

3.2 Sozialwissenschaftliche Diskursanalyse

Die sozialwissenschaftliche Diskursanalyse wird insbesondere vertreten von einer Arbeitsgruppe um Reiner Keller. Sie vereint mit der hermeneutischen Wissenssoziologie in Anschluss an Berger/Luckmann (1969) und der Diskursforschung in Anschluss an Foucault zwei Traditionen der sozialwissenschaftlichen Analyse von Wissen. Diskurstheoretische und diskursanalytische Perspektiven werden in der Tradition der soziologischen Wissensanalyse verortet. Diskurse bezeichnet Keller als »institutionell-organisatorisch regulierte Praktiken des Zeichengebrauchs« (Keller 2005, S. 10.). Wie in der KDA wird davon ausgegangen, dass in und vermittelt von Diskursen von gesellschaftlichen Akteur*innen im Sprach- bzw. Symbolgebrauch die soziokulturelle Bedeutung und Faktizität physikalischer und sozialer Realitäten konstituiert wird. Ziel der wissenssoziologischen Diskursforschung ist es, Prozesse der sozialen Konstruktion von Deutungs- und Handlungsstrukturen auf der Ebene von Institutionen, Organisationen bzw. kollektiven Akteuren zu erforschen und deren gesellschaftliche Wirkungen offen zu legen.

Mit dem zweibändigen *Handbuch Sozialwissenschaftliche Diskursanalyse*, das seit 2001 von Keller/Hirseland/Schneider/Viehöver in mehreren Auflagen und einer Reihe von Erweiterungen herausgegeben wurde, und dem Buch *Wissenssoziologische Diskursanalyse* (Keller 2005, 2008b, 2011) hat die sozialwissenschaftliche Diskursanalyse eine Art Siegeszug durch sämtliche Disziplinen der Sozialwissenschaften und darüber hinaus angetreten und erheblich dazu beigetragen, Diskursanalyse sozusagen wissenschaftsfähig zu machen. Die beiden Bücher versammeln eine Vielzahl von Ansätzen zu Theorien und Methoden der Diskursanalyse, die sich größtenteils auf Foucault berufen, diesen aber teilweise sehr unterschiedlich rezipieren. Sie dokumentieren damit einen intra-disziplinären Pluralismus, der zugleich durch die unterschiedlichen akademischen Herkünfte der Autor*innen gekennzeichnet ist. In den inzwischen vergangenen Jahren seit dem ersten Erscheinen des Handbuchs hat eine lebhafte Diskussion der verschiedenen Ansätze stattgefunden, die zugleich zu einer Fülle von Projekten, Artikeln, Monographien und Einführungen aus unterschiedlichen Fachperspektiven geführt hat.[23]

3.3 Historische Diskursanalysen

Gegenüber der Analyse von Gegenwartsdiskursen besteht die Besonderheit einer historischen Diskursanalyse darin, dass sie der »Unerbittlichkeit der Historizität« (Brieler 1998) unterworfen ist. Gegenstand sind Aussagen, die in der Vergangenheit getätigt wurden, die somit auf dem Hintergrund eines »historisch gewordenen Kontext hervorgingen und auf ihn gemünzt waren« (Brocke/Jäger. M./Jäger S./Paul/Tonks 2009, S.13). Insofern steht eine historische Diskursanalyse vor der Aufgabe, z.B. Anspielungen auf historische Ereignisse zu erläutern. Auch müssen symbolische Veränderungen und Bedeutungsverschiebungen berücksichtigt werden (vgl. ebd.).

Die historischen Aussagen werden nicht nur mit dem aktuellen Wissen z.B. über die weitere gesellschaftliche Entwicklung konfrontiert. Sie werden auch »vor dem Hintergrund aktueller wissenschaftlicher, gesellschaftspoli-

23 Hinweisen möchten wir auch auf die Auseinandersetzung mit der Foucaultschen Diskursanalyse im Forum Qualitative Sozialforschung (FQS) und besonders auf eine Rezension des Handbuchs von Keller u.a. bei Großkopf 2007. (Vgl. auch das *Foucault Handbuch* von Kammler/Parr/Schneider (Hg.) 2008.)

tischer und auch ethischer Interessen und Absichten interpretiert« (ebd., S. 14). Vor diesem Hintergrund kann eingewendet werden, dass historische Diskurse nicht exakt rekonstruierbar sind. So merkt der Wirtschafts- und Sozialhistoriker Franz Eder an:

> »bei der (historischen) Diskursanalyse handelt es sich [...] um keine bestimmte Methode, sondern um ein Forschungsprogramm bzw. eine Forschungsperspektive: Diskursanalyse zu betreiben, bedeutet heute, durchaus differente, wissenschaftlich ausgearbeitete und explizite Methoden und Verfahren einsetzen zu können [...].« (Eder 2006, S. 13)

In seiner Einführung in die historische Diskursanalyse stellt Achim Landwehr anhand von vorhandenen Studien ein Verfahren vor, wie sich historische Diskursanalysen empirisch durchführen lassen. Sie können herausarbeiten, dass zu einem historischen Zeitpunkt nur eine begrenzte Menge von Aussagen zu einem bestimmten Thema gemacht werden kann, obwohl rein sprachlich gesehen eine unendliche Menge von möglichen Aussagen existiert (Landwehr 2008). Auch Jürgen Martschukat zeigt anhand konkreter Fallstudien, dass Foucault für die Geschichtsschreibung äußerst relevant ist (Martschukat 2002).

Im Unterschied zu solchen empirischen Erprobungen des Foucaultschen Denkens in der Geschichtswissenschaft zielt Michael Maset in seinem Buch *Diskurs, Macht und Geschichte* eher darauf ab, in Auseinandersetzung mit der bisherigen Geschichtsschreibung, den Ertrag von Foucault für die Praxis historiographischen Arbeitens zu diskutieren: »Gegenstand der vorliegenden Studie sind die methodischen Überlegungen von Foucault und das mit ihnen zu erschließende Erkenntnispotential für die Geschichtswissenschaft« (Maset 2002, S. 10).

3.4 Literaturwissenschaftliche Diskursanalysen

Achim Geisenhanslüke (2020) und Harald Neumeyer (2010) geben gute Überblicke über die vielfältigen Ansätze, literarische Diskurse zu analysieren, an denen wir uns hier orientieren. Beide konstatieren, dass Foucault der Belletristik einen hohen Stellenwert zugemessen habe, aber keine literarische Diskursanalyse begründete, die der spezifischen Funktion literarischer Diskurse systematisch gerecht würde. Clemens Kammler fragt deshalb, was Literaturwissenschaftler*innen an Foucault fasziniere und antwortet, es sei »seine radikale Negation dessen, was sie seit jeher betreiben: der *In-*

terpretation«, deren »historischen Ursprung Foucault in der biblischen Exegese ansiedelt« (Kammler 1997, S.32 f.). Foucault selbst spricht vom ›Kommentar‹[24], der »per definitionem einen Überschuss des Signifikats im Verhältnis zum Signifikanten« voraussetze (GK, S.14). Anders gesagt: Literaturwissenschaftliche Interpretationen gehen davon aus, dass im Wort ein Nicht-Gesprochenes schläft, welches als eigentliche Bedeutung erschlossen werden will. Kammler erklärt, dass Foucaults Kritik am Kommentar zusammenhängt mit dessen Kritik an der mystifizierenden Vorstellung eines konstituierenden Subjekts. Dieses nämlich wolle »der Kommentar als Ursprung, Wesen, Substanz hinter den ›bloßen Erscheinungen‹ [...] aufspüren« (Kammler 1997, S.33).

Nach Foucault wird hingegen der »Sinn einer Aussage [...] nicht definiert durch den Schatz der in ihr enthaltenen Intentionen [...], sondern durch die Differenz, die sie an andere, wirkliche und mögliche [...] Aussagen anfügt« (GK, S.15). Damit verwirft Foucault jede Hermeneutik und argumentiert »neostrukturalistisch«, indem er auf den strukturalistischen Systemgedanken verweist (vgl. Kammler 1997, S.33).[25]

Für die Literaturwissenschaft ergibt sich also das Problem, dass Foucault mit der (hermeneutischen) Interpretation ihr wichtigstes Erkenntniswerkzeug verwirft, gleichzeitig aber keine spezifisch literarische Diskursanalyse entwickelt. Im Folgenden werden die wichtigsten Lösungsversuche dargestellt:

---

24 Siehe ausführlicher zum ›Kommentar‹ auch im Kapitel 4.9. zum Verhältnis von Kritik, Wahrheit und Macht und im Kapitel 4.1 zum Diskursbegriff.

25 Dieses Zitat verweist auf den Begriff des ›Paradigmas‹, der eine zentrale Bedeutung für die strukturalistische Linguistik hat. Gemeint ist, dass ein sprachliches Zeichen Bedeutung durch Differenz zu anderen erlangt, indem aus einem Feld verschiedener möglicher Zeichen gerade dieses eine in einem konkreten Text ausgewählt wird. Ein solches Feld wird Paradigma genannt. Das Wort ›Hund‹ in dem Satz »Das ist mein neuer Hund!« bekommt beispielsweise seine Bedeutung durch die Differenz im Paradigma möglicher Tiere (›Hund‹, ›Katze‹, ›Maus‹, ...). Es kann aber auch Bedeutung im Paradigma verschiedener Bezeichnung für Hunde bekommen (›Hund‹, ›Kläffer‹, ›Köter‹, ›Wauwau‹, ...), beispielsweise wenn der Satz antwortet auf die Frage: »Was ist denn das für ein Köter?«. Im allgemeinen Sprachgebrauch und auch an anderen Stellen in diesem Buch wird ›Paradigma‹ meist als Begriff für verschiedene Denkweisen verwendet, beispielsweise für das Paradigma ›Diskursanalyse‹, den ›pictorial turn‹ oder den ›Postkolonialismus‹.

3.4.1 Literatur als Gegendiskurs

Insbesondere Achim Geisenhanslüke, Stefan Wunderlich und Arne Klawitter stützen sich auf Foucaults frühe Werke, in denen er sich »immer wieder zu der Funktion moderner Literatur als einer Form des ›Gegendiskurses‹ geäußert hat« (Geisenhanslüke 2020, S.378). Geisenhanslüke konstatiert hier, Foucault richte »sich gegen die Hermeneutik wie den Strukturalismus« beziehungsweise Ferdinand de Saussures Zeichentheorie, wenn er betone, »dass die Literatur ›in keinem Fall ausgehend von einer Theorie der Bedeutung gedacht werden kann‹ (OD, 77)« (Geisenhanslüke 2020, S.376). Klawitter nimmt unter Berufung auf Foucault an, »dass die Sprache ein Sein hat, das allem Sprechen unterliegt, aber durch die signifikative Funktion der Zeichen verborgen wird, und dass die Literatur dieses Sein erfahrbar macht« und so ein Draußen zutage fördere, das als das »Ungewusste des Wissens« zugleich die Rückseite diskursiver Ordnung bilde (Klawitter 2003, S.20 und 380). Diese Ansätze zielen weniger auf eine Methode, um literarische Diskursanalysen konkret durchzuführen, als auf »Foucaults poetologische Bestimmung der Literatur« (Neumeyer 2010, S.183). Geisenhanslüke merkt dabei kritisch an, dass die Vorstellung des frühen Foucaults »eines Seins der Sprache, das allein in der Literatur in Erscheinung trete« eine »tendenziell romantisierende Auffassung« sei (Geisenhanslüke 2020, S.379). Die Vorstellung, literarische Diskurse seien per se Gegendiskurse, lässt sich nur für bestimmte moderne literarische Strömungen nachvollziehen. Sie kann nicht aufrechterhalten werden, wenn man Diskurse in ihrer Verflechtung mit diskursiven Ordnungen betrachtet, wie der spätere Foucault. Hier setzt die Interdiskurstheorie an.

3.4.2 Interdiskurstheorie

Die Interdiskurstheorie, die vor allem von Jürgen Link und Ursula Link-Heer entwickelt wurde, versucht die spezifische Funktion literarischer Diskurse und elementarliterarischer Elemente in anderen Diskursen zu bestimmen und dabei machtstützende wie auch subversive Effekte systematisch zu untersuchen. Dabei gelingt es Link in seiner Forschungspraxis, Foucaultsche Diskursanalyse und textnahe Analysen mithilfe strukturalistischer Werkzeuge zu verbinden, ohne in hermeneutische Interpretationen zurückzufallen. Da die Interdiskursanalyse für die KDA eine wichtige Bedeutung hat, die nicht nur literarische Diskurse betrifft, stellen wir sie weiter unten in Unterkapitel 3.5 vor und in 6.6. ihre Anwendung auf literarische Diskurse.

3.4.3 Historische Diskursanalyse

Die hier vorgestellte (literarische) Historische Diskursanalyse nach Klaus-Michael Bogdal unterscheidet sich von der weiter oben vorgestellten Historischen Diskursanalyse. Bogdal versucht wie Jürgen Link, Diskursanalyse mit der Analyse der Funktion von Literatur zu verbinden, aber:

> »Im Unterschied zur Interdiskursanalyse wie zu Foucault selbst ist die Historische Diskursanalyse an einer Vermittlung mit Fragen der hermeneutischen Interpretation interessiert. [...] Bogdal unterscheidet dabei vier Problemfelder[...]: die Frage nach der Literarizität des sprachlichen Kunstwerks, die nach der Historizität von Literatur sowie die Fragen nach dem sozialen Ort und der Medialität von Literatur [...]« (Geisenhanslüke 2020, S.381 unter Bezugnahme auf Bogdal 2003, S.162 f.).

Bogdal wendet sich mit Foucault und Ulrich Brieler gegen universalistische Tendenzen und kritisiert, dass »literaturwissenschaftliche Diskursanalysen [...] Regelmäßigkeiten meist im Bereich der Intertextualität oder Transtextualität (Genette)« suchten.[26] Die Historische Diskursanalyse hingegen versucht *Differenzen* herauszuarbeiten und sucht in der historischen Erfahrung »die Unstimmigkeit des Anderen« (Foucault 1991, S.71). Literatur betrachtet sie als (historisches) *Ereignis*:

> »Der Blick, der zunächst auf Vertrautem ruht oder es sucht, ändert sich mit dem historischen Abstand, bis die Literatur im Netz der sie durchkreuzenden Diskurse anders und fremd erscheint. Nun wird sichtbar, was ihre Einzigartigkeit ausmacht, was sie zu einem ›Ereignis‹[27] hat werden lassen.« (Bogdal 2003, S.166)

Neben Bogdal zitiert Kammler 1997 auch Uwe Japp, Jürgen Fohrmann und Harro Müller als Vertreter dieser Richtung.

---

26 Bogdal kritisiert dabei auch Links Interdiskursanalyse, die dazu tendiere, »als entscheidendes Merkmal von Literatur die Herstellung von Kohärenz differenter Diskurse anzunehmen«, was für einen Teil der Literatur zutreffe, aber nicht für solche, die Kohärenz, Sinn und sogar Sprache destruiere, wie bei Kleist oder Büchner (Bogdal 2003, S.166).

27 Zum Begriff ›Ereignis‹ bei Michel Foucault s. Kammler u.a. 2020, S.290-292 und Brieler 1998, S.208-216.

3.4.4 Literarische Diskursanalysen

Unter diesem Begriff fasst Neumeyer Ansätze zusammen, »die Foucaults Verfahren der Diskursanalyse zur Betrachtung von Literatur einsetzen und dadurch eine kulturwissenschaftliche Erweiterung der Philologien vornehmen« (Neumeyer 2010, S.185). Anders als die Historische Diskursanalyse sind diese nicht an Einzeltextanalysen interessiert (vgl. Schößler 2006, S.50). Stattdessen richten sie sich aus »an Wissenschaft wie Literatur umgreifenden *Themenkomplexen*« (Neumeyer 2010, S.185) und analysieren literarische Diskurse zusammen mit wissenschaftlichen. »Das heißt jedoch nicht, dass die Literatur auf die diskursiven Strukturen in anderen Wissensfeldern lediglich reagiert und Paradigmenwechsel abbildet« (Schößler 2006, S.49). Vielmehr stellt das Wechselspiel beispielsweise zwischen Kriminalliteratur und Strafjustiz Teil eines kulturellen Prozesses dar, der die Diskursregeln der Zeit erkennen lässt (vgl. ebd.).

Der spezifischen Funktion von Belletristik wird die literarische Diskursanalyse insofern gerecht, als sie nach der »Konstruktion moderner Individualitäten durch diskursive Ordnungen« fragt (Neumeyer 2010, S.185). Beispielsweise weist

> »Roland Borgards [...] in seiner 2007 veröffentlichten Studie *Poetik des Schmerzes* auf einer breiten Materialbasis, die die Literatur von Barthold Heinrich Brockes bis Georg Büchner und die Wissenschaft vom Philosophen René Descartes bis zum Mediziner Jacques-Alexandre Salgues berücksichtigt, nach, dass die Erfahrung von Schmerz keineswegs eine überzeitliche Grunderfahrung des Menschen darstellt.« (ebd.)

Als weitere Vertreter dieser Richtung nennt Harald Neumeyer 2010 Joseph Vogels, Nicolas Pethes, Albrecht Koschorke und sich selbst.

3.4.5 Weitere Ansätze

Geisenhanslüke 2020 nennt weitere Ansätze in den Literaturwissenschaften, denen es allerdings »meist um einen theoretisch entschlackten Foucault« gehe oder die eher eine Erweiterung intertextueller als diskursanalytischer Ansätze seien (Geisenhanslüke 2020, S.383). Er nennt hier Medienwissenschaft bzw. Medientheorie (insbes. Friedrich Adolf Kittler), Kulturwissenschaft bzw. Kulturpoetik und den New Historicism (insbes. Stephen Greenblatt). Bedeutung in den Literaturwissenschaften hat außerdem eine »mehr von Lacan als von Foucault inspirierte ›Diskursanalyse‹«, die »sozusagen als präzisierte ›Psychoanalyse‹ gelesen werden« will (Link/Link-Heer 1990, S.88), z.B. Helga Gallas und Hans Helmut Hiebel.

3.5 Interdiskurstheorie statt Ideologiekritik (Jürgen Link)

Der Diskursbegriff von Jürgen Link hat die KDA stark beeinflusst. Zusammen mit Ursula Link-Heer entwickelte er die Interdiskurstheorie. Sie gliedert den Gesamtdiskurs in (wissenschaftliche) Spezialdiskurse und allgemeinverständliche Interdiskurse. Aufbauend auf dieser Unterscheidung kann deren Zusammenspiel erklärt werden. Damit lassen sich die für die KDA wichtigen Konzepte Kollektivsymbolik und Normalismus als interdiskursive Elemente verorten.[28] Außerdem gibt Link eine Antwort auf die Frage, wie sich foucaultsche Diskursanalyse zum marxschen Ideologiebegriff verhält: Er beschreibt Ideologie als Bündel von Interdiskursen und versucht so den Ideologiebegriff materialistisch neu zu fassen. Darüber hinaus bietet die Interdiskurstheorie die Basis für die Diskursanalyse belletristischer Literatur.[29]

3.5.1 Interdiskurstheorie[30]

Der Diskursbegriff von Link und Link-Heer ähnelt dem der KDA (s.a. Kap. 4.1.). Sie verstehen ›Diskurs‹ nach Foucault als kürzeren »Ausdruck für ›diskursive Formation‹« (Link 1999b, S.151). Ein Diskurs ist »eine historisch-spezifische und spezielle, geregelte Formation von Aussagen«, »die einem spezifischen Gegenstandsbereich zugeordnet sind« (Link 2002, S.543), beziehungsweise »das geregelte Ensemble von Redeformen, Genres, Ritualen usw. innerhalb einer historisch ausdifferenzierten und institutionalisierten Praxisart« (Link/Parr 1997, S.123). In diesem Sinn kann beispielsweise von einem klinisch-medizinischen oder einem positiv-juristischen Diskurs des 19. Jahrhunderts gesprochen werden (vgl. Link 2002, S.543 f.). Link und Link-Heer betonen dabei stets, dass Diskurse etwas Materielles sind, was sich unter anderem daran erkennen lässt, dass sie Effekte haben und deshalb wirkmächtig sind, dass sie Vorgaben oder Anleitungen für Handlungen geben und dass sie Subjekte produzieren und formieren:

28 Die KDA hat Kollektivsymbolik und Normalismus als Analysewerkzeuge übernommen. Sie werden im 4. Kapitel dieses Buches ausführlicher dargestellt.

29 Siehe Kapitel 6.6 zur Analyse von literarischen Diskursen.

30 Teile dieses Kapitels basieren auf Nothardt 2003, sind aber umfangreich aktualisiert.

> »Dabei betont der ›Diskurs‹-Begriff die Materialität der Redeweise und ihre institutionellen Rahmenbedingungen ebenso wie ihre Kopplungsflächen zur Handlung und ihren aus all dem resultierenden Macht-Effekten.« (Link 1999a, S.50)

Moderne Gesellschaften zeichnen sich durch immer differenziertere Arbeitsteilung aus. Man denke hier an die zunehmende Zahl von verschiedenen Berufen und Spezialisierungen sowie die zunehmende Anzahl wissenschaftlicher Disziplinen und Teildisziplinen. Als Teil dieser Differenzierung findet eine Diskursspezialisierung statt, in deren Folge abgegrenzte *Spezialdiskurse* entstehen (vgl. Link/Paar 1997, S.123 und Link 2003a, S.11 f.).

> »so sind der medizinische, der juristische, der religiöse diskurs usw. von anderen diskursen deutlich unterschieden, haben ihr jeweils eigenes typisches vokabular, ihre eigene typische syntax, ihre eigenen typischen ›*rituale*‹ [...].« (Link 1986a, S.71)

Typische Beispiele für Spezialdiskurse sind Diskurse wissenschaftlicher Disziplinen (vgl. Link 2002, S.544). Spezialdiskurse tendieren »zu einem Maximum an immanenter Konsistenz« (Link 2002, S.544). Bildliche Sprache findet sich in ihnen eher selten: »Idealtypisch dominiert in der Funktionsweise eines Spezialdiskurses [...] die eindeutige Denotation und die Ausschaltung aller Mehrdeutigkeit und Konnotationen« (Link 2002, S.544). Anders ausgedrückt: In Spezialdiskursen ist eindeutige Fachsprache und Präzision gefragt. Lyrische Sprache, Symbolik und Mehrdeutigkeit sind tabu.

Das antike Konzept von Universalgelehrten, die Kenntnisse aller wissenschaftlichen Disziplinen haben, ist in der heutigen hochdifferenzierten Diskurslandschaft unmöglich geworden. Spezialdiskurse sind oft nur noch für wenige Expert*innen verständlich und nicht mehr für benachbarte Spezialdiskurse, geschweige denn für die Allgemeinheit. Damit trotzdem noch ein Austausch über die Grenzen einzelner Spezialdiskurse hinweg möglich ist, muss »die Tendenz zu immer größerer Diskursspezialisierung durch umgekehrte Mechanismen der *Diskursintegration* kompensiert werden« (Link/Parr 1997, S.123). Dazu dienen *interdiskursive Elemente.* Als interdiskursiv gelten sämtliche Diskurselemente und -parzellen, die »mit variabler und flexibler Bedeutung in einer Mehrzahl von Spezialdiskursen sowie gegebenenfalls ebenfalls in übergreifenden, allgemeinen Diskursen, z.B. sog. Alltagsdiskursen, zirkulieren« (Link 2002, S.544). Dabei lassen sich zwei Arten unterscheiden:

Zum einen gibt es *operative interdiskursive Elemente*, »wie mathematische Formalisierungen, Klassifikationsschemata, Messverfahren usw.« (Link 1988b, S.286). Mathematische Formeln werden beispielsweise in ganz unterschiedlichen Spezialdiskursen verwendet und Stammbäume, wie man sie aus der Ahnenkunde kennt, findet man auch in der Biologie und vielen anderen Wissenschaften.

Zum anderen gibt es *imaginäre interdiskursive Elemente* (vgl. ebd.) beziehungsweise »Analogie-Modelle und andere ›Bilder‹ und ›Mythen‹ mit Subjektappell« (Link 1996, S.135). Beispielsweise wird in der Informatik von ›Netzwerken‹ miteinander verbundener Computer gesprochen, in der Journalistik von Recherche›netzwerken‹ kooperierender Journalist*innen und in der Kriminologie von Terror›netzwerken‹. Gemeinsam ist diesen Netzwerk-Symbolen, dass sie auf Subjekte anziehend oder abstoßend, auf jeden Fall aber eindrucksvoll wirken. Die Gesamtheit imaginärer interdiskursiver Elemente nennt Link auch *elementar-literarische Anschauungsformen.* Ein besonders wichtiges Beispiel für elementar-literarische Anschauungsformen stellt die Kollektivsymbolik dar, zu der auch das ›Netzwerk‹ gehört (siehe Kap. 4.12.1). Der Normalismus vereinigt beide Arten von Interdiskursivität, also operative interdiskursive Elemente und imaginäre interdiskursive Elemente (siehe Kap. 4.12.3).

Interdiskursive Elemente ermöglichen einerseits den Austausch zwischen verschiedenen Spezialdiskursen und machen andererseits Spezialwissen für die Allgemeinheit verständlich. Außerdem formen sich aus interdiskursiven Elementen auch eigenständige *Interdiskurse,* »deren dominante Funktion gerade in der kulturellen Integration und Generalisierung selektiven Wissens für die Subjekte besteht« (Link 1999b, S.154 f.). Als Beispiele führt Link den »Elementardiskurs« bzw. das sogenannte »Alltagswissen« (Link 1996, S.136) an sowie die Publizistik (vgl. Link 1999b, S.154 f.) oder allgemeiner den mediopolitischen Interdiskurs (vgl. NAP, S.66). Die Publizistik greift beispielsweise Wissen aus verschiedenen Wissenschaften auf, stellt es allgemeinverständlich dar, wozu sie unter anderem Kollektivsymbole nutzt, und macht das Spezialwissen so allgemein verfügbar. Ohne diese Übersetzung würden die meisten von uns beispielsweise nicht verstehen, wie Kernkraftwerke funktionieren oder welche Potenziale und Gefahren sie mit sich bringen.

Als *elaborierte Interdiskurse* bezeichnet Link Interdiskurse, die besonders durchdacht und reflektiert sind, beispielsweise Populärreligion, Populärphilosophie und Populärwissenschaft.

3.5.2 Von der Ideologiekritik zur Interdiskurstheorie

Jürgen Link erinnert daran, dass der Ideologiebegriff von Karl Marx mit einer für Marx überraschend bildreichen Sprache erklärt wird, wenn dieser etwa von »optischer ›Illusion‹«, »Camera obscura«, »Fata Morgana«, »Halluzinationen«, »Opium« oder »Schatten« spricht (zit. nach Link 1996, S.134). Diese blumigen Bilder würden, so Link, darauf hinweisen, dass der Ideologiebegriff noch nicht zu Ende gedacht sei (ebd., S.133). Alle diese Bilder sprechen dafür, dass Marx Ideologie nicht als gleichwertige Materialität fasst, sondern lediglich als ungenaue Widerspiegelung oder Zerrbild von Realität. Diese fehlende Materialität des Ideologiebegriffs kritisiert Link: Ideologiekritik tendiere zu einer »dualistischen[n] Aufspaltung der Diskurse in ›positive‹ (›wissenschaftliche‹[...]) und ›ideologische‹« bzw. in »›realistische‹ und ›nebelhafte‹«. Anders als marxsche Begriffe wie »etwa ›Produktionsweise‹, ›Reproduktion‹ [...] oder auch ›Klasse‹« besitze »›Ideologie‹ bei Marx keineswegs einen so klaren operativ-epistemologischen Status« (Link 1996, S.133). So sei es Marx letztlich nicht gelungen, Ideologie konsequent materialistisch zu erklären.[31]

Die Interdiskurstheorie stellt einen Versuch dar, den marxschen Ideologiebegriff durch einen materialistischen Diskursbegriff zu überwinden.[32] Wo Marx zwischen positiver Wissenschaft (Wahrheit) und Ideologie (ungenaue Widerspiegelung) unterscheidet, unterscheidet Link zwischen Spezialdiskursen und Interdiskursen. Die marxsche Ideologie fasst Link als »Ensemble von Interdiskursen« auf, wobei vor allem »elaborierte Interdiskurse mit totalisierendem Anspruch« gemeint sind, wie Religion, Philosophie, politische Ökonomie oder literarische Diskurse (Link 1996, S.142 und S.136).

Anders als die marxsche Ideologie haben Interdiskurse eindeutig Materialität, die an ihrer Wirkung deutlich wird. Diese Wirkung bestehe in der Subjektformierung, was »letztlich *Körperformierung*« heiße (Link 1996,

31 Als einen Versuch von Marx in diese Richtung betrachtet Link den Fetisch-Begriff, der »bei dem einfachsten ökonomischen Element, der Ware« (Link 1996, S.143) ansetze und Fetische als »gesellschaftlich gültige, also objektive Gedankenformen« (MEW Bd. 23, S.90) auffasse. Fetische sind bei Marx also materiell gedacht und nicht Illusionen und Nebel wie Ideologien. Allerdings sei »Marx nie die theoretisch plausible Zusammenführung des ›Ideologie‹-Theorems mit dem ›Fetisch‹-Theorem gelungen« (Link 1996, S.143).

32 Zur Materialität von Diskursen bei Foucault und Link siehe Kap. 4.6. Zu einer ausführlichen Auseinandersetzung mit dem Verhältnis des Diskursbegriffs von Foucault zum marxschen Ideologiebegriff empfehlen wir Kempe 2021.

S. 139). »Althussers ›Subjektanrufungen‹ sind konkret nichts anderes als das Angebot interdiskursiver Applikationsvorlagen für subjektive Identifikationen« (Link 1996, S. 140).

Marx charakterisiert Ideologien durch die Kriterien »Ahistorisierung, Anthropologisierung und Naturalisierung historischer Kategorien« (Link 1996, S. 137). Link kann jetzt zeigen, dass es sich dabei nicht einfach um falsche Perspektivierungen handelt, wie Marx annimmt, sondern dass diese sich aus den Strukturen von Interdiskursen materialistisch erklären lassen:

> »Wenn Interdiskurse das Wissen zur individuellen und kollektiven subjektiven Applikation paratstellen, dann erklärt sich daraus direkt die Anthropologisierung, d.h. die Kopplung des Wissens mit Subjektappellen und (z.B. mythischen) Identifikationsvorlagen« (Link 1996, S. 137).

Anders gesagt: Um Wissen subjektiv erfahrbar zu machen und Subjekte zu formieren, werden in Interdiskursen elementar-literarische Verfahren verwendet, wie Kollektivsymbole oder Personifikationen. – Und das ist die Anthropologisierung (Vermenschlichung).

»Auch die beiden anderen großen Perspektivierungen« Ahistorisierung und Naturalisierung hingen, so Link, »mit der notwendigen selektiven und komplexitätsreduzierenden Struktur von Interdiskursen zusammen« (Link 1996, S. 137).

Da Marx Ideologie letztlich als verfälschte Widerspiegelung von Realität betrachtet, setzt er auf »Desillusionierung als ›Abregnen‹ von ›Ideologien‹ auf ›nackte Interessen‹« (Link 1996, S. 139). Interdiskurse nach Link und Link-Heer hingegen stellen eigene Materialitäten dar. Damit ist für sie ein Abregnen nicht möglich, da »die kollektive und individuelle Subjektbildung anthropologische conditio sine qua non menschlichen Lebens im elementarsten materiellen Sinne ist« (Link 1996, S. 140). Für die KDA folgern wir daraus, dass unser Ziel nicht die Auflösung von Ideologien, unwahren Interdiskursen oder Kollektivsymbolik ist. Stattdessen versuchen wir, sowohl in Interdiskursen als auch in Spezialdiskursen gefährliches aber auch befreiendes Wissen und Kollektivsymbole zu identifizieren. Damit versuchen wir Ansatzpunkten für eine Veränderung von Diskursen zu finden – mit dem Ziel besserer Lebensbedingungen und weniger Herrschaft.

3.6 Verortung der Ansätze innerhalb der KDA

Nach diesem, wenn auch sicherlich nur unvollständigen, Überblick über deutschsprachige Ansätze von Diskurstheorie und -analysen stellt sich die Frage, wie sich die Kritische Diskursanalyse von ihnen unterscheidet und an welchen Stellen gemeinsame Perspektiven festzuhalten sind.

Auch wenn allgemein in den Sprach- und Literaturwissenschaften eine interdisziplinäre Öffnung zu beobachten ist und einige ihrer Vertreter*innen die Arbeiten von Michel Foucault berücksichtigen, geht die Kritische Diskursanalyse darüber hinaus, indem sie sich als ein genuin interdisziplinäres und kulturwissenschaftliches Projekt versteht, das die Grenzen der traditionellen Wissenschaftsdisziplinen zu überwinden versucht.

Anders als sprachwissenschaftlich orientierte Diskursanalyse bezieht sich die KDA auf den Diskursbegriff von Michael Foucault und versteht den Diskurs als den ›Fluss von Wissen durch Zeit und Raum‹. Daneben ist durch ihre Orientierung an den Perspektiven von Foucault in den Analysen mit der KDA stets eine machtkritische Perspektive eingeschrieben, die die Geschichtlichkeit des in den Diskursen enthaltenen Wissens in den Blick nimmt und dieses Wissen gleichfalls hinterfragt. Auch deshalb eignet sich die KDA besonders dazu, kontroverse Debatten innerhalb der Gesellschaft zu begleiten. Dies wird in der Selbstbezeichnung als *Kritische* Diskursanalyse bereits deutlich.

Im Unterschied zu den sozialwissenschaftlichen Diskurstheorien legt die KDA den Fokus auf das Diskursgeschehen selbst bzw. darauf, was sagbar ist und mit welchen diskursiven Strategien es umgesetzt wird. Es geht ihr nicht darum, mit welchen Intentionen die am Diskurs Beteiligten auf diesen einwirken, sondern darum, welche Effekte die Einlassungen bewirken.

Neben der Orientierung an Michel Foucault hat die KDA weitere wichtige Impulse durch die von Jürgen Link entwickelte Interdiskursanalyse erhalten. Hier sind vor allem seine Normalismus- und Kollektivsymboltheorie zu nennen, die der KDA wichtige Analysewerkzeuge liefern.

Damit ist ein weiterer Gesichtspunkt angesprochen. Die KDA ist eine theoriegebundene Analysemethode, die Theorie und Methode miteinander verbindet. Damit setzt sie sich von Konzepten ab, die Theorie und Methode nur äußerlich in Beziehung setzen.

Einige der zahlreichen Analysen, die mit der KDA erstellt worden sind, finden sich im Anhang. Sie können zusammen mit den Analyseleitfäden (siehe Kap. 5) als Beispiele für das konkrete Vorgehen dienen.

4 Grundlagen der Kritischen Diskursanalyse

Im Folgenden werden wir Begriffe definieren, die für die KDA konstitutiv sind.[33] Wir beginnen mit dem Diskursbegriff, wie ihn Michel Foucault entwickelt hat. Bei Foucault enthält das Konzept des Diskurses eine wichtige Unterscheidung zwischen Aussagen und Äußerungen, auf die wir anschließend eingehen. In einem dritten Schritt wird Foucaults Begriff der Problematisierung vorgestellt. Danach folgt eine Auseinandersetzung mit dem Konzept des Dispositivs, mit dem Foucault eine Konstellation beschreibt, in der sich Diskurse, soziale Praxen und Gegenstände so miteinander bündeln, dass eine Antwort auf gesellschaftliche Probleme ermöglicht wird. Daran schließt sich ein Kapitel an, in dem wir den für Foucault zwingenden Zusammenhang zwischen Macht und Wissen behandeln. Das damit implizit angesprochene Verhältnis von Diskurs und Wirklichkeit schließt sich diesen Ausführungen an. Hier geht es um die Frage, wie Wirklichkeit diskursiv – vermittelt über tätige Subjekte – produziert wird. Diskurse werden jedoch nicht nur über die Subjekte konstituiert. Vielmehr gehen von Diskursen auch subjektivierende Effekte aus. Auf die möglichen unterschiedlichen Formen der diskursiven Subjektivierung gehen wir deshalb danach ein. Um die Frage nach der Möglichkeit wissenschaftlicher Objektivität geht es in einem weiteren Kapitel, das sich mit Diskurs und Wahrheit beschäftigt. Bevor wir das Konzept der Genealogie vorstellen, soll das Verhältnis von Kritik, Wahrheit und Macht beleuchtet werden. Diese Vorarbeiten lassen Schlussfolgerungen für die KDA zu. Um diese wird es gehen, bevor wir dann auf die diskurstragenden Kategorien ›Kollektivsymbolik‹ und ›Normalismus‹ eingehen. Außerdem stellen wir Überlegungen zum diskursanalytischen Umgang mit nicht-sprachlichen Bildern an und stellen das Konzept der Binarismusanalyse vor, mit dem eine Vertiefung der Analyse der Kollektivsymbolik erreicht werden kann.

33 Dabei stützen wir uns in einigen Passagen auch auf Definitionen des *Lexikons Kritische Diskursanalyse*, das von der *Diskurswerkstatt* im *DISS* erarbeitet wurde und von Siegfried Jäger und Jens Zimmermann 2010 herausgegeben wurde (S. Jäger/Zimmermann 2010).

4.1 Der Diskursbegriff

Der Diskursbegriff der KDA orientiert sich an den Ausführungen von Michel Foucault. Er schreibt:

> »Der Diskurs ist genauso in dem, was man nicht sagt, oder was sich in Gesten, Haltungen, Seinsweisen, Verhaltensschemata und Gestaltungen von Räumen ausprägt. Der Diskurs ist die Gesamtheit erzwungener und erzwingender Bedeutungen, die die gesellschaftlichen Verhältnisse durchziehen.« (DE 3, S.164)[34]

Grob gesagt ist mit Diskurs somit die sprachliche Seite einer diskursiven Praxis gemeint, die wiederum ein ganzes Ensemble von Wissensproduktionen umfasst. Das bedeutet: Es sind diese Wissensproduktionen, die ihre Gegenstände erst hervorbringen und sie konstituieren.

Wenn Diskurse als die sprachliche Seite einer diskursiven Praxis bestimmt werden, bedeutet dies jedoch nicht, dass Diskurs und Sprache in eins zu setzen sind.

Foucault schreibt, es gehe darum, Diskurse nicht

> »als Gesamtheiten von Zeichen [...], sondern als Praktiken zu behandeln, die systematisch die Gegenstände bilden, von denen sie sprechen. Zwar bestehen diese Diskurse aus Zeichen; aber sie benutzen diese Zeichen für mehr als nur zur Bezeichnung der Sachen. Dieses Mehr macht sie irreduzibel auf das Sprechen und die Sprache.« (AW, S.74)

Damit wird deutlich, dass es sich bei dem Diskursbegriff nach Foucault nicht um eine Variation einer Abbildtheorie handelt. Diskurse spiegeln die Welt nicht wider, sie bilden sie nicht ab, zeichnen sie nicht nach, sondern sie produzieren Wirkliches. Das heißt, »Diskurse bestimmen, was Sexualität, Kriminalität, Pädagogik oder Medizin ist, wie diese Komplexe wahrgenommen, verhandelt, beurteilt werden« (Kuhn 2005, S.69).

Insofern versteht Foucault Diskurse als materielle Produktionsmittel, die nicht nur die Gegenstände hervorbringen, von denen sie sprechen, sondern auch subjektivierende Effekte haben. Auch wird deutlich, dass es sich bei einer Diskursanalyse nicht um eine Analyse der Sprache handelt, sondern dass ein sprachlich vermittelter Diskurs im Mittelpunkt steht, der Personen subjektiviert. »Die Sprache«, so schreibt es Foucault, »existiert nur als Konstruktionssystem für mögliche Aussagen« (AW, S.124). Foucault

34 Diese Fassung von Diskurs verweist bereits darauf, dass Diskursanalyse zu einer Dispositivanalyse erweitert werden kann. Darauf werden wir im Kapitel 7 genauer eingehen.

geht es darum, Diskurse als Ketten von Aussagen zu ermitteln und nicht als Ansammlung – wie auch immer begründet – von Sätzen und Texten.[35] Insofern benennen Diskurse auch einen sprachlich produzierten Sinnzusammenhang, der bestimmte Machtstrukturen (re-)produziert, die die Realität strukturieren.

Im Anschluss an Foucault bestimmt Jürgen Link Diskurse als »geregelte, ansatzweise institutionalisierte Redeweisen als Räume möglicher Aussagen, insofern sie an Handlungen gekoppelt sind und dadurch Machtwirkungen ausüben« (Link 2005a, S.18).

Foucault versteht Diskurse als durch »eine Menge von Zeichenfolgen konstituiert, insoweit sie Aussagen[36] sind, das heißt insoweit man ihnen besondere Existenzmodalitäten zuweisen kann« (AW, S.156). Wenn also Diskurse sich auszeichnen durch »eine Menge von Aussagen, die einem gleichen Formationssystem zugehören«, dann kann von »einem klinischen Diskurs, von einem ökonomischen Diskurs, von einem Diskurs der Naturgeschichte, vom psychiatrischen Diskurs« gesprochen werden (AW, S.156). Streng genommen müssen wir aber im Plural sprechen, von Diskursen. Es gibt nicht den einen Diskurs, es gibt verschiedene Aussagengeflechte, die einander durchaus widerstreben, entgegenlaufen können, »das heißt, es gibt immer einen Plural an Diskursen zu einem Thema – nie den Sexualitätsdiskurs, immer Sexualitätsdiskurse« (Kuhn 2005, S.69).

Zu fragen ist dabei, auf welche Weise die Diskurse geregelt werden. Foucault ist dieser Frage in seinem Text *Die Ordnung des Diskurses* nachgegangen, der einen Grundlagentext der KDA darstellt. Deswegen werden wir hier ausführlicher auf ihn eingehen.

In diesem Text beschreibt Foucault Diskurse als etwas Wucherndes, er spricht von »allem, was es da Gewalttätiges, Plötzliches, Kämpferisches, Ordnungsloses und Gefährliches gibt, vor jenem großen unaufhörlichen und ordnungslosen Rauschen des Diskurses« (ODis, S.33). Diesem Wuchern stehen Prozeduren gegenüber, mit denen

> »die Produktion des Diskurses zugleich kontrolliert, selektiert, organisiert und kanalisiert wird – und zwar durch Prozeduren, deren Aufgabe es ist, die Kräfte und die Gefahren des Diskurses zu bändigen, sein unberechenbar Ereignishaftes

35 Begründet wird das in aller Ausführlichkeit und Komplexität in der AW.

36 Zum Unterschied von Äußerungen und Aussagen siehe Kap. 4.2.

> zu bannen, seine schwere und bedrohliche Materialität zu umgehen.« (ODis, S.11)

Dies geschieht »in einer Gesellschaft wie der unseren« (ODis, S.11) über Prozeduren der Ausschließung, wobei er drei Prozeduren benennt.

Als erstes beschreibt er die Ausschließung durch Verbot. Damit ist entweder das Tabu des Gegenstandes gemeint, das Ritual der Umstände oder aber das bevorzugte oder ausschließliche Recht des sprechenden Subjekts. Besonders im Bereich von Sexualität und Politik sei dieses Ausschließungsprinzip anzutreffen.

Als zweite Prozedur nennt er die Grenzziehung durch das Gegensatzpaar Vernunft und Wahnsinn und als dritte die Grenzziehung durch den Gegensatz von »dem Wahren und dem Falschen« (ODis, S.13). Diese letzte Ausschließungsprozedur – Foucault nennt sie den Willen zur Wahrheit – übe auf Diskurse »Druck und Zwang« (ODis, S.16) aus, alle Diskurse müssen sich diesem Willen zur Wahrheit unterwerfen und finden darin ihre Grundlage und ihre Legitimierung.

Von den genannten Ausschließungssystemen sei die Grenzziehung zwischen Wahrem und Falschem heute besonders bedeutsam, während »die beiden ersten immer schwächer werden, und ungewisser, sofern sie vom Willen zur Wahrheit durchkreuzt werden, wird dieser immer stärker, immer tiefer und unausweichlicher« (ODis, S.16).

Neben den Ausschließungsprozeduren macht Foucault noch eine andere Gruppe aus, mit der Diskurse kontrolliert und eingeschränkt werden. Damit meint er »Prozeduren, die als Klassifikations-, Anordnungs-, Verteilungsprinzipien wirken«. Sie bändigen eine andere Dimension der Diskurse: »die des Ereignisses und des Zufalls« (ODis, S.17). Konkret meint er damit den Kommentar, den Autor und die Disziplinen.

> »Gewöhnlich sieht man in der Fruchtbarkeit eines Autors, in der Vielfältigkeit der Kommentare, in der Entwicklung einer Disziplin unbegrenzte Quellen für die Schöpfung von Diskursen. Vielleicht. Doch ebenso handelt es sich um Prinzipien der Einschränkung, und wahrscheinlich kann man sie in ihrer positiven und fruchtbaren Rolle nur verstehen, wenn man ihre restriktive und zwingende Funktion betrachtet.« (ODis, S.25)

Unter dem Kommentar sind die Erzählungen zu verstehen, die in einer Gesellschaft kursieren. Sie werden kontinuierlich erzählt, dabei abgewandelt und wiederholt. Der Kommentar bewirkt so, dass sich einerseits neue Diskurse entfalten können, andererseits wiederholt er bereits Gesagtes.

Insofern bannt der Kommentar

> »den Zufall des Diskurses, indem er ihm gewisse Zugeständnisse macht: er erlaubt zwar, etwas anderes als den Text selbst zu sagen, aber unter der Voraussetzung, dass der Text selbst gesagt und in gewisser Weise vollendet werde. Die offene Vielfalt und das Wagnis des Zufalls werden durch das Prinzip des Kommentars von dem, was gesagt zu werden droht, auf die Zahl, die Form, die Maske, die Umstände der Wiederholung übertragen. Das Neue ist nicht in dem, was gesagt wird, sondern im Ereignis seiner Wiederkehr.« (ODis, S.20)

Mit dem Autor als diskursregulierender Institution ist nicht der Autor als sprechende Person gemeint, sondern ein Autor als »Prinzip der Gruppierung von Diskursen, als Einheit und Ursprung ihrer Bedeutungen, als Mittelpunkt ihres Zusammenhalts« (ODis, S.20). Was die Person schreibt und was nicht, ist ihr von der »Autor-Funktion vorgeschrieben« (ODis, S.21) die sie von ihrer Epoche übernimmt und die sie modifiziert.

Das Prinzip der Disziplinen schließlich, mit dem gleichfalls eine Einschränkung des Diskurses stattfindet, ist »relativ und beweglich«, es erlaubt »zu konstruieren, aber nach ganz bestimmten Spielregeln« (ODis, S.22). Eine Disziplin definiert sich durch »einen Bereich von Gegenständen, ein Bündel von Methoden, ein Korpus von als wahr angesehenen Sätzen, ein Spiel von Regeln und Definitionen« (ODis, S.22). Die Disziplin stellt somit eine ›Konstruktionsanleitung‹ zur Teilnahme an einem bestimmten Teil des Diskurses dar, es können endlos neue Sätze gebildet werden, »aber nach ganz bestimmten Spielregeln« (ODis, S.22).

> »Es ist immer möglich, dass man im Raum eines wilden Außen die Wahrheit sagt; aber im Wahren ist man nur, wenn man den Regeln einer diskursiven ›Polizei‹ gehorcht, die man in jedem seiner Diskurse reaktivieren muss.« (ODis, S.25)

Die dritte Gruppe der Prozeduren benennt er als Verknappung der sprechenden Subjekte. Auch hier lassen sich verschiedene Formen der Einschränkung unterscheiden. Das Ritual bestimmt die Qualifikation, die jemand haben muss, um Zugang zum Diskurs zu haben. Es legt aber auch die Verhaltensweisen, die eingesetzten Gesten und die Umstände fest, die Sprecher*innen innerhalb des Diskurses einnehmen müssen. Abweichend davon bestimmen Diskursgesellschaften, welche Diskurse »aufbewahrt« werden und welche nicht und nach welchen Regeln sie zu verteilen sind. Foucault schreibt:

> »Gewiss ist von derartigen ›Diskursgesellschaften‹ mit ihrem zweideutigen Spiel von Geheimhaltung und Verbreitung kaum etwas geblieben. Aber man täusche sich nicht. [...] Man denke an das technische oder wissenschaftliche Geheimnis; man denke daran, wie der medizinische Diskurs verbreitet wird und zirkuliert, man denke an jene, die sich den ökonomischen oder politischen Diskurs angeeignet haben.« (ODis, S.28)

Die Doktrinen schließlich tendieren dazu sich auszubreiten. Hier ist die notwendige Bedingung die »Anerkennung derselben Wahrheiten und die Akzeptierung einer – mehr oder weniger strengen – Regel der Übereinstimmung mit den für gültig erklärten Diskursen« (ODis, S.29). Dabei bezieht sich die Zugehörigkeit zu einer Doktrin sowohl auf die Aussage als auch auf das sprechende Subjekt.

> »Die Doktrin bindet die Individuen an bestimmte Aussagetypen und verbietet ihnen folglich alle anderen; aber sie bedient sich auch gewisser Aussagetypen, um die Individuen miteinander zu verbinden und sie dadurch von allen anderen abzugrenzen. Die Doktrin führt eine zweifache Unterwerfung herbei: die Unterwerfung der sprechenden Subjekte unter die Diskurse und die Unterwerfung der Diskurse unter die Gruppe der sprechenden Individuen.« (ODis, S.29)

Schließlich beschreibt Foucault die gesellschaftliche Aneignung von Diskursen als eine weitere Form der Verknappung von Diskursen. »Jedes Erziehungssystem ist eine politische Methode, die Aneignung der Diskurse mitsamt ihrem Wissen und ihrer Macht aufrechtzuerhalten oder zu verändern« (ODis, S.30).

Foucault schlussfolgert aus dieser Analyse der Diskursordnungen, dass eine Analyse von Diskursen bestimmten methodischen Grundsätzen folgen sollte. Dazu gehöre erstens die Umkehrung: Es sollten sowohl das Ausgeschlossene als auch die Mechanismen der Verknappung und Ausschließung erfasst werden. Daraus folgt zweitens das Prinzip der Diskontinuität. Das heißt:

> »Es geht nicht darum, ein Nicht-Gesagtes oder ein Nicht-Gedachtes endlich zu artikulieren oder zu denken, indem man die Welt durchläuft und an alle ihre Formen und alle ihre Ereignisse anknüpft. Die Diskurse müssen als diskontinuierliche Praktiken behandelt werden, die sich überschneiden und manchmal berühren, die einander aber auch ignorieren oder ausschließen.« (ODis, S.34)

Ein drittes Prinzip besteht in der Spezifität von Diskursen. Auf die Annahme vorgängiger Bedeutungen sollte verzichtet werden.

> »Es gibt keine prädiskursive Vorsehung, welche uns die Welt geneigt macht. Man muss den Diskurs als eine Gewalt begreifen, die wir den Dingen antun, jedenfalls als eine Praxis, die wir ihnen aufzwingen.« (ODis, S.34 f.)

Schließlich ist viertens die Äußerlichkeit von Diskursen zu berücksichtigen.

> »Man muss nicht vom Diskurs in seinen inneren und verborgenen Kern eindringen, in die Mitte eines Denkens oder einer Bedeutung, die sich in ihm manifestieren. Sondern vom Diskurs aus, von seiner Erscheinung und seiner Regelhaftigkeit aus, muss man auf seine äußeren Möglichkeitsbedingungen zugehen.« (ODis, S.35)

Es geht, so Foucault, nicht darum, »Vorstellungen hinter den Diskursen« zu behandeln, »sondern Diskurse als geregelte und diskrete Serien von Ereignissen« zu verstehen, es geht um »den Zufall, das Diskontinuierliche und die Materialität« (ODis, S.38).

Die Aussagengeflechte, die Diskurse zu verschiedenen Gegenstandsbereichen bilden, unterliegen also den Regeln des Diskurses. Diese Regeln beschreiben für eine jeweilige Gesellschaft und Epoche ein Wissensgebiet, ein sogenanntes Sagbarkeitsfeld.

Die KDA hat dieses Diskursverständnis übernommen: *Der Diskurs ist der Fluss von Wissen durch Zeit und Raum.* Diese bildliche Definition hat die KDA über alle Vorarbeiten und über die bisherigen Ausgaben der KDA hinweg geleitet, auch wenn sie immer wieder leicht umformuliert und erweitert worden ist. So wird in »Deutungskämpfe« (M. Jäger/S. Jäger 2007) die Materialität des Diskurses in Form seiner Wirkungen betont:

Unter Diskurs versteht die KDA einen

> »[...] rhizomartig[37] verzweigte[n] mäandernde[n] ›Fluss von ›Wissen‹ bzw. sozialen Wissensvorräten durch die Zeit‹, der durchaus auch einmal rückwärts

37 Manche Pflanzen bilden Rhizome (Wurzelstöcke), die mitunter sehr vielfältige Strukturen wie Verzweigungen, Verdickungen und Querverbindungen entwickeln können. Die Verwendung der Metapher *rhizomartig* in der Definition von Diskurs verweist auf das Konzept des *Rhizoms* von Gilles Deleuze und Félix Guattari (1977), das einige Ähnlichkeiten zu Foucaults Diskursbegriff hat. Die Autoren betonen »Vielheit« (ebd., S.13), »Heterogenität« (ebd., S.11), »wuchern« (ebd., S.14) und unerwartete Querverbindungen als Eigenschaften von Wissen. Die Formulierung »›*Rhizom machen*‹« (ebd., S.18) stellt bildlich dar, dass Wissen nicht unabänderlich gegeben ist, sondern von Menschen produziert wird. Deleuze und Guattari beschreiben ›Rhizom‹ auch als orientalisches Gegenmodell zum »abendländischen Baummodell« (ebd., S.30) eines hierarchischen, erstarrten und unabänderlichen Wissens.

> fließen kann, und [der ...] die Vorgaben für die Subjektbildung und die Strukturierung und Gestaltung von Gesellschaften [schafft], die sich entsprechend als außerordentlich vielgestaltig erweisen.« (M. Jäger/S. Jäger 2007, S.23)

Mit diesem Bild kann die historische Dimension von Diskursen herausgestellt werden, insofern sie von der Vergangenheit durch die Gegenwart in die Zukunft »fließen« und sich dabei immer wieder neu reproduzieren.

Weiter wurde mit der KDA eine Erweiterung des Raumbegriffs vorgenommen. In diesem Zusammenhang ist auch die Funktion der Grenzen zu bedenken: Diskurse halten sich nicht an Grenzen. Der (traditionelle) geographische Diskurs war geeignet, (starre) Grenzen zu rechtfertigen. Das ist, wie Foucault zutreffend sagt, »der Diskurs des Nationalismus« (DE 3, S.49).[38] Führt man das Konzept des Raumes in den Diskursbegriff mit ein, werden ja erst die inter- und transnationalen Eigenheiten und Überlappungen der Diskurse als Konstrukte erfassbar. Das ist von einiger diskursanalytischer Bedeutung, denkt man z.B. an Medienvergleiche zwischen Europa, Afrika und anderen Territorien oder auch an bestimmte in Katastrophen endende Kriegsszenarien. Natürlich sind die diskursiven Räume keine geschlossenen, sondern sie überlappen und verschränken sich eben als diskursive Räume, die mit den geographischen oder nationalen nur wenig zu tun haben (müssen). Foucault formuliert:

> »Die Welt wird heute nicht so sehr als ein großes Lebewesen verstanden, das sich in der Zeit entwickelt, sondern als ein Netz, dessen Stränge sich kreuzen und Punkte verbinden.« (DE 4, S.931)

Trotz der Prozeduren der Ausschließung zur Bändigung des Diskurses sollte man sich ihn nicht als gleichförmig dahinfließenden begradigten Strom vorstellen, sondern als wilden Strom, der sich in verschiedene Flüsse aufspaltet und wieder vereinigt, teilweise im Kies versickern und dann wieder hervortreten kann. Und so können wir – um im Bild zu bleiben – sagen: Diskurse sind rhizomartig verzweigte mäandernde Flüsse von Wissen durch Zeit und Raum, die subjektivierende Effekte haben und so Gesellschaften strukturieren und gestalten. Dementsprechend erweisen sich Gesellschaften als außerordentlich vielgestaltig.

38 In Günzel (Hg.) 2009 wird dieses Verständnis der (alten) Geographie jedoch in Frage gestellt.

Die Wirkung von Diskursen ist dementsprechend nicht einfach positiv oder negativ. Es kommt auf die Aussagen, auf das Wissen an, das sie transportieren.

4.2 Aussagen, Äußerungen und Sagbarkeitsfelder

Die Oberfläche der Diskurse bilden sprachliche Performanzen, die in der KDA als Äußerungen bezeichnet werden, die auf Aussagen verweisen, die Foucault als »Atom[e] des Diskurses« bezeichnet. Aussagen sind die »elementare Einheit« des Diskurses (AW, S.117). Der Diskurs wird »durch eine Menge von Zeichenfolgen konstituiert, insoweit sie Aussagen sind« (AW, S.156), er besteht aus einer »Menge von Aussagen, die einem gleichen Formationssystem zugehören« (AW, S. 156). »Formationssystem« wird in der KDA zur Vereinfachung in »Thema« übersetzt.

Wird der analytische Blick auf Aussagen in ihrem Verhältnis gegenüber dem Satz oder der Proposition auf der Äußerungsebene gerichtet, geht es Foucault weder darum, »eine verlorene Totalität wiederzufinden«, noch darum, eine »tiefe Einheit des Logos wiederauferstehen zu lassen«, sondern um eine »spezifische[] Ebene der Beschreibung« (AW, S.157). Aussagen sind also nicht als ›Sätze‹ zu verstehen, sondern als der inhaltlich gemeinsame Nenner, der aus Sätzen und Texten gezogen werden kann – unter Beachtung der jeweiligen Kontexte.

Im Unterschied dazu sind Äußerungen nach Foucault eine Menge von Zeichen, die sich nicht wiederholen (vgl. AW, S.148). Äußerungen sind somit ereignisgebunden, sie sind selbst Ereignisse, sind »festgelegt und datiert« (ebd.).

Die Aussage, so Foucault, ist eine »unendlich wiederholbare Form, die den verstreutesten Äußerungen Raum geben kann«, sie könne jedoch nicht auf das »reine Ereignis der Äußerung zurückgeführt werden, denn trotz ihrer Materialität kann sie wiederholt werden: man wird mühelos sagen, dass derselbe von zwei Personen unter etwas verschiedenen Umständen ausgesprochene Satz nur eine Aussage bildet« (ebd.). Umgekehrt ist es aber auch möglich, dass derselbe Satz, dieselbe Äußerung auf zwei völlig unterschiedliche Aussagen verweist. Foucault schreibt: »Die Behauptung, dass die Erde rund ist oder dass die Arten sich entwickeln, bildet vor und nach Kopernikus, vor und nach Darwin nicht dieselbe Aussage« (AW, S.150).

Auch nicht Verbalisiertes kann eine Aussage enthalten oder auf eine Aussage verweisen. Foucault schreibt: »Man findet Aussagen ohne legitime propositionelle Struktur; man findet Aussagen dort, wo man keinen Satz erkennen kann; man findet mehr Aussagen, als man Sprechakte isolieren kann« (Foucault 1988, S. 122). Daher sind Aussagen linguistisch auch nicht beschreibbar. Das leuchtet sofort ein, wenn man bedenkt, dass Aussagen auch in Form von Tabellen, Grafiken, Bildern, Fotos usw. auftreten können.

Die Beziehung zwischen Aussagen und Äußerungen ist eine wechselseitige. Während Aussagen auf ein Wissen verweisen, welches bestimmte Äußerungen ermöglicht und andere zurückweist, lassen sich Äußerungen zu Aussagen verdichten.

> »Die Aussage ist also nicht eine Struktur [...]; sie ist eine Existenzfunktion, die den Zeichen eigen ist und von der ausgehend man dann durch die Analyse oder die Anschauung entscheiden kann, ob sie einen ›Sinn ergeben‹ oder nicht, gemäß welcher Regel sie aufeinanderfolgen und nebeneinanderstehen, wovon sie ein Zeichen sind und welche Art von Akt sich durch ihre (mündliche oder schriftliche) Formulierung bewirkt findet.« (AW, S. 126)

Aussagen sind weder verborgen noch sichtbar. Demnach versucht die Diskursanalyse, oder wie Foucault es nennt, die

> »Beschreibung der Aussagen [...] nicht die sprachlichen Performanzen zu umgehen, um hinter ihnen oder unter ihrer offenbaren Oberfläche [...] einen heimlichen Sinn, der sich in ihnen vergräbt oder durch sie hindurch, ohne es zu sagen, an den Tag kommt, zu entdecken«. (AW, S. 158)

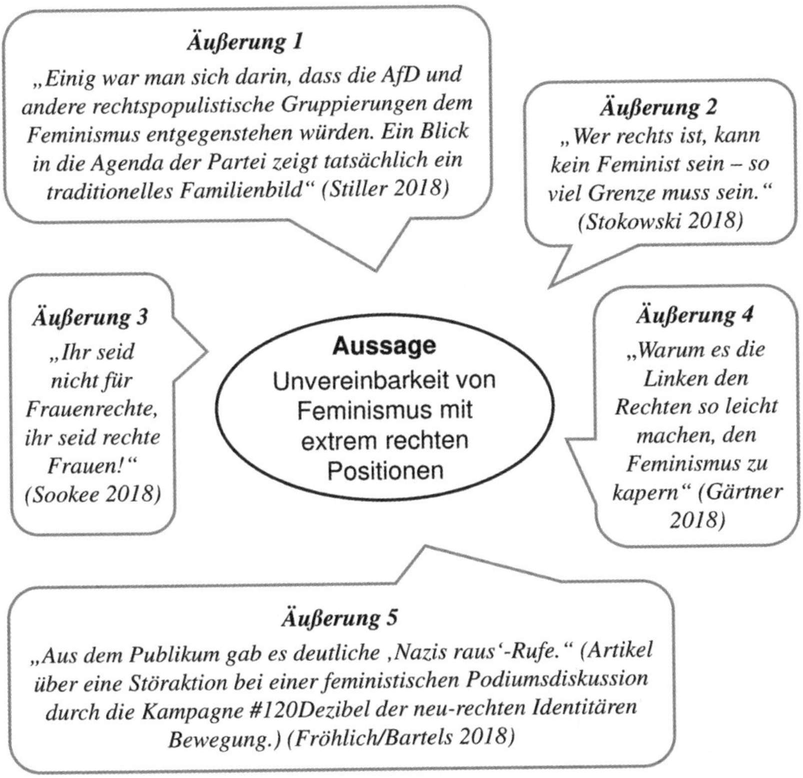

Die Grafik zeigt verschiedene Äußerungen[39], die auf dieselbe Aussage verweisen. Äußerungen sind beispielsweise tatsächlich gesprochene oder geschriebene Sätze, während Aussagen als inhaltlich gemeinsamer Nenner aus einer Vielzahl von Äußerungen

39 Stiller, Anika 2018: Zur Sicherheit zurück an den Herd, in: Süddeutsche Zeitung, 17.2.2018.

Stokowski, Margarete 2018: Frauen, rechte, in: Spiegel Online, 6.2.2018, http://www.spiegel.de/kultur/gesellschaft/feminismus-warum-rechte-nicht-gegen-sexuelle-gewalt-aufrufen-koennen-a-1191986.html (17.8.2018).

Sookee 2018: #No120db, Musikvideo, https://youtu.be/wBz9z0JYNJk?si=JSVfoP-DUYfAqn-L (3.12.2023).

Gärtner, Birgit 2018: Die Obergrenze für (tödlichen) Frauenhass ist erreicht, Telepolis, heise online, 13.2.2018, https://www.telepolis.de/features/Die-Obergrenze-fuer-toedlichen-Frauenhass-ist-erreicht-3966884.html (3.12.2023).

Fröhlich Alexander/Bartels, Gunda 2018: #MeToo von Rechts. Störaktion bei Filmbranche -Podium, in: Tagesspiegel, 19.2.2018.

abstrahiert werden und auf Wissen verweisen, hier das Wissen über eine ›Unvereinbarkeit von Feminismus mit extrem rechten Positionen‹.[40] Dabei kann eine Äußerungen auch auf mehrere Aussagen verweisen; so verweist Äußerung 2 beispielsweise auch auf eine ›Verortung der AfD als sehr rechts‹.
*Auf welche Aussagen eine Äußerung verweist, hängt vom Kontext ab. Das wird besonders deutlich bei den Äußerungen 3-5, welche nur implizit auf die Aussage der ›Unvereinbarkeit von Feminismus mit extrem rechten Positionen‹ verweisen. So kann der Hinweis auf ›Nazis raus‹-Rufe in Aussage 5 nur im Kontext der Störung einer feministischen Podiumsdiskussion durch Vertreter*innen der extrem rechte Kampagne #120Dezibel so verstanden werden. In Äußerung 4 ist die Aussage ein Implikat des Kollektivsymbols ›kapern‹, mit dem Feminismus als Besitz verbildlicht wird, den sich die von rechts außen Kommenden widerrechtlich aneignen.*
Aussagen können auch als Existenzfunktionen verstanden werden, die bestimmte Äußerungen ermöglichen und andere zurückweisen. Die Aussage über die ›Unvereinbarkeit‹ ermöglicht viele Äußerungen, beispielsweise die in der Grafik. Äußerungen wie »120Dezibel ist der wahre Aufschrei gegen die wahre Bedrohung für Frauen in Europa«[41] weist sie hingegen als im hegemonialen Diskurs nicht sagbar zurück.

Aussagen bestimmen Sagbarkeitsfelder und zugleich begrenzen Sagbarkeitsfelder die Anzahl möglicher Aussagen, es existiert nur eine begrenzte Zahl expliziter und impliziter Bedeutungen. Zudem regeln diskursive Formationen die Produktion und die Möglichkeiten der Verkettung von Aussagen, denn Aussagen sind immer verbunden mit anderen Aussagen, sie existieren »als ein Element in einem Feld der Koexistenz« (AW, S.158). »Ganz allgemein kann man sagen, dass eine Sequenz von sprachlichen Elementen eine Aussage nur dann ist, wenn sie in ein Aussagefeld eingetaucht ist, wo sie dann als ein besonderes Element erscheint« (AW, S.144). Somit unterliegen Aussagen weder der Interpretationsleistung Einzelner, noch sind sie mit Sätzen identisch. Aussagen sind nur als *Aussagengeflechte* im Kontext der Diskurse zu verstehen. Foucault entzieht der Aussage nicht nur die Interpretation, sondern auch die Intention des Autors. Sie dienen vielmehr als »Komplex möglicher Positionen für ein Subjekt« (AW, S.158).

40 vgl. Jäger, M./Kroppenberg/Nothardt/Wamper 2019, S.60-62

41 Sellner, Martin (2018): Sellners Revolution. Die Mädels müssen ran. In: Compact, Nr. 4/2018, S.65.

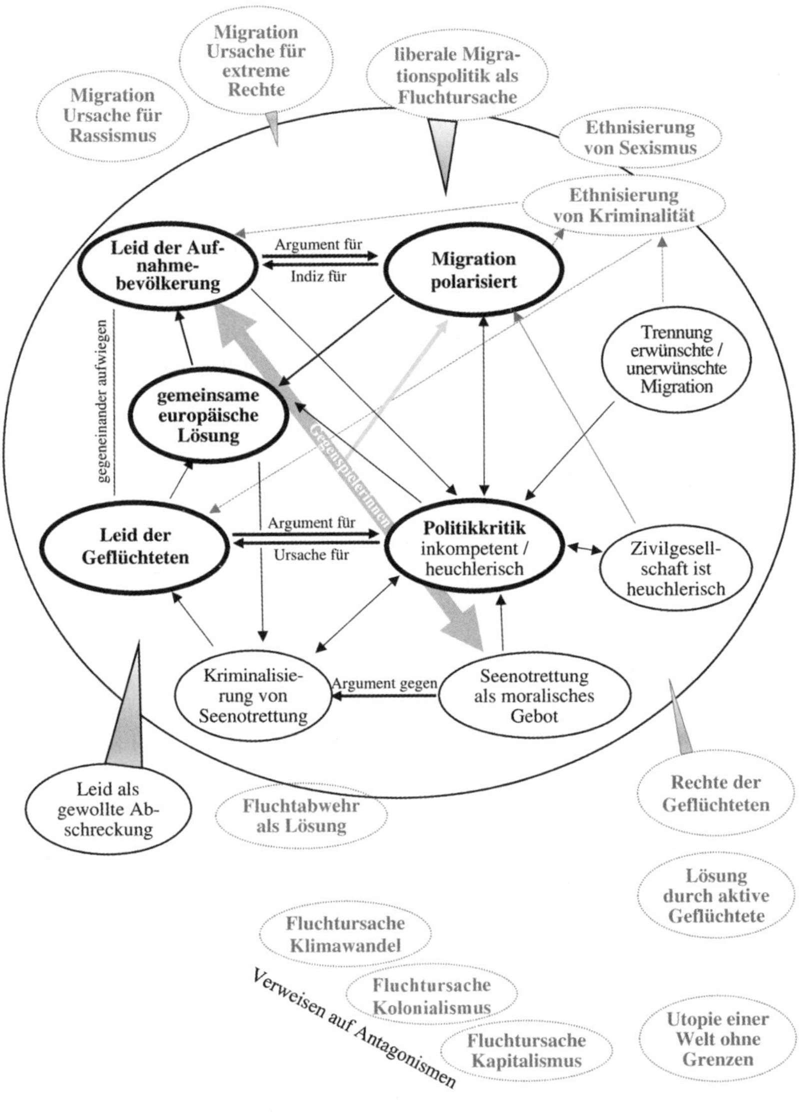

Sagbarkeitsfeld hegemonialer Printmedien (FAZ, SZ und taz) im Fluchtdiskurs im Juni & Juli 2019 und Veränderungen im September 2020
Diese Grafik stammt aus der Studie »Deutsche Rettung?« des DISS (Friede u.a.

2022, S.289)[42] *Das innere des Kreises zeigt das Sagbarkeitsfeld im Juni & Juli 2019, als das Rettungsschiff Sea-Watch 3 mit Kapitänin Carola Rackete trotz eine Verbots durch den italienischen Innenminister Matteo Salvini 47 aus Seenot gerettete Geflüchtete in Lampedusa anlandete. Pfeile zeigen die wichtigsten Verkettungen, also welche Aussagen welche maßgeblich stützen oder hervorbringen. Der Bereich des Nicht-Sagbaren kann nur anhand ausgewählter Beispiele dargestellt werden. Aussagen, die kurz zuvor noch im Fluchtdiskurs präsent waren und die vielleicht beim nächsten geeigneten diskursiven Ereignis wieder zurückkehren, sind nahe der Grenze des Sagbarkeitsfeldes gezeichnet. Einige davon tauchten schon im September 2020 in Zusammenhang mit dem Lagerbrand im Geflüchtetenlager Moria wieder auf, wie die Aussage ›liberale Migrationspolitik als Fluchtursache‹. Das zeigen die Dreiecke an. Weit außerhalb des Sagbarkeitsfeldes sind Aussagen, die auf Antagonismen verweisen, wie ›Klimawandel, Kolonialismus oder Kapitalismus als Fluchtursachen‹. Dasselbe gilt aber auch für die ›Utopie einer Welt ohne Grenzen‹.*

4.3 Problematisierung

Ein Beitrag von Sebastian Friedrich[43]

Im Rahmen seiner diskursanalytischen Überlegungen entwickelt Foucault den Begriff der Problematisierung. Dieser ist für die Konzeption einer Kritischen Diskursanalyse besonders geeignet, um ihre gesellschaftsanalytischen, kontextgebundenen und dynamischen Potenziale zu fundieren. Der Begriff verdeutlicht erstens, dass gesellschaftliche Probleme keine Entitäten sind, auf die reagiert wird, sondern selbst bereits Resultat eines gesellschaftlichen Konstruktionsprozesses sind und als »strategische Interventionen in ein dynamisches Feld gesellschaftlicher Auseinandersetzungen« (Klöppel 2010a, S.256) zu verstehen sind. Zweitens eignet sich der Problematisierungsbegriff für eine kritische Analyse von flexiblen Macht-Wissens-Formationen, da damit stärker ausgeleuchtet werden kann, unter welchen Bedingungen Verän-

42 Eine Erklärung der Aussagen findet sich in der Studie Friede u.a. 2022 auf S.38-41. Erklärungen zur Analyse der Beziehungen zwischen Aussagen finden sich in Mayer u.a. 2022. Vgl. auch die Analyse in Kap. 10.3 im Anhang diese Buches.

43 Autor dieses Unterkapitels zum Problematisierungsbegriff ist Sebastian Friedrich. Er beschäftigt sich im Rahmen seiner Dissertation über die bundesrepublikanische Debatte um »Gammler« in den 1960er-Jahren mit dem Problematisierungsbegriff in Anschluss an Foucault (Friedrich 2025). Aus diesem Kapitel bitte so zitieren: Friedrich, Sebastian 2025: Problematisierung, in: Jäger, Siegfried/Jäger, Margarete/Wamper, Regina/Nothardt, Benno: Kritische Diskursanalyse. Eine Einführung, 8. vollständig überarbeitete Auflage. Münster: Unrast.

derungen und die Stabilisierung gesellschaftlicher Verhältnisse miteinander interagieren (vgl. ebd.).

Foucault führte den Begriff der Problematisierung erst spät ein. Obwohl seine letzten Schriften aufschlussreiche Erläuterungen zum Problematisierungsbegriff enthalten, bleibt das Konzept in seinem Werk unvollständig. Erstmals verwendet er den Begriff der Problematisierung in einem 1976 erschienenen Aufsatz zur Gesundheitspolitik des 18. Jahrhunderts. Obwohl er ihn noch nicht in einem methodologischen Kontext verwendet, deutet sich bereits in diesem Text das analytische Potenzial des Problematisierungsbegriffs an. Mit Blick auf den Gesundheitsdiskurs fasst Foucault die Problematisierung als das »an vielfältigen Stellen des Gesellschaftskörpers erfolgende Auftauchen von Gesundheit und Krankheit als Probleme« (DE 3, S.21). Dieses »Auftauchen« von Problemen erfordere ein Eingreifen, das sich nicht auf institutionelle Instanzen wie den Staat beschränkte, sondern eine umfassendere Verantwortungsübernahme durch die Gesellschaft als Ganzes erforderte. Hier zeigt sich bereits: Wird etwas zum Problem, entsteht Handlungsbedarf.

In den folgenden Jahren greift Foucault den Begriff der Problematisierung nicht weiter auf. Mit diesem befasst er sich intensiver erst wieder ab Herbst 1983 bis zu seinem Tod im Sommer 1984. Besonders in seinen Berkeley-Vorlesungen, die 1996 veröffentlicht wurden, widmet er sich ausführlich der Problematisierung der Parrhesia oder auch des Wahrsprechens. Hier analysiert er, wie sich am Ende des fünften Jahrhunderts in Athen »eine *Problematisierung* der bisher unproblematischen Beziehungen zwischen Freiheit, Macht, Demokratie, Erziehung und Wahrheit« entwickelte (Foucault 1996, S.77).

Es wird deutlich, welch hohen Stellenwert Foucault dem Begriff der Problematisierung beimisst. Es sei ihm in den meisten seiner Arbeiten nicht primär um die Analyse menschlichen Verhaltens oder um Ideen gegangen, sondern vielmehr darum, »den Prozess der ›Problematisierung‹ zu analysieren – was heißt: Wie und warum bestimmte Dinge (Verhalten, Erscheinungen, Prozesse) zum *Problem* wurden« (ebd., S.178). An anderer Stelle merkt er an, dass seit »Wahnsinn und Gesellschaft« (WG) Anfang der 1960er-Jahre der Begriff der Problematisierung als gemeinsamer Grundbegriff seiner Untersuchungen diente, wenngleich er ihn nicht vollständig ausgearbeitet habe (vgl. DE 4, S.825). Dementsprechend charakterisiert Thomas Lemke die Problematisierung als zentrales Konzept in Foucaults Werk, das sowohl dessen archäologischen als auch dessen genealogischen Ansatz miteinander verbinde.

> »Während die Archäologie sich mit den Formen der Problematisierungen selbst auseinandersetzt, sie analysiert und beschreibt, untersucht die Genealogie die Beziehungen dieser Problematisierungformen zu bestimmten diskursiven und nicht-diskursiven Praktiken.« (Lemke 1997, S.341)

Vor dem Hintergrund von Lemkes Verständnis, den Begriff der Problematisierung als Brücke zwischen dem frühen und dem späten Foucault zu verstehen, erscheint es besonders bedauerlich, dass Foucault nicht mehr die Gelegenheit hatte, das Konzept auszuformulieren. Trotz der lediglich punktuellen Bezüge Foucaults wird Problematisierung im deutschsprachigen Raum seit einiger Zeit verstärkt aufgegriffen und weiterentwickelt (z.B. Diaz-Bone 2018, Dzudzek 2016, Keller u.a. 2021). So hat ihn die Soziologin Ulrike Klöppel in ihrer historischen Studie zu Intersexualität (Klöppel 2010a und Klöppel 2010b) umfassend konzeptualisiert und seine analytische Tragweite insbesondere für eine historische Diskursanalyse aufgezeigt.

Die fragmentarischen Darstellungen Foucaults, insbesondere aus Vorträgen, Aufsätzen und Interviews seines letzten Lebensjahres, erweitert durch die synthetisierenden Arbeiten etwa von Lemke und Klöppel bilden eine geeignete Grundlage für die Entwicklung von zehn zentralen Dimensionen des Problematisierungsbegriffs. Ausgehend von diesen Dimensionen lassen sich methodologische Schlussfolgerungen für die Kritische Diskursanalyse ziehen.

(1) Wie bereits angedeutet, hebt der Problematisierungsbegriff zunächst den *Konstruktionscharakter* von Problemen hervor. Durch die Rückführung des Substantivs ›Problem‹ auf das Verb ›problematisieren‹ expliziert Foucault den gesellschaftlichen Konstruktionsprozess von Problemen (vgl. Klöppel 2010a, S.255). Dieses Verständnis eröffnet einen Perspektivwechsel beim Blick auf gesellschaftliche Probleme. So steht diese Betrachtungsweise einer essentialistischen Ansicht entgegen, nach der Probleme als feste, unveränderliche Tatsachen betrachtet werden, als quasi externe Entitäten, die weitgehend unabhängig von sozialen und kulturellen Kontexten entstehen und bestehen. Eine an Foucault orientierte Perspektive schärft ein Verständnis dafür, wie bestimmte Themen oder Zustände zu Problemen gemacht werden und verdeutlicht, dass bereits die Definition eines Problems untrennbar mit gesellschaftlichen Voraussetzungen sowie Wissen, Macht und Herrschaftsverhältnissen verbun-

den ist. Die Anerkennung des konstruierten Charakters von Problemen erlaubt somit eine kritische Analyse des zugrunde liegenden Wissens sowie der Interessen und Machtstrukturen, die bestimmen, was als problematisch angesehen wird. Bei einem solchen nicht-essentialistischen Blick auf Probleme steht nicht das Problematisierte selbst im Fokus, sondern die Mechanismen und Prozesse, die bestimmte Zustände oder Verhaltensweisen als problematisch definieren.

(2) Anhand der ersten Dimension wird bereits deutlich, dass die ohnehin in der KDA wichtigen ökonomischen, gesellschaftlichen und politischen *Kontexte* für die Analyse von Problematisierungen von zentraler Bedeutung sind. Ohne diese zu betrachten, wird kaum ersichtlich sein, warum bestimmte Sachverhalte als Probleme wahrgenommen werden beziehungsweise warum etwas, was bisher nicht diskutiert wurde und als unproblematisch galt, plötzlich Gegenstand von Deutungskämpfen ist. Das steht im Gegensatz zu dem häufig erhobenen Vorwurf an Foucault, idealistisch zu argumentieren.[44] Dem entgegen verweist er auf die Grundlage der Dynamik hin zu einer Problematisierung.

> »Die Behauptung, die Untersuchung des Denkens sei die Analyse einer Freiheit, besagt nicht, dass man es mit einem formalen System zu tun hat, das nur einen Bezug auf sich selbst hätte. In Wirklichkeit muss, damit ein Handlungsbereich und ein Verhalten ins Feld des Denkens eintritt, eine gewissen Anzahl von Faktoren ihn oder es unsicher gemacht, ihm seine Vertrautheit genommen oder in dessen Umfeld eine gewissen Anzahl von Schwierigkeiten hervorgerufen haben. Diese Elemente unterliegen sozialen, ökonomischen oder politischen Prozessen.« (DE 4, S. 732)

Foucault unterstreicht somit, dass der Wandel eines Sachverhalts in einen Gegenstand des Denkens respektive in ein Problem Resultat eines Zusammenspiels verschiedener Prozesse ist. Insofern sieht Foucault in der Problematisierung eine »›Antwort‹ auf eine konkrete Situation, die durchaus real ist« (Foucault 1996, S. 179). Er stellt sich dabei die für die Analyse von Problematisierungen entscheidenden Fragen:

> »Wie und warum wurden unterschiedliche Dinge in der Welt zum Beispiel unter dem Begriff ›Geisteskrankheit‹ zusammengefasst, gekennzeichnet, ana-

44 Auf den Idealismus-Vorwurf nimmt er in seinen Berkeley-Vorlesungen Bezug, wenn er betont, dass seine Analyse der Problematisierung von Themen wie Wahnsinn, Verbrechen oder Sexualität nicht darauf abzielt, die Realität dieser Phänomene zu leugnen. Vielmehr habe er demonstriert, wie diese realen Gegebenheiten zu bestimmten Zeiten zum Ziel sozialer Regulierung wurden (vgl. Foucault 1996, S. 179).

lysiert und behandelt? Welches sind die für eine gegebene ›Problematisierung‹ relevanten Elemente?« (Foucault 1996, S.179)

(3) In seinen Berkeley-Vorlesungen beschreibt Foucault die *unterschiedlichen Ebenen*, auf denen Problematisierungen stattfinden. Seine Analyse zielt darauf ab, zu untersuchen, wie »Institutionen, Gewohnheiten und Verhalten ein Problem für die Leute werden, die sich auf eine spezifische Art verhalten, die bestimmte Typen von Gewohnheiten haben, die sich bestimmten Arten von Praktiken widmen und bestimmte Arten von Institutionen einsetzen« (ebd., S.78). Er betrachtet die Geschichte des Denkens als eine Geschichte der Problematisierung – eine Geschichte darüber, »wie Menschen beginnen, sich um etwas zu kümmern, sich um dieses oder jenes zu sorgen – zum Beispiel um Wahnsinn, um Verbrechen, um Sexualität, um sich selbst oder um Wahrheit« (ebd.). Eine Analyse der Problematisierung müsste entsprechend nicht darauf begrenzt sein, allein diskursive Praktiken in den Blick zu nehmen, sondern könnte auch nicht-sprachlich diskursive Praktiken sowie Vergegenständlichungen betrachten. Anders als bei einer Dispositivanalyse, in der das komplexe Netz der Beziehungen zwischen diesen Komponenten wesentlicher Bestandteil der Untersuchung ist[45], kann eine solche Betrachtung hier auf die Voraussetzung der Problematisierungen eingeschränkt und beispielsweise als Teil des diskursiven Kontextes betrachtet werden.

(4) Foucault illustriert am Beispiel der Parrhesia, wie die Problematisierung eine »Krise in der Art und Weise markiert, wie Redefreiheit in Athen verstanden wird«, und somit Handlungsbedarf schafft: »Und diese Problematisierung erfordert eine neue Weise, sich um diese Beziehungen zu kümmern und sie zu befragen« (Foucault 1996, S.77). Demnach lässt eine Problematisierung eine Verbindung mit einer *Krise* vermuten. Die Problematisierung eines zuvor als unproblematisch angesehenen Sachverhalts oder die Neuproblematisierung eines bereits in anderer Weise thematisierten Aspekts kann auf eine Krise in dem Bereich hinweisen, in dem die Problematisierung erfolgt. Die Krise ist Ausgangspunkt für die Produktion von Wahrheit, insofern sich ausgehend von der Krisensituation ein normatives Setting etabliert. Die Analyse der Problematisierung ist ein Schlüssel um Krise und Wahrheitsproduktion in einer sich verändernden Situation zu fassen, womit das Konzept der Problematisierung

45 Siehe folgendes Unterkapitel 4.4. und Kapitel 7.

selbst für eine Verschiebung von Foucaults Analysefokus steht: »Nicht mehr Ordnungen werden analysiert, sondern Probleme« (Folkers/Lim 2014, S.54). Während die Analyse von Ordnungen des frühen Foucault stärker an mehr oder weniger geschlossenen Systemen ansetzt, nimmt er mit der Problematisierung offene Situationen in den Blick (vgl. ebd.).

(5) Problematisierungen im Zusammenhang mit Veränderungen und offenen Situationen zu verstehen, verdeutlicht bereits ihren *produktiven Charakter*, worauf Klöppel hinweist, wenn sie das Verhältnis von Problematisierung zu Kontext, Ereignissen und Krisen erläutert.

> »Problematisierungen knüpfen einerseits an die bestehende Macht-Wissens-Formation an und versuchen andererseits, die Veränderungen der Kräfteverhältnisse zu integrieren, indem sie diese unter einer bestimmten Fragestellung synthetisieren, interpretieren und neu ausrichten. Insofern Problematisierungen Ereignisse aktualisieren, stehen sie weder in einem willkürlichen Verhältnis zum historischen Geschehen, noch sind sie durch dieses determiniert.« (Klöppel 2010a, S.259)

Problematisierungen lassen sich also nicht als Erscheinungen und Verdichtungen von krisenhaften Kontexten verstehen, sondern sie wirken gestaltend auf diese Kontexte ein.[46] Wie Foucault bemerkt, ist es nicht möglich, aus einer gegebenen Situation automatisch abzuleiten, welche Art der Problematisierung folgen wird. Vielmehr kann man bei einer bestimmten Problematisierung, »nur verstehen, warum diese Art von Antwort auftaucht als Erwiderung auf einige konkrete und spezifische Aspekte der Welt« (Foucault 1996, S.180).

(6) Der Gedanke, dass Ereignisse oder Krisen nicht zwangsläufig zu einer entsprechenden oder erwartbaren Problematisierung führen, unterstreicht die *Kontingenz*[47] von Problematisierungen. Das Verhältnis zwischen dem Gegenstand der Problematisierung und der Problematisierung selbst ist nicht deterministisch, insofern eine Problematisierung »nicht

---

46 Ein prägnantes Beispiel hierfür bietet Klöppels Untersuchung des Diskurses über medizinischen Hermaphroditismus im 19. Jahrhundert. Die Medizin reagierte nicht bloß auf Hermaphroditismus; vielmehr war ihre Reaktion aktiv und gestaltend, indem »die medizinische Problematisierung die Wahrnehmung von Körpern als geschlechtsuneindeutig und pathologisch erst hervorbringt« (ebd., S.261).

47 Der philosophische Begriff der Kontingenz bezieht sich auf etwas, das weder unmöglich noch notwendig ist. So könnte ein kontingentes Ereignis geschehen, aber es könnte auch nicht geschehen. Kontingenz betont die Unvorhersehbarkeit von Ereignissen und ist damit ein Gegenbegriff zum Determinismus.

eine einzige Form« annimmt, sondern »eine oft vielgestaltige, mitunter sogar in ihren verschiedenen Aspekten widersprüchliche, eigentümliche oder spezifische Antwort« ist (DE 4, S.732). Foucault möchte verstehen, was verschiedene gleichzeitige Antworten ermöglicht, und den Punkt bestimmen, »an dem ihre Gleichzeitigkeit ihre Wurzeln hat; der Boden, der sie, die einen wie die anderen, in ihrer Verschiedenartigkeit und mitunter ihren Widersprüchen zum Trotz ernähren kann« (ebd., S.733). Trotz der Gleichzeitigkeit verschiedener Antworten, versteht Foucault diese also nicht als willkürlich.

> »Die Arbeit einer Geschichte des Denkens bestünde indes darin, an der Wurzel dieser verschiedenartigen Lösungen die allgemeine Form einer Problematisierung wiederzufinden, die sie möglich gemacht hat – bis hinein in ihren Gegensatz; oder noch das, was die Verwandlungen der Schwierigkeiten und Hemmnisse einer Praxis in ein allgemeines Problem möglich gemacht haben, für das man verschiedenartige praktische Lösungen vorschlägt. Die Problematisierung antwortet auf diese Schwierigkeiten, doch indem sie etwas ganz anderes tut als sie auszudrücken oder aufzuzeigen; sie arbeitet diesbezüglich die Bedingungen heraus, unter denen mögliche Antworten gegeben werden können; sie definiert die Elemente, die das konstituieren werden, worauf die verschiedenen Lösungen sich zu antworten bemühen.« (Ebd.)

(7) Wie im Kontext der Kontingenz von Problematisierungen gezeigt, können unterschiedliche Problematisierungs- oder Bearbeitungsweisen ähnliche Bezugspunkte aufweisen. Durch die *Abstraktion* solcher auf den ersten Blick möglicherweise gegensätzlichen Problematisierungsweisen kann eine dahinterliegende grundlegende Problematisierung sichtbar werden. Foucault beschreibt die Problematisierung als »eine kritische Analysebewegung, über die versucht wird herauszufinden, wie die verschiedenen Lösungen für ein Problem erstellt werden konnten, aber auch, wie diese verschiedenen Lösungen zu einer spezifischen Problematisierungsform gehören« (DE 4, S.733).[48]

48 Dies wird deutlich an der bereits erwähnten Untersuchung des Hermaphroditismus-Diskurses von Ulrike Klöppel: Die Problematisierung von Sexualität und Geschlecht Ende des 19. Jahrhunderts führte zu gegensätzlichen Theorien, die Abweichungen entweder auf biologische Prädisposition oder auf Erziehung und kulturelle Einflüsse zurückführten. Trotz dieser Unterschiede lässt sich ein gemeinsamer Kern der Problematisierung herausarbeiten: Psychosexualität wurde als autonomer Geschlechtscharakter betrachtet, der ausschließlich innerhalb der zweigeschlechtlichen heterosexuellen Matrix als normal angesehen wurde (vgl. Klöppel 2010a, S.260).

(8) Die Analyse von Problematisierungen ermöglicht es, das *wechselseitige Verhältnis von Stabilität und Transformationen* näher zu beleuchten. Zwar fordert eine Problematisierung die bis dato gültigen Denkweisen heraus, aber »zugleich reguliert sie den Spielraum für Transformationen, indem sie Bedingungen setzt, die als gemeinsamer Bezugspunkt möglicher Lösungen dienen« (Klöppel 2010a, S.260). Das wechselseitige Verhältnis von Stabilität und Transformation hebt Foucault in seinen Berkeley-Vorlesungen hervor:

> »Die Geschichte des Denkens ist eine Analyse der Art und Weise, wie ein unproblematisches Erfahrungsfeld oder eine Reihe von Praktiken, die als selbstverständlich akzeptiert wurden, die vertraut und ›unausgesprochen‹ sind, also außer Frage stehen, zum Problem werden, Diskussionen und Debatten hervorruft, neue Reaktionen anregt und eine Krise der bisherigen stillschweigenden Verhaltensweisen, Gewohnheiten, Praktiken und Institutionen bewirkt.« (Foucault 1996, S.78)

Etwas erscheint als störend, verunsichernd, fragwürdig und problematisch, was gleichzeitig eine Bearbeitungsweise hervorruft, sodass die Problematisierung unter Vorzeichen der durch die Problematisierung aufgezeigten Problemstellung bestimmte Bearbeitungsweisen provoziert, die zwar Veränderungen hervorrufen können, aber gleichzeitig die strukturellen Vorzeichen unberührt lassen und so zu einer Stabilisierung bestehender Koordinaten beitragen können. Es geht bei Problematisierungen also um »Strategien der flexiblen Neuanpassung bestehender Praktiken und Kodifikationen, indem sie Transformationen durch die Festlegung der Problemstellung produktiv kanalisieren« (Klöppel 2010a, S.75).

(9) Nicht zuletzt durch die Kontingenz der Problematisierungen entstehenden *Freiheitsspielräume und Widerstandspotenziale.*

> »Auf ein gegebenes Ensemble von ›Schwierigkeiten‹ können sehr verschiedene und teilweise widersprüchliche ›Antworten‹ gegeben werden. ›Problematisierungen‹ sind also nicht einfache Repräsentationen von konkreten (politischen, ökonomischen, etc.) Problemen, sondern bezeichnen eine kreative Arbeit, die die Bedingungen definiert, unter denen bestimmte mögliche Antworten ›konstruiert‹ oder ›fingiert‹ werden können.« (Lemke 1997, S.343)

Das korrespondiert mit der Aussage Foucaults, es gehe ihm bei den Problematisierungen nicht um eine Geschichte der Lösungen, vielmehr gehe er davon aus, dass es darum gehen müsse, »eine Arbeit der Problematisierung und ständigen Reproblematisierung« (DE 4, S.751) zu leisten. Entsprechend erfüllen Problematisierungen für die Geografin Iris Dzudzek im Kern zwei Funktionen: Zum einen sei Problematisierung als ein Modus zu verstehen, »der Probleme als Objekte der Regierung konstituiert und unter ganz bestimmten Rationalitäten formatierbar macht« (Dzudzek 2016, S.44). Zum anderen stellen Problematisierungen »einen originellen und spezifischen ›Antwortversuch‹ dar, der etwas Unbekanntes in verfügbare diskursive Strukturen übersetzt und letztere damit verändert« (ebd.). Diese Problematisierungen können als Reproblematisierungen verstanden werden, als kritische Bewegung des Denkens, als »eine kreative Arbeit, die die Bedingungen definiert, unter denen bestimmte mögliche Antworten ›konstruiert oder fingiert‹ werden können« (Lemke 1997, S.342).

(10) Schließlich könnten neben der Analyse von Problematisierungen und widerständigen Reproblematisierungen auch die von *Deproblematisierungen* für eine Kritische Diskursanalyse von Interesse sein. Zwar finden sich bei Foucault, Lemke, Klöppel und anderen kaum Andeutungen zu einem Deproblematisierungsbegriff, aber es ist naheliegend, dass auch Aussagen erkundet werden können, die den verschiedenen Problematisierungen entgegenwirken oder sie zumindest untergraben, indem sie beispielsweise bestehende Problematisierungen hinterfragen oder alternative, nicht-problematisierende Interpretationen anbieten. Mit den Soziolog*innen Katharina Block und Sascha Dickel kann unter einer Deproblematisierung der »Ausdruck einer Verflechtung diskursiver und nicht-diskursiver Praktiken« verstanden werden, »die etwas *nicht (mehr)* in das explizite Spiel des Wahren und Falschen eintreten lassen« (Block/Dickel 2020, S.124). Deproblematisiertes ist in diesem Sinne nicht bloßes Nicht-Thematisiertes, Nicht-Dargestelltes und Nicht-Gesagtes, sondern etwas, das sich im Bereich des Impliziten und der Latenz bewegt (vgl. ebd.).

Wie lässt sich nun ausgehend von den zehn Dimensionen des Problematisierungsbegriffs das Begriffsinventar der Kritischen Diskursanalyse erweitern? Zunächst erscheint es sinnvoll, den Begriff der Problematisierung abzugrenzen von der Problematisierungsweise. Während der Begriff der Problematisierung den breiteren Rahmen und den Gesamtprozess der Konstruktion von Problemen umfasst, können unter Problematisierungsweisen die spezifischen Methoden und Perspektiven, die innerhalb dieses Prozesses der Problematisierung Anwendung finden, verstanden werden. Die Problematisierung setzt die Bedingungen, unter denen mögliche Antworten auf Probleme gegeben werden können, während Problematisierungsweisen sich auf die konkreten Techniken und Ansätze beziehen, die in diesem Prozess zur Anwendung kommen.

Um eine Problematisierung detailliert zu analysieren, bietet es sich an, zwischen Problembeschreibung, Problemerklärung und Problembearbeitung zu unterscheiden.

- Die Problembeschreibung bezieht sich darauf, in welcher Weise etwas als problematisch identifiziert wird, einschließlich der Merkmale, die Handlungen, Eigenschaften, Dingen, Personen oder ähnlichem zugeschrieben werden.
- Die Problemerklärung befasst sich mit den Ursachen, Hintergründen und Kontexten, die mit einem identifizierten Problem in Verbindung gebracht werden.
- Die Problembearbeitung konzentriert sich auf die Entwicklung und Bewertung von Strategien und Maßnahmen, die darauf abzielen, das als problematisch identifizierte Phänomen zu adressieren, abzumildern bzw. zu bearbeiten.

Die Unterscheidung zwischen Problembeschreibung, Problemerklärung und Problembearbeitung hat sich in der Analyse der Problematisierung von Gammlern[49] im mediopolitischen Interdiskurs in den 1960er-Jahren in der Bundesrepublik (Friedrich 2025) als hilfreich erwiesen. Zur Problembeschreibung zählen etwa die Problematisierung der langen Haare, des Konsumverzichts sowie der mangelnden Leistungsbereitschaft. Bei den Problemerklärungen konnte herausgearbeitet werden, wie das Aufkommen der Gammler in Leitmedien erklärt wurde: Demnach sei das Auftreten von Gammlern etwa auf einen Generationenkonflikt, falsche Erziehung der Eltern oder Dekadenz zurückzuführen. Bei der Problembearbeitungen ließen sich von Nichtstun und Abwarten bis zu einer offensiven Bekämpfung der Gammler, notfalls mit Gewalt, ein breites Spektrum an Handlungsmöglichkeiten herausarbeiten.

Die Problematisierungsweisen können zu Problematisierungen verdichtet werden. Um beim Beispiel der Gammler zu bleiben: Abstrahierend von den verschiedenen Problematisierungsweisen lassen sich unter Rückgriff auf

49 Gammler ist eine Fremd- und Selbstbezeichnung einer Jugendkultur, die in den 1960er-Jahren in Deutschland und unter anderen Bezeichnungen auch in anderen europäischen Staaten aufkam.

Jürgen Links Normalismustheorie (vgl. Kap. 4.12.3) eine protonormalistische Problematisierung sowie eine flexibel-normalistische Problematisierung bestimmen.

Die Problematisierungen sollen dann im Hinblick auf ihre gesellschaftliche Funktion mit den ökonomischen, gesellschaftlichen und politischen Kontexten der Problematisierung zurückgebunden und analysiert werden. Dies dient dazu, zu verstehen, auf welche übergeordneten gesellschaftlichen Situationen oder Krisen eine Problematisierung reagiert.

In Abgrenzung zum Dispositiv kann unter der Problematisierung der Prozess der Konstruktion und Definition eines Problems innerhalb von Diskursen und Machtverhältnissen gefasst werden, während unter einem Dispositiv ein Netz zur Bearbeitung gesellschaftlicher Notstände gefasst werden kann. Problematisierungen sind oft dynamischer und schnelllebiger als Dispositive, können sich jedoch in Form von Dispositiven konkretisieren. In diesem Sinne können Problematisierungen zeitlich den Dispositiven vorausgehen.

Zusammengefasst geht die Analyse von Problematisierungen im Rahmen der KDA von krisenhaften Situationen, Ereignissen sowie ökonomischen, gesellschaftlichen und historischen Kontexten aus. Dabei wird analysiert, wie auf verschiedenen Ebenen wie Denken, Handeln und Institutionen Probleme konstruiert und gehandhabt werden. Problembeschreibung, Problemerklärung und Problembearbeitung sind dabei als spezifische Problematisierungsweisen zu betrachten. Diese benötigen eine abstrahierte Betrachtung, um übergeordnete Muster und gemeinsame Bezugspunkte der verschiedenen Problematisierungsweisen und somit die eigentlichen Problematisierungen identifizieren zu können. Die Analyse umfasst sowohl die Untersuchung der stabilisierenden Regulation als auch das Erkennen möglicher Widerstandspotenziale und Freiheitsspielräume, die aus der Dynamik von Problematisierung, Reproblematisierung und Deproblematisierung entstehen.

4.4 Das Dispositiv

> »Verknüpfen die Diskurse einzelne Aussagen nach bestimmten Formationsregeln, stellen die Dispositive Verknüpfungen von Diskursen, Praktiken und Macht dar«. (Seier 1999, S.80)

Unter einem Dispositiv ist ein prozessierender Zusammenhang von Wissen zu verstehen, der sich in Sprechen/Denken, Handeln und Gegenständlichkeiten materialisiert. Es geht also um das Zusammenspiel von sprachlich diskursiven Praxen (= Sprechen und Denken auf der Grundlage von Wissen), nicht-sprachlichen diskursiven Praxen (= Handeln auf der Grundlage von Wissen) und Sichtbarkeiten bzw. Vergegenständlichungen (als Resultate von Handeln auf der Grundlage von Wissen).[50]

Erstmals eingeführt wird der Dispositivbegriff 1976 in *Der Wille zum Wissen* (WW). Dort bezeichnet Foucault ein Dispositiv als vielfältig und komplex und als »einen Apparat zur Produktion von Diskursen« (WW, S.35).[51]

Eine elaborierte Definition von Dispositiv findet sich dann in *Dispositive der Macht*. Hier erläutert Foucault in einem Gespräch mit Jacques-Alain Miller und anderen Psychoanalytiker*innen die methodologischen Funktionen des Ausdrucks »Dispositiv« (Foucault 1978b, S.118-175).

Auf die Frage, »Du sprichst von einem ›Sexualitätsdispositiv‹. Welchen Sinn und welche methodologische Funktion gibst Du diesem Ausdruck ›Dispositiv‹?« antwortet er:

> »Was ich unter diesem Titel festzumachen versuche ist erstens ein entschieden heterogenes Ensemble, das Diskurse, Institutionen, architekturale Einrichtungen, reglementierende Entscheidungen, Gesetze, administrative Maßnahmen, wissenschaftliche Aussagen, philosophische, moralische oder philanthropische

50 Des Weiteren s. Ruoff 2009, S.101 f. Wir beziehen uns in diesem Abschnitt teilweise auf den Text von Cetin 2010. Nach Bührmann und Schneider (2008) kommen Subjektivitäten als weitere Komponente hinzu.

51 Der deutsche Übersetzer merkt an, dass der französische Begriff ›*dispositif*‹ vornehmlich in juristischen, medizinischen und militärischen Kontexten gebraucht wird und die (materiellen) Vorkehrungen bezeichnet, die es erlauben, eine strategische Operation durchzuführen, also ein Ensemble von Einsatzmitteln, die entsprechend einem Plan aufgestellt werden. Auch Jürgen Link (Link 2007) verweist auf die Wichtigkeit der umgangs- und fachsprachlichen Konnotationen von ›*dispositif*‹. Foucault nähert sich hier einem Verständnis von Dispositiv an, indem er beschreibt, wie ein bestimmtes Dispositiv funktioniert: »Man hat nicht nur den Bereich dessen, was sich über den Sex sagen ließ, ausgebreitet und die Menschen dazu gezwungen, ihn beständig zu erweitern; man hat vor allem den Diskurs an den Sex angeschlossen und zwar vermöge eines komplexen und vielfältig wirkenden Dispositivs, das sich nicht in einem einzigen verbietenden Gesetz erschöpft. Zensur des Sexes? Eher hat man einen Apparat zur Produktion von Diskursen über den Sex installiert, zur Produktion von immer mehr Diskursen, denen es gelang, zu funktionierenden und wirksamen Momenten seiner Ökonomie zu werden« (WW S.35 f.).

Lehrsätze, kurz: Gesagtes ebenso wohl wie Ungesagtes[52] umfasst. Soweit die Elemente des Diskurses. Das Dispositiv selbst ist das Netz, das zwischen diesen Elementen geknüpft werden kann.«

»Zweitens möchte ich in dem Dispositiv gerade die Natur der Verbindung deutlich machen, die zwischen diesen heterogenen Elementen sich herstellen kann. So kann dieser oder jener Diskurs bald als Programm einer Institution erscheinen, bald im Gegenteil als ein Element, das es erlaubt, eine Praktik zu rechtfertigen und zu maskieren, die ihrerseits stumm bleibt, oder er kann auch als sekundäre Reinterpretation dieser Praktik funktionieren, ihr Zugang zu einem neuen Feld der Rationalität verschaffen. Kurz gesagt gibt es zwischen diesen Elementen, ob diskursiv oder nicht, ein Spiel von Positionswechseln und Funktionsveränderungen, die ihrerseits wiederum sehr unterschiedlich sein können.«

Ein Dispositiv setzt sich also nicht einfach zusammen aus Sprachlichem, Nicht-Sprachlichem und Vergegenständlichtem, sondern ist das Netz der Beziehungen, die zwischen den Elementen hergestellt wird.

Bührmann/Schneider schreiben, der Dispositivbegriff bezeichne

»nicht nur die Gesamtheit von infrastrukturellen Bestandteilen – es geht also nicht um eine einfache Bestandsaufnahme von allem, was sich bei näherem Hinsehen als Voraussetzung für oder Folge von Diskursen identifizieren lässt. Wenn Foucault mit Dispositiv ein ›heterogenes Ensemble‹ von solchen unterschiedlichen Elementen wie Diskursen, Institutionen, architekturalen Einrichtungen, reglementierenden Entscheidungen, Gesetzen usw. bezeichnet, bildet nicht die Summe dieser Elemente das Dispositiv, sondern das analytische Konzept Dispositiv soll das Augenmerk auf ›das Netz, das zwischen diesen Elementen geknüpft werden kann‹, richten (Foucault 1978: 119 f.).« (Bührmann/Schneider 2008, S.52)

»Drittens«, so fährt Foucault fort,

»verstehe ich unter Dispositiv eine Art von – sagen wir – Formation, deren Hauptfunktion zu einem gegebenen historischen Zeitpunkt darin bestanden

52 Hier deutet sich das Problem der sogenannten nicht-diskursiven Praxen an. Es fällt offenbar schwer, sich nicht-diskursive Diskurse vorzustellen, weil der Diskursbegriff als solcher fast immer strikt an Sprachliches gebunden gewesen ist. Wenn diesen Elementen jedoch das Wissen als gemeinsames Band zugrunde gelegt wird, löst sich dieses Problem. Foucault ist allerdings an diesen Unsicherheiten nicht ganz unschuldig, weil er sich bei seinen Untersuchungen zu den Denksystemen vornehmlich auf sprachlich performierte Diskurse bezogen hat. Mit seinen Dispositivanalysen wie etwa in *Überwachen und Strafen* (ÜS) geht er jedoch weit über sprachliche Performanzen hinaus, was auch den Übergang von der Archäologie zur Genealogie markiert.

> hat, auf einen Notstand (urgence) zu antworten. Das Dispositiv hat also eine vorwiegend strategische Funktion. Das hat zum Beispiel die Resorption einer freigesetzten Volksmasse sein können, die einer Gesellschaft mit einer Ökonomie wesentlich merkantilistischen Typs lästig erscheinen musste: es hat da einen strategischen Imperativ gegeben, der die Matrix für ein Dispositiv abgab, das sich nach und nach zum Dispositiv der Unterwerfung/Kontrolle des Wahnsinns, dann der Geisteskrankheit, schließlich der Neurose entwickelt hat.« (Foucault 1978b, S. 119ff.)

Auf die zusätzliche Frage »Ein Dispositiv definiert sich also durch seine Struktur von heterogenen Elementen, zugleich aber auch durch einen bestimmten Typ von Genese?« (ebd., S. 120 f.) antwortet Foucault:

> »Ja. Und ich würde an dieser Genese zwei Momente als wesentlich ansehen. Zuerst gibt es immer die Prävalenz einer strategischen Zielsetzung. In der Folge konstituiert sich das Dispositiv dann eigentlich als solches und bleibt in dem Maße Dispositiv, in dem es Ort eines doppelten Prozesses ist: Prozess einerseits einer funktionellen Überdeterminierung, sofern nämlich jede positive oder negative, gewollte oder ungewollte Wirkung in Einklang oder Widerspruch mit den anderen treten muss und eine Wiederaufnahme, eine Readjustierung der heterogenen Elemente, die hier und da auftauchen, verlangt. Prozess einer ständigen Wiederauffüllung andererseits. Nehmen wir als Beispiel die Inhaftierung, jenes Dispositiv, das bewirkt hat, dass zu einem gegebenen Zeitpunkt die Maßnahmen der Haft als das wirksamste und vernünftigste Instrument erschienen sind, das man gegenüber dem Problem der Kriminalität in Anwendung bringen kann. Was hat das produziert? Einen Effekt, der im Vorhinein absolut nicht vorgesehen war, und der nichts zu schaffen hat mit der strategischen List irgendeines meta- oder transhistorischen Subjekts, das ihn geahnt oder gewollt hätte. Dieser Effekt ist die Konstituierung eines Milieus der Delinquenz gewesen, das von jener Spielart der Aussaat illegaler Praktiken und Individuen, die man in der Gesellschaft des 18. Jahrhunderts vorfand, grundverschieden ist. Wie ist das vor sich gegangen? Das Gefängnis hat die Rolle der Filtrierung und Konzentration, der Professionalisierung und Abschließung eines Milieus der Delinquenz übernommen. Ungefähr seit den dreißiger Jahren des 19. Jahrhunderts erlebt man eine unmittelbare Wiedernutzbarmachung dieses unfreiwilligen und negativen Effekts in einer neuartigen Strategie, die in gewisser Weise den leeren Raum wiederaufgefüllt, oder, anders gesagt, dessen Negativität ins Positive gekehrt hat: das Milieu der Delinquenz wurde zu diversen politischen und ökonomischen Zwecken (etwa um aus der Lust Profit zu schlagen – mit Hilfe der Organisierung der Prostitution) ausgenutzt. Das nenne ich die strategische Wiederauffüllung des Dispositivs.« (ebd., S. 121 f.)

Das Dispositiv reagiert also auf einen Notstand und sucht ihn zu beseitigen. Bei diesem Versuch können sich jedoch auch nicht gewollte Effekte einstellen, die sich gegen diesen Versuch richten und dadurch weitere Notstände hervorrufen, aber möglicherweise auch Widerstände gegen Entwicklungen, die im ursprünglichen Dispositiv nicht vorgesehen waren.

Im französischen Original spricht Foucault von »urgence« (vgl. Foucault 1978b, S. 120). Statt als Notstand könnte man das auch mit Notwendigkeit, Dringlichkeit oder Problemstellung übersetzen. Dabei ist Notstand nicht als tatsächliche, quasi objektive Problemlage zu verstehen, sondern folgt dem Spiel gesellschaftlicher Problematisierungen. Hier ist zu fragen, was wird als Problem angesehen und nicht, was *ist* ein Problem?[53]

Foucault fährt wenig später fort:

> »Ich habe gesagt, dass das Dispositiv wesentlich strategischer Natur ist, was voraussetzt, dass es sich dabei um eine bestimmte Manipulation von Kräfteverhältnissen handelt, um ein rationelles und abgestimmtes Eingreifen in diese Kräfteverhältnisse, sei es, um sie in diese oder jene Richtung auszubauen, sei es, um sie zu blockieren oder zu stabilisieren oder auch nutzbar zu machen usw. [...] Das Dispositiv ist also immer in ein Spiel der Macht eingeschrieben, immer aber auch an eine Begrenzung oder besser gesagt: an Grenzen des Wissens gebunden, die daraus hervorgehen, es gleichwohl aber auch bedingen. Eben das ist das Dispositiv: Strategien von Kräfteverhältnissen, die Typen von Wissen stützen und von diesen gestützt werden.« (ebd., S. 122 f.)[54]

Dispositive sind also nicht einfach gegeben, sondern sie bilden sich angesichts spezifischer gesellschaftlicher Problemlagen bzw. diskursiver Konstellationen heraus. Diese strategische Seite des Dispositivs deutet auf seine Verwendung im Zusammenhang von Macht und Wissen hin. Mit der Kategorie des Dispositivs werden also Macht-Wissen-Komplexe beschrieben. Wissensproduktion und Verhaltensregulierung verschränken sich wechselseitig.[55] Der strategische Charakter des Dispositivs kann nicht mit einem intentionalen gleichgesetzt werden. Es handelt sich vielmehr um eine »›Strategie

53 Siehe dazu das vorangehende Unterkapitel 4.3. Problematisierung.

54 Als ein weiteres Beispiel für ein Dispositiv führt Foucault an: »ein Dispositiv zur Aussiebung zwischen den Normalen und den Anormalen« (DE 2, S. 939). Wie ein Dispositiv sich aufbaut und sehr geschmeidig funktioniert, ist sehr schön beschrieben in DE 3, S. 265.

55 Das Gespräch, aus dem die zitierte Passage stammt, wurde 1976 geführt, kurz nach Erscheinen von WW, *Sexualität und Wahrheit* Bd. 1, einer Arbeit, in der sich Foucault intensiv mit diesem Problem befasste.

ohne dahinterstehenden Strategen‹, was keineswegs bedeuten soll, dass an diesem Geschehen beteiligte, in diese Wahrheits-/Machtspiele eingebundene Akteure nicht versuchen, ihre Interessen zu verfolgen« (Bührmann/Schneider 2008, S.53).

Bührmann und Schneider weisen auf die Relevanz von Subjektivitäten für den Dispositivbegriff. Sie schreiben:

> »Die Funktionsweise der Dispositive selbst beschreibt Foucault als wesentlich produktiv: In ihnen werden beispielsweise gemäß entsprechender historisch-strategischer Erfordernisse über spezifische Diskurs- und Machttechniken nicht nur materiale Vergegenständlichungen, Objektivationen diskursiver Prozesse (als festgefügte und objektivierte Regelwerke, Rituale, Artefakte, Gebäude usw.), sondern auch und vor allem bestimmte Subjektivitätsformen bzw. typen hervorgebracht – wie z.B. im Sexualitätsdispositiv die des modernen Begehrens-Subjekts.« (ebd., S.54)

Entsprechend ergänzen Bührmann und Schneider die Komponenten des Dispositivs um Subjekte und verstehen Dispositive

> »als Ensembles [...] welche Diskurse, Praktiken, Institutionen, Gegenstände und Subjekte als Akteure als Individuen und/oder Kollektive, als Handelnde oder ›Erleidende‹ umfassen. Sie bezeichnen mithin komplexe Ausschnitte einer historisch gewordenen Sozialwelt mit ihrem (je typischen) Sagen und Tun, ihren spezifischen symbolischen Sichtbarkeiten wie materialen Vergegenständlichungen (von den uns umgebenden, sinnlich-material erfassbaren Alltagsdingen bis hin zu unseren leiblich erfahrbaren Körpern) und den in all diesem erscheinenden, machtvollen Regeln ihrer ›Wahr‹-Nehmung, ihrer Gestaltung, ihres Gebrauchs. Im Dispositivbegriff verschränken sich also die verschiedenen Dimensionen von Foucaults Machtkonzept als strukturierte und strukturierende Wirkungen auf Wirklichkeitskonstruktionen (Wissen), institutionelle Handlungsfelder (Praxis) und individuelle Handlungspräferenzen (Subjektivitäten).« (ebd., S.68)

Mit Subjektivation/Subjektivierung meinen Bührmann/Schneider einerseits Subjektformierungen und Subjektpositionierungen, andererseits auch Subjektivierungsweisen. Sie erläutern:

> »Unter diesen Begriffen ist sowohl die Art und Weise zu verstehen, wie Individuen von Diskursen als (z.B. disponierende oder disponierte) Subjekte adressiert werden, als auch deren dazu in Beziehung zu setzendes Bewusstsein als ›Selbst‹ (z.B. als Disponierende oder Disponierte). Anders formuliert: Die diskursiv vermittelten Subjektformierungen und -positionierungen enthalten Wissen darüber, wer der einzelne im Verhältnis zu anderen sein soll, welche Praktiken

> dabei zu verfolgen sind und welche Bewertungen damit einherzugehen haben.« (Bührmann/Schneider 2008, S.69)

Subjektivierungsweise meint hier »den Aspekt der Selbst-Deutung, des Selbst-Erlebens und die Selbst-Wahrnehmung der Individuen und damit [...] ihr Selbst-Verständnis im Sinne der ›eigenen Identität‹« (Bührmann/Schneider 2008, S.71).

Foucault ringt um den Begriff des Dispositivs. Er stellt damit die Gebundenheit des Diskurses an Sprache in Frage und verbindet stattdessen das Dispositiv, zu dem ja auch sprachlich performierte Diskurse gehören, mit Macht-Wissens-Komplexen.

4.5 Der Macht-Wissens-Komplex

> »[D]ie Macht mit ihren umfassenden und detaillierten Strategien und Mechanismen ist niemals wirklich erforscht worden. Und noch weniger hat man sich mit den Beziehungen zwischen Wissen und Macht, mit ihren wechselseitigen Einwirkungen beschäftigt. Einer Tradition des Humanismus entsprechend meint man, dass das Wissen aufhört, wo die Macht anfängt [...]. Und nur diejenigen, die von der Macht weit weg sind, die mit der Tyrannei nicht zu tun haben, die in ihre Gelehrtenstube und in ihre Meditationen eingeschlossen sind, können die Wahrheit entdecken. Ich habe nun den Eindruck, und ich habe das zu zeigen versucht, dass sich Macht immer an Wissen und Wissen immer an Macht anschließt. [...] Die Machtausübung bringt ständig Wissen hervor und umgekehrt bringt das Wissen Machtwirkung mit sich. [...] Es ist nicht möglich, dass sich Macht ohne Wissen vollzieht; es ist nicht möglich, dass das Wissen nicht Macht hervorbringt.« (Foucault 1976, S.44 f.)

Bereits in der *Archäologie des Wissens* behandelt Foucault die »epistemologischen Existenzbedingungen des Wissens« (Seier 2001, S.92) und verknüpft dieses Wissen mit Macht. Der Diskurs erscheint durch die Regeln der Verknappung, durch die Aussagenarmut

> »als ein endliches, begrenztes wünschenswertes, nützliches Gut, das seine Erscheinungsregeln, aber auch seine Aneignungs- und Anwendungsbedingungen hat. Ein Gut, das infolgedessen mit seiner Existenz (und nicht nur in seinen ›praktischen Anwendungen‹) die Frage nach Macht stellt. Ein Gut, das von Natur aus der Gegenstand eines Kampfes und eines politischen Kampfes ist.« (AW, S.175)

Hier schimmert Foucaults Sicht auf Wissen und Macht durch:

> »Wissen ist Macht, nicht nur insofern es gesellschaftlich machtvolle Wirkungen hat, sondern auch insofern die diskursive Produktion des Wissens bereits auf machtvollen Prozessen der Ein- und Ausschließung beruht.« (Seier 2001, S.92)

Diskurse üben als ›Träger‹ von (historisch und räumlich jeweils gültigem) Wissen Macht aus; sie sind selbst ein Machtfaktor, indem sie geeignet sind, Verhalten und (andere) Diskurse zu induzieren. Sie tragen damit zur Strukturierung von Macht- und Herrschaftsverhältnissen in den jeweiligen Gesellschaften bei. Foucault spricht daher auch nicht von Wissen als solchem, sondern von Macht-Wissens-Komplexen, bei denen Macht und Wissen eine Einheit bilden. Macht ist immer mit Wissen verbunden.[56] Macht und Wissen sind zentrale Begriffe in Foucaults Arbeiten.[57] Das Wissen ist an Sagbarkeitsfelder gekoppelt und somit bereits in einen gesellschaftlich-diskursiven Kontext eingeordnet.

> »Das Wort Wissen wird also gebraucht, um alle Erkenntnisverfahren und -wirkungen zu bezeichnen, die in einem bestimmten Moment und in einem bestimmten Gebiet akzeptabel sind. Und zweitens wird der Begriff der Macht gebraucht, der viele einzelne, definierbare oder definierte Mechanismen abdeckt, die in der Lage scheinen, Verhalten oder Diskurse zu induzieren.« (Foucault 1992, S.32)

Foucault diagnostiziert sich selbst einen Perspektivwechsel:

> »Ich habe lange geglaubt, das Problem, das mich eigentlich bewegte, sei eine Analyse des Wissens und der Erkenntnisse, wie sie in einer Gesellschaft unserer Art existieren können.« (DE 3, S.516) »Heute glaube ich nicht mehr, dass dies mein Problem war. Mein eigentliches Problem wie übrigens auch das Problem aller Menschen heute ist das Problem der Macht.« (ebd., S.517)

Diese Akzentuierung ist nur möglich, da Wissen und Macht für Foucault eine innige Verflechtung eingehen, die bis dahin in einer auf Platon zurückzuführenden Tradition eher als entgegengesetzt und strikt zu trennen betrachtet wurden.

> »Mit Platon beginnt ein großer abendländischer Mythos, wonach es einen unüberbrückbaren Gegensatz zwischen Wissen und Macht gibt. Wissen setze voraus, dass man auf Macht verzichtet. Wo Wissen und Wissenschaft zur reinen Wahrheit finden, da könne es politische Macht nicht geben. [...] Diesen großen Mythos gilt es aufzulösen.« (DE 2, S.705)

56 Vgl. dazu auch Foucault in Dreyfus/Rabinow 1987, S.243-250 und S.251-261.

57 Zum Folgenden s. auch Gasch 2010b, ein Text, den wir teilweise wörtlich übernehmen.

Dem entsprechend ist es sein Anliegen, die zahlreichen Beziehungen zwischen Wissen und Macht, die in jeder Gesellschaft bestehen, in ihren wechselseitigen Wirkungen zu untersuchen.

> »Denn nichts kann als Wissenselement auftreten, wenn es nicht mit einem System spezifischer Regeln und Zwänge konform geht – etwa mit dem System eines bestimmten wissenschaftlichen Diskurses in einer bestimmten Epoche, und wenn es nicht andererseits, gerade weil es wissenschaftlich oder rational oder einfach plausibel ist, zu Nötigungen oder Anreizungen fähig ist. Umgekehrt kann nichts als Machtmechanismus funktionieren, wenn es sich nicht in Prozeduren und Mittel-Zweckbeziehungen entfaltet, welche in Wissenssystemen fundiert sind.« (Foucault 1992, S.33)

Von besonderem Interesse sind dabei einheitliche Formen, die sich sowohl auf die Macht als auch auf das Wissen ausdehnen. Foucault gibt einen Überblick über drei historische Formen eines solchen Macht-Wissens: In der Antike formierte sich das Macht-Wissen an der Vorstellung des Maßes, deren wesentliche Funktion im Schaffen und Aufrechterhalten einer Ordnung bestand.[58] Im Übergang zum Mittelalter wandelte sich die Form des Macht-Wissens nach dem Leitbild der Untersuchung, das vor allem in medizinischen, naturwissenschaftlichen und juristischen Diskursen seine Durchsetzung fand und eine zentralisierende Funktion ausübte. Die letzte Transformation schließlich entstand im Übergang zum industriellen Zeitalter. Das Macht-Wissen orientierte sich am Modell der Prüfung, das neue Funktionen der Ausschließung und Selektion erfüllte. »*Maß, Untersuchung* und *Prüfung* sind in ihrer historischen Ausbildung allesamt sowohl Mittel zur Ausübung der Macht als auch Regeln zur Begründung des Wissens gewesen« (DE 2, S.487).[59]

An diesem Aufriss zeichnet sich die zentrale Bedeutung der Macht-Wissens-Beziehungen für die KDA ab. Ihre Funktion besteht gerade darin, die dem Wissen impliziten Machteffekte und ihre jeweilige Akzeptabilität offenzulegen, um Veränderungen zu ermöglichen. Um zu sehen, was die Machtwirkungen akzeptabel gemacht hat und macht und wann und wodurch sie aufhören, akzeptabel zu sein, ist die Genealogie dieser Macht-Wissens-Wirkungen zu untersuchen.

58 Vgl. im Folgenden auch DE 2, S.486 f.

59 Diese einheitlichen historischen Formen zu ermitteln und ihre Veränderungen zu beobachten, bildet die Grundlage für Foucaults genealogische Forschungen und seinen Übergang von der Archäologie zur Genealogie.

In seinem Vortrag *Was ist Kritik?* (Foucault 1992) erläutert Foucault sein Verständnis des Verhältnisses von Wissen und Macht folgendermaßen:

> »Offensichtlich haben diese beiden Begriffe nur eine methodologische Funktion: mit ihnen sollen nicht allgemeine Wirklichkeitsprinzipien ausfindig gemacht werden, es soll gewissermaßen die Analysefront, es soll der relevante Elemententyp fixiert werden. [...] Jene beiden Worte sollen auch in jedem Moment der Analyse einen bestimmten Inhalt, ein bestimmtes Wissenselement, einen bestimmten Machtmechanismus präzis bezeichnen können; niemals darf sich die Ansicht einschleichen, dass *ein* Wissen oder *eine* Macht existiert – oder gar *das* Wissen oder *die* Macht, welche selbst agieren würden. Wissen und Macht – das ist nur ein Analyseraster. Und dieser Raster ist nicht aus zwei einander fremden Kategorien zusammengesetzt – dem Wissen einerseits und der Macht andererseits [...].« (Foucault 1992, S.32 f)

Damit stellt sich zugleich die Frage, wie in heutiger Gesellschaft insgesamt Macht wirkt und auch, ob Widerstand möglich ist. Deshalb ist es wichtig, die tatsächlichen diskursiven Machtkonstellationen genau zu analysieren, gleichsam die »Lücken«, die die »Macht der Diskurse« den Subalternen als eigene Macht lässt, aufzuspüren, die Kraft der möglicherweise manchmal nur noch scheinbar hegemonialen Diskurse zu analysieren, die Gründe für ihre Akzeptanz bzw. das Schwinden ihrer Akzeptanz zu beleuchten etc. Und dies scheint möglich, wenn wir die Verteilungen der speziellen Lebenspraxen der Menschen in dieser Gesellschaft berücksichtigen, ihre besondere Art und Weise der Verstricktheit in die Diskurse, die den hegemonialen Diskursen teilweise oder auch ganz entsprechen oder widersprechen können.

Foucault hat sich zu dieser Frage ausführlich geäußert: Seit der Zeit des Absolutismus, so führt er aus, haben sich die gesellschaftlichen Machtverhältnisse grundlegend verschoben. War früher der Souverän Herr über Leben und Tod, so ist heute der Souverän »abgetreten« und hat seine Macht an die Gesellschaft abgegeben. Doch wie tritt Macht in heutigen Gesellschaften wie der unseren zu Tage? In Band 1 von *Der Wille zum Wissen (WW)* schreibt Foucault, was er unter Macht versteht.

> »Unter Macht, scheint mir, ist zunächst zu verstehen: die Vielfältigkeit von Kraftverhältnissen, die ein Gebiet bevölkern und organisieren; das Spiel, das in unaufhörlichen Kämpfen und Auseinandersetzungen diese Kraftverhältnisse verwandelt, verstärkt, verkehrt; die Stützen, die diese Kraftverhältnisse aneinander finden, indem sie sich zu Systemen verketten – oder die Verschiebungen und Widersprüche, die sie gegeneinander isolieren; und schließlich die Strategien, in denen sie zur Wirkung gelangen und deren große Linien und institutionelle

Kristallisierungen sich in den Staatsapparaten, in der Gesetzgebung und in den gesellschaftlichen Hegemonien verkörpern. Die Möglichkeitsbedingung der Macht oder zumindest der Gesichtspunkt, der ihr Wirken bis in die ›periphersten‹ Verzweigungen erkennbar macht und in ihren Mechanismen einen Erkenntnisraster für das gesellschaftliche Feld liefert, liegt nicht in der Existenz eines ursprünglichen Mittelpunkts, nicht in einer Sonne der Souveränität, von der abgeleitete oder niedere Formen ausstrahlen; sondern in dem bebenden Sockel der Kraftverhältnisse, die durch ihre Ungleichheit unablässig Machtzustände erzeugen, die immer lokal und instabil sind. Allgegenwart der Macht: nicht weil sie das Privileg hat, unter ihrer unerschütterlichen Einheit alles zu versammeln, sondern weil sie sich in jedem Augenblick und an jedem Punkt – oder vielmehr in jeder Beziehung zwischen Punkt und Punkt – erzeugt. Nicht weil sie alles umfasst, sondern weil sie von überall kommt, ist die Macht überall. Und ›die‹ Macht mit ihrer Beständigkeit, Wiederholung, Trägheit und Selbsterzeugung ist nur der Gesamteffekt all dieser Beweglichkeiten, die Verkettung, die sich auf die Beweglichkeiten stützt und sie wiederum festzumachen sucht. Zweifellos muss man Nominalist sein: die Macht ist nicht eine Institution, ist nicht eine Mächtigkeit einiger Mächtiger. Die Macht ist der Name, den man einer komplexen strategischen Situation in einer Gesellschaft gibt. [...] Die Machtbeziehungen bilden nicht den Überbau, der nur eine hemmende oder aufrechterhaltende Rolle spielt – wo sie eine Rolle spielen, wirken sie unmittelbar hervorbringend. Die Macht kommt von unten, d.h. sie beruht nicht auf der allgemeinen Matrix einer globalen Zweiteilung, die Beherrscher und Beherrschte einander entgegensetzt und von oben nach unten auf immer beschränktere Gruppen und bis in die letzten Tiefen des Gesellschaftskörpers ausstrahlt. Man muss eher davon ausgehen, dass die vielfältigen Kraftverhältnisse, die sich in den Produktionsapparaten, in den Familien, in den einzelnen Gruppen und Institutionen ausbilden und auswirken, als Basis für weitreichende und den gesamten Gesellschaftskörper durchlaufende Spaltungen dienen. [...] Wo es Macht gibt, gibt es Widerstand. Und doch oder gerade deswegen liegt der Widerstand niemals außerhalb der Macht. [...Die Machtverhältnisse] können nur kraft einer Vielfalt von Widerstandspunkten existieren, die in den Machtbeziehungen die Rolle von Gegnern, Zielscheiben, Stützpunkten, Einfallstoren spielen. Diese Widerstandspunkte sind überall im Machtnetz präsent. [...D]ie Widerstandspunkte, -knoten und -herde sind mit größerer oder geringerer Dichte in Raum und Zeit verteilt, gelegentlich kristallisieren sie sich dauerhaft in Gruppen oder Individuen oder stecken bestimmte Stellen des Körpers, bestimmte Augenblicke des Lebens, bestimmte Typen des Verhaltens an. Große radikale Brüche, massive Zweiteilungen? Sowas kommt vor. Aber weit häufiger hat man es mit mobilen und transitorischen Widerstandspunkten zu tun, die sich verschiebende Spaltungen in eine Gesellschaft einführen, Einheiten zerbrechen und Umgruppierungen hervorrufen, die Individuen selber durchkreuzen, zerschneiden und umgestalten, in ihrem Körper und in ihrer Seele abgeschlossene Bezirke abstecken. Wie das Netz der Machtbeziehungen ein dichtes Gewebe bildet, das die Apparate und Institutionen durchzieht, ohne an sie gebunden zu sein, so streut sich die Aussaat der Widerstandspunkte quer durch die gesellschaftlichen Schichtungen und die individuellen Einheiten. Und wie der Staat auf der institutionellen Integration der Machtbeziehungen beruht, so kann die strategische Codierung der Widerstandspunkte zur Revolution führen.« (WW, S.93-97)

Foucault illustriert am Beispiel des Sex, wie sich in einer heutigen (Industrie-)Gesellschaft Macht konkret darstellt:

> »Hinsichtlich des Sexes und der Wahrheitsdiskurse, die sich seiner angenommen haben, geht es also nicht um die Frage, wie und warum innerhalb einer bestimmten staatlichen Struktur ›die‹ Macht es nötig hat, ein Wissen über den Sex einzurichten. Es geht auch nicht um die Frage, welchem Herrschaftssystem das seit dem 18. Jahrhundert installierte Bemühen gedient hat, wahre Diskurse über den Sex zu produzieren. Noch um die Frage, welches Gesetz der Regelmäßigkeit des sexuellen Verhaltens und der Einheitlichkeit des Sprechens darüber zugrunde lag. Sondern um die Fragen: welches sind die ganz unmittelbaren, die ganz lokalen Machtbeziehungen, die in einer bestimmten historischen Form der Wahrheitserzwingung (um den Körper des Kindes, am Sex der Frau, bei den Praktiken der Geburtenbeschränkung usw.) am Werk sind? Wie machen sie diese Arten von Diskursen möglich, und wie dienen ihnen umgekehrt diese Diskurse als Basis? Wie wird das Spiel dieser Machtbeziehungen durch ihren Vollzug beeinflusst (durch die Verstärkung bestimmter Elemente, die Schwächung anderer, die Wirkungen von Widerständen und Gegenbesetzungen) – so, dass es keine ein für alle Mal gültige Unterwerfung gibt? Wie verbinden sich diese Machtbeziehungen miteinander zur Logik einer globalen Strategie, die sich im Rückblick wie eine einheitlich gewollte Politik ausnimmt? Anstatt all die infinitesimalen Gewaltsamkeiten gegen den Sex, alle wirren Blicke auf ihn und alle Hüllen, hinter denen man ihn unkenntlich macht, ›der‹ einen großen Macht zuzuschreiben, soll die krebsartig wuchernde Produktion von Diskursen über den Sex in das Feld vielfältiger und beweglicher Machtbeziehungen getaucht werden.« (WW, S.97 f.)

So wird das Verhältnis von Macht und Diskurs verdeutlicht. Macht wird diskursiv transportiert und durchgesetzt. Dabei ist davon auszugehen, dass

> »die Welt des Diskurses [...] nicht zweigeteilt [ist] zwischen dem zugelassenen und dem ausgeschlossenen oder dem herrschenden und dem beherrschten Diskurs. [...] Die Diskurse ebenso wenig wie das Schweigen sind ein für alle Mal der Macht unterworfen oder gegen sie gerichtet. Es handelt sich um ein komplexes und wechselhaftes Spiel, in dem der Diskurs gleichzeitig Machtinstrument

> und -effekt sein kann, aber auch Hindernis, Gegenlager, Widerstandspunkt und Ausgangspunkt für eine entgegengesetzte Strategie. Der Diskurs befördert und produziert Macht; er verstärkt sie, aber er unterminiert sie auch, er setzt sie aufs Spiel, macht sie zerbrechlich und aufhaltsam.« (ebd., S. 100)

Welche Rolle spielen nun dabei die übergreifenden Machtinstanzen, die »Kraftlinien«, die hegemonialen Kräfte wie der Staat, die Ökonomie etc.? Zum Staat schreibt Foucault in diesem Zusammenhang:

> »Ich will nicht sagen, dass der Staat nicht wichtig ist; was ich sagen will, ist, dass die [Betrachtung der] Machtverhältnisse und infolgedessen die Analyse, der man sie unterziehen muss, über den Staat hinausgehen müssen. Dies in zweierlei Hinsicht: vor allem weil der Staat, selbst mit seiner Omnipotenz, selbst mit all seinen Apparaten, weit davon entfernt ist, den ganzen tatsächlichen Bereich der Machtverhältnisse zu besetzen, und dann, weil der Staat nur auf der Grundlage vorher bestehender Machtbeziehungen funktionieren kann. Der Staat ist Überbau in Bezug auf eine ganze Serie von Machtnetzen, die die Körper, die Sexualität, die Familie, die Verhaltensweisen, das Wissen, die Techniken usw. durchdringen, und diese Machtbeziehungen werden ihrerseits von einer Art Über-Macht konditioniert und wirken konditionierend auf sie, die im Wesentlichen um eine gewisse Anzahl großer Verbotsfunktionen herum strukturiert ist; aber diese Über-Macht mit ihren Verbotsfunktionen kann nur insofern wirklich greifen und sich halten, als sie in einer ganzen Reihe vielfältiger, nicht definierter Machtverhältnisse verwurzelt ist, die die notwendige Grundlage dieser großen Formen negativer Macht bilden.« (Foucault 1978b, S. 39)

Auch die ökonomischen Prozesse, die institutionellen Praxen, die gelernten Normen, die geglaubten Wahrheiten, die stereotypen Arten von Bedeutungszuschreibungen sind also zu analysieren, wenn es darum geht, die Machtverhältnisse offenzulegen: Der komplexe Bereich der Machtverhältnisse ist nicht unabhängig vom ökonomischen Prozess und »man [kann] ihn [nicht] außerhalb des ökonomischen Prozesses und der Produktionsbeziehungen entschlüsseln« (Foucault 1978b, S. 111).[60] Doch auch der ökonomische Prozess kann dabei nicht von den anderen gesellschaftlichen (diskursiven) Prozessen losgelöst gesehen werden. Er reproduziert sich durch sie und ist zutiefst mit ihnen verflochten.

Zur weiteren Klärung der Begriffe sollte zwischen Macht und Herrschaft unterschieden werden. Foucault unterscheidet sehr präzise: Der Begriff

60 Sehr ausführlich geht Foucault auf Spielarten des Neoliberalismus ein in VL 1977/1978 und VL 1978/79. »Diskursanalytische Perspektiven auf Märkte und Organisationen« enthält Diaz-Bone/Krell (Hg.) 2009.

Herrschaft wird von Foucault in verschiedenen Zusammenhängen verwendet. Einerseits findet er immer dann Verwendung, wenn die Machtverhältnisse größere Dimensionen annehmen, etwa auf staatlicher Ebene. Andererseits wird der Begriff auch benutzt, um auf eine Blockierung im freien Spiel der Machtverhältnisse hinzuweisen. Die Analyse von Machtbeziehungen

> »stößt manchmal auf etwas, das man als Herrschaftstatsachen oder als Herrschaftszustände bezeichnen kann, in denen die Machtbeziehungen, anstatt veränderlich zu sein und den verschiedenen Mitspielern eine Strategie zu ermöglichen, die sie verändern, vielmehr blockiert und erstarrt sind. Wenn es einem Individuum oder einer gesellschaftlichen Gruppe gelingt, ein Feld von Machtbeziehungen zu blockieren, sie unbeweglich und starr zu machen und jede Umkehrung der Bewegung zu verhindern – durch den Einsatz von Instrumenten, die sowohl ökonomischer, politischer oder militärischer Natur sein mögen –, dann steht man vor etwas, das man als einen Herrschaftszustand bezeichnen kann. Gewiss existieren in einem solchen Zustand die Praktiken der Freiheit nicht oder nur einseitig oder sind äußerst eingeschränkt und beschränkt.« (DE 4, S.878)[61]

Foucaults Machtbegriff ist erstens ein strikt relationaler: Macht ist immer als Machtverhältnis zu verstehen. Diese Bestimmung von Macht kennt keinen dualistischen Gegensatz zwischen Macht und Ohnmacht. »Eine radikal-relationale Analyse kann die Macht nur in ihrer Wirksamkeit innerhalb spezifischer Machtrelationen erfassen, d.h. sie muss die Gegenüber, Adressaten und ›Durchgangspunkte‹ von Durchsetzungs- und Überwältigungsprozessen in die Analyse mit einbeziehen« (Saar 2007, S.210).

Zweitens versucht die Machtanalytik »die Dynamik sich verändernder Beziehungen zu erfassen« (ebd., S.211). Macht hat laut Foucault einen strategischen Charakter:

> »Die Machtbeziehungen sind gleichzeitig intentional und nicht-subjektiv. Erkennbar sind sie nicht, weil sie im kausalen Sinn Wirkung einer anderen, sie ›erklärenden‹ Instanz sind: keine Macht, die sich ohne eine Reihe von Absichten und Zielsetzungen entfaltet. Doch heißt das nicht, dass sie aus der Wahl oder Entscheidung eines individuellen Subjekts resultiert. Suchen wir nicht nach dem Generalstab, der für ihre Rationalität verantwortlich ist. Weder die regierende Kaste, noch die Gruppen, die die Staatsapparate kontrollieren, noch diejenigen,

61 Foucault sieht zwei Modelle zur Analyse der Macht: »das Modell Vertrag-Oppression, welches, wenn Sie so wollen, das juridische Modell ist, und das Modell Krieg-Repression oder Herrschaft-Repression, in welchem der andauernde Gegensatz nicht der zwischen legitim und illegitim wie im vorangehenden Modell, sondern der zwischen Kampf und Unterwerfung ist« (VL 1975/76, S.34).

> die die wichtigsten ökonomischen Entscheidungen treffen, haben das gesamte Macht- und damit Funktionsnetz einer Gesellschaft in der Hand. Die Rationalität der Macht ist die Rationalität von Taktiken, die sich in ihrem beschränkten Bereich häufig unverblümt zu erkennen geben [...], die sich miteinander verketten, einander gegenseitig hervorrufen und ausbreiten, anderswo ihre Stütze und Bedingung finden und schließlich zu Gesamtdispositiven führen: auch da ist die Logik noch vollkommen klar, können die Absichten entschlüsselt werden – und dennoch kommt es vor, dass niemand sie entworfen hat und kaum jemand sie formuliert: impliziter Charakter der großen anonymen Strategien, die, nahezu stumm, geschwätzige Taktiken koordinieren, deren ›Erfinder‹ oder Verantwortliche oft ohne Heuchelei auskommen.« (WW, S.116).

Es geht hier um eine Strategie ohne Akteur, um »anonyme Intentionalität« (Saar 2007, S.213), sie beschreibt den strategischen Charakter, die Zielgerichtetheit des Prozesses.

Das dritte Merkmal zur Bestimmung von Macht in Foucaults Machttheorie ist die Produktivität von Macht. Die Produktivität bezieht sich auf die Machtwirkung, Macht beeinflusst nicht die »Elemente des sozialen Feldes« (Saar 2007, S.214), sie bringt sie hervor, und zwar in Bezug auf die »Formbarkeit des Körpers, die Machtdurchzogenheit des Wissens und die Machtprägung der Subjektivitäten« (ebd.). Zusammengefasst ist Macht bei Foucault »kein Besitz, sondern ein Verhältnis [...], das Handlungsräume strukturiert, prägt und formt oder mögliche Handlungen wahrscheinlich oder unwahrscheinlich macht« (Saar 2007, S.281).

4.6 Diskurs und Wirklichkeit

Wir haben bereits angesprochen, dass sich in Diskursen gesellschaftliche Wirklichkeit nicht einfach widerspiegelt, sondern dass Diskurse gegenüber der Wirklichkeit eine Art ›Eigenleben‹ führen. Sie stellen selbst Materialitäten *sui generis* dar. Wenn wir an wahrheitsproduzierende Diskurse denken, kommen uns wahrscheinlich direkt naturwissenschaftliche Diskurse in den Sinn, weil sie den Anspruch haben, aufgrund von unwiderlegbaren Fakten wahrhaftig zu sein. Und in der Tat: Naturwissenschaftliche Diskurse weisen eine Reihe von Besonderheiten auf. Sie »entwerfen Modelle, die sozusagen Rezeptions-Auffänger für empirische Daten konstituieren, bildlich vorstellbar als passive In-Formation durch präexistente Realität, wobei die Modelle nach Vorgabe der Daten ggf. modifiziert werden« (Link 1992b, S.37).

Zu bedenken ist aber selbst bei diesem Verweis auf die (angeblich ›objektiven‹) Naturwissenschaften, dass auch solche Modelle diskursiv erzeugt und tradiert sind und also eine bestimmte Auffassung von Natur und Naturgesetzen zur Voraussetzung haben. Unbestreitbar ist, dass solche Modelle Elemente von Wirklichkeit auffangen, sie zugleich aber selegieren, unabhängig von ›natürlichen‹ Kontexten und in bestimmter Weise (in der Regel unabhängig von menschlichen Befindlichkeiten und Notwendigkeiten oder sehr selektiv darauf bezogen) formulieren etc.[62]

Für andere Diskursarten als die der Naturwissenschaft gilt aber erst recht, dass sie ein »Eigenleben« führen. Jürgen Link (Link 1992b) verdeutlicht dies am Beispiel der Musik, wenn er fragt:

> »Welche präexistente Realität bildet eine Symphonie von Mozart ab? Für welche Realität stellt sie ein Modell dar? Die einzig mögliche Antwort – ›für Gefühle‹- erweist sich schnell als absurd.« Und er folgert: »Es gibt also offensichtlich Diskursarten – vage gekennzeichnet als ›phantasiebezogen‹-, für die die Abbild-Vorstellung prinzipiell unzutreffend sein dürfte.« (ebd., S.37)

Damit ist jedoch die Abbild-Idee nicht generell vom Tisch. Auch Link meint, sie könne »im Rahmen eines positivistisch-exakten wissenschaftlich-historischen Diskurses sinnvoll sein.« Auch sieht er eine »partielle Anwendbarkeit auf sozusagen ›nackte Informationen‹ im Sinne einer idealen ›Ereignis-Chronik‹ bzw. eines ›reinen Generalanzeigers‹[...]« (ebd., S.38). Auf diesem Hintergrund ließe sich z. B. sagen, dass eine Nachricht ein Ereignis deformiert abgebildet habe. Nachrichten etc. über Ereignisse und Fakten sind aber nur untergeordnete Komponenten des Diskurses. Die Analyse von Diskursen aller Art verlangt daher nach zusätzlichen Modellen. Link schlägt dazu folgendes vor:

> »Diskurse gelten nicht als wesenhaft passive Medien einer In-Formation durch Realität, sozusagen als Materialitäten zweiten Grades bzw. als ›weniger materiell‹ als die echte Realität. Diskurse sind vielmehr vollgültige Materialitäten ersten Grades unter den anderen. Es gibt aber grundsätzlich verschiedene Arten

62 Vgl. z.B. Needham 1977, der den Unterschied zwischen ›westlichem‹ und chinesischem Verständnis der Naturerkenntnis und der Technik herausarbeitet. Die Kernformel etwa der Taoisten lautete, dass man auf Dinge, Tiere oder sogar Menschen ordnend einwirken dürfe, dass man aber zugleich der Natur ihren Lauf lassen müsse. Der Mensch war danach »gehalten, so weit wie möglich in die Mechanismen der Natur einzudringen und ihre Kraftreserven auszunutzen, dabei aber so wenig wie möglich in diese Prozesse einzugreifen und sich einer ›Handlung auf Distanz‹ zu befleißigen« (ebd., S.79).

von Diskursen. So hat z. B in meiner Sicht ein naturwissenschaftlicher Diskurs mit einem literarischen gar nichts zu tun. In meiner Sicht ist es, krass gesagt, schlicht Blödsinn zu sagen, ein Alpengedicht bilde die Alpen bloß anders, etwa subjektiver, ab als der geologische Diskurs. Vielmehr gehören literarische Diskurse in meiner Sicht zu einer Anzahl von Diskursen, die wesenhaft als Applikations-Vorlagen bzw. Applikations-Vorgaben für individuelle und kollektive Subjektivitätsbildung funktionieren. Ein bekanntes Beispiel für die Applikation einer diskursiven Vorgabe auf Subjektivitäten ist die sogenannte ›Identifikation‹ von Jugendlichen mit Starrollen aus populären Filmen. Es ist offenbar völlig falsch, die entsprechende Figur im Film als Abbild von Realität analysieren zu wollen. Die (im weitesten Sinne) künstlerische Figur ist theoretisch fundamental nicht als Abbild von Realität, sondern genau umgekehrt als Vorgabe für Realität zu bestimmen. Der künstlerische Diskurs wird fundamental nicht von einer präexistenten Realität in-formiert, sondern umgekehrt ist der künstlerische Diskurs der subjektiven Realität präexistent und in-formiert sie.« (Link 1992b, S.40)[63]

Hier wird sichtbar, dass Diskurse – und nicht nur künstlerische – Realität determinieren, natürlich immer nur vermittelt über die Subjekte in ihren gesellschaftlich-diskursiven Kontexten als Produzenten und Mit-Agenten der Diskurse und der Veränderung von Wirklichkeit.[64] So gesehen ist der Diskurs auch nicht auf verzerrte Wirklichkeitssichten oder auf ›Ideologie‹ zu reduzieren.[65] Er stellt eine eigene Wirklichkeit dar, die gegenüber der ›wirklichen Wirklichkeit‹ keineswegs nur Schall und Rauch, Verzerrung und Verschleierung darstellt, sondern eigene Materialität hat und sich aus den vergangenen und (anderen) aktuellen Diskursen ›speist‹.[66]

63 Zur Materialität der Diskurse vgl. auch Kammler 1986.

64 Wenn die Diskurse als ›Abbild von Realität‹ zudem bewusst künstlich inszeniert werden, wird ihre Existenz und Wirkung als ›*Applikationsvorgabe*‹ zusätzlich hervorgehoben.

65 Vgl. dazu Laugstien 1995 und Bogdal 1990, der sich fragt, »ob nicht die Diskurstheorie [...] den Ideologiebegriff überflüssig gemacht hat« (Bogdal 1990, S.94).

66 Die Charakterisierung der Diskurse als ›materiell‹ bedeutet zugleich, dass Diskurstheorie eine materialistische Theorie darstellt. Man kann Diskurse daher auch als gesellschaftliche Produktionsmittel auffassen. Sie produzieren Subjekte und – vermittelt über diese, als ›Bevölkerung‹ gedacht – Gesellschaft. Diskurse sind nicht das »spezifische Ensemble von Ideen, Konzepten und Kategorien, die in einem spezifischen Set von Praktiken produziert, reproduziert und transformiert werden, und *durch die physikalischen und sozialen Realitäten Bedeutung verliehen wird*« (so Hajer 1995, S.44, zit. nach Keller 1997, S.316, Hervorhebung d.V.). Es geht nicht (nur) um Deutungen von etwas bereits Vorhandenem, also nicht (nur) um eine Bedeutungszuweisung *post festum*, sondern um die Produktion von Wirklichkeit, die durch die Diskurse – vermittelt über die Subjekte – geleistet wird.

Das heißt nicht, dass Diskurse keiner Kritik unterworfen werden sollten. Diskurse produzieren also Wirklichkeit und somit unsere Sicht auf die Dinge. Dass damit nicht nur soziale Gegenstände oder gesellschaftliche Ereignisse gemeint sind, macht folgendes Beispiel deutlich:

> »Ich kann z.B. einem Brett, das ich im Wald finde, die Bedeutung Tisch zuweisen und dann darauf mein Brot schneiden und meinen Becher daraufstellen. Ein Ding, dem ich keine Bedeutung zuweise, ist für mich kein Ding; ja, es ist für mich völlig diffus, unsichtbar oder sogar nicht existent; ich sehe es nicht einmal, weil ich es übersehe. Ich sehe den Vogel nicht, den der Förster sieht. Ich sehe vielleicht einen roten Fleck. Und was sage ich dazu, wenn ich ihn sehe: ›Das ist ein roter Fleck.‹ Und in der Tat: das ist für mich die Bedeutung des roten Flecks, dass ich ihm die Bedeutung roter Fleck zuweisen kann. [...] Damit will ich sagen: alle bedeutende Wirklichkeit ist deshalb für uns vorhanden, weil wir sie bedeutend machen, oder auch weil sie von unseren Vorfahren oder unseren Nachbarn Bedeutung erhalten, zugewiesen bekommen hat, die für uns noch wichtig ist. [...] Ändert sich der Diskurs, ändert der Gegenstand nicht nur seine Bedeutung, sondern er wird quasi zu einem anderen Gegenstand, er verliert seine Identität. [...] Wenn ich also sage: ›Die Wirklichkeit ist diskursiv‹, dann meine ich damit demnach folgendes: die Wirklichkeit ist bedeutungsvoll, sie existiert in der Form, in der sie existiert nur, weil ihr von den Menschen, die alle in die sozio-historischen Diskurse verstrickt und durch diese konstituiert sind, Bedeutung zugewiesen worden ist und weiter zugewiesen wird.« (S. Jäger, 1996, S.16f)

In seiner *Archäologie des Wissens* hat Foucault den Versuch gemacht, die Prozesse der Diskurse theoretisch zu umreißen, in anderen Arbeiten, wie z.B. in *Überwachen und Strafen*, hat er dieses ›Konzept‹ anzuwenden und zugleich zu überwinden versucht. Foucault ging es um die Erfassung der ›Positivität‹ der Denkweisen in der Geschichte, also dessen, was sich in den Diskursen in vielfachen Brechungen, Streuungen, Überlappungen, Brüchen etc. niedergeschlagen hat. Es ging ihm nicht um Ideengeschichte und erst recht nicht um die Geschichte großer Männer und Frauen. Er bestreitet jedes Gesetz der Geschichte, jeden Sinn, auf den Geschichte von sich aus aus wäre oder auch jedes Ziel, auf das sie von sich aus hinstrebte.

Vgl. dazu auch Link 1995, der »die *formierende, konstituierende* Kraft der Diskurse unterstreicht und den Diskurs (mit Foucault) als ›materielles Produktionsinstrument‹ begreift [...], mit dem auf geregelte Weise (soziale) Gegenstände (wie z.B. ›Wahnsinn‹, ›Sex‹, ›Normalität‹ usw.) wie auch die ihnen entsprechenden Subjektivitäten produziert werden« (ebd., S.744).

4.7 Diskurs und Subjekt(ivierung)

Welche Rolle spielt in diesem diskursiven Zusammenspiel nun aber das Subjekt? Foucault argumentiert hier zunächst völlig eindeutig:

> »Man muss sich vom konstituierenden Subjekt, vom Subjekt selbst befreien, d.h. zu einer Geschichtsanalyse gelangen, die die Konstitution des Subjekts im geschichtlichen Zusammenhang zu klären vermag. Und genau das würde ich Genealogie nennen, d.h. eine Form der Geschichte, die von der Konstitution von Wissen, von Diskursen, von Gegenstandsfeldern usw. berichtet, ohne sich auf ein Subjekt beziehen zu müssen, das das Feld der Ereignisse transzendiert und es mit seiner leeren Identität die ganze Geschichte hindurch besetzt.« (Foucault 1978b, S.32)[67]

Foucault bzw. seine Diskurstheorie leugnet also nicht das Subjekt. Er will vielmehr die Konstitution des Subjekts im geschichtlichen Zusammenhang in synchroner und diachroner Perspektive beschreiben. Denn die Idee des Menschen sei ein recht junges Phänomen:

> »Eines ist auf jeden Fall gewiss: der Mensch ist nicht das älteste und auch nicht das konstanteste Problem, das sich dem menschlichen Wissen gestellt hat. Wenn man eine ziemlich kurze Zeitspanne und einen begrenzten geographischen Ausschnitt herausnimmt – die europäische Kultur seit dem sechzehnten Jahrhundert – , kann man sicher sein, dass der Mensch eine junge Erfindung ist. Nicht um ihn und um seine Geheimnisse herum hat das Wissen lange Zeit im Dunkeln getappt. Tatsächlich hat unter den Veränderungen, die das Wissen von den Dingen und ihrer Ordnung, das Wissen der Identitäten, der Unterschiede, der Merkmale, der Äquivalenzen, der Wörter berührt haben – kurz inmitten all der Episoden der tiefen Geschichte des Gleichen – , eine einzige, die vor anderthalb Jahrhunderten begonnen hat und sich vielleicht jetzt abschließt, die Gestalt des Menschen erscheinen lassen. […] Der Mensch ist eine Erfindung, deren junges Datum die Archäologie unseres Denkens ganz offen zeigt. Vielleicht auch das baldige Ende. Wenn […] Dispositionen ins Wanken gerieten, wie an der Grenze des achtzehnten Jahrhunderts die Grundlage des klassischen Denkens es tat, dann kann man sehr wohl wetten, dass der Mensch verschwindet wie am Meeresufer ein Gesicht im Sand.« (OD, S.462)

Mit der jungen Idee eines autonomen, souveränen, schöpferischen oder freien Subjekts kann Foucault nicht viel anfangen:

67 Zur Genealogie/Geschichtsschreibung vgl. auch Brieler 2003, Martschukat (Hg.) 2002, Sarasin 2003, Eder (Hg.) 2006.

> »Der Mensch als Subjekt, der Mensch als Subjekt seines Bewusstseins und seiner Freiheit, ist im Grunde die Entsprechung zum Bilde Gottes. Der Mensch des 19. Jahrhunderts ist der in der Menschheit Fleisch gewordene Gott. Es kam gleichsam zu einer Theologisierung des Menschen, eine Rückkehr Gottes auf die Erde, und das bewirkte, dass der Mensch des 19. Jahrhunderts sich gewissermaßen selbst theologisierte.« (DE 1, S.847 f.)

Foucault lehnt infolgedessen die humanistische »Theorie des Subjekts« (DE 4, S.66) radikal ab.[68]

> »Man braucht sich nicht sonderlich über das Ende des Menschen aufzuregen; das ist nur ein Sonderfall oder, wenn Sie so wollen, eine der sichtbaren Formen eines weitaus allgemeineren Sterbens. Damit meine ich nicht den Tod Gottes, sondern den Tod des Subjekts, des Subjekts als Ursprung und Grundlage des Wissens, der Freiheit, der Sprache und der Geschichte. Man kann sagen, die ganze abendländische Zivilisation war auf dem Subjekt aufgebaut, und die Philosophen haben dies nur konstatiert, als sie alles Denken und jegliche Wahrheit auf das Bewusstsein, das Ich, das Subjekt bezogen. In dem Erdbeben, das uns heute erschüttert, müssen wir vielleicht die Geburt einer Welt erblicken, in der man wissen wird, dass das Subjekt nicht eins ist, sondern zerrissen; nicht souverän, sondern abhängig; nicht absoluter Ursprung, sondern stets wandelbare Funktion.« (DE 1, S.1002 f.)

Diese Abhängigkeit, diese Unterwerfung des Subjekts will Foucault jedoch nicht auf die ökonomischen Bedingungen der betreffenden Gesellschaft reduziert wissen. Er lehnt beide Vorstellungen ab, diejenige, die ausschließlich auf das konstituierende und autonome Subjekt, ebenso wie diejenige, die auf das Ökonomische als letzte Instanz verweist. Foucault sieht eine Konstituierung der Subjekte durch die Diskurse, in die sie verstrickt sind, zugleich also durch die Macht- und Herrschafts-Verhältnisse, die diese darstellen. Bildlich gesprochen kann man auch sagen, dass er dem Konzept eines *großen Schöpfer-Subjekts* des Humanismus ein *kleines Subjekt* entgegensetzt, das mit dem Diskurs verstrickt ist.

Die Subjekte beherrschen den Diskurs nicht, eher ist das Umgekehrte der Fall. Der Diskurs ist nicht das Werk einzelner Subjekte. Der einzelne Text jedoch ist ein subjektives Produkt. Er wird von einem einzelnen Menschen als gedanklicher Zusammenhang produziert, der dabei zugleich immer in die Diskurse eingebunden ist. Der Diskurs wird zwar von der Gesamtheit

68 Zu Foucaults Verhältnis zum Humanismus vgl. Foucault 1991, da v.a. S.7-27 und S.91-107.

letztlich aller Subjekte gemacht, bei unterschiedlicher Beteiligung der Subjekte an jeweiligen Mengen von diskursiven Strängen und unterschiedlicher Nutzung der Spielräume, die die sozio-historisch vorgegebenen Diskurse erlauben. Aber kein Einzelner determiniert Diskurse, obwohl es mancherlei Versuche von Einzelnen oder sozialen Gruppen dazu gibt, strategisch auf Diskurse Einfluss zu nehmen.

Die Machtverhältnisse, die auf Subjekte einwirken, sind nicht einfach Ausfluss der ökonomischen Verhältnisse einer Gesellschaft, die das Individuum unterdrücken, sondern sie stellen sich dar als verzweigtes Netz. Foucault meint diesbezüglich, dass, wenn die Macht

> »nur repressiv wäre, wenn sie niemals etwas anderes tun würde, als nein sagen, ja glauben Sie dann wirklich, dass man ihr gehorchen würde? Der Grund dafür, dass Macht herrscht, dass man sie akzeptiert, liegt ganz einfach darin, dass sie nicht nur als nein sagende Gewalt auf uns lastet, sondern in Wirklichkeit die Körper durchdringt, Dinge produziert, Lust verursacht, Wissen hervorbringt, Diskurse produziert; man muss sie als produktives Netz auffassen, das den ganzen sozialen Körper überzieht und nicht so sehr als negative Instanz, deren Funktion in der Unterdrückung besteht.« (Foucault 1978b, S.35)

Macht wird so zum Subjekt in Beziehung gesetzt. Die auf die Individuen ausgeübten Machtwirkungen müssen also auch zumindest zeitweilig und in ihrer Zeit jeweilig akzeptabel sein. Um zu sehen, was sie akzeptabel gemacht hat und macht und wann und wodurch sie aufhören, akzeptabel zu sein, muss man die Genealogie dieser Macht-Wissens-Wirkungen untersuchen. Denn diese Wirkungen lassen sich nicht kausal erklären, sondern sie sind Resultate langwieriger, aber konkreter historischer Prozesse, vielfältiger Verschränkungen von Diskursen und diskursiver Kämpfe, die im Detail zu untersuchen wären.[69]

---

69 Vgl. dazu ausführlich Foucault 1992, S.33-41. Dieser fordert: »Um zu erfassen, was sie [die jeweilig mächtigen Diskurse] akzeptabel gemacht hat, muss man hervortreten lassen, dass das gerade nicht selbstverständlich war, dass es durch kein Apriori vorgeschrieben war, dass es in keiner altehrwürdigen Tradition festgeschrieben war.« Man müsse »[d]ie Akzeptabilitätsbedingungen eines Systems herausarbeiten und die Bruchlinien seines Auftauchens verfolgen [...]« (ebd., S.34 f.). Es gehe ferner um die »Auffindung der Akzeptanzschwierigkeiten« (ebd., S.35). Auf die damit verbundenen methodischen und pragmatischen Probleme geht Foucault nicht im Einzelnen ein. Hinweise geben seine eigenen Analysen, etwa besonders nachdrücklich in Überwachen und Strafen (ÜS Foucault 1989), die zugleich die Aufwendigkeit solch historisch angelegter Projekte andeuten. Demgegenüber sind aktuelle Kämpfe um die Akzeptanz (z.B. von neuen Tech-

Die Subjekte sind also immer dabei, wenn es um die Realisierung von Machtbeziehungen geht. Das Subjekt denkt, plant, konstruiert, interagiert und fabriziert. Es tut dies im Rahmen eines wuchernden und vibrierenden Netzes diskursiver Beziehungen und Auseinandersetzungen.

Die Verabschiedung des autonomen Subjekts eröffnet den Blick auf Subjektivierungsprozesse, und damit auch auf die Veränderbarkeit von Existenzweisen. Unterschiedliche Subjektivierungsprozesse führen zu einer Vielzahl unterschiedlicher und sich verändernder Subjektpositionen. Subjektivierung wird zudem prozesshaft aufgefasst. Subjektivierung ist kein einmaliger großer Akt der machtvollen Unterwerfung, sondern Foucault geht von einer Disziplinierung der Einzelnen aus, die permanent produziert und reproduziert wird. Das widerspricht einem unausweichlichen Determinismus. Diese Prozesshaftigkeit eröffnet Widerstandsmöglichkeiten. Das Subjekt mag (diskursiv) erzeugt sein, den Diskursen unterworfen sein; Individuen erzeugen aber auch die Diskurse:

> »Die Doktrin führt eine zweifache Unterwerfung herbei: die Unterwerfung der sprechenden Subjekte unter die Diskurse und die Unterwerfung der Diskurse unter die Gruppe der sprechenden Individuen.« (ODis, S.29)

Judith Butler hat sich in ihren Büchern, vor allem in *Das Unbehagen der Geschlechter* und *Körper von Gewicht*, angelehnt an Michel Foucault eingehend mit Fragen der Subjektivierung (sie nennt es Subjektivation) durch geschlechterpolitische Diskurse auseinandergesetzt. Und auch Butler geht davon aus, dass Subjektivierung (Subjektivation) auf Re-Aktualisierung angewiesen und nie ganz vollendet ist. In Bezugnahme auf Geschlecht schreibt sie:

> »Es geht also um die regulierenden Praktiken. Anders gesagt, das ›biologische Geschlecht‹ ist ein ideales Konstrukt, das mit der Zeit zwangsweise materialisiert wird. Es ist nicht eine schlichte Tatsache oder ein statischer Zustand eines Körpers, sondern ein Prozess, bei dem regulierende Normen das ›biologische Geschlecht‹ materialisieren und diese Materialisierung durch eine erzwungene ständige Wiederholung jener Normen erzielen. Dass die ständige Wiederholung notwendig ist, zeigt, dass die Materialisierung nie ganz vollendet ist, dass

nologien) unter diesen Gesichtspunkten leichter zu analysieren. Vgl. als Beispiel dazu M. Jäger/S. Jäger/Ruth/Schulte-Holtey/Wichert (Hg.) 1997. Hier wurde der biopolitische Mediendiskurs in neun Zeitungen und Zeitschriften über ein Jahr (1994) analysiert. Das Material-Dossier, das dabei zustande kam, stellte einen synchronen Schnitt durch den Diskursstrang Bio-Politik auf der Diskursebene Printmedien dar.

> die Körper sich nie völlig den Normen fügen, mit denen ihre Materialisierung erzwungen wird.« (Butler 1997, S.21)

Mit dieser Betrachtungsweise wird jeder Essentialismus den Menschen betreffend abgelehnt. Den Menschen, das Wesen des Menschen gibt es nicht. Diskurse produzieren Subjekte. Das heißt aber weder, dass es in einer Gesellschaft nur einen Subjekttyp gäbe, noch heißt das, dass Subjektivierungsprozesse abschließbar und damit unveränderbar wären. So vielfältig wie Diskurse sind, sind auch sie Subjektivierungsprozesse und Subjektpositionen:

> »Zunächst denke ich [...], dass es kein souveränes und konstitutives Subjekt gibt, keine universelle Form des Subjekts, die man überall wiederfinden könnte. Einer solchen Konzeption vom Subjekt stehe ich sehr skeptisch, ja feindlich gegenüber. Ich denke hingegen, dass das Subjekt sich über Praktiken der Unterwerfung konstituiert bzw. – auf autonomere Art und Weise – über Praktiken der Befreiung und der Freiheit. So geschah es in der Antike, und zwar ausgehend, wohlgemerkt, von einer gewissen Anzahl von Regeln, Stilen und Konventionen, die sich im kulturellen Bereich wieder finden.« (Foucault 1984, 137 f.)

Kritische Diskursanalyse legt den Fokus im diesem Sinne nicht auf das Subjekt, sondern auf die Prozesse der Subjektivierung, auf die diskursiven Applikationsvorgaben für Einzelne.

4.8 Diskurs und Wahrheit

Auch die Wahrheit ist für Foucault ein »Produkt vielfacher Diskursivierungen« und nicht das »Ergebnis eines genialen Erkenntnisprozesses« (Kuhn 2005, S.27). Das heißt, es gibt Wahrheit nicht als »das Ensemble der wahren Dinge, die zu entdecken oder zu akzeptieren sind«, sondern Foucault versteht Wahrheit als »das Ensemble der Regeln, nach denen das Wahre vom Falschen geschieden und das Wahre mit spezifischen Machtwirkungen ausgestattet wird« (Foucault 1978a, S.53).

Diese Regeln sind historisch bedingt und werden u. a. bestimmt durch die Techniken der Wahrheitsfindung (Parrhesia, Probe, Experiment, Ermittlung, Geständnis, usw.), die institutionellen Orte der Wahrheitssuche (Medizin, Jura, Wissenschaft, Politik usw.) und durch die Wahrheitsträger (Philosoph*innen, Ärzt*innen, Jurist*innen, Wissenschaftler*innen usw.) (vgl. Brieler 1998, S.587). Jede Gesellschaft(sepoche) hat ihre eigenen Techniken und Verfahren, mit denen festgelegt wird, was als wahr und was als nicht wahr gilt. So werden in jeder Gesellschaft nur *bestimmte* Diskurse akzeptiert. Es gibt also durchaus Wahrheit, aber eben nur als diskursives Produkt:

> »Die Wahrheit ist von dieser Welt; sie wird in ihr dank vielfältiger Zwänge hervorgebracht. Und sie hat in ihr geregelte Machtwirkungen inne. [...] In Gesellschaften wie den unseren ist die politische Ökonomie der Wahrheit durch fünf historisch wichtige Merkmale charakterisiert: Die Wahrheit ist auf die Form des wissenschaftlichen Diskurses und auf die Institutionen, die ihn hervorbringen, ausgerichtet; sie unterliegt einem konstanten ökonomischen und politischen Anreiz (ein Wahrheitsbedarf ebenso sehr für die ökonomische Produktion wie für die politische Macht); sie ist in diversen Formen Gegenstand einer immensen Verbreitung und Konsumtion (sie zirkuliert in Erziehungs- oder Informationsapparaten, deren Ausdehnung im Gesellschaftskörper trotz einiger strenger Begrenzungen relativ weit reicht); sie wird unter der nicht ausschließlichen, aber dominanten Kontrolle durch einige große politische oder ökonomische Apparate (Universität, Armee, Schrift, Medien) hervorgebracht und übermittelt, und schließlich ist sie der Einsatz einer umfassenden politischen Auseinandersetzung und sozialen Konfrontation (ideologische Kämpfe).« (DE 3, S.210 f.)

Wahrheit ist also als das zu verstehen, was als wahr gilt. Und das ist höchst variabel. Es gibt viele unterschiedliche Wahrheiten entlang von zeitlichen Epochen oder Gesellschaften; aber auch innerhalb von Gesellschaften werden in verschiedenen Diskursgemeinschaften unterschiedliche Aussagen(-ketten) als wahr oder falsch akzeptiert. Die Wahrheit gilt es also nicht zu entdecken, sondern es gilt die Bedingungen zu untersuchen, unter denen sie akzeptiert wird.

Ein Kampf um die Wahrheit oder »zumindest im Umkreis der Wahrheit« (Foucault 1978a, S.53) macht einen der zentralen Punkte im Foucaultschen Denken aus. Ihm geht es nicht um Ideologie, Verschleierung, Irrtümer, Irrationalitäten. »Grob gesagt die Ökonomie des Nicht-Wahren. Mein Problem ist die Politik des Wahren« (Foucault 1978b, S.189). Den Willen zur Wahrheit möchte Foucault in seiner politisch-historischen Dimension analysieren, also als »die Geschichte der Beziehungen, die das Denken mit der Wahrheit unterhält; die Geschichte des Denkens, insofern es Denken der Wahrheit ist« (DE 4, S.825).

Jeder Wahrheit geht ein Machtverhältnis in einer bestimmten gesellschaftlichen Situation voraus. In diesem Sinne geht es nicht darum, »die Wahrheit von jeglichem Machtsystem zu befreien, [...] denn die Wahrheit selbst ist Macht« (Foucault 1978b, S.54), sondern darum, die Wahrheitsproduktion in einem Netz von soziokulturellen und ökonomischen Machtbeziehungen zu untersuchen: »Die Wahrheit ist zirkulär an Machtsysteme gebunden, die sie produzieren und stützen, und an Machtwirkungen, die von ihr ausgehen und sie reproduzieren« (ebd.). Die Geschichte der Wahrheit ist dementsprechend immer eine »Genealogie der Macht«.

Zu untersuchen sind die historischen Artikulationen und Bedingungen, in deren Rahmen bestimmte Aussagen den Wahrheitsstatus zuerkannt bekommen (vgl. Brieler 1998, S.585 f.). Die Produktion einer Wahrheit führt zur Ausschließung anderer möglicher Wahrheiten. Diese Ausschließung ist nach Foucault eine »gewaltige Maschinerie« (ODis, S.17), die nur bestimmte Wahrheiten erlaubt, die sie zu einem bestimmten Zeitraum als »selbstverständlich, universell und notwendig« betrachtet (vgl. Lemke 1997, S.185). Neben dieser Ausschließung kennzeichnet Foucault das Verbot und die Grenzziehung zwischen Vernunft und Wahnsinn als weitere Formen der Ausschließung (vgl. ODis, S.11 ff.).

Die KDA analysiert Diskurse, aktuelles Wissen und den Wandel (innerhalb) von Denksystemen. Sie erfasst dabei sowohl jeweils gültige Wahrheiten als auch, in einer historischen Dimension, den Wandel von Wahrheiten. Mit der KDA kann so die Konstruktion von Wahrheit, die damit verbundenen Ausschlussmechanismen und ihre Relativität erfasst werden, indem die impliziten und nicht gesagten Voraussetzungen und als Wahrheit vertretene Setzungen, zu Unrecht Konsens beanspruchenden Aussagen oder falsche Verallgemeinerungen und dementsprechende Fluchtlinien etc. sichtbar gemacht werden können.

Die KDA fasst Wahrheit als einen historisch erzeugten diskursiven Effekt auf und hat damit nicht den Anspruch selbst ›objektive‹ Wahrheiten zu produzieren.

4.9 Zum Verhältnis von Kritik, Wahrheit und Macht

Michel Foucault war ein linker Intellektueller. Einige Jahre war er Mitglied der Französischen Kommunistischen Partei (KPF). Infolge näherer Bekanntschaft mit dem sogenannten real existierenden Sozialismus und seinen Brutalitäten, seinem Hegemonieanspruch über die ›kleinen Kämpfe‹ wandte er der KPF den Rücken und kam 1977 zu dem Ergebnis:

> »Fangen wir von vorn an! Es muss möglich sein, von vorn anzufangen. Nochmals von vorn anzufangen mit der Analyse und Kritik – nicht einfach nur mit der Analyse der sogenannten ›kapitalistischen‹ Gesellschaft, sondern des mäch-

> tigen sozialen und staatlichen Systems, das wir in den sozialistischen und kapitalistischen Ländern finden. Diese Kritik müssen wir leisten. Ganz sicher ist dies eine gewaltige Aufgabe, die wir sofort angehen müssen. Mit viel Optimismus.« (DE 3, S.514)

Er misstraute dem ›wissenschaftlichen Sozialismus‹ und dessen Anspruch auf absolute Wahrheit und betonte, kein Marxist im traditionellen Sinn zu sein. Gleichwohl begleitet »in immer wieder neuen Formen – ein wirklicher Kampf mit Marx das gesamte Werk Foucaults [...] und (war) eine der wesentlichen Triebfedern seiner Produktivität« (Balibar 1991, S.40).[70] Insofern kann man das Werk Foucaults auch als den Versuch verstehen, eine neue Begründung linker Politik zu finden.

Wenn, wie Foucault es meint, Wahrheit ein Produkt vielfacher Diskursivierungen ist, wenn Wirklichkeit nicht erkannt wird, sondern gedeutet, wenn es kein Wissen gibt, das unabhängig von Machtkonstellationen existiert, wenn all diese Kategorien damit nicht der Ort sind, von dem aus Kritik möglich ist, von welchem Punkt aus kann sich dann Kritik formulieren lassen? Worauf kann sie sich berufen?

Diese Fragen, wie auch die Fragen nach verbleibenden Möglichkeiten wurden häufig an die Arbeiten Foucaults gestellt. Wie kann es Widerstand geben, wenn es kein Außen der Macht gibt? Führt die Annahme, dass Wahrheit immer historisch geworden ist, nicht zwangsläufig zu einem Relativismus? Wer kann die Trägerin von Kritik, von Widerstand sein, wenn es doch kein autonomes, außerdiskursives Subjekt gibt?

Mit der Annahme, dass Macht nicht zwangsläufig repressiv wirke, sondern vielmehr als ein Kräfteverhältnis zu verstehen sei, eröffnet sich ein Feld, in dem Widerspruch denkbar wird.

> »Man muss aufhören, die Wirkungen der Macht immer negativ zu beschreiben, als ob sie nur ›ausschließen‹, ›unterdrücken‹, ›verdrängen‹, ›zensieren‹, ›abstrahieren‹, ›maskieren‹, ›verschleiern‹ würde. In Wirklichkeit ist die Macht produktiv; und sie produziert Wirkliches« (ÜS, S.250).

Wenn Macht als »das Spiel, das in unaufhörlichen Kämpfen und Auseinandersetzungen diese Kräfteverhältnisse verwaltet« (WW, S.93), begriffen wird, eröffnet dies Punkte des Widerstands, die nicht im Außen liegen, sondern sich im strategischen Netz der Macht befinden, denn die Macht als jeweilige Ordnung der Kräfteverhältnisse wandelt sich ständig, ist wandelbar.

70 S. dazu auch Brieler 1998 sowie Demirović 2008.

Foucaults Theorie der Macht kennt keine Machtlosigkeit, da Macht nicht besessen werden kann:

> »So wenig wie es einerseits die gibt, die die Macht ›haben‹, gibt es andererseits die, die überhaupt keine haben. Die Beziehung zur Macht ist nicht im Schema von Passivität-Aktivität enthalten.« (Foucault 1976, S.115)

> »Das heißt, dass es in den Machtbeziehungen gezwungenermaßen Widerstandsmöglichkeiten gibt, denn wenn es keine Widerstandsmöglichkeit gäbe – Gewalt, Flucht, List, Strategien, die die Lage umkehren – , gäbe es überhaupt keine Machtbeziehungen« (Foucault 1985a, 19 f.).

Die Macht ist nach Foucault überall und gerade deswegen, weil überall da, wo Macht ist, Widerstand ist, Bewegung ist, sind die Möglichkeiten des Widerstands zahlreich.

In Verbindung mit der Behauptung, bei Foucault gäbe es keinen Ausgangspunkt für Kritik oder Widerstand, wird auch seine Position gegenüber dem Subjekt kritisiert.

Auch diese Kritik trifft nicht den Kern seines Denkens. Denn auch wenn er das *autonome* Subjekt verwirft, so geht er doch von einer Subjektivierung aus, die nicht aus einem großen Akt der Unterwerfung besteht, sondern aus einer Disziplinierung des Menschen, die produziert und reproduziert wird. Diese Prozesshaftigkeit eröffnet Widerstandsmöglichkeiten. Das Subjekt mag (diskursiv) erzeugt sein, den Diskursen unterworfen sein; es sind auch die Individuen, die die Diskurse erzeugen. Und: Diskurs lässt sich nicht im Singular denken, nicht also *der* Diskurs, gleich einer großen, umfassenden Propaganda-Maschine, die determinierte Subjektivitäten erzeugt. Es gibt unzählige Diskurse, neben herrschaftlichen auch subalterne, verborgene, marginalisierte, randständige. Menschen als diskursive Subjektivitäten aufzufassen bedeutet nicht, dass sie Diskursen unkritisch gegenüberstehen. Gerade eine Analyse dessen, was als wahr gilt und was nicht kann den Problematisierungen, die Gesellschaften vornehmen, nachspüren. Und das heißt auch, diese Wahrheiten nicht hinzunehmen. Von Konstruktionsprozessen, von dem Gewordensein des scheinbar Unumstößlichen auszugehen, heißt Veränderungen denkbar zu machen und sich in ein kritisches Verhältnis zu all dem zu stellen, was als sicher, wahr und richtig gilt.

Wenn Foucault davon spricht, den Problematisierungen, die Gesellschaften vornehmen, nachzuspüren, meint er:

»Wie und warum bestimmte Dinge (Verhalten, Erscheinungen, Prozesse) zum Problem wurden. Warum wurden zum Beispiel bestimmte Verhaltensformen als ›Wahnsinn‹ gekennzeichnet und klassifiziert, während ähnliche Formen in einem bestimmten historischen Augenblick völlig vernachlässigt wurden; dasselbe gilt für Verbrechen und Kriminalität, dieselbe Frage der Problematisierung gilt für die Sexualität.« (Foucault 1996, S. 178)

Seine Untersuchungen befassten sich weder mit dem »Verhalten der Menschen (das zum Gebiet der Sozialgeschichte gehört)« noch mit den »Ideen in ihren repräsentativen Werten«, sondern mit den Prozessen der Problematisierungen. Und erneut weist er den »historischen Idealismus« zurück:

»Einige Leute haben diesen Analysetyp als eine Form von ›historischem Idealismus‹ interpretiert, aber ich denke, dass eine solche Analyse etwas völlig anderes ist. Denn wenn ich sage, dass ich die ›Problematisierung‹ von Wahnsinn, Verbrechen oder Sexualität studiere, so ist das keine Art und Weise, die Realität solcher Erscheinungen zu leugnen. Im Gegenteil, ich habe versucht zu zeigen, dass gerade etwas wirklich in der Welt Vorhandenes in einem gegebenen Augenblick das Ziel sozialer Regulierung war. Ich stelle folgende Frage: Wie und warum wurden unterschiedliche Dinge in der Welt zum Beispiel unter dem Begriff ›Geisteskrankheit‹ zusammengefasst, gekennzeichnet, analysiert und behandelt? Welches sind die für eine gegebene ›Problematisierung‹ relevanten Elemente? Und selbst wenn ich nicht sagen würde, dass das, was als ›Schizophrenie‹ bezeichnet wird, etwas Realem in der Welt entspricht, hat dies nichts mit Idealismus zu tun. Denn ich denke, dass es eine Beziehung zwischen der problematisierten Sache und dem Prozess der Problematisierung gibt. Die Problematisierung ist eine ›Antwort‹ auf eine konkrete Situation, die durchaus real ist. […] Es gibt eine Beziehung zwischen Denken und Realität im Prozess der Problematisierung. Und aus diesem Grund denke ich, dass es möglich ist, eine Analyse einer spezifischen Problematisierung als die Geschichte einer Antwort vorzunehmen – der ursprünglichen, spezifischen und einzigartigen Antwort des Denkens auf eine bestimmte Situation.« (Foucault 1996, S. 179 f.)

Die Rekonstruktion solcher Problematisierungen birgt bereits einen kritischen Aspekt: Es geht darum, Wahrheiten, Normalitäten nicht als ahistorisch anzunehmen, sondern ihr Gewordensein zu analysieren. Dies birgt auch die Chance auf Veränderung.

In einem Gespräch mit Didier Eribon erläutert Foucault sein Verständnis von Kritik, Veränderung und Widerstand. Er meint

»Kritik […] zeigt, dass die Dinge nicht so selbstverständlich sind, wie man meint, damit sie nicht mehr so selbstverständlich hingenommen werden. […] Unter solchen Bedingungen ist Kritik (und radikale Kritik) absolut unerlässlich für jegliche Veränderung. Denn eine Veränderung, die in der gleichen Denkweise gefangen bliebe und dasselbe Denken nur ein wenig besser an die Realität anpasste, wäre nur eine oberflächliche Veränderung. Sobald man dagegen die Dinge nicht mehr in der hergebrachten Weise zu denken vermag, wird Veränderung zu einem dringenden, schwierigen, aber vollkommen lösbaren Problem. Man kann also nicht sagen, es gebe eine Zeit für Kritik und eine Zeit für Veränderung, die einen seien für Kritik zuständig, die anderen für Veränderung, die einen seien in einer unerreichbaren Radikalität gefangen, die anderen seien gezwungen, die unvermeidlichen Konzessionen an die Realität zu machen. Ich glaube, in Wirklichkeit kann Veränderung nur in der freien und dennoch ständig bewegten Luft einer permanenten Kritik erfolgen.« (DE 4, S.222)

Foucault äußerte allerdings eine gewisse Skepsis gegenüber der traditionellen Kritik sowie an der Figur des Kritikers, sofern dessen Arbeit im Kommentieren, im Interpretieren, im Verstehen liegt. Foucault fragt:

> »Ist es aber auch ein unwiderrufliches Verhängnis, dass wir keinen anderen Umgang mit dem Wort [Kritik] kennen als den kommentierenden? Der Kommentar befragt in der Tat den Diskurs über das, was er gesagt hat und hat sagen wollen. Er möchte jenen doppelten Boden des Wortes an die Oberfläche bringen, wo es sich in einer Identität mit sich selbst wiederfindet, die man seiner Wahrheit näher glaubt; im Aussprechen des Gesagten soll noch einmal gesagt werden, was nie ausgesprochen wurde.« (GK, S.14)

Gegen diese Prozeduren setzte er die Intervention, das Eingreifen.

> »Die Kritik hat nicht die Prämisse eines Denkens zu sein, das abschließend erklärt: Und das gilt es jetzt zu tun. Sie muss ein Instrument sein für diejenigen, die kämpfen, Widerstand leisten und das, was ist, nicht mehr wollen. Sie muss in Prozessen des Konflikts, der Konfrontation, des Widerstandsversuchs gebraucht werden. Sie darf nicht das Gesetz des Gesetzes sein.« (DE 4, S.41)

Kritik heißt für Foucault »nicht, dass man lediglich sagt, die Dinge seien nicht gut so, wie sie sind. Kritik heißt herausfinden, auf welchen Erkenntnissen, Gewohnheiten und erworbenen, aber nicht reflektierten Denkweisen die akzeptierte Praxis beruht.« (DE 4, S.221)

Um eine solche Kritik üben zu können, scheint es notwendig, einen gewissen Abstand zu den Diskursen, die hegemonial wirken, zu erlangen. Foucault beschreibt seine Haltung zu den analysierten Gegenständen wie folgt:

> »Ich versuche tatsächlich, mich außerhalb der Kultur, der wir angehören, zu stellen, um ihre formalen Bedingungen zu analysieren, um gewissermaßen ihre Kritik zu bewerkstelligen« (Foucault 1991, S.13).

Foucaults Kritik kommentiert also nicht, sie beruft sich nicht auf objektive Wahrheit. Foucault hat daher auch vorgeschlagen, dass sich Kritik vor allem und vielleicht letztlich nur auf Grundlage einer Haltung üben lässt, also einer subjektiven Wahrheit, zu der sich die Kritiker*innen bekennen müssen. Eine solche Haltung bezeichnet er als »Tugend« (Foucault 1992, S.9). Er nennt sie weiter eine »Kulturform«, eine

> »moralische und politische Haltung, eine Denkungsart, welche ich nenne: die Kunst nicht regiert zu werden bzw. die Kunst nicht auf diese Weise und um diesen Preis regiert zu werden« kurz: »die Kunst nicht dermaßen regiert zu werden.« (Foucault 1992, S.12)

Judith Butler nimmt den Begriff der Tugend auf und schlussfolgert in ihrer Auseinandersetzung mit Foucaults Verständnis von Kritik[71]:

> »Und vielleicht ist dies eine Praxis der Tugend und nicht, wie seine Kritiker meinen, ein Zeichen moralischer Verzweiflung, insoweit die Praxis dieser Art des Sprechens einen Wert setzt, den sie nicht begründen oder sichern kann, den sie aber dennoch setzt und durch dessen Setzung sie zeigt, dass eine bestimmte Intelligibilität die ihr vom Macht-Wissen gezogenen Grenzen überschreitet. Dies ist Tugend im minimalen Sinne, gerade weil sie dem Subjekt die Perspektive für eine kritische Distanz zur etablierten Autorität zeigt. Aber es ist auch ein mutiger Akt, der ohne Garantien handelt und das Subjekt an den Grenzen seiner Ordnung aufs Spiel setzt.« (Butler 2001, S.12)

Wenn auch Foucault letztgültige Wahrheiten und damit einen Ort objektiver Kritik ablehnt, so ziehen sich starke politische Positionen durch seine Schriften. So wendet er sich gegen Totalisierungen, Identitäten, Ganzheiten jeder Art. Er meint beispielsweise:

> »Die ›Gesamtgesellschaft‹ ist dasjenige, dem nur insoweit Rechnung zu tragen ist, als es zerstört werden soll. Es ist zu hoffen, dass es nichts mehr geben wird, was der Gesamtgesellschaft gleicht.« (Foucault 1991, S.102)

Auch in den gesellschaftlichen Kämpfen müsse sich, so Foucault, die Ablehnung der Totalisierung ausdrücken:

> »Die Frauen, die Gefangenen, die Soldaten, die Kranken in den Spitälern, die Homosexuellen kämpfen nun in jeweils verschiedener Form gegen die jeweiligen Formen von Macht, Zwang und Kontrolle, denen sie ausgeliefert sind. Solche Kämpfe gehören zur revolutionären Bewegung, wenn sie nur radikal und kompromisslos sind, wenn sie nicht reformistisch bloß den Inhaber der Macht

71 Dabei bezieht sie sich insbesondere auf Foucault 1992.

auswechseln, diese aber beibehalten wollen. [...] Die Allgemeinheit des Kampfes vollzieht sich also nicht in der Form der Totalisierung, [...] jener theoretischen Totalisierung, in der Form der ›Wahrheit‹. Die Allgemeinheit des Kampfes wird vom System der Macht, von den Vollzugs- und Anwendungsformen der Macht geschaffen.« (Foucault 1991, S. 139)

Er tritt ein für ein Denken der Differenz, das nicht das Zentrum und nicht die Abweichung kennt:

> »Die zäheste Unterwerfung der Differenz ist zweifellos diejenige unter die Kategorien. [...] Sie unterdrücken die anarchische Differenz, verteilen sie auf Regionen, beschränken ihre Rechte und schreiben ihr ihre Spezifizierungsaufgabe vor. Die Kategorien sind einerseits die apriorischen Formen der Erkenntnis; aber sie sind auch die archaische Moral, der alte Dekalog, den das Identische der Differenz aufgezwungen hat. Um diese zu befreien, gilt es, ein Denken ohne Kategorien zu erfinden.« (Deleuze/Foucault 1977, S. 45)

Auch in seinem Denken von Theorie und Praxis spiegelt sich der Wert der Differenz, des Lokalen:

> »Darum ist die Theorie nicht der Ausdruck, die Übersetzung, die Anwendung einer Praxis; sie ist selbst eine Praxis. Aber eine lokale und regionale Praxis, die [...] nicht totalisiert. Sie ist Kampf gegen die Macht, Kampf um ihre Sichtbarmachung und Schwächung dort, wo sie am unsichtbarsten und hinterhältigsten ist. Sie ist nicht ein Kampf um die ›Bewusstmachung‹ [...]. Sie hat nicht vom sicheren Hinterland aus die Kämpfenden aufzuklären. Eine ›Theorie‹ ist das regionale System dieses Kampfes.« (Foucault 1991, S. 130 f.)

Foucault richtet sich gegen die Idee eine Wahrheit, die es zu entdecken gibt, gegen metaphysische Deutungen der Welt, gegen dualistische Weltbilder, gegen die Idee eines autonomen Subjekts und gegen Essentialismus, gegen die Idee einer Wesenheit:

> »Alle meine Untersuchungen richten sich gegen den Gedanken universeller Notwendigkeiten im menschlichen Dasein. Sie helfen entdecken, wie willkürlich Institutionen sind, welche Freiheit wir immer noch haben und wie viel Wandel immer noch möglich ist.« (DE 4, S. 961)

Gleichsam tritt er ein für Pluralität, Differenz, für das Denken in Singularitäten. Seine Kritik hat somit einen klaren Ort, der in seinen Haltungen begründet ist.

Dieses Konzept von Kritik sagt nicht, was gesagt werden darf und was nicht, es trachtet nicht nach Repräsentation oder Zensur, nicht nach Eingrenzung, nach Beschneidung des Diskurses.

> »Ich will keine Kritik vorbringen, welche die anderen daran hindert zu sprechen, ich will nicht in meinem Namen einen Terrorismus der Reinheit und der Wahrheit ausüben. Ich will auch nicht im Namen der anderen sprechen und mir anmaßen, das, was sie zu sagen haben, besser zu sagen. Meine Kritik hat das Ziel, es anderen zu ermöglichen zu sprechen, ohne dem Recht zu sprechen, das sie haben, Grenzen zu setzen.« (DE 2, S.1016)

Foucault fasst die wesentlichen Punkte bezüglich der Wahrheit, der Macht und der Kritik wie folgt zusammen:

> »– Unter Wahrheit ist eine Gesamtheit von geregelten Verfahren für die Produktion, das Gesetz, die Verteilung, das Zirkulieren lassen und das Funktionieren von Aussagen zu verstehen.
> – Die Wahrheit ist zirkulär mit Machtsystemen, die sie hervorbringen und unterhalten, und mit von ihr induzierten und sie weiterführenden Machtwirkungen verbunden. Ordnung der Wahrheit.
> – Diese Ordnung ist nicht einfach nur ideologisch oder überbauhaft; sie ist eine Bedingung für die Ausbildung und Entwicklung des Kapitalismus gewesen. [...]
> – Das wesentliche politische Problem für den Intellektuellen ist nicht, die ideologischen Inhalte zu kritisieren, die mit der Wissenschaft verbunden wären, oder dafür zu sorgen, dass seine wissenschaftliche Praxis mit einer richtigen Ideologie einhergeht. Sondern zu wissen, ob es möglich ist, eine neue Politik der Wahrheit zu konstituieren. Das Problem ist nicht, das Bewusstsein der Leute oder das, was sie im Kopf haben, zu verändern, sondern die politische, ökonomische und institutionelle Produktionsordnung der Wahrheit.
> – Es kommt nicht darauf an, die Wahrheit von jedem Machtsystem zu befreien – was ein Trugbild wäre, da die Wahrheit selbst Macht ist –, sondern die Macht der Wahrheit von den Formen einer (sozialen, ökonomischen, kulturellen) Hegemonie zu befreien, innerhalb deren sie derzeit funktioniert.« (DE 3, S.212 f.)

4.10 Genealogie als Kritik

Ein zentraler Begriff im Zusammenhang mit Kritik ist bei Foucault die Genealogie. Während Archäologie die immanenten Regeln, also die Formationssysteme der Diskurse beschreibt, sucht die genealogische Herangehensweise nach den sozialen Praktiken, die den Diskurs bestimmen. Foucault beschreibt diese Methode wie folgt: Die Genealogie sei nicht mit der Genese zu verwechseln. Vielmehr rekonstruiert sie »ein ganzes Geflecht von Bündnissen, Verbindungen, Stützpunkten [...]« (VL 1977/78, S.176). Dazu ist es notwendig, drei Verschiebungen ins Außen vorzunehmen. Für diese drei Verschiebungen ins Außen nennt Foucault drei Beispiele. Die erste Verschiebung betrifft die Institution, um diese durch »den globalen Gesichtspunkt der Machttechnologie zu ersetzen« (VL 1977/78, S.176). Als Beispiel nennt er das psychiatrische Spital. Man könne versuchen,

> »seine internen Strukturen freizulegen [...] und zu zeigen, welcher Typus von medizinischer Macht sich darin organisiert, wie sich darin ein bestimmtes psychiatrisches Wissen entwickelt.« Eine Verschiebung ins Außen aber würde bedeuten, zu »zeigen, wie das Spital sich als Institution im Grunde nur von etwas Äußerem und Allgemeinen ausgehend, nämlich der psychiatrischen Ordnung, in dem Maße begreifen wird, wie diese Ordnung sich auf der einen Seite in ein unumschränktes Gesamtprojekt einfügt, das auf die ganze Gesellschaft zielt und das man grob gesprochen öffentliche Hygiene nennen kann«. Man könne ferner zeigen, »wie diese psychiatrische Ordnung durch sich selbst ein ganzes Ensemble von verschiedenen Techniken koordiniert, die gleichermaßen die Kindererziehung, die Armenbeihilfe, die Institution der Arbeitervereine betreffen« (VL 1977/78, S.175).

Die zweite Verschiebung betrifft »den Übergang ins Außen mit Bezug auf die Funktionen« (VL 1977/78, S.176). Hier führt er beispielhaft das Gefängnis an:

> »Man kann sicherlich die Analyse des Gefängnisses ausgehend von erwartenden Funktionen vornehmen, die als ideale Funktionen des Gefängnisses, als optimale Art, seine Funktion auszuüben definiert wurden.« Man könne aber auch das Gefängnis in einer »Gesamtökonomie der Macht« bestimmen. »Und dann, und deshalb bemerkt man, dass die wirkliche Geschichte des Gefängnisses zweifellos nicht durch die Erfolge und Misserfolge seiner Funktionalität beherrscht wird, sondern dass sie sich tatsächlich in Strategien und Taktiken einschreibt, die sich direkt auf seine funktionalen Defizite stützen.« (VL 1977/78, S.176)

Eine dritte Verschiebung findet bezüglich des Objekts statt. Es »bedeutet die Weigerung, sich einem bereits fertigen Gegenstand zu widmen. [...] Es handelt sich im Gegenteil darum, die Bewegung zu erfassen, mit deren Hilfe, durch diese sich bewegenden Technologien hindurch, sich ein Wahrheitsfeld mitsamt der Wissensgegenstände bildete« (VL 1977/78, S.177). Am Beispiel des Wahnsinns heißt dies, nicht zu sagen, der Wahnsinn existiere, sondern danach zu fragen, was gesellschaftlich evident gemacht werde, und nicht, was ›ist‹ im Sinne einer Wesenshaftigkeit.

Und so meint Genealogie eben nicht die Suche nach einem Ursprung, denn eine solche Suche bedeute,

> »das Wesen der Sache zu erfassen, ihre reinste Möglichkeit, ihre in sich gekehrte Identität, ihre unveränderliche, allem Äußerlichen, Zufälligen, Späteren vorausgehende Form. Wer solch einen Ursprung sucht, der will finden, ›was bereits war‹, das ›Eigentliche‹ eines mit sich selbst übereinstimmenden Bildes; er hält alle Wechselfälle, Listen und Verkleidungen für bloße Zufälle und will alle Masken lüften, um die eigentliche Identität zu enthüllen.« (DE 2, S.168)

Die Genealogie, die eben nicht der Metaphysik anhängt, hingegen meint, dass die Dinge, die zu erforschen sind,

> »gar kein Wesen haben oder dass ihr Wesen Stück für Stück aus Figuren konstruiert wurde, die ihnen fremd waren. Am geschichtlichen Anfang der Dinge stößt man nicht auf die noch unversehrte Identität ihres Ursprungs, sondern auf Unstimmigkeit und Unterschiedlichkeit.« (DE 2, S.169)

Nicht also um eine Analyse des Ursprungs geht es, sondern um die der Herkunft.

> »Das komplizierte Netz der Herkunft aufdröseln heißt vielmehr festhalten, was in der ihr eigenen Zerstreuung geschehen ist; es heißt die Zufälle, die winzigen Abweichungen – oder totalen Umschwünge –, die Irrtümer, falschen Einschätzungen und Fehlkalkulationen nachvollziehen, die hervorgebracht haben, was für uns existiert und Geltung besitzt; es heißt entdecken, dass an der Wurzel dessen, was wir erkennen und was wir sind, nicht die Wahrheit liegt und auch nicht das Sein, sondern die Äußerlichkeit des Zufalls. [...] Die Erforschung der Herkunft schafft keine sichere Grundlage; sie erschüttert, was man für unerschütterlich hielt; sie zerbricht, was man als eins empfand; sie erweist als heterogen, was mit sich übereinzustimmen schien.« (DE 2, S.172 f.)

Hier kommt die Macht wieder ins Spiel, denn die

> »Genealogie rekonstruiert [...] die verschiedenen Unterwerfungssysteme: nicht die vorgreifende Macht eines Sinns, sondern das zufällige Spiel der Herrschaftsbeziehungen. Die Entstehung vollzieht sich stets innerhalb eines bestimmten Kräfteverhältnisses. Die Analyse der Entstehung muss daher zeigen, wie diese Kräfte aufeinander einwirken, wie sie miteinander streiten oder gegen widrige Umstände ankämpfen oder wie sie – durch Aufspaltung – versuchen, dem Verfall zu entgehen und aus der eigenen Schwäche neue Kräfte zu ziehen.« (DE 2, S.175)

Es geht also um Werden, nicht um das Sein, es geht um Herkunft, nicht um den Ursprung und schließlich um Ereignis, nicht um Kontinuität.

> »Die ›wirkliche‹ Historie dagegen lässt das Ereignis wieder in seiner Einzigartigkeit hervortreten. Unter einem Ereignis ist dabei nicht eine Entscheidung,

ein Vertrag, eine Regierungszeit oder eine Schlacht zu verstehen, sondern die Umkehrung eines Kräfteverhältnisses; der Verlust der Macht; die Übernahme eines Wortschatzes, der nun gegen seine bisherigen Benutzer gewendet wird; die Schwächung einer Herrschaft, die sich selbst vergiftet, während eine andere noch verdeckt auf den Plan tritt. Die Kräfte, die in der Geschichte am Werk sind, gehorchen weder einer Bestimmung noch einer Mechanik, sondern nur den Zufällen des Kampfes. Sie manifestieren sich nicht als sukzessive Ausprägungen einer ursprünglichen Absicht und nehmen auch nicht die Gestalt von Ergebnissen an, sondern erscheinen stets nur als das einzigartige Zufällige des Ereignisses.« (DE 2, S.180)

Die Genealogie, die wirkliche Historie scheue sich nicht,

»ein perspektivisches Wissen zu sein. Die Historiker versuchen, in ihrem Wissen alles zu verwischen, was ihren Standort in Raum und Zeit, ihre Einstellung und ihre unvermeidlichen Gefühle verraten könnte. Der historische Sinn, wie Nietzsche ihn versteht, weiß dagegen, dass er auf einer Perspektive beruht, und verleugnet nicht das System der eigenen Ungerechtigkeit. Er betrachtet die Dinge unter einem bestimmten Blickwinkel, fällt seine Urteile ganz bewusst, sagt ja oder nein, verfolgt alle Spuren des Gifts und sucht nach dem wirksamsten Gegengift. Statt so zu tun, als träte er diskret hinter das Betrachtete zurück, statt nach dessen Gesetz zu suchen und es auf alle seine Bewegungen anzuwenden, weiß dieser Blick nicht nur, was er betrachtet, sondern auch von welchem Standort aus er dies tut.« (DE 2, S.182 f.)

Foucaults Ausführungen wenden sich somit radikal gegen eine Idee der Objektivität und sogar der Wahrheit der Wissenschaften. Genealogie richtet sich ganz explizit gegen die Wahrheitshierarchie etablierter Wissenschaft.

»Demnach wäre die Genealogie gegenüber dem Projekt einer Einschreibung der Wissensarten in die Hierarchie der der Wissenschaft eigenen Macht eine Art Unterfangen, das historische Wissen zu ›ent-unterwerfen‹ und frei, das heißt zur Opposition und zum Kampf gegen den Zwang eines einheitlichen, formalen und wissenschaftlichen theoretischen Diskurses fähig zu machen. Die Reaktivierung lokaler, ›unmündiger‹ (wie Deleuze vielleicht sagen würde) Wissensarten gegen die wissenschaftliche Hierarchisierung der Erkenntnisse und ihrer eigentlichen Machteffekte ist das Projekt dieser ungeordneten und zerrissenen Genealogien. Kurz gesagt: Man könnte vielleicht sagen, dass die Archäologie die für die Analyse lokaler Diskursivitäten geeignete Methode und die Genealogie die Taktik wäre, die ausgehend von den so beschriebenen lokalen Diskursivitäten die sich davon ablösenden ›ent-unterworfenen‹ Wissensarten funktionieren lässt.« (DE 3 S.221)

Genealogie ist so verstanden also als solche kritisch, jedoch ohne sich auf Universalismen der Objektivitäten zu stützen. Foucault schreibt:

> »Ich habe mir vorgenommen [...], den Menschen zu zeigen, dass sie weit freier sind, als sie meinen; dass sie Dinge als wahr und evident akzeptieren, die zu einem bestimmten Zeitpunkt in der Geschichte hervorgebracht worden sind, und dass man diese so genannte Evidenz kritisieren und zerstören kann.« (DE 4, S.960)

Martin Saar (2007)[72] schreibt in seiner umfassenden Abhandlung *Genealogie als Kritik*, dass Genealogie »eine Art experimenteller theoretischer Ursachen- und Voraussetzungsforschung für soziale Arrangements« sei (S.314). Und weiter:

> »Die genealogische Beschreibung von Subjektwerdung läuft generell auf die Machtfrage zu und zwar immer in der [...] Geste der Decouvrierung und Entlarvung. [...] Genealogisch sichtbar gemacht werden die (zumindest für die ›normale‹ Mehrheit) unmerklichen Machtwirkungen. [...] Die Sichtbarmachung ist aber schon an sich eine problematisierende Geste, da sie der Machtordnung ihre ›Visibilitätsreserve‹ raubt: zu wirken ohne gesehen zu werden«. (Saar 2007, S.315)

4.11 Schlussfolgerungen für die KDA

Für die KDA heißt das, die Konzeption von Kritik und Wahrheit als einen historisch erzeugten diskursiven Effekt aufzufassen. Die KDA hat damit nicht den Anspruch ›objektive‹ Wahrheiten zu produzieren. Sie sucht im Sinne einer Entideologisierung das, was als wahr gilt, um die Konstruktionsprozesse der Wahrheit zu analysieren und einer Kritik zuzuführen.

Diskursanalyse kann Diskurse kritisieren, indem sie Problematisierungen nachgeht, Widersprüche und Fluchtlinien herausarbeitet und gleichzeitig die Mittel verdeutlicht, mit denen eine Akzeptanz zeitweilig gültiger Wahrheiten herbeigeführt wird. Die Rekonstruktion von Problematisierungen birgt bereits einen kritischen Aspekt: Es geht darum, was als Problem wahrgenommen wird und was nicht. Es geht darum, Wahrheiten, Normalitäten nicht als ahistorisch anzunehmen, sondern ihr Gewordensein zu begreifen und zu analysieren. Es geht bei Kritischer Diskursanalyse auch darum, die Wahrheitsproduktion in einem Netz von soziokulturellen und ökonomischen Machtbeziehungen zu untersuchen. Diese Wahrheiten werden als

72 Siehe dazu auch: Lemke 1997 und Schubert 2018.

rational, als vernünftig angesehen. Insofern erfassen Diskursanalysen das in einer bestimmten Zeit und in einem bestimmten Raum jeweils Sagbare in seiner qualitativen Bandbreite, also alle Aussagen, die geäußert werden (können), sowie die Strategien, mit denen das Feld des Sagbaren ausgeweitet oder eingeengt wird, etwa durch Verleugnungen, Moralisierungen oder Relativierungen, durch Prozeduren der Ausschließung, durch die Dichotomie von Vernunft und Wahnsinn und dem Wahren und dem Falschen. Die Vermittlungsstrategien dieser Aussagen können gleichzeitig auch auf das verweisen, was zu einem bestimmten Zeitpunkt in einer bestimmten Gesellschaft nicht sagbar ist. So kann das Sagbare durch direkte Verbote und Einschränkungen, etwa durch Gesetze und Richtlinien, aber auch durch Anspielungen und Implikate eingeengt oder auch überschritten werden. Der Nachweis der Begrenzung oder Entgrenzung des Sagbaren stellt somit einen weiteren wichtigen kritischen Aspekt von Diskursanalyse dar. Wenn Diskurse als eine eigene Wirklichkeit begriffen werden, die gegenüber der ›wirklichen Wirklichkeit‹ eine eigene Materialität besitzen und sich aus vergangenen und weiteren aktuellen Diskursen ›speisen‹, stellt sich die Frage nach den Normen und Werten, auf die sich der bzw. die Analysierende beruft, wenn er oder sie Kritik übt. Mit anderen Worten: Wer Diskurse analysiert, bezieht Position – ob er oder sie will oder nicht. Sie beziehen sich als Teilnehmende am Diskurs auf diesen und können sich nicht auf eine objektive, immer gültige Wahrheit und geläufige Universalismen stützen.

Die Formationssysteme von Diskursen zu beschreiben, ihre inneren Prozeduren, die Problematisierungen, ihre Genealogie, ihr Gewordensein ist vielleicht das, was Martin Nonhoff als »Diskursanalyse als Kritik« (Nonhoff 2019, S.16) beschreibt, als »das spezifische kritische Potential der Diskursanalyse« (Nonhoff 2019, S.19). Er grenzt dieses integrierte Verhältnis von Diskursanalyse und Kritik ab von einem »äußerlichen« Verhältnis, also von »Diskursanalyse und Kritik«.[73] (Nonhoff 2019, S.15) Damit meint er, dass die Diskursanalytiker*innen

> »einen von Beginn an wertenden Standpunkt gegenüber den zu untersuchenden gesellschaftlichen (Macht-)Verhältnissen einnehmen. Der Analyse voraus geht somit ein Verständnis dessen, was in Gesellschaften normativ fragwürdig ist und in welche Richtung sie sich zum Besseren entwickeln könnten« (Nonhoff 2019, S.18).

73 Siehe zum Thema Diskursanalyse und Kritik auch Freikamp u.a. (Hg.) 2008 und Langer/Nonhoff/Reisigl (Hg.) 2019.

Eine Haltung zum Forschungsobjekt zu haben, heißt nicht normativ-ontologische Forschung zu betreiben, solange nicht eine normative Ausrichtung der Begriffe statt einer empirischen Begründung zugrunde gelegt wird. Es gibt, wie Jens Zimmermann es herausarbeitet, einen Unterschied zwischen einer Haltung, die Wissenschaftler*innen selbstverständlich in ihre Forschung mit einfließen lassen und der Setzung dieser Haltung als normativ-ontologische Ordnung. Mit anderen Worten: Diese Haltung darf nicht zum wissenschaftlich-empirischen Kriterium der Forschung, zum Referenzpunkt erklärt werden (vgl. Zimmermann 2010).

4.12 Diskurstragende Kategorien

Im Anschluss an die Diskurstheorie von Foucault hat Jürgen Link interdiskursive Elemente ausgemacht.[74] Bildlich beschreibt er sie als diskurstragende Kategorien:

> »Diskurstragende Kategorien sind solche, durch deren ›Entfernung‹ – wenn man sie sozusagen aus dem betreffenden Diskurs ›herauszöge‹ wie die Stahlteile aus einer Betonkonstruktion – der betreffende Diskurs nicht länger ›halten‹ könnte und in sich zusammenbräche wie ein Kartenhaus. Unter solchen Kategorien sind in der Regel nicht isolierte Wörter zu verstehen, sondern ganze semantische Komplexe einschließlich ihrer Praxisbezüge, wiederum vergleichbar mit kreuzweise angeordneten Stahlteilen in Beton.« (Link 1997, S. 15)

Darunter sind insbesondere der Komplex der Kollektivsymbolik und des Normalismus, aber auch die Effekte nicht-sprachlicher Bilder und binaristischer Vorstellungen zu verstehen.

4.12.1 Wir kennen sie alle: Kollektivsymbole

Unter Kollektivsymbolik ist nach Jürgen Link die Gesamtheit der Bildlichkeit einer Kultur zu verstehen. Beispiele sind die häufig auftretenden Symbole Flüchtlings*flut, Zustrom* und *Welle,* die Geflüchtete als unpersönliche und bedrohliche Menschenmenge wirken lassen, oder die Friedens*taube* als Bild für Frieden. Symbol steht dabei als Oberbegriff für alle Arten von Bildlichkeit, die in der Literaturwissenschaft und anderen Disziplinen auch differenziert werden, beispielsweise als Allegorien, Embleme, Metaphern, Exempelfälle, anschauliche Modelle, orientierende Topiken, Vergleiche und

74 Siehe zur genaueren Verortung in der Interdiskurstheorie Kap. 3.5.

Analogien. Sie sind »*kulturelle Stereotypen* (häufig ›*Topoi*‹ genannt), die *kollektiv* tradiert und benutzt werden« (Drews/Gerhard/Link 1985, S.265). Kollektivsymbole verdeutlichen in symbolisch-verdichteter und vereinfachter Form das heute gängige und gültige Bild unserer Gesellschaft.

Angeregt von Klaus Theweleits Werk *Männerphantasien* (1977/78) haben Link und andere Wissenschaftler*innen rund um die Zeitschrift *kultuRRevolution* seit den früheren 1980ern Kollektivsymbole der Moderne untersucht.[75] Die Theorie wurde auf empirischem Wege im Zuge einer Reihe von Medien- und Literaturanalysen erweitert und ausdifferenziert. Sie beruft sich nicht auf anthropologische Konstanten, etwa angeborene Bilder oder im kollektiven Unbewussten hausende Vorstellungen von Wirklichkeit. Vielmehr betrachtet Jürgen Link Systeme kollektiver Symbolik als historisch veränderbar und zudem auch kulturell verschieden. Das von ihm beschriebene System gilt nur für moderne Industriegesellschaften vom Ende des 18. Jahrhunderts an (vgl. Becker/Gerhard/Link 1997, S.71), wobei konstatiert wird, dass es in anderer Gestalt solche Systeme auch für andere Zeiten und andere Räume geben mag.[76]

Die Theorie der Kollektivsymbolik hat sich als außerordentlich fruchtbar für Diskursanalysen erwiesen. Und zwar deshalb, weil mit dem Vorrat an Kollektivsymbolen, die alle Mitglieder einer Gesellschaft kennen, das Repertoire an Bildern zur Verfügung steht, mit dem wir uns ein Gesamtbild von der gesellschaftlichen Wirklichkeit bzw. der politischen Landschaft der Gesellschaft machen, wie wir diese deuten und – insbesondere durch die Medien – gedeutet bekommen.[77]

Die Kollektivsymbolik kann als ein diskurstragendes Element aufgefasst werden. Einerseits, weil Symbole rationales und emotionales Wissen erzeugen, indem sie komplexe Wirklichkeit simplifizierend und plausibel deuten.

75 Als Einstieg für eine genauere Lektüre zur Kollektivsymbolik eignen sich die folgenden Aufsätze aus der *kultuRRevolution*: Link 1982, Link 1984, Disselnkötter/Parr 1994 und Link 2022. Auch darüber hinaus beobachtet die *kRR* die Kollektivsymbolik seit vier Jahrzehnten in vielen Beiträgen. Darstellungen mit einem Fokus auf Kollektivsymbolik im Normalismus finden sich in Link 2013a (insbes. Teil VII, S.363-388) und in Link 2018 (insbes. Kap. 12, S.184-213). Einen umfassenden Überblick über die Forschung bieten Drews/Gerhard/Link 1985 und Becker/Gerhard/Link 1997. Weitere Titel finden sich in der Bibliographie Parr/Thiele 2010.

76 Eine Kollektivsymboltheorie aus konstruktivistischer Sicht entwickelt Fleischer 1996.

77 Vgl. dazu besonders Link 1982, Drews/Gerhard/Link 1985, Link/Link-Heer 1994, Becker/Gerhard/Link 1997.

Andererseits, weil Kollektivsymbole ihre Wirkung innerhalb eines synchronen Systems von Kollektivsymbolen (Sysykoll) entfalten und so Wissen in einer bestimmten Ordnung erzeugen, die bestimmte Logiken und Handlungsoptionen nahelegt. In der Interdiskurstheorie werden Kollektivsymbole als interspezialdiskursive und interdiskursive elementar-literarische Anschauungsform genauer verortet.[78] Sysykoll und Kultur hängen dabei nach Link eng zusammen: »Das sysykoll ist insofern ein tragendes element der kultur, als es ein tragendes element des inter-diskurses ist« (Link 1982, S.11).

4.12.1.1 Kollektivsymbol

Den Begriff Symbol verwendet Link als Bezeichnung für alle Arten von Sinnbildern. Es geht »immer um die Kombination zwischen einem Bild und einem Sinn« (NAP, S.186). Das Bild kann sprachlich oder visuell gegeben sein. So kann man beispielsweise von der ›sozialen *Hängematte*‹ sprechen oder sie in Form einer Karikatur oder Fotografie darstellen. Das Bild *Hängematte* bekommt nun eine über das Bild hinausgehende, indirekte, symbolische Bedeutung. Es kann zum Beispiel bedeuten, dass das Sozialsystem Menschen zu Faulheit verleite. Solche symbolischen Bedeutungen sind jedoch kontextabhängig. Wird behauptet, immer mehr Menschen würden sich in die soziale *Hängematte* zurückziehen, hat die Hängematte die gerade genannte symbolische Bedeutung. In dem folgendem Satz ist die symbolische Bedeutung hingegen eine andere: ›Mit Hartz IV wurde der Rest der sozialen *Hängematte* zerstört und die Arbeitslosen liegen ungeschützt am Boden.‹ Die *Hängematte* bedeutet hier symbolisch ein wichtiges Sicherungssystem für den Notfall. Das Bild *Hängematte* ähnelt hier einem *Fangnetz für Zirkusartisten*. Und das Foto einer *Hängematte* am Strand in einer Werbeanzeige für Fernreisen hat offensichtlich wieder eine ganz andere symbolische Bedeutung und suggeriert Erholung pur.

Die Struktur ›Bild –> symbolische Bedeutung‹ gilt für beliebige Symbole, nicht nur für Kollektivsymbole, wie die soziale ›Hängematte‹. Für Kollektivsymbole kommt hinzu, dass sie im kollektiven Bewusstsein verankert sind: »›Kollektivsymbole‹ sind kollektiv verbreitete und verständliche Symbole, insbesondere die medialen Symbole« (NAP, S.186). Sie leuchten

78 Siehe Kap. 3.5. zur Interdiskurstheorie.

allen Menschen eines kulturellen Zusammenhangs unmittelbar ein, da sie kollektiv gelernt sind, kollektiv benutzt und verstanden werden.[79]

4.12.1.2 Katachresen-Mäander

Eine wichtige Eigenschaft von Kollektivsymbolen ist, dass sie durch Katachresen (Bildbrüche) miteinander verbunden werden können. Katachresen sind Verbindungen von Bildern aus verschiedenen bildspendenden Bereichen wie in folgendem Beispiel deutlich wird:

> »Die Einsicht bei den Politikern wächst, dass der *Zustrom* von Ausländern, die in der Bundesrepublik um politisches Asyl nachsuchen [...], *eingedämmt* werden muss. [...] Aber diejenigen, die dem Bestreben gefolgt seien, besser zu leben als daheim, und wäre es nur durch das *Ruhen* im hiesigen ›sozialen *Netz*‹, müssten *zurückgeschickt* werden. [...] SPD und FDP haben CDU-Politiker hart getadelt, die das Stichwort ›*Sammellager*‹ aufgebracht haben: Wenn aber das Asylverfahren örtlich um die *Flughäfen* herum lokalisiert werden soll, kann das Wort vom ›*Lager*‹ [...] nicht tabuiert werden« (zit. nach Link 1988a, S.49, Kursivierung der Kollektivsymbole nicht im Original).

Hier werden Symbole aus den bildspendenden Bereichen Wassermassen (*Zustrom, eindämmen*), Schlaf (*Ruhen, Hängematte* (mögliche Assoziation von *Netz*)), Artistik (*Netz* als Schutzvorrichtung bei *Abstürzen*) und Architektur (*Sammellager, Lager, Flughafen*) durch Katachresen miteinander verkettet. Jürgen Link spricht von Katachresen-Mäandern, die wie ein mäanderndes Band durch einen Text ›wandern‹ können. Betrachtet man Katachresen nur auf der Bildebene, können sie absurd erscheinen, wie die Vorstellung, man könne zuströmende Wassermassen in Lager sperren und zurückschicken. Auf der Ebene der symbolischen Bedeutung ergibt sich hingegen ein schlüssiger Zusammenhang: Der *Zustrom* bedeutet symbolisch bedrohliche Menschenmengen, die nicht erwünscht sind. *Dämme, Lager* und *Zurückschicken* bedeuten alle dasselbe, nämlich entschiedene Maßnahmen, um Immigration zu verhindern. Das Ausruhen im sozialen *Netz* bedeutet falsche Anreize, mit denen Migrant*innen angelockt würden, was nicht erwünscht ist.

Auf diese Weise können Katachresen Zusammenhänge assoziieren, Plausibilitäten erzeugen und tatsächliche Widersprüche überbrücken. So wird im Beispiel der grundlegende Widerspruch weitgehend ausgeblendet und unsichtbar gemacht, dass Migrant*innen einerseits als bedrohliche Masse be-

79 Auch wenn dies in Alltagsdiskursen oftmals nur in rudimentärer Form geschieht (vgl. dazu S. Jäger 1992, S.251-256).

schrieben werden, die massive Reaktionen notwendig machen, andererseits als passive Individuen, die Ruhe beziehungsweise soziale Sicherheit suchen und einfach zurückgeschickt werden können.

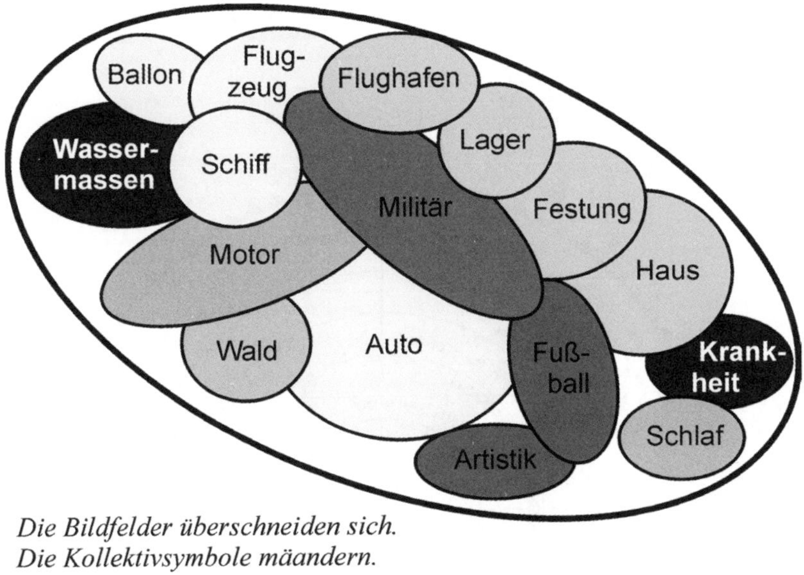

Exemplarische bildspendende Bereiche für das synchrone System von Kollektivsymbolen (Sysykoll)
Diese Grafik soll das Feld bildspendender Bereiche veranschaulichen, in dem Katachresen stattfinden, und ist keine systematische oder erschöpfende Darstellung.

4.12.1.3 Sysykoll

Dass Kollektivsymbole durch Katachresen verbunden werden, liegt daran, dass die Symbole austauschbar sind. So könnte man im oberen Beispiel *eindämmen* nicht nur durch *Lager* und *zurückschicken* ersetzen, sondern beispielsweise auch durch *abwehren* (Militär) oder *abschotten* (Schifffahrt, Wassermassen). Dadurch verbinden Katachresen Kollektivsymbole miteinander, sodass diese sich wie ein Netz über die Diskurse ziehen und ihnen so außerordentliche Festigkeit und Wirksamkeit verleihen. Dieses Netz kann als *synchrones System von Kollektivsymbolen* beschrieben werden, *Jürgen* Link bezeichnet es etwas scherzhaft als *Sysykoll.*

Das Grundschema bzw. die Topik[80] der Kollektivsymbolik skizziert Link ausgehend von einer Vorlage von Willi Benning aus dessen Dissertation (Benning 1983, vgl. Link 1984, S. 12):

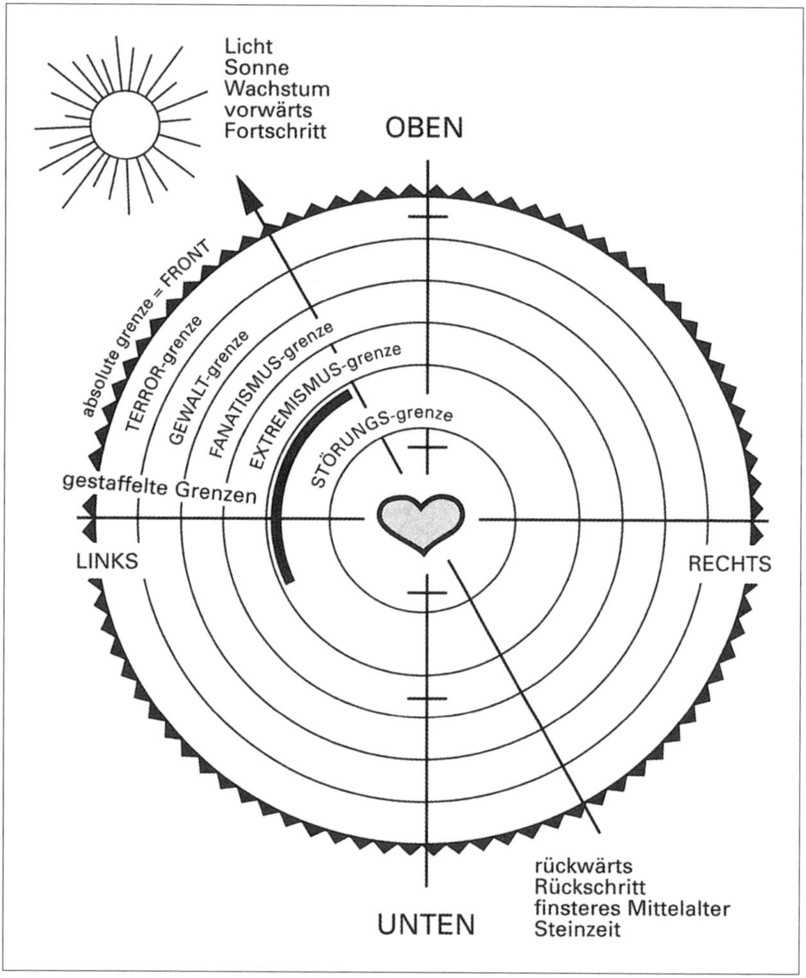

Topik der Kollektivsymbolik (aus: Disselnkötter/Parr 1994, S. 60, abgeändert[81])

80 Zu verstehen als Bildlichkeit allgemein und nicht in dem engeren Sinne, in dem Wengeler diesen Terminus versteht, vgl. Wengeler 2003 und 2007.

81 Im Original sind auf der horizontalen Links-Rechts-Achse die Parteien PDS – Grüne – SPD – CDU – CSU – REP's eingetragen. Da einige der Parteien oder ihre Position auf

Link erläutert diese Topik folgendermaßen:

> »Dabei repräsentiert der (äußerste) Kreis die Grenze des ›Systems‹ des applizierenden Subjekts und seiner Ingroup. Es umschließt also den ›eigenen‹ Bereich dieses Subjekts, während *draußen* der Bereich des Anderen, Fremden liegt. Dieser Außenbereich kann entweder als anderes (freundliches oder feindliches) Subjekt (System 2) oder als subjektloser Bereich (Chaos) *symbolisiert* werden.« (Link 1999a, S.349)

Der eigene Bereich kann je nach Kontext auch als *Innen, Wir, Ich* oder *normaler Bereich* bezeichnet werden, der Bereich des Anderen als *Außen, Sie, Die* oder *anormaler Bereich*. Es bildet die Mitte von drei symbolischen Hauptachsen, die das Schema strukturieren:

Die *horizontale Achse* kann als Links-Mitte-Rechts-Achse das politische Spektrum strukturieren. Allgemeiner handelt es sich um die Achse, »die vor allem die Symbolik der ›Waage‹ und damit den – wegen seiner ›Stabilität‹ besonders positiv gewerteten – Ort der ›Mitte‹ favorisiert« (Disselnkötter/Parr 1994, S.52), während die Extreme im Außen verortet werden. Mit ihr könnten beispielsweise auch Körpergewicht (Übergewicht – Normalgewicht – Untergewicht) oder Erziehungsstile (autoritär – demokratisch – laissez-faire) symbolisiert werden.

Die *vertikale Achse* oder Unten-Mitte-Oben-Achse »symbolisiert sämtliche Hierarchien« (Link 1999a, S.350), beispielsweise Einkommensklassen, Elite – Volk – Unterschicht, Intelligenz oder Schönheit.

Die *diagonale Achse* oder Rückwärts-Mitte-Vorwärts-Achse symbolisiert schließlich jede Form symbolischer ›Dynamik‹, wie gesellschaftlichen oder technischen Fortschritt oder die Entwicklung von Aktienkursen.[82]

Die Strukturierung durch Achsen, die tendenziell Messungen und Verdatung ermöglichen, verweisen darauf, dass die Topik der Kollektivsymbolik eng mit dem Normalismus verbunden ist.[83]

Zwischen *Innen* und *Außen* verläuft eine symbolische *Grenze*, die auch als gestaffeltes System von Grenzen realisiert sein kann. Die *Störungsgrenze* ist der Mitte am nächsten und liegt noch im Innen, da *Störungen* schnell behoben werden können. Ihr folgen die *Extremismusgrenze*, *Fanatismusgrenze*,

der Achse nicht mehr aktuell sind, wurde die Grafik entsprechend überarbeitet.

82 Siehe zu Fortschrittskurven und allgemein zu symbolischen Kurvenlandschaften Link 1999a, S.197-200 und 313-318, sowie ausführlicher und sehr anschaulich: Link 2001 und Schulte-Holtey 2001.

83 Siehe im Kapitel zum Normalismus zu weiteren Erklärungen zur Topik.

Gewaltgrenze und schließlich die *Terrorgrenze* und die *militärische Front* immer weiter im *Außen*. Diese *Grenzen* zeigen gleichzeitig zunehmenden Handlungsbedarf zum Schutz vor eindringenden Gefahren oder zur Wiederherstellung von Normalität an.

Diese Topik als abstraktes Grundschema wird durch verschiedene Symbole und Symbolserien konkret aufgefüllt und damit sprechend gemacht. Auf der Grundlage von Medien- und Literaturanalysen hat Jürgen Link einen wichtigen Teil des synchronen Systems von Kollektivsymbolen der BRD der 1990er-Jahre skizziert. Viele Diskursanalysen rund um die *kultuRRevolution* und das *DISS* zeigen, dass es im Wesentlichen auch für die heutigen westlichen Industriegesellschaften Gültigkeit hat.

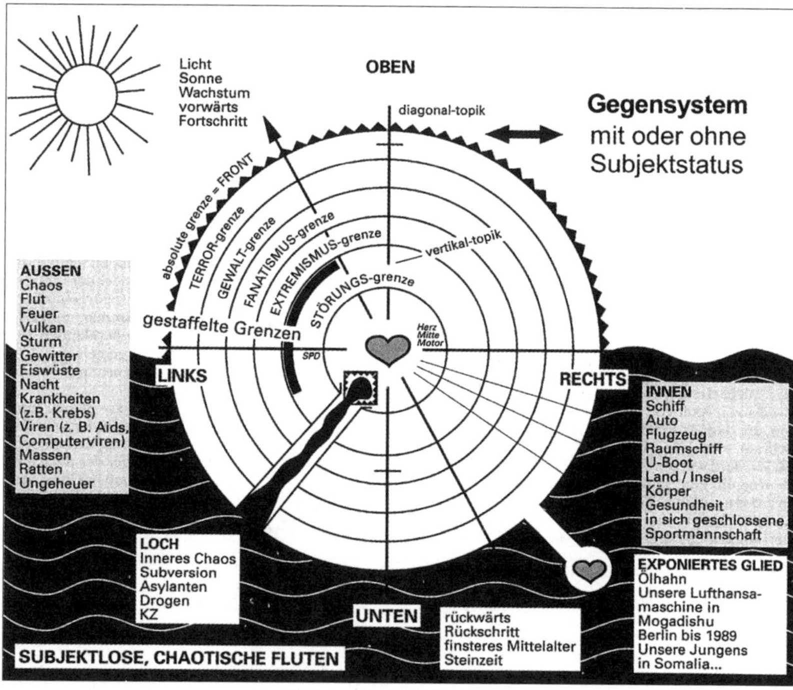

Das synchrone System von Kollektivsymbolen (Sysykoll) (aus: Disselnkötter/Parr 1994, S. 66, abgeändert[84])

84 Im Original sind auf der horizontalen Links-Rechts-Achse die Parteien PDS – Grüne – SPD – CDU – CSU – REP's eingetragen. Da einige der Parteien oder ihre Position auf der Achse nicht mehr aktuell sind, wurden sie hier wegretuschiert. Rechts oben ist im

Link macht dieses erweiterte Schema nun sprechend. Im Folgenden sind Kollektivsymbole kursiv gesetzt:

> »ich lasse den *fortschritt* sich nach *oben* bewegen wie eine *rakete*, auch wohl wie ein *auftauchendes u-boot*. unterhalb der horizontale befindet sich die *finsternis des untergrunds, des unterwassers, des urwalds und dschungels*, ggf. auch des *mittelalters und der steinzeit*. wie man sieht, ist unser system wirklich am meisten einem *u-boot* oder einer *raumstation* ähnlich; deshalb durfte, wie ich meine, der *ausfahrbare schnorchel*, d.h. die *röhre (pipe-line) oben nicht fehlen, die die verbindung zum exponierten glied* unseres systems[85] (auch *exclave mit korridor* genannt) sicherstellt. [...] das umgekehrte pendant des *korridors* ist der *subversive stollen*, der von außen in unser system *hineingegraben* werden kann (er sieht nicht zufällig wie eine *schlange* aus). so kann die *flut einsickern*, der *krebs* sich mitten in uns *hineinfressen*. [...] im äußersten fall könnte der *innere korridor*, der *spalt*, durch das gesamte system reichen und es *spalten* [...] in der *mitte* unseres systems sitzt unser *herz* (weshalb alle *außen vor* befindlichen per se *herzlos* sein werden), auch unser *motor* oder unser *energieaggregat*. sollen wir nicht in eine *schieflage* geraten, so ist *ausgewogenheit* unbedingt geboten – und vor allem müssen die *außenwände des kessels* [...] gegen *das chaos aus flut, wüste, eiswüste, dschungel, leerem weltraum, gewittern, blitzen, bränden, stürmen, dunkler nacht, ungeheuern und viren absolut wasserdicht halten*. in der *mitte seines panzers* sitzt das subjekt: als ›ich‹ und als ›wir‹ gleichermaßen einzig in seinem eigentum – während draußen die *Finsternis* [...] *noch dichter* (wird).« (Link 1984, S.13[86])

Diese Topik wird nach Link also mit verschiedenen, durchaus nicht beliebigen Symbolen beschrieben und kodiert. Für den inneren Bereich stehen oft Bilder aus den bildspendenden Bereichen menschlicher Körper, industrialistische Vehikel oder Architektur. Für den äußeren Bereich stehen Symbole, die das Chaos markieren wie *Flut*, *Feuer* oder *Sturm*. Für innere und äußere Feinde werden oft Symbole verwendet, die ihnen den Subjektstatus absprechen wie *Ungeziefer, wilde Tiere* oder *Fäkalien*.[87] Jürgen Link führt dazu aus:

Original ein Gegensystem ohne Subjektstatus grafisch dargestellt, man denke beispielsweise an Nordkorea oder den Islamischen Staat. In älteren Fassungen stand hier noch ein Gegensystem mit Subjektstatus, man denke beispielsweise an die ehemalige Sowjetunion.

85 Als *exponiertes Glied* werden Vertreter*innen des *Innen* im *Außen* verbildlicht, beispielsweise »unsere Jungs« der Bundeswehr in Afghanistan (Bild online 30.6.2009; https://www.bild.de/politik/2008/stellt-erstmals-kampfverband-4998776.bild.html; (30.7.2022) oder deutsche Seenotretter*innen vor der *gefährlichen libyschen Küste*.

86 Kursivierungen der Kollektivsymbole meist im Original, hier zusätzlich ›u-boot‹, ›raumstation‹, ›hineingegraben‹ und ›hineinfressen‹

87 Zur Festigkeit solcher Symbole z.B. zur Bezeichnung von Feinden vgl. auch Paul 1999 sowie in diesem Band Kapitel 4.12.4 zur Binarismusanalyse.

> »Entscheidend dabei ist nun, dass das eigene System stets *Subjektstatus* besitzt, ›Subjekt‹ im Sinne einer autonomen, zurechnungsfähigen, quasi-juristischen Person, eines Rechts-Subjekts verstanden. Es ist ein Körper mit Kopf, der sich Therapien gegen Krankheiten überlegen kann; es ist ein industrielles Vehikel mit Fahrer, der den Fuß vom Gas nehmen kann, es ist ein Haus mit vernünftigen Bewohnern, die die Tür zumachen können usw. *Dieser Subjektstatus gilt prinzipiell auch für das östliche Gegen-System, nicht aber für das außersystemische Chaos als solches.* Dieser Unterschied nun ist nach meinen Untersuchungen konstitutiv für zwei gänzlich verschiedene Gruppen von Feindbildern: solche mit und solche ohne Subjektstatus.« (Link 2022, S.13)

Mit dem »östlichem Gegen-System«, dem meist ein Subjektstatus zuerkannt wurde, ist hier die ehemalige Sowjetunion (1922-1991) gemeint. Anderen Gegner*innen oder Gegensystemen wird häufig der Subjektstatus abgesprochen[88] oder die Frage eines Subjektstatus ist Gegenstand diskursiver Kämpfe.[89]

4.12.1.4 Erkennungskriterien für die Kollektivsymbolik

Kollektivsymbole lassen sich durch die folgenden Kriterien definieren[90] und erkennen:[91]

1. semantische ›Sekundarität‹: Symbole haben neben der primären direkten Bedeutung (Bild) eine sekundäre symbolische Bedeutung (Sinn). Siehe das Beispiel oben: *Hängematte* (Bild) –> zu gutes Sozialsystem (symbolische Bedeutung).
2. Ikonität (visuelle Darstellbarkeit): Auch sprachlich gegebene Kollektivsymbole lassen sich bildlich darstellen oder zumindest als Bilder vorstellen.

88 Man denke beispielsweise an den ehemaligen irakischen Staatspräsidenten Saddam Hussein, der im Vorfeld des Golfkriegs von 1990 von der Bild gehäuft als *Irrer* tituliert wurde (vgl. M. Jäger/S. Jäger 2007, S.51).

89 Man denke beispielsweise an die Verhandlung der Zurechnungsfähigkeit des Präsidenten der Russischen Föderation Wladimir Putin im deutschen mediopolitischen Diskurs seit dem Angriff Russland gegen die Ukraine am 24.2.2022.

90 Eine Eingrenzung des Begriffs ›Kollektivsymbol‹ ist deshalb sinnvoll, weil z.B. arbiträre ikonische Zeichen (wie die meisten Nationalflaggen und manche Verkehrszeichen), isolierte ikonisch-motivierte Zeichen (wie der ›Bundesadler‹) und nicht-bildlich-motivierte Zeichen (d.h. einfache Tropen) ausscheiden.

91 Vgl. zum folgenden Link/Link-Heer 1994, die sich dabei auf Todorov 1977 stützen sowie Drews/Gerhard/Link 1985 und Becker/Gerhard/Link 1997.

3. Motiviertheit: Bild und symbolische Bedeutung sind nicht zufällig miteinander verbunden, sondern ›motiviert‹. *Hängematte* und Sozialsystem haben beispielsweise die Eigenschaft gemeinsam, Schutz zu bieten.
4. Ambiguität (Mehrdeutigkeit): Eine Hängematte kann je nach Kontext ein zu wirkungsvolles Sozialsystem, ein notwendiges Sozialsystem oder auch Erholung in schöner Umgebung bedeuten.
5. Syntagmatische Expansivität: Kollektivsymbole erzählen sich weiter. Da wir alle das Sysykoll gelernt haben, fallen uns sofort weitere Kollektivsymbole aus demselben Bildbereich ein. Wenn wir von einem *Zustrom* von Geflüchteten hören, denken wir sofort an die Gefahr einer *Überflutung* und die Notwendigkeit von *Dämmen* zur *Regulierung* oder *Abschottung*.
6. Isomorphie-Relation zwischen Bild und Sinn: So könnte man sagen, der *Damm* verhalte sich zum *Zustrom*, wie verschärfte Asylgesetze zur einer bedrohlichen Immigration.

Diese Kriterien müssen in der konkreten Verwendung nicht unbedingt (alle) explizit auftauchen. Die anzutreffenden Kollektivsymbole müssen diese Kriterien jedoch zumindest teilweise oder implizit enthalten.

4.12.1.5 Pragmasymbole

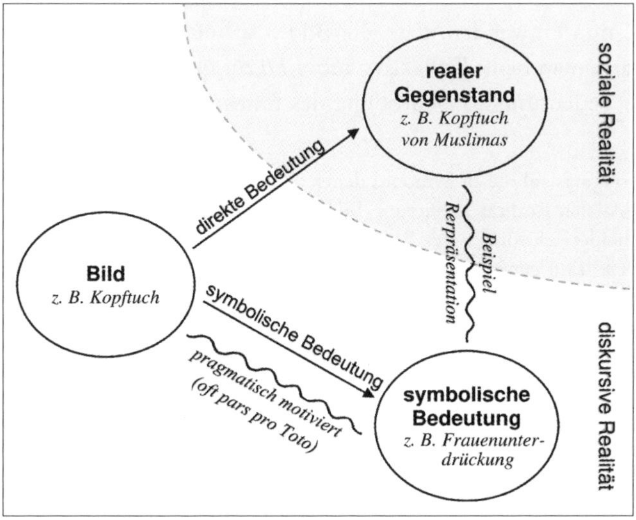

Pragmasymbol

Foucault verwendet das Beispiel von Blut als eine »*Realität mit Symbolfunktion*« (WW Bd. 1, S. 176). Man kann das so verstehen, dass sich soziale Realität (reales Blut) und symbolische Bedeutung (*Blut* als Symbol) zu einem besonders wirkungsvollen Ensemble verbinden. In der KDA sprechen wir hier von einem Pragmasymbol. Darunter verstehen wir Kollektivsymbole, die zugleich eine direkte und eine symbolische Bedeutung haben.[92] Beispielsweise hat das Bild *Kopftuch* in hegemonialen deutschen Diskursen oft als direkte Bedeutung Kopftücher muslimischer Frauen in der sozialen Realität und als symbolische Bedeutung Frauenunterdrückung.[93] Die Beziehung zwischen diesen Bedeutungen verleiht dem Pragmasymbol besondere Wirksamkeit: Die Kopftuchträgerinnen in der sozialen Realität werden als Beispiele für unterdrückte Frauen betrachtet und damit als Beweis für stattfindende Unterdrückung gesehen. Und umgekehrt werden konkrete Kopftuchträgerinnen als Repräsentantinnen von Frauenunterdrückung verstanden. Dies kann dazu führen, dass direkte und symbolische Bedeutung nicht mehr unterschieden werden. Dann wird das Kollektivsymbol nicht mehr als Symbol wahrgenommen, sondern insgesamt als sichtbare, sozialen Realität missverstanden. Im Beispiel wird Ethnisierung von Sexismus nicht mehr als diskursive Konstruktion, sondern als direkt sichtbare und damit schwer hinterfragbare Realität wahrgenommen. Realitätsdeutung und Symbolik fallen zusammen.

Man könnte nun einwenden, dass alle Bilder auf eine soziale Realität verweisen. So kann man beim Kollektivsymbol *Flüchtlingsflut* nicht nur an die symbolische Bedeutung als Bedrohung des *Innen* durch Massen ohne

92 Link definiert Pragmasymbole als Symbole, denen »ein Komplex des pragmatischen Bereichs, also der sozialen Realität als Pictura [Bild]« (Link 1985, S. 172) diene. Diese Definition unterscheidet sich von unserer. Beispielsweise würde Krieg als Symbol für Fußballspiele Links Definition genügen, nicht aber unserer, da es nur einen semantischen Zusammenhang zwischen Bild und übertragener Bedeutung gibt. An anderer Stelle unterscheiden Frank Becker, Ute Gerhard und Jürgen Link Kollektivsymbole »vom synekdochischen Typ« (Becker/Gerhard/Link 1997, S. 75) von metaphorischen. Diese Unterscheidung kommt unserer sehr nahe.

93 Das *Kopftuch* als Symbol ist diskursiv umkämpft. So kann es in anderen Diskursen auch als Symbol für ein selbstbewusstes Bekenntnis zu einem Migrationshintergrund aus einem muslimisch geprägten Land oder für Widerstand gegen kemalistische Kleidervorschriften gedeutet werden. Wenn behauptet wird, es handele sich beim Kopftuch nur um ein Stück Stoff, so meint das, dass es gar keine übertragene Bedeutung gebe. Das Pragmasymbol wird so auf seine direkte Bedeutung reduziert.

Subjektstatus denken, sondern auch an die Flutkatastrophe 2021. Trotzdem handelt es sich nicht um ein Pragmasymbol, denn das Bild *bedeutet* keine realen Flutkatastrophen. Die Warnung vor einer drohenden Flüchtlingsflut *meint* nicht die Flutkatastrophe, sondern ausschließlich Bedrohung durch Flüchtlinge. Die Flutkatastrophe 2021 ist auch kein Beispiel für die Bedrohung durch Geflüchtete. Die Grenze zwischen sozialer Realität und übertragener Bedeutung kann deshalb nicht verschwimmen.

Für eine operationalisierbare Unterscheidung eignet sich folgendes Kriterium: Pragmasymbole sind pragmatisch motiviert, Gemeinsamkeiten zwischen Bild und symbolischer Bedeutung sind also auf die soziale Realität bezogen, und stehen oft als Pars pro Toto[94]. Andere Kollektivsymbole hingegen sind semantisch motiviert, die Gemeinsamkeiten finden sich hier auf der Ebene sprachlicher Bedeutung: *Flut* und Flüchtlingen haben beispielsweise die Eigenschaften bedrohlich, massenhaft und ohne Subjektstatus gemein, während sie in der sozialen Realität nichts miteinander verbindet.[95]

Weitere Pragmasymbole sind beispielsweise *überfüllte Hörsäle* als Kollektivsymbol für Mängel im Bildungssystem, *SUVs* für fehlendes Umweltbewusstsein, *Moria* für die europäische Flüchtlingspolitik, *die Tötung von George Floyd* für rassistische Polizeigewalt und *Schutzmasken* als vielfältiges Symbol in Zusammenhang mit der COVID-19-Pandemie. Häufig finden sich Pragmasymbole in Fotos und Videos[96], wenn Bilder realer Gegenstände mit symbolischer Bedeutung aufgeladen werden, wie beispielsweise *Warteschlangen vor Läden* in Krisen, *gepanzerte Limousinen von Politiker*innen* oder die angespülte Leiche des zweijährigen Geflüchteten *Alan Kurdi* an der türkischen Mittelmeerküste.

4.12.1.6 Wirkung der Kollektivsymbolik und ihre Bedeutung als diskurstragende Kategorie

Da das Sysykoll den gesamtgesellschaftlichen Diskurs zusammenhält, übt es eine starke Wirkung auf alle Gesellschaftsmitglieder im Hinblick darauf aus, wie sie die gesellschaftliche Wirklichkeit sehen, deuten und ›verstehen‹. So ist die Wirkung medialer und politischer Ansprache auf das individuelle und

94 Pars pro Toto meint, dass ein Teil (z.B. Kopftuch) symbolisch für das Ganze (z.B. Frauenunterdrückung) steht.

95 Vgl. Link 1985, S.365 f. zur Unterscheidung zwischen pragmatisch und semantisch motivierten Symbolen beziehungsweise Tropen.

96 Siehe auch Kapitel 6.4. Weitere Ebenen: TV-Diskurse und Spezialdiskurse.

kollektive Bewusstsein nicht begreiflich zu machen, ohne dabei die Wirkung des Sysykolls zu berücksichtigen.[97] Link führt dazu aus:

> »das sysykoll ist ... *kitt* der gesellschaft, es suggeriert eine imaginäre gesellschaftliche und subjektive totalität für die phantasie. während wir in der realen gesellschaft und bei unserem realen subjekt nur sehr beschränkten *durchblick* haben, fühlen wir uns dank der symbolischen sinnbildungsgitter in unserer kultur stets zuhause. wir wissen nichts über *krebs*, aber wir verstehen sofort, inwiefern der terror krebs der gesellschaft ist. wir wissen nichts über die wirklichen ursachen von wirtschaftskrisen, begreifen aber sofort, dass die regierung *notbremsen* musste.« (Link 1982, S.11)[98]

Die Beispiele illustrieren, dass im Sysykoll das Eigene und Vertraute in der Tendenz positiv, das Fremde aber negativ kodiert wird. Ganz allgemein kann gesagt werden, »dass alle Kollektivsymbole stets schon *elementar-ideologische Wertungen* implizieren« (Link 1988a, S.48). Das macht deutlich, welches Gewicht das Sysykoll für die individuelle Urteilsbildung und die Verfestigung von ›Wissen‹ und das sich daraus ableitende Handeln besitzt.[99] Insofern ist die Kollektivsymboltheorie generell ein überaus wichtiger Beitrag zur Wirkungsforschung.[100]

Kollektivsymbole haben eine appellierende Wirkung auf Subjekte, da ihre Logik Handlungsstrategien aufruft, beispielsweise politische Extreme *auszugrenzen*, die wirtschaftliche *Notbremse* zu ziehen und den *Gürtel enger zu schnallen* oder sich gegen Flüchtlinge *abzuschotten*. Solche Handlungsanweisungen treten verstärkt in Konfliktdiskursen auf, wenn durch den Einsatz der Kollektivsymbolik bestimmte Zustandsdeutungen dramatisiert und die Zustände als denormalisiert dargestellt werden und auf diese Weise die Notwendigkeit produziert wird, die so wahrgenommenen Zustände wieder zu normalisieren. Dies gilt insbesondere (aber nicht nur) für den Mediendiskurs.[101]

Darüber hinaus hat die Kollektivsymbolik auch einen wichtigen Anteil an der Subjektbildung. Es sind sowohl die Kopplungen mit bestimmten In-

97 Siehe dazu Link 1982.

98 Vgl. auch die zusammenfassende Darstellung bei M. Jäger 1996, S.23-31.

99 Genauer ausgeführt wird dieser Zusammenhang in dem theoretisch interessanten, material- und beispielreichen Artikel »Kollektivsymbolik und Mediendiskurse« (Link 1982).

100 Zur desolaten Situation der Wirkungsforschung vgl. Merten 1994.

101 Siehe auch Kap. 6.6 zur besonderen Bedeutung der Subjektanrufung in literarischen Diskursen.

halten, als auch die Form, mit der diese Inhalte einherkommen, die zur konkreten Subjektbildung beitragen und damit auch zur konkreten Ausformung der Diskurse. Dabei besteht Link darauf, dass die ›objektiven Interessen‹ nicht vergessen werden dürfen. Die entscheidende Ebene sei die des geschichtlichen Handelns. Doch wodurch das Handeln bestimmt werde, dies liege an »den konkreten historisch-symbolischen konstellationen« (Link 1982, S.16).

4.12.1.7 Vorgehen und hilfreiche Fragen an das Material

Im Rahmen einer *Strukturanalyse* ist eine gründliche Untersuchung der Kollektivsymbolik wegen des hohen Arbeitsaufwands meist nicht machbar. Es kann aber sinnvoll sein, besonders auffällige oder gehäuft auftretende Kollektivsymbole herauszustellen, denn durch diese können auch Aussagen in den Diskurs geschmuggelt werden, die denotativ kaum sagbar wären, wie das Absprechen eines Subjektstatus von Geflüchteten. Auch kann auf einzelne Aspekte der kollektivsymbolischen Topik geachtet werden, in ausgrenzenden Diskursen beispielsweise auf die Bewertung von *Innen* und *Außen* oder im Diskurs zu *Rechtsextremismus* auf die *Links-Mitte-Rechts*-Achse. Dadurch können auch Aussagen auffallen, die sonst vielleicht übersehen würden, wie die Gleichsetzung von *Links-* und *Rechtsextremismus* oder Aushandlungen von *Grenzziehungen*.

Bei einer *Feinanalyse* empfiehlt sich meist eine gründliche Analyse der Kollektivsymbolik, die sowohl die kollektivsymbolische Topik als auch die konkreten Kollektivsymbole umfasst. Folgende Fragen können als Anregung dienen:

- Welche Kollektivsymbole enthält der Text? Tipp: Verben und Adjektive nicht übersehen, z.B. *einströmen* oder *heißblütig*.
- Werden Kollektivsymbole durch Karikaturen, Infografiken oder Fotos visuell dargestellt? Werden diese auch im Text aufgegriffen?
- Wird symbolische Bedeutung nur kollektivsymbolisch oder zusätzlich auch denotativ (nicht-bildlich) vermittelt?
- Welche symbolischen Bedeutungen haben die Kollektivsymbole? Sind diese aus dem Kontext eindeutig, ambivalent oder widersprüchlich? Haben sie ›Fährenfunktion‹, indem sie angekoppelte Inhalte unbewusst mit ins Bewusstsein transportieren? Tipp: Es ist oft lohnend, die symbolische Bedeutung in nicht-bildliche Sprache zu übersetzen. Dadurch wird erst klar, welche Aussagen transportiert werden, welche Widersprüche verdeckt werden, und welchen diskursiven *Sprengstoff* Kollektivsymbole enthalten.

- Welche Katachresen sind erkennbar? Welche Wirkung haben sie? Werden verschiedene Bilder mit gleicher oder ähnlicher symbolischer Bedeutung verwendet (Z.B. *einströmen, Flut, Welle, überwältigend, Invasion, überrennen*). Ergeben sich kleine Geschichten aus der Verkettung von Kollektivsymbolen?
- Welche Aussagen werden plausibel gemacht? Welche Widersprüche werden überbrückt oder unsichtbar gemacht?
- Wo erzeugen Kollektivsymbole den Eindruck einer Denormalisierung und implizieren Normalisierungsbedarf? Wo wird davor gewarnt, den Eindruck von Denormalisierung zu erzeugen (z.B.: ›Die Debatte droht schon wieder *heiß zu laufen.*‹) Wo vermitteln sie den Eindruck von Renormalisierung (z.B. ›Es ist erfreulich *ruhig* geworden‹).
- Wie sind die Kollektivsymbole in das Sysykoll eingebettet? Welche Implikate werden erzeugt? (Eine Virus*welle* kann beispielsweise durch den Bezug zum kollektiv verankerten Sysykoll die Notwendigkeit implizieren, die Pandemie *einzudämmen.*)
- Wird das Sysykoll durch Bildketten erweitert? Welche Bildketten, Oppositionen und Zusammenhänge finden sich? Werden Elemente der Kollektivsymbolik oder ihrer Topik subversiv abgewandelt? (z.B. Bewertung der *Mitte* als langweilig, Dynamisierung des Schemas, *grenzübergreifende* Solidarität)
- Welche Teile der kollektivsymbolischen Topik werden reproduziert? (*Innen – Außen*? *Grenzen*? Achsen?) Gibt es diskursive Kämpfe um *Grenzziehungen* oder Positionierungen auf Achsen (z.B. Forderung nach Ausschluss oder Toleranz, Gleichsetzung von *Extremen*, Verortung als nicht *rechtsextrem*, sondern ›nur‹ *populistisch*)? Welche Achsen werden dominant gesetzt oder gibt es Kämpfe darum (z.B.: »Es ist nicht entscheidend ob jemand *links* oder *rechts* ist, sondern ob er *dem Fortschritt* dient.«)?
- Wird dem *Außen* ein Subjektstatus zuerkannt oder aberkannt oder darüber gestritten? Wie werden Gegensysteme konzipiert?

4.12.1.8 Beispielanalysen

Im Anhang dieses Buches finden sich zwei Beispiele: Die Feinanalyse »Heute schon gegendert?« und die aspektorientierte Analyse »Logbuch der Alan Kurdi« haben jeweils Unterkapitel zur Kollektivsymbolik. Lesenswerte Darstellung zur Kollektivsymbolik im Einwanderungsdiskurs, in Kriegsdiskursen und in der Nahostberichterstattung finden sich in M. Jäger/S. Jäger 2007, S.39-59.

4.12.2 Nicht-sprachliche Bilder[102]

> »Panofsky hebt das Privileg des Diskurses auf. Nicht um Autonomie für das plastische Universum zu fordern, sondern um die Komplexität der Beziehungen zu beschreiben: Überschneidungen, Isomorphie, Transformation, Übersetzungen, kurz: das ganze Feston des Sichtbaren und des Sagbaren, das eine Kultur in einem bestimmten geschichtlichen Augenblick kennzeichnet.« (DE 1, S.795)

Diese enthusiastischen Sätze schreibt Foucault 1967 in einer Rezension von zwei Werken des Kunsthistorikers und Mitbegründers der Ikonologie Erwin Panofsky und macht damit die Bedeutung des Zusammenspiels von visuell performierten Bilddiskursen und sprachlich performierten Diskursen deutlich. Angesichts der Fülle von Bildern wie Fotografien, Gemälden, Zeichnungen, Skizzen, Landkarten, Karikaturen oder Infografiken stellt sich die Frage, wie diese in eine Diskursanalyse einbezogen werden können. Untersuchungen des mediopolitischen Diskurses und des Alltagsdiskurses, die im DISS angefertigt wurden, zeigen, dass ein bedeutender Teil davon als Kollektivsymbole wirken und entsprechend analysiert werden können. Damit kann die diskursive Wirkung von Bildern aber nicht immer ausreichend erfasst werden, zumal Kollektivsymbole zwar immer *auch* visuell darstellbar sind, aber besonders als *sprachlich gegebene Bilder* ihre Wirkung entfalten. Im Folgenden werden deshalb weitere bildwissenschaftliche Ansätze danach befragt, inwieweit sie bei Diskurs- und Dispositivanalysen Berücksichtigung finden können.

4.12.2.1 Pictorial und iconographic turn

Anfang der 1990er-Jahre erlebten die Bildwissenschaften mit dem so genannten *pictorial* oder auch *iconographic turn* einen Aufschwung. Zu dieser Zeit überschlugen sich die Stimmen derer, die meinten, das Bild habe im Medien- und Informationszeitalter eine völlig neue Dimension erhalten. Es war vom »Ende der Gutenberg-Galaxis« (Bolz 1993) und von der »Image-Revolution« (Robin 1992) die Rede. Besonders haben sich aber die ›*turns*‹ eingeprägt, die den so genannten ›*linguistic turn*‹ der 1970er Jahre ablösen wollten. Böhm (1994) spricht von einem notwendigen *»iconic turn«* und Mitchell 1992 vom *»pictorial turn«*.[103] *Pictorial turn* und *iconic turn* heben unterschiedliche Gesichtspunkte der Bilder hervor. Der *›pictorial‹ turn*

102 Ein wesentlicher Teil dieses Kapitel basiert auf Friedrich/M. Jäger 2011.

103 Mitchell knüpft an die Ikonologie von Panofsky an, der das Denken in Bildern und über Bilder rehabilitieren will. Dieses Interpretationsschema bezieht sich auf Kunstwerke

betont vor allem den Beitrag der Bilder »zur kulturellen Konstruktion im täglichen Leben, in den Medien, in Repräsentationen und in den visuellen Künsten« (Mitchell 2003, S.38). Der *›iconic‹ turn* betrachtet die Produktion von Wissen durch Bilder: »Es sind nicht Texte, sondern Bilder, die die Wende zum 21. Jahrhundert markieren und sich in unsere Köpfe eingebrannt haben« (Maar/Burda (Hg.), 2004, S.11).[104] Es stellt sich die Frage, ob solche bildwissenschaftlichen Überlegungen auch auf die Diskursforschung Auswirkungen haben (sollten).

4.12.2.2 Bilder als Elemente von Dispositiven

> »Jede bildliche Darstellung ist wie jeder Diskurs in die gesellschaftlichen Bedingungen ihrer Produktion und Verbreitung eingebunden.« (Ulrich Brieler 2008b, S.84)

In dem von Sabine Maasen, Torsten Mayerhauser und Cornelia Renggli herausgegebenen Band »Bilder als Diskurse. Bilddiskurse« (2006) werden Bilder als Elemente von Dispositiven betrachtet. Es sollen »die komplexen, sich wechselseitig bedingenden, miteinander interagierenden Verhältnisse zwischen Sichtbarem und Sagbarem ins analytische Visier« genommen werden (Maasen/Mayerhauser/Renggli (Hg.) 2006, S.8). Anknüpfend an Foucault wird nach den Prozeduren gefragt, mit denen der Diskurs »kontrolliert, selektiert, organisiert und kanalisiert wird« (ODis, Foucault 1991, S.11).

So wie sprachlich performierte Aussagen durch die ›Verknappung‹ regiert werden, so verhält es sich auch mit nicht-sprachlichen Bildlichkeiten. Insofern gehe eine Analyse von sprachlichen und ikonografischen Bildlichkeiten der Frage nach, »wovon sich wer auf welche Weise zu welchem Zeitpunkt an welchem Ort (k)ein Bild machen kann« (Maasen/Mayerhauser/Renggli (Hg.) 2006, S.8).[105]

---

und ist in drei Untersuchungsphasen aufgeteilt: präikonografische Analyse, ikonografische Analyse und ikonologische Interpretation. Vgl. auch Foucault, DE Bd. 1, S.794-797.

104 Hier drängt sich die Frage auf, ob Bilder selbst und als solche Wissen haben. Oder ist es eher so, dass sie Wissen herausfordern, das beim Betrachter vorliegt oder das er sich auf der Grundlage seines Wissens erschließen kann?

105 Hier ergibt sich jedoch ein Problem, welches Brieler als die »Unerbittlichkeit der Historizität« bezeichnet (Brieler 1998). Das »Wissen der Bilder« ist immer das Wissen der Betrachter und somit auch des Analytikers. Es handelt sich nicht oder nur sehr eingeschränkt um das Wissen des Malers oder des Fotografen.

Auch Foucault hat sich in einigen Texten zum Zusammenhang von Bildern und Worten geäußert – allerdings sind diese Äußerungen primär auf die Kunst bezogen.[106] Dennoch erkennen Maasen, Mayerhauser und Renggli bei Foucault ein »kontinuierliches Interesse an den komplexen Sichtbarkeits- und Sagbarkeitsverhältnissen« (Maasen/Mayerhauser/Renggli (Hg.) 2006, S.13). »Die Konzepte des *Raums*, des *Lichts* und des *Betrachters*, die Foucault als Analyseraster aus Manets Werken destilliert, besitzen unmittelbare Relevanz für seine großen empirischen Studien der modernen Disziplinarregimes« (ebd.). Und in der Tat gilt dies insbesondere für sein Paradigma des Panopticons[107], das durch eine spezifische architektonische Anordnung künstliche Überwachungs*räume* schafft (die Gefängniszelle), die durch entsprechende *Licht*verteilungen (ständige Beleuchtung der Zelle) ein problemloses *Betrachten* des Gefangenen ermöglicht. Das Panopticon kann insofern als eine »Sehmaschine« (ÜS 1995, S.266) begriffen werden, mit der Machtwirkungen automatisiert und Machtpraktiken entindividualisiert werden.

Maasen, Mayerhauser und Renggli heben vor allem zwei kulturwissenschaftliche Forschungsrichtungen hervor, die sich für eine Einbeziehung von

106 In der Rezension des Buches »Studien zur Ikonologie«, aus der auch das Eingangszitat dieses Kapitels stammt, schreibt Foucault resümierend: »Der Diskurs ist also nicht die gemeinsame Interpretationsgrundlage aller Erscheinungen einer Kultur. Eine Form erscheinen zu lassen, ist keine indirekte (subtilere oder auch naivere) Art, etwas zu *sagen*. Nicht alles, was die Menschen tun, ist letztlich ein entschlüsselbares Rauschen. Diskurse und Figur haben jeweils ihre eigenen Seinsweise; aber sie unterhalten komplexe, verschachtelte Beziehungen. Ihr wechselseitiges Funktionieren gilt es zu beschreiben« (DE Bd. 1, S.796).

107 In »Überwachen und Strafen« beschreibt Foucault das Konzept des Panopticons von Jeremy Bentham zum Bau von Gefängnissen und anderen Einrichtungen als prototypisches Modell der Disziplinarmacht, die »die Macht automatisiert und entindividualisiert« (ÜS, S.259): »an der Peripherie ein ringförmiges Gebäude; in der Mitte ein Turm [...]; das Ringgebäude ist in Zellen unterteilt, von denen jede durch die gesamte Tiefe des Gebäudes reicht; sie haben jeweils zwei Fenster, eines nach innen, das auf die Fenster des Turms gerichtet ist, und eines nach außen, so dass die Zelle auf beiden Seiten von Licht durchdrungen wird. Es genügt demnach, einen Aufseher im Turm aufzustellen und in jeder Zelle, einen Irren, einen Kranken, einen Sträfling, einen Arbeiter oder einen Schüler unterzubringen. [...] Jeder Käfig ist ein kleines Theater, in dem jeder Akteur allein ist, vollkommen individualisiert und ständig sichtbar. [...] Daraus ergibt sich die Hauptwirkung des Panopticon: die Schaffung eines bewussten und permanenten Sichtbarkeitszustandes beim Gefangenen, der das automatische Funktionieren der Macht sicherstellt. Die Wirkung der Überwachung ist permanent, auch wenn ihre Durchführung sporadisch ist; die Perfektion der Macht vermag ihre tatsächliche Ausübung überflüssig zu machen; [...] die Häftlinge sind Gefangene einer Machtsituation, die sie selber stützen« (ÜS, S.256-258).

Bildern in Gesellschaftsanalysen stark machen und sich dabei an Foucault anschließen: die *surveillance studies* (angelehnt an Foucaults Titel »Surveiller et Punir« (= ÜS)) und die *visual culture studies*. Während die surveillance studies vor allem auf die Bedeutung der Ausbreitung neuer medientechnologischer, digitaler Überwachungsmöglichkeiten z.B. durch Videokameras fokussiert sind und damit auf die Kontrolleffekte und repressiven Momente, die durch Bilder produziert werden, geht es bei den *visual culture studies* umfassender um die visuellen Erfahrungen im Alltag und in den Medien, also um die Allgegenwart von Bildern, die über TV, Internet oder andere Medien präsent sind. Es geht darum zu erforschen, welches Wissen durch die Bilder reproduziert bzw. zur Produktion beim Betrachter oder der Betrachterin angeregt wird.[108] Beide Perspektiven gehen aber davon aus, dass

> »Bilder [...] Realität nicht einfach ab(bilden), sondern [sich] beteiligen [...] an der Konstruktion von gesellschaftlicher Realität; Bilder tauchen in bestimmten Macht-Wissens-Konstellationen (Dispositiven) auf, verteilen im intermedialen Zusammenspiel mit Texten oder architektonischen Formationen Sichtbarkeiten, erzeugen politische Relevanzen und ermöglichen die Verortung entsprechender Subjektpositionen« (Holert 2000, S.19).

4.12.2.3 Normalismustheorie und Bilder

Torsten Mayerhauser will den von ihm wahrgenommenen Umstand, dass »von Ausnahmen abgesehen – diskursanalytische oder diskurstheoretische Studien ein bildanalytisches bzw. bildtheoretisches Defizit« haben, durch den systematischen Einbezug normalismustheoretischer Überlegungen beheben (Mayerhauser 2006, S.75).[109] Er bezieht sich dabei auf die Normalismustheorie von Jürgen Link, weil diese

> »wurzelnd in ihrer sprachwissenschaftlichen Tradition, im Gegensatz zum Gouvernementalitätsansatz explizit Bilder – sowohl sprachlicher als auch visuell-technischer Provenienz – in ihre Analyse mit ein(beziehe).« (Mayerhauser 2006, S.76)[110]

108 So begreift Tom Holert zum Beispiel Sichtbarkeit als Produkt diskursiver, institutioneller, kultureller und historischer Vorbedingungen, kurz: »Sichtbarkeit ist stets ›produziert‹, nie umstandslos gegeben« (Holert 2000, S.20). Kritik an Bildern lasse sich nur dann üben, wenn man sie auf »ihre Beteiligungen an Praktiken der Willens- und Wissensbildung untersucht« (Holert 2000, S.18).

109 Vgl. dazu auch Gerhard/Link/Schulte-Holtey (Hg.) 2001.

110 Trotz dieses »Gegensatzes« kann die Gouvernementalitätstheorie aber mit einbezogen werden, da sie auf den gleichen theoretischen Grundlagen fußt.

Besonders deutlich wird das bei der von Link untersuchten Kurvenlandschaft, die im Zentrum des Normalismus steht[111]. Diese lässt sich als diskursives »Quadrupel-Netz« (NAP, S.184) beschreiben, das aus vier verschiedenen Netzen zusammengesetzt ist:

> »erstens einem Netz von Zahlen, also numerischen Daten (Kennziffern, Grenzwerten und anderen statistischen Größen), zweitens einem damit parallelen Netz von sogenannten ›Metaphern‹ oder ›Sprachbildern‹ ([...] ›Kollektivsymbolik‹ [...]), drittens einem Netz von Bildern im wörtlichen Sinne (Grafiken, Fotos, Videos) und viertens einem daran geknüpften Netz aus ›Themen‹ und Narrativen (einschließlich mythischer Geschichten).« (NAP, S.184)

Das Zusammenwirken dieser Netze erklärt Link am Beispiel folgender Graphik:

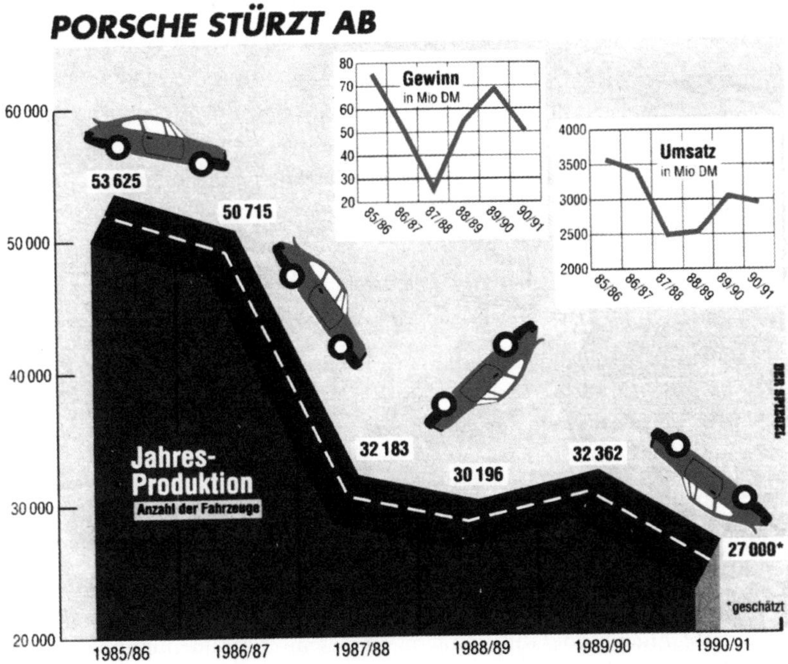

(Der Spiegel 38/1991, 16.9.1991, S.131; vgl. NAP, S.185)

111 Siehe dazu das Kapitel 4.12.3. zum Normalismus.

> »Das Zahlen-Netz ist in drei genau quantifizierten Kurven präsent [...]
> Das zweite Netz (das Netz der Kollektivsymbolik) stellt die Produktionskurve symbolisch als eine Berg-und-Tal-Landschaft dar, auf der ein Auto unterwegs ist, das in vier Zeitpunkten dargestellt ist: Es überschlägt sich und ›stürzt ab‹ (so der schriftliche Titel). Die symbolische Dramatisierung liest sich im ersten Netz als negatives Wachstum von 53 625 bis 27 000, was man grob als Halbierung (50 Prozent) wahrnimmt, also als starke Denormalisierung.
> Das dritte Netz ist bloß konnotativ realisiert: Man stellt sich die Fahrt eines Porsche auf einer abschüssigen Gebirgsstraße als Film vor, bei der es zu einem Unfall mit Überschlagen kommt.
> Im vierten Netz geht es um das ›Thema‹ Krise (Porsche dient als Synekdoche für die deutsche Wirtschaft) und zwar in Form eines dramatischen Narrativs der Denormalisierung.« (NAP, S.186)

Darüber hinaus, so Mayerhauser, verweise Links Konzept, des »inneren Bildschirms« auf ein Wechselspiel zwischen sprachlichen und bildlichen Visualisierungen, »zwischen ›inneren‹ und ›äußeren‹ Bildern« (Mayerhauser 2006, S.75). Link beschreibt dieses Wechselspiel folgendermaßen:

> »Man kann sich die Kurvenlandschaft wie einen riesigen ›Bildschirm‹ vorstellen, auf den die Subjekte des Normalismus ständig blicken und von dem sie (wiederum durch Selektion) persönliche Ausschnitte internalisieren, wodurch sie sich einen je individuellen ›inneren Bildschirm‹ schaffen, mit dessen Hilfe sie ein normales Leben führen können.« (NAP, S.196)

Mayerhauser plädiert für eine Gleichstellung von Bildern und sprachlich performierten Diskursen innerhalb der Analyse und will

> »Bilder innerhalb polytechnologischer Dispositive [...] verorten, um genau jene Macht-Wissens-Schnittstellen zu markieren, die zur visualisierten und visualisierenden Konstitution moderner individueller und kollektiver Subjekte beitragen.« (Mayerhauser 2006, S.76)

Denn im Dispositiv werde das diskursive Wissen als ein Macht-Wissens-Komplex aufgerufen. Verstanden als Netz sprachlich-diskursiver und nicht-sprachlich-diskursiver Elemente entstehen hier »Strategien von Kräfteverhältnissen« (DE 3, S.395), die bestimmte Wissensformen durchsetzen und andere ablehnen. Bilder funktionieren in diesem Zusammenhang als »Kommunikationsbeschleuniger« (Mayerhauser 2006, S.82). Mit Bildern könne an »innere Bilderwelten individueller Subjekte [angeschlossen werden], die sich wiederum selbst aus den historisch, kulturell und massenmedial bereitgestellten Bilderquellen speisen« (Mayerhauser 2006, S.83). Bilder seien Oberflächen innerhalb von Feldern bzw. Ordnungen des Sichtbaren. Analog der Feststellung, dass nicht alles zu jeder Zeit und an jedem Ort *sagbar* ist, lässt sich mit Blick auf die Bilder fragen, unter welchen Bedingungen etwas zu einer bestimmten Zeit und an einem bestimmten Ort durch die Produktion von Bildern *sichtbar* gemacht werden kann.

Unter Einbezug der Gouvernementalitätstheorie komme Bildern die Funktion zu,

> »bestimmte Handlungs-, d.h. Normalisierungsbedarfe sicht- und damit wahrnehmbar zu machen, um entsprechende Sozial- und Selbsttechnologien an die (selbst-)führende Hand zu geben.« (Mayerhauser 2006, S.85)

Dabei vermitteln die Massenmedien den einzelnen Subjekten Orientierungsmöglichkeiten und lenken sie dorthin, wo »die ›Führung der Führungen‹ arrangiert wird« (Mayerhauser, S.88). Auf diese Weise kann das Selbstführungspotential der Subjekte aktiviert werden, der ›innere Bildschirm‹ kann mit dem abgeglichen werden, was als normal gilt.

Dabei ist jedoch zu berücksichtigen, dass Bilder und Texte immer nur »Wahrnehmungs-Möglichkeiten« (Mayerhauser 2006, S.91) erzeugen. Sie machen etwas sichtbar und lassen anderes unsichtbar werden.

Mayerhauser wendet sich gegen eine Lesart, die Bilder hauptsächlich als repressive Einschränkung sehen:

> Gegen heutige Allgemeinplätze einer manipulativen Allmacht von (Medien-) Bildern, die das wahrnehmende Subjekt überwältigen, verführen oder gar unterdrücken, bekräftigt der vorliegende Ansatz mit dem revidierten Machtkonzept des späteren Foucault die positiv-schöpferische, Interaktionsräume öffnende Macht von Bildern.« (Mayerhauser 2006, S.84 f.)

Mit seinen Überlegungen liefert Torsten Mayerhauser einen diskurstheoretischen Rahmen, innerhalb dessen Bilder und Texte als gleichberechtigte Analysekategorien aufgefasst werden können, um ihre diskursiven Effekte und Machtwirkungen zu erfassen. Offen bleibt jedoch, wie dies über die Berücksichtigung der Kollektivsymboltheorie hinaus methodisch umgesetzt werden kann.

4.12.2.4 Bilder und Sprache als Zeichensysteme

Ein Blick auf die Überlegungen von Stefan Meier kann hier möglicherweise zu weiteren Erkenntnissen führen, auch wenn diese nicht auf einer Foucaultschen Diskurstheorie basieren, sondern auf der Diskurslinguistik (vgl. Meier 2008). Konkret überträgt Meier den *Frame*-Ansatz von Busse (Busse 2008) auf die visuelle Kommunikation, integriert die Überlegungen von Kress und van Leeuwen (1996), um auf diese Weise eine adäquate Berücksichtigung mehrfach kodierter Kommunikate (Sprache-Bild-Text) berücksichtigen zu können.

Meier betrachtet ›diskursive Praxis‹ als eine multimodale Praxis, »die im Zusammenspiel unterschiedlicher Zeichensysteme oder -modalitäten realisiert wird« (Meier 2011). Dabei liefert Meier weniger methodologische Überlegungen als methodische Anregungen. Meier schlägt für die Analyse von Bildern folgende drei Schritte vor (Meier 2009):

Zunächst sollen über die dargestellten Gegenstände, Sachverhalte und soziale Konzepte die semiotischen Funktionen ermittelt werden (Bildoberfläche). In einem zweiten Analyseschritt geht es darum, die interaktive Bedeutung der Bilder zu ermitteln. Dabei sollen die Beziehungen zwischen den Betrachter*innen und den Bildinhalten herausgearbeitet werden. Diese kann durch die Betrachtung der Bildperspektive ermittelt werden. Auf der dritten Ebene werden schließlich die einzelnen Bildelemente in ihrer Komposition analysiert.

Zusammengenommen soll auf diese Weise die diskursive Ebene und damit die Diskurszugehörigkeit der Bilder erfasst werden.

4.12.2.5 Qualitative Bildtypenanalyse

Die Studie *Wir und die Anderen? Eine Analyse der Bildberichterstattung zu den Themen Flucht, Migration und Integration* von Margreth Lünenborg und Tanja Maier (2017) basiert zwar nicht auf dem Foucaultschen Diskursbegriff, trotzdem lohnt auch für die KDA ein Blick auf ihre Methode. Der erste Schritt ihrer Analyse ähnelt einer schlanken Strukturanalyse: Dazu führen die Forscherinnen eine »qualitative Bildtypenanalyse« (Lünenborg/Meier 2017, S.26) durch. Die Bildtypenanalyse stammt ursprünglich von Elke Grittmann und Ilona Ammann und wird von diesen als quantitative Methode entwickelt. Auf der Grundlage des Bildmaterials werden dabei induktiv Bildtypen gebildet:

> »Konkret bedeutet dies, dass das Bildmaterial nach ähnlichen Bildbedeutungen der Motive durchsucht wird, die zu einem Bildtyp zusammengefasst werden können. Bildtypen unterscheiden sich von einzelnen Bildmotiven insofern, als sie die Bedeutung des einzelnen Bildmotivs abstrahieren und auf die zentrale Bildaussage reduzieren. In einem ersten Schritt wird der gesamte Bildinhalt erfasst. Dabei wird das Bildmotiv nicht allein auf der sogenannten ›primären

Sujetebene‹ codiert (z.B. Person gibt anderer Person die Hand), sondern die Bedeutung der Bildmotive wird jeweils erhoben und typisiert. In diesem Fall ist das die Begegnung, das Treffen von Politikern […].« (Grittmann/Ammann 2018, S.170)

Anders als Grittmann und Ammann verfolgt die qualitative Bildtypenanalyse nach Lünenborg und Meier jedoch »keinen quantifizierenden und generalisierenden Anspruch, sondern arbeitet zunächst induktiv die Bildmotive aus dem Material heraus, um die Bilder hinsichtlich ihrer Motive zu systematisieren« (Lünenborg/Maier 2017, S.27). Ausgehend davon wählen sie dann einzelne Bildtypen für Feinanalysen aus, die besonders häufig oder besonders dominant sind oder wegen ihrer Unterschiedlichkeit zu anderen Kategorien interessant erscheinen (vgl. ebd, S.47). Hierbei beziehen sich die Feinanalysen, anders als bei der KDA, auf mehrere Bilder eines Bildtypus.

Für die KDA kann die qualitative Bildtypenanalyse eventuell als Ergänzung zur Strukturanalyse als Analysekategorie interessant sein. Ein Blick auf die Feinanalysen der Studie von Lünenborg und Meier kann von Nutzen sein, auch wenn sich diese Analysen auf ganze Bildtypen beziehen. Dadurch müssen sie stärker generalisieren als Feinanalysen in einer KDA, die sich nur auf ein einzelnes Bild oder eine einzelne Zeitungs- oder Buchseite beziehen und mit denen somit noch differenzierter Feinheiten, Bezüge und Widersprüche herausgearbeitet werden können.

4.12.2.6 Praxisbeispiel: KDA zum NATO-Krieg in Jugoslawien: Bilder, die zum Handeln auffordern

»Schon gar nicht ist das Bild authentischer, dichter an der Wahrheit als das Wort.« (Ulrich Brieler 2008b, S.84)

1999 war die Bundeswehr erstmalig nach 1945 an Kampfeinsätzen beteiligt. Neben einer Antikriegsbewegung reagierten Teile der Bevölkerung mit »passiver Hinnahme« und »›Zerissenheitsgefühlen‹« (M. Jäger/S. Jäger 2002, S.9). Um diese Reaktionen zu verstehen, erstellte das DISS eine KDA mit dem Titel »Medien im Krieg« (M. Jäger/S. Jäger 2002).[112] Dass Bilder

112 Eine neue KDA zu Bildern des Krieges Russlands gegen die Ukraine ab 2022 wäre ein interessantes Projekt und könnte zeigen, wie sich die die Bilder in den letzten Jahrzehnten verändert haben, auch im Zusammenwirkung mit der von Bundeskanzler Olaf Scholz am 27.2.2022 verkündete »Zeitenwende« hin zu einer weiter verstärkten Militarisierung (Scholz, Olaf 2022: Regierungserklärung von Bundeskanzler Olaf Scholz am 27. Februar 2022. In: Reden zur Zeitenwende, Berlin: Presse- und Informationsamt der Bundesregierung.

für die Akzeptanz des Krieges eine wichtige Rolle spielten, wurde schon an den Auftritten von Verteidigungsminister Rudolf Scharping deutlich, der auf Pressekonferenzen Gräuelfotos in die Kameras hielt, um die Kriegsteilnahme zu rechtfertigen.

In der Teilstudie mit dem Titel »Bilder, die zum Handeln auffordern« (Kirchner/Kreischer/Ruth 2002) wurden 1.200 Bilder aus Tages- und Wochenzeitungen einer Strukturanalyse unterzogen. Erscheinungsort und -datum, Bildkategorie (Foto, Grafik oder Karikatur) sowie eine knappe Bildbeschreibung, »die teilweise auch den Bezug zum Inhalt benachbarter Artikel aufzeigte« (ebd., S.33), wurden in eine Datenbank aufgenommen. Da Fotos, Grafiken und Karikaturen unterschiedliche Effekte produzieren, wurden diese in einem ersten Schritt getrennt untersucht.

Im Hinblick auf Fotos ist anzumerken, dass sie nicht »dichter an der Wahrheit als das Wort« (Brieler 2008b, S.84) sind, wie im Eingangszitat dargelegt. Welches Wissen sie produzieren, hängt vom gewählten Motiv, vom Bildausschnitt, von der Perspektive und vom Kontext sowie von der Platzierung des Bildes in diesem ab. Die Studie betont, dass aus diskursanalytischer Sicht nicht die Frage der Authentizität, sondern die diskursiven Effekte relevant seien (vgl. Kirchner/Kreischer/Ruth 2002, S.36). Fotos werden jedoch von den Betrachter*innen »oft als Beweismittel angesehen und können schon allein daher eine enorme Wirkung entfalten« (ebd., S.35). Das wird an den häufig gezeigten Fotos von Geflüchteten besonders deutlich: Teilweise werden Trecks von vielen Menschen gezeigt, die sowohl Mitleid als auch Bedrohungsgefühle auslösen können, »da diese Flut auch ›uns‹ hier in Deutschland erreichen könnte« (ebd., S.37). Teilweise werden aber auch »identifizierbare Einzelpersonen dargestellt« (ebd.), die ausschließlich mitleiderregend und schutzbedürftig wirken. Dabei werden vor allem »Frauen und kleine Kinder« gezeigt und Männer »kaum ins Bild gesetzt, und wenn, dann handelt es sich um ältere Menschen, die kraftlos sind und ebenso unseres Schutzes bedürfen« (ebd.). Solche Fotos wirken diskursiv als Beweis der Notwendigkeit zu handeln und fordern dazu auf. Dadurch lösten sie eine hohe Spendenbereitschaft aus und dienten der Rechtfertigung des NATO-Krieges (vgl. ebd., S.38).

Stand: Oktober 2022, ergänzte 2. Auflage, https://www.bundesregierung.de/bregde/service/publikationen/bundeskanzler-olaf-scholz-reden-zur-zeitenwende-2127768 (4.7.2023))

Die Studie erklärt, dass Porträtfotos deutsche Politiker mit nachdenklicher Mimik zeigen. Dadurch wirken sie verantwortungsbewusst, was suggeriert, dass ihre Positionierung für den Krieg verantwortlich und alternativlos ist. Ihr Gegenspieler, der damalige jugoslawische Staatspräsident Slobodan Milošević, wird ebenfalls oft mit entschlossener Mimik abgebildet, aber so aufgenommen, dass er am Betrachter vorbeizuschauen scheint, was den Effekt hat, dass er unredlich wirkt, was zu seiner Entsubjektivierung als unberechenbarer Despot beiträgt (vgl. ebd., S.41).

Bilder von NATO-Waffen werden der Studie zufolge häufig gezeigt, solche von jugoslawischen Waffen selten, was »militärische Überlegenheit demonstriert« (ebd., S.42). NATO-Soldaten werden nicht im »direkten Kampfeinsatz« gezeigt, sondern oft »im Hilfseinsatz bei Flüchtlingen« (ebd., S.42). Ihre Kriegsbeteiligung wird so »als sauber« (ebd., S.42) dargestellt, anders als die der Soldaten der jugoslawischen Armee, die als »grausam und zu allem entschlossen« (ebd., S.43) dargestellt werden, beispielsweise indem ein Fotos eines Soldaten neben das von Geflüchteten gestellt wird.

Die Studie zeigt auch eine zeitliche Veränderung: Während zu Beginn des Krieges Bilder die Zerstörungen »›strategischer‹ Ziele« (ebd, S.44) durch NATO-Bombardements zeigten, zeigten sie später auch zivile Opfer, was »die Akzeptanz des Krieges sinken« ließ (ebd., S.45).

In Bezug auf *Infografiken* konstatiert die Studie, dass sie diskursive Effekte »vor allem durch den Anschein der Objektivität und Wissenschaftlichkeit« erzielen würden (ebd., S.47). Im Wesentlichen wurden vier Typen von Infografiken identifiziert:

1. *Topografische Karten* zeigten »häufig die Verteilung verschiedener ethnischer Gruppen« (ebd., S.47) oder Fluchtbewegungen, die »meist mit überdimensionalen Pfeilen dargestellt« (ebd., S.48) wurden. Solche Infografiken erzeugen den Eindruck, dass ein friedliches Zusammenleben nicht möglich ist und Fluchtbewegungen eine Bedrohung darstellen, was beides Handlungsbedarf vermittelt und Interventionen durch die NATO legitimiert. Die Studie stellt eine interessante Ausnahme heraus, durch die eine andere Lesart gefördert wird. Eine Illustration von Fluchtbewegungen hat die Bildunterschrift: »Rund 430 000 Flüchtlinge seit Beginn der Nato-Luftschläge am 24. März« (Frankfurter Rundschau, 7.4.1999). Während die Pfeile und die große Zahl eine Bedrohung durch Geflüchtete implizieren, werden hier als Ursache nicht serbische Kriegs-

handlungen, sondern NATO-Bombardements benannt, wodurch »Kritik an der NATO-Strategie« mitschwingt (ebd., S.49).

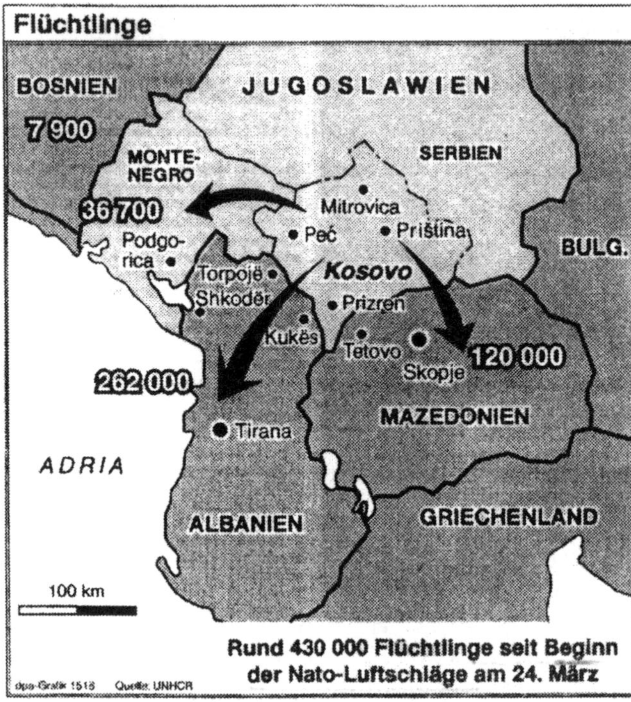

(Frankfurter Rundschau, 7.4.1999, Reproduktion aus Kirchner/Kreischer/Ruth 2002, S.49)

2. *Balkendiagramme* zeigten auf unterschiedliche Weise Aufnahmezahlen von Geflüchteten und implizierten teils »bereits eine ›Belastungsgrenze‹« (Kirchner/Kreischer/Ruth 2002, S.50), womit sie an die Wirkung der topografischen Karten anschließen.
3. *Illustrationen von Kriegstechnik, Waffen und Strategien* hatten oft den Effekt, »das technische Gerät der NATO und sein[en] strategischen Einsatz positiv ins Bild« (ebd., S.50) zu setzen und »technische Überlegenheit« und »die ›Sauberkeit‹ des Krieges« zu vermitteln (ebd., S.53), was mit der Wirkung der Fotos (s.o.) korrespondiert.

4. *Kreis- und Säulendiagramme* zeigten Umfrageergebnisse über die Akzeptanz des Krieges in der Bevölkerung. Diese verdeutlichten, »dass die deutsche Bevölkerung zu den ›Unentschlossenen‹ (*Die Zeit*, 2.6.1999) gehöre« (ebd., S.52) und hatten »den Effekt, dass sich der Leser und die Leserin trotz ihrer ›Zerrissenheit‹ mitten im Bereich des ›Normalen‹ verorten« (ebd., S.52) können.

Die Wirkung von *Karikaturen* unterscheidet sich deutlich von der Wirkung von Fotos und Infografiken. Zum einen beruht sie nicht darauf, den Eindruck von Authentizität oder Wissenschaftlichkeit zu vermitteln, sondern Karikaturen »nutzen die Entfernung vom Geschehen, um effektvoll zu sein« (ebd., S.54). Ihre Wirkung wird oft durch Kollektivsymbolik unterstützt und sie »erzählen eine Geschichte und transportieren eine Aussage« (ebd., S.54). Zum anderen zeigt die Studie, dass Karikaturen den Krieg kritisch betrachten: Beispielsweise thematisieren sie zivile Opfer der NATO-Bombardements und geben die »Übermacht des Westens [...] der Lächerlichkeit« (ebd., S.54) preis oder kritisieren das Scheitern der Diplomatie und inszenieren die Widersprüchlichkeit der Zustimmung zu einem Bombenkrieg durch die ehemals friedensbewegte Partei *Bündnis 90/Die Grünen*. Die Studie kommt zu dem Schluss, dass die Karikaturen den Krieg

> »dennoch rechtfertigen. Dies geschieht dadurch, dass sie vor allem an der Unfähigkeit der NATO ansetzen, diesen Krieg ›richtig‹ und professionell zu führen. Die Stilisierung des Gegners Milosevic als Brandstifter und Schurke unterstützt diese Leseweise.« (ebd., S.60)

Ausgehend von der Strukturanalyse wählten die Autor*innen zwei bebilderte Zeitungsseiten für Feinanalysen aus, in denen die Wirkungsweise der Bilder und das Zusammenspiel von Fotos und Textelementen detailliert untersucht wurde. Am Beispiel einer Kollage der Porträts von vier männlichen Politikern und einer weiblichen Geflüchteten mit Kind auf der Titelseite der Zeit vom 15.4.1999 zeigt die Feinanalyse, wie die auf den ersten Blick fast zufällige Anordnung der Fotos durch ihre Komposition vielfältige Aussagen realisiert, unter anderem eine Abwertung des in Milošević personifizierten Gegners sowie der Sowjetunion, den Wunsch nach patriarchaler Stärke und Schutz der Geflüchteten, aber auch nach mehr Diplomatie, sowie einer Stärkung der deutschen Position. Dabei kommt der Anordnung, den Hintergrundfarben der Bilder, dem Gesichtsausdruck und der Blickrichtung der dargestellten Personen besondere Bedeutung zu.

Am Beispiel der Titelseite der Bild vom 27.3.1999 wurde das vielfältige Zusammenspiel von Überschrift, Texten im Telegramm-Stil und Bildern mit Bildunterschriften sowie weiteren Artikeln und Werbeanzeigen analysiert. Durch das Zusammenwirken dieser Elemente wurden »alle Argumente, die zum damaligen Zeitpunkt für ein Eingreifen der NATO im Mediendiskurs angeführt wurden« (ebd., S.68), auf einer Zeitungsseite realisiert.

Die Verbindung von Struktur- und Feinanalysen in der Synopse konnte zeigen, dass die vielen Bilder »immer wieder dieselben Botschaften im Großen wie im Kleinen« wiederholen und dadurch eine Wirkung erzielen, »die das einzelne Bild als solches niemals erzielen könnte« (ebd., S.69).

Resümee: Die Studie zeigt exemplarisch, wie Fotos als Beweise fungieren, Gefühle auslösen, Akteur*innen Subjektstatus zu- oder absprechen, ihre Wahrnehmung durch den Kontext anderer Bilder verändern und Ereignisse als gut oder böse bewerten. Dadurch fordern Bilder zum Handeln auf und legitimieren Handeln, wie hier den NATO-Krieg. Hierzu trägt auch bei, dass Fotos auf das synchrone System kollektiver Symbole verweisen, beispielsweise auf ein tendenziell subjektloses Außen in Form eines verantwortungslosen Staatspräsidenten und seiner grausame Soldaten oder auf die bedrohliche ›Geflüchtetenflut‹ in Form von endlos erscheinenden Trecks. Da Fotos meist soziale Realität zeigen, werden Kollektivsymbole hier in der Regel als Pragmasymbole realisiert. Infografiken unterstützen die Wirkung von Fotos teilweise und können ebenfalls emotional wirken, zum Handeln auffordern oder Handeln legitimieren. Darüber hinaus wirken sie oft normalistisch, indem sie denormalisieren oder Normalität versichern. Während Fotos Authentizität vermitteln, erwecken Infografiken den Anschein von Objektivität und Wissenschaftlichkeit. Karikaturen hingegen wirken distanziert. Ihre Wirkung basiert oft auf elementar-literarischen Elementen, indem sie Geschichten (Narrative) erzählen und Kollektivsymbolik nutzen. Kritik am NATO-Krieg fand sich deutlich häufiger in Karikaturen als in anderen Bildern, wirkt hier aber dennoch rechtfertigend durch die Vermittlung von Zerissenheitsgefühlen, Ohnmacht und Alternativlosigkeit. Die Feinanalysen konnten das vielfältige Zusammenwirken von Fotos und Textelementen herausarbeiten und konnten auch zeigen, dass ein bedeutender Teil der Wirkungen erst durch dieses Zusammenwirken zustande kommt.

4.12.2.7 Vorgehen und hilfreiche Fragen an das Material

> »Diskurs und Figur haben jeweils ihre eigene Sichtweise; aber sie unterhalten komplexe, verschachtelte Beziehungen. Ihr wechselseitiges Funktionieren gilt es zu beschreiben.« (Michel Foucault 1967, DE 1, S.796)

Beispiele dafür, wie nicht-sprachliche Bilder *im Rahmen der Kollektivsymbolik* betrachtet werden, finden sich in vielen Kritischen Diskursanalysen des DISS, auch hier im Buch in den Kap. 10.3 und 10.2.

Innerhalb des Instrumentariums der KDA (und seiner ›Werkzeugkiste‹) gibt es jedoch auch viele Möglichkeiten, Bildanalysen zu integrieren, die über die Ermittlung von Aussagen in Gestalt von (sprachlich oder visuell gegebenen) Kollektivsymbolen hinausgehen und die eigenständigen Wirkungen von Bildern und Bildanordnungen erfassen. Während die Analyse der Kollektivsymbolik vor allem die inhaltliche Seite des Diskurses aufnimmt, lassen sich dadurch die Effekte und Vermittlungsmechanismen systematisch erfassen.

Bildanalysen können eine *Ergänzung der Feinanalysen* bilden, wie sie für sprachliche Texte angefertigt werden. Wie auch sonst bei Feinanalysen geht es bei der Analyse von Bildern jedoch auch darum, diese ins Verhältnis zu den Aussagen des untersuchten Diskurses (oder Diskursausschnitts) zu setzen, um zu einer Gesamtinterpretation zu gelangen.

Die eigenständige Wirkung von Bildern und Bildanordnungen kann aber auch im Rahmen einer *Strukturanalyse* als zusätzliche Analysekategorie berücksichtigt werden.

Oder es wird eine *eigenständige Kritische Diskursanalyse von Bildern mit Strukturanalyse und Feinanalysen* gemacht, wie oben im Praxisbeispiel einer KDA zum NATO-Krieg in Jugoslawien. Für die Strukturanalyse können beispielsweise Erscheinungsort und -datum, die Bildkategorie (Foto, Grafik oder Karikatur) sowie eine knappe Bildbeschreibung einschließlich des Bezuges zum Inhalt benachbarter Artikel erfasst werden (siehe oben im Praxisbeispiel), aber bei Bedarf auch weitere Kategorien, wie Bildtypen (siehe oben zur Bildtypenanalyse). Ausgehend von der Strukturanalyse können dann typische Bilder oder bebilderte Zeitungsseiten oder Buchseiten für Feinanalysen gewählt werden.

Folgende Fragen sollen als Anregung für Feinanalysen dienen. Bei Strukturanalysen hingegen können sie wegen des erheblichen Aufwandes nicht systematisch analysiert werden, sollten aber durchaus mitgedacht werden.

- Dreischritt nach Stefan Meier (2009) (s.o.):
  1. Bildoberfläche: Welche Gegenstände, Sachverhalte und soziale Konzepte werden dargestellt?
  2. Interaktive Bedeutung: Wie ist die Bildperspektive aufgebaut und wie können mögliche Beziehungen zwischen Betrachter*innen und Bildinhalten beschrieben werden?
  3. Komposition der Bildelemente: In welchem Verhältnis stehen die Bildelemente zueinander?
- Aussagen: Welche Aussagen realisiert das Bild? Finden sich diese auch im begleitenden Text? Wird das Bild durch den Text erklärt oder sogar erst durch diesen verständlich? Ergänzt es den Text, verstärkt es seine Wirkung oder widerspricht es diesem gar?[113] Gibt es Aussagen, die ausschließlich durch nicht-sprachliche Bilder realisiert werden?
- Wirkung: Welche Interaktionsräume eröffnet das Bild?[114] An welche inneren Bilderwelten der betrachtenden Subjekte[115] schließt das Bild an? Hat das Bild eine stark emotionalisierende Wirkung oder fordert es zum Handeln auf? Welche Wirkung hat die Bildperspektive auf die Betrachter*in? Wie wirkt die Anordnung im Raum, wie wirken Licht und Farbe? Lässt das Bild eine gewollte Botschaft vermuten? Wirkt es polarisierend oder lässt es vielfältige und ambivalente Deutungen zu? Legt das Bild eine Bewertung von Personen oder Ereignissen nahe (z.B. sympathisch oder bedrohlich, gut oder böse)? Erzeugt die Bildgattung

113 Ein Beispiel für einen Widerspruch zwischen Text und Bild ist eine Reportage der Frankfurter Allgemeinen Sonntagszeitung über Sexarbeiter*innen, die infolge des Krieges Russlands gegen die Ukraine im Jahr 2022 nach Deutschland kamen (Putzbach, Robert: Die neuen Mädchen sind sehr jung, Frankfurter Allgemeine Sonntagszeitung (FAS) Nr. 16 v. 24.04.2022). Sexarbeiter*innen werden dort als selbstbewusste Akteur*innen mit starkem Subjektstatus dargestellt: Daria ist eine ehemalige Sexarbeiterin, die jetzt als Zuhälterin arbeitet, als empathisch beschrieben wird, mit »zeitweise acht Handys« ihren Betrieb managt und lobt, dass sie sich selbst bei einem Polizeiverhör auf die Loyalität ihrer Freundin und Sexarbeiterin Anastasia verlassen kann. Im begleitenden Foto werden Sexarbeiter*innen hingegen als Ware ohne Subjektstatus abgebildet: Zu sehen sind die Unterkörper und Beine von zwei Menschen in knapper Bekleidung aus voyeuristischer Perspektive leicht von unten fotografiert.

114 Vgl. Mayerhauser 2006, S.84.

115 Torsten Mayerhauser (2006) spricht von »innere[n] Bilderwelten individueller Subjekte [...], die sich wiederum selbst aus den historisch, kulturell und massenmedial bereitgestellten Bilderquellen speisen« (S.83).

Effekte? Werden Porträts beispielsweise nur bestimmten Personengruppen vorbehalten?[116]

- Beweischarakter: Wirken die Bilder als Beweise? Gibt es Gestaltungsmittel, die Bilder besonders authentisch wirken lassen (z.B. Schnappschuss, Handyfoto, Unschärfe, realistische Details? Weist der begleitende Text Bildern Beweischarakter zu? Weist die Bildunterschrift ein Bild als authentisch aus (z.B. Ort und Uhrzeit der Aufnahme)?
- Akteur*innen: Haben die Akteur*innen Subjektstatus oder nicht? Empathie auslösend? Individuell oder als Teil einer Menge? Ergeben sich Serien ähnlich dargestellter Akteur*innen? Gibt es Paare von Gegenspieler*innen? Welche Perspektive wird gewählt (z.B. Blickkontakt mit Bildbetrachter*in, von unten oder oben betrachtet, Fokus auf Gesicht, nur Oberkörper, nur Unterkörper, zentral im Bild oder an den Rand gedrängt, voyeuristischer Blick)? Wirkt das Foto so, als sei es in einem unbemerkten Augenblick aufgenommen oder posieren abgebildete Personen für die Kamera?[117] In welchen Situationen werden Akteur*innen gezeigt, in welchen nicht?
- Vernetzung: Welche Bilder sind auf welche Weise nebeneinander platziert?[118] Wirken diese aufeinander ein? Tauchen ähnliche Bilder häufig auf? (z.B. Bilder von Politiker*innen mit ernsten Gesichtern oder von glänzenden NATO-Waffen) Ergeben sich Serien und Entwicklungen? Wen oder was schauen Personen auf Bildern an? Gibt es Gegen-

116 Margreth Lünenborg und Tanja Maier (2017) finden beispielsweise bei ihrer Analyse von Zeitungsberichten zur Willkommenskultur in Deutschland 2015 fünf Porträts von Helfer*innen, aber nur eines von Geflüchteten.

117 Margreth Lünenborg und Tanja Maier (2017) stellen beispielsweise heraus, dass Geflüchtete auf einem Foto der Willkommenskultur 2015 »entgegen fotojournalistischen Konventionen« nicht so erscheinen würden, »als sei das Bild [...] in einem unbemerkten Augenblick gemacht worden [...]. Beide Personen posieren für die Kamera und gehen damit eine Interaktion mit den Betrachtenden ein.« Dadurch würden sie nicht als Opfer erscheinen, »die es zu beschützen gilt« (S.58 f.).

118 Ein Beispiel dafür, wie die Kollage von Bildern deren Wirkung grundlegend verändert, schildert die weiter oben als Praxisbeispiel angeführte Studie »Medien im Krieg«: Die Zeit vom 31.03.1999 zeigt das Foto eines lächelnden serbischen Soldaten. Dass dieser trotzdem kein Sympathieträger ist, bewirkt das daneben montierte Bild »zusammengedrängte[r] albanische[r] Flüchtlinge [...]. So wird das Lächeln des Soldaten zu einer zynischen Fratze« (Kirchner/Kreischer/Ruth S. 2002, S.43).

bilder? Wie wirken Bilder, Bildunterschriften, Überschriften und Texte zusammen?

- Kollektivsymbolik: Wie verweisen die Bilder auf das synchrone System kollektiver Symbole? Werden Bilder als Pragmasymbole realisiert (bei Fotos ist das meist der Fall) und werden sie dadurch naturalisiert? Werden ähnliche oder andere Kollektivsymbole sprachlich realisiert? Gibt es Kollektivsymbole, die nur als nicht-sprachliche Bilder realisiert werden? Wirken die Bilder dramatisierend, denormalisierend oder Normalität versichernd?[119] Welche kulturellen und sozialen Konventionen von Bekleidung, Aussehen, Gestik und Mimik werden dargestellt und stellen diese Differenz oder Ähnlichkeit her?[120] Welche Perspektive wird eingenommen und erzeugt diese ein Innen (›Wir‹) und Außen (›die Anderen‹)? Wessen Perspektive wird dargestellt?
- Sichtbarkeiten: Was machen Bilder sichtbar, was deuten sie an und was zeigen sie nicht? Wo liegen die Grenzen des Sichtbarkeitsfeldes? Sind diese umkämpft? Wie verhalten sich Sichtbarkeiten und Sagbarkeiten zueinander?
- Zusätzlich bei Infografiken: Werden Aussagen durch Infografiken als objektiv und wissenschaftlich dargestellt? Wie verweisen Infografiken auf den Normalismus (drohende Denormalisierung oder Versicherung von Normalität)? Wie wirken veranschaulichte Zahlen, Kollektivsymbole, Bilder sowie Themen und Narrative zusammen (s.o. im Unterkapitel »Normalismustheorie und Bilder« zum Quadrupel-Netz und dem Bei-

---

119 Die Bild und andere Zeitungen illustrierten ihre Kommentierung von Gewalt gegen Polizei und Rettungskräfte in einigen deutschen Städten an Silvester 2022 beispielsweise mit zahlreichen Fotos von Silvesterraketenbeschuss in der Nacht und mit viel Silvesternebel (Bild, 2.-5.1.2023) sowie einem ausgebrannten Bus (Bild, 05.01.2023). Dadurch werden Handlung und Akteur*innen dem kollektivsymbolischen Außen mit Chaos und Kriegszustand zugeordnet und die Ereignisse als Bürgerkrieg und extreme Denormalisierung inszeniert. Daraus wird in der Bild dann dringender protonormalistischer Handlungsbedarf abgeleitet (vgl. auch Pawlinski/Taner/Walkerling 2023).

Im Online-Auftritt der Westdeutschen Allgemeinen Zeitung (www.waz.de) werden Artikel über alltägliche Kriminalität häufig mit Symbolbildern von Polizeiautos und Blaulichtern illustriert, was Kontrolle und Normalität versichert und die Polizei als Sicherheitsgaranten des kollektivsymbolischen Innen inszeniert. Durch die Häufung solcher Bilder, wird Kritik beispielsweise an Polizeigewalt oder der eskalierenden Wirkung von Polizeipräsenz tendenziell aus dem Sag- und Sichtbarkeitsfeld ausgeschlossen oder zumindest erschwert.

120 Vgl. Lünenborg/Maier 2017, S.28.

spiel »Porsche stürzt ab«)? Welche Emotionen und Handlungsaufforderungen werden vermittelt?
- Zusätzlich bei Karikaturen: Welche Geschichten bzw. Narrative werden erzählt? Auf welche Kollektivsymbole wird verwiesen? Wie wird auf Normalismus verwiesen? Welche Bewertungen, Emotionen und Handlungsaufforderungen werden ausgelöst?

Eine weitere Möglichkeit ist es, Bilder im Rahmen einer Dispositivanalyse zu berücksichtigen.

4.12.3 Normalismus

Die Untersuchungen über den Normalismus von Jürgen Link und anderen Autor*innen rund um das Projekt *kultuRRevolution*[121] haben sich als hilfreiches Analysewerkzeug für die KDA erwiesen.[122]

Unter Normalismus wird nach Link die Gesamtheit aller diskursiven Verfahren, Dispositive, Instanzen und Institutionen verstanden, »durch die in modernen Gesellschaften ›Normalitäten‹ produziert und reproduziert werden« (Link 2006a, S.60). Der ihr zugrunde liegende Begriff von Normalität setzt als historisches Apriori die moderne verdatete Gesellschaft sowie einen ›Willen zur Normalität‹ voraus (vgl. NAP, S.105 und S.405). Deshalb kann sich der Normalismus erst in Folge der im 18. Jahrhundert aufkommenden statistischen Dispositive entwickeln (vgl. Link, 2002, S.538). Er hat sich »schrittweise und in Schüben« ausgebreitet (Link 1999a, S.51). Nach 1945 breitet sich »zunächst in den USA und dann auch der gesamten westlichen Welt« der moderne, dominant flexible Normalismus aus (Link 2009, S.321).[123] Diskursive Durchbrüche waren beispielsweise die Kinsey-Reports (1948 und 1953) für die USA, für Deutschland die 1968er-Bewegung, »verstanden als die Gesamtheit kulturrevolutionärer Tendenzen [...] wie Feminismus, sexuelle Minderheiten, Ökologismus, Pazifismus« (Link 2009, S.21), der »Zusammenbruch des Ostblocks 1989 sowie die erste rot-grüne

---

121 *kultuRRevolution. zeitschrift für angewandte diskurstheorie*. Siehe www.zeitschrift-kulturrevolution.de

122 Eine umfassende Darstellung findet sich im *Versuch über den Normalismus* (Link, 2013a) und in *Normalismus und Antagonismus in der Postmoderne* (Link 2018). Einfacher zu lesen ist *Normale Krisen?* (Link 2013) Einen knappen Überblick bietet auch der Wörterbucheintrag Link 2002. Weitere Titel finden sich in der Bibliographie Parr/Thiele 2010.

123 Zur Erklärung, was flexibler Normalismus ist und warum er moderner als sein Gegenstück Protonormalismus ist, siehe weiter unten in diesem Kapitel.

Bundesregierung 1998 und die Walser-Bubis-Kontroverse[124] im selben Jahr (vgl. Link 2009, S.23 f.).

Im Folgenden werden zuerst einige Grundzüge der Theorie des Normalismus skizziert, um abschließend aufzuzeigen, wie diese in Kritischen Diskursanalysen genutzt werden kann.

4.12.3.1 Beispiel: Corona-Krise, Pandemie-Dispositiv und Kurvenlandschaften

Normalismus anschaulich dargestellt (Karikatur von Thomas Plaßmann, Frankfurter Rundschau v. 20.3.2020a, S.12.).

Normalismus »setzt massenhafte Verdatung und statistische Dispositive voraus« (Link 2002, S.539) und in seinem Zentrum steht eine ›normalistische Kurvenlandschaft‹ (vgl. NAP, S.160). Was damit gemeint ist, lässt sich am Beispiel des normalistischen Pandemie-Dispositivs erklären, mit dem auf den Notstand einer Denormalisierung durch die Covid-19-Pandemie reagiert wurde.[125]

---

124 1998 hat der Schrittsteller Martin Walser den Friedenspreis des deutschen Buchhandels erhalten. In seiner Dankesrede warf er den Medien in Bezug auf den Holocaust eine »Dauerpräsentation unserer Schande« vor. Die »unaufhörliche Präsentation unserer Schande« sei eine Instrumentalisierung »zu gegenwärtigen Zwecken« (Walser, Martin 1999: Erfahrungen beim Verfassen einer Sonntagsrede. Dankesrede, https://www.friedenspreis-des-deutschen-buchhandels.de/alle-preistraeger-seit-1950/1990-1999/martin-walser (14.2.2024)). Der damalige Vorsitzende des Zentralrates der Juden in Deutschland, Ignatz Bubis, wertete die Rede von Walser als »geistige Brandstiftung«. In der Folge entwickelte sich eine kontroverse Debatte (vgl. dazu auch Rensmann 2004).

125 Die Darstellung des normalistischen Managements der Corona-Krise bezieht sich auf Deutschland. Untersuchungen von Jürgen Link dazu finden sich u.a. in Link 2020a, 2020b und 2021.

»Noch in keiner modernen Krise«, so Link, »hat sich derartig alles um statistische Kurven gedreht« (Link 2021, S. 18). Ab Frühjahr 2020 wurden massenhaft neue Daten geschaffen und in Form von Infographiken meist als Kurven im mediopolitischen Interdiskurs verbreitet. Die Gefährlichkeit der Lage wurde mithilfe der Inzidenz[126], der Anzahl freier Betten auf Intensivstationen, der Anzahl Schwerkranker sowie der Sterberate dargestellt, wobei diese Daten nach Ländern, Regionen und Städten sowie nach Altersklassen differenziert wurden. Der Erfolg der Kontaktbeschränkungen als Gegenmaßnahme ab März 2020 wurde durch eine Erfassung der Bewegungen der Bevölkerungen anhand von Mobilfunkdaten überprüft und später der Fortschritt der Impfungen durch entsprechende Daten tagesaktuell protokolliert. Neben medizinischen Kurven wurden aber auch viele andere Kurven genau beobachtet, insbesondere ökonomische in Form von Aktienkursen, Bruttosozialprodukt und Neuverschuldung, aber auch ökologische, wie die Kurve des durch die Kontaktbeschränkungen zeitweise sinkenden CO_2-Ausstoßes.

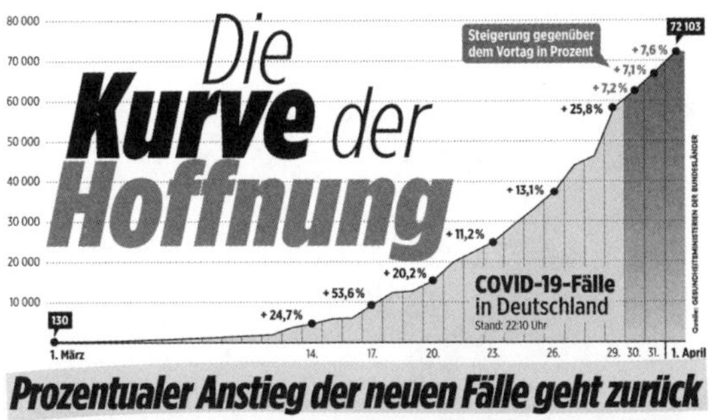

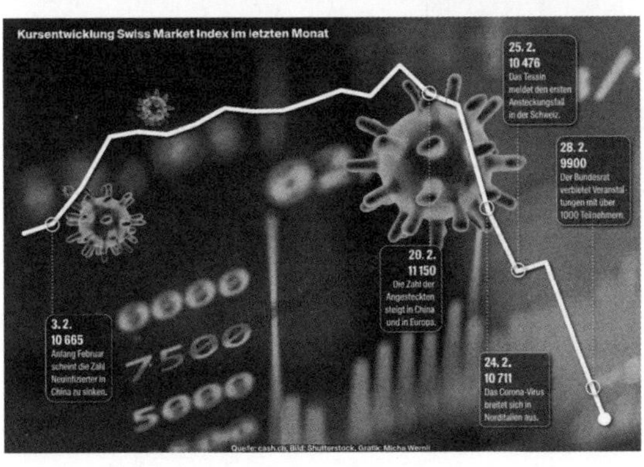

126 Zahl der Neuerkrankungen pro 100.000 Menschen in einer Woche.

INTERAKTIVE KARTE ZUR CORONA-KRISE

Kann Deutschland nicht mehr stiller stehen?

• Vergleich anonymisierter Handydaten vom vorigem Dienstag mit diesem Dienstag • Wie verhalten sich die Menschen in Ihrer Stadt?

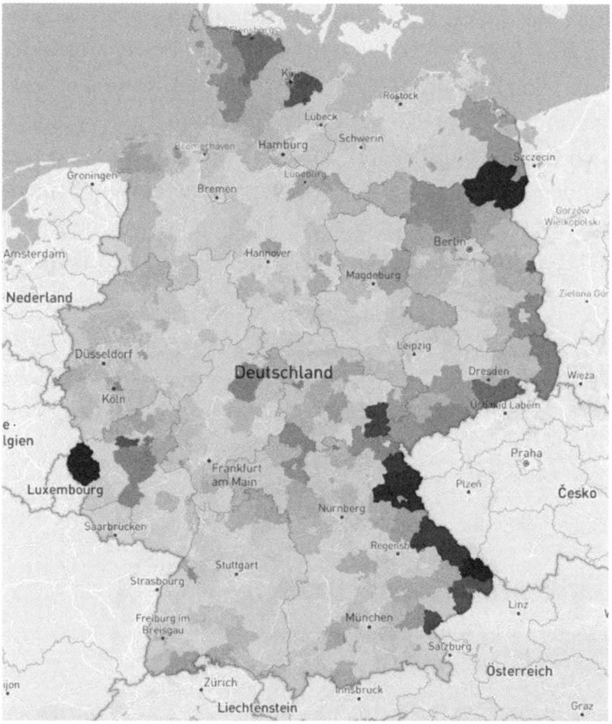

So mobil war Deutschland am Dienstag im Vergleich zur Vorwoche: wenig Bewegung in den Grenzregionen im Osten und Südosten Deutschlands. Mehr Mobilität gibt es Richtung Niederlande und Dänemark (rote Gebiete)

Foto: Teralytics

Infografiken aus der Kurvenlandschaft[127]

127 Infografiken aus Bild, 2.4.2020, S.8; https://www.bild.de/news/inland/news-inland/coronavirus-bewegungsradar-als-interaktive-karte-wie-bewegt-sich-deutschland-69598262.bild.html (2.4.2020); Luzerner Zeitung Online vom 29.2.2020, https://www.luzernerzeitung.ch/wirtschaft/wegen-des-corona-virus-erleben-die-borsen-die-schwarzeste-woche-seit-der-finanzkrise-ld.1199382 (3.7.2022)

Diese Kurvenlandschaft ist ein Teil des Pandemie-Dispositivs, das auf den Notstand der Corona-Krise reagiert. Es umfasst Institutionen, wie das Robert-Koch-Institut, Telekommunikationsunternehmen, Gesundheitsämter, Krankenhäuser und Polizei, architekturale Einrichtungen wie Plexiglastrennwände oder Impfzelte sowie neue Verordnungen und Gesetze. Hinzu kommt ein vielfältiges neues Wissen beispielsweise aus dem medizinischen Spezialdiskurs, aber auch Wissen aus ökonomischen, psychologischen oder didaktischen Diskursen zur Abschätzung der Nebenwirkungen der Kontaktbeschränkungen. Dabei ist ein Dispositiv nach Foucault nicht einfach die Summe dieser Elemente, sondern besteht aus dem Netz beziehungsweise der Verbindung »die zwischen diesen heterogenen Elementen sich herstellen kann« (Foucault 1978b, S. 120).[128] Beim Pandemie-Dispositiv wird dieses Netz teilweise durch statistische Daten gebildet: Die Institutionen verbinden sich zum Datenaustausch, architektonische und ordnungsrechtliche Maßnahmen sollen die Reproduktionszahl des Virus senken und die Inzidenz wurde »mit Gesetzeskraft« (Link 2021, S. 18) ausgestattet, um als gestaffelte Normalitätsgrenze über Einschränkungen von Freiheitsrechten zum Zwecke des Infektionsschutzes zu entscheiden.

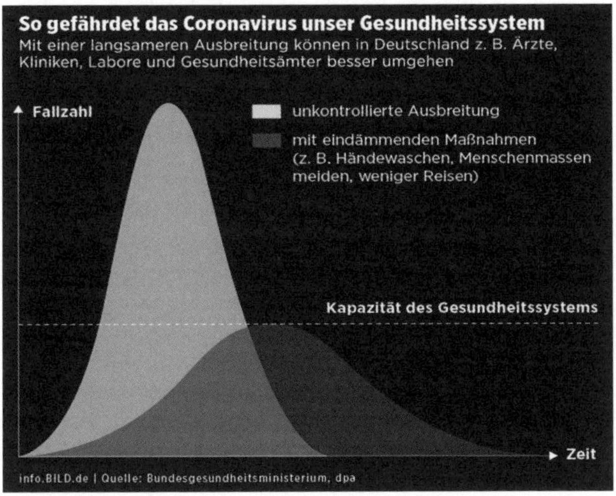

Infografik, die Bild 2020 in etliche Online-Veröffentlichungen einbettete[129]

128 Siehe zum Dispositiv Kap. 4.4.

129 https://www.bild.de/ig/88ad65ad-39e3-4842-9b6d-f04a391f2ed9/mobile/mobile.gif (3.7.2022)

Die Kurvenlandschaft diente dabei jedoch nicht nur als Entscheidungsgrundlage, sondern wurde auch selbst Ziel von Interventionen. Als im März 2020 klar wurde, dass die Pandemie nicht mehr gestoppt werden konnte, wurde die Strategie *flatten the curve* propagiert.

Durch Hygienemaßnahmen und Kontaktbeschränkungen sollte das Wachstum der Inzidenzen verlangsamt und dadurch die Kurve so weit abgeflacht werden, dass die Kapazitäten des Gesundheitssystems nicht überschritten werden. Objekt der Maßnahmen war hier nicht die Pandemie oder das Vermeiden von Toten, sondern die Inzidenzkurve. Die Grenzwerte des akzeptablen Normalbereichs wurden aus anderen Kurven, wie der der verfügbaren Intensivbetten abgeleitet. Allgemein zeichnet sich normalistisches Krisenmanagement dadurch aus, dass eine Vielzahl von Kurven beobachtet und innerhalb von Normalitätsgrenzen gehalten werden. Dazu dienten während der Corona-Krise beispielsweise finanzielle Hilfen, um einen Absturz ökonomischer Kurven zu verhindern, oder Online-Unterricht, um den Bildungslevel von Schüler*innen nicht zu tief fallen zu lassen.

Das Beispiel des Pandemie-Dispositivs zeigt viele Eigenschaften normalistischer Dispositive: Massenhafte Verdatung, Kurvenlandschaften, den Willen, diese ständig zu normalisieren, und dynamisches Festlegen von Normalitätsgrenzen anhand statistischer Daten.

4.12.3.2 Normalverteilung als Basiskurve

Innerhalb der Vielfalt von Kurvenlandschaften hat die *Normalverteilung* eine besondere Bedeutung. Die zugehörige Kurve entstammt dem mathematisch-statistischen Spezialdiskurs und wird nach ihrem Erfinder Carl Friedrich Gauß (1777-1855) und wegen ihrer Form als Gauß'sche Glockenkurve bezeichnet.

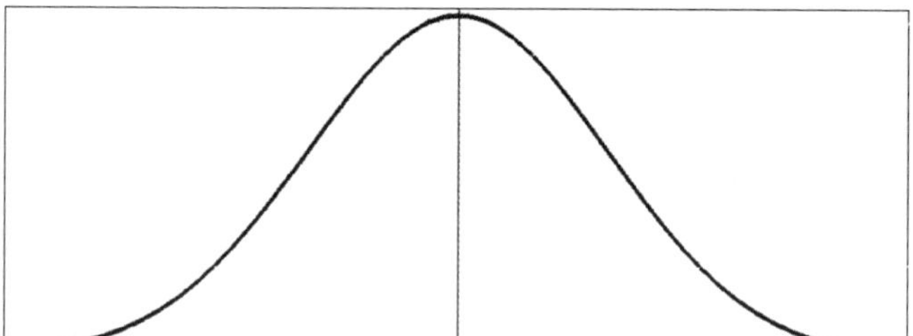

Gauß'sche Glockenkurve/Normalverteilung (eigene Darstellung)

Sie spielt eine wichtige Rolle in der theoretischen wie angewandten Statistik, wo Messungen oft ungefähr normalverteilt sind, beispielsweise die Verteilung von Körpergrößen oder die übers Jahr betrachtete tägliche Sonnenscheindauer.

Im Hinblick auf den Normalismus ist ihr symbolisches Sicherheitsversprechen wichtig: »Da die Normalverteilung perfekt symmetrisch ist [...] suggeriert sie die Vorstellung von ›Gleichgewicht‹, ›Stabilität‹, ›Mitte‹ und ›Sicherheit‹« (NAP, S.160). »Besonders im frühen Normalismus«, so Link, »entwickelte sich ein ›Wille zur Normalverteilung‹« (NAP, S.161). Dieser Wille lässt sich gut an IQ-Tests illustrieren, die so konstruiert und regelmäßig nachjustiert werden, dass der IQ gesamtgesellschaftlich immer normalverteilt ist mit einem Mittelwert von 100.

Länger und komplizierter war der Weg hin zur symbolischen Repräsentation politischer Positionen als Links-Mitte-Rechts-Extreme-Normalverteilung, den Link in seinem *Versuch über den Normalismus* (vgl. Link 2009, S.419-427) nachzeichnet.

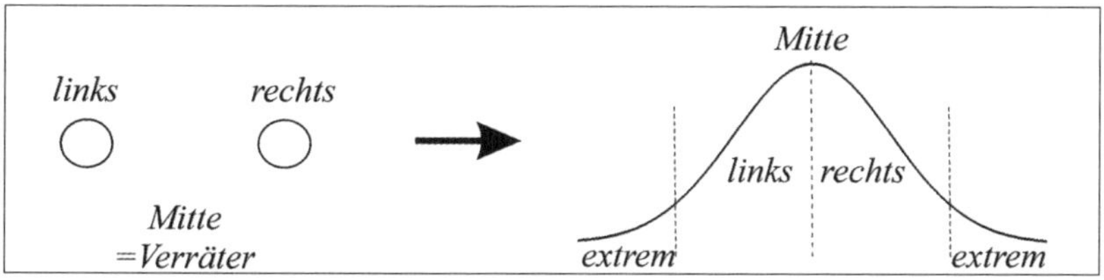

symbolischer Bürgerkrieg 1789 –> Links-Mitte-Rechts-Extreme-Normalverteilung heute (eigene Darstellung)

Die Links-Rechts-Topik stammt schon aus der Zeit der französischen Revolution, stand damals aber noch für zwei entgegengesetzte Lager, zwischen denen es kein Kontinuum gab. In solch einem symbolischen Bürgerkrieg gibt es entweder keine Mitte oder diese wird negativ bewertet »als Zone des Oportunismus und des Verrats« (Link 2017, S.51), während die Linke und Rechte oder gar die jeweiligen Extreme positiv gewertet werden. Damit daraus das Modell einer Normalverteilung werden konnte, musste die Links-Rechts-Achse kontinuiert werden und die Wertungen invertiert werden, sodass die Mitte positiv und Abweichungen davon negativ bewertet werden. Eine solche normalverteilungskompatible Topik entwickelte sich in »Deutschland und Italien [...] nach 1945« (Link 2017, S.51). In Frankreich hingegen hat sich das Modell eines symbolischen Bürgerkriegs bis heute erhalten, es gibt allerdings seit der Präsidentschaftskandidatur von Emmanuel Macron im Jahre 2017 eine Tendenz, die normalverteilungskompatible Topik zu etablieren (vgl. Link 2017, S.51 und NAP, S.304 einschließlich Fußnote 313).

4.12.3.3 Zwei normalistische Strategien: Protonormalismus und flexibler Normalismus

Bei der Frage nach der Grenze zwischen Normalität und Anormalität stößt man auf das »Paradox der Normalitätsgrenze« (Link 2009, S.355): Es ist einerseits »›evident‹, dass die jeweilige Normalität irgendwo ›enden‹ und die komplementäre Anormalität ›beginnen‹ muss, weil Normalität ohne komplementäre Anormalität schlechthin undenkbar wäre« (Link 1999a, S.339 f.), andererseits gibt die glatte Gaußkurve aber keine Position für eine solche Grenze vor. Link unterscheidet nun idealtypisch »zwei fundamental verschiedene normalistische Strategien« (Link, 2009, S.53)[130], mit denen eine Grenzziehung erreicht wird:

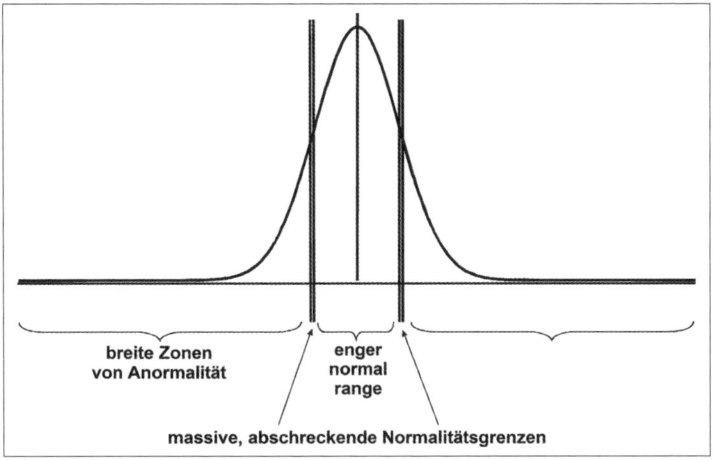

protonormalistische Diskursstrategie (eigene Darstellung, ähnlich Link 2018, S.182)

130 In Workshops zur KDA, die im DISS regelmäßig durchgeführt werden, wird häufig gefragt, wie denn der Begriff Strategie von Link in die KDA passe. Link meint hier *diskursive* Strategien, deren »›Richtung‹ in der Regel nicht teleologisch, subjektiv-intentional« ist, sondern sich »transsubjektiv unter Schwankungen ›einstellt‹« (Link 2009, S.53 f.). Zu Strategien und Diskursstrategien: S. Jäger 2010c, S.114.

Die *protonormalistische Strategie* besteht darin, die Grenzen des normalen Bereichs möglichst eng zu ziehen und durch fixe und stabile Stigma-Grenzen abzuschotten. Ihre Durchsetzung geschieht bevorzugt durch eine autoritäre Außen-Lenkung der Subjekte. Dabei wird zur Legitimierung häufig auf vor-normalistische Ideologien wie ›Naturgesetzlichkeit‹ oder auf normative juristische oder medizinische Argumente zurückgegriffen (vgl. NAP, S. 180 f.). Dadurch wird »die Normalitätsgrenze nicht nur symbolisch, sondern auch materiell durch Mauern (von Gefängnissen und Anstalten, schließlich Lagern und KZs) [...] markiert« (NAP, S. 181).

Beispielsweise war in der Bundesrepublik Deutschland lange Zeit eine protonormalistische Strategie in Bezug auf Homosexualität dominant: Homosexualität wurde als unnatürlich betrachtet, von der WHO bis 1990 als Krankheit eingestuft und durch den §175 des Strafgesetzbuches mit Gefängnisstrafen bedroht.

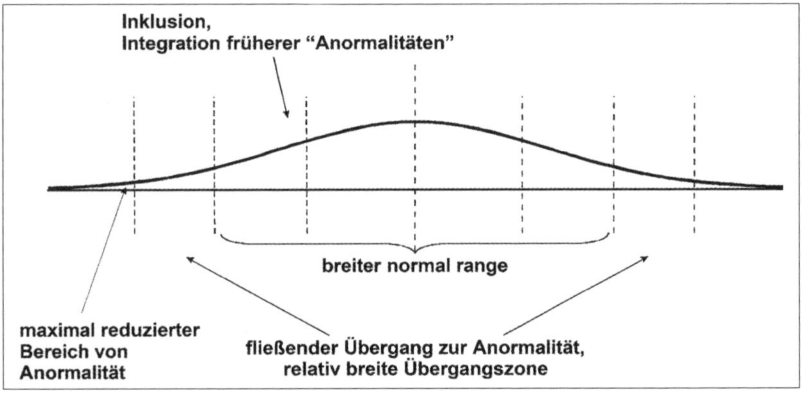

flexibel-normalistische Diskursstrategie (eigene Darstellung, ähnlich NAP, S. 183)

Die *flexibel-normalistische Strategie* ist der protonormalistischen entgegengesetzt. Sie besteht darin, den *normal range* möglichst weit zu fassen und dadurch einen möglichst großen Anteil der statistischen Daten beziehungsweise Individuen im Inneren einzufangen. Die Grenzen sind weich und werden als dynamische und in der Zeit variable Passage-Grenzen etabliert. Typisch sind breite, gestaffelte Grenzzonen mit Grauzonen zwischen normalem Bereich und Anormalität. Flexibel-normalistische Strategien berufen sich selten auf vor-normalistische Ideologien oder Normen und setzen auf

Selbst-Normalisierung der Subjekte. Die Aufgabe der Normalisierung wird also von äußeren Institutionen weg in die Subjekte hinein verlagert. Beispielsweise setzte sich in der Bundesrepublik Deutschland in Folge der 1968er im Bereich der Sexualität nach und nach eine flexibel-normalistische Strategie durch, die heute dominant ist. Neben der immer noch als normal betrachteten heterosexuellen Zweigeschlechtlichkeit gibt es eine große Bandbreite von anderen sexuellen und geschlechtlichen Konzepten, die als mehr oder weniger normal gelten und einen breiten Übergangsbereich bilden hin zu als eindeutig anormal ausgegrenzten Formen wie Sex mit Tieren. Die Subjekte verorten sich selbst in diesem Spektrum und reagieren mit Selbstnormalisierung, wenn sie beispielsweise feststellen, dass ihre Vorliebe für viel jüngere Menschen zu weit von der Mitte des Normalbereichs entfernt ist.[131]

Letztlich sind beide Taktiken darauf gerichtet, die Subjekte in den *normal range* zu bringen, im Protonormalismus durch äußere Einwirkung, im flexiblen Normalismus durch Ausweitung der Grenzen, Inklusionsangebote und Selbst-Normalisierung der Subjekte.

Jürgen Link schreibt im September 2020: »Die bisherige Strategie zur Normalisierung der Corona-Krise ist typisch flexibel-normalistisch« (Link 2020b, S.16). Zum Verständnis dieser Äußerung ist das bisher verwendete Bild einer einzelnen Normalverteilung unzureichend. Der flexibel-normalistische Charakter lässt sich aber trotzdem gut beschreiben: Es wurde ein System gestaffelter Grenzen beim Überschreiten unterschiedlicher Inzidenzen etabliert. Statt einer symbolisch harten Ausgangssperre wurden Kontaktbeschränkungen beschlossen und durch Ausnahmen wieder etwas aufgeweicht. Auf drakonische Strafen wurde verzichtet und häufig an die Vernunft der Bürger*innen, also die Selbstnormalisierungsfähigkeit der Subjekte appelliert. Insgesamt wurde versucht, nicht durch eine harte protonormalistische Grenze die Pandemie zu besiegen, sondern durch vielfältiges flexibelnormalistisches Regulieren und ständiges Nachjustieren an möglichst vielen Stellschrauben Krisenmanagement zu betreiben. Man denke hier beispielsweise an die Vielzahl von Hygienemaßnahmen, Kontakteinschränkungen, Teststrategien, Impfungen, finanzielle Kompensationen für Verluste oder Digitalisierungspakete für Schulen, die immer wieder neu der aktuellen Situation und den aktuellen Daten angepasst wurden. Julian Reichelt empfiehlt

131 Vgl. zu den beiden Strategien die tabellarische Gegenüberstellung in Link 2009, S.57 f.

in diesem Sinne in Bild-Online: »Hände waschen, Geld ausgeben, besonnen bleiben – das ist das Beste, was wir alle fürs Land tun können.«[132]

Der Begriff ›Protonormalismus‹ verweist darauf, dass dieser »insbesondere zu Beginn des Normalismus dominierte« (Link 2009, S.54). Das bedeutet aber nicht, dass er im Verlauf der Geschichte vom flexiblen Normalismus abgelöst worden wäre. Link betont im Gegenteil, dass beide Strategien prinzipiell »kombiniert bzw. wechselnd [...] eingesetzt werden« (Link 2009, S.56) können. Für dieses Phänomen verwendet er den Begriff *aporetische siamesische Bifurkation* (= ausweglose siamesische Gabelung), um bildlich gesprochen »die Untrennbarkeit der *zwei Richtungen einer Gabelung* zu suggerieren« (Link 2009, S.59).

Einerseits hängen also beide Strategien, »wie siamesische Zwillinge aneinander« (M. Jäger/S. Jäger 2007, S.64) und es kann ein Kippen von der einen in die andere oder zurück stattfinden. Beispielsweise reagierte die 1968er-Bewegung widerständig auf den starren Protonormalismus des Establishments. Anfangs hatte sie revolutionäre beziehungsweise transnormalistische Tendenzen, die aber scheiterten, indem es zu einer »›Normalisierung‹ von Achtundsechzig« (Link 2009, S.22) und später der Partei *Die Grünen* kam. Diese Normalisierung bestand aber nicht in einer Rückkehr in den Protonormalismus, sondern in einer Durchsetzung des flexiblen Normalismus. Ein erstarrter Protonormalismus, der keine Luft zum Atmen lässt, kann also in einen flexiblen Normalismus übergehen, wodurch der Normalismus insgesamt gerettet wird.[133] Genauso ist aber auch ein Kippen in die andere Richtung möglich, wenn flexibel normalistisch ausgeweitete Grenzen auf Gegendiskurse stoßen, die durch die Furcht vor einem völligen Grenzverlust bestimmt sind und protonormalistischen Strategien nutzen. Ein Beispiel dafür ist das Wahlprogramm der *AfD* für die Bundestagswahl 2021, dessen programmatischer Titel bereits den Wunsch nach engen Normalitätsgrenzen andeutet: »Deutschland. Aber normal.«[134] Link kommentiert dieses folgendermaßen:

132 Reichelt, Julian (8.3.2020): »Das Corona-Virus ist die vielleicht größte Herausforderung für unser Land, unsere Gesellschaft seit Jahrzehnten«, Bild online: https://www.bild.de/politik/kolumnen/kolumne/kommentar-zur-corona-krise-alle-muessen-ihren-beitrag-leisten-69277840.bild.html (15.2.2024)

133 Vgl. zur 1968er-Bewegung Link 2009, S.21-25 und NAP, S.411-417.

134 Alternative für Deutschland 2021: Deutschland. Aber normal. Programm der Alternative für Deutschland für die Wahl zum 20. Deutschen Bundestag, https://www.

> »Aus den Minderheiten-Abschnitten des Programms atmet eine regelrechte Notstandsgeilheit, die [...] auf Subjekte setzt, die aus eigenem Antrieb ›die Straße‹ [...] von allen ›Anormalen‹ ›säubern‹ wollen«. »Die AfD lehnt den flexiblen Normalismus radikal ab und plädiert ebenso radikal für die ›Rückkehr‹ zum rigide-disziplinären Protonormalismus.« (Link 2021, S.19)

Andererseits ist die Möglichkeit für einen solchen Wechsel zwischen den Strategien für einen einzelnen Menschen stark eingeschränkt, weil die beiden Strategien »gegensätzliche Subjektivitäten herausbilden« (M. Jäger/S. Jäger 2007, S.64). »Protonormalistische Normalitätsstrategien erfordern ein autoritär strukturiertes Subjekt; flexibler Normalismus erfordert ein weitgehend ›autonomes‹ Subjekt, das in der Lage sein muss, sich selbst zu regulieren« (ebd.). Wer also beispielsweise »für die radikale Aussonderung ›verhaltensauffälliger Kinder‹ eintritt, wird in aller Regel auch die Legalisierung *weicher* Drogen ablehnen« (Link 2009, S.56). So entsteht ein Gegensatz[135] »zwischen flexibler, individualistischer und ›hedonistischer‹ Normalmasse auf der einen und vor- oder protonormalistischen Stabilmassen auf der anderen Seite« (NAP, S.417).

Allerdings können durchaus für unterschiedliche Personengruppen unterschiedliche Strategien gelten. So wirkte das Pandemie-Dispositiv während der Corona-Krise in Deutschland zwar meist eher flexibel-normalistisch, wenn aber ganze Flüchtlingsunterkünfte abgeriegelt und eingezäunt wurden[136], zeigt das, dass es auch Gruppen gab, bei denen protonormalistische Strategien angewendet werden. Das galt vor allem für Flüchtlinge, für die viele Landesgrenzen zu Beginn der Krise kurzerhand geschlossen wurden.

4.12.3.4 Normalismus vs. Normativität

Nicht immer, wenn jemand das Wort ›normal‹ verwendet, ist damit *Normalismus* gemeint. Verwechslungsgefahr besteht mit *Normativität*. *Normativität* bezieht sich auf Normen, beispielsweise religiöse, ethische oder juristische. Diese sind »binäre Erfüllungsnorm[en]« (Link 2009, S.34),

afd.de/wp-content/uploads/sites/111/2021/06/20210611_AfD_Programm_2021.pdf (21.10.2021)

135 Link spricht an dieser Stelle präziser von Antagonismus.

136 Vgl. Vorgrimler, Sophie/Dorsch, Timo: Corona in Flüchtlingsunterkünften: ›Durchseuchung‹ in Kauf genommen? Frankfurter Rundschau Online: https://www.fr.de/politik/corona-krise-fluechtlinge-unterkunft-durchseuchung-quarantaene-infektionen-13748180.html (4.7.2022).

da sie entweder erfüllt oder nicht erfüllt werden können. Im Normalismus hingegen wird ein kontinuierliches Spektrum angenommen und das Durchschnittliche als akzeptabel verstanden, von dem es unterschiedliche Grade von Abweichung gibt. Normativität ist dem Handeln prä-existent, da die Normen existieren, bevor sie erfüllt oder gebrochen werden. Normalismus hingegen ist dem Handeln post-existent, da Durchschnitt und Normalbereich Gegenstand ständiger Messungen und Veränderungen sind (vgl. Link 1998, S.255).

Die Äußerung, dass Transpersonen anormal seien, kann beispielsweise normativ zu verstehen sein, wenn ein Verstoß gegen eine medizinische oder juristische Norm gemeint ist. In einem anderen Kontext kann sie aber auch normalistisch zu verstehen sein, wenn Transpersonen ein Platz mit großer Distanz zur Normalitätsgrenze in einem Kontinuum geschlechtlicher Identitäten zugewiesen wird. Normalismus und Normativität können sich im Beispiel auch mischen, wenn die Äußerung Teil einer protonormalistischen Strategie ist, um Transpersonen außerhalb des *normal range* zu verorten und dabei auf eine medizinische Norm zurückgegriffen wird, indem sie als psychisch krank bewertet werden.

Abzugrenzen ist Normalismus auch von Normalität im Sinne von *Alltäglichkeit*, wie beispielsweise in der Äußerung, dass Migration etwas ganz Normales sei, weil es sie schon immer gegeben habe.

4.12.3.5 Exkurs: Verhältnis zu Machttypen nach Michel Foucault

Foucault beschreibt, wie die alte Souveränitätsmacht, also das Recht des Souveräns »zu töten« (Foucault 1976, S.283), seit dem 17. Jahrhundert nach und nach durch eine neue »Macht zum Leben« ergänzt und teilweise abgelöst wurde[137]. Diese neue, produktive Macht hat zwei sich ergänzende Machttypen als Pole, die Disziplinarmacht und die Bio-Macht. Die Disziplinarmacht richtet sich »auf den individuellen Körper« (Foucault 1976, S.285) und versucht, dessen »Nutzkraft durch Übung, Dressur usw. zu verbessern« (Foucault 1976, S.285), beispielsweise in »Schulen, Internaten, Kasernen, Fabriken« (WW, S.135). Die Bio-Macht hingegen richtet sich an die »Vielfalt der Menschen« (Foucault 1976, S.286) und macht die »Fortpflanzung, die Geburten- und Sterblichkeitsrate, das Gesundheitsniveau, die

137 Foucault spricht in Bezug auf die Souveränitätsmacht auch vom »Recht, sterben zu *machen* oder leben zu *lassen*« (WW, S.134), und in Bezug auf die neue Macht davon, »leben zu *machen* oder in den Tod zu *stoßen*« (WW, S.134).

Lebensdauer [...] zum Gegenstand eingreifender Maßnahmen und *regulierender* Kontrollen« (WW, S.135) und muss dabei »qualifizieren, messen, abschätzen, abstufen« (WW, S.139).

Formulierungen, wie die eben zitierten, können dazu verleiten, Bio-Macht oder allgemeiner die Macht zum Leben mit dem Normalismus in eins zu setzen. Und tatsächlich spricht Foucault auch von einer »Normalisierungsgesellschaft« (Foucault 1976, S.299). Link mahnt jedoch zu einer vorsichtigen Lektüre, da Foucault teilweise Normalismus, teilweise aber auch Normativität meint, wenn er von Norm spricht.[138] Das Verhältnis zu den beiden Machttypen fasst Link folgendermaßen: Der Normalismus liefere für Disziplinarmacht und Bio-Macht »als Dispositivnetz der Verdatung, Kontrolle und Regulierung eine konstitutive Teilstruktur« (NAP, S.50).

Wichtig für die Analyse des Normalismus im Rahmen der Kritischen Diskursanalyse dürfte dabei auch sein, den produktiven Charakter des Normalismus im Rahmen der Macht zum Leben stets im Auge zu behalten. So ist das Pandemie-Dispositiv vermutlich nicht hauptsächlich auf Unterwerfung der Subjekte gerichtet, sondern auf den Schutz des Lebens durch Begrenzung der Sterberate und den Schutz der Ökonomie durch Erhalt der Nutzkraft des Individuums.

4.12.3.6 Normalistische Kollektivsymbolik

> »Es sind nicht die nackten Zahlen als solche, die unsere Subjektivität prägen, sondern die Symbolisierung und Verbildlichung dieser Zahlen.« (Link 2016, S.34)

Die für den Normalismus »wichtigste Funktion der Medien« liegt »im ›Herunterbrechen‹ der Kurvenlandschaft mittels der Kollektivsymbolik« (Link 2020a, S.8). Das folgende Schema zeigt anhand der Normalverteilung, wie eng normalistische Vorstellungen in das synchrone System kollektiver Symbole (Sysykoll) eingebettet sind.

138 Siehe für eine ausführliche Darstellung das Kapitel IV. 2. in Link 2009: »Normalitäts-Dispositive bei Foucault zwischen protonormalistischer Dressur und normalistischer Flexibilisierung« (S.116-127).

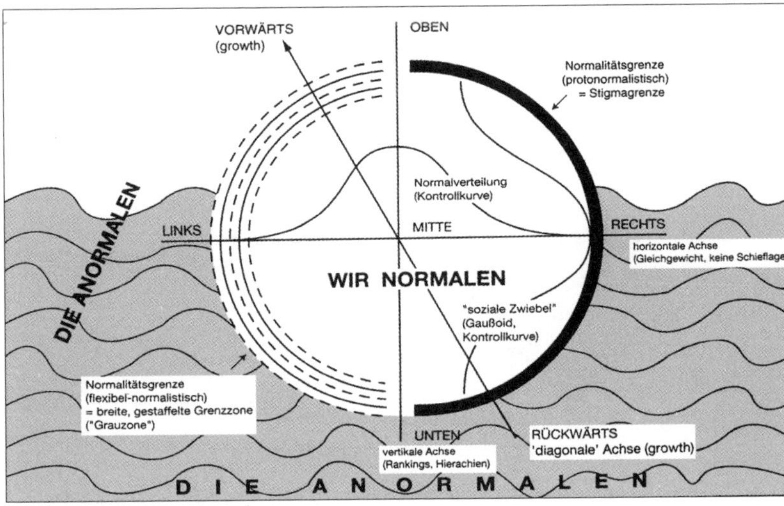

normalistisches Kollektivsymbolschema (Quelle: Link 2009, S. 366)

Im Normalismus kann der Innenbereich des Sysykolls gegebenenfalls mit dem normalen und der Außenbereich mit dem anormalen Bereich identifiziert werden. Kollektivsymbole für das Außen wie Chaos, Flut oder Feuer stehen dann für das Anormale und vermitteln Denormalisierungsängste. Kollektivsymbole für das Innen wie Herz, Mitte oder Motor stehen für den Normalbereich und vermitteln Sicherheit. Beispiele wären, wenn Linksextreme Chaos im Herzen unserer Gesellschaft stiften, Rechtsextreme am Fundament der Demokratie zündeln oder eine Welle an Urlaubsrückkehrer*innen die mühsam eingegrenzte Corona-Inzidenz explodieren lassen. Zwischen Normalbereich und anormaler Ausschlusszone verlaufen die (symbolischen) Normalitätsgrenzen. Im Schema sind sie beispielhaft als protonormalistische Stigmagrenze (rechts im Schema) beziehungsweise flexibel-normalistische breit-gestaffelte Grenzzone (links) eingezeichnet.

Typischerweise wird die symmetrische Normalverteilung mit der horizontalen Achse identifiziert und die Extreme auf beiden Seiten werden gleich stark negativ bewertet, so beispielsweise bei der Links-Mitte-Rechts-Extreme-Normalverteilung oder beim als normalverteilt aufgefassten Körpergewicht, bei dem sowohl starkes Übergewicht als auch starkes Untergewicht als anormal bewertet werden. Die um 90° gedrehte Gauß'sche-Glockenkurve im folgenden Schema steht für Normalverteilungen, die mit der vertikalen

Achse identifiziert werden, wie beispielsweise die Einkommensverteilung in einer Gesellschaft.

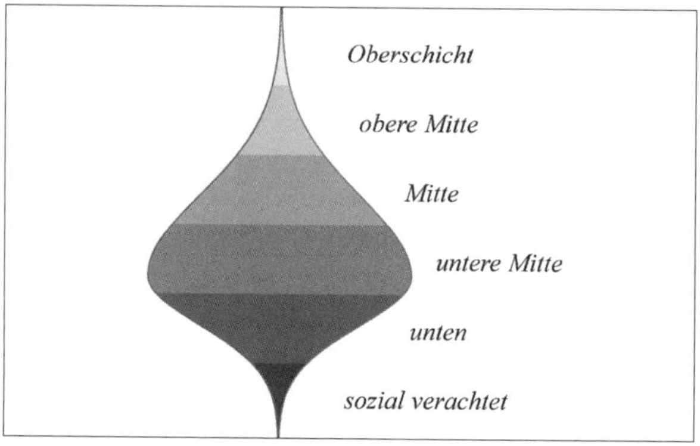

Bolte-Zwiebel als Darstellung der Einkommensverteilung: Um 90° gedrehte Normalverteilung mit Bäuchen in beide Richtungen und mit leicht nach unten verschobenem Mittelwert (eigene Grafik).

Oben und unten sind auch hier symbolisch symmetrisch. Während die Mitte im hegemonialen Diskurs meist positiv bewertet wird, werden oben und unten symbolisch ambivalent bewertet. Beispielsweise können die Reichen sowohl als »*geldgierig und asozial*« (Kreft 2001, S.135) bewertet werden, als auch als besonders leistungsorientiert und moralisch. Die Armen können symmetrisch dazu als Leistungsverweiger*innen und »*soziale Sprengsätze*« (ebd., S.136) bewertet werden, aber auch als herzenswarm und charakterstark (vgl. ebd.).

Nicht symmetrisch ist hier jedoch die Wirkung der symbolischen Normalitätsgrenzen auf einzelne Subjekte: Während die Anormalität der extrem Armen ausschließlich angsteinflößend wirkt, kann die Supernormalität der extrem Reichen sowohl abstoßen, als auch Faszinationskraft haben, die es erstrebenswert macht, diese Grenze zu überschreiten. Auch in Bezug auf das Beispiel des IQ zeigt sich eine Supernormalität, die zugleich verlockend, als auch abschreckend wirken kann, nämlich dann, wenn Genie und Wahnsinn symbolisch in Verbindung gebracht werden.

Die dynamische Fortschritts-Rückschritts-Achse kann nicht mit einer statischen Normalverteilung identifiziert werden. Stattdessen wird diese mit deren dynamischer Variante identifiziert, dem *Normalwachstum*.

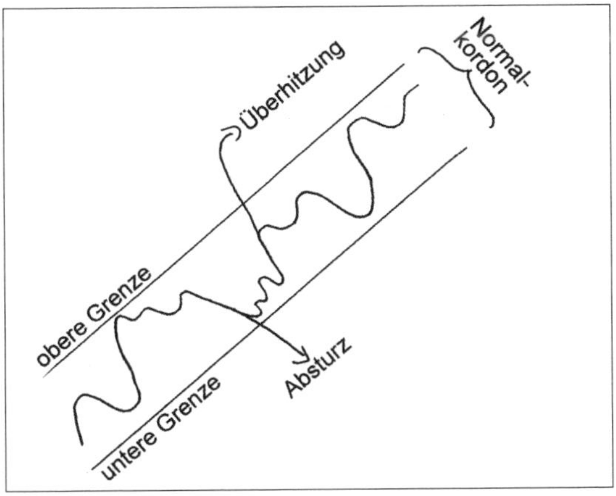

Normalwachstum als endlos wachsende Schlange (eigene Zeichnung)

Die »endlos wachsende Schlange« (Link 2009, S. 189) des Normalwachstums kann zwar steigen und fallen, wie man das von Börsenkursen kennt. Die Werte sollen aber stets in einem kontinuierlich ansteigenden Normalkorridor bleiben, der als Normalitätsgrenze fungiert.[139]

Die normalistische Kurvenlandschaft kann nicht nur durch Kollektivsymbole vermittelt werden, sondern auch selbst Kollektivsymbole bilden, die an das Subjekt appellieren: So wie Normalverteilung und Normalwachstum Sicherheit vermitteln, symbolisieren Exponentialkurven (zu starkes Wachstum) und Absturzkurven (negative Wachstumskurve) Bedrohung. In der Corona-Pandemie wurde beispielsweise ein exponentielles Wachstum der Inzidenz zum Kollektivsymbol für drohenden Kontrollverlust und Denormalisierung, während ein lineares (gerades) Wachstum als Kontrollierbarkeit gedeutet wurde. Siehe dazu noch einmal weiter oben die Abbildung der »Kurve der Hoffnung«, in der der Übergang von exponentiellem zu linearem Wachstum als Übergang zur Hoffnung bewertet wird und dieses zusätzlich durch die Kollektivsymbolik der Ampel als Übergang von Gelb nach Grün symbolisiert wird. Dieses Beispiel zeigt auch die besondere Bedeutung von *Infografiken*, die in Massenmedien häufig genutzt werden, um statistische Daten, kollektivsymbolische Kurven und andere Kollektivsymbole zu

139 Siehe zu Normalwachstum bzw. Fortschrittskurven und allgemein zu symbolischen Kurvenlandschaften Link 2018, S. 199-202, Link 1999a, S. 197-200 und S. 313-318, sowie ausführlicher und sehr anschaulich: Link 2001 und Schulte-Holtey 2001.

einem wirkungsvollen Netz zu kombinieren. Wie stark die kollektivsymbolische Wirkung von Kurven als Ansprache an die Subjekte oder Applikationsvorgabe (Handlungsvorgabe) sein kann, zeigt auch das Konzept *flatten the curve* (s.o.).

4.12.3.7 Normalismus und Antagonismus

> »Diese Kurvenlandschaft ist mit einer riesigen Kuppel zu vergleichen, die wie ein künstlicher Himmel über der Gesellschaft schwebt und die den normalisierten modernen Massen eben jenes Gefühl minimaler Sicherheit und Eurythmie[140] verschafft, das in vormodernen Zeiten die Religionen lieferten.« (Link 2021, S.18)

Wie das Beispiel des Pandemie-Dispositivs deutlich gemacht hat, besteht eine wesentliche Funktion normalistischer Dispositive im Schutz vor drohender Denormalisierung, wozu ein permanentes normalistisches »Management von Krisen« (NAP, S.31) betrieben wird.

Postmoderne Gesellschaften gehen von »Francis Fukuyamas These vom ›Ende der Geschichte‹« (NAP, S.18) aus, die als ein schrittweises »Erlöschen historischer Antagonismen« (NAP, S.18) verstanden werden kann. Antagonismus meint dabei »in der (besonders marxistischen) Dialektik einen unversöhnlichen, gewalt-, revolutions- oder kriegsgenerierenden Widerspruch« (Link 2016, S.9) bei dem Kompromisse unmöglich sind. Normalismustheoretisch können Antagonismen »als irreversible Denormalisierungen neu definiert werden« (NAP, S.17). Als Beispiele nennt Link unter anderen den Marxschen Antagonismus »zwischen Kapital und Arbeitskraft« (NAP, S.132), den Antagonismus »Männer vs. Frauen« (ebd., S.122), den »ökologischen« (ebd, S.39) Antagonismus sowie den zwischen reichen Ländern des Globalen Nordens und armen des Globalen Südens[141]. Würde sich Fukuyamas These bewahrheiten und die Welt tatsächlich nach und nach vollständig frei von Antagonismen werden, würde ein normalistisches Krisenmanagement vielleicht genügen, um dauerhafte Normalität zu sichern. Tatsächlich aber bestehen weiterhin Antagonismen und der Normalismus verfolgt das meist unausgesprochene Ziel, durch sein Krisenmanagement »latente Antagonismen aktiv am ›Ausbruch‹ zu hindern« (NAP,

140 Eurythmie (griechisch): Harmonie, Ausgeglichenheit

141 Link spricht präziser von einem Antagonismus »zwischen den globalen Normalitätsklassen (Link 2018, S.39).

S.32). Da der Normalismus aber vorgibt, lediglich reversible Denormalisierungen zu verhindern oder zu renormalisieren, macht er die zugrundeliegenden Antagonismen unsichtbar.

Welcher Antagonismus aber wurde durch das Pandemie-Dispositiv unsichtbar gemacht? Zu Beginn der Corona-Krise schien mit der Frage danach, wer eigentlich systemrelevant sei, der Supermarktverkäufer und die Ärztin oder die Verwaltung und die Autoindustrie, der Antagonismus »zwischen Kapital und Arbeit« sowie der ökologische Antagonismus sichtbar zu werden. Beide wurden allerdings durch ein normalistisches Krisenmanagement befriedet, mit Lob und Prämien für die sogenannten Held*innen des Alltags sowie Anreizen zum Kauf von Elektroautos.

Plakate der I.L.A.-Werkstatt[142] aus dem Frühjahr 2020. https://cloudcont06.hosting.dknuser.de/s/wHP6q7HpDox6YPy (24.10.2021)

Die hier abgebildeten Plakate der I.L.A.-Werkstatt benennen nicht nur latente Antagonismen, die durch die Corona-Krise sichtbar wurden, sondern deuten zugleich die Utopie einer radikal anderen Gesellschaft an. Ein normalistisches Krisenmanagement macht auch Utopien wie diese als transnormalistische Alternativen unsichtbar. Der Normalismus zeigt sich dadurch als Teil einer hegemonialen medialen Kultur, die Link »als Diskurssystem und insbesondere als Interdiskurssystem« fasst, »das grundsätzliche Alternativen und vor allem die entsprechenden Fragestellungen als solche unsichtbar, unsagbar und unwissbar macht« (NAP, S.27).

142 I.L.A.: Imperiale Lebensweise und solidarische Alternativen (siehe https://ilawerkstatt.org).

4.12.3.8 Hilfreiche Fragen an das Material

Nicht bei jeder Fragestellung, die mit der Kritischen Diskursanalyse untersucht werden soll, wird sich eine Kurvenlandschaft ausbreiten, wie zur Normalisierung der Corona-Krise. Aber auch dann lohnen häufig normalistische Kategorien als Analysewerkzeug. Einige Fragen, die an ein Dossier oder Text gestellt werden können, sind:

- Spielen tatsächliche oder gefühlte statistische Daten, Kurven oder Zahlen eine Rolle?
- Wird die Gefahr von Denormalisierung oder die Forderung nach Normalisierung geäußert, vielleicht auch ohne diese Worte zu verwenden?
- Welche Faktoren werden als denormalisierend ausgemacht? Welche Maßnahmen werden zur Renormalisierung vorgeschlagen.
- Werden Grenzen ausgehandelt oder diskursiv umkämpft?
- Werden Kollektivsymbole benutzt, die auf den Normalismus verweisen, beispielsweise solche, die auf Denormalisierung oder Grenzziehungen verweisen?
- Sind protonormalistische oder flexibel normalistische Diskursstrategien erkennbar?
- Zeichnet sich eine Diskursstrategie der Denormalisierung mit späterer Renormalisierung hin zu einem new normal ab?
- Werden Antagonismen benannt, sind sie unsagbar oder werden sie unsagbar gemacht?

Für literarische Texte oder Filme lohnt über diese Fragen hinaus ein Blick in Kap. 6.6.

Die Produktivität der Fragen soll am Beispiel des folgenden Comics aus dem Sommer der Flucht 2015 gezeigt werden, indem sie alle beantwortet werden:

Ausriss mit Comic und Schlagzeile eines Artikels. Text der Inserts, die in der Reproduktion schlecht lesbar sind: »Verteidigt ihren Kurs in der Flüchtlingskrise: Kanzlerin Angela Merkel (61)« und: »Attackiert die Kanzlerin immer schärfer: CSU-Chef Horst Seehofer (66)« (Quelle: Bild, 16.10.2015, S.2)

Statistische Daten werden zwar nicht explizit angeführt, aber impliziert, wenn Seehofer von »Begrenzung der Zuwanderung« spricht. Damit verweist er auf die gestiegene Zahl der Flüchtlinge, die Deutschland oder Europa erreichen, markiert diese als zu hoch und fordert die Etablierung einer Grenze. Als Faktor für eine drohende Denormalisierung werden so die Flüchtlingszahlen ausgemacht. Impliziert wird die drohende Denormalisierung durch die Warnung davor, grandios zu scheitern und die Forderung nach Taten. Den Wunsch nach Normalisierung scheint auch Merkel zu teilen, gestritten wird hier nur darüber, welche Maßnahmen zur Renormalisierung geeignet sind: Seehofers Position ist dabei eher protonormalistisch: Er fordert »Begrenzung« und »Taten«, also Außensteuerung durch den Staat. Merkel benennt Seehofers Wunsch als »Abschottung«. Dieses Kollektivsymbol steht für eine harte und unpassierbare Grenze. Merkel lehnt nicht nur Abschottung ab, sondern sagt auch, dass es nicht den einen Schalter gebe, den man einfach umlegen könne. Auch damit lehnt sie symbolisch Seehofers Plan ab, eine harte und eindeutige protonormalistische Grenze durchzusetzen und impliziert kollektivsymbolisch den Wunsch, das komplexe System der Migration vorsichtig und an vielen Stellen zu justieren, was typisch für flexiblen Normalismus ist.

Die Positionen der beiden Kontrahent*innen werden durch die grafische Darstellung, die Worte »attackiert« und »verteidigt« in den Inserts und die Formulierung vom »gefährlichste[n] Freund« als zwei Pole entgegengesetzt. Außerhalb dieser beiden Positionen bleibt im Comic kein Platz für darüber hinaus gehende Widersprüche. Der Antagonismus zwischen reichen und armen Ländern als Fluchtursache und die Utopie von einer Welt ohne Grenzen werden so unsagbar gemacht.

Betrachtet man den mediopolitischen Fluchtdiskurs der Jahre 2015 und 2016, lässt sich eine Diskursstrategie der Denormalisierung mit späterer Renormalisierung hin zu einem *new normal* erkennen: 2015/16 wurde im medialen Diskurs eine starke Denormalisierung für die Aufnahmebevölkerung wahrgenommen. Zur Renormalisierung wurden die Rechte von Flüchtlingen durch die sogenannten Asylpakete abgebaut und der EU-Türkei-Deal und später EU-Libyen-Deal zur Fluchtabwehr geschlossen. Anschließend wurde Erfolg in Form einer Normalisierung festgestellt. Die Rechte von Flüchtlingen bleiben aber im *new normal* dauerhaft eingeschränkt ebenso wie die Deals weiter bedient werden. Der Comic ist Teil der Phase der Denormalisierung und des Aushandelns von Maßnahmen zur Renormalisierung.

4.12.3.9 Vorgehen bei einer Kritischen Diskursanalyse

Um eine Kritische Diskursanalyse nicht zu überlasten, sollte man gut überlegen, welche Aspekte des Normalismus man untersuchen möchte und wo man das tun möchte. Man kann systematisch alle Aspekte des Normalismus in einer Strukturanalyse berücksichtigen, dort nur besonders auffällige Beobachtungen notieren oder ihn dort gar nicht berücksichtige. Man kann den Normalismus in Feinanalysen systematisch herausarbeiten oder nur in Zusammenhang mit der Kollektivsymbolik betrachten. Denkbar wäre auch, ausgehend von der Strukturanalyse ein kleines Teildossier besonders ergiebiger Diskursfragmente in Hinblick auf den Normalismus zu identifizieren und dieses dann zu analysieren.

4.12.4 Binarismusanalyse

Die Binarismusanalyse ist von Jobst Paul entwickelt worden und schließt an die Kollektivsymboltheorie an.[143] Er stützt sich dabei auf eine umfangreiche Kritische Diskursanalyse zum Tier-Konstrukt[144] (Paul 2004), dem in der christlich-abendländischen Kultur seit ihren griechischen Anfängen pure Körperlichkeit und das Animalische zugeschrieben werden. Seine Analyse kann aufzeigen, dass diesem Konstrukt im abendländischen Moraldiskurs die pure ›Geist‹-Existenz als höchste Moralität gegenübergestellt wird, die nach diesem Verständnis allein dem Menschen zukommt. Ausgehend von dieser Analyse entwickelt Paul ein Analysewerkzeug, mit dem der »moralische[...] Tiefen-Code von Kollektivsymbolik« (Paul 2019a) dekodiert werden kann. Dies stelle einen »Akt der Enttabuisierung« und »letztlich [eine] Infragestellung kultureller Gewissheiten« (Paul 2018, S. 17) dar und könne die Wirkung von herabsetzender Sprache herausarbeiten, wie dies bei sexistischer, rassistischer oder antisemitischer Sprache geschieht.

4.12.4.1 Von der Kollektivsymbolik zum binären moralischen Tiefen-Code

Wie bereits dargestellt, wird das Sysykoll (synchrones System kollektiver Symbole) durch die binäre Entgegensetzung von Innen und Außen beziehungsweise durch die »moralisch markierten Positionen des guten *Wir* und des falschen oder bösen *Sie*« (Paul 2018, S. 10) strukturiert. Paul betont dabei die Machteffekte binärer Rhetorik, die nicht nur der »Herabsetzung eines *Sie*« dient, sondern zugleich der »Selbsterhöhung eines *Wir*« (Paul 2018, S. 10). Eine besondere Bedeutung kommt dabei dem Begriff des Subjektstatus zu, gemeint »im Sinne einer autonomen, zurechnungsfähigen, quasi-juristischen Person« (Link 2022, S. 13).[145] Während die Eigenschaften des *Wir* stets mit einem Subjektstatus verbunden sind, wird dieser dem

143 In seinem Buch *Der Binäre Code* (Paul 2018) bietet er eine Einführung in die Binarismusanalyse und wendet sich dabei nicht nur an Wissenschaftler*innen, sondern auch Lehrer*innen, Journalist*innen oder politisch Aktive, die mit herabsetzender Sprache konfrontiert werden. Für eine tiefergehende Auseinandersetzung mit der Entwicklung und Wirkung des Tier-Konstrukts von der griechischen Antike bis in die Gegenwart empfiehlt sich *Das [Tier]-Konstrukt – und die Geburt des Rassismus* (Paul 2004). Zusammenfassende Aufsätze sind: Paul 2023, Paul 2019a und in Englisch Paul 2022. Ein praktisches Beispiel ist Bey 2019.

144 Zur Zuschreibung des ›Tier‹-Konstrukts an Tiere und Pflanzen vgl. Paul 2019b.

145 Siehe zum Subjektstatus auch Kapitel 4.11.1 zur Kollektivsymbolik

Sie abgesprochen. Das verweist auf das im Folgenden dargestellte kulturell verankerte Tier-Konstrukt.

4.12.4.2 Tier-Konstrukt

Die Unterscheidung Mensch vs. Tier geht auf die antike griechische Philosophie zurück; zumindest war Aristoteles (384-322 v. Chr.) der erste, »der das ›Tier‹-Konstrukt *theoretisch* deduzierte« (Paul 2004, S.161). Aristoteles setzte dem Menschen mit Geist-Seele das Konstrukt des animalischen Tiers entgegen (vgl. Paul 2004, S.162). Dabei stellte er aber nicht nur den Menschen über das Tier, sondern verlegte den Gegensatz auch in den Menschen selbst, dem er sowohl einen rationalen als auch einen animalischen Teil zuschrieb. Dieser Dualismus wird mit einer Wertung verbunden: »Nur insoweit der Mensch zur möglichst reinen rationalen Tätigkeit strebt, etwa in Philosophie und Wissenschaft, danach der Politik, ist er eigentlich ›Mensch‹« (Paul 2004, S.162). Mit dem Begriff des reinen Denkens konnten »sich die Griechen von anderen abgrenzen, die nicht über ihn verfügten, den ›Barbaren‹« (Stegmaier 2000, S.17 f., zit. nach Paul 2004, S.153), aber auch von Sklaven, Kindern und Frauen. Damit entspricht die Spaltung in *Kopf* (reiner Geist) und *Körper* (Trieb) kollektivsymbolisch den Positionen Innen / *Wir* und Außen / *Sie*.

Das Tier-Konstrukt zeigt sich bis heute als äußerst wirkmächtig. Es wurde »zum Eckstein zunächst der abendländisch-christlichen Theologie des Mittelalters [...] und danach – vor allem im 17. Jahrhundert – der säkularen Philosophie in Europa« (Paul 2004, S.161). Jacques Derrida stellte den Humanismus »aufgrund seiner binären Grundlage und der Disqualifizierung des Tiers in Frage« (Paul 2018, S.36 in Bezug auf Derrida et al. 2008, S.135). Das Tier-Konstrukt war auch »Voraussetzung der biologistischen Zuspitzung im 19. Jahrhundert, die vor allem Michel Foucault beschrieben hat [vgl. WW, Kapitel V, S.161-190]« (Paul 2004, S.161). »Judith Butler (Butler 1993, 7-8) ergänzt, dass über die philosophische Konstruktion *Mensch* Kategorien wie *untermenschlich* bzw. *unmenschlich* verfügbar wurden« (Paul 2018, S.35). Damit wird es möglich, »auch menschliche Minderheiten dem *Tier*-Bereich zuzuordnen und sie entlang ›Rasse, Gender, Klasse, Sexualität etc.‹ mit Gewalt zu überziehen« (Paul 2018, S.36 f., unter Berufung auf Richard Iveson 2011, S.10-11, 14 und Judith Butler).

Der zugrundeliegende Binarismus findet sich auf verschiedenen Tiefenebenen:

	Kollektivsymbolik			**Metasymbole**	
moralisch gut:	Innen	Wir	**mit Subjektstatus**	Nur-Kopf	Mensch
moralisch böse:	Außen	Sie	**ohne Subjektstatus**	Nur-Körper	Tier Untermensch, Unmensch

4.12.4.3 Motive

Die Sprache der Herabsetzung besteht darin, eine *Sie*-Minderheit als Feind zu konstruieren und abzuwerten. Paul konnte zeigen, dass zur Markierung der Körper/Tier-Position fünf stereotype Motive immer wieder als Erzähl-Strategie aufgegriffen werden (vgl. Paul 2018, S.49-51):

1.) Motiv Dummheit (einschließlich Faulheit):
Der *Sie*-Minderheit wird unterstellt, ein Nur-Körper ohne Kopf zu sein, also instinktgeleitet, triebhaft, nicht zu rationalem Planen und Lernen fähig sowie faul. Beispiele sind Kinder, die als kleine Bestien beschimpft werden; Frauen, denen die Fähigkeit abgesprochen wird, ihre Emotionen zu kontrollieren, und Schwarze, die als unbelehrbare triebgesteuerte Wilde markiert werden. Solche Zuschreibungen sprechen der *Sie*-Gruppe den Subjektstatus ab, um »einen gewaltsamen Umgang mit ihnen [zu] legitimieren, entlang der Linie der Zähmung, der Schwarzen Erziehung, der Unterwerfung oder gar von Vertreibung und Vernichtung« (Paul 2018, S.49).

2.) Fress-Motiv (einschließlich Raub und Kriminalität):
Der Feind wird als Körpermaschine oder Bestie beschrieben, die von unkontrollierbarer Gier bestimmt über die Vorräte der zivilisierten und vorausplanenden *Wir*-Gruppe herfällt. Da die *Sie*-Gruppe als außer-zivilisatorisch und chaotisch betrachtet wird, verdächtigt man sie auch, Menschen der *Wir*-Gruppe planlos anzugreifen oder über sie herzufallen. Als Beispiel kann man daran denken, dass Migrant*innen als Wirtschaftsflüchtlinge herabgesetzt werden, die über das deutsche Sozialsystem herfallen und zu Terror neigen oder, dass Hedgefonds kollektivsymbolisch als Heuschrecken verbildlicht werden, die über das fleißig schaffende (deutsche) Kapital herfallen.

Wie diese Stereotypen institutionell leitend werden können, zeigen die Ermittlungen angesichts der NSU-Morde. Lange Zeit vernachlässigten die Behörden die Möglichkeit extrem rechter Angriffe und unterstellten eine ›Selbstzerfleischung‹ innerhalb der deutsch-türkischen Community im Zusammenhang mit vermuteten Drogen- oder Schutzgeldgeschäften. Passend dazu wurde lange Zeit von ›Döner-Morden‹ gesprochen (vgl. Paul 2012).

3.) Sex-Motiv (einschließlich Kinderreichtum und Sexismus):
Unkontrollierbare Gier wird der *Sie*-Minderheit auch beim Sex-Motiv zugeschrieben. Ein Beispiel ist die Vorstellung der unkontrollierten Vermehrung in Familien von Migrant*innen oder Sozialhilfeempfänger*innen. In diesen Bereich fällt auch die Ethnisierung von Sexismus, also die Vorstellung, sexistisches Verhalten und sexualisierte Gewalt wären ein ethnisches Merkmal insbesondere von Muslimen (vgl. z.B. M. Jäger/Wamper (Hg.) 2017, S.150 f. und M. Jäger 1996). Paul weist darauf hin, dass das Sex-Motiv auch auf Frauen angewendet werden könne. So finde man »etwa in Texten des US-amerikanischen Rassismus [...] die Gestalt der *weiblichen Wilden*, die sich aus sexueller Gier auf die Männer der Zivilisation stürzt. [...] In Wirklichkeit diente die Geschichte [...] oft als Vertuschung von Vergewaltigungen von schwarzen Frauen durch weiße Männer« (Paul 2018, S.52, unter Berufung auf Kendi 2017, S.42-43).

4.) Fäkal-Motiv:
Der *Sie* Minderheit wird zugeschrieben, keine Hygiene zu kennen und im eigenen Unrat zu leben und zugleich eine exorbitante Vitalität zu haben, sodass sie gegen Erreger und Krankheiten immun ist. Die *Wir*-Gruppe wird im Gegensatz dazu vor Schmutz und Krankheitserregern gewarnt und zur Gegenwehr aufgerufen, wenn die *Sie*-Minderheit die Grenze überschreitet. Die »Kollektiv-Symbolik der Erreger und Krankheiten« (Paul 2019a, S.135) spielte beispielsweise eine wichtige Rolle, als im Sommer 2018 der Duisburger Oberbürgermeister Sören Link Menschen »aus Rumänien und Bulgarien in Duisburg, Sinti und Roma« als Menschen bezeichnete, »die ganze Straßenzüge vermüllen und das Rattenproblem verschärfen« (Hauser 2018).

5.) Mastermind-Motiv:
Den vier bisher genannten Motiven ist gemein, dass die *Sie*-Minderheit als triebhafter Nur-Körper vorgestellt wird. Aber die Zielgruppe der Herabsetzung wird trotzdem nicht als ziellos und strategielos handelnd

betrachtet: Schon Aristoteles gestand dem animalischen Menschen zu, dass er »instrumentelle Vernunft entwickeln kann, um trotz Hindernissen mit Lauern, Täuschen und Verstellen an die Beute zu kommen« (Paul 2018, S.96). Beispielweise werden Flüchtlinge als vergewaltigende Meute mit Schwarmintelligenz fantasiert. Antifa-Gruppen wird unterstellt, nur strategisch gegen Faschismus zu kämpfen, um eigentlich böse Absichten zu verbergen. Und die Bösewichter in James Bond Filmen und Bill Gates firmieren in Verschwörungstheorien als wahre Masterminds.

Das Mastermind-Motiv steht scheinbar im Widerspruch zum Motiv Dummheit. Doch wird die instrumentelle Vernunft des Masterminds als grundsätzlich verschieden von wahrer Vernunft gedacht und kann deshalb mit Dummheit zusammen gedacht werden. Masterminds wird unterstellt, dass sie niemals den wirklichen Geist und die moralische Vernunft eines Nur-Kopfs erreichen können.[146]

Paul weist darauf hin, dass auch »Verschwörungstheorien immer Mastermind-Feindbilder voraus[setzen], wie etwa sehr oft in antisemitischen Texten« (Paul 2019a, S.136). Das Mastermind-Motiv findet sich insbesondere in der Form der Diabolisierung[147] nicht nur in rassistischen, antiziganistischen, ableistischen und antifeministischen Varianten. Auch der frühe christliche Antisemitismus griff zur Markierung des jüdischen Masterminds stets auf die oben erläuterten Erzählmotive zurück. So stellte man der christlichen »nicht-egoistischen Selbstaufgabe und Askese [...] jüdische[n] Egoismus, materielle/räuberische Gier und Verstocktheit (Unbelehrbarkeit, Dummheit) gegenüber« (Paul 2018, S.100, in Berufung auf Rohrbacher u.a. 1991).[148]

4.12.4.4 Wir-Gruppe, Dreieck der Herabsetzung und autoritaristisches Paradox

Die fünf Motive weisen der *Sie*-Gruppe abwertende Eigenschaften zu. Innerhalb der binären Struktur werden der *Wir*-Gruppe damit implizit die entgegengesetzten, aufwertenden Eigenschaften zugewiesen, um »den rhetorischen Schein [zu] schaffen, die *Guten* zu sein« (Paul 2018, S.32). Die

146 Siehe zum Mastermind-Motiv Paul 2018, S.96-98.

147 Vgl. Paul 2023 zur Theologisierung des Ausgrenzungskonstrukts und zur spezifisch antisemitischen Komponente der ethischen Enteignung.

148 Siehe zum Verhältnis von Antisemitismus, Verschwörungstheorien und Mastermind-Motiv Paul 2018, S.98-111.

Wir-Gruppe wird damit als zivilisiert, moralisch, selbstlos, vorausschauend planend und Vorräte anlegend gezeichnet.

In herabsetzenden Texten positioniert sich die Redner*in oder Verfasser*in oft in einer überlegenen Sprecher*innenposition oder Führungsrolle gegenüber der *Wir*-Gruppe. Der *Wir*-Gruppe wird die Unterordnung unter sie »schmackhaft gemacht«, indem sie wiederum »freie Hand gegen die betreffende Minderheit« der *Sie*-Gruppe bekommt (Paul 2019a, S.39). Insgesamt entsteht so ein Dreieck der Herabsetzung.

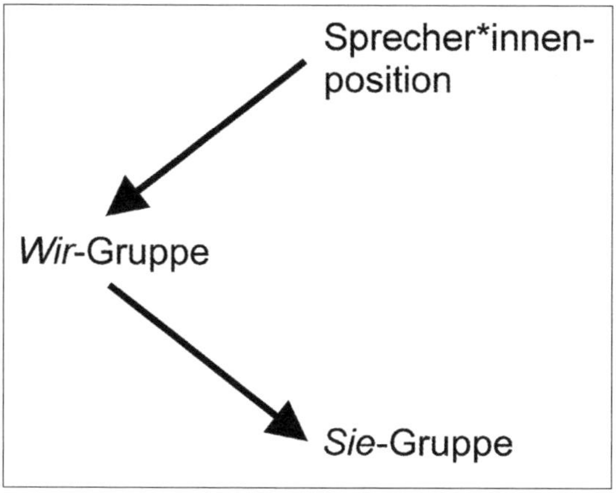

Dreieck der Herabsetzung

Wer herabsetzende Texte betrachtet, wird feststellen, dass sie oft nicht an Vernunft und Kritikfähigkeit appellieren, was einem Nur-Kopf angemessen wäre. Stattdessen verlangen Sprecher*innen von ihrer *Wir*-Gruppe Unterordnung unter kollektive Ziele. Paul nennt das das »autoritaristische Paradox« (Paul 2018, S.63). Zum Paradox gehört auch, dass von der *Wir*-Gruppe verlangt werden kann, selbst die ›Natur‹ eines animalischen Nur-Körpers zu übernehmen. Um die Feinde besiegen zu können, ergeht »der Ruf an die *Wir-Gruppe*, letztlich selbst zum Raubtier zu werden« (Paul 2018, S.64). So kann beispielsweise die Todesstrafe für Mörder, chemische Kastration für Sexualverbrecher oder Folter für islamistische Terroristen legitimiert werden. Das autoritaristische Paradox ermöglicht es der *Wir*-Gruppe, sich moralisch selbst zu erhöhen und gleichzeitig skrupellose Gewalt gegen die *Sie*-Gruppe zu legitimieren.

4.12.4.5 Analyse innerhalb einer KDA

Innerhalb einer KDA kann eine Binarismusanalyse mit der Untersuchung der Kollektivsymbolik verbunden werden oder für sich stehen.

Um Missverständnissen vorzubeugen: Mit Binarismusanalyse ist nicht die Analyse beliebiger Gegensätze gemeint, sondern solcher Binarismen, die empirisch auf eine Nur-Kopf-Nur-Körper-Binarität zurückgeführt werden können, die ihrerseits durch die fünf Erzählmotive indiziert wird.

Darüber hinaus betont Paul, dass drei Ebenen der Analyse unterschieden werden sollten: (vgl. Paul 2018, S.26-30)

1. Ebene der Antriebe

Die Beweggründe von Sprecher*innen, Institutionen oder anderen Akteur*innen, »andere herabzusetzen, finden sich in Macht- und Ausbeutungskalkülen, Neid oder Angst vor Machtvorlust und vor Gleichheit« (Paul 2018, S.27). Individualpsychologische Motive können in einer Binarismusanalyse beziehungsweise einer KDA nicht untersucht werden. Aus sozialpsychologischer Perspektive allerdings steht Herabsetzung im Zusammenhang mit der Etablierung oder Herstellung von Macht. Spuren von Machtverhältnissen können durchaus auf der Textebene feststellbar sein (vgl. Paul 2018, S.72-75).

2. Ebene der Begründungen / Formen der Herabsetzung

Rassismus, Biologismus, Antisemitismus, Klassismus oder Bodyismus sind Beispiele für ›Lehrgebäude‹, die die Machtinteressen der ersten Ebene verschleiern und legitimieren. Fragestelllungen zu möglichen legitimierenden Lehrgebäuden oder ideengeschichtlichen Bezügen hinter diesen kann eine Binarismusanalyse beziehungsweise KDA nicht beantworten. Es finden sich allerdings meist Hinweise, gegen welche *Sie*-Gruppen sich herabsetzende Rede richtet. Diese sind auf der Textebene nicht immer eindeutig zu identifizieren, changieren hin und her oder überschneiden sich.

Als beispielsweise die Bundeskanzlerin Angelika Merkel am 27. August 2015 bei dem Besuch einer Flüchtlingsunterkunft in Heidenau als »Volksverräterin« und als »Schlampe« bezeichnet wurde (vgl. Paul 2018, S.38), überkreuzten sich Sexismus, Rassismus und völkischer Nationalismus. Denn Sprecher, »die zum Code der Herabsetzung greifen, bleiben in der Regel nicht stehen bei der Herabsetzung der einen Minderheit« (Paul 2018, S.28), sondern haben oft ein »durchgängig binäres Weltbild« (Paul 2018, S.29).

3. Textebene: Ebene des eigentlichen (sprachlichen) Instruments der Herabsetzung
Das ist die Ebene, die mit einer Binarismusanalyse in einer KDA besonders gut untersucht werden kann. Hilfreiche Fragen an das Material zu dieser Ebene können sein:[149]

- Wer wird als *Wir-* und *Sie-*Gruppe konstruiert?
- Welche Eigenschaften werden den Gruppen zugewiesen? Bilden diese binäre Gegensatzpaare? Entsprechen diese einer Entgegensetzung von Nur-Kopf und Nur-Körper bzw. Mensch und Tier/Untermensch/Unmensch?
- Welche der fünf Motive werden wie angesprochen?
- Was sagt der Text explizit oder implizit über die *Wir-*Gruppe aus? Welche Implikate ergeben sich aus der binären Struktur?
- Wie stellen sich die Beziehungen zwischen den drei Gruppen Sprecher*in, *Wir-*Gruppe und *Sie-*Gruppe dar? Wird ein Dreieck der Herabsetzung konstituiert?
- Welche Forderungen werden an die *Wir-*Gruppe gestellt? Ist das autoritative Paradox erkennbar?

4.12.4.6 Beispiel

Die Produktivität der Fragen soll an folgendem Beispiel einer Äußerung von Thilo Sarrazin gezeigt werden:

> »Integration ist eine Leistung dessen, der sich integriert. Jemanden, der nichts tut, muss ich auch nicht anerkennen. Ich muss niemanden anerkennen, der vom Staat lebt, diesen Staat ablehnt, für die Ausbildung seiner Kinder nicht vernünftig sorgt und ständig neue kleine Kopftuchmädchen produziert. Das gilt für 70 Prozent der türkischen und 90 Prozent der arabischen Bevölkerung in Berlin.« (Sarrazin 2009, S.199)

Dieses Diskursfragment ist ein kurzer Auszug aus einem Interview mit Sarrazin in der Zeitschrift *Lettre International* aus dem Jahr 2009, das eine heftige Debatte auslöste.

Das Diskursfragment setzt zwei Gruppen gegeneinander: Eine *Sie-*Gruppe der Türk*innen und Araber*innen und eine *Wir-*Gruppe, in die

149 Eine ausführliche Zusammenstellung von Leitfragen findet sich in Paul 2018, S.120-123.

sich diese integrieren sollen und zu der sich auch der Sprecher Sarrazin selbst zählt. Ob die Zuordnung zu diesen Gruppen anhand der Staatsbürgerschaft oder anhand eines ethnischen Konzepts von Türk*innen und Araber*innen erfolgt, wird weder hier noch an anderer Stelle des Interviews geklärt, die ethnisierenden Zuschreibungen implizieren aber letzteres. Interessant ist die Einschränkung, dass die Kritik für »70 Prozent der türkischen und 90 Prozent der arabischen Bevölkerung in Berlin« gelte. Das legt nahe, dass als in Sarrazins Sinne gut integrierte Migrant*innen nicht oder nur eingeschränkt zur *Sie*-Gruppe gezählt werden. Darüber hinaus wird durch die Zahlenangaben zwischen tendenziell besser integrierten Türk*innen und schlechter integrierten Araberinnen hierarchisiert. Die *Sie*-Gruppe wird hier also nicht als vollständig einheitlich gesehen, sondern nach Graden der Zugehörigkeit differenziert. Ansonsten zeichnet sich das Diskursfragment aber durch eine konsequent binäre Struktur aus: Die *Wir*-Gruppe wird als überlegen bewertet und der *Sie*-Gruppe gegenübergestellt, wenn von dieser Integrationsleistungen verlangt werden. Sarrazin selbst stellt sich über beide Gruppen als Entscheider durch die wiederholte Formulierung, er müsse die Anderen nicht anerkennen.

Die Motive werden hier eng verwoben: Das Sex-Motiv wird mit der Metapher angesprochen, dass Kinder »produziert« würden. Durch das Bild aus dem bildspendenden Bereich der Industrie werden die Eltern als Körpermaschinen ohne Subjektstatus vorgestellt und auch ihre Kinder als ›Produkte‹ in die Sphäre der Nur-Körper verwiesen. Das Sex-Motiv wird durch eine Aufzählung in eine Reihe mit dem Motiv der Dummheit und dem Fress-Motiv gesetzt, wenn Türk*innen mangelndes Ausbildungsinteresse und das Leben »vom Staat« sowie ein Mangel an Leistungsbereitschaft und »vernünftiger« Vorsorge unterstellt wird.

Der Text sagt zwar nichts explizit über die *Wir*-Gruppe aus, macht aber implizit deutlich, dass diese als das binäre Gegenteil der *Sie*-Gruppe verstanden werden soll, indem die negativ bewerteten Eigenschaften als Integrationshindernis angeführt werden. Das impliziert Eigenschaften wie Fleiß, die Anerkennung des Staates und der selbstlose Verzicht auf Transferleistungen als positives Selbstzuschreibungen der *Wir*-Gruppe. Außerdem sorgt die Wir-Gruppe für eine gute Ausbildung für Kinder und verzichtet auf Kinderreichtum. Der Islam hat keinen Platz in der Wir-Gruppe, zumindest nicht, wenn er durch ein Kopftuch öffentlich gezeigt wird.

In diesem Text überkreuzen sich verschiedene Formen der Herabsetzung. Der Rassismus ist offensichtlich. Verbunden wird er mit Klassismus, wenn allgemein jeder und jedem die Anerkennung versagt wird, die oder der »vom Staat lebt«. Das Pragmasymbol »Kopftuchmädchen« steht in Ausgrenzungsdiskursen für die Ethnisierung von Sexismus, genauer für einen als bedrohlich empfundenen Islam, dem vorgeworfen wird, Frauen zu unterdrücken. Hier kreuzen sich also antimuslimischer Rassismus mit Sexismus, wobei Sexismus ethnisiert und kritisiert wird, um so den antimuslimischer Rassismus zu legitimieren.

Antimuslimischer Rassismus wird auch impliziert, wenn mangelnde Bildung und Kopftuch in einen Zusammenhang gebracht werden. Auf diese Weise wird nahegelegt, dass Bildungsmangel etwas typisch Weibliches sei, womit der Text sexistisch wirkt.

Der Schlusssatz dient mit seinen Prozentangaben der Legitimierung der Herabsetzung, indem er auf Wissenschaftlichkeit und Normalismus verweist. Statistische Daten haben eine hohe Beweiskraft, auch wenn hier unklar ist, worauf sich die Werte beziehen, auf die Produktion von Kopftuchmädchen, fehlende Ausbildungsvorsorge oder die Ablehnung des deutschen Staates. Durch die Statistik wird der herabsetzende Charakter der vorangehenden Aussagen auch verschleiert, da er als messbares Fakt erscheint.

Im Diskursfragment werden zwar etliche Eigenschaften der *Wir*-Gruppe und der *Sie*-Gruppe impliziert, aber wer genau zu diesen Gruppen gehört, wird nicht klar. Man könnte annehmen, es würde sich um Deutsche vs. Nicht-Deutsche handeln. Bei Lektüre des ganzen Interviews (Sarrazin 2009) muss man diese Vermutung aber präzisieren. Sarrazin war von 2002 bis April 2009 Finanzsenator im Berliner Senat und wird im Interview kurz nach seinem Ausscheiden aus dem Amt hauptsächlich zur Situation Berlins und Perspektiven für diese Stadt gefragt. Er unterteilt die Berliner*innen in »Menschen, die Arbeit haben und gebraucht werden« und »etwa zwanzig Prozent der Bevölkerung, die nicht ökonomisch gebraucht werden« (Sarrazin 2009, S.198). *Wir*-Gruppe sind also die als ökonomisch nützlich bewerteten Menschen und die *Sie*-Gruppe sind die Unnützen, genauer eine »große Zahl an Arabern und Türken in dieser Stadt«[150] sowie ein »Teil der deutschen Unterschicht« (ebd.). Im Diskursfragment zeigte sich schon

150 Zu dieser Zahl ohne Quellenangabe »sagte die Sprecherin der Jüdischen Gemeinde zu Berlin, Maya Zehden: ›Dazu gibt es keine uns bekannte Untersuchung.‹« (Keilani/Kögel 8.10.2009)

eine Hierarchisierung von Migrant*innen nach ethnischen Kriterien, die im restlichen Interview präzisiert wird: An der Spitze stehen »osteuropäische Juden [...] mit einem um 15 Prozent höheren IQ als dem der deutschen Bevölkerung« (ebd., S. 199), gefolgt von »Vietnamesen«, »Ukrainer[n], Weißrussen, Polen, Russen«, »Ostasiaten, Chinesen und Indern« (ebd.). Den unerwünschten Teil bilden Jugoslawen, vor allem aber die »türkische Gruppe und die Araber« (ebd.). Die Grenzziehung verläuft also entlang einer Kombination von klassistischen und rassistischen Kriterien.

Im Diskursfragment wurde schon deutlich, dass der Sprecher Sarrazin sich als Entscheider über die *Wir-* und *Sie*-Gruppe erhebt. Im restlichen Interview wird klar, dass der er sich als Vertreter einer Elite versteht, deren Führungsanspruch er von der *Wir*-Gruppe einfordert, welche wiederum von der *Sie*-Gruppe befreit werden soll. Das Dreieck der Herabsetzung kann hier also wiedergefunden werden, wobei Sarrazin die Sprecher*innenposition mit einer Elite teilt.

Bleibt die Frage nach den Motiven des Autors für seine teils drastischen Herabsetzungen. Aus dem Diskursfragment heraus könnte man über diese nur spekulieren, im gesamten Interview werden sie hingegen explizit gemacht. Sarrazin will Berlin »von der Hauptstadt der Transferleistungen zur Metropole der Eliten« machen, so der treffende Untertitel des Interviews. Für die Eliten fordert er bessere Bezahlung und mehr politische Macht (vgl. ebd., S. 201). Die ökonomisch unnütze *Sie*-Gruppe solle sich hingegen »auswachsen« (ebd., S. 198). Sarrazin geht davon aus, dass Menschen ihre Mentalität nicht ändern können (vgl. ebd., S. 198) und deshalb könne grundlegende Verbesserung sich »nur durch einen Bevölkerungsaustausch vollziehen« (ebd., S. 197). Deshalb wünscht er »generell kein[en] Zuzug mehr außer für Hochqualifizierte und perspektivisch keine Transferleistungen mehr für Einwanderer« (ebd., S. 199). Andererseits sollen Anreize geschaffen werden, um Leistungsträger*innen nach Berlin zu locken, beispielsweise sollen Universitäten nur noch »die Besten« (ebd.) aufnehmen und Schulen den Nichtleistungsträger*innen vermitteln, »dass sie ebenso gerne woanders nichts leisten sollten« (ebd., S. 201). Die Metapher »auswachsen« verweist also auf das Konzept einer Bio-Macht mit sozialdarwinistischen Zügen. Die drastische Bezugnahme auf Motive des Tierkonstrukts im Auszug und an anderen Stellen des Interviews haben den Effekt, diese aggressiven Vorschläge als angemessen erscheinen zu lassen.

5 Die Methode der Kritischen Diskursanalyse

5.1 Analysekategorien

Diskurse stellen sich zunächst als ein Gewimmel von Aussagen und Aussagefeldern dar. Damit stellt sich die Frage, wie und auf welche Weise unterschiedliche Diskurse voneinander abgegrenzt werden können.

Dazu machen wir in der Kritischen Diskursanalyse einige Vorschläge, mit denen die prinzipielle *Struktur von Diskursen* durchschaubar und infolgedessen analysierbar wird.

In diesem Zusammenhang werden die folgenden Kategorien eingeführt. Hierbei ist zu berücksichtigen, dass es sich um *analytische* Kategorien handelt, die dazu dienen, die Untersuchungsgegenstände auf der einen Seite einzugrenzen und andererseits aber auch von anderen Diskursen abzugrenzen.

5.1.1 Diskursfragmente

Mit der Kategorie Diskursfragmente wird ein Text oder Textteil erfasst, der ein bestimmtes Thema behandelt, z.B. das Thema Einwanderung, Geschlechter, Ökonomie etc. Das kann beispielsweise ein thematisch einheitlicher Zeitungsartikel zum Geschlechterdiskurs sein oder nur ein Teil davon, wenn der Rest sich auf andere Themen bezieht.

5.1.2 Diskursstränge und ihre Verschränkungen

Diskurse lassen sich analytisch in verschiedene Diskursstränge auffächern, worunter thematisch einheitliche Diskursverläufe zu verstehen sind. Insofern setzen sich Diskursstränge aus Diskursfragmenten zu einem gleichen Thema zusammen. Beispielsweise der Diskursstrang über Geschlecht (kurz Geschlechterdiskurs) oder der Diskursstrang über Stadtplanung. Da es sich bei den Diskurssträngen um analytische Kategorien handelt, müssen diese im Rahmen der konkreten Untersuchung überdacht und gegebenenfalls modifiziert werden. So kann es etwa in einer Studie angemessen sein, von einem Sicherheitsdiskurs zu sprechen, während sich in einer anderen ein Bedarf zur Differenzierung ergibt: Der Sicherheitsdiskurs kann sich dann auffächern in verschiedene Diskursstränge zur inneren Sicherheit, zur Terrorabwehr und zum Militär.

Diskursstränge haben synchrone und diachrone Dimensionen. Ein synchroner Schnitt durch einen Diskursstrang hat eine gewisse qualitative (endliche) Bandbreite. Er kann zeigen, was zu einem bestimmten gegenwärtigen oder früheren Zeitpunkt sagbar ist bzw. war. In ihrer diachronen Dimension stellen Diskursstränge Abfolgen von thematisch einheitlichen Diskursfragmenten dar. Es handelt sich um thematisch einheitliche Wissensflüsse durch Zeit und Raum.

Die Analyse eines Diskursstranges erfasst dessen Aussagen und die Häufigkeit ihrer Äußerungen. Die Bestimmung von Diskurssträngen ermöglicht es, sich dem Untersuchungsgegenstand möglichst ›neutral‹ zu nähern. Denn es geht in der Analyse um die Ermittlung des gesamten Sagbarkeitsfeldes und nicht darum, nur bestimmte, z.B. sexistische oder rassistische Aussagen zu untersuchen.

Natürlich können sich Diskursstränge auch miteinander verschränken. Dadurch können besondere diskursive Effekte entstehen. So kann z.B. eine Aussage aus dem Einwanderungs- und Migrationsdiskurs zugleich auch Teil des Geschlechterdiskurses sein und die beiden Diskursstränge miteinander verschränken, was rassistische und sexistische Effekte hervorrufen kann. Die Aussage, dass in muslimisch geprägten Einwandererfamilien ein traditionelles Geschlechterverhältnis vorherrsche, bildet eine Verschränkung des Einwanderungsdiskurses mit dem Geschlechterdiskurs und zeitigt sowohl rassistische als auch sexistische Effekte.

Diskursanalyse hat also, neben der präzisen Herausarbeitung der jeweiligen Diskursstränge, auch mögliche Diskurs(strang)verschränkungen zu beachten.[151]

151 Zur Analyse von Diskurstrangverschränkungen vgl. M. Jäger 1996.

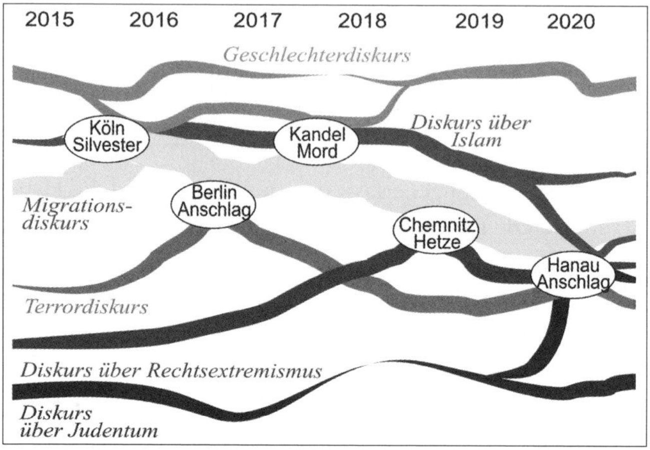

Ausgewählte Diskursstränge, diskursive Ereignisse und Diskursstrangverschränkungen rund um den Migrationsdiskurs.[152] *Bei den dargestellten diskursiven Ereignissen sind jeweils die folgenden Debatten mitgemeint, die ihnen erst Bedeutung geben.*[153]
31.12.2015/1.1.2016: Sexualisierte Übergriffe in Köln in der Silvesternacht Hier kippte die Willkommenskultur endgültig in eine medial erzeugte Notstandstimmung. Vorher war der Migrationsdiskurs vor allem mit dem Kriegsdiskurs verknüpft und das Leid der Geflüchteten wurde betont. Danach wurde er mit dem Geschlechterdiskurs und dem Diskurs über Islam verknüpft und Ethnisierung von Sexismus wurde zu einer wichtigen Aussage.
19.12.2016: Terroranschlag auf Weihnachtsmarkt am Berliner Breitscheidplatz
27.12.2017: Mord an Mia V. in Kandel
August 2018: Rechtsextreme Demos und rassistische Angriffe in Chemnitz
*19.2.2020: Rechtsextremes Attentat auf Migrant*innen in Hanau*

152 Die Grafik greift selektiv einige besonders wichtige Diskursstränge, diskursive Ereignisse und Diskursstrangverschränkungen heraus, während andere fehlen. Die unregelmäßigen Formen der Diskurse sollen verbildlichen, wie diese mäandern, dicker und dünner werden, sich verzweigen oder zeitweise versiegen. Die konkrete Form ist im Bild aber zufällig gestaltet und nicht Ergebnis einer Analyse. Wenn wir die Ereignisse in der Silvesternacht 2015/2016 als diskursives Ereignis hervorheben, so sei hier daran erinnert, dass seit 2015 in Politik und Medien von einer ›Willkommenskultur‹ in Deutschland gesprochen wurde, von der jedoch nach den Ereignissen in Köln nicht mehr die Rede war.

153 Da die mediopolitische Debatte über den Mord in Kandel keine neuen Diskursstrangverschränkungen hervorbrachte, dürfte es sich nur um einen Diskursmoment und kein diskursives Ereignis handeln. Dieser Diskursmoment hat den Diskurs nicht wesentlich verändert, sondern lediglich schon vorhandene Aussagen weiter verstärkt, wie die seit der Kölner Silvesternacht 2015 einflussreiche Ethnisierung von Sexismus. Zur Unterscheidung von diskursiven Ereignissen und Diskursmomenten siehe auch weiter unten.

5.1.3 Themen und Unterthemen

Diskursstränge bilden thematisch einheitliche Diskursverläufe, in denen jedoch unterschiedliche Themen auftauchen können. Wie aber grenzt man Diskurs(sträng)e von Themen ab, die innerhalb des Diskursstrangs angesprochen werden? Das soll folgendes Beispiel verdeutlichen.

Wir betrachten den Diskursstrang über Pandemien (kurz Pandemiediskurs) während des diskursiven Ereignis Covid-19-Pandemie.[154] Analytisch lassen sich jetzt Themen und Unterthemen bestimmen, die in diesem Diskurs verhandelt werden. Denkbare Themen wären hier beispielsweise Virologie, Krisenmanagement, soziale Bedingungen, soziale Folgen, Arbeit und Bildung. Diesen Themen ließen sich dann wiederum Unterthemen zuordnen. So lässt sich dem Thema Krisenmanagement das Unterthema staatliche Maßnahmen zuordnen, aber auch der Widerstand gegen diese Maßnahmen. Die sozialen Bedingungen hätten als Unterthemen etwa die Frage nach Armut und Wohnen, die medizinische Versorgung, die globale Impf(un)gerechtigkeit und die Situation in der Pflegebranche. Wer noch kleinteiliger forschen will, könnte auch konkrete Arbeitszeiten von Pfleger*innen, Überstunden durch die Covid-19-Pandemie, fehlende Pflegebetten, Auswirkungen der extremen Hygieneanforderungen, psychische Folgen der vielen Toten, Folgen der Pflegekostenpauschale und das Lob als Alltagsheld*innen als Unterthemen auffassen. Spätestens dann wird deutlich, dass sich die verhandelten Themen im Pandemiediskurs mit der Zeit verändern und einige erst mit dem diskursiven Ereignis Covid-19-Pandemie auftauchen. Viele der hier genannten Themen haben aber eine lange Geschichte, sodass insgesamt von einem thematisch einheitlichen Pandemiediskurs gesprochen werden kann. Anzumerken ist, dass es sich bei dieser Darstellung nur um den Entwurf eines Beispiels handelt, denn Themen und Unterthemen ergeben sich erst aus der Beschäftigung mit dem Material und sind vorab nicht festlegbar.

154 Zu den »diskursiven Ereignissen« siehe weiter unten.

5.1.4 Diskursebenen

Diskursstränge operieren auf verschiedenen diskursiven Ebenen.

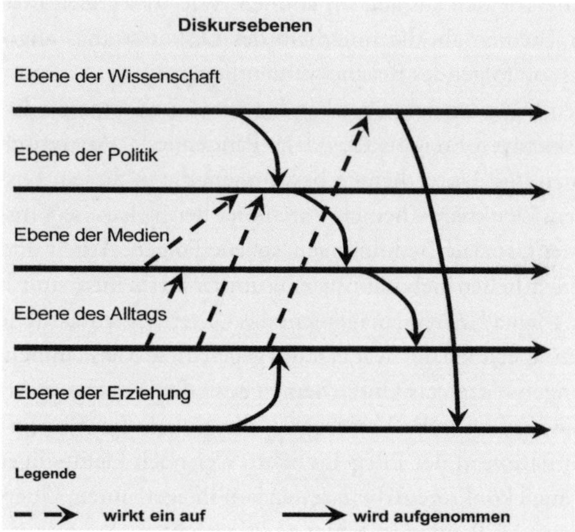

Diskursebenen

Die Kategorie Diskursebene betrachtet die *sozialen Kontexte*, aus denen heraus jeweils gesprochen wird. Dabei ist zu beobachten, dass Diskursebenen aufeinander einwirken können, indem sie sich aufeinander beziehen, einander nutzen und gegenseitig durchdringen. So können etwa auf der Ebene der Medien Diskursfragmente aus der Ebene der Wissenschaft oder Diskursfragmente aus der Ebene der Politik aufgenommen werden und umgekehrt. Die Ebenen der Politik und der Medien sind so eng verbunden, dass sie sich manchmal nur schwer voneinander abgrenzen lassen, weshalb es sinnvoll sein kann, von einer mediopolitischen Diskursebene zu sprechen.[155]

155 Auch lassen sich intermediale Abhängigkeiten feststellen. Brigitta Huhnke hat z.B. die Übernahme von Themen der Bild am Sonntag durch den Spiegel untersucht (Huhnke 1993). Solche Abhängigkeiten entstehen zum einen dadurch, dass Medien über große Nachrichtenagenturen informiert werden, aber auch dadurch, dass sie sich auf ihnen vorausgesetzte Diskurse beziehen (müssen), insbesondere auf die Diskursebenen der Politik und der Wissenschaft. Aber Medien beziehen sich auch auf den Alltagsdiskurs und erzeugen dort Effekte. Diese können darin bestehen, dass Medien den Alltagsdiskurs

Mit Hilfe dieser analytischen Kategorien lassen sich die Untersuchungsbereiche von Diskursanalysen verorten und voneinander abgrenzen.

5.1.5 Diskurspositionen und Diskursgemeinschaften

Für die Konzeptionierung des konkreten Forschungsdesigns kommt noch eine weitere Kategorie hinzu, die sich aus der theoretischen Fassung des Verhältnisses von Subjekt und Diskurs erklärt: die Berücksichtigung unterschiedlicher *Diskurspositionen.*

Unter einer Diskursposition kann der Ort verstanden werden, von dem aus eine Beteiligung am Diskurs und seine Bewertung durch den Einzelnen und die Einzelne bzw. durch Gruppen und Institutionen erfolgt.

> »Sie produziert und reproduziert die besonderen diskursiven Verstrickungen, die sich aus den bisher durchlebten und aktuellen Lebenslagen der Diskursbeteiligten speisen. Die Diskursposition ist also das Resultat von Verstrickungen in diverse Diskurse, denen das Individuum ausgesetzt war und die es im Verlauf seines Lebens zu einer bestimmten ideologischen bzw. weltanschaulichen Position [...] verarbeitet hat.« (M. Jäger 1996, S.47)

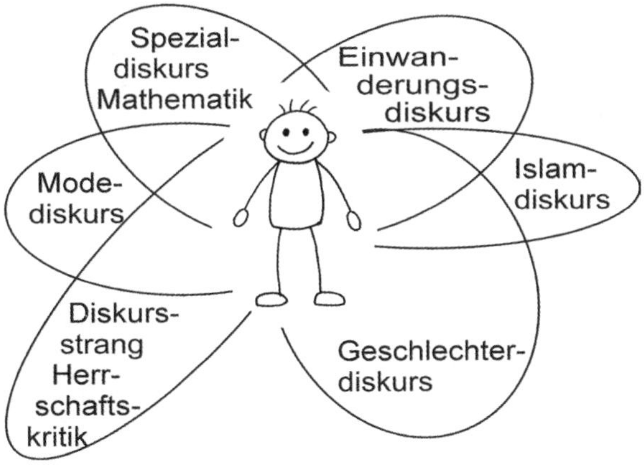

Beispiel für die Herausbildung einer möglichen Diskursposition

---

aufnehmen, systematisieren, anreichern und wieder auf die Diskursebene des Alltags zurückspielen. An dieser Stelle wird deutlich, dass die Untergliederung in Diskursebenen sich teilweise mit der Interdiskurstheorie nach Jürgen Link überschneidet.

Solche Diskurspositionen sind einerseits für die Entwicklung des jeweiligen Forschungsdesign bedeutsam, etwa bei der Bestimmung des Untersuchungskorpus. So kann es bei einer Untersuchung des mediopolitischen Diskurses sinnvoll sein, solche Medien auszuwählen, die das hegemoniale politische Spektrum abdecken. Bei einer Analyse des Alltagsdiskurses kann dies bedeuten, das Geschlecht, das Alter oder die soziale Herkunft für die Auswahl von möglichen Interviewpartner*innen zu berücksichtigen. Andererseits werden Diskurspositionen aber erst durch die Diskursanalysen herausgearbeitet, da sie die inhaltliche Bandbreite des Sagbarkeitsfeldes konstituieren.

Ein Ausweg aus diesem methodologischen Dilemma besteht darin, dass vor der Untersuchung etwaige Diskurspositionen heuristisch anhand der Fragestellung der Analyse herausgearbeitet und berücksichtigt werden. Die Analyse wird dann zeigen, ob die berücksichtigten Diskurspositionen für die ermittelten Ergebnisse bedeutsam sind und ob weitere hinzugetreten sind.

Als *Diskursgemeinschaft* bezeichnen wir eine Gruppe von Menschen, die in der Anerkennung und Befolgung relativ homogener Aussagensysteme übereinstimmt. Das können organisierte Kollektive sein, wie beispielsweise Religionsgemeinschaften, Parteien, Nationen oder Vereine, aber auch lose verbundene Gemeinschaften mit einer gemeinsamen Diskursposition, wie beispielsweise Linke, Neoliberale oder Konservative. Gesellschaften und Kulturen bestehen folglich aus sehr vielen heterogenen Diskursgemeinschaften, die sich überlappen und durchdringen, da einzelne Subjekte mehreren von ihnen angehören können (vgl. M. Jäger/S. Jäger 2007, S.30-31, Schwab-Trapp 2002, S.52-55 und Jäger/Friedrich 2010, S.40).

Foucault spricht in der *Ordnung des Diskurses* von »›Diskursgesellschaften‹, welche die Aufgabe haben, Diskurse aufzubewahren oder zu produzieren, um sie in einem geschlossenen Raum zirkulieren zu lassen« (ODis, S.27). Er zählt sie zu den »Prozeduren, welche die Kontrolle der Diskurse ermöglichen« (ODis, S.25). Und er rückt sie in die Nähe von Doktrinen, die »die Individuen an bestimmte Aussagetypen« binden und ihnen »folglich alle anderen« verbieten (ODis, S.29, s.a. Kapitel 4.1 zum Diskursbegriff).

5.1.6 Diskursive Ereignisse und Diskursmomente

Für Diskursanalyse besonders interessant sind sogenannte diskursive Ereignisse. Unter *diskursiven Ereignissen* verstehen wir solche Ereignisse, die nicht nur große mediale Aufmerksamkeit erfahren, sondern auch die Richtung und

Qualität des Diskurses verändern.[156] Der Atomreaktorunfall in Tschernobyl (UdSSR) von 1986 kann z.B. als ein solches diskursives Ereignis angesehen werden Für Diskursanalysen sind solche Ereignisse besonders interessant, weil sie das Sagbarkeitsfeld des Diskursstrangs offenlegen und Sagbarkeiten innerhalb des Diskurses neu gewichten. So hat die diskursive Verarbeitung von Tschernobyl den Atomdiskurs in der damaligen Bundesrepublik grundsätzlich verändert. Und schließlich kann der Atomreaktorunfall von Fukushima 2011 für Deutschland gleichfalls als ein diskursives Ereignis betrachtet werden, da er zu dem Beschluss eines schrittweisen Ausstiegs aus der Atomenergie beitrug. Es gibt aber auch kleinere diskursive Ereignisse wie die sexualisierten Übergriffe in Köln in der Silvesternacht 2015/16.

Für eine Analyse eignen sich diskursive Ereignisse deshalb besonders gut, weil durch sie das gesamte Sagbarkeitsfeld eines Diskurses deutlich wird und damit sehr gut analytisch erfasst werden kann.

Daneben tauchen aber in den Diskursen häufig auch *Diskursmomente* auf. Darunter verstehen wir Geschehnisse, die eine starke mediale Aufmerksamkeit erreichen, mit der jedoch lediglich bereits existierende Aussagen noch einmal untermauert und reproduziert werden. Ob ein Diskursmoment zu einem diskursiven Ereignis wird oder nicht, hängt von jeweiligen politischen Dominanzen und Konjunkturen ab, also von dem Kontext, in dem es auftaucht.

Wie lassen sich diskursive Ereignisse erkennen? Folgenden Kriterien können Hinweise darauf sein: Aussagen treten verdichtet auf und das Sagbarkeitsfeld verändert sich, indem neue Aussagen entstehen oder Aussagen, die sich vorher nur andeuteten, explizit gemacht werden. Auf dieser Grundlage können auch neue Diskursverschränkungen entstehen, die neue Aussagen produzieren können. So wurden beispielsweise in der mediopolitischen Debatte über die Silvesternacht in Köln 2015 der Fluchtdiskurs mit dem Geschlechterdiskurs und dem Islamdiskurs verschränkt. Das brachte die Aussage *Ethnisierung von Sexismus* mit neuer Kraft in den Diskurs zurück (vgl. M. Jäger/Wamper 2017, S.147-156). Diese Aussage verlegt patriarchale Strukturen und sexualisierte Gewalt ins symbolische Außen, indem sie als etwas typisch Muslimisches erklärt werden.

156 Foucault entwickelt den Begriff ›Ereignis‹ (frz. l'événement) insbesondere im Kontext der Archäologie auf vielfältige Weise (vgl. Brieler 1998, S.208-216 und Kammler u.a. 2020, S.290-292). Unser Begriff ›diskursiven Ereignis‹ ist demgegenüber enger und in Hinblick auf die Verwendung in Kritischen Diskursanalysen hin operationalisiert.

Als diskursives Ereignis kann in Deutschland z.B. die Ablösung der Regierung Kohl-Kinkel im September 1998 bezeichnet werden, die zu einer rot-grünen Koalition unter Kanzler Gerhard Schröder führte und mit der eine Reihe gesetzlicher Veränderungen einhergingen, z.B. eine Reformierung des Staatsbürgerschaftsrechts. Auch die Beteiligung der Bundeswehr im Rahmen der Nato an dem bewaffneten Konflikt um die Kontrolle des Kosovos innerhalb der Jugoslawienkriege kann als ein diskursives Ereignis aufgefasst werden, da dies den ersten Kriegseintritt der Bundeswehr darstellte.

Aktuellere Beispiele sind die Covid-19-Pandemie oder die von Bundeskanzler Olaf Scholz am 27.2.2022 verkündete »Zeitenwende« aus Anlass des militärischen Angriffs Russlands auf die Ukraine (vgl. Scholz 2022).

5.2 Das methodische Vorgehen einer Kritischen Diskursanalyse

Für das methodische Vorgehen einer Kritischen Diskursanalyse können einige Grundprinzipien festgehalten werden. Es ist jedoch abhängig vom konkreten Untersuchungsgegenstand und der Fragestellung, die beantwortet werden soll.

5.2.1 Formulierung der Fragestellung(en)

Zunächst geht es darum, die Fragestellung der Untersuchung zu formulieren. Auf welche Fragen soll die Analyse Antworten geben? Damit verbunden ist die Überlegung, welche Diskursstränge zur Beantwortung dieser Frage herangezogen werden können. Geht es nur um *einen* Diskursstrang und dort evtl. auch nur um einen Ausschnitt? Weist die Ausgangsfrage bereits auf eine Verschränkung verschiedener Diskurse hin? Sollen nur bestimmte Diskurspositionen untersucht werden?

Wichtig ist, zwischen Forschungsinteresse und Forschungsfrage zu unterscheiden. So kann das Forschungsinteresse beispielsweise sein, antimuslimischen Rassismus in zeitgenössischen Fernsehserien zu untersuchen, weil man empört über diesen ist. Würde man die Forschungsfrage aber so formulieren, würde man nur das finden, was man sucht. Deshalb muss die Forschungsfrage offen formuliert werden, beispielsweise so: Welches Sagbarkeitsfeld findet sich im Islamdiskurs zeitgenössischer Fernsehserien? So ist man offen auch für andere Inhalte, beispielsweise für toleranzfördernde Aussagen oder auch für völlig Unerwartetes.

5.2.2 Erschließung des diskursiven Kontextes

Der nächste Schritt besteht in der Erschließung des diskursiven Kontextes. Hier geht es um die Charakterisierung des historischen Verlaufs des Diskurses, der untersucht werden soll. Dies kann durch die Sichtung bisheriger Untersuchungen geschehen, auch wenn diese nicht diskursanalytisch durchgeführt wurden. Dies ist deshalb erforderlich, weil Bedeutung und Gehalt eines Diskursstrangs erst auf dem Hintergrund bestehender Kontexte eingeschätzt werden können. Das ist bei einer Analyse von Diskursverschränkungen besonders wichtig. Da hier unterschiedliche Diskursstränge zusammenwirken, muss anhand der Fragestellung der Untersuchung geklärt werden, welcher Diskursstrang der dominante innerhalb der Verschränkung ist. Bei diesem Strang sollte dann die Analyse ansetzen. So konnte zum Beispiel die Analyse zur Kritik am Patriarchat im Einwanderungsdiskurs, die von Margarete Jäger durchgeführt wurde, zeigen, dass der dominante Diskursstrang, in dem eine Ethnisierung von Sexismus produziert wird, der Einwanderungsdiskurs und nicht der Geschlechterdiskurs ist (vgl. Jäger M. 1996).

5.2.3 Erstellung eines aussagefähigen Analysekorpus

Dann folgt die Erfassung des Analysematerials, d.h. die Erstellung eines aussagefähigen Untersuchungskorpus bzw. Dossiers.

Bei diesem Schritt geht es darum, den Weg vom Archiv zum Analysekorpus hin zu einem Analysedossier zu vollziehen, mit dessen Hilfe die Fragestellung(en) der Untersuchung beantwortet werden soll(en).

Mit Foucault wird das Archiv in der KDA als »das allgemeine System der Formation und der Transformation der Aussage« verstanden (Foucault 1973, S. 188). Das Archiv umfasst so in einer gegebenen historischen Phase die Bedingungen und Möglichkeiten, dass etwas gesagt werden kann. Allerdings schränkt Foucault selbst diesen Begriff ein: »Es liegt auf der Hand, dass man das Archiv einer Gesellschaft, einer Kultur oder einer Zivilisation nicht erschöpfend beschreiben kann (Foucault 1973, S. 188). In der KDA wird unter dem Archiv die Gesamtheit der gesamtgesellschaftlichen Diskurse verstanden. Da diese jedoch nicht in Gänze analysiert werden können, wird auf ein Untersuchungskorpus zugegriffen, das die Gesamtmenge der Diskursfragmente des untersuchten Diskursstrangs umfasst.[157]

157 Genaueres zur Erstellung eines Korpus findet sich in Kapitel 6.

Vom Korpus ist das Dossier zu unterscheiden. Es deckt den Diskursstrang nicht vollständig ab, vielmehr wird das Korpus begründet zum Dossier reduziert. Gründe dafür können sich aus dem Gegenstand ergeben oder pragmatisch bedingt sein, um die Textmenge auf ein untersuchbares Maß zu reduzieren. Wenn das Korpus jedoch überschaubar ist, kann aber auch das ganze Korpus ohne Reduzierung als Dossier gewählt werden.

5.2.4 Erstellung einer Strukturanalyse

Die Strukturanalyse des Dossiers oder Korpus zielt darauf ab, die Aussagen des Diskurses zu ermitteln. Sie berücksichtigt deshalb vor allem die inhaltlichen Aspekte des Materials. Das wichtigste Ergebnis der Strukturanalyse ist die Erfassung der gesamten Bandbreite des Sagbarkeitsfeldes.[158]

5.2.5 Erstellung einer oder mehrerer Feinanalysen

Ausgehend von der Strukturanalyse können ein oder mehrere Texte ermittelt werden, die für den untersuchten Diskurs besonders typisch sind. Diese werden dann einer Feinanalyse zugeführt, mit der die Tiefenstruktur der Aussagen ermittelt wird. Dies geschieht, indem die Textoberfläche ebenso wie die sprachlich-rhetorischen Mittel systematisch analysiert werden. An dieser Stelle kommen auch im engeren Sinne linguistische Instrumente zur Anwendung, indem beispielsweise der Umgang mit Pronomina, Präsuppositionen, Anspielungen und (Kollektiv-)Symbolen analysiert wird.

Dazu sollte ein Leitfaden verwendet werden, in dem sprach-, kultur- und sozialwissenschaftliche Instrumente aufgenommen werden. Die folgende Liste von Analyseschritten einer Feinanalyse sollen nicht als starre Vorgaben verstanden werden, sondern können an die Forschungsfrage angepasst werden.

1. Erfassung des institutionellen Rahmens:
   Jedes Diskursfragment steht in einem institutionellen Kontext. Dieser sollte festgehalten werden. Bei Medien ist dies der Publikationsort, im Falle der Analyse von Interviews geht es um Informationen über die Interviewten[159]
2. Erfassung der Textoberfläche: Umfang des Analysematerials, Sinneinheiten und angesprochene Themen

158 Genaueres zur Strukturanalyse findet sich in Kapitel 6.

159 Siehe dazu im Einzelnen die Ausführungen im Kapitel 6.

3. Erfassung der sprachlich-rhetorischen Mittel: Argumentationsstrategien, Logik und Komposition, Implikate und Anspielungen, Kollektivsymbolik und andere Bildlichkeiten, Redewendungen und Sprichwörter, Wortschatz, Referenzbezüge
4. Erfassung von gesellschaftspolitischen Aussagen: Menschenbild, Gesellschaftsverständnis, Technikverständnis, Zukunftsvorstellung und Prognosen
5. Inhaltliche Interpretation, indem die verschiedenen Elemente aufeinander bezogen werden.

5.2.6 Gesamtanalyse. Reflexion der Ergebnisse von Struktur- und Feinanalyse

Die Erstellung der Gesamtanalyse schließt den Analyseprozess ab. Wenn in der Analyse verschiedene Struktur- und/oder Feinanalysen angefertigt wurden, sollten diese einer synoptischen Analyse unterzogen werden. Bei dieser Analyse werden die Ergebnisse der Teilanalysen miteinander verglichen und auf diese Weise Gemeinsamkeiten und Unterschiede sichtbar gemacht. Anschließend werden die erzielten Ergebnisse von Struktur- und Feinanalysen vor dem Hintergrund des diskursiven Kontextes reflektiert und zu einem Gesamtergebnis verdichtet.

Dieses Analyseraster der KDA kann natürlich durch die Fragestellungen, die im Zentrum des jeweiligen Untersuchungsinteresses stehen, modifiziert werden, wodurch sich das Konzept der KDA kreativ erweitern lässt.

6 Forschungsdesign von Diskursanalysen auf verschiedenen Diskursebenen

Im Folgenden werden die Vorgehensweisen für Mediendiskursanalysen am Beispiel einer Analyse von Printmedien und anschließend das Procedere für Alltagsdiskursanalysen durch Interviews beschrieben. Diese beiden Unterkapitel können auch eine Orientierung für das Vorgehen bei anderen Diskursen bieten. Darüber hinaus werden ergänzende Hinweise gegeben für die Analyse von Online-Medien, TV-Medien, Medien, die einem Spezialdiskurs zuzurechnen sind, und literarische Texte.

6.1 Forschungsdesign einer Diskursanalyse am Beispiel von Printmedien

6.1.1 Fragestellungen

Am Anfang einer jeden Diskursanalyse steht die Ausarbeitung des Forschungsdesigns. Dieses hängt von der jeweiligen Forschungsfrage ab. Mit der Entscheidung für eine Medienanalyse ist die Diskursebene bereits geklärt. Es geht um den medialen Diskurs, das heißt medial verbreitete Texte dienen als Primärquellen. Das ist relevant, weil im Hinblick auf das Ereignis, das untersucht werden soll, nicht danach gefragt wird, was wirklich passiert ist, sondern wie dies medial gedeutet wurde. Wirklichkeit wird gedeutet, nicht ›erkannt‹.

Bei der Formulierung der Forschungsfrage ist darauf zu achten, dass keine Vorannahmen oder eigene Deutungen im Forschungsdesign bzw. in der Materialauswahl auftauchen. Wird beispielsweise nach sexistischen Effekten im Geschlechterdiskurs gefragt, muss der Geschlechterdiskurs in Gänze untersucht werden, um bewerten zu können, ob sich Effekte herausbilden, die als sexistisch gedeutet werden können.

6.1.2 Bestimmung des Untersuchungsgegenstands

Eine Diskursanalyse will u.a. ermitteln, wie ein Ereignis oder eine Abfolge von Ereignissen diskursiv gedeutet wird. Bei der Ausarbeitung des Forschungsdesigns ist deshalb zu klären, was genau untersucht werden soll. Geht es um die Analyse ganzer Diskursstränge wie etwa dem Geschlechter- oder dem Einwanderungsdiskurs? Oder geht es um die mediale Deutung eines Ereignisses wie etwa des Anschlags in Hanau von 2020? Oder geht es um die mediale Deutung von Diskursgemeinschaften oder Vergegenständlichungen wie etwa Pegida, der SPD oder der Holocaust-Gedenkstätte in Berlin? Diese Fragen sind zentral für die Auswahl des Materials.

Bei einer Analyse von Ereignissen, Diskursgemeinschaften oder Vergegenständlichungen ist die Zuordnung zu einem oder mehreren Diskurssträngen bereits Gegenstand der Analyse und so ein interpretativer Vorgang.

Beispielsweise ist es erwartbar, dass der Anschlag in Hanau von 2020 in Diskurse zu Rassismus eingeordnet wird, möglich ist es aber auch, dass er in Sicherheitsdiskurse oder Migrationsdiskurse eingeordnet wird. Ebenso kann es sich um eine Verschränkung verschiedener Diskursstränge handeln. Dennoch ist am Analysematerial zu ermitteln, welcher Diskursstrang für die Deutung des Ereignisses dominant ist.

Das Phänomen Pegida kann in Diskursen zur extremen Rechten auftauchen, aber auch in Demokratiediskursen. Das bedeutet, dass bei Ereignisanalysen und der Analyse von Diskursgemeinschaften oder Vergegenständlichungen der zu untersuchende Diskursstrang nicht vorher festlegbar ist, sondern sich aus dem Material ergibt und somit bereits als ein erstes Ergebnis der Analyse zu sehen ist.[160] Anders verhält es sich bei der Analyse von ganzen Diskurssträngen, beispielsweise dem Geschlechterdiskurs. Der Diskursstrang selbst ist dann Gegenstand der Analyse und wird in seiner Gänze untersucht.

160 Dies wurde beispielsweise deutlich während der Analyse der Berichterstattung zu den Anschlägen in Norwegen 2011. Bevor der Täter und das extrem rechte Tatmotiv bekannt wurden, wurden die Taten von der deutschen Presse nahezu durchgängig als islamistische Anschläge wahrgenommen und entsprechend kontextualisiert – samt den dazugehörigen Aussagenketten: Es wurden weltweit vernetzte Täter angenommen, die aufgrund ihrer islamistischen Weltanschauung gehandelt hätten. Als dann bekannt wurde, dass ein extrem rechtes Motiv vorlag, wechselte die Kontextualisierung und ebenso die dazugehörigen Aussagenketten. Jetzt war von einem isolierten Einzeltäter die Rede, der aufgrund einer psychischen Krankheit gehandelt habe. So ganz entkamen die Journalist*innen ihrer ursprünglichen Deutung aber nicht. Die Taten Breiviks wurden durchaus weiter als Reaktion auf Islamismus begriffen. Das heißt, der Islamdiskurs spielte weiter eine Rolle (vgl. Jadtschenko/M. Jäger 2011 und M. Jäger/Wamper 2012).

6.1.3 Bestimmung des diskursiven Kontextes

In seinen Überlegungen zur Kontextualisierung innerhalb einer Diskurslinguistik definiert Dietrich Busse ›Kontext‹ wie folgt: Ich

> »verstehe […] unter ›Kontext‹ den umfassenden epistemisch-kognitiven Hintergrund, der das Verstehen einzelner sprachlicher Zeichen(ketten) oder Kommunikationsakte überhaupt erst möglich macht.« (Busse 2007, S.82)

Um dieses Verstehen zu ermöglichen und transparent zu machen, in welchem Kontext eine Äußerung Bedeutung erlangt, wird zu Beginn einer KDA der diskursive Kontext skizziert. Dass diese Skizze des Kontextes nicht dem »umfassende[n] epistemisch-kognitiven Hintergrund« gerecht werden kann, liegt auf der Hand, denn dieser ist aus unserer Sicht nicht beschreibbar. Es kann also nur um Annäherungen gehen. Wenn hier von diskursivem Kontext gesprochen wird, meinen wir

1. die Genealogie des zu untersuchenden Diskursstrangs, also seine diachrone Dimension
2. das diskursive Umfeld eines Diskursstrangs, also eine synchrone Dimension
3. die Institutionalisierungen und Verfestigungen eines Diskursstrangs

Der diskursive Kontext beschreibt in seiner diachronen Dimension die Vergangenheit eines Diskursstrangs. Zur seiner Nachzeichnung kann es sinnvoll sein, sich an vergangenen diskursiven Ereignissen zu orientieren, die den zu untersuchenden Diskursstrang betreffen. Ferner können dabei bereits zentrale Diskursverschränkungen erfasst werden.

In seiner synchronen Dimension beschreibt der diskursive Kontext die unmittelbare Umgebung eines Diskursstrangs. Hier werden weitere Diskursebenen relevant, beispielsweise wissenschaftliche Spezialdiskurse, Alltagsdiskurse, parlamentarische Diskurse etc. aber auch diskursive Verfestigungen und Institutionalisierungen.

Nach Dietrich Busse ist ›Kontextualisierung‹ ein Relationsbegriff. »In seiner allgemeinen Fassung lässt er zunächst offen, was womit relationiert wird, was zu was in Beziehung gesetzt wird« (Busse 2007, S.86). Das heißt für die konkrete Kontextskizze: Wenn zum Beispiel nicht erwartete Relationierungen auftauchen oder wenn sich zuvor nicht berücksichtigte Diskursverschränkungen im Laufe der Analyse zeigen, dann muss die Kontextualisierung um diese Diskursstränge erweitert werden. Das ist ein Aspekt der Zirkularität des Forschens.[161]

Betrachten wir beispielsweise den Diskursstrang Geschlecht in zeitgenössischer extrem rechter Publizistik, so können wir als relevante Kontexte vorab erstens den Diskursstrang Geschlecht in seiner Genese annehmen, zweitens seine Institutionalisierungen und Vergegenständlichungen, wie etwa die ungleiche Geschlechter-Verteilung in extrem rechten Parteien, drittens das diskursive Umfeld des Diskursstrangs (wie etwa hegemoniale Geschlechterdiskurse und ihre Institutionalisierungen und Vergegenständlichungen, etwa der Gender-Pay-Gap, also das geschlechtsspezifische Lohngefälle, oder die ungleiche Ressourcenverteilung auf die unterschiedlichen Geschlechter). Wenn nun aber im Verlauf der Analyse deutlich wird, dass eine enge Verschränkung des Geschlechterdiskurses der extremen Rechten zu Diskursen zum Judentum existiert, die sich in einer gewissen semantischen Übereinstimmung der Zuschreibungen an Feministinnen und an Jüd*innen äußert und die eine gewisse Äquivalenz zwischen Antisemitismus und völkischen Antifeminismus bewirken, ist an dieser Stelle die Kontextualisierung nachträglich um den Diskursstrang zum Judentum zu erweitern. Damit kann sich auch in einer diachronen Perspektive eine historische Nähe zwischen Antifeminismus und Antisemitismus zeigen (vgl. Wamper 2016).

Wird ein Ereignis oder eine Diskursgemeinschaft oder Vergegenständlichung diskursanalytisch untersucht, so ist, wie beschrieben, die Erfassung der Diskursstränge bereits Teil der Analyse und kann nicht im Vorhinein festgelegt werden. Damit ist die Kontextbestimmung immer problematisch, da wir nicht wissen, welche Diskursstränge diachron skizziert werden müssen. Zweifelsfrei spielen hier Vorannahmen der Forschenden eine Rolle. Bei einer Untersuchung der medialen Deutung von z.B. Pegida ist damit zu rechnen, dass diese Diskursgemeinschaft (auch) im Diskursstrang Rechtsextremismus verhandelt wird; bei einer Untersuchung zum Reaktorunfall in Fukushima ist zu erwarten, dass der Diskursstrang Atomkraft eine Rolle spielt. In diesen Fällen muss aber unter Umständen nachgearbeitet werden, das heißt, wenn im Laufe der Strukturanalyse weitere Diskursstränge auftauchen, in die ein Ereignis, eine Diskursgemeinschaft oder eine Vergegenständlichung einge-

161 Vgl. zu Debatten um Zirkularität und Offenheit des Forschungsdesigns Herschinger 2014.

ordnet wird, müssen diese Diskursstränge in die Kontextbeschreibung mitaufgenommen werden.

Die Kontextbeschreibung kann sich durchaus an Sekundärliteratur, an anderen Studien, Jahrbüchern etc. orientieren. Wichtig ist, dass herausgearbeitet wird, was zum Verständnis des Untersuchungsgegenstands relevant ist. Das ist, wie gezeigt, ein Suchprozess. Busse schreibt:

> »Kontexte (hier verstanden als Lieferanten verstehensrelevanter Wissenselemente, ohne die ein sprachlicher Satz, ein Text, nicht richtig verstanden werden könnte) sind keine objektiven Daten, sie sind nicht gegeben, sondern müssen gesucht, gefunden und hergestellt werden. [...] Kontextualisierung heißt [...] immer: Verortung in einem Wissensraum, gleich, ob dieses Wissen richtig, kohärent, bewiesen ist oder nicht.« (Busse 2007, S.102)

6.1.4 Festlegung des Analysezeitraums

Hat man nun ein Thema gewählt, das auf einer oder mehreren Diskursebenen untersucht werden soll, kann die Fülle des Materials so umfangreich sein, dass sie von einer einzelnen Person oder auch von einem Forschungsteam nicht bewältigt werden kann. Deshalb sind oft schon aus arbeitsorganisatorischen Gründen und begrenzten Forschungskapazitäten gewisse Einschränkungen unerlässlich. Diese müssen jedoch inhaltlich nachvollziehbar begründet werden. Eine solche Beschränkung bedeutet aber auch immer, dass die Reichweite der Analyse eingeschränkt ist.

Es sind verschiedene Kriterien für eine notwendige Materialreduktion denkbar. Der Untersuchungszeitraum ist eines von ihnen. In einer Kritischen Diskursanalyse kann ein synchroner oder ein diachroner Schnitt im Hinblick auf das Material vorgenommen werden. Ein synchroner Schnitt durch einen Diskursstrang hat eine endliche qualitative Bandbreite. »Ein solcher Schnitt ermittelt, was zu einem bestimmten [...] Zeitpunkt [...] sagbar ist« (M. Jäger/S. Jäger 2007, S.26), während ein diachroner Schnitt mit Hilfe historischer Diskursanalysen durchzuführen ist und aufzeigen kann, welche inhaltlichen Veränderungen der jeweilige Diskurs erfahren hat. So kann beispielsweise als synchroner Schnitt der Migrationsdiskurs in Zusammenhang mit z.B. diskursiven Ereignissen analysiert werden oder als diachroner Schnitt die Entwicklung des Migrationsdiskurses z.B. der Jahre 2015-2020.

Bei einem synchronen Schnitt wird Material aus einem zuvor festgelegten Zeitraum untersucht. Wenn beispielsweise der Migrationsdiskurs in Zusammenhang mit dem Anschlag von Hanau am 19.2.2020 untersucht werden

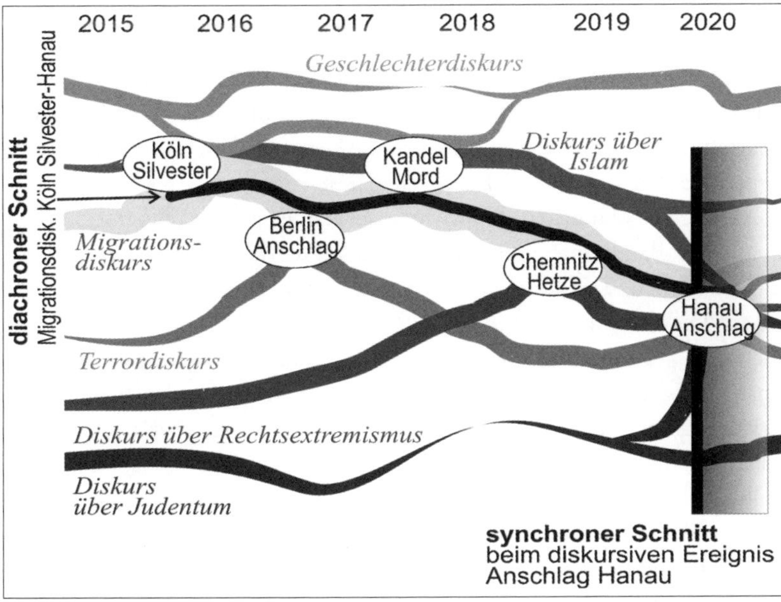

Kurze Einordnungen der diskursiven Ereignisse finden sich in der Bildunterschrift der Grafik in 5.1.2.[162]

soll, sollte nicht nur Material vom 19.2.2020 herangezogen werden, weil damit nicht das ganze Sagbarkeitsfeld erfasst wird. Die Bestimmung des Zeitraums richtet sich nach dem gewählten Thema der Untersuchung. Es sollte also ›vom Gegenstand her‹ gedacht werden. So kann z.B. ein diskursives Ereignis oder ein Diskursmoment als zeitlicher Anfangspunkt einer Analyse herangezogen werden. Auf jeden Fall muss der Beginn des Analysezeitraums begründet werden. Es kann sinnvoll sein, den Analysezeitraum schon vor dem zu untersuchenden Ereignis zu beginnen, um zu erfassen, ob das Ereignis einen diskursiven Vorlauf hatte.

Unabhängig vom Material lässt sich der Zeitraum ›nach hinten‹ schwer begrenzen, denn das zu Beginn eines Projektes anvisierte Material kann sich

162 Die Diskurswerkstatt im DISS beobachtet seit Jahren den Migrationsdiskurs in Deutschland und hält seine Veränderungen im Sagbarkeitsfeld fest. Insofern können die in obenstehender Grafik dargestellten Diskursmomente als ein Resultat dieser kontinuierlichen Beschäftigung mit dem Migrationsdiskurs gelten, die auch die zentralen Diskursverschränkungen berücksichtigen.

im Verlauf der Analysearbeit weiter ausdehnen, wenn es darum geht, einen Diskursstrang vollständig zu erfassen. Wenn im weiteren Verlauf des Diskursstrangs neue Aussagen auftauchen, muss der Zeitraum verlängert werden, um den ausgewählten Diskurs im Hinblick auf die Analyse zu ›sättigen‹. ›Sättigung‹ heißt, es treten bis zu einem neuen diskursiven Ereignis keine neuen Aussagen mehr auf. Erst, wenn diese ›Sättigung‹ erreicht ist, kann von einer Vollständigkeit gesprochen werden. Es geht ja immer darum, die qualitative Bandbreite eines Diskursstrangs zu erfassen und zu analysieren. Es ist möglich, dass einige Wochen nach einem diskursiven Ereignis oder einem Diskursmoment eine vorläufige Sättigung eintritt, wenn die ersten Debatten gelaufen sind und die Textproduktion in den Medien nachlässt. Später kann die mediale Debatte sich Fragen zuwenden, bei denen es um Erklärungsversuche des Ereignisses geht, und es können weitere Aussagen auftreten, die zu Beginn noch nicht präsent waren. Um das Sagbarkeitsfeld vollständig zu erfassen, ist dann der längere Zeitraum zu betrachten. Für eine Analyse der ersten medialen Reaktionen auf ein Ereignis kann aber auch lediglich die Betrachtung der ersten Debattenwelle aufschlussreich sein; dann aber nur mit dem Anspruch, das damalige Sagbarkeitsfeld zu erfassen.

Bei einem diachronen Schnitt, wie z.B. der Analyse des Migrationsdiskurses 2015-2020 kann die Textmenge sehr umfangreich werden. Dann kann das Dossier dadurch reduziert werden, dass nicht der ganze Zeitraum aufgenommen wird, sondern einzelne Diskursmomente oder diskursive Ereignisse ausgewählt werden und jeweils nur die darauffolgenden Debatten untersucht werden.[163] Man erhält dann sozusagen mehrere synchrone Schnitte, die zusammengenommen eine vollständige Erfassung des Sagbarkeitsfelds möglich machen und den Verlauf des gesamten Diskursstrangs nachzeichnen können.

6.1.5 Erschließung der Materialbasis

Mit dem Problem der Bestimmung einer geeigneten Materialgrundlage für die Diskursanalyse befasst sich inzwischen eine Forschungsdisziplin, die aus der Gemeinschaft der Diskursanalytiker*innen hervorgegangen ist: die Korpuslinguistik.[164]

163 Die Auswahl der Diskursmomente oder diskursiven Ereignisse sollte ausgehend vom diskursiven Kontext vorgenommen und begründet werden.

164 Vgl. dazu Scherer 2006, s.a. Mautner 2009.

Kann man das ›diskursive Gewimmel‹, aus dem man begründet einen thematisch bestimmten Diskursstrang sozusagen ›herausschneiden‹ kann, überhaupt entwirren, ohne dadurch den Diskurs, den man analysieren möchte, zu verzerren?

Foucault spricht von dem besagten Gewimmel als dem »undefinierte[n], monotone[n], wimmelnde[n] Gebiet des Diskurses« (AW, S.104) und sieht sich damit vor ein Problem gestellt, vor dem alle stehen, die Diskurse zu analysieren beabsichtigen: Wie kann man dieses diskursive Gewimmel überhaupt analysieren? Foucault selbst scheint hier ratlos und schreibt, dass das Archiv der Diskurse unendlich sei und damit überhaupt nicht analysierbar. Und so verzichtete er bei seinen genealogischen, also historischen, Analysen auf die Bestimmung von (repräsentativen) Materialgrundlagen. Stattdessen suchte er nach Materialien, die deutliche Veränderungen von Denksystemen bei Erscheinungen wie Sexualität, Verbrechen, Wahnsinn etc. gegenüber vorangegangenen zeigten.[165] Kurz bemerkt er: »Das Archiv ist in seiner Totalität nicht beschreibbar; und es ist in seiner Aktualität nicht zu umreißen« (AW, S.189).

In Bezug auf das Forschungsvorhaben einer Diskursanalyse ist dies jedoch zumindest annäherungsweise möglich. Denn Kritischer Diskursanalyse geht es nicht darum, das gesamte Weltwissen zu beschreiben und zu kritisieren, sondern – sehr viel bescheidener – um die Analyse und Kritik brisanter Themen in bestimmten Zeiten und Räumen. Diese lassen sich begründet im Hinblick auf Zeit und Raum eingrenzen. Zu bedenken ist dabei, dass das diskursive ›Gewimmel‹ insbesondere die Performanzebene, also die Äußerungsebene, betrifft und nicht in gleicher Weise die Ebene der Aussagen und Formationssysteme.

Für die Durchführung einer KDA sind Stichproben oder einzelne Diskursfragmente jedoch nicht ausreichend, denn es ist das Ziel, Diskurse qualitativ vollständig zu erfassen und zu analysieren, also das Sagbarkeitsfeld zu beschreiben. Statt einzelne Artikel zu einem Diskursstrang ›herauszufischen‹, wird das Korpus so vollständig wie möglich angelegt und dann in einem zweiten Schritt behutsam auf ein Untersuchungsdossier reduziert.

165 Damit knüpft Foucault an seine früheren Untersuchungen wie etwa OD an, vgl. dazu Link-Heer 2000.

6.1.6 Gewinnung des Korpus

Wie bereits dargestellt, steht am Anfang jeder Diskursanalyse die begründete Auswahl des zu untersuchenden Materials. Denn schließlich gibt es nicht *die* Medien und somit auch nicht *den* Diskurs. Vielmehr setzt sich das Sagbarkeitsfeld des Mediendiskurses durch unterschiedliche Diskurspositionen der Medien zusammen.

Sollen z.B. sogenannte hegemoniale Mediendiskurse untersucht werden, werden zunächst die verschiedenen Diskurspositionen in hegemonialen Diskursen skizziert und entlang dieser entsprechende Zeitungen/Zeitschriften ausgewählt. Bisherige Diskursanalysen des Mediendiskurses haben gezeigt, dass es sinnvoll und praktikabel ist, je eine Zeitung mit einer konservativen, liberalen und progressiven Diskursposition auszuwählen, um das Sagbarkeitsfeld zu erfassen. Werden dagegen extrem rechte Diskurse untersucht, könnte eine neonazistische, eine jungkonservative und eine populistische Zeitung die verschiedenen Spektren der zeitgenössischen extremen Rechten abdecken. Zu entscheiden ist auch, ob auf Printausgaben oder digitale Fassungen der Printausgaben zurückgegriffen wird. Das ist insofern von Bedeutung, als digitale Fassungen von Artikeln gegenüber der Printausgabe noch verändert sein können und auch die graphische Gestaltung eine andere ist.

Das Untersuchungsmaterial und die jeweiligen Diskurspositionen müssen detailliert beschrieben werden und es muss begründet werden, warum die ausgewählte Zeitung für die jeweilige Diskursposition in Frage kommt.[166] Das ist auch deshalb wichtig, weil sich damit auch die Reichweite der Analyse und ihre Aussagekraft messen lässt. Hierfür kann man sich an der Reichweite des Mediums, an der Auflagenstärke orientieren. Es empfiehlt sich vergleichbare Formate zu wählen, also entweder Tageszeitungen oder Wochenzeitungen oder monatlich erscheinende Zeitschriften, da unterschiedliche Formate unterschiedliche Spezifika haben. So ist in monatlich erscheinenden Periodika mit längeren Reportagen zu rechnen und in Tageszeitungen eher mit tagespolitischen Kurzmeldungen.

Aus den ausgewählten Zeitungen werden alle Artikel ausgewählt, die innerhalb des Untersuchungszeitraums dem zu untersuchenden Diskursstrang zuzuordnen sind oder aber das zu untersuchende Ereignis, die Diskursgemeinschaft oder die Vergegenständlichung behandeln. Damit liegt das Korpus vor.

166 Zur Debatte um Korpuszusammenstellungen siehe auch Angermuller 2014 und Gür-Şeker 2014.

6.1.7 Erstellung eines Analysedossiers

Wenn das erstellte Korpus zu groß ist – und das ist meistens der Fall – wird es auf ein Dossier reduziert.

Wie bereits oben dargestellt, gibt es unterschiedliche Möglichkeiten der Materialreduktion für synchrone und diachrone Schnitte. Besonders für lange Zeiträume und große Materialmengen eignet sich eine Reduktion entlang diskursiver Ereignisse, weil diese den Verlauf des jeweiligen Diskurses in verdichteter Form enthalten.[167] Das muss anhand des gesamten Diskursstrangs nachgewiesen werden. Hier zeigt sich noch einmal: Die Ermittlung der Materialgrundlage ist Teil der Analyse und steht nicht außerhalb von ihr. Jedes Projekt beginnt also bereits ›vor dem Projekt‹ und bedarf einer Orientierungsphase, in der eine gründliche Befassung mit der Materialgrundlage stattfinden sollte. Denkbar wären aber auch eine formale Reduktion: Nur die Samstagsausgabe von Zeitungen oder aber nur bestimmte Textsorten wie Kommentare, Reportagen oder Aufmacher.

Sollen nur einzelne Diskurspositionen analysiert werden und nicht die Entwicklung von Sagbarkeitsfeldern auf der Grundlage dieser Diskurspositionen, eignet sich auch eine Reduktion auf Kommentare oder Leitartikel[168]. Unserer Erfahrung nach treten in Kommentaren Aussagen konzentriert auf, sodass eine Einschränkung auf Kommentare eine Möglichkeit ist, die Anzahl der Artikel zu reduzieren und trotzdem einen guten Überblick über das Sagbarkeitsfeld zu erhalten. Es ist dann aber wichtig zu reflektieren, wo blinde Flecken sein könnten. In Analysen des Fluchtdiskurses haben wir beispielsweise festgestellt, dass eine zusätzliche Berücksichtigung von Reportagen neue Akzente (vgl. Friede u.a. 2022) oder auch neue Aussagen (vgl. Kalchschmidt u.a. 2022) zutage fördern kann.

Neben solchen formalen Reduktionsmöglichkeiten kann das Analysematerial auch inhaltlich begründet reduziert werden. Dies erfordert dann aber eine Voranalyse, die einen belegbaren Einblick über die Breite der The-

167 Ein Beispiel für diese Vorgehensweise liegt vor in S. Jäger/M. Jäger 2003.

168 Leitartikel sind Kommentare, die besonders hervorgehoben werden. Beispielsweise benennt die Frankfurter Rundschau Leitartikel ausdrücklich als solche, während die F.A.Z. das nur im digitalen Archiv tut, in deren Printausgabe findet sich aber immer ein Leitartikel auf der Titelseite rechts unten und rechts oben eine Leitglosse. Leitartikel widmen sich meist besonders wichtigen Themen und reflektieren die politische Ausrichtung der Redaktion. Nicht zu verwechseln sind Leitartikel mit dem Hauptartikel auf der Titelseite, den man Aufmacher nennt.

men und Unterthemen des Diskursstrangs gibt; sie erfasst die Diskursverschränkungen sowie die wichtigsten Kernbotschaften der Diskursfragmente. Entlang dieser Kategorien können Artikel für das Dossier ausgewählt werden (vgl. Wamper 2016). Auch hier müssen die Kriterien, nach denen ausgewählt wird, natürlich transparent gemacht werden.

In allen Fällen ist also die Reduktion zu begründen und es ist zu reflektieren, inwieweit sie Auswirkungen auf die Vollständigkeit der Analyse haben kann. Es können beispielsweise Stichproben im Anschluss an die Strukturanalyse gemacht werden, um zu überprüfen, ob in den aussortierten Artikeln weitere Aussagen zu finden sind.

6.1.8 Strukturanalyse

Nun wird das fertige Analysedossier einer Strukturanalyse unterzogen. Diese zielt darauf ab, die Aussagen und deren Verkettung zu ermitteln, um so das jeweilige Sagbarkeitsfeld darzustellen.

6.1.8.1 Aufbereitung des Dossiers

Die Ergebnisse der Strukturanalyse sind in einem ersten Schritt in Gestalt einer Materialaufbereitung zu ermitteln, die sozusagen das Herzstück der Diskursanalyse darstellt. Alle Artikel des Dossiers werden also in einer Tabelle oder Datenbank aufgenommen, die sich entlang folgender Kategorien aufbaut.[169]

Formalia
- Zeitungstitel
- Rubrik
- Autor*in, Funktion (Gastautor*in? Redaktionsmitglied? Chefredakteur*in? Etc.)
- Seite
- Datum
- Überschrift des Artikels

169 Die folgende Liste ist nicht als ein allgemeines Rezept zu verstehen, das umstandslos auch für weitere Diskursebenen angewendet werden könnte. Eine Strukturanalyse von Interviews z.B. verlangt zumindest einige andere Analysekategorien, die sich aus der Besonderheit anderer Textsorten ergeben, z. B. »Gespräch«, »Suggestivfrage«, »Alter der Interviewten«, »Wohnviertel«, etc. Vgl. dazu z. B. S. Jäger 1992. Auch der gewählte Gegenstand verlangt von sich aus Modifikationen.

- Untertitel
- Lead (ein fett gedruckter Einleitungssatz oder -absatz am Anfang eines Artikels)
- Textsorte
- (Knappe) Inhaltsangabe

Struktur
- dominanter Diskursstrang
- weitere Diskursstränge (Diskursverschränkungen)
- Themen und Unterthemen
- Aussagen

Optionales
- Anlass des Artikels
- Grafische Gestaltung (Hervorhebungen, Zwischentitel, Bebilderung)
- Diskursposition
- Akteur*innen
- Kollektivsymbole[170], Innen/Außen, Freund-/Feindbestimmungen, Binäroppositionen
- Körper-Geist-Dualismus und Motive des Tierkonstrukts[171]

Notizen
- prägnante Zitate
- Besonderheiten
- Ist der Artikel ein ›Kandidat‹ für den typischen Artikel, der für die Feinanalyse ausgewählt werden könnte?[172]

170 In der an die Strukturanalyse anschließenden Feinanalyse werden einzelne Texte unter anderem dezidiert auf Kollektivsymbolik überprüft, nicht in dem Sinne, dass einzelne Kollektivsymbole isoliert herausgearbeitet werden, sondern indem das gesamte System der Kollektivsymbolik herausgearbeitet wird, das sich sinnstiftend über (manche) Texte legt. Tauchen aber in dem untersuchten Diskursstrang auffällig häufig Kollektivsymbole auf, kann bereits in der Strukturanalyse ein Blick darauf lohnen.

171 Siehe Kapitel 4.12.4. zur Binarismusanalyse.

172 Nicht alle hier aufgelisteten Kategorien sind für jede Analyse sinnvoll, zugleich ist die Liste nicht unbedingt vollständig. Die endgültig zu verwendenden Kategorien hängen von Gegenstand, Fragestellung und Material ab.

Aussagen
In einem weiteren analytischen Durchgang durch die Materialaufbereitung erfolgt eine analytische Sortierung des zusammengestellten Materials. Ermittelt wird, was die einzelnen Elemente der Materialaufbereitung bedeuten, also welche Aussagen sich ergeben.

Festhalten der Ergebnisse
Die Ergebnisse der Aufbereitung werden in einer Tabelle festgehalten, deren Einträge sich während des Forschungsprozesses immer wieder ändern können. Als Beispiel abgebildet ist hier ein Auszug aus einer Strukturanalyse der Reaktionen der Leitmedien auf die extrem rechte Kampagne #120Dezibel im Jahr 2018.[173] Die Tabelle enthält die Einträge für zwei Zeitungsartikel. Man muss sich die drei Seiten nebeneinander vorstellen.[174]

Alternativen zu Tabellen: Wer mehr Platz will, kann eine Textverarbeitung nutzen und für jeden Text beziehungsweise jedes Diskursfragment eine eigene Seite erstellen. Siehe dazu das Beispiel am Ende von Kap. 10.5 Übungen. Wer gerne mit Papier und Stift arbeitet, kann jedes Diskursfragment in die Mitte eines A3-Blattes kleben und sämtliche Notizen mit verschiedenen Farben daneben notieren.

Im DISS arbeiten wir oft mit solchen einfachen Mitteln. Andere Forscher*innen setzten auf Analysesoftware und berichten von guten Erfahrungen mit MAXQDA. Nützlich ist hier, dass die Diskursfragmente digital importiert werden können und ein direkter Bezug zwischen dem Text und der Kodierung beispielsweise von Aussagen oder Themen hergestellt werden kann. Hilfreich sind auch Analysefunktionen, mit denen Häufungen von Aussagen, Diskursstrangverschränkungen oder das gemeinsame Auftreten bestimmter Aussagen bei bestimmten Themen gesucht werden können. Wir haben allerdings auch beobachtet, dass diese Funktionen dazu verführen können, laienhaft quantitative Daten zu ermitteln, die zum einen nicht in eine qualitative KDA passen und zum anderen Qualitätsstandards quantitativer Forschung nicht gerecht werden.

---

173 Die Ergebnisse dieser Analyse findet sich in Kapitel 5 in Jäger u.a. 2019.

174 In diesem Beispiel wurde der dominante Diskursstrang nicht separat erfasst, was aber durchaus sinnvoll sein kann, wenn beispielsweise manche Artikel dominant dem Diskursstrang über die extreme Rechte und andere dominant dem Geschlechterdiskurs zugeordnet werden können.

Formalia							
Datum	**Zeitung**	**WWW**	**Titel**	**Autor*in**	**Textsorte**	**Rubrik**	**Bilder**
17.02.2018	SZ Beilage jetzt	https://www.jetzt.de/digital/sookee-postet-video-mit-rap-gegen-rechte-frauenbewegung (Abruf 02.10.2018)	Berliner Rapperin reimt gegen Frauenbewegung : Sookee protestiert gegen alle, die #MeToo für rassistische Positionen instrumentalisieren wollen	jwh (Josef Wirns-hofer?)	Bericht	Beilage "jetzt"	onlinevers.: Portraitfoto von Sokee + Face-booklogo als Link zum Video
17.02.2018	SZ	https://www.sueddeutsche.de/muenchen/landkreismuenchen/im-gespraech-zur-sicherheit-zurueck-an-den-herd-1.3870994 (Abruf 02.10.2018)	Zur Sicherheit zurück an den Herd : An der Bundeswehr-Universität diskutieren eine Historikerin, ein Philosoph und eine Journalistin über die Frage, wie man verhindern kann, dass rechte Gruppierungen Gewalt gegen Frauen dafür nutzen, sich als Feministen zu gerieren.	Anika Stiller	Reportage (von Podiums-diskussion)	Landkreis München	Foto der Diskussi-onsrunde

Struktur		
Diskursstränge	**Themen + (Unterthemen)**	**Aussagen**
Rechts-extremismus*, Geschlechter*, Feminismus, Migration und Flucht, Islam, Medien	Rechtsextremismus (#120dB, IB, internationaler Rechtsruck, Rassismus, Bewertung von Migration, Beobachtung durch Verfassungsschutz), sexualisierte Gewalt, Feminismus (Gegenbewegungen: #No120dB, #MeToo), Mediennutzung, Rap, Berliner Rapperin Sookee, Gegendemonstration), sexualisierte Gewalt, soziale Netzwerke	Verortung als extrem rechts, Heuchelei / Instrumentalisierung, Ethnisierung von Sexismus, Gefährdungspotential des Rechtsextremismus (hier: Rechtsruck Europas), Feminismus und rechte Positionen oder Diskriminierung sind unvereinbar
Geschlechter*, Rechts-extremismus*, Migration und Flucht, Kriminalität, Islam, Medien, Demokratie	#120dB, IB, AfD, Rassismus, Bewertung von Migration, rechte Geschlechterpolitik, Populismus, sexualisierte Gewalt, (Täter), Feminismus (#MeToo), Antifeminismus, Ehe und Familie, Kölner Silvesternacht, soziale Netzwerke, Macht der Sprache, Parteien, Parlamentarismus (hier: Wahlkampf)	Verortung als extrem rechts. Heuchelei / Instrumentalisierung. Ethnisierung von Sexismus. Gefährdungspotential des Rechtsextremismus. Feminismus und rechte Positionen oder Diskriminierung sind unvereinbar. Die Rechte besetzt Leerstellen der Linken (Blindheit gegen Gewalt gegen Frauen). Rechtsradikaler Antifeminismus knüpft an Vorurteile der Mitte der Gesellschaft an (fehlende Streitkultur, rechte Umtriebe an Bundeswehr-Universität, Selbstkritik / Fehler der der Medien)

*dominante Diskursstränge (Meist ist ein einzelner Diskursstrang dominant, hier sind es je zwei.)

Optionales		**Notizen**	
Akteur*innen	**Quellen d. Wissens**	**prägnante Zitate**	**Besonderheiten (Forschungstagebuch)**
links: berliner Rapperin Sookee, andere Musikerinnen und Künstlerinnen, #No120dB, Teilnehmer/innen am Netzprotest, Gegendemo | rechts: #120dB, Frauenmarsch	Songtext, #No120dB, Homepage #120dB	siehe Unterüberschrift + "'Ihr seid nicht für Frauenrechte, ihr seid rechte Frauen'"	Die effektive Nutzung sozialer Netzwerke wie Twitter wird hier der feministischen Gegenbewegung #No120dB zugeschrieben und nicht #120dB. | Ethnisierung von Rassismus wird prägnant erklärt, aber nicht mit diesem Begriff bennant. | Rechtsruck in Europa wird als politischer Rahmen von #120dB explizit benannt | Gegenaktivitäten werden zum zentralen Thema.
links/mitte: Journalistin Sissi Pitzer, Professor Michael Reder, Moderatorin Sonja Kretzschmar und Historikerin Sylvia Schraut; Gleichstellungsbeauftragte Pamela Koch, Parteien der Mitte CDU und SPD | rechts: rechte Demonstrant/innen, AfD	Expert/innen: siehe Akteure links/mitte; YouTube-Video #120dB, "Agenda der Partei" (Parteiprogramm?)	"Für die Journalistin [Sissi Pitzer] gehe die Bedrohung jedoch von den Rechten aus. [Sie] schilderte, wie sie im Internet von Rechtspopulisten beschimpft wird - häufig einhergehend mit Vergewaltigungs-wünschen."	spannend was Kritik angeht: Kritik an Medienbrichterstattung in Zusammenhang rechter Ethnisierung von seueller Gewalt. Konkret benannt: "Macht der Sprache" und die negative Konnotation von "Flüchtling". | Hinweis auf rechte Umtriebe an der Bundeswehr-Universität | Begriff Ethnisierung... wird nicht verwendet, aber beschrieben als "missbraucht ... das Thema" und "Politisierung einzelner Straftaten"

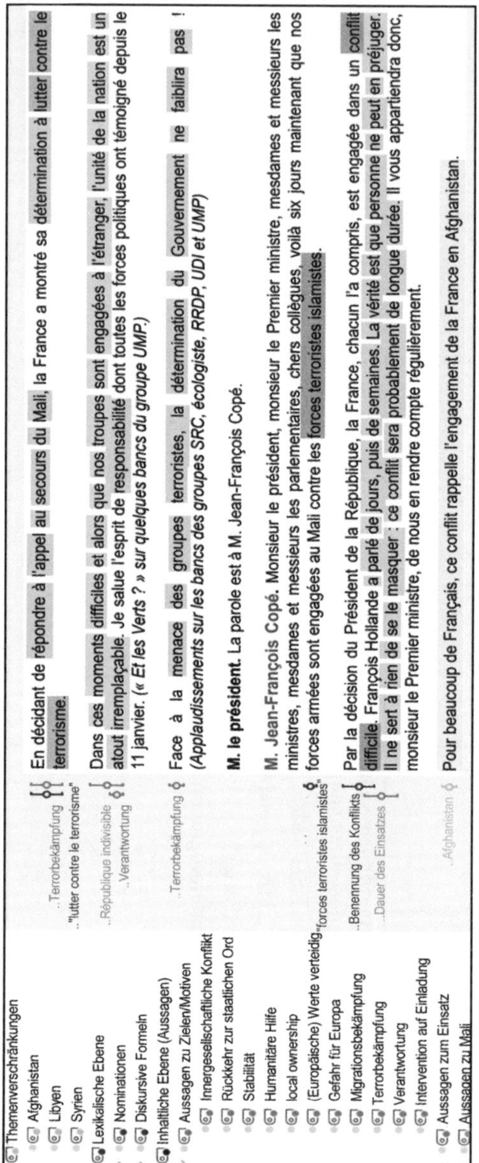

Diskursanalyse mit MAXQDA (nachbearbeiteter Screenshot aus der Materialaufbereitung einer Analyse politischer Legitimationsdiskurse in Frankreich zu Militäreinsätzen in Mali von Luana Sommer)

Die Diskurs- und Medienlinguistin Derya Gür-Şeker (2014) gibt einen Überblick über weitere gängige Analyseprogramme und ihre Funktionen und diskutiert die Anwendbarkeit für diskurslinguistische Projekte. Zu beachten ist, dass sichergestellt werden muss, dass die Software für eine korpusgesteuerte (corpus-driven), also induktive Vorgehensweise geeignet ist.

6.1.8.2 Verschriftlichung der Strukturanalyse

Die Gliederung der Verschriftlichung der Strukturanalyse ist eine Stilfrage. Es bietet sich an zunächst die Struktur des Diskursstrangs zu beschreiben, um dann nach Themen und Unterthemen zu gliedern (vgl. Wamper 2011). Denkbar ist ebenso eine Gliederung entlang der Aussagen (vgl. M. Jäger/Wamper 2012) oder bei Analysen zu diskursiven Ereignissen oder Diskursmomente eine chronologische Darstellung (vgl. S. Jäger 1993).

Strukturanalysen sollten Diskursstränge nicht nur zu beschreiben, sondern analysieren. Ansonsten verbleibt die Bearbeitung auf der Äußerungsebene und gelangt nicht auf die Aussagenebene. Das heißt, dass nicht paraphrasiert werden soll, was geschrieben wurde, sondern Kategorien gebildet werden sollen. Also: Welche Aussagen ziehen sich durch das Geschriebene? Gibt es gemeinsame inhaltliche Nenner in den Texten? Sind die Aussagen miteinander verkettet, und wie sind sie miteinander verkettet? Welches Wissen gilt als ›wahr‹, welches wird verworfen bzw. kritisiert? Wo verläuft die Trennlinie zwischen Rationalität und Irrationalität? Welche Wahrheiten werden impliziert? Welche Ausschließungen werden vorgenommen?

Genauso wenig sollen Strukturanalysen aber einer Überinterpretation verfallen. Es kann sinnvoll sein, die eigenen Hypothesen ›gegen den Strich‹ zu lesen. Wenn also beispielsweise extrem rechte Zeitungen auf Geschlechterpolitiken hin untersucht werden und der/die Forschende davon ausgeht, dass Antifeminismus ein zentrales Moment im Geschlechterdiskurs ist, so kann es sinnvoll sein, die Texte explizit auf feministische Aussagen hin zu untersuchen.

6.1.8.3 Ermittlung ›typischer Artikel‹

Die Strukturanalyse ist ein wichtiger Teil der Diskursanalyse, die aber durch ausführliche Feinanalysen eines oder mehrerer typischer Artikel ergänzt wird. Erst im Zusammenhang von Struktur- und Feinanalyse(n) lässt sich der betreffende Diskursstrang als Ganzes einschätzen. Während die Strukturanalyse auf die Ermittlung von Aussagen abzielt, kann durch eine Feinanalyse eines typischen Artikels die Tiefenstruktur, also die Art und Weise der (Re-)Produktion der Aussagen, ermittelt werden. Ausgehend von der Strukturanalyse erfolgt deshalb die Auswahl eines Artikels oder mehrerer Artikel für eine Feinanalyse.

Als typisch werden solche Artikel bezeichnet, die einen gewählten Diskursstrang möglichst genau repräsentieren; dies gilt insbesondere für die enthaltenen Aussagen, die Themen und Unterthemen und die Diskursverschränkungen. Wenn eine solche Repräsentativität nicht ermittelt werden kann, bietet es sich an, mehrere Diskursfragmente für Feinanalysen zu bestimmen.

6.1.9 Feinanalyse

Während Strukturanalysen untersuchen, *was* sagbar bzw. nicht sagbar ist, geht es in Feinanalysen darum herauszuarbeiten, *wie* es gesagt wird. Dabei geht es auch um die Wirkung des Diskurses (Ebene der Äußerungen), also welche Effekte von ihm bzw. von bestimmten Diskursfragmenten ausgehen und nicht nur (aber auch) um die Aussagen.

Die folgenden Analyseschritte sind in einer Reihenfolge dargestellt, die sich bei bisherigen Analysen bewährt hat. Diese Reihenfolge ist aber nicht zwingend und auch die angesprochenen Merkmale sind nicht unbedingt vollständig.

Bei einem ersten gründlichen Lesen des Textes können bereits erste Eindrücke und Besonderheiten festgehalten werden. Auch die graphische Ausstattung des Artikels kann dadurch bereits zur Kenntnis genommen werden.

Danach erfolgt die Materialaufbereitung, die die folgenden Schritte umfassen kann.[175]

6.1.9.1 Institutioneller Rahmen

Jedes Diskursfragment steht in einem unmittelbaren institutionellen Kontext. Ratsam ist daher eine allgemeine Charakterisierung der Zeitschrift oder Zeitung bzw. des Genres. Folgende Fragen können diesen Kontext umreißen: An welche Leser*innenschaft wendet sich die Publikation? In welcher Tradition steht sie? Wie ist der Titel aufgemacht? Welchen Umfang hat die Zeitung/Zeitschrift? Auch die Frage nach der technischen Qualität: Papier,

175 Es sei daran erinnert, dass es sich hier um eine *Werkzeugkiste* handelt. Nicht jedes Analyseinstrument muss für jeden Text sinnvoll sein.

Druck, Lesbarkeit etc. kann unter Umständen wichtig sein, ebenso Auflage, Seitenzahl, Preis etc.[176]

Bei Zeitungs- und Zeitschriftenartikeln ist ferner zu fragen: Welche Artikel stehen noch in der betreffenden Ausgabe? Gibt es ein Editorial und was steht darin? Wird hier auf den zu analysierenden Artikel Bezug genommen? Wie verhält sich das Thema des Artikels zu den anderen im Heft angesprochenen Themen? Steht der zu analysierende Artikel an prominenter Stelle? Ist die Wichtigkeit des Artikels in irgendeiner Weise besonders betont?

Es folgt die Bestimmung der Textsorte (Bericht, Kommentar, Aufruf, Nachricht, Reportage, Anzeige etc.). Textsorten haben in der Regel auch eine inhaltliche Funktion (Belehrung, Aufklärung, Beweisführung etc.). Aber Vorsicht! Textsorte und inhaltliche Funktion der Textsorte können auch auseinanderfallen.[177] So kann z.B. ein Editorial, das traditionell dazu dient, dem Leser einen Überblick über eine Zeitschrift und ihren Inhalt zu geben, auch ein politisch-programmatischer Aufruf sein.

Spielt der Artikel auf (historische) Ereignisse bzw. Quellen des Wissens an? Wodurch? Ist das in diesem Artikel angesprochene Thema früher in der gleichen Zeitung oder Zeitschrift diskutiert worden? Wenn ja, gibt es Unterschiede?

Jeder Text ist von Autor*innen produziert worden, die in bestimmte Diskurse eingebunden sind. Dies kann sich darauf auswirken, wie sie sich mit ihrem Text in aktuelle Diskursstränge einbringen. Solche Informationen können wohl kaum erschöpfend eingeholt werden, doch geben sie gewisse Hinweise auf die Diskursposition der Autor*innen, die allerdings durch die Analyse des produzierten Textes selbst kontrolliert werden muss. Zu fragen wäre etwa: Wer sind die Autor*innen des Artikels? Schreiben sie regelmäßig in diesem Organ? Wo schreiben sie sonst noch? Gehören sie einer Organisation an? Haben sie Bücher veröffentlicht, haben sie Preise verliehen bekommen? Von welcher Institution? Wie lassen sich ihre Diskurspositionen allgemein charakterisieren? Sind sie Mitglieder der Redaktion und bestimmen die Linie der Zeitschrift mit?

---

176 Diese Informationen lassen sich ggf. auch durch mögliche Veröffentlichungen über die Zeitschrift/Zeitung erfassen.

177 Die hier verwendeten Termini Kommentar, Bericht etc. dienen nur der Orientierung; sie sind meist rein alltagssprachlich und entsprechend vorläufig. Vgl. dazu Brinker 1997 und Lueger 1995.

Auch die Redaktion sollte charakterisiert werden. Wie hat sie sich entwickelt? Woraus ist sie entstanden? Woher bezieht sie ihre Mittel? Gibt es Bezüge zu Organisationen, Vereinen, Parteien? Personelle Überschneidungen? Wie lässt sich die Publikation im gesamtgesellschaftlichen Diskurs verorten?

Die hier angesprochenen Fragen müssen natürlich nicht alle beantwortet werden. Sie sind lediglich als Anregung für die Skizzierung des institutionellen Rahmens zu verstehen.

6.1.9.2 Text-Oberfläche

Der zu analysierende Artikel wird aufbereitet, das heißt die Zeilen werden nummeriert. Die vorgegebene Gliederung des Textes wird hervorgehoben, die Absätze markiert. Es folgt eine knappe Inhaltsangabe der Abschnitte. Hilfreich ist es, wenn die einzelnen Abschnitte mit zusammenfassenden Überschriften versehen werden können. Zugleich sollte überprüft werden, ob die graphische Gliederung der inhaltlichen Gliederung entspricht (was meist, aber nicht immer der Fall ist).[178]

Folgend wird eine genaue Inhaltsangabe des gesamten Textes erstellt. Damit ist keine Zusammenfassung gemeint, sondern eine Erschließung, die unter anderen folgende Fragen beantwortet:

Welches inhaltliche (argumentative) Ziel verfolgt der Text? Liegen Verschränkungen mit anderen Diskurssträngen vor? Mit welchem Gewicht? Welche sprachlichen Performanzen werden vollzogen? Welche Zwischenziele erreicht? Kommen Sprechhandlungen vor, die für die Erreichung des Ziels überflüssig sind? Welche Funktion haben sie? Sind sie Ornament? Zeigen sich bestimmte Fluchtlinien in der Argumentation? Auch die nicht zum Hauptthema gehörenden Unterthemen sollten restlos erfasst werden. So können die Diskurspositionen der Schreiber*innen rekonstruiert werden, die für die Beschreibung des Hauptthemas und seine Verschränkung mit anderen Diskurssträngen wichtig sein können. Denn durch diese Verschränkungen können besondere Effekte erzielt werden.

---

178 Die grafische Markierung verweist im Allgemeinen auf vorhandene Sinnabschnitte eines Diskursfragments. Darauf ist jedoch nicht immer Verlass. Es kann durchaus vorkommen, dass aufeinanderfolgende größere Sinneinheiten nicht markiert sind. An einer akribischen Rekonstruktion der Abfolge der Argumentation in einem Text zur Ermittlung der Komposition eines Textes wird man daher in keinem Falle vorbeikommen. Es ist aber immer davon auszugehen, dass mit graphischen Markierungen und auch deren Fehlen Wirkungen verbunden sein können.

Jeder Artikel hat auch eine bestimmte graphische Form (Platzierung, Layout, Schrift, Gestaltung der Überschrift, Hervorhebungen, Fettdruck der Einleitung etc.), und oft sind die Artikel von Fotos und Graphiken und sonstigen Bildern begleitet. Welche Funktion haben die Illustrationen? Sind sie nur Ornament oder Illustrationen der im Artikel dargestellten Inhalte, oder tragen sie darüber hinaus eigene Inhalte? Welche Wirkung könnte damit verbunden sein? Wo und wieso könnte z.B. ein Foto, eine Graphik, eine Karikatur einer sprachlichen Darstellung überlegen sein? Welchen spezifischen Sprachsequenzen sind diese Illustrationen zuzuordnen? Dienen sie der Illustration des Gesamtziels? Wen spricht die Form der graphischen und bildnerischen Gestaltung an? Handelt es sich bei den Fotos und Graphiken um Kollektivsymbole? Werden Artikel aus Online-Auftritten von Zeitungen analysiert, muss beachtet werden, dass Teile der grafischen Gestaltung abhängig von Nutzer*in und Browser sind.

6.1.9.3 Sprachlich-rhetorische Mittel[179]

Art und Form der Argumentation und Argumentationsstrategien, Logik und Komposition

Hier geht es um die ›Bauelemente‹ des Textes, um die Anfänge und Schlüsse der einzelnen Abschnitte und des Gesamttextes, um die Übergänge von Abschnitt zu Abschnitt. Wodurch wird die Textkohärenz hergestellt? Die Komposition und die argumentative Gliederung des gesamten Textes wird bestimmt durch das Zusammenfassen der zuvor ermittelten Gliederung zu übergreifenden Einheiten. Ordnen sich die ermittelten Abschnitte größeren thematischen Blöcken zu? Sind die einzelnen Abschnitte und die mit ihnen erreichten sprachlichen Zwischenziele logisch gegliedert? Welche Funktion haben die einzelnen Bausteine (Einleitung, Hauptteil, Schluss; Fragestellung, Materialvorstellung, Beweisführung, Aufruf, Vorstellung eines Programms etc.). Es ist das jeweils untersuchte Material, das hergeben muss, welche Funktion die jeweiligen Abschnitte bzw. Gliederungspunkte haben; es gibt dafür kein allgemeingültiges Schema. Trotzdem sollte man sich die Frage stellen, ob das gesamte Gliederungsschema an bekannte Formen erinnert, an bestimmte literarische Gattungen und fixe narrative Schemata (be-

179 Die folgenden Vorschläge beziehen sich hauptsächlich auf die Äußerungsebene und sind besonders für die Herausarbeitung der Wirkung des Diskursfragments interessant. Entsprechend kann daraus ausgewählt werden, denn sie sind natürlich nicht immer und nicht für jede sprachliche Performanz von Relevanz.

stimmte journalistische Textsorten, rhetorische Gliederungsschemata etc.), denn es kann sein, dass sich die Autor*innen die rhetorische Wirksamkeit überlieferter Formen zunutze machen.

Redewendungen und Sprichwörter
Sodann geht es um die Analyse der sprachlichen Routinen (narrative Schemata, Sprichwörter, Redensarten etc.). Das heißt zugleich, dass es auf diese Weise möglich ist, tiefer in die Diskursfragmente hineinzusteigen, sie besser und vollständiger zu erfassen als dies bei in den Sozialwissenschaften oftmals üblichen Paraphrasen möglich ist. Auf diese Weise lassen sich die Regelhaftigkeiten erfassen, in denen sich der Diskursstrang reproduziert.

Kollektivsymbolik, Implikate und Anspielungen
Zu fragen wäre etwa, wobei die folgenden Vorschläge nur die Richtung der Fragehaltung andeuten und keineswegs mechanisch absolviert werden sollten:

Enthält der Text Kollektivsymbole? Welche Funktion haben diese? Spielen die vorhandenen Substantive auf Vorwissen an? (Rotkäppchen spielt beispielsweise auf das Märchen *Rotkäppchen* an, Titanen spielt auf Kenntnisse der Sagen des klassischen Altertums an.) Welches Vorwissen wird vorausgesetzt? Welche soziale Gruppe wird durch dieses implizierte Vorwissen als Leser*innenschaft angesprochen?

Ergibt sich aus den Kontexten, dass Wörter mit ungewöhnlichen Bedeutungen versehen sind? (So wurde z.B. im NS-Faschismus das Wort ›fanatisch‹, das bis dato weitgehend negativ konnotiert war, durchweg mit einer positiven Bedeutung versehen.)[180]

Tauchen Implikate auf? In dem Satz: ›Er war freundlich zu ihm, obwohl er ihn hasst‹, wird impliziert, dass man zu jemandem, den man hasst, nicht freundlich sein kann oder sollte. Die Information, dass jemand belesen sei, kann abhängig vom Kontext implizieren, dass die Person als wissenschaftliche Autorität respektiert werden soll oder aber, dass sie als realitätsfern eingestuft wird. Darüberhinausgehend kann allgemein Wissenschaftsgläubigkeit, aber auch Intellektuellenfeindlichkeit impliziert werden. Die Behauptung, dass mangelnde Sprachkenntnisse ein Integrationshindernis seien, kann implizieren, dass mehr Sprachkurse gefordert werden, dass die Wir-Gruppe als

180 Vgl. dazu Klemperer 1987.

besonders gebildet betrachtet wird oder dass Migrant*innen grundsätzlich abgelehnt werden.

Häufig ist zu beobachten, dass solche sprachlichen Elemente, die auf ein Vorwissen oder auch auf Normen und Werte oder sogar auf bestimmte Einstellungen anspielen und sich damit sozusagen im Hintergrundwissen (Wissenshorizont) der Leser*innen einnisten (also ›Anspielungen‹ und ›Kollektivsymbole‹), eine Fährenfunktion haben.[181] Sie können sozusagen als ›Fähren ins Bewusstsein‹ für andere Inhalte dienen, indem diese an sie gleichsam angekoppelt werden und so mit ihnen zusammen ins vorhandene Hintergrundwissen, oder anders: in den diskursiv erzeugten Wissenshorizont hinein transportiert werden. Diese Ankopplung kann mehr oder minder eng sein. Hier ist zu beachten, dass den Leser*innen natürlich nicht jedes einzelne Kollektivsymbol und jede einzelne ›Fähre‹ bewusst sein wird. Die Häufigkeit des Einsatzes dieser Mittel lässt aber die Annahme zu, dass – wie in der Werbung – immer etwas hängen bleibt und sich durch weitere Lektüre entsprechender Texte weiter verfestigt.

Zu fragen ist also: Hat das Kollektivsymbol ›Fährenfunktion‹? Um dies zu ermitteln, sind alle Elemente des Textes, die direkt auf ein spezielles Vorwissen anspielen, auf bestimmte historische oder sonstige Ereignisse, noch gesondert zu erfassen.[182] Es handelt sich dabei natürlich nicht immer nur um einzelne Wörter, sondern auch um Redensarten, Sprichwörter, Metaphern, Jargonelemente (Jugendsprache, Wissenschaftssprache, Duktus wissenschaftlicher Texte), Namen von Autoritäten, Zitate und sonstige diskursive Elemente. Zu beachten sind auch sogenannte Pragmasymbole als eine Spielart der Kollektivsymbolik.[183]

181 Der Begriff der ›Fähre‹ ist von Utz Maas in die Diskussion gebracht worden. »Der im engeren Sinne analysierte sprachliche Diskurs fungiert dabei als *Fähre* [...] , die die Menschen von ihren konkreten Erfahrungen, ihren Hoffnungen und Ängsten, aber auch ihrem opferbereiten Elan in die integrativen Organisationsformen des Machtapparates transportieren« (Maas 1984, S.11).

182 Franz Januschek hat in seinem Buch *Arbeit an Sprache* (1986) eine »Linguistik der Anspielung« entwickelt. Er geht generell davon aus, dass man einen Sprecher oder eine Sprecherin deshalb versteht, weil man mit ihm oder ihr *besondere* gemeinsame Erfahrungen teilt (vgl. S.83).

183 Siehe zu Pragmasymbolen Kap. 4.12.1.5.

Wortschatz und Stil
Anschließend werden die Substantive gesichtet und nach Bedeutungsfeldern geordnet (Politik allgemein, Krankheit, Militär, Wetter, Geschichte etc.). Dabei sind Besonderheiten festzuhalten. Diese Zuordnung erleichtert die Charakterisierung der Sprache des Autors z.B. als militaristisch, einschüchternd etc. Zu beachten ist auch, dass solche Bedeutungsfelder insgesamt auch eine Art Fährenfunktion haben können bzw. auf globalere positiv oder negativ besetzte Erfahrungshintergründe anspielen (Soldatensprache, Sprache der Natur etc.). Eine vollständige Erfassung aller Substantive ist in der Regel nicht erforderlich, da z.B. die Zuordnung zu Bedeutungsfeldern kaum Aussagen zulässt, die durch die Analyse von Kollektivsymbolen nicht auch gewonnen werden können. Hier ist entsprechend qualitativ vorzugehen.

Diskursfragmente enthalten meist rekurrente binaristisch strukturierte semantische Elemente. Solche semantischen Bezüge sorgen für Verständlichkeit, da sie den Bedeutungszusammenhang eines Textes konstituieren. Sie treten oft als Binäroppositionen auf, wenn sie z.B. Gegensätze wie stabil vs. instabil, frei vs. unfrei, rational vs. irrational, vorher vs. nachher markieren.[184]

Die Verbformen sollten nach Person, Modus, Tempus geordnet und den thematischen Abschnitten zugeordnet werden. Wann beziehen sich Autor*innen auf Vergangenheit, Gegenwart oder Zukunft? Wann wählen sie Konjunktive oder Befehlsformen? Welche Besonderheiten lassen sich feststellen, z.B. Tempuswechsel? Gibt es Dominanzen von Tempora? Lassen sich Bezüge zu den Inhalten des Diskursfragmentes herstellen? Verwenden Autor*innen z.B. den Konjunktiv, wenn eine Distanzierung vorgenommen werden soll oder handelt es sich um indirekte Rede? Ist das charakteristisch?

Akteure (Personen, Personalpronomen)
Auch Personalpronomen sollten betrachtet werden. In Verbindung mit den substantivisch gefassten (oft stereotypen) Akteur*innen wird bestimmt, wer gemeint ist, z.B. bestimmte im Text angesprochene Personen, ›Wir‹ (Wer genau? Alle Menschen, der Autor, die Autorin und die Leser*innen, Mitglieder einer Gruppe, die Deutschen?) usw. Hierdurch kann eine Vereinnahmung, eine Selbstdarstellung usw. entstehen. Wie verteilen sich die Pronomen auf den Text?[185]

184 Vgl. dazu Link 1990.

185 Vgl. dazu Reinfeldt 2000.

Bei der folgenden Sichtung der Verben sollte auf versteckte Kollektivsymbolik besonders geachtet werden, z.B. wenn Migrant*innen ›hereinströmen‹ (bedrohliche aus dem kollektivsymbolischen Außen kommende Flut) oder ›geschleppt‹ und ›abgeschoben‹ werden (entsubjektivierendes Kollektivsymbol).

Die Sichtung der Adjektive schließlich dient dazu, die negative und/oder positive Zuschreibungen zu Personen, Gruppen und ganzen Bevölkerungen darzustellen.

Inhaltliche Struktur

Alsdann werden die Mittel der Grob- und Fein-Strukturierung untersucht (z.B.: ›danach‹, ›wie ich zu Beginn bereits sagte‹, oder ›im Gegensatz dazu‹). Welche Funktion haben diese Elemente? Strukturieren sie den Text zeitlich oder inhaltlich? Lassen sie ein bestimmtes rhetorisches Bemühen erkennen (Parallelisierungen, Kontrastierungen etc.)?

Auch findet eine Untersuchung der Argumentationsstrategien statt, also der Art und Weise, wie argumentiert wird: Relativierung, Verleugnung, Nahelegung, Sprünge, (unzulässige) Verallgemeinerung, quasi-mathematische Beweisführung, rhetorischer Fünfsatzschritt etc.[186]

Syntaktische Mittel

Welche syntaktischen Mittel werden eingesetzt? Satzlänge, Hypotaxen (Nebensatzkonstruktionen), Parataxen (Hauptsatzreihungen), Vergleichssätze, Folgesätze etc. Hier sind Aussagen möglich zur Komplexität der Sprache und zum Stil (Überredungsabsicht, überzeugender Stil etc.), Lesbarkeit, Verständlichkeit, Klarheit etc.

Welche weiteren sprachlichen Besonderheiten des Textes fallen auf? Hervorhebungen, Ausrufe, Fragesätze, direkte und indirekte Rede, dialogische Struktur, feste narrative Strukturen etc. Aber auch Fehler, Täuschungen durch falsche Zitate, falsche Quellenangaben usw.

6.1.9.4 Gesellschaftspolitische Aussagen

In fast jedem Artikel bzw. Diskursfragment finden sich Anhaltspunkte für gesellschaftspolitische Einschätzungen etwa im Hinblick auf das grundsätzliche Gesellschaftsverständnis, das verinnerlichte allgemeine Menschenbild,

186 Vgl. dazu auch die Untersuchung von van Dijk 1992 und S. Jäger 1992, S.242 ff.

Positionen zu (neuen) Technologien, auf Fragen der Ökologie, auf erwartbare Entwicklungen, auf Fragen menschlicher Existenz, auf Normalitäts- und Wahrheitsvorstellungen allgemein. Solche Hinweise auf die Diskursposition können wichtige ›Duftmarken‹ für eine Analyse darstellen und verdienen daher besondere Beachtung.

6.1.9.5 Abschließende Gesamtanalyse und Verschriftlichung

Die Arbeitsschritte (6.1.9.1 bis 6.1.9.4) sind ausnahmslos Vorarbeiten für die nun erfolgende aufbereitete Darstellung des betreffenden Diskursfragments. Diese aufbereitete Darstellung wird verschriftlicht. Das heißt, alle festgestellten (wichtigen) Befunde, die sozialen und die sprachlichen Besonderheiten, müssen jetzt in Zusammenhang gesetzt werden. Dabei geht es nicht in erster Linie um das von der Autor*in Gemeinte, sondern um das, was bei den Leser*innen des Textes ankommt, also um die Wirkungen. Es ist jedoch nicht davon auszugehen, dass jeder Leser und jede Leserin den Text so verstehen muss, wie er in der Analyse entschlüsselt worden ist. Dabei muss das einzelne Diskursfragment immer als Teilelement eines Diskurses gesehen werden. Als ein solches Exemplar seiner Gattung ist es für die Diskursanalyse interessant. Das bedeutet nicht, dass es die gesamte Gattung in all ihren Facetten repräsentiert. Es tut dies jedoch in gewissen Ausschnitten. Daher ist es auch erforderlich, eine gewisse Anzahl von Texten zugleich zu untersuchen, wenn man den Diskursstrang (›die Gattung‹), zu der er gehört, vollständig und in der ganzen Bandbreite seiner Wirkung erfassen will. Zu bedenken ist immer: Es ist nicht das einzelne Diskursfragment, das wirkt, sondern der Diskurs als ganzer in seinem Fluss durch Zeit und Raum und seiner kontinuierlichen Einwirkung auf Subjekte und Gesellschaften, wodurch sich die Aussagen eines Diskurses in massenhaften Verkleidungen in diverse Äußerungen im kollektiven und individuellen Bewusstsein festsetzen.

Bei der Darstellung des Diskursfragments könnten nun etwa die folgenden Fragen beantwortet und im Detail begründet werden:

1. Welche ›Botschaft‹ vermittelt dieses Diskursfragment? (Anlass und Ziel des Textes, evtl. in Verbindung mit der ›Grundhaltung‹ der Autor*in.)
2. Welche sprachlichen und sonstigen Wirkungsmittel werden eingesetzt? Wie sind diese bezüglich ihrer Wirksamkeit einzuschätzen?
3. Welche Zielgruppen werden angesprochen?
4. Welche Wirksamkeit im Hinblick auf die Veränderung von dominanten oder subalternen Diskursen werden angesprochen?

5. In welchem diskursiven Kontext steht das Diskursfragment? Welche gesellschaftlichen Bedingungen gehen in den Text ein? Wie ist das Verhältnis zum hegemonialen Diskurs? Wie wird Bezug auf (diskursive) Ereignisse, politische, ökonomische, historische und kulturelle Gegebenheiten genommen? Etc.

Nicht nur hier, sondern für die ganze Feinanalyse gilt: Die hier vorgenommene Anleitung kann auch Analysevorschläge enthalten, die für den jeweiligen Text völlig überflüssig oder unergiebig sind. Insofern ist ein solcher Analyseschlüssel auch nur eine Werkzeugkiste, die eine intensive Auseinandersetzung mit den Besonderheiten des Diskursfragments nicht ersparen kann. Insbesondere sollte nicht mechanisch vorgegangen werden. So muss man z.B. keineswegs alle Substantive etc. mit Fährenfunktion analysieren. Häufig zeigt sich, dass bestimmte Typen immer wieder vorkommen und die weitere Analyse nicht mehr ergiebig für eine Darstellung sein kann. Wichtig ist immer die Beachtung der ›Kontexte‹.

Bisher mit der KDA durchgeführte Projekte zeigen, dass die Darstellung eines Diskursfragmentes ganz anders gegliedert sein kann, als die voranstehenden Fragen angeordnet sind. Zu beachten ist auch: Dieses Verfahren ist zwar in erster Linie empirisch und um Objektivierung bemüht. Die Analyse kann aber, wie sich zeigen wird, auch Grundlage für eine kritische Auseinandersetzung damit sein. Es beansprucht zudem auch, auf literarische Texte übertragbar zu sein.

Zur praktischen Anwendung dieses Analyseverfahrens für typische Diskursfragmente ist noch der folgende Hinweis wichtig: Bei den Materialaufbereitungen tauchen immer schon Ansätze zur Analyse der erfassten Phänomene auf. Im Beispiel: In einem Diskursfragment finden sich auffällige Kollektivsymbole wie Lokomotive, Auto, Aufschwung, Vorlage, Frühling, verbessertes Klima etc. Auf dem Hintergrund der Kenntnisse zur Kollektivsymboltheorie fällt sofort auf, dass sie auf einen gemeinsamen (sekundären) semantischen Zusammenhang zielen, etwa auf ›Fortschritt‹ oder ›Ansteigen‹ der Wirtschaftskonjunktur. Mit anderen Worten: Wenn man eine Materialaufbereitung eines Diskursfragments vornimmt, denkt man bereits immer mit, man ›interpretiert‹ die einzelnen Phänomene bereits ein Stück weit. Dieses ›Mitdenken‹ sollte bei jedem Analyseschritt in Form eines Arbeitsprotokolls schriftlich festgehalten werden; dies auch dann, wenn die Analyse dem Interpreten bzw. der Interpretin zunächst noch etwas spekulativ vorkommen mag.

Es hat sich gezeigt, dass solche Notizen sehr wertvoll sind, wenn es nach der Materialaufbereitung an die Gesamtanalyse des Diskursfragments geht. In aller Regel zeigt sich, dass die ersten ›Einfälle‹ Anregungen für eine tiefergehende Analyse enthalten, die dann in einem zweiten Durchgang vorgenommen wird. Meist stellt sich dabei heraus, dass die vorgenommenen Deutungen von Einzelphänomenen miteinander korrespondieren, so dass sich im Verlauf der Analyse allmählich ein Gesamtbild ergibt. Dabei werden zugleich Analyseansätze, die nur spekulativ waren, ganz ausgeschieden werden können. So vorgenommene Materialaufbereitungen bilden das Herzstück der Analyse von Diskursfragmenten, die sodann sozusagen ›in einem Zuge‹, unter ausführlichen Hinweisen auf Materialbelege, durchgeführt werden kann.[187]

6.1.10 Verortung der Ergebnisse von Struktur- und Feinanalyse in den Diskursstrang

Es folgt die Analyse des gesamten Diskursstrangs unter dichtem Bezug auf die Ergebnisse der Struktur- und der Feinanalyse(n). Hier geht es nun darum, die wesentlichen inhaltlichen und formalen Merkmale des gesamten Diskursstrangs möglichst genau darzustellen, bevor abschließend in einem Fazit eine kritische Auseinandersetzung mit ihm erfolgen kann.

6.1.11 Synopse

Wurden mehrere Diskursanalysen angefertigt, folgt im Rahmen der Synopse eine vergleichende Zusammenfassung.

6.2 Forschungsdesign einer Analyse des Alltagsdiskurses durch Interviews

6.2.1 Fragestellung

Auch bei einer Analyse des Alltagsdiskurses steht die Ausarbeitung des Forschungsdesigns am Anfang. Dabei ist darauf zu achten, dass die Fragestellung offen formuliert wird und Implikate vermieden werden. Wenn zum Beispiel rassistische Effekte im Einwanderungsdiskurs untersucht werden sollen, so geht es darum, den Einwanderungsdiskurs insgesamt zu betrachten. Eine

187 Das Zusammenspiel von Struktur- und Feinanalysen kann gut exemplarisch nachvollzogen werden in M. Jäger/S. Jäger (Hg.) 2002, wo eine Reihe von Analysen anhand unterschiedlicher Hauptthemen durchgeführt wurde.

Forschungsfrage z.B. nach rassistischen Denkmustern im Migrationsdiskurs auf Ebene des Alltags in Bezug auf das Thema Krawalle in der Silvesternacht 2022/23 verengt den Blick auf rassistische Aussagen. Eine offene Frage wäre die nach dem Sagbarkeitsfeld im Migrationsdiskurs auf Ebene des Alltags in Bezug auf das Thema Krawalle in der Silvesternacht 2022/23.[188] Das bedeutet, dass alle Themen dieses Diskurses in den Blick genommen und auch mögliche Verschränkungen mit anderen Diskurssträngen berücksichtigt werden. Der Blick ist damit offen für rassistische und antirassistische, aber auch für viele andere Aussagen und deren vielfältige Verknüpfungen.

Es geht also um ein offenes Forschungsdesign, in dem eigene Deutungen oder Vorannahmen nicht impliziert sind. Denn schließlich soll sich die Analyse auf das gesamte Sagbarkeitsfeld eines Diskursstrangs beziehen.

6.2.2 Kontextualisierung der Fragestellung

Entsprechend geht es bei der Kontextualisierung der Fragestellung darum, angrenzende Themen oder Diskursstränge zu benennen. Wenn z.B. der Alltagsdiskurs zu Einwanderung im Mittelpunkt der Betrachtung steht, sollten z.B. der Sozialdiskurs oder auch der Geschlechterdiskurs mit in den Blick genommen werden, damit mögliche Verschränkungen berücksichtigt werden können.

6.2.3 Erarbeitung von Kriterien für die Auswahl von Interviewpartner*innen

Bei einer Mediendiskursanalyse wird die Zusammensetzung des Analysematerials anhand von Diskurspositionen vorgenommen; dies gilt auch für die Erarbeitung von Kriterien für die Auswahl von Interviewpartner*innen bei einer Analyse des Alltagsdiskurses. Auch hier sollte aus der Fragestellung abgeleitet werden, welche Bandbreite an Diskurspositionen für die Erfassung des gesamten Sagbarkeitsfeldes relevant ist. Hier können Alter, Geschlecht, Bildung, Migrationsgeschichte, aber auch regionale Herkunft unter Umständen wichtig sein.[189] Wenn z.B. der Sicherheitsdiskurs im Mittelpunkt

188 Gegebenenfalls könnte beispielsweise ergänzt werden, dass rassistischen und antirassistischen Effekten in der Synopse besondere Beachtung geschenkt werden sollen.

189 Unsere bisherigen Analysen haben allerdings ergeben, dass solche soziologischen Unterscheidungskriterien wenig aufschlussreich sind. Der Diskurs konstituiert die Subjekte offenbar in größerer Gleichförmigkeit, als wir uns dies zunächst vorgestellt hatten. Daher haben Einteilungen von Proband*innen nach solchen Kriterien eher nur heuristischen

der Analyse steht, dann können aufgrund der Lebenserfahrungen Alter, Bildung und Migrationsgeschichte von Bedeutung sein, während regionale Unterschiede, z.B. zwischen Ost- und Westdeutschland nicht zentral für die Bewertung von Sicherheit sind. Im Unterschied zu der Berücksichtigung von Ost- und Westdeutschland könnte es wichtiger sein, die unterschiedlichen Wohnsituationen in Städten und ländlichen Gebieten zu berücksichtigen.

6.2.4 Erstellung eines Interviewleitfadens

Interviews werden nicht nach einem standardisierten Verfahren erhoben, vielmehr wird angestrebt, dass sich die Interviewten frei äußern können. Der Interviewleitfaden sollte alle in der Fragestellung und Kontextualisierung erfassten Themen enthalten. Eventuell kann es sinnvoll sein, offene Redeimpulse vorzubereiten, um Raum für die gewünschten Themen zu schaffen. Solche Impulse könnten Fragen sein, bei denen die Interviewten aufgefordert werden, Stellung zu nehmen oder aber auch, eine Stellungnahme abzulehnen. Gerade wenn es sich um heikle Themen handelt, die in der Gesellschaft strittig diskutiert werden, können solche Impulse hilfreich sein. Bei den Themen ›Einwanderung und Flucht‹ spielen etwa mögliche rassistische Positionen eine Rolle. Damit sich der oder die Interviewte nicht von vornehereinunter einen ›Rassismus-Verdacht‹ gestellt sieht, sollte das Interview mit offenen Fragen begonnen werden, die Raum für das Einbringen eigener Erfahrungen und Erzählungen bieten. D.h. es sollten keine Fragen gestellt werden, die eine Antwort provozieren, die sozial erwartbar ist. Offene Einstiegsfragen könnten etwa sein: Wie fühlen sie sich hier in ihrem Stadtteil? Gefällt es ihn hier? Wie sieht ihr Alltag aus?

6.2.5 Erhebung von (Tiefen)-Interviews

Die Interviews sollten in einer möglichst ruhigen Atmosphäre stattfinden. D.h. Störungen durch Telefonate etc. sollten unterbunden werden. Auch sollten sie in einer für die Interviewpartner*innen gewohnten Umgebung stattfinden, also möglichst in ihren Privaträumen. Den Interviewten sollte das Untersuchungsinteresse bekannt sein. Dies ist nicht nur eine Frage der wissenschaftlichen Ethik. Die Interviewten werden während des Gesprächs nicht dadurch abgelenkt, dass sie herauszufinden versuchen, um was es bei dem In-

Wert; sie können u.U. hilfreich sein, die Bestimmung gewisser Streuungen des Materials zu erleichtern. Vgl. dazu bereits die Ergebnisse in S. Jäger 1992; eine genauere Reflexion dieses Umstandes findet sich in M. Jäger 1996.

terview eigentlich geht. Interviewer*innen und die zu Interviewenden sollten sich nicht vorher kennen. So wird vermieden, dass gegenseitiges Vorwissen in die Interviews fließen kann. Den Interviewten sollte Anonymität zugesichert werden. Dies kann dazu beitragen, dass ungezwungener auch über strittige Sachverhalte gesprochen werden kann. Um eine asymmetrische Interviewsituation zu vermeiden, sollten sich die Interviewer*innen durchaus auch in das Gespräch einbringen, indem sie eigene Erfahrungen einfließen lassen, aber auch gegebenenfalls Widerspruch zu dem Gesagten äußern.

6.2.6 Transkription und Verschriftlichung der Interviews

Die Transkription der Interviews sollte alles erfassen, was gesagt worden ist. Dabei kann auf eine lautsprachliche Transkription verzichtet werden. Für eine Diskursanalyse bietet sich eine vereinfachte Transkription an. Bei ihr wird das vermerkt, was gesagt wird, außerdem werden noch Pausen, Unterbrechungen, Stockungen im Redefluss und auch dialektale und regionalsprachliche Besonderheiten erfasst. Auch auf Sprecher*innenwechsel sollte geachtet werden, indem z.B. vermerkt wird, wenn es gegenseitige Unterbrechungen gibt.

6.2.7 Erstellung eines Analyseleitfadens für die Strukturanalysen der Interviews

Da davon auszugehen ist, dass die erhobenen Interviews eine Fülle von Diskursfragmenten enthalten, wird jedes einzelne Interview jeweils einer Strukturanalyse unterzogen. Diese sollte die folgenden Punkte berücksichtigen.

6.2.7.1 Die ›Partitur‹ des Interviews

Nachdem die Interviews mit Zeilennummern versehen worden sind, sollte eine ›Partitur‹ des Interviews erstellt werden, mit der dessen Struktur sichtbar gemacht wird: Das bedeutet, dass die thematischen Felder chronologisch dargestellt werden. Hierdurch lassen sich zum Beispiel inhaltliche Sprünge erfassen.

6.2.7.2 Ermittlung der thematischen Felder

Hier werden die bereits erfassten thematischen Felder gruppiert und mit den entsprechenden Zeilennummern aus dem Interview versehen. Um die spätere synoptische Analyse zu ermöglichen, ist eine Vereinheitlichung der Themen notwendig. Es sollten also nicht bei einem Interview die Themen Leben in einer Großstadt und Gefahren der Großstadt notiert werden, bei einem anderen Interview jedoch Gefahren und Chancen von Urbanität. Die Vereinheitlichung der Themen macht es möglich, die Interviews später thematisch miteinander zu vergleichen.

6.2.7.3 Zuschreibungen zu den angesprochenen Themen

Die ermittelten Themen werden hinsichtlich einer möglichen Bewertung aufgenommen. Es wird also danach gefragt, mit welchen Zuschreibungen sie versehen wurden. Wird z.B. beim Thema ›Einwanderung‹ eine Beschränkung für bestimmte Gruppen oder Nationalitäten befürwortet oder abgelehnt? Werden Einwander*innen unterschiedlich bewertet?

6.2.7.4 Ermittlung von Aussagen

Die Ermittlung aller Aussagen und damit des Sagbarkeitsfeldes ist das Herzstück jeder Strukturanalyse. Dazu müssen die Aussagen aus den mündlichen Äußerungen als gemeinsamer Nenner gezogen werden.[190] Außerdem können die Verknüpfungen der Aussagen untersucht werden, um so das Aussagengeflecht zu rekonstruieren.

Lebensweisheiten
Werden von der interviewten Person grundsätzliche Maximen geäußert, die Kriterium für die Bewertung der angesprochenen Sachverhalte sind? So kann es vorkommen, dass geäußert wird, dass alle Menschen gleich seien. Es kann aber auch sein, dass hier Unterschiede. z.B. zwischen Männern und Frauen gemacht werden.

Vorstellung von Normalität
Rekurriert die interviewte Person auf eine gewünschte oder abgelehnte Normalität in Verbindung mit den angesprochenen Sachverhalten? Was ist für sie ›normal‹? Was nicht? Ist Normalität überhaupt wichtig? Ist es in Verbindung mit der aktuellen Gesellschaft z.B. normal, dass muslimische Frauen in der Öffentlichkeit ein Kopftuch tragen?

Gesellschaftliches Verständnis
Welches Verständnis wird gegenüber gesellschaftlichen Gegebenheiten geäußert: eher individualistisch oder kollektivistisch, nach dem Motto: Jeder

190 Zum Unterschied zwischen Aussagen und Äußerungen s. Kapitel 4.2.

ist seines Glückes Schmied oder werden klassenpolitische Argumente herangezogen?

Menschenbild
Lässt sich aus den Äußerungen der interviewten Person auf ein bestimmtes Menschenbild schließen? Z.B.: Der Mensch ist von Grund auf egoistisch oder auf den anderen angewiesen.

6.2.8 Synoptische Analyse der Strukturanalysen

Eine synoptische Analyse der Strukturanalysen kann und soll das Sagbarkeitsfeld des untersuchten Diskurses ermitteln. Sie ermittelt die wesentlichen Aussagen des Diskurses. Auch lassen sich dominante Verschränkungen mit anderen Diskursen herausarbeiten.

6.2.9 Ermittlung typischer Interviewpassagen für Feinanalysen

Vor dem Hintergrund der Ergebnisse der synoptischen Analyse lassen sich nun Passagen aus den Interviews aufsuchen, in denen die ermittelten Aussagen gehäuft geäußert wurden und die sich deshalb für Feinanalysen eignen. So hat sich z.B. bei einer Analyse der Verschränkung von Einwanderungs- und Geschlechterdiskurs herausgestellt, dass es verschiedene Formen einer Ethnisierung von Sexismus gibt: Eine ›statische‹ und eine ›dynamische‹ Ethnisierung. Der Unterschied ist dabei in der Stabilität der Ethnisierung auszumachen. Einer statischen Ethnisierung liegt eine Rassenkonstruktion zugrunde, während eine dynamische Ethnisierung Entwicklungsperspektiven enthält und das Verhalten nicht naturalisiert wird. Für die Feinanalyse sucht man dann Interviewpassagen, in der eine oder beide Formen ausführlich und in typischer Art enthalten sind.

6.2.10 Feinanalyse dieser Interviewpassagen

Es kann vorkommen, dass es zu Dopplungen in der Analyse kommt. Das ist aber nicht negativ, sondern es zeigt im Gegenteil, dass der Text akribisch untersucht wird.

6.2.10.1 Art und Form der Argumentation

Es lassen sich verschiedene Argumentationsweisen unterscheiden, z.B.:

- Untermauerung der Auffassung durch den Verweis auf Autoritäten, also auf Medien, Politiker*innen etc.

- Enttabuisierung von angeblich Nicht-Sagbarem. Diese liegt z.B. vor, wenn sich Äußerungen gegen nur vermeintliche Redeverbote richten. Typisch hierfür ist etwa die Redewendung: Das wird man ja wohl noch sagen dürfen!
- Verharmlosungen lassen sich oft auffinden, wenn es um die Bewertung der deutschen Vergangenheit geht. Wenn hier gleichzeitig auf Verbrechen anderer Staaten verwiesen wird, wird damit die Vergangenheit des eigenen Staates verharmlost.
- Verallgemeinerungen/Unterstellungen. Eine Verallgemeinerung liegt etwa dann vor, wenn das Verhalten einzelner Personen auf die gesamte Gruppe übertragen wird. Häufig ist sie Grundlage für rechtspopulistische Argumente. Diese stellen ›denen da unten‹ ein ›die da oben‹ gegenüber und unterstellen diesen gleichzeitig bestimmte Intentionen.
- Relativierungen. Eine Relativierung wird im Einwanderungsdiskurs z.B. dann vorgenommen, wenn darauf verwiesen wird, dass unter den Einwander*innen auch Rassismus aufzufinden ist. Damit wird der Rassismus der Mehrheitsgesellschaft impliziert relativiert.
- Demokratische oder humanitäre Argumente als Ticket zur Legitimation von negativen Bewertungen. Hier ist für eine Analyse des Einwanderungsdiskurses etwa die Ethnisierung von Sexismus zu nennen.
- Verschiebung bzw. Umkehrung der gesellschaftlichen Machtverhältnisse (Opfer-Täter-Umkehr). Dies ist der Fall, wenn negative Vorbehalte gegenüber bestimmten Gruppen damit gerechtfertigt werden, dass diese mit ihrem Verhalten, z.B. mit kriminellen Handlungen, zu dieser Bewertung beitragen.
- Artikulation von Positionslosigkeit. Dies kann sich dadurch ausdrücken, dass mit einer Einerseits-Andererseits-Argumentation vermieden wird, sich auf eine bestimmte Position festzulegen.

6.2.10.2 Interjektionen, Unterbrechungen, Pausen

Unterbrechungen und Pausen können auf Unsicherheiten, aber auch darauf verweisen, dass die Worte sorgfältig gewählt werden.

6.2.10.3 Implikate und Anspielungen

Implikate und Anspielungen verweisen unter Umständen auf andere Diskursstränge. Darüber hinaus geben sie Auskunft über Sachverhalte, die nicht expliziert, aber trotzdem mitgeteilt werden sollen. Sie werden immer dann eingesetzt, wenn etwas nicht in aller Deutlichkeit ausgesprochen werden soll – also entlang der Grenzen von Sagbarkeiten. Die Aussage, die Covid-19-Pandemie sei eine Erfindung politischer Eliten, könnte folgendermaßen als Implikat sagbar gemacht werden: »Meine Tochter fragt mich immer, wieso man nirgends Särge sieht, obwohl doch tausende Menschen an Corona sterben. Ich will damit nicht sagen, dass das alles nicht stimmt. Aber komisch ist es schon. Und für Merkel und die anderen da oben ist das schon sehr praktisch, dass sie jetzt alles unter Kontrolle haben.«

6.2.10.4 Kollektivsymbolik bzw. Bildlichkeit und Metaphorik

Die Analyse der verwendeten Kollektivsymbole und ihre Verortung in die kollektivsymbolische Topik gibt Auskunft über Innen-Außen-Konstruktionen beziehungsweise über die Konstruktion von Wir-Gruppen, die sich von ›Denen‹ abgrenzen. Sie erlaubt Aussagen zu der politischen Verortung von Äußerungen, über Zukunfts- und Vergangenheitskonstruktionen etc. Darüber hinaus ist der Text darauf zu befragen, ob es weitere nicht-kollektivsymbolische Metaphern oder Bilder gibt.

6.2.10.5 Selbst- und Fremddarstellung

Wie wird über Außenstehende berichtet? Liegen Unterschiede zu den Bewertungen der eigenen Person oder Personengruppe vor? Die Erfassung von Selbst- und Fremddarstellung lässt Aufschlüsse über mögliche Vorbehalte zu, aber auch Vorlieben erkennen.

6.2.10.6 Redewendungen, Sprichwörter, Phraseologismen

Redewendungen und Sprichwörter verweisen auf den engeren diskursiven Kontext, aus dem heraus gesprochen wird. Damit lassen sich komplexe Sachverhalte griffig formulieren. Dass Personen »in Saus und Braus« leben, kann je nach Kontext mehrere Aspekte konnotieren: Sie leben über ihre Verhältnisse. Sie vernachlässigen andere Menschen. Sie gefährden den aktuellen Wohlstand. Etc.

6.2.10.7 Wortschatz und Stil

Dies gilt auch für die Betrachtung von Wortschatz und Stil. Der Wortschatz kann sich auf regionale Besonderheiten beziehen. Bei der Betrachtung des Stils kann herausgearbeitet werden, inwiefern die Interviewten ihre Argumente selbstbewusst vortragen.

6.2.10.8 Verwendung von Pronomina und Aktiv-Passiv-Konstruktionen

Die Betrachtung von Akteur*innen einschließlich der Verwendung von Pronomina knüpft an an die Analyse der Fremd- und Selbstdarstellung und kann diese bestätigen oder aber auch einschränken.

6.2.10.9 Referenzbezüge

Die Artikulation von Referenzen gibt Aufschluss über den persönlichen und diskursiven Horizont, vor dem die Bewertungen und Aussagen vorgenommen werden. Bei der Betrachtung der Argumentationsstrukturen ist dieser Aspekt bereits angesprochen worden und kann hier noch einmal betont oder eingeschränkt werden.

6.2.10.10 Interviewverlauf: Rolle des oder der Interviewenden

Die Betrachtung der Interventionen des oder der Interviewenden ist dazu geeignet, festzustellen, ob bestimmte Äußerungen durch die Intervention dieser Personen vorgenommen wurden. Hier geht es also darum, zu ermitteln, wie der oder die Interviewende das Gespräch geleitet hat und ob dem Interviewten Spielraum gelassen wurde, um eigene Akzente zu setzen.

6.2.11 Verortung der Ergebnisse der Feinanalyse innerhalb der Strukturanalyse

Die Feinanalyse ist vor allem darauf gerichtet, herauszuarbeiten, wie die durch die Strukturanalyse erfassten Aussagen geäußert werden. Es lässt sich so feststellen, ob bestimmte Aussagen mit bestimmen Äußerungsformen einhergehen.

6.2.12 Zusammenfassende Betrachtung und Interpretation

In der zusammenfassenden Betrachtung werden die Ergebnisse der einzelnen Analyseschritte noch einmal zusammengetragen und in ihrer Gesamtheit interpretiert. Die hier dargestellten Analyseschritte entsprechen in der Regel nicht unbedingt der Präsentation der Ergebnisse der Analyse. Um die Lesbarkeit der Analyse zu erhöhen, kann es vielmehr sinnvoll sein, zunächst die erzielten Ergebnisse zu präsentieren, die dann mit den Ergebnissen der Analyseschritte untermauert werden.

6.3 Die Analyse von Online-Diskursen

Unter Online-Diskursen verstehen wir die Teile von Diskursen, die in Online-Medien verhandelt werden. Wir haben im DISS noch keine größeren Analysen von Online-Diskursen durchgeführt. Die Diskurswerkstatt[191] hat sich jedoch in den Jahren 2017-2020 intensiv mit diesem Thema beschäftigt und ein Arbeitspapier erstellt[192], in dem die Besonderheiten und Fragestellungen für eine KDA von Online-Diskursen erläutert werden. In den folgenden Unterkapiteln beziehen wir uns auf dieses Arbeitspapier und aktualisieren es.[193]

Die bisherigen Erfahrungen zeigen, dass die Methode der KDA ohne große Probleme auch auf Online-Diskurse übertragbar ist. Die folgenden Besonderheiten ergeben sich dabei.

6.3.1 Eigenheiten von Online-Diskursen

Online-Diskurse sind transmediale Verfestigungen und regulierte wie regulierende Praktiken des Zeichengebrauchs durch Diskursbeteiligte – beispielsweise in Form von Texten, Bildern oder audiovisuellem Material (vgl. Fraas/Meier/Pentzold 2013, S.11). Sie zeichnen sich insbesondere durch ihren fluiden und schnelllebigen Charakter aus. Daraus ergeben sich für die Kritische Diskursanalyse relevante Forschungsfragen.

So können von Aussagen oder Themen innerhalb von Online-Diskursen Effekte ausgehen, beispielsweise, wenn sie in hegemonialen Printmedien aufgegriffen werden, wie innerhalb der so genannten »Sexismusdebatte« um

191 Bei der Diskurswerkstatt handelt es sich um eine Arbeitsgruppe im DISS, die sich seit 1992 mit Diskurstheorie und Diskursanalyse beschäftigt.

192 Unveröffentlichtes Arbeitspapier der Diskurswerkstatt unter Leitung von Isolde Aigner aus dem Jahr 2018.

193 Wir haben das Arbeitspapier im Austausch mit anderen Wissenschaftler*innen diskutiert. Wichtige Erfahrungen verdanken wir einerseits dem Sprachwissenschaftler Franz Januschek und andererseits Ursula Birsl, Anja Schmidt-Kleiner, Ina Pallinger und Laura Jäkel, dem Team des Teilprojekts *Dynamiken rechter Gewalt im Kontext der Debatte um Flucht und Asyl. Gelegenheitsstrukturen und Gegenmaßnahmen* im *Projektverbund PropagANDa, MObilisierung und RAdikalisierung (Pandora)* der Philipps-Universität Marburg. Außerdem hatten wir einen regen Austausch mit Wissenschaftler*innen, die Diskursanalysen von Online-Diskursen anfertigten, insbesondere mit Nascosta (2022), die eine KDA über die Selbstinszenierung einer extrem rechten Frauengruppe auf Instagram gemacht hat, und Lisa Wessel (2021), die eine Diskursanalyse (keine KDA) über einen Querdenken-Chat gemacht hat.

den Hashtag #Aufschrei, die Wissen über Alltagssexismus in den hegemonialen Diskurs beförderte[194]. Auch können Aussagen in Online-Diskursen als Applikationsvorlage für konkrete Handlungen fungieren. So gab es im Zuge der Sexismusdebatte eine Zunahme an Meldungen von sexueller Belästigung bei der Bundesstelle für Antidiskriminierung.

Am Beispiel des Kommentarforums Meta-Tagesschau zeigt Franz Januschek, wie sich kommunikative Interaktion verändert. Anonymität und fehlende gemeinsame Lebensbasis führen dort dazu, dass keine echte Debatte stattfindet, sondern die Beiträge beziehungsarm nebeneinanderstehen und die Debatte versandet (vgl. Januschek 2022, S.75 f.). Veränderte Kommunikationsstile im Internet sowie niedrigschwellige Zugänge durch benutzerfreundliche Technologien können zu einer Verstärkung hierarchischer Kommunikationsstrukturen beitragen (vgl. Klaus/Lünenborg 2013, S.85) – auch zeigt sich bei bestimmten Themen, wie zum Beispiel der Verhandlung von Geschlechterverhältnissen und Feminismus eine »›Enthemmtheit‹ der Diskussionskultur mit besonderer Intensität« (Ganz/Meßmer 2015, S.59).

Ein Beispiel hierfür stellt die Verwendung von Hate Speech dar, also die Verwendung sprachlicher Ausdrucksweisen, die von Hass gegen Einzelpersonen oder Gruppen geprägt sind, mit dem Ziel der Herabsetzung und Verunglimpfung (vgl. Meibauer 2013, S.1). »Dazu gehören diskriminierende Anreden ebenso wie konkrete Gewalt-, Vergewaltigungs- und Morddrohungen« (Ganz/Meßmer 2015, S.65). Hate Speech hat unterschiedliche Funktionen: Diese Ausdrucksform dient einerseits dazu, bestimmte (Personen-)Gruppen zum Schweigen zu bringen (vgl. ebd.), verfolgt aber auch das Ziel der Mobilisierung von Anhänger*innen, um Sympathisant*innen mit einem symbolischen Code zur Gewalt anzustacheln, ihre emotionale Zuneigung zu gewinnen und dem ›Gegner‹ dauerhaften Schaden zuzufügen (vgl. Rosenbrock 2012, S.43). Sie kann somit einer kollektiven Identitätsbildung dienen.

Für die Kritische Diskursanalyse ist die Frage von besonderem Interesse, ob Online-Diskurse ausschließlich Aussagen aus hegemonialen (Print-)Medien reproduzieren oder ob sie neue Aussagen hervorbringen und auf diese

194 2013 setzte in Deutschland mit der ›Sexismusdebatte‹ eine massenmediale Auseinandersetzung mit Alltagssexismus ein. Sie wurde ausgelöst durch ein Portrait des FDP-Politikers Rainer Brüderle der Journalistin Laura Himmelreich im Stern und einen etwa zur gleichen Zeit initiierten #Aufschrei als Online-Austausch über (Alltags-)Sexismus. #MeToo ab 2017 wurde noch bekannter.

Weise Sagbarkeitsfelder erweitern und ob diese Aussagen von Offline-Diskursen aufgegriffen werden. Ebenso stellt sich die Frage, ob Online-Diskurse Sagbarkeitsfelder verengen. Dabei sollte aber nicht übersehen werden, dass es selbst in relativ abgeschlossenen Gruppen diskursive Kämpfe und Widersprüche geben kann. Lisa Wessel zeigt am Beispiel einer lokalen Telegram-Gruppe von Querdenker*innen, dass einerseits deren Friedfertigkeit betont werde, andererseits teils affirmative Bezüge zu Gewalt hergestellt würden (Wessel 2021, S.40). Widersprüchlich sei auch die Selbstkategorisierung einerseits als Volksbewegung und andererseits als politische Avantgarde (ebd., S.73). Konflikte gebe es über die Frage, ob man sich aus strategischen Gründen »der Maskenpflicht auf Demonstration« beugen solle oder nicht (ebd., S.73 f.).

Eine weitere Besonderheit von Online-Diskursen ist die rasant steigende Anzahl digital verfügbarer Texte und die Möglichkeit einer Fragmentierung der Öffentlichkeit bei brisanten Themen[195], womit sich die Frage der Repräsentativität von Analyseergebnissen neu stellt beziehungsweise für die KDA die Frage, ob ermittelte Grenzen des Sagbaren vielleicht nur in den untersuchten Bereichen und nur zu einem bestimmen Zeitpunkt gelten. Franz Januschek konstatiert, dass durch die steigende Anzahl von Äußerungen qualitative Methoden unter Rechtfertigungsdruck gerieten und Forschung

195 In Bezug auf eine mögliche Fragmentierung von Online-Öffentlichkeiten wird im mediopolitischen Diskurs die Bildung von abgeschlossenen ›Echokammern‹ oder ›Filterblasen‹ häufig als offensichtlicher Befund betrachtet, während diese Hypothesen im wissenschaftlichen Diskurs vorsichtiger und differenzierter diskutiert werden. Die Echokammer-Hypothese geht davon aus, dass »digitale Medien ihre Nutzer darin bestärken, insbesondere solche Nachrichten zu beziehen, deren politische Positionierung sie teilen« (Rau/Stier 2019), sodass die Öffentlichkeit in fragmentierte Teilöffentlichkeiten – bildlich Echokammern – zerfällt. Jan Philipp Rau und Sebastian Stier kommen jedoch »zu dem Schluss, dass die im medialen Diskurs geäußerte Furcht vor einer gesamtgesellschaftlichen Fragmentierung und damit verbundenen politischen Polarisierung empirisch nicht unterstützt wird« (ebd.). In Bezug auf Suchmaschinen und Soziale Netzwerke gebe es zwar ein theoretisch großes Fragmentierungs- und Polarisierungspotential, »die tatsächliche Wirkung bleibt jedoch angesichts mangelnder empirischer Einblicke unklar. [...] Hinsichtlich der gestiegenen Relevanz sozialer Vernetzung lässt sich festhalten, dass diese zumindest nicht generell zur Bildung politisch homogener Gruppen führt, sondern dass allenfalls ereignis- und themengetrieben von relativ fluiden Teilöffentlichkeiten gesprochen werden sollte« (ebd.). In Bezug auf das ähnliche Konzept von Filterblasen kommen Moeller/Helberger 2018 zu einer ähnlich zurückhaltenden Einschätzung über deren Bedeutung.

sich zunehmend quantitativen Analyseverfahren wie der Korpuslinguistik zuwenden würde. Dabei werde aber verkannt, dass quantitative Daten auf Interpretation angewiesen seien (vgl. Januschek 2022, S.65). Außerdem nutzte die verbleibende qualitative Sozialforschung häufig »Quantifizierungen [...], um ihre interpretativ gewonnenen Ergebnisse abzustützen«. Dem hält er entgegen: »Entscheidend ist aber nicht die Menge, sondern die Güte [...] der Interpretationen« (Januschek 2022, S.73).

Januschek schlägt statt der Hinwendung zu quantitativen Ansätzen vor, »möglichst viele weitere Menschen für eine gemeinsame Reflexionspraxis zu gewinnen« (ebd., S.77).[196] Auf die KDA übertragen könnte das so aussehen: Echokammereffekte sollte man nicht dadurch kompensieren, das Dossier willkürlich zu vergrößern. Stattdessen sollte man in einer möglichst heterogene Forscher*innengruppe arbeiten oder sich mit Forscher*innen mit möglichst unterschiedlichen Diskurspositionen austauschen. Das vielfältige Erfahrungswissen kann dann helfen, Echokammer-Effekte zu erkennen.

Dass eine KDA von Online-Diskursen nicht zu riesigen Dossiers führen muss, zeigt Nascosta (2022) in ihrer Masterarbeit mit einer KDA über Selbstinszenierungsstrategien einer extrem rechten Frauengruppe auf Instagram. Sie ging ganz klassisch vor und sichtete zuerst alle 138 Post der Gruppe, führte dann eine Strukturanalyse durch, bis eine Sättigung eintrat, also keine neuen Aussagen, Diskurse oder Themen mehr auffindbar waren. Das war schon nach 21 Postings der Fall. Anschließend wählte sie zwei Postings für Feinanalysen, in denen sie die sprachlich-rhetorische und visuelle Ebene der Postings genauer untersuchte. Einen anderen Weg geht Lisa Wessel (2021): Für ihr Dossier zum Online-Diskurs von Querdenkern beschränkt sie sich auf eine lokale Telegram-Gruppe. Außerdem nimmt sie nur einen Tag in ihr Dossier auf, an dem eine nicht genehmigte Kundgebung stattfinden soll, weil der dadurch entstehende Druck auf die Bewegung Aussagen und Wi-

196 Als gemeinsame Praxis einer solchen Forscher*innengruppe schlägt Januschek dann, ausgehend von Ideen Ludwig Wittgensteins, eine »als *Spielen* begriffene Reflexionstätigkeit« (Januschek 2022, S.77) vor, die man auch als Experiment mit dem Diskurs auffassen kann. Allerdings bezieht sich Januschek bei diesem Vorschlag einer »Kritischen Diskursanalyse als Spiel« (vgl. auch Januschek 2008) nicht auf einen Foucaultschen Diskursbegriff, sondern auf einen an Habermas orientierten, der Diskurs als Debatte und sprachliches Handeln auffasst. Deshalb ist dieser Vorschlag nicht ohne Weiteres auf die KDA übertragbar, seine Kritik an naiver Quantifizierung jedoch schon, ebenso sein Vorschlag, eine erweiterte Reflexionsbasis durch das Zusammenarbeiten vieler Forscher*innen zu schaffen.

dersprüche innerhalb der Gruppe besonders deutlich zutage fördern sollte, was die Analyse auch bestätigen kann. Damit bleiben circa 200 eher kürzere Beiträge für das Dossier (vgl. Wessel 2021).

6.3.2 Das Internet als Forschungsgegenstand

Im Folgenden wird das Internet (und seine Spezifika) als Forschungsgegenstand von Online-Diskursanalysen vorgestellt.

6.3.2.1 Kommunikationsräume im Internet als Diskursebenen

In Onlinediskursen verwischen teilweise die Grenzen zwischen Öffentlichem und Privatem sowie zwischen den Diskursebenen Politik, Medien und Alltag. Deshalb stellt sich die Frage, ob und wie die Beschreibung von Diskursebenen (vgl. Kap. 5.1.4) auf Onlinediskurse übertragen werden kann. Hier hilft ein Blick auf den Ansatz der Kommunikationsforscherin Ricarda Drüeke. Sie unterscheidet fünf Analyseebenen politischer Kommunikationsräume im Internet (vgl. Drüeke 2017, S.54 ff.). Diese ordnet sie wiederum dem Mehr-Ebenen-Modell von Öffentlichkeit nach Elisabeth Klaus zu, welches komplexe Öffentlichkeiten, mittlere Öffentlichkeiten und einfache Öffentlichkeiten unterscheidet, wobei es die Zuordnung am Grad der a) Institutionalisiertheit, b) Wirkmächtigkeit und c) Zugänglichkeit der jeweiligen Angebote/Räume bemisst (vgl. Drüeke 2017, S.48; Klaus 2001, bes. Tabelle S.22 und Klaus 2006, bes. Grafik S.95).

1. Das Internet als politischer Raum I: Institutionelle und staatliche Politik (Komplexe Öffentlichkeiten)
2. Das Internet als politischer Raum II: Interessensgruppen und soziale Bewegungen (Mittlere Öffentlichkeiten)
3. Das Internet als Medienraum: Mediengesteuerte und medien-initiierte Online-Angebote (Komplexe und einfache Öffentlichkeiten)
4. Das Internet als Diskussions- und Kommunikationsraum für Alltagsöffentlichkeiten: Politikforen (Einfache Öffentlichkeiten)
5. Das Internet als persönlicher Raum: Blogs und persönliche Homepages (Einfache Öffentlichkeit)

Drüekes Klassifikation ist gewinnbringend, da sie speziell für die Analyse von Online-Kommunikation entwickelt wurde und deren Besonderheiten gerecht wird. Es zeigt sich dabei, dass sich die von Drüeke und Klaus unterschiedenen Kommunikationsräume und Öffentlichkeits-Ebenen den klassischen Diskursebenen der Kritischen Diskursanalyse zuordnen lassen:

- Das Internet als politischer Raum I kann als die Diskursebene der Politik klassifiziert werden.
- Das Internet als politischer Raum II kann als die Diskursebene der Politik und der Medien klassifiziert werden.
- Das Internet als Medienraum stellt mediopolitische Diskurse dar, also die enge Verbindung der Diskursebenen der Politik und Medien.
- Das Internet als Diskussions- und Kommunikationsraum für Alltagsöffentlichkeiten entspricht der Diskursebene des Alltags, also Alltagsdiskursen.
- Das Internet als persönlicher Raum kann einerseits als sich auf der Diskursebene des Alltags, andererseits als sich auf der Ebene der Medien befindend verortet werden: Das bedeutet, dass die Ausdrucksweise einer privaten Unterhaltung ähnelt, die jedoch öffentlich zugänglich ist. Man denke beispielsweise an Chats in öffentlichen Chaträumen. Für den Sprachwissenschaftler Niku Dorostkar und den Kulturwissenschaftler Alexander Preisinger haben Leser*innenkommentarforen und Blogs eine »Schnittstellenfunktion zwischen öffentlichem und privatem Sprachhandeln« (Dorostkar/Preisinger 2012, S.1) und sind »Bestandteil einer Tendenz, die zunehmend das klassische ProduzentIn-RezipientIn-Verhältnis auflöst« (ebd.).

Drüeke und Klaus verweisen außerdem darauf, dass die Internet-Öffentlichkeiten nicht überschneidungsfrei sind: Auf der einfachen Öffentlichkeitsebene werden Beiträge in Blogs oder Mikroblogging-Diensten wie X (ehemals Twitter) sowie Kommentare unter Online-Zeitungen; auf der mittleren Öffentlichkeitsebene Protestbewegungen im Netz und auf der komplexen Öffentlichkeitsebene Beiträge in Online-Zeitungen verortet (vgl. Drüeke/Klaus 2014, S.61).

Nascosta zeigt beispielsweise, wie die Selbstinszenierung der extrem rechten Frauengruppe Lukreta auf Instagram zugleich im Internet als politischer Raum II, dem Internet als Diskussions- und Kommunikationsraum für Alltagsöffentlichkeiten und dem Internet als persönlicher Raum verortet werden kann (vgl. Nascosta 2022, S.68). Damit korrespondiert ein Changieren der Selbstinszenierung zwischen Privatheit und Öffentlichkeit und dessen Effekt, dass selbstbewusstes und kämpferisches Auftreten der Frauen in der Öffentlichkeit und der konservative Wert privater Mütterlichkeit zusammengedacht werden können (vgl. ebd., S.70-72).

6.3.2.2 Kommunikationsformen

Insbesondere die internetbasierte Kommunikation innerhalb von Forenbeiträgen oder Kommentaren zeichnet sich durch kurze Textbeiträge aus, was mit bestimmten Polarisierungseffekten verbunden ist (Stichwort: Schlagabtausch). Auch Bewertungsbuttons auf Internetplattformen, wie beispielsweise Facebook, in Form von Likes und Dislikes unter Beiträgen, tragen zu dieser Polarisierung bei.

Darüber hinaus werden häufig Nutzer*innenbilder und Nutzer*innennamen zur (politischen) Positionierung genutzt, um eine Zugehörigkeit oder auch Abgrenzung zu bestimmten Gruppen zu verdeutlichen. Außerdem sind Anspielungsstrukturen und gegenseitige Bezugnahmen aller Art typisch für Online-Diskurse. Innerhalb von Online-Beiträgen wird teilweise auf den Einsatz von Bildern und Videosequenzen gesetzt, die weiteres Kommentieren erübrigen.[197]

6.3.2.3 Kontexte

Verlinkungen, Hashtags, Nutzer*innennamen, Nutzer*innenbilder und Nutzer*innenprofile sowie Videosequenzen müssen bei der Analyse des diskursiven Kontextes berücksichtigt werden, können aber auch als Äußerungen aufgefasst werden, die auf Aussagen verweisen.

6.3.2.4 Parameter

Dorostkar und Preisinger benennen folgende allgemeine Parameter zur Klassifikation von Kommunikationsformen im Internet: siehe umseitige Tabelle.

Auf der konkreten Ebene der technischen Realisierung der jeweiligen Kommunikationsform spielen spezifischere Parameter eine Rolle, die Dorostkar und Preisinger als design-spezifische Kommunikationsform-Parameter (kurz: Design-Parameter) bezeichnen. Dazu gehören u.a. das Layout, Moderationsformen (z.B. Postmoderation durch ›Melden‹-Button), Anonymität, erlaubter Textumfang, Kommunikationsmodi, Verhaltensregeln

197 Siehe zur Analyse von Videos auch das folgende Kapitel 6.4. und zu nicht sprachlichen Bildern Kap. 4.12.2.

(z.B. Forenregeln), Zusatzfunktionen (z.B. Followerfunktion) (vgl. Dorostkar/Preisinger 2012, S. 14 f.).

Allgemeine Parameter/ Kommunikationsform	Hypertext	E-Mail	Chat	Forum
1. Konzeptueller Kommunikationsmodus	konzeptuell schriftlich	konzeptuell schriftlich + konzeptuell mündlich	konzeptuell schriftlich + konzeptuell mündlich	konzeptuell schriftlich + konzeptuell mündlich
2. Semiotischer Kommunikationsmodus	multi-modal	primär Text (Hypertext möglich)	Text	primär Text (Hypertext möglich)
3. Kommunikations-richtung	monologisch	dialogisch	dialogisch	dialogisch
4. Teilnehmeranzahl	1:n	1:1, 1:n	n:n (1:1 möglich)	n:n
5. Dauerhaftigkeit	hoch	mittel	niedrig	hoch
6. Gleichzeitigkeit	asynchron	asynchron	synchron	asynchron

(vgl. Dorostkar/Preisinger 2012, S. 11)

6.3.3 hilfreiche Fragen an das Material

6.3.3.1 Fragestellungen zu Effekten

- Führt der schnelllebige Charakter der Online-Diskurse zu verstärkten Normalisierungseffekten?
- Werden auf diese Weise neue Aussagen sagbar?
- Gibt es eine besondere Dynamik durch schnelleres Versenden von Äußerungen?
- Welche Auswirkungen hat das auf die Verhandlung des Themas – z.B. schnelleres Hochkochen? Oberflächlichkeit? Verengung des Sagbarkeitsfeldes?
- Wo tauchen bestimmte Aussagen zuerst auf?
- Generieren Online-Medien neue Aussagen?
- Welche Äußerungen aus Online-Medien nehmen hegemoniale Printmedien auf?

- Welche Unterschiede lassen sich feststellen innerhalb der Verhandlung eines Themas im Internet und in Offline-Medien – z.B. in Bezug auf eine Verengung oder Ausweitung des Sagbarkeitsfeldes?
- Werden im Internet bestimmte Themen prominenter verhandelt als offline – beispielsweise aufgrund von bestimmten Szenen oder Bewegungen?
- Welche internetspezifischen Strategien werden genutzt, um Wirkung zu erzeugen? Man denke beispielsweise an Memes wie das Lindner-Meme zum Thermo-Mix (vgl. Bau 2017) oder Pepe the Frog, der von einer unverfänglichen Froschfigur zum Erkennungszeichen der rechtsradikalen Alt-Right wurde (vgl. Becker 2019, S.31 f.). Wird hier nur der Witz übernommen oder auch die Aussage dahinter?
- Verpuffen Online-Debatten schneller als Offline-Debatten?

6.3.3.2 Fragestellungen zu Besonderheiten von Online-Diskursen

- Auf welche Themen reagieren Online-Äußerungen? Gibt es Reizwörter? Inwieweit wird ein Bezug zwischen Bildern und Text hergestellt oder auch nicht?
- Welchen Einfluss haben technische Gimmicks und Designparameter?
- Ist die ›Niedrigschwelligkeit‹ von Veröffentlichungsmöglichkeiten für das untersuchte Thema relevant und sollte deshalb im Rahmen des diskursiven Kontextes berücksichtigt werden?
- Wie wirken sich Machtverhältnisse auf die Zugänge zu Online-Kommunikationsformen und den Umgang mit bestimmten Themen aus? (Wer nutzt welche Kommunikationsform und warum; wer kann frei posten, wer nicht; welche Sichtbarkeiten und Auslassungen sind damit verbunden?)
- Wie wirkt sich die Anonymität von Verfasser*innen aus?
- Inwieweit provoziert eine bestimmte Form laxe Kommunikationsformen?
- Gibt es eine klare Trennung von Produzent*innen und Rezipient*innen oder Wechsel der Instanzen?
- Nehmen die Teilnehmer*innen in Diskussionsformaten Bezug aufeinander oder reden sie nebeneinander her, sodass die Debatte versandet?

6.4 Die Analyse von TV-Diskursen

Die Methode der KDA ist auch anwendbar auf TV-Diskurse. Hier gilt es zu beachten, dass Kollektivsymbole und andere Bildlichkeiten besonders wichtig sind.

Matthias Thiele (2005) hat mit *Flucht, Asyl und Einwanderung im Fernsehen* eine diskursanalytische Studie vorgelegt, in der er danach fragt, wie Kollektivsymbole im Fernsehen realisiert werden. Dabei hat er sich an einer strukturalistischen Symboldefinition orientiert, denn diese

> »bietet die Möglichkeit, in dem Diskurs des Fernsehens sowohl die sprachlich (schriftlich wie lautlich) als auch die bildlich realisierten Symbole zu analysieren, und zwar innerhalb ein und desselben Theorie-Paradigmas, so dass sie unmittelbar auf einander bezogen werden können.« (Thiele 2005, S.22)

Er unterscheidet zwischen metaphorischen und repräsentativen Symbolen für die Fernsehanalyse, was unserer Unterscheidung zwischen semantisch motivierten Symbolen und Pragmasymbolen ähnelt.[198] Metaphorische Symbole seien dadurch gekennzeichnet, dass

> »die Relationen der Pictura bzw. den Bildelementen und der Subscriptio bzw. den Sinnelementen metaphorischen Typs sind. Das heißt, dass die Abbildungsrelationen keinen gemeinsamen Durchschnitt besitzen, sondern nur durch eine Analogie sinnhaft verbunden werden können« (Thiele 2005, S.22).

Beispielhaft nennt Thiele die mediopolitische Aussage, Deutschland sei ein Magnet für Flüchtlinge. Metaphorische Symbole würden im Fernsehen überwiegend sprachlich konstruiert. Im Gegensatz dazu stehen repräsentative Symbole, die im Fernsehen eher auf der visuellen Ebene fungieren. Repräsentative Symbole zeichnen sich dadurch aus, dass die

> »Relationen zwischen Pictura und Subscriptio synekdochischen Typs sind, da beide ein und derselben klassifizierten Hierarchie angehören. Dabei repräsentiert die Pictura semantisch eine Teilmenge einer größeren Menge der Subscriptio.« (Thiele 2005, S.22)

Auch hier nennt Thiele ein Beispiel:

> »Wenn das ›Kopftuch‹ in einer Fernsehsendung für ›Rückschritt‹ steht, ist dies ein metaphorisches Symbol. Soll es dagegen die ›Türkei‹ oder die ›Einwanderer türkischer Herkunft‹ symbolisieren, so steht damit ein repräsentativer Teil für das Ganze (pars pro toto). Als ein solches Symbol kann das ›Kopftuch‹ zugleich

198 Zu Pragmasymbolen siehe Kap. 4.12.1.5.

> zum Beispiel alle anderen Formen von ›Religiosität‹ und alle ›islamische Gesellschaften‹ repräsentieren.« (Thiele 2005, S.22 f.)

Folglich kann jedes häufig verwendete Bild im Fernsehen zum repräsentativen Symbol werden. Vorrangig habe man es im Fernsehen, so Thiele, mit Kollektivsymbolen zu tun, die sowohl metaphorisch als auch repräsentativ sein können und sowohl rein sprachlich realisiert werden, als auch durch symbolisches Reden. Am häufigsten würden im Fernsehen Symbole über Wort-Bild Cluster hinweg realisiert,

> »so erhalten Einstellungen oder Bilderfolgen häufig erst durch die Kommentarstimme bzw. das Voice-Over einen kollektivsymbolischen Mantel, der dem gezeigten einen spezifischen symbolischen Sinn zuschreibt und sie erst dadurch symbolisch lesbar macht.« (Thiele 2005, S.25)

Ingrid Bauer (2015) beschreibt im Anschluss an Thiele, dass für die diskursanalytische Methodologie der Aspekt der generell ideologischen Wertung durch Kollektivsymbolik von zentraler Bedeutung sei (vgl. Bauer 2015, S.59). Bei der Analyse von TV-Diskursen nimmt folglich die Bildanalyse einen zentralen Stellenwert ein.

Dass die KDA diesbezüglich eine Leerstelle hat und wie diese zu überwinden ist, damit beschäftigt sich Magdalena Kaltseis (2022) in einer Studie zu *TV-Talkshows als Propagandainstrument Russlands im Ukrainekonflikt*. Sie erarbeitet ein Analyseinstrumentarium für ein multimodales Medium, das »mit mehreren Kommunikationsmitteln gleichzeitig arbeitet: mit statistischen und bewegten Bildern, gesprochener Sprache, geschriebenen Texten, Musik, Ton etc.« (Kaltseis 2022, S.164). Kaltseis Analyse

> »macht deutlich, dass bei einer diskursanalytischen Untersuchung des Mediums Fernsehen immer auch die gezeigten Bilder miteinbezogen werden sollten, da diese zentrale Funktionen bei der Beeinflussung des Publikums erfüllen. Auch die Interaktion zwischen Bildern und Sprache wurde mithilfe der vorliegenden Analyse veranschaulicht, da erst der gesprochene Text den Bildern einen Sinn gibt und den ZuseherInnen gesagt wird, was sie auf den Bildern sehen sollen, auch wenn das Bild dem Gesagten widerspricht.« (Kaltseis 2022, S.411 f.)[199]

Kaltseis konzentriert sich in der Strukturanalyse erstens auf die Materialaufbereitung der untersuchten Talkshows (Titel, Dauer, Sendezeit, Gäste, Themen etc.). Zweitens »erfolgt die analytische Sortierung des Materials«,

199 Im Unterschied zu Kaltseis würden wir hier nicht von Beeinflussung, sondern von Effekten sprechen, mit denen das Publikum konfrontiert wird.

bei der die Äußerungen zu Aussagen verdichtet werden und die Aussagen sortiert werden (Kaltseis 2022, S. 166). Drittens werden diese Aussagen analysiert und zusammengefasst.

In den Feinanalysen geht es ihr vor allem um die detaillierte Betrachtung sprachlich-rhetorischer und inhaltlich-ideologischer Aussagen. Und zusätzlich

> »werden den audiovisuellen Elementen, insbesondere Einspielern, Fotos sowie Ton bzw. Musik besondere Aufmerksamkeit geschenkt, um herauszufinden, mit welchen spezifischen Darstellungsmitteln in den ausgewählten Talkshowsendungen gearbeitet wird und welche Funktion bzw. Auffälligkeiten diese haben.« (Kaltseis 2022, S. 168)

Bei der Analyse der audiovisuellen Elemente orientiert sich Kaltseis an zwei medienwissenschaftlichen Werken: Erstens an *Sight Sound Motion* (Zettl 2013, 2015), in dem Funktionen und Elemente von Bildern und Ton in den Medien beschrieben werden. Zweitens an der Einführung *Mediensprache* (Burger/Luginbühl 2014), in der es um medienwissenschaftliche Grundbegriffe geht und die zur Analyse verschiedener Funktionen von Text und Bild anleitet (vgl. Kaltseis 2022, S. 196).

Für die Strukturanalyse werden von ausgewählten Sendungen Grobtranskriptionen angefertigt.

> »Im Unterschied zu Feintranskriptionen werden in der Grobtranskription beispielsweise keine Wiederholungen, Satzbrüche, non- und paraverbale Äußerungen, Sprechüberlappungen etc. notiert. Auch inhaltliche Kurzzusammenfassungen eines Redebeitrags oder kurze Auslassungen können in einer Grobtranskription enthalten sein.« (Kaltseis 2022, S. 179)

Für die Feinanalysen werden die Grobtranskriptionen zu Feintranskriptionen überarbeitet, die in der Arbeit zitiert werden. Zu beachten ist hier, dass für eine Analyse immer Transkript und audiovisuelle Daten berücksichtigt werden müssen. Für letztere wurden Screenshots der einzelnen Einstellungen erstellt.

Diese beiden Beispiele können Anregungen für eine diskursanalytische Untersuchung von TV-Formaten, also des Zusammenspiels von Bild, Ton und Sprache geben.

Für die Analyse von Spielfilmen und TV-Serien können darüber hinaus die Untersuchungen von Rolf Parr und Matthias Thiele zu normalistischen

Re-Entry-Strukturen nützlich sein, die im Kapitel 6.6.2 dargestellt werden.[200]

6.5 Die Analyse von Spezialdiskursen

Auch Spezialdiskurse lassen sich mit der KDA analysieren. Ein Beispiel hat Sara Madjlessi-Roudi vorgelegt. In ihrer Studie zu dem Konzept der ›Zivilgesellschaft‹ in der deutschen Entwicklungspolitik fokussiert sie ihre Analyse auf die Diskursebene der Regierungspolitik. Ihr Untersuchungsmaterial setzt sich zusammen aus regierungsamtlichen Dokumenten, insbesondere Strategiepapieren, Konzepten und Positionspapieren des Bundesministeriums für wirtschaftliche Zusammenarbeit und Entwicklung (BMZ) sowie aus ressortübergreifenden Programmen der Bundesregierung.[201] Die Texte werden dabei »als Elemente diskursiver Auseinandersetzungen« betrachtet (Madjlessi-Roudi 2022, S.73). »Sie sind Produkt diskursiver Verhandlungen, tragen jedoch auch selbst zur (Re)Produktion von Diskursen bei« (Madjlessi-Roudi 2022, S.73). Bei den untersuchten Dokumenten fungieren als Herausgeber*innen staatliche Akteure. Dabei wird die Annahme verfolgt, dass die durch die Ministerien und Regierungsinstitutionen publizierten Dokumente eine »große Wirkmächtigkeit haben und Aussagen über das Sagbarkeitsfeld ermöglichen« (Madjlessi-Roudi 2022, S.73 f.). Die Institutionen werden aber »nicht als souveräne Akteure angesehen [...]. Vielmehr werden sie als Kristallisationspunkte von Machtverhältnissen verstanden« (Madjlessi-Roudi 2022, S.74).

6.6 Die Analyse von literarischen Diskursen und Spielfilmen auf Basis der Interdiskurstheorie

Wer die KDA auf literarische Diskurse anwenden will, kann auf empirischen Erfahrungen und theoretischen Überlegungen der Interdiskurstheorie, insbesondere des Literatur-, Kultur- und Diskurswissenschaftlers Jürgen Link zurückgreifen. Die Interdiskurstheorie wurde schon in Kapitel 3.5. vorgestellt, im Folgenden werden ihre Konsequenzen für die literarische Diskursanalyse sowie die Analyse von Spielfilmen skizziert.

200 Siehe dazu auch Parr/Thiele 1998, Parr/Thiele 2003 und Parr 2003.

201 Vgl. Madjlessi-Roudi 2022, S.73.

6.6.1 Literarische Diskursanalyse

Während Foucault belletristische Literatur meist auf historische Quellen reduziert oder aber als per se gegendiskursiv idealisiert (vgl. Kapitel 3.4), bestimmen Jürgen Link und Ursula Link-Heer die spezifische Funktion von Kunstliteratur. In vielen Kulturen sind literarische Texte Bestandteile nichtliterarischer Interdiskurse wie der Populärreligion. In bestimmten modernen Kulturen hingegen wird ein eigener »literarischer Interdiskurs institutionalisiert« (Link/Parr 1997, S.125), der als »elaborierter Interdiskurs« (Link 1988b, S.286) begriffen werden kann. Literatur dient dabei dazu, (spezialdiskursives) Wissen zu integrieren und dieses subjektiv erfahrbar zu machen. Damit rückt die materielle Funktion literarischer Diskurse ins Zentrum des Interesses.

Belletristik bevorzugt die Aufnahme von elementar-literarischen Anschauungsformen wie »bildlichen Analogien, Metaphern und Symbolen, Figurationen menschlicher Subjekte usw.« (Link 1988b, S.286). Besonders interessant für literarische Diskursanalysen ist, wie Texte die Kollektivsymbolik[202] nutzen, zum Thema machen oder verändern. Link zeigt dies exemplarisch am Beispiel des Kollektivsymbols ›Heißluftballon‹, das er in vielen Romanen, Dramen und Gedichten untersucht. Schon seit seiner Erfindung im Jahr 1783 verweist der Ballon einerseits als Maschine auf den »naturwissenschaftlichen Diskurs-Block[]«, andererseits als Wunder auf den »religiösen Diskurs« (Link 1988b, S.289).

> »Wie eine ›Explosion‹ zerriss das unglaubliche Vehikel also vor allem die Diskursgrenze zwischen ›Wissen‹ und ›Glauben‹ [...] und wurde so wegen seiner sinnlichen Erfahrbarkeit durch große Menschenmassen zum emphatischen Symbol des ›Fortschritts‹.« (Link 1988b, S.289)

Seine integrative Kraft zeigt das Kollektivsymbol aber auch, indem es in der Literatur noch viele andere übertragene Bedeutungen annehmen kann: Es steht beispielsweise für die Faszinationskraft klassischer Poesie, metaphysische Hoffnung, militärische Abenteuer, einen sexuell aufgeladenen Lust-Körper, das Unterbewusste oder die Französische Revolution. So kann es eine Vielzahl von Spezialdiskursen integrieren (vgl. Link 1988b).

Interessant für die Literaturanalyse ist auch das Spiel diskursiver Positionen, unter denen Link »die (positiv oder negativ) wertende Verwendung eines Kollektivsymbols bzw. genauer einer Serie solcher Symbole« versteht

202 Eine ausführliche Darstellung der Kollektivsymbolik findet sich in Kapitel 4.12.1.

(Link 1988b, S.290). So wird in den 1790er-Jahren die Serie Ballon-Vulkan-Gewitter-Flut von radikalen Aufklärer*innen und Revolutionär*innen wie Friedrich Hölderlin positiv bewertet, während die Gegenposition davor warnt (vgl. Link 1988b, S.291), wofür Link den Klopstock-Schüler Michael Denis als Beispiel zitiert:

> O weh dem leichten Volke, das dies ersann!
> Bald stieg es höher, wähnend den Ewigen
> Von seinem Sitze wegzuwitzeln,
> Höher – um tiefer hinabzustürzen.«
> (zit. nach Link 1988b, S.290)

Aber häufig bleiben die Fronten gerade in literarischen Diskursen nicht so klar. Sie können »sich gegenüber entgegengesetzten sozial dominanten diskursiven Positionen ambivalent verhalten [...], sie verfremden, mit ihnen spielen, ja sich ihnen gänzlich zu entziehen suchen« (Link/Link-Heer 1990, S.97).

> »Und dieses System der Kollektivsymbole ist selbst das Schlachtfeld einer permanenten diskursiven bzw. interdiskursiven Guerilla, auf dem es stets nur vorübergehend und partiell zur Herausbildung von Fronten kommt – und auf dem zudem die Fronten plötzlich wechseln können.« (Link 1988b, S.292 f.)

6.6.2 Normalismus in literarischen Diskursen und Filmen

Moderne literarische Interdiskurse integrieren auch normalistische Elemente[203], wie Link an vielen Beispielen zeigt[204]. Hierfür ist das neue Menschenbild des Normalmenschen (›homme moyen‹) wichtig, das der frühe Statistiker Adolphe Quételet (1796-1874) proklamierte. Es stellt einen Gegensatz zum klassischen Charakter der früheren Literatur dar. Ein solches »›normales‹ Individuum interessiert niemals als unverwechselbarer Einzelfall, sondern definitionsgemäß als Vergleichsfall im Massenfeld, etwa bezüglich seiner Distanz zu statistischen Durchschnittswerten oder umgekehrt zu

203 Eine ausführliche Darstellung des Normalismus findet sich in Kapitel 4.12.3.

204 Musteranalysen finden sich über den Text verteilt in Link 2013a: »(Nicht) normale Fahrten« zu Hans Magnus Enzensberger, Alfred Döblin, Franz Kafka, Michael Ende, Bernward Vesper, Roger Vailland, Adelbert von Chamisso, Émile Zola, Martin Heidegger, Louis-Ferdinand Céline, Christoph Hein, Jules Vernes und Sibylle Berg. Und in NAP: »Kontext-Supplemente (KS)« zu Romanen von Sibylle Berg, Thomas Bernhard, Albert Camus, Martin Heidegger, Michel Houellebecq, Stephen King, J.M. Gustave Le Clézio, Jonathan Littel und Gary Shteyngart. Ausführlicher zu Sibylle Berg: Link 2003b.

den Normalitätsgrenzen an den Extremen« (Gerhard u.a. 2003, S.8). Seine Individualität besteht »in der genauen Position im Vergleichsfeld, abstrahiert aber von jeder ›qualitativen‹ Besonderheit« (ebd.). Er ist »per definitionem ›charakter‹-los« (ebd.). Als Kollektivsymbol für sein Leben dient die Zickzack-Fahrt von Kügelchen in einem Galtonsieb.

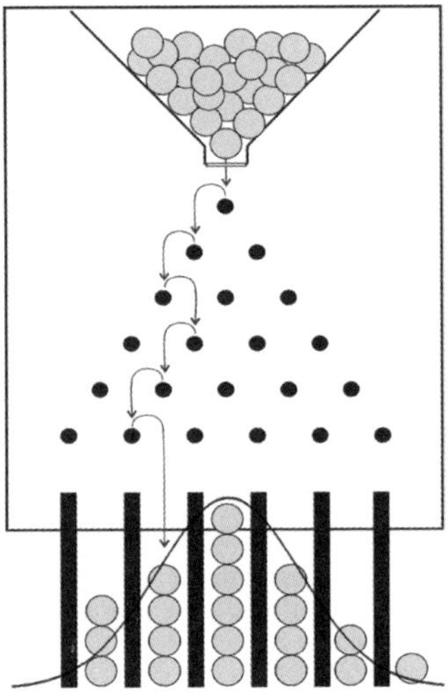

Ein Galtonsieb bzw. Galtonbrett ist ein senkrecht stehendes Brett. Von oben werden Kugeln eingeworfen, zufällig durch Nägel nach rechts und links abgelenkt und am Ende ihres Zickzack-Kurses landen sie in einem der Fächer. Laufen viele Kugeln durch das Brett, nähert sich ihre Verteilung einer Gaußschen Normalverteilung (Glockenkurve) an.[205] *(Eigene Zeichnung)*

Galtonsiebe können als generatives Grundmodell für eine ganze Reihe moderner normalistischer Narrationen in literarischen Texten und Filmen aufgefasst werden. Kollektivsymbolisch stehen die Kügelchen für »einzelne menschliche Individuen« (Gerhard u.a. 2003, S.10). Diese durchlaufen auf ihrem Lebensweg eine Reihe von Entscheidungssituationen (= Nägel), wobei sie sich jeweils in Richtung Mitte (= symbolische Normalität) oder in Richtung Ränder bewegen können.

In einer Folge der TV-Serie *Ally McBeal* (1997-2002) erfährt beispielsweise die Titelheldin mehrere Denormalisierungsbewegungen infolge der

205 Vgl. auch Kunert/Montag/Pöhlmann 2001, S.34-36.

erotischen Avancen ihrer Kollegin Ling. Diese bringen Allys heterosexuelle Identität und Normalität ins Wanken. Ihre Entscheidungen führen sie Schritt für Schritt (Nagel für Nagel) in Richtung der Grenze ihres Normalfeldes (Rand des symbolischen Galtonsiebs) bis hin zu einem Kuss mit Ling. Anschließend entscheidet Ally sich zu einer Aussprache mit ihr und für eine dauerhaft heterosexuelle Identität, was sie als Schritte zurück in Richtung Mitte erlebt. Diese Episode kann als Auszug der Fahrt des Kügelchens Ally durch das symbolisches Galtonbrett ihres Lebens aufgefasst werden. In anderen Teilen der Serie werden die Lebensfahrten sieben weiterer nicht ausschließlich heterosexueller Figuren beschrieben, sodass sich das Galtonsieb nach und nach mit Kügelchen füllt (vgl. Nothardt 2003).

Dabei leistet dieses Modell die Verbindung von abstraktem statistischem Wissen mit individuellen Subjekteffekten und Lebenswegen. Das Galtonsieb ermöglicht nämlich sowohl die individuelle Perspektive des einzelnen Menschenkügelchens, für das »jede kontingente Richtungsentscheidung an den Weggabelungen als so etwas wie das ›Schicksal‹ eines Subjekts« erscheint (ebd.), als auch die unpersönliche statistische Sicht, die die Zickzack-Fahrt als Teil eines Experiments auffasst, das die Verteilung von großen Kugel- bzw. Menschenmengen untersucht.

Solche Lebensfahrten werden in Literatur und Filmen auch häufig kollektivsymbolisch als Fahrten in Autos oder anderen technischen Vehikeln beschrieben[206], die der Zickzack-Fahrt eines Kügelchens entsprechen. Man denke nur an die vielen Roadmovies. Link nennt diesen Geschichtentyp »(nicht) normale Fahrten«.[207] Besonders interessant seien einerseits Fahrten ins totale Abseits, also irreversible Denormalisierung, und andererseits normalismuskompatible Explorationen, also »punktuelle und experimentelle Aus-Fahrten aus dem Normalismus mit offengehaltener Rückkehr« (Link 1999a, S.60 f.).

206 So wie das Galtonsieb Einzelschicksale und Massenschicksale verbinden kann, können andere Kollektivsymbole wie technische Vehikel das »Problem der Kopplung zwischen individueller und kollektiver Subjektbildung, zwischen Individuation und As-Sociation« (Link 1996, S.146) bearbeiten. Wie dies in Literatur geschieht, ist eine interessante Frage: Können moderne ›Auto-Subjekte‹ nur noch im Stau oder einer Massenkollision zusammenkommen oder könnte es eine echte »Auto-As-Sociation geben« (ebd.), wie sie beispielsweise Bertolt Brecht darstellt, wenn er Min-en-leh lehren lässt, dass die *Kunst des Manövrierens* darin bestehe, alle anderen Wagen mitzudenken (vgl. Brecht 1967).

207 Einzelanalysen solcher Bücher und Filme finden sich unter anderem hier: Link 1999a, S.57-64, S.359-361 und in den Exkursen »(Nicht) normale Fahrten«. Vgl. auch NAP, S.36-40 und Link 2003b sowie für eine kurze Zusammenfassung Link 2002, S.551 f.

In seinem Buch *Normalismus und Antagonismus in der Postmoderne* (NAP) unterscheidet Link zwischen der Darstellung von nur individuellen irreversiblen Denormalisierungen und solchen, die einen historischen Antagonismus thematisieren. Antagonismen, die in Romanen thematisiert werden, »sind vor allem die digitalkulturellen, ökologischen, politisch-populistischen‹ und die zwischen den globalen Normalitätsklassen« (NAP, S.39). Beispiele sind Epidemien wie in Albert Camus Roman *Die Pest* (1947) oder diskursive Epidemien, wie der ansteckende Nationalismus in Louis-Ferdinand Célines Roman *Reise ans Ende der Nacht* (1932)[208]. Solche Erzählungen widersprechen aber meist nicht der Unsagbarkeit von Antagonismen im Normalismus[209], sondern stabilisieren diese: Entweder erweist sich der Antagonismus am Ende doch noch als reversibel, wie in Camus *Pest* oder Stephen Kings Roman *Insomnia* (vgl. ebd., S.54). Oder der Antagonismus wird mythisch inszeniert und »in eine ferne Zukunft bzw. Vergangenheit« (ebd., S.117) platziert, wie in vielen Sciencefiction-Romanen. Und wenn eine (nicht) normale Fahrt doch mit dem Ausbruch von Antagonismen endet, so typischerweise »ohne Simulation eines post-antagonistischen Zustands« (ebd., S.39).

Rolf Parr und Matthias Thiele schließen an Links Begriff der (nicht) normalen Fahrt an und beschreiben Re-Entry-Strukturen (Aus- und Rückfahrt über die Normalitätsgrenze) als spezifisch filmische Struktur zur Realisierung normalistischer Lebensläufe. »Dieser Typus Film [...] arbeitet mit seriell wiederholbaren biographischen Sequenzen, die in der Wiederholungsstruktur eine stufenweise normalisierende Bewegung von Extremen zu Normalitäten entwickeln« (Parr/Thiele 1998, S.90). In der weiter oben schon erwähnten TV-Serie Ally McBeal versucht die Titelheldin beispielsweise 113 Folgen lang, ihr als anormal empfundenes Leben auf immer neuen Wegen zu normalisieren und eine Familie zu gründen. Dabei testet sie aber auch Normalitätsgrenzen aus, was als spannend und lustbetont, zugleich aber auch angsteinflößend dargestellt wird (vgl. Nothardt 2003).

Parr schlägt folgende Typologie normalistischen Erzählens in Literatur und Film vor (vgl. Parr 2003, S.100-102):

208 Ausführliche Untersuchungen der Romane finden sich in NAP, S.209-213 (Camus) und Link 2009, S.311-318 (Céline).

209 Siehe dazu Kap. 4.12.3 zum Normalismus

1. Individuelle De- und Re-Normalisierungsbewegungen eines Protagonisten-Kügelchens: (nicht) normale Fahrten im engeren Sinne,
2. Mehrere verschiedene Kügelchen werden nacheinander oder gleichzeitig ins Galtonsieb eingeworfen, z.B. in vielen Daily Soaps von Marienhof bis Verbotene Liebe,
3. Ein Kügelchen durchläuft das Brett mehrmals, z.B. Re-Entry-Filme im engeren Sinn sowie
4. Die Matrix selbst wird thematisiert: die »Normalverteilung selbst und ihr Zustandekommen rücken ins Zentrum des Interesses«, z.B. Nick Hornbys »High Fidelity« und Polityckis »Weiberromane«.

Abschließend lässt sich sagen, dass die hier angeführten Beispiele von Interdiskursanalysen gewinnbringend sind und der spezifischen Funktion von Kunstliteratur gerecht werden. Es handelt sich allerdings nicht um Kritische Diskursanalysen (KDA) im engeren Sinn. Aufgrund der Nähe der beiden Konzepte sollten sie sich aber gut miteinander verbinden lassen.

6.7 Schlussüberlegung: Die Werkzeugkiste ist offen

Es ließ sich darstellen, dass viele Untersuchungen entstanden sind, die sich auf die KDA stützen und die ihre Instrumente weiterentwickeln und der jeweiligen Forschungsfrage anpassen. Die Methode der KDA kann zwar als eine ›Gebrauchsanweisung‹ gelesen werden, aber sie ist kein ›Rezept‹ ,nach Schema F‹; denn jeder Gegenstand enthält Besonderheiten, die nicht zu antizipieren sind und die dann, wenn sie auftauchen, methodisch im Sinne des Diskursbegriffs neu zu bestimmen sind.

In diesem Buch sollen die Grundlagen für ein praktikables Verfahren der Diskursanalyse vorgestellt werden, mit deren Hilfe empirische Analysen durchgeführt werden können. Foucault verwendet dafür das Bild einer Werkzeugkiste:

> »Alle meine Bücher [...] sind kleine Werkzeugkisten. Wenn die Leute sie aufmachen wollen und diesen oder jenen Satz, diese oder jene Idee oder Analyse als Schraubenzieher verwenden, um die Machtsysteme kurzzuschließen, zu demontieren oder zu sprengen, einschließlich vielleicht derjenigen Machtsysteme, aus denen diese meine Bücher hervorgegangen sind – nun gut, umso besser.« (Foucault 1976, S.53)

Die methodische ›Werkzeugkiste‹ ist also immer ›offen‹ für neue Instrumente und eigene Kreativität. So kann es notwendig sein, aufgrund aktueller Ereignisse nachträglich eine weitere Strukturanalyse zu erstellen, andere Textarten zu betrachten oder die Untersuchung des diskursiven Kontexts zu erweitern.[210] Auch können sich Forschungsfrage oder Leitfragen im Laufe der Untersuchung ändern.[211] Es kann auch fruchtbar sein, weitere Analysewerkzeuge einzubeziehen, so hat sich beispielsweise bei manchen Strukturanalysen der Blick darauf gelohnt, welche Akteur*innen benannt oder welche Quellen des Wissens genutzt werden.[212] Auch hier im Buch schlagen wir teils neue Werkzeuge vor, beispielsweise zur Analyse von nicht-sprachlichen Bildern (Kap. 4.12.2). Dabei sollte aber immer die Anbindung an die Diskurstheorie, die prinzipielle Offenheit der Fragestellung von Kritischen Diskursanalysen und die Orientierung auf die Erforschung von Sagbarkeitsfeldern reflektiert werden.

210 Vgl. z.B. die Ereignisanalyse in Wedekind 2017, S.170-177 oder die aspektorientierte Strukturanalyse in Kap. 10.3 dieses Buches.

211 In einer Studie über den öffentlichen Diskurs über den Gelsenkirchener Stadtteil Bismarck/Schalke-Nord wurden beispielsweise »deutsche und nicht-deutsche Personen bezüglich ihres Verhältnisses zueinander« interviewt sowie anschließend Expert*innen bzw. »so genannte Sozialmanager« (Jäger M./Cleve/Ruth/Jäger, S. 2002, S.11). Die Ergebnisse der Expert*inneninterviews zeigten, »dass die Problemperspektive und damit die Leitfragen erweitert werden mussten um »Faktoren, die das Zusammenleben von deutschen und nicht-deutschen Personen« erschwerten, wie »die unbefriedigende schlechte Wohnsituation« (ebd., S.12). In derselben Studie zeigte sich auch, dass manche Fragen erst durch eine Erweiterung der Diskursanalyse zu einer Dispositivanalyse beantwortet werden könnten (vgl. ebd., S.102-112).

212 Vgl. z.B. die Analysen in Kap. 10.3. und 10.4. hier im Buch.

7 Erweiterungen: Von der Kritischen Diskursanalyse zur Dispositivanalyse

Im Kapitel 4.4 (Das Dispositiv) haben wir bereits ausgeführt, dass das Dispositiv zusammen mit Diskurs, Wissen und Macht einen der zentralen Begriffe in Foucaults Werk darstellt, trotz aller Zurückhaltung bezüglich der Methode, wie Dispositive zu analysieren seien. Im DISS haben wir seit längerem Überlegungen zur Methode einer Dispositivanalyse angestellt und uns mit anderen Forscher*innen darüber ausgetauscht.

Dabei erschienen uns vor allem die Analysevorschläge, die von Andrea Bührmann und Werner Schneider (2008) vorgelegt worden sind als konstruktiv und weiterführend. Deshalb wollen wir uns im Folgenden zunächst mit den Unterschieden und Gemeinsamkeiten beschäftigen, die zwischen unseren Begrifflichkeiten und Methodenvorschlägen und denen von Bührmann und Schneider auszumachen sind. Auf diese Weise wollen wir das dispositivanalytische Instrumentarium der KDA präzisieren.

7.1 Begrifflichkeiten

Wir fassen das Dispositiv bislang als einen Zusammenhang von

- sprachlich diskursiven Praxen,
- nicht-sprachlichen diskursiven Praxen und
- Sichtbarkeiten bzw. Vergegenständlichungen auf.

Bührmann/Schneider unterscheiden

- diskursive Praktiken,
- nicht-diskursive Praktiken,
- Objektivationen und
- als viertes Element Subjektivationen.

Unter »sprachlich diskursiven Praxen«[213] verstehen wir Sprechen und Denken auf der Grundlage von Wissen.

213 Siegfried Jäger spricht in diesem Zusammenhang auch von »diskursive[n] Praxen« (S. Jäger 2006, S. 84) oder von »sprachlich performierten Diskursen« (vgl. S. Jäger 2015, S. 113).

Bührmann und Schneider verstehen unter »diskursiven Praktiken« »jene Muster des Sprach- bzw. Zeichengebrauchs, die es ermöglichen, als Sprechende in einem Diskurs zu fungieren und Gehör zu finden (z.B. Kommentare zu erstellen, Aufsätze zu schreiben, Festreden vorzutragen)« (Bührmann/Schneider 2008, S.50).

Unter nicht-sprachlichen diskursiven Praxen verstehen wir Handeln auf der Grundlage von Wissen.[214]

Nicht-diskursive Praktiken umfassen bei Bührmann/Schneider »solche symbolisch aufgeladenen Handlungsweisen oder Gesten innerhalb eines Diskurses, die durch ihren Vollzug den Diskurs stützen, aktualisieren oder auch verändern (wie etwa das Segnen der Gläubigen durch eine Priesterin am Ende des Gottesdienstes, der Schweigemarsch einer Bürgerbewegung als Straßen-Demo etc.)« (Bührmann/Schneider 2008, S.50).[215]

Einen weiteren Teil des Dispositivs stellen in der KDA Sichtbarkeiten bzw. Gegenständlichkeiten (als Folge von Handeln) dar.[216] Dabei handelt es sich um Vergegenständlichungen diskursiver Wissens-Praxen durch nicht-diskursive Praxen [...], wobei die Existenz der Sichtbarkeiten (›Gegenstände‹) nur durch diskursive und nicht-diskursive Praxen aufrechterhalten bleibt« (S. Jäger 2006, S.108). Zu ihnen gehören »neben Gebäuden und Einrichtungen auch Gesetze und Verordnungen« (M. Jäger/S. Jäger 2007, S.104). Sichtbarkeiten bzw. Vergegenständlichungen sind »Ausdruck bzw. Folge [...] wissensbasierten Handelns« (ebd.).

214 Siegfried Jäger spricht manchmal auch von »nicht-diskursiven Praxen« (S. Jäger 2006, S.84)

215 Neben den nicht-diskursiven Praxen existieren nach Bührmann/Schneider noch »diskursgenerierte Modellpraktiken« (Bührmann/Schneider 2008, S.50) und »diskursexterne Praktiken« (ebd. S.50). Erstere sind insofern als »Diskurseffekte« zu verstehen, »als sie nicht aktiv [...] den Diskurs adressieren [...], sondern als normative Handlungsprogramme die jeweilige Wissens(an-)ordnung reproduzieren.« Als Beispiele führen sie ärztliche Diagnosen oder auch das Tragen eines Organ-Spende-Ausweises an (Bührmann/Schneider 2008, S.50). Unter »diskursexterne[n] Praktiken« verstehen Bührmann/Schneider im Anschluss an Reiner Keller (2005) solche, »die auf einer ›relativ diskursunabhängigen‹ (Alltags-)Ebene angesiedelt sind. Sie bezeichnen »›die alltäglich tradierten und routinisierten Arten und Weisen, etwas zu tun‹«, z.B. Alltagsgespräche, Körperpflege etc. (vgl. Bührmann/Schneider 2008 S.50.).

216 Margarete Jäger und Siegfried Jäger sprechen auch von »Sichtbarkeiten (oder Institutionen)« (Jäger, M. /Jäger, S. 2000).

Bührmann und Schneider nutzen hier die Begriffe der »symbolischen Objektivierungen und materialen Vergegenständlichungen« (Bührmann/Schneider 2008, S.55) oder auch »Objektivationen« (ebd. S.54). Objektivationen sind hier zu verstehen als »festgefügte und objektivierte Regelwerke, Rituale, Artefakte, Gebäude usw.« (ebd., S.54).

Im Unterschied zu unseren bisherigen Überlegungen zum Dispositiv und ihrer Analyse führten Bührmann und Schneider die Kategorie Subjektivationen ein. Darunter verstehen sie einerseits Subjektformierungen und Subjektpositionierungen, andererseits aber auch Subjektivierungsweisen.[217]

Subjektformierung meint dabei, »wie Individuen von Diskursen als (z.B. disponierende oder disponierte) Subjekte adressiert werden«, Subjektpositionierung meint »deren dazu in Beziehung zu setzendes Bewusstsein als ›Selbst‹ (z.B. als Disponierende oder Disponierte)« (ebd., S.69). Mit Subjektivierungsweisen beschreiben Bührmann und Schneider schließlich »den Aspekt der Selbst-Deutung, des Selbst-Erlebens und die Selbst-Wahrnehmung der Individuen und damit [...] ihr Selbst-Verständnis im Sinne der ›eigenen Identität‹« (ebd., S.71), beispielsweise »als praktische Darstellung, Inszenierung eines bestimmten Selbst-Verständnisses« (ebd. S.113). Während Subjektformierungen und Subjektpositionierungen als Elemente des Dispositives erscheinen, befinden sich die Subjektivierungsweisen außerhalb des Dispositivs.

Mit der Einführung des Begriffs der Subjektivationen rückt eine

> »subjektfokussierte Empirie in den Vordergrund, die nicht – wie in Diskursanalysen häufig angelegt – Subjekte nur als individuelle oder kollektive Diskursakteure in den Blick nimmt. Vielmehr geht es in einem dispositivanalytischen Forschungskontext um die Frage nach den (disponierenden/disponierten) Praktiken des Selbst, die zum einen als *Technologien des Selbst* im Foucault'schen Sinne von Regierungstechnologien an Individuen herangetragen werden, um sie gemäß den jeweiligen normativen Vorgaben und Programmen [...] als individualisierte Subjekte zu vergesellschaften [...]. Zum anderen ist gerade der machtvolle und herrschaftsrelevante institutionelle ›Anrufungsprozess‹ von Individuen als Bestandteil des gesellschaftlichen Produktionsprozesses von Subjektivierung zu verstehen, in dem Menschen sich zunehmend aktiv und kreativ als Subjekte kon-

217 Siehe auch Kapitel 4.4. In ihrer Auseinandersetzung mit dem Konzept der Dispositivanalyse von Siegfried Jäger bemerken Bührmann/Schneider, dass »die von Jäger über den Arbeits-/Tätigkeitsbegriff eingeführten Subjekte [...] noch genauer hinsichtlich der Frage nach Subjektivationen/Subjektivierungen in den Blick zu nehmen« seien (Bührmann/Schneider 2008, S.59).

stituieren (sollen) und dies im Sinne der ihnen hierfür zuhandenen *Techniken des Selbst* [...] als Selbst-Verständnis im sozialen Austausch darstellen, inszenieren, zum Ausdruck bringen.« (ebd. S.113 f.)

Die Subjekt-Frageperspektive zielt »sowohl auf die diskursiv vermittelten Subjektformierungen und -positionierungen als auch auf die umfassenden Subjektivierungsweisen als (mehr oder weniger institutionalisierte) Praktiken der Selbst-Verständnisse und die diese zum Ausdruck bringenden Verhaltensweisen. Wie sehen Individuen sich selbst, wie möchten sie gesehen werden, diese Fragen stehen hier genauso im Forschungsinteresse wie Fragen danach, welchen identitären Zwängen sich Menschen selbst ausgesetzt sehen und wie sie versuchen, sich dagegen zu positionieren, zu wehren« (ebd., S.71).

Dabei sei es Einzelnen ebenso möglich, sich entlang dem durch Dispositive vermittelten Wissen konform zu verhalten, wie auch

> »sich gegen diese ihnen zugeschriebenen Positionierungen und normativen Skripts der Normalität und Eingepasstheit zu wenden und so ein ›widerständiges‹ Selbst-Verständnis und Selbst-Verhältnis zu entwickeln und darzustellen [...]« (ebd., S.71).

Deutlich wird, dass die Subjektkonstitutionen (wie auch die Ordnungen des Sagbaren, Sichtbaren und Machbaren). nicht als vorgängig Gegebenes angenommen werden, sondern »als Effekt unterschiedlicher, aufeinander bezogener, im eigentlichen Sinne: ›wechselwirkender‹ diskursiver und nicht-diskursiver Praktiken« (ebd., S.110).

Der Unterschied zwischen disponierenden und disponierten Praktiken ist dabei bedeutsam, denn so werden zwei unterschiedliche Formen von Subjektivitäten konstituiert. Mit Jürgen Link beschreiben Bührmann und Schneider: Die disponierende Subjektivität hat Zugang zur »Klaviatur« des Dispositivs und instrumentalisiert andere Subjektivitäten. Die disponierte Subjektivität stellt sich als »bloßer Effekt der Machtkonstellationen des Dispositivs« ein, denn sie hat eben keinen Zugang zur »Klaviatur« (ebd. S.63 f.).

Während wir also bisher von drei Komponenten des Dispositivs ausgehen (sprachlich diskursive Praxen, nicht-sprachlich diskursive Praxen und Vergegenständlichungen) sprechen Bührmann und Schneider von vier Komponenten (diskursive Praktiken, nicht-diskursive Praktiken, Objektivierungen und Subjektivationen).

7.2 Die Forschungspraxis

Bührmann und Schneider betonen, dass nicht das Dispositiv empirisch erforscht werden kann,

> »sondern mit der Dispositivanalyse können Wechselwirkungen zwischen vorherrschenden Wissensordnungen, diskursiven und nicht-diskursiven Praktiken (im Alltag), ihre symbolischen wie materialen Objektivationen sowie die damit verbundenen Subjektivationen/Subjektivierungen empirisch untersucht und entsprechend (macht- und herrschafts-)theoretisch gedeutet werden« (Bührmann/Schneider 2008, S.111).

Die dispositivanalytische empirische Forschungspraxis richte sich auf die *Verbindungen* der Dispositivelemente, auf die

> »Rekonstruktion des Gesagten und Sagbaren in Verbindung mit dem Gemachten und Machbaren (als Sichtbarkeiten bzw. Vergegenständlichungen) und seinen (›vor-bewussten‹, präreflexiven) Strukturierungen als für Individuen Denkbares/Undenkbares. Kurzum: Was sind die überindividuellen Formierungsregeln des positiv Gesagten und Getanen angesichts des Ungetanen und Ungesagten im Horizont des Mach- und Sagbaren? Und welche Individuen mit welchen Welt- und Selbstbezügen als Subjekte gehen damit einher?« (ebd., S.110)

Bührmann und Schneider betonen also den Aspekt der »sozialen, nicht-diskursiven Kräfteverhältnisse« (ebd.). Ziel einer Dispositivanalyse sei es,

> »die diskursiven und nicht-diskursiven Praktiken, die sich im Feld der kontinuierlichen Aussagenproduktion wie auch der sozialen, nicht-diskursiven Kräfteverhältnisse beobachten lassen, zu rekonstruieren« (ebd., S.110).

Dem folgend wird, eine »perspektivisch-programmatische Fokussierung von Forschungsfragen« vorgeschlagen, die gekennzeichnet ist durch »die Verhältnisbestimmungen zwischen Diskurs, Nicht-Diskurs, Subjektivation und Objektivation in Bezug auf sozialen Wandel« (ebd., S.109).

Auch die KDA legt Wert darauf, dass eine Dispositivanalyse den prozessierenden *Zusammenhang* von Wissen, Handeln und Sichtbarkeiten zum Gegenstand hat.

Um ein Dispositiv zu untersuchen, könne »dieses ›Dreieck‹ bzw. dieser prozessierende und rotierende Kreis mit drei ›Durchlaufstationen‹ (Diskurs, Handeln, Sichtbarkeiten/Vergegenständlichungen) durch einen synchronen Schnitt analysiert werden« (S.Jäger 2006, S.109). Hinzu kommt, dass dieser prozessierende Zusammenhang die diskursstrategische Reaktion auf einen Notstand ist, die sehr vielgestaltig ist. Dispositivanalyse zielt darauf, diese Vielgestaltigkeit zu erfassen. Es ist das Ermitteln dieser Reaktion auf einen Notstand, welches das Mehr darstellt gegenüber nur an sprachlich-performierten Diskursen orientierten Analysen.

7.3 Methodenverständnis

Hinsichtlich des Methodenverständnisses sprechen Bührmann und Schneider von der Notwendigkeit »methodisch-praktische[r] Fantasie«. Es sei eine breite methodische Kompetenz »bei der Möglichkeit des flexiblen Einsatzes verschiedenster (standardisierter und nicht-standardisierter) Techniken der Datenerhebung und Datenauswertung« erforderlich (Bührmann/ Schneider 2008, S. 110).

Es könne »kein starres Methodik-Rezept ausformuliert werden, aber es lassen sich konkrete forschungsstrategische/-praktische Hinweise für das empirische Vorgehen bei Dispositivanalysen geben« (ebd., S. 111). Bührmann und Schneider konstatieren, dass es bei der Dispositivforschung nicht um ein bestimmtes Set von Methoden gehen kann. Es gehe vielmehr »um die Auseinandersetzung mit der Frage, welche (Wissens-)Elemente aus diskursiv vermittelten Wissensordnungen inwieweit ›wirkliche‹ (und insofern ›machtvolle‹) Effekte zeitigen« (ebd., S. 152). Dementsprechend wird von ihnen nicht der Anspruch erhoben,

> »einen umfassenden und vollständigen Überblick über das Feld der Dispositivforschung zu geben. Noch soll(te) damit ein bestimmtes empirisches Vorgehen in der sozialwissenschaftlichen Forschungspraxis so ›methodisiert‹ und ›standardisiert‹ werden, dass es gleichsam ›kanonisiert‹ beansprucht, als die einzig mögliche dispositivanalytische Methodik zu gelten« (ebd., S. 158).

Auch wir machen mit der Kritischen Diskursanalyse Vorschläge, wie eine Dispositivanalyse vorgenommen werden kann. So sind auch wir der Ansicht, dass diese Vorschläge zwar eine *Gebrauchsanweisung* sein können, dass sie aber kein *Rezept* sind, das für jedes Dispositiv Schritt für Schritt anzuwenden ist. Jeder Untersuchungsgegenstand enthält Besonderheiten, die nicht zu antizipieren sind und die dann, wenn sie auftauchen, methodisch im Sinne des Diskursbegriffs neu zu bestimmen sind. Insofern ist die *auch die methodische Werkzeugkiste einer Dispositivanalyse immer offen* für neue Instrumente und eigene Kreativität.

Bezüglich des breiten Einsatzes von verschiedenen (standardisierten und nicht-standardisierten) Verfahren der Datenerhebung und -auswertung sind wir skeptischer als Bührmann und Schneider. Durch einen mehr oder minder beliebigen Methodenmix besteht die Gefahr einer additiven Synthetisierung, die keine klare Rückbindung an die theoretischen Ausführungen von Michel Foucault hat.

7.4 Vorschläge für eine Dispositivanalyse nach Bührmann/ Schneider

Bührmann und Schneider schlagen für Dispositivanalysen vier Schritte vor:

1. die Untersuchung von diskursiven und nicht-diskursiven Praktiken,
2. die Untersuchung von Subjektivation/Subjektivierung,
3. die Untersuchung von Objektivationen
4. und die Untersuchung des sozialen Wandels.

Sie machen jeweils Vorschläge für empirische Zugänge.

Bezüglich der diskursiven und nicht-diskursiven Praktiken seien

> »grundsätzlich sämtliche methodischen Zugriffe zur Datenerhebung denkbar, die im weitesten Sinne ›Handlungsprotokolle‹ liefern. Dies reicht von der Sammlung sogenannter ›natürlicher‹ Textdaten, also Handlungsprotokolle, die vom Feld selbst und unabhängig vom Forschungsprozess erstellt werden, über das Produzieren von solchen Protokollen z.B. als Videodaten durch teilnehmende/nicht-teilnehmende Beobachtungsverfahren in der Feldforschung [...] bis hin zur gezielten bzw. mehr oder weniger kontrollierbaren Datenproduktion z.B. bei Experimenten im Feld.« (Bührmann/Schneider 2008, S.112)

Hinsichtlich der Subjektivation/Subjektivierung und entlang der vorgestellten

> »analytischen Unterscheidung zu Subjektivation/Subjektivierung entlang der Dimensionen Subjektformierungen/Subjektpositionierungen einerseits und Subjektivierungsweisen [...] andererseits« (ebd., S.113),

reiche die methodische Palette

> »von (biographischen) Interviews über Beobachtungsverfahren, die sich z.B. auf die Analyse von Selbst-Objektivationen durch spezifische ›Körperpolitiken‹ richten, bis hin zu ethnomethodologischen und konversationsanalytischen Verfahren, mit denen der Einsatz von Körperlichkeit, des Körpers in Bezug auf jeweils relevante Selbst-Verständnisse in mehr oder weniger institutionalisierten Interaktionssituationen verfolgt werden kann. Welches ›Doing Body‹ wird von

den Akteuren in welchen Situationen aktiv als Körperpolitik im Sinne reflexiver Darstellung und Inszenierung eingesetzt, um ein bestimmtes Selbst im sozialen Austausch zu vermitteln, welches ›Doing Body‹ erfolgt dabei gleichsam präreflexiv in und durch die verkörperte Praxis der Akteure als unhintergehbarer, weil habitualisierter Ausdruck ihrer sozialen Situiertheit und biographischen Erfahrungsaufschichtung?« (ebd., S. 115)

Die Objektivationen betreffend, müssen diese zunächst durch Beobachtung oder Interviews identifiziert werden, die für die Akteure in ihrem praktischen raumzeitlichen Alltagsvollzug relevant sind. Die Analyse erfolge dann

»nicht nur mittels einer genauen Beschreibung (z.B. Form, Farbe, Material, Aufbau etc.), sondern durch die kontrollierte Loslösung des Artefakts aus seiner Umgebung bzw. durch eine systematische De-/Re-Kontextualisierung seiner Gebrauchsmöglichkeiten, um so auf die damit verbundenen sozialen Prozesse rückschließen zu können. Zu verfolgende Fragestellungen sind dabei z.B.: Welche Herstellungsgeschichte lässt sich für das Artefakt rekonstruieren? [...] Welche anderen Artefakte stehen dazu in einem direkten Gebrauchs-/Verwendungskontext? Auch hier findet sich dann eine ganze Reihe möglicher Auswertungsverfahren zu den erhobenen Daten, z.B. von der Sequenzanalyse des mit dem Artefakt verbundenen Ablaufs seiner Handhabung über Dokumentenanalysen seines Gebrauchs bis hin zu Bildanalysen u.a.m. [...]« (ebd., S. 116 f.)

Hinsichtlich des sozialen Wandels, gelte es empirisch zu klären, in welchem Verhältnis

»empirisch identifizierbare Indikatoren für Kennzeichen, Ursachen, Prinzipien, Prozesse und Folgen von Wandel zu dem [stehen], was in dem jeweils zu erforschenden Wissens-/Praxisfeld kontinuierend, stabilisierend etc. wirkt?« (ebd., S. 118)

Insbesondere wären hierzu »die Entstehungsformen ausgewählter Institutionen, ihre Entstehungsgründe im Sinne vormals gegebener gesellschaftlicher Problemlagen und die historische Entwicklung dieser Problemlagen zu beachten« (ebd., S. 118)

Alle diese Daten müssen nicht, so betonen es Bührmann und Schneider, zwangsläufig diachron erhoben werden, jedoch sind

»die gewonnenen empirischen Befunde immer historisch-vergleichend hinsichtlich ihrer Aussagekraft bezüglich der vergangenen, aktuellen oder zukünftigen gesellschaftlichen Dynamik zu prüfen. Insoweit benötigt ein dispositivanalytisches Vorgehen einen historischen Referenzrahmen, der das Geworden-Sein der gesellschaftlichen Problemlage, auf das sich das empirisch in den Blick genommene dispositive Verhältnis bezieht, ausweist.« (ebd., S. 118 f.)

Die Erforschung von Dispositiven erfordere vier Leitfragen, die aber nicht immer vollständig bearbeitet werden müssten:

> »1. In welchem Verhältnis stehen diskursive Praktiken in Gestalt z.B. von Spezialdiskurs(en), Interdiskurs(en) und/oder Elementar- bzw. Alltagsdiskurs(en) und (alltagsweltliche) nicht-diskursive Praktiken?
> 2. In welchem Verhältnis stehen diskursive Praktiken, nicht-diskursive Praktiken, symbolische wie materiale Objektivierungen und Subjektivation/Subjektivierung?
> 3. In welchem Verhältnis stehen diskursive Praktiken mit den vorherrschenden Wissensordnungen, die sich in der ›Ordnung der Dinge‹ manifestieren (im Sinne von symbolischen wie materialen Objektivationen insbesondere in Alltags-/Elementarkulturen)?
> 4. In welchem Verhältnis stehen diskursive Praktiken, nicht-diskursive Praktiken und Objektivationen – kurzum: Dispositive – mit gesellschaftlichem Wandel (Umbruchsituationen) und dispositiven (nicht-)intendierten (Neben-)Folgen?« (ebd., S. 152)

Bührmann und Schneider konstatieren, dass nicht jede Dispositivanalyse beim Diskurs ansetzen müsse. Das heißt, nicht jede »Dispositivanalyse braucht auch eine Diskursanalyse« (ebd., S. 119). Skeptisch stehen sie einem »analytischen Primat des Diskursiven« entgegen (ebd.). Genauso möglich sei es,

> »sich dem Diskursiven über das Nicht-diskursive empirisch-analytisch anzunähern; d.h.: die jeweils vorherrschenden Wissensordnungen, nicht dominante/hegemoniale, marginalisierte oder gar ausgegrenzte Wissensformen über die Dinge und das Tun von Menschen und ihr damit jeweils einhergehendes Selbst-Verständnis über ihre Selbst- und Weltwahrnehmung zu erschließen.« (ebd.)

Aber auch wenn einer Dispositivanalyse nicht zwangsläufig eine Diskursanalyse vorausgehen muss, sei es notwendig,

> »dass das Verhältnis zwischen den thematisch für das eigene dispositivanalytische Erkenntnisinteresse je interessierenden Spezialdiskursen, Interdiskursen, Elementardiskursen zumindest soweit konzeptionell geklärt wird, dass der konkrete empirische Ansatzpunkt der Dispositivanalyse (z.B. bei den nicht-diskursiven Alltagspraktiken, Objektivationen, Subjektivierungen) mit Blick auf die dabei relevanten Diskurse ausgewiesen und begründet werden kann« (ebd., S. 152 f.).

7.5 Vorschläge für eine Dispositivanalyse nach der KDA

Es stellt sich nun die Frage, ob und inwieweit die Ausführungen von Bührmann und Schneider in einen Vorschlag für ein dispositivanalytisches Vorgehen im Rahmen der KDA integriert werden können. Dabei sind vor allem die Überlegungen zu Subjektformierungen/Subjektpositionierungen und Subjektivierungsweisen zu bedenken.

Wir finden es plausibel, Subjektivierungen (als Oberbegriff für diese drei Elemente) als vierte Komponente des Dispositivs zu fassen und somit die Analyse des Verhältnisses der Subjektivierungen zu den anderen drei Elementen (also sprachlich diskursive Praxen, nicht-sprachlich diskursive Praxen und Gegenständlichkeiten) in eine Dispositivanalyse aufzunehmen.[218]

Ein anderes Verständnis als Bührmann und Schneider haben wir allerdings von der Bedeutung der Diskursanalyse für eine Dispositivanalyse. Die von uns vorgeschlagene Vorgehensweise für eine Dispositivanalyse orientiert sich an den *Aussagen* der im ersten Schritt vorgenommenen Diskursanalyse und stellt damit das ›Herzstück‹ der Dispositivanalyse dar. Denn wir gehen davon aus, dass es auch bei den anderen Elementen des Dispositivs darum geht, die ihnen zugrundeliegenden Aussagen zu ermitteln.[219]

Eine Gebrauchsanweisung für eine Dispositivanalyse könnte grundsätzlich folgende Schritte enthalten.

1. Die Rekonstruktion des Wissens für die sprachlich diskursiven Praxen. Eine solche Analyse bildet dann die Grundlage für die weiteren Schritte der Dispositivanalyse. Hier ist vor allem zu berücksichtigen, dass die Analyse verschiedene Diskursstränge berücksichtigen muss, nämlich die, die sich im Dispositiv auffinden lassen.
2. Die Rekonstruktion des Wissens, das den nicht-sprachlichen diskursiven Praxen zugrunde liegt. Hier stellt sich die Frage, worin das Oberflächenmaterial besteht, in dem sich die Aussagen auffinden lassen. Wie bei allen Diskursanalysen handelt es sich bei den nicht-sprachlichen diskursiven

---

218 Bührmann/Schneider sprechen weiterhin von drei Komponenten des Dispositivs, also von 1. diskursiven und nichtdiskursiven Praxen, 2. von Objektivationen und 3. von Subjektivationen.

219 Ein Zusammendenken beider Ansätze hat Alexandra Graevskaia (2023) in ihrer Untersuchung »Polizei in der postmigrantischen Gesellschaft. ›Interkulturelle Öffnung‹ zwischen Anerkennung und Rassismus. Eine dispositivanalytische Perspektive« vorgenommen.

Praxen um Äußerungen, aber nicht solchen, die sprachlich gefasst sind, sondern eben nicht-sprachlichen Praxen, die sich als Handlungen darstellen. Deshalb ist zu fragen: Wie äußern sich Handlungen? Um dies herauszufinden eignen sich Beobachtungen von Handlungen, die mit dem zu untersuchenden Gegenstand verbunden sind. Daneben können auch Befragungen der Handelnden zu ihrem Wissen durchgeführt werden. Am Beispiel einer Untersuchung des Gegenstandes ›Krankenhäuser in einer Großstadt des Ruhrgebietes‹ hieße dies: Beobachtung (und Befragung) des medizinischen Personals und ihres Tuns, des Hilfspersonals, der Besucher*innen, der Kranken, etc. Dazu können auch Krankenakten, Lehrbücher, Handlungsanweisungen u.Ä. beitragen.

3. Die Rekonstruktion des Wissens, das den Sichtbarkeiten bzw. Gegenständlichkeiten zu Grunde liegt[220]. Im Beispiel Krankenhäuser kann dies durch eine Anschauung von Gebäuden beziehungsweise Verbildlichungen von Gebäuden und Einrichtungen geschehen (Zimmer, Operationssäle, Aufenthaltsräume, Geräte etc.). Auch dabei können Befragungen und Experteninterviews hilfreich sein.
   Die Ermittlung des Wissens, das in nicht-sprachlich diskursiven Praxen und in den Vergegenständlichungen ›steckt‹, ist eine schwierige Aufgabe; sie kann nur hilfsweise und nur teilweise auf Texte bezogen werden. Es hat sich als eine gewisse, wenn auch unzureichende Hilfe erwiesen, sich auf bereits vollzogene sprachliche und ikonographische Diskursivierungen solchen Wissens zu beziehen, indem man nicht z.B. eine Architektur selbst auf ihr inhärentes Wissen hin abklopft, sondern sich behelfsweise auf bereits vorliegende Beschreibungen und bildliche Darstellungen solcher Gegebenheiten stützt (vgl. dazu Caborn 2006). Es erweist sich aber schnell, dass dies nur einen unzureichenden Behelf darstellt und dies eine direkte Konfrontation mit den Sichtbarkeiten/Gegenständlichkeiten nicht ersetzen kann. Und dabei lässt sich nur das ›lesen‹, was wir jeweils wissen. Gebäude, die z.B. während des Faschismus in Deutschland entstanden sind, kann man nur dann als solche lesen, wenn man etwas über

220 Foucault spricht z. B. vom »Wissen der Architektur« (DE 4, S.340). Damit meint er natürlich nicht, dass die Architektur selbst etwas weiß, sondern dass dies immer nur für die die Architektur Herstellenden und/oder Betrachtenden gilt, die die Architektur nach Maßgabe ihres Wissens ›lesen‹. Hier stellt sich ein Problem dar: die Unerbittlichkeit der Historizität und die Unerbittlichkeit und Unterschiedlichkeit der Begrenzungen des Wissens besonders bei den Betrachtenden.

den Nationalsozialismus bzw. einer Architektur, der die Präsentation von Macht inhärent ist, weiß. Das heißt, dass hier der historische Kontext berücksichtigt werden sollte.

4. Die Rekonstruktion des Wissens, das den Subjektivierungen zu Grunde liegt. Dies kann durch Beobachtung und Befragungen passieren; auch Gruppeninterviews sind denkbar, um das Verhältnis von disponierenden und disponierten Subjekten zu analysieren. Bezogen auf die Situation in einem Krankenhaus kann dies am Verhältnis der Ärzt*innen zu den Patient*innen von Bedeutung sein. So kann sich die Angewiesenheit der Patient*innen auf das fachliche Wissen der Ärzt*innen in Artikulationen von Ohnmacht äußern. Umgekehrt kann die hierarchische Stellung im Komplex des Krankenhauses bei den Ärzt*innen dazu beitragen auch außerhalb ihres Dienstes sich als disponierendes Subjekt zu inszenieren.

Es zeigt sich, dass diese vier Komponenten des Dispositivs nicht absolut trennscharf zu bestimmen sind. Die Ermittlung von Wissen zu den Komponenten 2, 3 und 4 kann zumindest teilweise auch über sprachlich diskursiven Praxen stattfinden, also durch diverse Medien, Interviews mit den beteiligten Personen und mit Expert*innen u.Ä.

Entsprechend ist ein Analyseraster zu entwickeln, mit dem alle vier Komponenten daraufhin befragt werden können, inwiefern sie auch Verweise auf die sonstigen Komponenten enthalten. Solche Verweise werden gebündelt und den jeweiligen anderen Komponenten zugeordnet. Damit liegen dann die vier Dispositivkomponenten in möglichst vollständiger Form vor und erlauben einen weiteren Schritt, in dem Beziehungen zwischen den Komponenten analysiert werden:

- In welcher Beziehung stehen sprachlich-performiertes Wissen zu Handlungs- und Gegenstandswissen, sowie zu Subjektivationen? Liegen Diskrepanzen und Lücken vor? Beispiel: Werden Kranke tatsächlich, wie z.B. die behandelnden Ärzt*innen angeben, gründlich auf ihre Krankengeschichte hin befragt oder ist dies nicht oder nicht ausreichend der Fall? Wird den Patient*innen erläutert, warum welche Therapien sinnvoll bzw. nicht sinnvoll sind?
- In welcher Beziehung stehen sprachlich-performiertes Wissen, Handlungswissen, gegenständlich-performiertes Wissen und Subjekt-bezogenes Wissen?

Beispiel: Es könnte festgestellt werden, dass Privatpatient*innen sorgfältiger als Kassenpatient*innen betreut werden, weil dies für das Krankenhaus rentabler ist.

– In welcher Beziehung besteht die gerätetechnische Ausstattung zu der behaupteten Notwendigkeit ihrer Anwendung?
  Beispiel: In einem Krankenhaus werden fünf Abteilungen mit Geräten zur Gefäßuntersuchung festgestellt. Eine einzige Untersuchung würde aber ausreichen, stattdessen werden möglicherweise vier Untersuchungen mit dem gleichen Ergebnis durchgeführt.

Die vier Grund-Komponenten des Dispositivs können mit Hilfe des Untersuchungsmaterials analysiert werden. Die Ermittlung des Untersuchungsmaterials ist ein Vorgang, der hier nur sehr allgemein und verkürzt angesprochen werden kann und in einem ersten Analyseschritt, der bereits Projektcharakter haben kann, gegenstandsspezifisch möglichst intensiv *gesättigt* durchgeführt werden sollte. Auf dieser Basis können erste kritische Analyseschritte und Bewertungen durchgeführt werden.

Denn in einem nächsten Schritt geht es darum, das Netz, das die Dispositivkomponenten verbindet, genauer zu bestimmen. Hier ist die Grundfrage: Wie kommunizieren diese vier Komponenten miteinander?

Sind z.B. die Krankenzimmer in einem guten und sauberen Zustand oder vernachlässigt und hat das etwas mit der Anzahl der medizinischen Kräfte und der Pflegekräfte zu tun? Haben die Pflegekräfte Spielräume in der Ausübung ihrer Tätigkeiten und wenn ja, wie nutzen sie diese? Usw.

Davor steht aber die Bestimmung des dispositiven Kontextes. Dispositive sind immer umkämpft, denn sie reagieren auf einen Notstand (*urgence*); sie sind sozusagen in Bewegung, verändern sich und erzeugen neue Dispositive, auch solche, die den am Diskurs Beteiligten nicht gelegen kommen und von ihnen nicht beabsichtigt waren.

Wieder am Beispiel des Dispositivs Krankenhaus: Heutige Krankenhäuser sind inzwischen großenteils kommerzialisiert. Es wird daran verdient, sie werden aber auch subventioniert. Dabei kollidieren unterschiedliche Interessen: die kommerziellen Interessen des Trägers und der Ärzteschaft und auch der Krankenkassen, die Reproduktionsinteressen des Personals, die Gesundheitsinteressen der Kranken, die Subventionsbereitschaft und -fähigkeit der öffentlichen Hände etc. Im Gefolge dieser diskursiven Kämpfe verändert sich das Krankenhaus-Dispositiv, was oft nur auf längere Sicht zu erkennen ist. Merkmale solcher Veränderungen können z.B. unnötige Mehrfachanschaffungen von Geräten oder Mehrfachbehandlungen von Kranken sein, die den Etat des Krankenhauses negativ beeinflussen, Ausdünnung des Personals, Vernachlässigung des Mobiliars und Bauten, Verteuerung der Behandlungen und Erhöhung der Kosten für die Krankenkassen, Befall durch sogenannte Krankenhauskeime, Erhöhung der Sterblichkeitsraten, möglicherweise korrupte Beziehungen zwischen einweisenden Ärzten und Kliniken, etc.

So ist das Krankenhaus einerseits ein diskursives Kampffeld, andererseits ist es aber auch ein Widerlager mit einer eigenen, ihm inhärenten Strategie, sich gegen solche Entwicklungen zu wehren: Das Dispositiv lässt sich nicht einfach ummodeln; sein ›Sosein‹ sperrt sich gegen Veränderungsversuche, die möglicherweise seine eigene Struktur und Funktion verändern oder sogar in Frage stellen. Wir haben es also einerseits mit Strategien von widerständigen Subjekten zu tun, andererseits aber auch mit der Strategie des Krankenhaus-Dispositivs, das ein gewisses Beharrungsvermögen hat, wobei es nur beharrt, wenn es ständig diskursiv – und das heißt auch, sich dabei ändernd – reproduziert wird. Eine radikale Veränderung des Krankenhausdispositivs kann nur im Kontext radikaler Demokratisierung und Entkommerzialisierung stattfinden.

Wichtig ist insofern für die umfassende Analyse von Dispositiven der Einbezug des dispositiven Kontextes: In welchem Raum ist das Dispositiv angesiedelt? Welche Geschichte hat das untersuchte Dispositiv und welche Metamorphosen hat es durchgemacht und weshalb? Welche Wirtschafts- und Gesellschaftsordnung ist aktuell dominant? Wie wird die betreffende Gesellschaft regiert? Wie sieht (z.B.) das Gesundheitswesen im untersuchten Gebiet aus? Welche spezifische Gesundheitspolitik gibt es in der Stadt dieser Krankenanstalt? Besteht ein Notstand und für wen besteht er? Welche diskursiven (Macht-)Kämpfe finden statt? Etc.

Im Einzelnen ließe sich methodisch bei einer Dispositivanalyse wie folgt vorgehen:

1. In einer knappen Einleitung ist die Zielsetzung der Untersuchung zu benennen, der theoretische Hintergrund zu skizzieren und die gewählte Methode darzustellen und zu erläutern.
2. Dann ist der Untersuchungsgegenstand zu benennen, zu beschreiben und ausführlich zu begründen. Eine Leitfrage kann sein, weshalb und wieso die Dispositivkomponenten (sprachliche Komponenten, Hand-

lungs-, Sichtbarkeits- und Subjektivierungskomponenten) zusammen als Dispositiv funktionieren können, also ein Netz bilden und als dieses Netz einen Macht-Wissenskomplex darstellen.

Am Beispiel: Zum Gesundheitsdispositv gehören (z.B.):

a. Medien zum Thema Gesundheit, Ratgeber, Präventionsflyer u.a.,
b. Handlungsabläufe des medizinischen Personals im Krankenhaus und/oder Arztpraxen, Organisation und Abläufe in Krankenversicherungen, Gesundheitsämtern. Dies kann durch Interviews und Befragungen etc. ermittelt werden,
c. Medizinische Einrichtungen, Apparate, u.ä. Befragungen und Experteninterviews. Dabei ist darauf zu achten, dass die Handlungs- und Sichtbarkeitskomponenten sich nicht überlagern.
d. Subjektformierungen, beispielsweise die Vorgaben der diskursive Anrufungen als Ärzt*in, als Krankenpfleger*in, als Patient*in; Subjektpositionierungen, also wie sich die Angerufenen im Verhältnis zu anderen diesbezüglich positionieren und Subjektivierungsweisen, also wie Subjekte sich selbst sehen und welche Praxen des Selbst damit einhergehen.

3. Das Korpus und die Materialgrundlage sind zu bestimmen und zu begründen, aber als offenes Konzept auszuweisen; dabei sind das sprachlich diskursive und das nicht-sprachlich diskursive Material sowie das Material der Sichtbarkeiten und Subjektivationen zu skizzieren und aufzulisten. Erste Überlegungen zur qualitativen Vollständigkeit (Sättigung) der Materialgrundlage für den gewählten Zeitausschnitt und den Raum sind anzustellen.
4. Darauf folgt eine Strukturanalyse zu den vier diskursiven Ebenen mit Zusammenfassung und deren synoptische Analyse. Sie ist zudem Grundlage für die Auswahl eines typischen Dispositivelements[221].
5. Feinanalysen eines oder (falls notwendig) mehrerer typischer Dispositivelemente unter Verweis auf die Begründung durch die Strukturanalyse. Vorstellung der Legende für die Feinanalysen.
6. Ermittlung des dispositiven Kontextes des untersuchten Dispositivs.

221 Der Terminus Dispositivelement bezieht sich auf ein mögliches Unterdispositiv, das zum untersuchten Dispositiv gehört. Beispiele wären das Krankenhausdispositiv als Teil des Gesundheitsdispositivs oder das Corona-Dispositiv als Teil des Pandemie-Dispositivs.

7. Zusammenfassende Analyse des Dispositivs unter Bezug auf Struktur- und Feinanalyse(n), wobei es besonders um die Beantwortung der folgenden Fragen geht:
   a) Wie sind die vier Komponenten des Dispositivs miteinander vernetzt und welche Effekte entstehen aus der Vernetzung?
   b) Auf welchen Notstand (für wen?) antwortet das Dispositiv und welche Perspektive für die Zukunft ist ihm eingeschrieben, also worauf läuft es hinaus (Prognose)?
8. Äußerung von Kritik, die zwar den ganzen Prozess begleitet. Diese wird am Schluss aber prägnant ausformuliert und gegebenenfalls durch grundsätzliche ethische und real utopische Überlegungen erweitert.
9. Vorschläge zur Vermeidung der kritisierten Befunde der Analyse.
10. Das Problem der Vollständigkeit: Ist die vorgenommene Dispositivanalyse zu verallgemeinern bzw. welche Reichweite hat sie?

Es zeigt sich, dass die Überlegungen und Vorschläge zu einer Dispositivanalyse, die von Andrea Bührmann und Werner Schneider vorgelegt wurden, teilweise sinnvoll in eine KDA-Dispositivanalyse einfließen können. Dies gilt insbesondere für die Berücksichtigung der Subjektivationen, die innerhalb von Dispositiven von Bedeutung sein können. Dabei sind wir uns darüber im Klaren, dass auch unser Analysekonzept eines Dispositivs noch nicht abgeschlossen ist und weitere Ausarbeitungen und Anwendungen notwendig sind. Die Werkzeugkiste ist also auch hier weiterhin offen.

8 Güte- und Qualitätskriterien

In der quantitativen Sozialforschung gelten als ›klassische‹ Güte- und Qualitätskriterien *Objektivität*, *Validität* und *Reliabilität*. Diese Kategorien sind, wie Ulrike Freikamp (2008) anmerkt, jedoch für die qualitative Sozialforschung problematisch und wie Angermuller/Schwab (2014) konstatieren, erst recht problematisch für die Diskursforschung, denn: »Die Diskursforschung zeigt sich im Allgemeinen kritisch gegenüber einem Verständnis von Wissenschaft im Sinne universaler, philosophischer oder naturwissenschaftlicher Wahrheiten« (Angermuller/Schwab 2014, S.647). Dennoch ist die Frage nach *Qualität* auch für die Diskursforschung relevant.

In der qualitativen Sozialforschung haben sich drei Positionen zu Güte- und Qualitätskriterien entwickelt. Während die erste Position sämtliche Kriterien ablehnt, versucht eine zweite Position die drei aus der quantitativen Forschung bekannten Kriterien *Objektivität*, *Validität* und *Reliabilität* in die qualitative Forschung zu übersetzen. Eine dritte Position wiederum entwickelt eigene Kriterien unter Berücksichtigung der der qualitativen Forschung zugrunde liegenden konstruktivistischen Positionen (vgl. Freikamp 2008, S.217).

Ulrike Freikamp (2008) beschreibt die Entwicklung von sechs Gütekriterien bei Mayring (2002) und ihre Weiterentwicklung bei Steinke (1999) zu sieben Gütekriterien für qualitative Sozialforschung. Freikamp betont, dies seien keine »universellen Kriterien«, sondern es handele sich um einen Pool, an dem Forscher*innen sich der jeweiligen Studie angemessen orientieren können (Freikamp 2008, S.222 f.).

Wir wollen im Folgenden die Brauchbarkeit dieser Vorschläge für die KDA diskutieren.

Die *intersubjektive Nachvollziehbarkeit* wurde von uns schon mehrfach betont. Das bedeutet, die methodische Verfahrensweise sollte/muss offengelegt werden. Bei der Durchführung einer KDA wird die intersubjektive Nachvollziehbarkeit dadurch gefördert, dass die Ergebnisse umfasst und am untersuchten Material belegt werden.

Die *reflektierte Subjektivität*, durch die die Forschenden zum »Teilelement der Forschung« werden und im »gesellschaftlichen Raum« verortet werden können, um »davon ausgehend Forschungsintentionen und Forschungsergebnisse kritisch auf ihren emanzipatorischen Gehalt prüfen zu können« (Freikamp 2008, S.225) ist ebenfalls relevant für Studien, die mit der KDA durchgeführt werden. Das bedeutet, dass z.B. in der Einleitung einer Studie das persönliche Verhältnis zum Gegenstand dargelegt wird. Es sollte also dargestellt werden, aus welcher Position heraus wir den Gegenstand unserer Analyse untersuchen, z.B. als Feminist*innen und/oder als Antifaschist*innen etc. Für Leser*innen ist diese Information wichtig, um die Forschungsperspektive einordnen zu können.

Das Kriterium der *Indikation* meint sowohl die »Angemessenheit der Erhebungs- und Auswertungsmethoden« als auch »darüber hinausgehende methodische Entscheidungen, die während des Forschungsprozesses getroffen wurden« (Freikamp 2008, S.225). Zum einen sollte also der gesamte Forschungsprozess transparent gemacht werden, zum anderen geht es hier um die einzelnen Entscheidungen, die getroffen werden, etwa die Auswahl des Dossiers, die Entscheidung für eine zu analysierende Zeitung, für einen Artikel der Feinanalyse etc. Erst durch diese Transparenz können andere bewerten, ob das jeweilige Verfahren indiziert ist. Auch dies sollte für Untersuchungen, die mit der KDA gemacht wurden, gelten.

Die empirische Verankerung der Theoriebildung und Theorieprüfung ist ein weiteres Kriterium. Das heißt, dass die Theoriebildung aus der Empirie abgeleitet und begründet wird und nicht umgekehrt. Wichtig ist hier eine Offenheit gegenüber dem Material. Wenn mit Untersuchungshypothesen gearbeitet wird (was in der KDA nicht unbedingt nötig ist), muss es eine Bereitschaft geben, diese durch das Material widerlegen zu lassen. Wir haben gute Erfahrungen damit gemacht, eigene Hypothesen ›gegen den Strich‹ zu lesen, wenn also beispielsweise (empiriegeleitet) angenommen wird, dass extrem rechte Periodika antifeministisch ausgerichtet sind, gehen wir auf die Suche nach dem Gegenteil. Zu dieser Offenheit gehört auch, wie bereits erwähnt wurde, das Dossier nicht entlang der Hypothesen[222] auszuwählen.[223]

Die *Limitation* meint Verallgemeinerungen im Geltungsbereich. Der Geltungsbereich sollte genau reflektiert und beschrieben werden. Er wird zeitlich, räumlich und definitorisch bestimmt. Die Ergebnisse einer Studie gelten auf Grundlage der in der Studie gegebenen Definitionen für eine bestimmte Zeit und für einen bestimmten Raum, etwa: Was wird in dieser

222 Für die KDA ist eine Hypothesenbildung nicht zwingend notwendig. An das Untersuchungsmaterial kann auch strikt positivistisch herangegangen werden.

223 Mit ›Theoriebildung‹ sind natürlich nicht theoretische Vorannahmen der Methode gemeint.

Studie unter Rassismus verstanden? Wenn beansprucht wird, dass die Ergebnisse über Zeit und Raum hinaus generalisierbar sind, muss dies genau begründet werden.[224]

Das Kriterium der *Kohärenz* meint die »Forderung nach der Konsistenz einer Theorie« (Freikamp 2008, S.227). Bei der empiriegeleiteten Theoriebildung müssen die Aussagen »auf ihre Kohärenz hin befragt werden, was bedeutet, danach zu fragen, ob Widersprüche in den Daten und Interpretationen bearbeitet wurden« (Freikamp 2008, S.227). Auch dieses Kriterium kann für die KDA gelten.

Schließlich muss die *Relevanz* einer Untersuchung begründet werden. Kriterien können hier etwa ein aktualpolitischer Bezug, eine bestehende gesellschaftliche Problematisierung oder ein sozialer Missstand sein. Wir sprechen hier von ›brisanten Themen‹, also von Themen, die gesellschaftlich umkämpft sind.

Wir werden im Folgenden auf einige mit den Gütekriterien in Zusammenhang stehenden Fragen detaillierter eingehen.

8.1 Zur Vollständigkeit von Korpus und Dossier und Repräsentativität der Analyseergebnisse

Die Frage der Repräsentativität von Diskurs- und Dispositivanalysen ist umstritten.[225] Diskurs- und Dispositivanalysen beziehen sich immer auf einen oder mehrere Zeiträume in einem oder mehreren (human-)geographischen Räumen. Dabei fallen in der Regel große Materialmengen an, deren Bewältigung ein Problem darstellt.

Wir möchten daher im Folgenden einige Vorschläge zur Diskussion stellen, wie mit diesem Problem sinnvoll umgegangen werden kann. Dabei beziehen wir uns auf eine Reihe von Erfahrungen, die wir bei bisher durchgeführten diskursanalytischen Projekten gemacht haben.[226]

224 Damit ist folgendes gemeint: Wenn wir die Süddeutsche Zeitung, die FAZ und die taz diskursanalytisch untersuchen, nehmen wir damit zentrale Diskurspositionen des hegemonialen Diskurses auf. Die Ergebnisse sind somit generalisierbar für den hegemonialen Mediendiskurs.

225 Vgl. dazu z. B. Allolio-Näcke 2010 und eine Erwiderung dazu in Jäger 2011a.

226 Zunächst ein Hinweis, der die (oft umfangreiche) theoretische und methodologische Begründung diskursanalytischer Projekte betrifft: Auf eine umfassende Darstellung von Theorien und Methoden kann bei der Analyse verzichtet werden, es sollte nur das expli-

8.1.1 Zur Vollständigkeit des Korpus bzw. Dossiers

Die vollständige Erfassung eines Diskursstrangs und erst recht eines Dispositivs stellt einen ›Knackpunkt‹ qualitativer empirischer Sozialforschung dar. Es handelt sich schon allein deshalb um ein ›heißes Eisen‹, weil die quantitative Erfassung und die Analyse des gesamten Materials eines Forschungsgegenstandes zeit- und kostenaufwendig sind und meist einen großen Anteil der finanziellen Ressourcen eines Projektes absorbieren.

Jedem Untersuchungsprojekt liegt eine bestimmte Fragestellung zugrunde (Gegenstand) und bezieht sich auf eine oder mehrere Diskursebenen (z.B. Printmedien). Soll etwa der ›hegemoniale Diskurs‹ analysiert werden, stellt sich die Frage, welche Zeitungen repräsentativ für ihn sind und ob alle oder zumindest die wichtigsten Diskurspositionen in ihnen enthalten sind. In die Untersuchung aufgenommen werden möglichst alle Artikel zum ›Thema‹ ab einem ausgewählten Zeitpunkt, die in den ausgewählten Zeitungen erschienen sind. Sie werden mit dem Fokus auf die in ihnen enthaltenen Aussagen hin analysiert. Wenn ab einem bestimmten Zeitpunkt keine neuen Aussagen mehr auftauchen und auch keine neuen Unterthemen hinzukommen, können wir von einer ›Sättigung‹ des Diskurses sprechen und den Analysezeitraum entsprechend begrenzen.

Das bedeutet: Den Umfang von Korpus und Dossier festzulegen, ist bereits Teil der empirischen Untersuchung und kann nicht im Vorhinein endgültig festgelegt werden. Denn das Korpus eines Projektes ist eben dann erst vollständig, wenn bei der Strukturanalyse keine neuen strukturellen und thematischen Phänomene mehr auftauchen. Der Umfang des Korpus resultiert also aus der Fragestellung, denn es geht ja immer darum, die qualitative Bandbreite eines Diskursstrangs zu erfassen und zu analysieren.

Das Korpus enthält somit *alle* Diskursfragmente zu einem Thema. Seine quantitative Aufbereitung kann dabei durchaus auch Aufschluss über Schwerpunkte und Häufungen geben, die auch interessant sein können.[227]

---

ziert werden, was für die betreffende Publikation wichtig ist. Es sollte also ›vom Gegenstand her‹ gedacht werden. Gut gelöst ist das beispielsweise in *Fatale Effekte* von Margret Jäger (1996).

227 Der französische Sprachwissenschaftler Dominique Maingueneau 1994 bemerkt zur Gewinnung des Archivs als Grundlage zu einer Diskursanalyse: »Die Identität des Archivs ist nicht als von vornherein gegeben zu betrachten, sondern als ein Prozess des Entstehens und der Festigung einer bestimmten Äußerungskonstellation« (S.194). Dies entspricht in etwa der Unterscheidung von Korpus und Dossier, wie wir sie von Her-

Sie lassen Aussagen über Trends und Schwerpunktsetzungen zu, etwa der folgenden Art: In der Zeitung XY wird bei der Berichterstattung über Straftaten das Schwergewicht auf Mord- und Totschlag gelegt, während die Zeitung Z besonders über Wirtschaftskriminalität berichtet.[228]

Als reduziertes Korpus enthält dann das Dossier nur diejenigen Diskursfragmente, die als inhaltliche und formale Varianten aufzufassen sind.

8.1.2 Zur Repräsentativität der Analyseergebnisse

Auch im Rahmen der Diskurstheorie und der Diskursanalyse stellt sich die Frage nach der Verallgemeinerbarkeit der Analyseergebnisse. Es dürfte auf dem Hintergrund der bisherigen Ausführungen bereits deutlich geworden sein, dass wir keine Kombination von quantitativen und qualitativen Untersuchungen favorisieren, wie sie etwa in der qualitativen Sozialforschung angestrebt oder beabsichtigt ist. Es geht bei einer KDA allein um die Frage, Diskursstränge in ihrer *qualitativen Vollständigkeit* zu erfassen und allenfalls darum, wie sich die in einer Gesellschaft vorhandenen Diskursstränge über Verschränkungen zum hegemonialen Gesamtdiskurs verbinden.

Um zunächst den Unterschied zwischen der Praxis sozialwissenschaftlich empirischer Forschung und einer Diskurs- und Dispositivanalyse anzusprechen: Während sich die gängige quantitative und auch die übliche qualitative Sozialforschung immer wieder darum bemüht, Mittel und Wege zu finden, wie von ihren Untersuchungsergebnissen zu allgemeingültigen Aussagen vorzudringen sei, um auf diese Weise zu Aussagen zu gelangen, die für »andere Verhältnisse, Institutionen, Personengruppen« (Heinze 1992, S.126) bzw. für größere soziale Gruppen oder sogar für Gesamtbevölkerungen zutreffen, geht es – wie gezeigt – bei einer Diskursanalyse im Kern um die *qualitative Struktur* des Dossiers und damit auch der erzielten Ergeb-

manns übernommen haben. Dieser schreibt: »Gegenüber Corpus hat Dossier [...] den Vorteil, dass Dossier auf Sinn und Zweck der Sammlung von [...] Texten abhebt, die zu machen man sich anschickt« (Hermanns 1995, S.90).

228 Vgl. dazu den Projektbericht M. Jäger/Cleve/Ruth/S. Jäger 1998, wo solche Trends herausgearbeitet wurden. Für die Beurteilung des (gesamten) Mediendiskurses sind solche Aussagen nicht sehr aufschlussreich. Denn auch eine selten auftretende Äußerung kann höchst wirksam sein, und eine häufig getätigte kann weniger wirkungsvoll sein, weil sie z.B. ›nichts Besonderes‹ mehr darstellt und über sie gar nicht mehr geredet oder geschrieben wird. Dieses Problem spricht auch Christine Hanke an (vgl. Hanke 1999, S.115).

nisse. Es geht also um die Frage einer qualitativen Vollständigkeit und nicht darum, erzielte qualitative Ergebnisse quantitativ ›hochzurechnen‹.[229]

Was bedeutet dies nun für Frage der Repräsentativität von diskursanalytischen Ergebnissen?

Nach Jürgen Link sind in der Diskursanalyse Foucaults die Diskurse historisch spezifische Objekte und Materialitäten (vgl. Link 1992, S.56). Sie sind selbst in dem Sinne jeweils allgemein insofern, weil sie sozial sind und die in bestimmten Räumen lebenden Individuen (der gleichen Kultur/Gesellschaft) in ziemlich ähnlicher Weise einbinden.[230]

Es kann bei einer Diskursanalyse also nur darum gehen, diese Allgemeinheit *vollständig* zu erfassen. Der untersuchte Einzelfall bzw. die beobachtete Einzelperson wird diese Vollständigkeit nicht oder nur in Ausnahmefällen abdecken.

Wir möchten dies im Folgenden an zwei Diskursebenen knapp und exemplarisch verdeutlichen: erstens am Mediendiskurs (Zeitungen, Zeitschriften) und zweitens am Alltagsdiskurs (wie er etwa durch freie Interviews zu elizitieren ist).

Beide Diskursebenen sind in hohem Maße interdiskursiv, d.h. sie stehen in Wechselwirkung zueinander wie auch zu anderen Ebenen des Interdiskurses (Politik, Wissenschaft, Erziehung etc.). Soll nun z.B. ein aktueller Diskursstrang des Mediendiskurses ermittelt werden, so bietet es sich an, ein größeres Spektrum des Mediendiskurses zu erfassen, um das Sagbarkeitsfeld analysieren zu können. Dazu sollten Zeitungen mit allen hegemonialen Diskurspositionen beachtet werden.

Die unter diesem Gesichtspunkt ausgewählten Medien (Zeitungen/Zeitschriften) beschäftigen sich gemäß ihrer Diskurspositionen mit dem

229 Auch Busse/Teubert haben sich mit dem Problem der »Repräsentativität der Textcorpora« auseinandergesetzt. Sie schreiben, dass es sich hier nicht um ein statistisches Problem, sondern um ein inhaltliches (semantisches) Problem handelt. Und sie fahren fort: »Repräsentativ kann ein Textcorpus dort [bei der Diskursanalyse, d.V.] nur hinsichtlich eines jeweils als Untersuchungsleitfaden gewählten Inhaltsaspekts sein« (Busse/Teubert 1994, S.14 f.). Mit dieser Bestimmung stützen sie das von uns postulierte Konzept der inhaltlichen ›Vollständigkeit‹ der Erfassung des Diskursstrangs, ohne sich dieses Terminus zu bedienen.

230 Zu dieser Allgemeinheit trägt auch bei, was Jürgen Link »Normalisierung« nennt (Link 1992, S.50 ff.). Normalisierung, schreibt er, »meint [...] die routinemäßige, dabei aber selbst dynamische ›Regulierung‹, ›Stabilisierung‹ und ›Konsolidierung‹ des konstitutiven ›produktiven‹ Chaos der Moderne« (1997, S.63).

zu untersuchenden Diskursstrang. Dabei geht es nicht darum, *ob* sie diesen repräsentieren, sondern *wie* sie ihn aus ihrer Diskursposition heraus hervorbringen. Denn dies tun sie unterschiedlich.

Die Analyse des Mediendiskurses kann durch die Berücksichtigung unterschiedlicher Diskurspositionen das gesamte Sagbarkeitsfeld herausarbeiten, d.h. die Aussagen und die Äußerungsformen innerhalb eines bestimmten Diskursstrangs. Dabei kann es durchaus sein, dass die Analyse sich widersprechende Aussagen hervorbringt. Das verweist dann darauf, dass der untersuchte Diskursstrang gespalten ist, was wiederum auf diskursive Ereignisse hinweisen kann, die eine solche Spaltung verursacht haben.

Dies gilt auch für Untersuchungen des Alltagsdiskurses. Auch hier lassen sich unterschiedliche Diskurspositionen bestimmen, die zu jeweiligen Aussagen bzw. Äußerungen im Rahmen einer Untersuchung eines bestimmten Diskursstrangs führen. Dies wird nicht zuletzt an Vorgängen sichtbar, wie sie Anfang 2024 in Deutschland auftraten. Ein Teil der in Deutschland lebenden Bevölkerung unterstützte mit ihrem Wahlverhalten die extrem rechte AfD, während ein anderer Teil durch Demonstrationen seine Ablehnung zum Ausdruck brachte.

8.1.3 Zur Aussagekraft von Diskursanalysen und zu ihren Effekten auf Individuen

Festzuhalten ist: Die Diskursstränge stellen Bündelungen von inhaltlichen Aussagen dar, die sich historisch entwickeln und den Charakter von Regeln annehmen, denen die Menschen weitgehend routinehaft folgen. Diskursanalyse kann diese Routinen beschreiben. Diese Routinen tragen sich fort und leiten das Handeln der Menschen. Sie können aber durch die Analyse bewusst gemacht werden. Denn es handelt sich ja nicht um anthropologische Gegebenheiten, sondern um Materialitäten, die empirisch erfasst und beschrieben werden können.[231] Wir haben es mit historisch erarbeiteten und geformten Diskursen zu tun, die sich durch die Geschichte forttragen und die Basis für weitere Diskursverläufe darstellen.

Diese Formen, diese Gestaltungen des sozio-historisch erarbeiteten Wissens lassen sich im Prinzip analysieren. Beispiele bieten Michel Foucaults

231 Das löst das Dilemma, in das sich Foucault in der *Archäologie des Wissens* verstrickt hatte, in der es ihm darum ging, Regelsysteme und Ur-Prinzipien, die das Verschwinden und Erscheinen von Aussagen in einer Kultur determinieren, zu entdecken. Vgl. dazu Dreyfus/Rabinow 1987, S. 105 ff.

Dispositiv-Analysen wie etwa in *Überwachen und Strafen* oder auch schon in *Wahnsinn und Gesellschaft*. Auch das *Kapital* von Karl Marx lässt sich annäherungsweise als Analyse des kapitalistisch geprägten ökonomischen Diskursstrangs begreifen, in dem sich Routinen herausgebildet haben, nach denen die Ökonomie funktioniert und sich reproduziert, ohne dass die Akteur*innen genau ›wissen‹, wieso.[232] Und es zeigen sich ja auch immer Abweichungen, Krisen, die darauf verweisen, dass es sich hierbei nicht um allgemeine Gesetze handelt, sondern um geronnenes Erfahrungswissen, das nicht (restlos) rational ist, sondern auch irrationale Momente enthalten kann, nur teilweise funktionsfähig ist und nur teilweise menschlichen Notwendigkeiten gemäß, nur für Teile der Menschheit in Grenzen und nur kurzfristig nützlich. Dieses System muss mit Macht und Herrschaft ständig stabilisiert und verteidigt werden.

Da die entdeckten Regeln historisch gewachsen (›gemacht‹) und aktuell verankert sind, erlaubt ihre Kenntnis, gesellschaftliche Zusammenhänge zu analysieren und zu interpretieren.[233] Es handelt sich um ein Gewebe von Regeln, ein »Spiel von Regeln« (Foucault 1968, S.19), wie Foucault formuliert, von Regeln, die aufeinander wirken und sich zu übergeordneten Regularitäten zusammenfinden. Dabei gibt es solche von großer Determinationskraft, so etwas wie Grund-Regeln, und weniger grundlegende.[234]

Die (vollständige) Erfassung und Beschreibung von Diskurs(sträng)en und Dispositiven zeigt solche Regeln auf. Damit soll nicht gesagt sein, dass sie zeigt, was *wahr* oder *richtig* ist, sondern nur, woraus etwas traditionell (nach den Normen, nach Gewohnheiten) und/oder auch historisch folgt; was als jeweilige Wahrheit gilt, was es angerichtet hat, anrichtet und möglicherweise anrichten wird. Die vollständige Erfassung und Analyse der Diskursstränge (und ganzer Diskurse und Dispositive) ist aber auch dafür wichtig, die Handlungen und Handlungsmöglichkeiten der Subjekte in je-

---

232 Vgl. dazu Brieler 2010.

233 Um Missverständnisse zu vermeiden, noch einmal: Mit Interpretieren ist hier gemeint, ihre Wahrheiten, ihr Funktionieren, ihr Ineinandergreifen, ihre Widersprüchlichkeiten etc. aufzudecken.

234 Foucault ist insbesondere an den seriösen, determinierenden Aussagen interessiert. Es geht dem Foucault der ›Archäologie‹ um die Erarbeitung solcher angenommenen Grundregeln, um die wichtigen Determinanten, nach denen sich alles andere richtet oder vergleichsweise belanglos ist oder scheint. Das wäre so lange harmlos, wie man darin produzierte Gebrauchsnormen (und davon Abweichendes) sähe und nichts anderes.

weiligen Gesellschaften besser zu verstehen. Denn die einzelnen Subjekte finden diese ›Regeln‹ vor – als diskursiv fixierte und nach Maßgabe solcher Fixierungen *gegenständlich geformte* und individuelles und gesellschaftliches Handeln leitende. Individuelle Handlungsspielräume haben darin ihre Grenzen.

Auch der (kritische) Psychologe Klaus Holzkamp konstatiert diese Grenzen subjektiver Handlungsspielräume überzeugend, indem er schreibt:

> »Die Welt, in der wir uns gemeinsam befinden und auf die wir uns von ›je meinem‹ Standpunkt und in ›je meiner‹ Perspektive mit unseren Handlungen richten, ist aufgrund der in ihr durch gesellschaftliche Arbeit produzierten allgemeinen Gebrauchszwecke [...] sowie der dadurch konstituierten sozialen Verhältnisse für uns objektiv bedeutungsvoll – und nicht im Sinne bloß sprachlicher Bedeutungen, sondern im Sinne von sachlich-sozialen ›Gegenstandsbedeutungen‹, auf die sich die sprachlich-symbolischen Bedeutungen verallgemeinernd und verdichtend beziehen.« (Holzkamp 1993, S.22)

Und er fährt in einer Weise fort, die den diskurstheoretischen Überlegungen entspricht:

> »Mit der Hervorhebung der Handlungsrelevanz der [individuell vorgefundenen, d.V.] Bedeutungen als jeweils mir zugekehrter Seite der Welt ist nicht gesagt, dass meine Handlungen dadurch *determiniert* werden. Da entwickelte gesellschaftliche Systeme sich in gewissem Maße auch ohne permanente Beiträge jedes einzelnen ihrer Mitglieder erhalten können, stellen die Bedeutungen von Weltgegebenheiten vielmehr für mich lediglich (wenn auch [z.B., d.V.] klassen- und schichtspezifisch ungleich zugeteilte) Handlungs*möglichkeiten* dar [...]. Zu diesen Möglichkeiten kann ich mich bewusst ›verhalten‹: Ich kann sie – in Abhängigkeit von meiner jeweils konkreten Lebenssituation – ergreifen oder verweigern, nur in bestimmten Aspekten und Dimensionen realisieren oder sogar gewisse, mit den hergestellten Brauchbarkeiten mitgeschaffene, aber damit nicht intendierte ›Verwendbarkeiten‹ [...] in Handlungen umsetzen [...].« (Holzkamp 1993, S.22)

Dies geschieht, indem ich z.B. einen Hammer als Briefbeschwerer benutze oder einen Stuhl als Tisch oder umgekehrt. Gleichwohl sollte man sich die den Subjekten zur Verfügung stehenden Handlungsspielräume nicht als unbegrenzt vorstellen. Die (vollständige) Erfassung von Diskursen steckt aber das Terrain ab, in dem sich solche subjektiven Handlungsmöglichkeiten realisieren lassen.

Die zu beobachtende relative Konformität und die dadurch zu erklärende relative Homogenität von Diskursen (in einer bestimmten Zeit und einem bestimmten Raum) entsteht dadurch, dass sie hegemonial dominiert sind: Die diskursive Ansprache an eine Bevölkerung ist in gewissen Grenzen daher sehr gleichförmig. Der hegemoniale Diskurs bringt diese Gleichförmigkeit hervor und verstärkt sie stetig. Daher erklärt sich, dass zur Erfassung des hegemonialen Diskurses auch nur die Erfassung einer relativ geringen Anzahl von Diskursfragmenten und Dispositiven erforderlich ist. In totalitären Regimen, die Zensur und Überwachung betreiben, ist seine Bandbreite besonders schmal, wie etwa die Analysen Victor Klemperers gezeigt haben.[235] Aber auch in demokratisch-kapitalistischen Gesellschaften ist deshalb starke Gleichförmigkeit gegeben, weil die hegemoniale Politik und damit korrespondierende Medien- und Finanzlandschaft[236] in der Regel innerhalb einer politischen Bandbreite operiert, die nur in schweren politischen Krisenzeiten überschritten wird: In der Bundesrepublik Deutschland herrscht so eine Politik der Mitte vor, ohne dass es für die konkrete Politik von allzu großer Bedeutung wäre, welche Parteien jeweils die Regierung stellen.

Die damit angesprochenen Probleme beziehen sich, wie deutlich geworden sein dürfte, auf die Durchführung von Diskurs- und Dispositivanalysen gleichermaßen, jedoch mit unterschiedlichem Gewicht: Dispositivanalysen beanspruchen nicht nur einen weitaus größeren Arbeits- und Zeitaufwand, wenn man alle vier relevanten Dispositivelemente mit gleicher Intensität analysiert, sie stellen zudem erhebliche Ansprüche an Materialbeschaffung und -aufbereitung. Da die sprachlich performierte Diskursanalyse jedoch das Wissen elizitiert, das auch die Dispositive als Ganze bestimmen dürfte, empfiehlt es sich, den Schwerpunkt der Arbeit auf sprachlich performierte Diskurse zu legen und sich mit dem exemplarischen Nachweis der Determiniertheit der Dispositive durch die Diskurse zu begnügen.

8.2 Die Position der Diskursanalytiker*innen

> Nun […] mussten die Intellektuellen allerdings feststellen, dass die Massen sie nicht brauchen, um zu wissen; sie wissen vollkommen, klar und viel besser als sie, und sie sagen es auch sehr gut. Aber es existiert ein Machtsystem, das diesen Diskurs und dieses Wissen absperrt, verbietet und außer Kraft setzt. Eine Macht, die sich nicht allein in den höheren Instanzen der Zensur aufhält, sondern die sich sehr tief, sehr subtil in das gesamte Netz der Gesellschaft eingräbt. Sie selbst, die

235 Vgl. Klemperer 1987 sowie M. Jäger/S. Jäger 1999.

236 Vgl. dazu Nichols 2012.

> Intellektuellen, sind ein Teil dieses Machtsystems, die Vorstellung, sie seien die Agenten des ›Bewusstseins‹ und des Diskurses, gehört selbst zu diesem System. Die Rolle des Intellektuellen besteht nicht darin, sich ›etwas vorweg oder etwas seitab‹ zu platzieren, um die stumme Wahrheit aller auszusprechen; sie besteht vielmehr darin, dort gegen die Formen einer Macht zu kämpfen, wo er zugleich Gegenstand und Instrument dieser Macht ist: in der Ordnung des ›Wissens‹, des ›Bewusstseins‹ und des ›Diskurses‹. Insofern wird die Theorie nicht eine Praxis ausdrücken, übersetzen oder anwenden: Sie ist eine Praxis. Allerdings eine [...] lokale und regionale: eine nicht totalisierende. Der Kampf gegen die Macht, der Kampf dafür, sie dort sichtbar zu machen und anzutasten, wo sie am unsichtbarsten und hinterhältigsten ist.« (DE 2, S.348)

Sozialwissenschaften sind immer, ob sie es zugeben oder nicht, politisch, auch wenn sie beanspruchen, rein deskriptiv vorzugehen. Reine Beschreibung verfestigt den Status Quo und lässt ihn als selbstverständlich und kaum hinterfragbar erscheinen. Dem gegenüber ist davon auszugehen, dass Human- und Sozialwissenschaften immer schon gesellschaftliche Wirklichkeit gedeutet haben, und das geschah und geschieht immer auf dem Hintergrund eines Wissens, das das jeweilige, auch wissenschaftliche Subjekt im Laufe seines Lebens erworben hat, in das es sozusagen hineingeboren worden ist, das ihm vermittelt wurde, das aber auch während seines Lebens in bestimmten Zeiten und Räumen mancherlei Veränderungen erfahren hat. Dies zu reflektieren, wenn es um die Deutung von ›Wirklichkeit(en)‹ geht, zu wissen, dass man auch als Wissenschaftler*in immer Position bezieht, auch wenn man sich dessen vielleicht nicht bewusst ist, sollte Leitlinie aller Wissenschaft sein.

Der Historiker Ulrich Brieler spricht in seinem Buch von der »Unerbittlichkeit der Historizität« (1998) und meint damit, dass in jede wissenschaftliche Aussage die jeweilige historische Position des/der Sprechenden eingeht.

Michel Foucault konstatierte: Der/die Wissenschaftler*in

> »wirkt oder kämpft auf der allgemeinen Ebene dieser Ordnung der Wahrheit, die für die Struktur und das Funktionieren unserer Gesellschaft fundamental ist. Es gibt einen Kampf ›um die Wahrheit‹, oder zumindest ›im Umkreis der Wahrheit‹, wobei [...] gesagt werden soll, [...] dass es nicht um einen Kampf ›für die Wahrheit‹ geht, sondern um einen Kampf um den Status der Wahrheit und um ihre ökonomisch-politische Rolle. Man darf die politischen Probleme der Intellektuellen nicht in den Kategorien ›Wissenschaft/Ideologie‹ angehen, sondern in den Kategorien ›Wahrheit/Macht‹.« (Foucault 1978a, S.53)

Das aber heißt, da wir der Wirklichkeit keine Wahrheiten entnehmen können, dass wir sie immer nur auf der Grundlage unseres eigenen Wissens deuten und es immer einen Kampf um unterschiedliche Deutungen geben wird. Mit anderen Worten: Wissenschaft ist immer schon politisch. Das bedeutet nicht Beliebigkeit, und auch nicht, dass wir als Wissenschaftler*innen und damit Forschende nicht auf klare Begriffe angewiesen wären. Es bedeutet aber, dass kein Begriff und keine Theorie den Anspruch auf immer gültige Wahrheit erheben kann. Das ist Teil der Limitation. Es gibt keine Werturteilsfreiheit.[237] Es handelt sich dabei um Begriffe oder auch um Theorien, die zeitweilig als brauchbar erscheinen, sich aber für neue Gegenstände und nach Änderungen und Kämpfen und Konkurrenzen irgendwann nicht mehr eignen. Vielmehr legen Diskursanalytiker*innen durchaus ethische Maßstäbe an die Ergebnisse ihrer Analysen an, die jedoch nicht als absolute Wahrheiten an die Diskurse von außerhalb des diskursiven Gewimmels herangetragen werden. Die Forschenden beteiligen sich hingegen selbst an diskursiven Kämpfen[238] und stellen damit auch ihre eigene Position, ihre Haltung zur Diskussion. Hier handelt es sich um nichts anderes als um die (politischen) Diskurspositionen der Analytiker*innen, die bei jeder Analyse immer mit zu reflektieren ist und, so denken wir, transparent gemacht werden sollten.

Jeder Wissenschaftler und jede Wissenschaftlerin hat ein bestimmtes Ziel, das er/sie erreichen möchte. Für Diskursanalytiker*innen kann ein solches Ziel natürlich sein, Antwort auf die Frage zu erhalten, wie man einen Diskursstrang und/oder ein Dispositiv in seiner gesamten Ausdehnung und historischen ›Verwurzeltheit‹ überhaupt in ›den Griff‹ bekommen kann und wie und inwieweit auch nicht-sprachlich performierte Diskurse in die (Diskurs-)Analyse einzubeziehen sind bzw. welches die dazu erforderliche angemessene Vorgehensweise bzw. Methode ist.

---

237 Man beachte dazu auch die Zuflucht Max Webers zum Konzept der »Idealtypen«, mit denen seiner Ansicht nach oft über lange Zeiträume hinweg sinnvoll gearbeitet werden kann, die gelegentlich aber auch der Revision bedürfen. So spricht er von der Notwendigkeit der »Konstruktion von Zusammenhängen, welche unserer Phantasie als zulänglich motiviert […] erscheinen« (Weber 1985, S.192). Siehe auch Max Webers Überlegungen zum »Verhältnis zwischen Begriff und Realität« (Weber 1985, S.145). *Phantasie* klingt natürlich etwas vage. Wir verstehen darunter eher Kreativität und die Kenntnis des jeweiligen Forschungsstandes.

238 In *Der Fall Revière* erläutert Foucault an einem sehr konkreten Beispiel, wie solche Kämpfe aussehen können (vgl. Foucault 1975, S.9 f.).

So weit haben wir in diesem Text – auf der Grundlage grundsätzlicher diskurstheoretischer Überlegungen – dieses Ziel verfolgt, und wir hoffen, zumindest teilweise erreicht. Dieses erreichte Ziel ist aber nichts anderes als ein wichtiges und unerlässliches Teilziel wissenschaftlicher Tätigkeit: Methoden, Verfahren wissenschaftlicher Arbeitsweise sind sicherlich unverzichtbares ›Handwerkszeug‹ wissenschaftlicher Arbeit und sie können selbst zum Gegenstand wissenschaftlicher Tätigkeit werden.

Doch wissenschaftliche Tätigkeit erschöpft sich nicht darin. Zwar geht es ihr immer um Verstehen, so auch hier, bei der Frage danach, wie man es schafft, einen Gegenstand zu benennen und von anderen zu isolieren, um ihn zu ihnen ins Verhältnis setzen zu können etc.

Handelt es sich um die unbedingt erforderliche Klärung von Voraussetzungen, so ist jedoch in der Regel davon auszugehen, dass sich das wissenschaftliche Interesse auf die Klärung bestimmter z.B. gesellschaftlich relevanter Fragestellungen richtet bzw. solcher, die sich als interessant und wichtig darstellen.

Hier ist nun der Umstand wichtig, dass Wissenschaftler*innen selbst in einen oder mehrere Diskurs(e) verstrickt sind. Das gilt sowohl für die gewählte Methodologie als auch für die spezifischen Fragestellungen, auf die sie ihr Interesse richten. Mit anderen Worten: Wissenschaftler*innen fangen nicht bei Null an, sondern sie stehen auf den Schultern wissenschaftlicher Traditionen und zugleich sind sie u.a. eingebunden in einen laufenden aktuellen wissenschaftlichen Diskurs ihrer Disziplin(en). Das bedeutet auch, dass sie sich mit ihren Analysen auf die diskursiven Kämpfe einlassen, sowohl im wissenschaftlichen Spezialdiskurs als auch im politischen Diskurs.

Dies ist eine weitere wichtige Voraussetzung wissenschaftlicher Tätigkeit (die im Übrigen auch für jede andere Tätigkeit gilt). Zu erwähnen ist auch noch, dass sich dieser Spezialdiskurs nicht ›im luftleeren Raum‹ abspielt, sondern als solcher auch eingebunden ist in die obwaltenden gesellschaftlichen und damit in die wissenschaftlichen Machtverhältnisse und -konstellationen.

Wissenschaftliche Tätigkeit hat aber in jedem Fall die gründliche Kenntnis dessen zur Voraussetzung, was über den erforschten Gegenstand(sbereich) bereits an Wissen akkumuliert worden ist. Das gilt auch dann und erst recht, wenn der zu erforschende Gegenstand bisher wenig erforscht ist, wenn es sich um eine Fragestellung handelt, die ›neu‹ ist, sei es, weil sie bisher nicht auf Interesse gestoßen ist, sei es, weil sich neue gesellschaftliche Entwicklungen ergeben haben, die neue oder modifizierte Phänomene hervorgebracht haben, die es so bisher nicht gab. Auch kann es sein, dass sich durch neue diskursive Entwicklungen (Verschränkungen, Kopplungen etc.) andere Möglichkeiten der Erklärung von Zusammenhängen ergeben haben.

8.3 Zur prognostischen Kraft von Diskursanalysen

Diskursanalysen erlauben gewisse prognostische Einschätzungen, weil historische und aktuelle Diskursverläufe nicht einfach abbrechen und verschwinden, sondern zukünftige Diskursverläufe (mit-)prägen.

Wichtig in diesem Zusammenhang ist, dass diese historischen Diskontinuitäten, Brüche, Verwurzeltheiten der ›Boden‹ sind, auf den sich die heutigen Diskursverläufe stützen, deren ›Fortsetzungen‹ – wie auch immer ›gebrochen‹ und ›umgelenkt‹ und ›unlogisch‹ sie sein mögen – sie bilden.[239] Insofern betreiben diejenigen, die sich um historische Diskurs- und Dispositivanalysen mühen, auch so etwas wie eine Geschichtsschreibung der Gegenwart. Trotz der genannten Diskontinuitäten, Verwerfungen und Vielgestaltigkeiten knüpfen aktuelle Diskurse an historische an – mit der Perspektive, sich in entsprechend verworrener und verzerrter Gestalt fortzubewegen und auch für die Zukunft Gewicht zu haben. Der ›Alb der alten Geschlechter‹ lastet demnach auf allen scheinbaren Neuanfängen und Revolutionen. Fragen wir nach den ›Ursachen‹ der (aktuellen) Diskurse, müssen wir ihre vergangenen Formen, ihre Genealogie analysieren, deren Fortsetzungen sie darstellen. Und wenn die Rede ist von den ›Gesetzen der Geschichte‹, ›des Kapitals‹ etc., dann müssen wir uns darüber im Klaren sein, dass es sich hierbei um eingefahrene Gewohnheiten, Normen, Regularitäten handelt, die sich im kollektiven und widersprüchlichen Tun der Menschen durchgesetzt haben und die in Macht- und Herrschaftsverhältnissen resultieren und durch sie verteidigt und gestützt werden, wenn sie unter Druck geraten. Sie sind prinzipiell veränderbar, haben aber durch ihre regulativ-normative Verfestigung erhebliches Gewicht und ein erhebliches Beharrungsvermögen und prägen das aktuelle und zukünftige Geschehen entscheidend mit.

Historisch orientierte Analysen haben gezeigt, dass Diskurse meist eine gewisse Kontinuität zeigen, aber natürlich auch, dass sie sich verzweigen, mit anderen Diskursen verschränken, sich also verändern oder auch ganz

239 Vgl. dazu auch Brieler 2010.

absterben können und danach auch wieder auftauchen können. Eine solche Analyse, die bis in unsere aktuelle Gegenwart fortgeführt worden ist, stellt unsere Untersuchung zur Fortdauer bzw. Fortwirkung des NS-Diskurses in der Gegenwart dar.[240]

Wahrscheinliche zukünftige Entwicklungen können nun nicht einfach dadurch prognostiziert werden, dass man erfasste gegenwärtige (und zudem möglichst historisch weiter zurückverfolgte) Diskurse einfach fortschreibt. Es ist immer damit zu rechnen, dass sie durch bestimmte, durchaus zu erwartende (diskursive) Ereignisse in ihrer Entwicklungsrichtung beeinflusst und verändert werden. Genau dies sollte bei diskursanalytisch gestützten Prognosen zur Vorsicht mahnen. Gleichwohl scheint es möglich, z.B. Beharrungstendenzen aufzuzeigen. So wird sich der von einer konservativ-neoliberalen Bundesregierung eingeschlagene oder auch fortgesetzte Diskurs einer neoliberalen Wirtschaftspolitik auch unter einer Folgeregierung nicht sofort verändern. Der Grund besteht darin, dass Diskurse und Strukturen geschaffen und medial verfestigt worden sind (als ›Fakten‹), die nicht so einfach revidierbar sind; die aktuelle globale kapitalistische Glaubenslehre mit ihrer Wachstums-Metaphysik ist neoliberal orientiert. Gleichwohl deuten gewisse ›Turbulenzen‹ auf den Finanzmärkten und andere globale Erosionserscheinungen darauf hin, dass die eingeschlagene wirtschaftspolitische Grundrichtung auch Schwächen zeigt. Eine weitere Bemerkung sei erlaubt: Ob bestimmte zu erwartende Ereignisse zu diskursiven Ereignissen werden, hängt von der Festigkeit anderer Diskurse und der politischen Macht ab. Der Atom-GAU von Harrisburg wurde, weil dies politisch nicht opportun und nicht gewünscht war, mit anderen Worten, aufgrund des starken national-politischen Diskurses in den USA und des Kalten Kriegs, nicht zum diskursiven Ereignis, während der GAU von Tschernobyl auch deshalb zum diskursiven Ereignis wurde, weil dies mit dem antisowjetischen Diskurs der Westmächte konform ging.

Bei allen Versuchen, die prognostische Kapazität der Diskursanalyse zu nutzen, sind also umfassendere diskursive Konstellationen und Verschränkungen zu beachten, was selbstverständlich umfangreiche analytische Anstrengungen zur Voraussetzung hat. In diese Richtung weiter reflektiert, kann Diskursanalyse möglicherweise Szenario-Verfahren bereichern.

240 Zumindest im Ansatz; vgl. M. Jäger/S. Jäger 1999. Siehe auch S. Jäger/Kretschmer u.a. 1998.

Damit soll nicht gesagt sein, dass die Zukünfte restlos durch ihre jeweiligen Vergangenheiten, zu der auch unsere heutige Gegenwart gehört, ›verstellt‹ seien, dass nicht neue Entwicklungen ganz anderer Art möglich sind. Zu gewinnende Kämpfe gegen die Macht der herrschenden Diskurse und die durch sie mitkonstituierten gesellschaftlichen Unterdrückungs- und Ausbeutungsverhältnisse hält auch Foucault durchaus für möglich. Und er schreibt:

> »Allgemein kann man sagen, dass es drei Typen von Kämpfen gibt: die gegen Formen der (ethnischen, sozialen und religiösen) Herrschaft; die gegen Formen der Ausbeutung, die das Individuum von dem trennen, was es produziert; die gegen all das, was das Individuum an es selber fesselt und dadurch anderen unterwirft (Kämpfe gegen Subjektivierung, gegen Formen von Subjektivität und Unterwerfung).« (Foucault 1987, S.247)

Auch er hatte die Hoffnung, dass die Menschen sehr viel vermögen, wenn sie sich von den »Disziplinen des Menschen« (Deleuze) befreien.

8.4 Der politische Einsatz der KDA

Kritische Diskursanalyse ist an Inhalten und Verhältnissen interessiert, die sie kritisiert. Sie tut dies, ohne sich im Besitz objektiver Wahrheit zu wähnen, und übt Kritik an solchen Wahrheiten, die als angeblich objektiv und ewig gültig durchgesetzt werden, sei dies mit Drohmitteln oder Heilsversprechen.

Wir möchten die heute noch (vor-)herrschende Form wissenschaftlichen Denkens genauer beleuchten: das objektivistisch-kausalanalytische oder rein positivistisch-pragmatische Denken, das Natur- und Humanwissenschaften heute immer noch weitgehend beherrscht.

Gesellschaftliche Prozesse und Zustände lassen sich nicht kausalanalytisch erklären; die Geschichte unterliegt keinem Gesetz, aus dem heraus bestimmte Entwicklungen ›abgeleitet‹ oder gar prognostiziert werden könnten. Geschichte ist Verlauf und Resultat menschlichen Handelns im Rahmen der jeweils herrschenden Diskurse.[241] Das Vorhandensein von Rassismus heute kann beispielsweise nicht kausal-analytisch erklärt werden, sondern nur diskurs-historisch.

Diese Erkenntnis liefert aber in keiner Weise schon die Möglichkeit, gegen z.B. Rassismus vorzugehen, nach dem Motto: Kennen wir seine Ur-

241 Vgl. dazu auch AW oder Brieler 1998.

sachen, können wir diese und mit diesen den Rassismus selbst auch beseitigen. Wir kennen im besten Fall die Gegenwart des Rassismus, wir wissen im besten Fall eine Menge über seine Vergangenheit, wir ermitteln sie im besten Fall als Vorläufer des heutigen Rassismus, wir sehen im besten Fall die diskursiven Verwerfungen, die zu seinem Erstarken führen usw. Aber die Ursachen bleiben uns unbekannt.

Dies ist dann auch der Ort, an dem objektivistisches Denken gezwungen bzw. verleitet ist zu essentialisieren und mystifizieren, etwa indem es – im Falle des Rassismus – den letzten Grund für sein Auftreten an der Natur des Menschen festmacht. Eine andere häufig anzutreffende Form der Mystifizierung besteht darin, Soziales letztlich an historischen Gesetz(mäßigkeit)en festzumachen, an letzten ›Instanzen‹, wie etwa den ›Gesetzen‹ des Kapitals. Diese aber gibt es nicht, ebenso wenig wie es z.B. Gesetze der Sprache gibt. Es gibt nur das diskursiv entstandene Faktum des Vorhandenseins von Sprachgewohnheiten oder Sprachnormen bzw. kapitalistischer Wirtschaft und Gesellschaft, das sich im Gefolge instrumentalistisch-objektivistischen Denkens durchgesetzt hat und das im Prinzip – bei mannigfaltigen Modifikationen im Einzelnen – heute weiterhin gegeben ist. Es handelt sich hierbei um das Resultat historischer Bemühungen und um ein Ergebnis von Macht- und Herrschaftsauseinandersetzungen, bestimmte Regeln des Wirtschaftens und der Ausbeutung und der Zurichtung von Menschen für die Erfordernisse kapitalistischer Wirtschaft/Gesellschaft diskursiv durchzusetzen und diesen Tatbestand als alternativlos, ewig gültig und vernünftig zu mystifizieren. Das ist ein gutes Beispiel für die jeweils nur historisch und örtlich gültigen Wahrheiten, die es als objektiv und absolut gültig nicht gibt.

Der Grund, weshalb objektivistisch-kausalanalytisches Denken versagt, ist ihm im Übrigen selber abzulesen: Es handelt sich um eine Reduktion menschlicher Denkfähigkeit, z.B. auf unabhängig von den Menschen agierende immer gültige Gesetzmäßigkeiten, also um Mythen. Ihr Versagen besteht darin, Resultate zu Tage zu fördern, die die Tatsache der Existenz des Menschen und seiner Lebensbedingungen außen vorlassen. Ihr ›Erfolg‹ besteht darin, einmal etablierte Herrschaftsverhältnisse zu legitimieren. Diese Reduktion gilt es rückgängig zu machen. Dazu möchte die KDA einen Beitrag leisten.

Sie kann dies leisten, weil die Analyse darauf angelegt ist, Widersprüche und Fluchtlinien aufzuzeigen und die Mittel herauszuarbeiten, durch die eine ›Akzeptanz von *zeitweilig gültigen Wahrheiten* herbeigeführt wird.

Des Weiteren können die mit der KDA herausgearbeiteten Aussagen auch darauf verweisen, was zu einem bestimmten Zeitpunkt in einer bestimmten Gesellschaft *nicht* sagbar ist. Denn das Sagbarkeitsfeld kann durch Verbote, Gesetze, Richtlinien, aber auch durch Anspielungen und Implikate eingeengt oder überschritten werden. Der Nachweis solcher Begrenzungen oder Entgrenzungen des Sagbaren stellt somit einen weiteren wichtigen kritischen Aspekt des KDA dar.

Idealiter erfasst eine Kritische Diskursanalyse in ihrer qualitativen Bandbreite das, was in einer bestimmten Zeit und in einem bestimmten Raum gesagt werden kann. Damit werden auch die Strategien, mit denen mögliche Begrenzungen eingeengt werden, aufgezeigt. Dies kann z.B. durch Verleugnungen und/oder Relativierungen geschehen.

Die Kritische Diskursanalyse richtet den Fokus auf den Diskurs, der als Fluss von Wissen durch Zeit und Raum verstanden wird. Dieses Wissen tritt im Wesentlichen – wenn auch nicht nur – in Texten und Rede auf. Kritik kann sich deshalb auch auf diese Äußerungsformen beziehen, etwa auf Euphemismen, Argumentationsformen, Anspielungen, Redensarten, Phrasen und natürlich auch auf die Verwendung von Kollektivsymbolen.

Doch wissen wir auch, dass sich die Kritik nicht auf eine objektive, immer gültige Wahrheit stützen kann. Deshalb stellt sich die Frage nach den Normen und Werten, auf die wir uns als Analysierende berufen. Michel Foucault hat vorgeschlagen, dass sich Kritik vor allem auf Grundlage einer *Haltung* üben lässt, also einer subjektiven Wahrheit. Eine solche Haltung bezeichnet er als eine Kulturform. Und er schlägt als allgemeine Charakterisierung dieser Kulturform vor: »die Kunst nicht dermaßen regiert zu werden« (Foucault 1991, S.12). Natürlich ist Kritik (im und am Diskurs) darüber hinaus an Fake News, an Sensationalisierungen, unterstellten Alternativlosigkeiten und binären Reduktionismen zu üben, mit denen die Gesellschaft zerstörende Entwicklungen wie Kriege, Rassismus, Sexismus gerechtfertigt werden. Aber auch dahinter steht eine Haltung, die leider nicht jeder teilt, wie wir wissen.

9 Ausstieg

Die hier vorgelegte Einführung zur KDA ist ein Vorschlag, wie sich ›brisante‹ Themen analysieren, reflektieren und damit hinterfragen lassen. Damit können herrschende Normalitäten in Frage gestellt und Auswege aus erstarrtem Denken und Handeln gefunden werden, mit denen tatsächlicher oder vermeintlicher Ohnmacht begegnet werden kann.

Dabei sind wir uns darüber im Klaren, dass dies ein großes und langwieriges Projekt sein kann. Doch die Kritische Diskursanalyse gibt uns ein Instrumentarium an die Hand, unsichtbare gesellschaftliche Machtgefüge, die als gesellschaftliche Normalität angesehen werden, sichtbar und damit kritisierbar zu machen.

Auch der Soziologe Thomas Lemke geht davon aus, dass jede Theorie nur ein Deutungsversuch ist und der Theorie durchaus eine kritische Rolle zukommt, wenn sie »Elemente von Willkürlichkeit und Kontingenz« in vermeintlichen Universalismen nachweist (Lemke 1997, S.357). Sie kann also die Rolle einer »Gegenwissenschaft« einnehmen (ebd.).

Eine solche »Gegenwissenschaft« charakterisiert Foucault wie folgt:

> »[...] auch die ›besseren‹ Theorien stellen keinen richtig wirksamen Schutz gegen verhängnisvolle politische Entscheidungen dar, und gewisse große Themen wie der ›Humanismus‹ können zu wer weiß was dienen [...]. Ich ziehe daraus nicht die Schlussfolgerung, dass man im Bereich der Theorie irgendetwas Beliebiges sagen kann, sondern im Gegenteil, dass man eine anspruchsvolle, vorsichtige, ›experimentelle‹ Haltung haben muss; man muss jeden Augenblick, Schritt für Schritt, das, was man denkt, und das, was man sagt, mit dem konfrontieren, was man tut und was man ist.« (DE 4, S.717)

Foucault strebt keineswegs »die Verwirklichung eines bestimmten politischen Projekts an« (DE 4, S.718). Seine Untersuchungen dienen aber durchaus einer Strategie: Er will vorherrschendes Wissen in Frage stellen und »die Schwachpunkte und die Stellen markieren, an denen man [die etablierten, fixierten, erstarrten Kräfteverhältnisse] packen kann« (Foucault 1977, S.47). Dazu möchte auch die Kritische Diskursanalyse beitragen. Ihre Resultate, ebenso wie die von den Diskursanalytiker*innen eingenommenen Haltungen sind Mittel, mit denen sich Wissenschaftler*innen auf diskursive Auseinandersetzungen einlassen können.

Am Ende der Überarbeitung der KDA angekommen, bleibt uns die Hoffnung, dass diese Fassung trotz aller Schleifen, die wir gezogen haben, für die diskursiven Analysen von Nutzen sein und zum Weiterdenken anregen wird. Wir wissen, dass manche Fragen noch nicht zureichend oder auch gar nicht beantwortet sind und man manches anders machen kann. Die Werkzeugkiste ist offen. Neue Instrumente sind erwünscht; die vorgezeigten sind sicherlich zu verbessern.

10 Anhang

Zum Abschluss unseres Buches stellen wir beispielhaft vier Analysen vor, die anregend für eigene Diskursanalysen sein können: Zwei sehr unterschiedliche Strukturanalysen von hegemonialen Printmedien (10.1 und 10.3), eine Feinanalyse eines Artikels aus einer extrem rechten Zeitung (10.2) sowie eine synoptische Analyse von Interviews zur Erfassung des Einwanderungsdiskurses auf der Ebene des Alltags (10.4). Den Analysen sind jeweils eine kurze Einordnung und Hinweise zu ihren Besonderheiten vorangestellt. Das Kapitel schließt ab mit Übungen zur Erfassung von Aussagen, Themen und Diskurssträngen, wie sie in Strukturanalysen durchgeführt wird (10.5).

10.1 Exemplarische Strukturanalyse: Die Anschläge in Norwegen (2011) in deutschsprachigen Medien.

Am 22. Juli 2011 beging der norwegische Rechtsextremist Anders Behring Breivik zwei terroristische Anschläge. Breivik zündete vor dem Bürogebäude des damaligen Ministerpräsidenten Jens Stoltenberg eine Autobombe, durch die acht Menschen getötet wurden. Anschließend erschoss er auf der Insel Utøya 69 Menschen der sozialdemokratischen Jugendorganisation, die sich dort in einem Ferienlager aufhielten.

Im Folgenden werden die Ergebnisse von zwei leicht überarbeiteten Strukturanalysen vorgestellt, die die mediale Aufarbeitung der Anschläge zum Gegenstand haben und hier zusammengeführt wurden (Jäger/Wamper 2012).

Die erste Strukturanalyse (Jäger/Jadtschenko 2011) beschäftigt sich mit den Wochenendausgaben der Tageszeitung (taz), Süddeutschen Zeitung (SZ), Frankfurter Allgemeinen Zeitung (FAZ), Welt (Welt) sowie Welt am Sonntag (WamS), Hannoverschen Allgemeinen (HAZ), Chemnitzer Morgenpost (ChM), Bild (Bild), Westdeutschen Allgemeinen Zeitung (WAZ) und Frankfurter Rundschau (FR) unmittelbar nach den Anschlägen. Bei den Zeitungen, die keine Sonntagsausgaben haben oder die nur knapp über die Anschläge berichteten, wurden auch ihre Montagausgaben herangezogen. Dies war bei der WAZ, FAZ und Bild der Fall.

Der zweiten Strukturanalyse (Wamper 2011) liegen alle Artikel der nachfolgenden zwei Wochen zu den Anschlägen aus der Süddeutschen Zeitung, der Frankfurter Allgemeinen Zeitung und der Tageszeitung (taz) zugrunde.[242]

Der Umstand, dass bis zur Verhaftung des Täters unklar war, wer die Taten begangen hatte, ließ die Medien nahezu reflexhaft von islamistischem Terrorismus ausgehen, der als vernetzte Gefahr und eine dem Islam innewohnende ideologische Ursache imaginiert wurde. Demgegenüber wurden die Taten, sobald sie als rechter Terror eingeordnet wurden, als das Werk Einzelner und als individuell-pathologisch beschrieben.

Bei diesen Strukturanalysen kann man gut erkennen, wie sich nach und nach aus dem Material selbst als Schwerpunkt die Frage ergibt, ob und wie die Medien sich mit ihrem eigenem und dem gesamtgesellschaftlichen Rassismus auseinandersetzen. Vor allem im zweiten Teil wird deutlich, wie wichtig es ist, dass Zeitungen mit verschiedenen Diskurspositionen gewählt werden. Das gesamte Sagbarkeitsfeld der hegemonialen Printmedien ergibt sich hier erst aus der Synopse der Einzelbetrachtungen von FAZ, SZ und taz im zweiten Zwischenfazit. Im abschließenden Fazit wird deutlich, dass es aufschlussreich ist, nicht nur das Sagbarkeitsfeld zu untersuchen, sondern auch das, was nicht sagbar ist. Außerdem zeigt die Analyse, wie interessant es sein kann, Diskursverschränkungen und deren Effekte zu untersuchen. Im Mittelpunkt standen dabei die Verschränkungen von Terror und Islam sowie Rechtsextremismus und Krankheit.

Die Anschläge in Norwegen in deutschsprachigen Medien. Zur Verknüpfung von Terror und Islam sowie Rechtsextremismus und Krankheit

von Margarete Jäger und Regina Wamper[243]

Die Anschläge in Norwegen vom Juli 2011 haben nicht nur die norwegische Gesellschaft erschüttert, sondern in ganz Europa für großes Aufsehen und aufgeregte Diskussionen gesorgt. Zur Erinnerung: Am 22. Juli 2011 zündete Anders Behring Breivik eine Autobombe in der norwegischen Hauptstadt, bei der acht Menschen getötet und zehn Personen verletzt wurden. Etwa zwei Stunden später tötete er auf der Insel Utøya 69 zumeist

242 Nachzulesen sind die Strukturanalysen in Wamper/Jadtschenko/Jacobsen (Hg.) 2011.

243 Die Analyse ist veröffentlicht in: M. Jäger/Kauffmann (Hg.) 2012 S. 126-144.

junge Menschen. Ein solcher Angriff auf eine ›offene‹ Gesellschaft, als die Norwegen angesehen wurde und wird, führte auch im deutschen mediopolitischen Diskurs zu erheblichen Irritationen. Die Einordnung und Bewertung dieser ungeheuerlich brutalen Taten haben deshalb auch hier diskursive Spuren hinterlassen. Diese Spuren aufzufinden, hat sich eine Arbeitsgruppe im DISS vorgenommen und deshalb eine Diskursanalyse der politischen Einordnung der Anschläge unternommen. Die Analyse offenbarte ein Gewimmel unterschiedlicher Diskurse, die mit dem Ereignis verknüpft wurden und in die die Taten eingebettet wurden, um sie verstehbar zu machen. Entgegen der Erwartung, dass die Anschläge des Anders Breivik im mediopolitischen Diskurs zu einem Nachdenken über die Wirkmächtigkeit rechtspopulistischer Diskurse im Stile z.B. eines Thilo Sarrazins führen würden und sich Deutschland die norwegischen Reaktionen auf solche Einschüchterungen zum Vorbild nehmen könnte, musste die Analyse jedoch herausarbeiten, dass bereits bestehende diskursive Verschränkungen von Islamdiskurs und Terrordiskurs auf der einen Seite und Rechtsextremismusdiskurs und Krankheitsdiskurs auf der anderen Seite fortgeschrieben und sogar verstärkt wurden.

10.1.1 Was, wenn sich der Kontext ändert. Deutungen zwischen islamistischem Terrorismus, Rechtsextremismus und Wahnsinn

Dabei hätten die Medien allen Grund gehabt, über ihre eingefahrenen Perspektiven zu stolpern und ins Grübeln zu geraten. Schließlich kam es zu einer abrupten Änderung des Kontextes der Taten. Zunächst wurden die Anschläge in den Medien ziemlich einhellig als »islamistischer Terroranschlag« eingeordnet. Die TV-Medien, die unmittelbar nach den Anschlägen in ihren Nachrichten und Sondersendungen darüber berichteten, folgten ohne jeden Zweifel dieser Interpretation. Und auch die Tageszeitungen des folgenden Tages gingen vielfach noch davon aus – zumindest diejenigen, deren Redaktionsschluss noch vor der Festnahme von Anders Behring Breivik lag. Spätestens danach wurden die Medien aber dazu gezwungen, diese Sichtweise zu verlassen. Fortan rangen sie um eine Kontextualisierung der Anschläge jenseits des Deutungsmusters »islamistischer Terrorismus«. Schnell wurde Anders Behring Breivik als Einzeltäter ausgemacht, der einmal irre, krank und psychotisch, mal rechtsextrem und »anti-islamistisch«, mal eine Mischung von allem ist.

Dabei verweist die Selbstverständlichkeit, mit der die beiden Anschläge als Werk islamistischer Terroristen angesehen wurden, auf ein zutiefst islamfeindliches Deutungsmuster, das Abweichungen von der Normalität und Denormalisierungen – sozusagen grundsätzlich – als islamistische Bedrohung wahrnimmt. Interessant sind auch die Gründe, die dafür ausgemacht wurden:

- die Beteiligung von Nato-Mitglied Norwegen am Afghanistan-Krieg
- der Einsatz norwegischer Streitkräfte gegen Libyens Machthaber Muammar al-Gaddafi
- der Umstand, dass norwegische Medien 2005 die sogenannten Mohammed-Karikaturen nachgedruckt haben
- sowie die Tötung von Al-Qaida-Chef Bin Laden durch US-Soldaten im Mai 2011, für die Norwegen sozusagen stellvertretend haftbar gemacht werden könnte.

Dass diese Vorkommnisse als Grund für einen terroristischen Gegenschlag angenommen wurden, verweist nicht nur nachdrücklich auf die Frontstellung, die zwischen der westlichen Welt und dem Islam derzeit angenommen wird. Sie stellt auch mögliche Terroranschläge als Reaktion auf Taten der ›westlichen Welt‹ dar – was wiederum eigentlich quer zu der Auffassung steht, islamistische Fundamentalisten wollten die westliche Welt mit ihrer Ideologie überziehen.

Interessant sind nun die Strategien, mit denen die Printmedien den beschriebenen Wandel des Kontextes vollzogen haben. Diese sollen im Folgenden kurz nachgezeichnet werden. Dabei geht es vor allem um die Deutungsmuster, die die unterschiedlichen Kontexte aufgerufen haben sowie die Frage, ob und in welcher Weise dieser Kontextwandel von den Medien reflektiert wurde. Dies geschieht exemplarisch anhand der Berichterstattung von der *Westdeutschen Allgemeinen Zeitung (WAZ)*, der *Welt* und der *Bild-Zeitung*[244].

In einem zweiten Teil werden Teilergebnisse der Diskursanalyse dargestellt, bei der die Berichterstattung der Printmedien unmittelbar nach den Anschlägen untersucht wurde. Es handelt sich dabei um die Aussagen, bei denen die Anschläge mit Rassismus verknüpft wurden. Die daraus entstandene Debatte wurde den Medien durch die Anschläge in Norwegen sozusagen aufgenötigt.

244 Vgl. dazu auch die ausführliche Analyse in Jadtchenko/Jäger 2011.

10.1.2 Die stillschweigende Verwandlung vom »Islamisten« zum Rechtsextremen – *Westdeutsche Allgemeine Zeitung*

Einen Tag nach den Anschlägen, am 23.7.2011, beschäftigt sich die *WAZ* in zwei Artikeln und einem Kommentar mit den Vorfällen in Norwegen. In allen drei Verlautbarungen wird davon ausgegangen, dass dies das Werk islamistischer Terroristen war. Die Unterzeile des Aufmachers auf der Titelseite bemüht sogar den Indikativ: »Islamisten bekennen sich zu den Taten«.[245]

Im Innenteil hält sich die *WAZ* hinsichtlich der hinter den Attentaten stehenden möglichen Motiven zunächst zurück, wenn sie schreibt: »Zu den möglichen Motiven des Anschlags wurde zunächst nichts bekannt.« Überraschend endet der Artikel dann jedoch mit dem Hinweis, dass sich »eine islamistische Terrorgruppe [...] in einer Botschaft, die der *New York Times* vorlag, zu dem Anschlag« bekannte. Und ein Zitat aus dieser Botschaft lässt Bedrohungsgefühle wachwerden: »Dies war erst der Anfang.«

Der Kommentar von Walter Bau nimmt diese Bedrohungsgefühle auf und verstärkt sie. Unter dem Titel »Ein Land unter Schock« spekuliert auch er über die möglichen Motive und fügt den bereits genannten noch die zeitliche Nähe zum 10. Jahrestag des 11. September 2001 hinzu. Er weitet den »Terror-Schock« von Norwegen noch auf andere Länder aus. Dort »stellt man sich die bange Frage, ob Oslo der Auftakt zu einer neuen Serie von Anschlägen war. Und wen es als nächsten treffen könnte.«[246] Auch dies kann zum Aufbau von Angstgefühlen bei den Leser*innen führen.

Zwei Tage später, am Montag, den 25.7.2011, ist von all dem dann nicht mehr die Rede. Die *WAZ* titelt »Norwegen weint«. Und der Untertitel macht nun klar, aus welchem Lager der Täter kam: »Rechtsextremist gesteht Massaker an Jugendlichen«. Obwohl Anders Breivik im Hauptartikel noch als »mutmaßlicher Täter« gehandelt wird, steht für die *WAZ* außer Frage, dass er ein Rechtsextremist ist.[247] In einem weiteren Artikel setzt sich die *WAZ* mit der Persönlichkeit des Täters auseinander und stellt die Frage: »Wer ist der Mann, der mit den blauen Augen und den blonden Haaren aussieht wie ein Bilderbuch-Norweger und nun zum Massenmörder wurde?« Die Polizei gehe davon aus, dass er ein christlicher Fundamentalist mit »Kontakten zu rechtsextremen Kreisen« sei. Sein »Hass auf den Islam

245 Terror erschüttert Oslo, *WAZ* v. 23.7.2011.

246 Ein Land unter Schock, *WAZ* v. 23.7.2011.

247 Norwegen weint, *WAZ* v. 25.7.2011

(sei) ebenso tief wie der Hass auf die Sozialdemokratische Partei Norwegens, die seit Jahrzehnten das Land dominiert, wie keine andere politische Kraft«. Das von Breivik ins Netz gestellte Kompendium sei »voll rechtsradikalem Gedankengut und Islamfeindlichkeit«, das teilweise von »rechtsextremen Bloggern« abgeschrieben worden sei. Und auch die Tatsache, dass Breivik selbst prognostizierte, das man ihn nach der Tat »als das größte (Nazi-) Monster« beschreiben würde, wird hervorgehoben.[248]

Auch eine kurze Notiz, die an den Anschlag von Oklahoma erinnert, bei dem 1995 der amerikanische Rechtsextremist Timothy McVeigh mit einer Autobombe 168 Menschen tötete, verweist auf den extrem rechten Kontext. Es wird von einer neuen Bedrohung in Europa gesprochen und darauf verwiesen, dass »Sicherheitsbehörden besorgt (beobachten), wie sich rechtsextreme Einstellungen verbreiten und von einer giftigen Mischung aus anti-muslimischen Reflexen, Widerstand gegen das Zusammenleben mit Einwanderern und wachsenden wirtschaftlichen Nöten genährt werden.« Interessant ist dabei, dass die Bedrohung in Verbindung mit 9/11 gebracht wird. »Ein Jahrzehnt nach den Al-Kaida-Anschlägen in den Vereinigten Staaten hat sich eine neue Bedrohung entwickelt.« Nicht ausdrücklich ausgesprochen, aber doch nahegelegt wird hier, dass diese Entwicklung eine Folge islamistischen Terrors sei.

Dass die *WAZ* die Motive des Täters unter dem Label ›Rechtsextremismus‹ verbucht, wird auch im Kommentar von Wilhelm Klümper unterstrichen, wobei christlich-fundamentalistische Motive auch darunter subsumiert werden. Er schreibt, dass

> »in Norwegen blutjunge Menschen jäh aus dem Leben gerissen (wurden). Sie mussten durch die Schüsse eines offenbar rechtsradikalen norwegischen Nationalisten sterben. […] Der gläubige Protestant sieht sich nach Stand der Dinge als Kreuzritter des christlichen Abendlandes, das durch zu viele muslimische Ausländer in seinem Land und radikale Islamisten gefährdet sei. […] Hier hat ein irregeleiteter Rassist und Nationalist nach akribischer Vorbereitung wie aus dem Nichts gezielt massenhaft gemordet.«[249]

Diese Sichtweise suggeriert, dass die Gesellschaft gegenüber solchen Taten offenbar machtlos sei. Die gesellschaftlichen Machtstrukturen, die solche Ereignisse ermöglichen bzw. zulassen, werden außer Acht gelassen.

---

248 Ein Mensch voller Hass, *WAZ* v. 25.7.2011.

249 Duisburg und Norwegen im Schmerz verbunden, *WAZ* v. 24.7.2011.

Es ist schon erstaunlich, wie lautlos die *WAZ* ihre Perspektiven auf die Anschläge in Oslo und Utøya korrigierte. Dass sie in ihrer Samstagsausgabe noch die antimuslimischen Ressentiments reproduzierte, die sie am Montag verurteilt und in den Zusammenhang mit Rechtsextremismus einordnet, kümmert sie nicht. Sie empört sich über wachsenden Rassismus in Europa, ordnet dabei gleichzeitig die extrem rechte Fortschrittspartei in Norwegen als »gemäßigt« ein. Ohne eine Spur von Selbstkritik nimmt sie den neuen Kontext der Taten auf und stellt sie vor allem in einen rechtsextremen Zusammenhang.

Damit vergibt die *WAZ* die Möglichkeit, die Selbstverständlichkeit zu hinterfragen, mit der sie am Samstag noch von einem islamistischen Anschlag ausging. Eine Kritik, die nicht nur auf die eigene Zeitung, sondern auf einen Großteil anderer Medien zutrifft, hätte deutlich machen können, in welche Diskurszusammenhänge nahezu reflexartig solche Denormalisierungen in Deutschland (und sicher nicht nur hier) gestellt werden. Hinzu kommt ein Druck, der auf Journalist*innen lastet und sie zu schnellen und eindeutigen Bewertungen von Ereignissen zwingt, der mittlerweile zu den Produktionsbedingungen des Journalismus gehört.[250]

10.1.3 Die Verwandlung vom »Islamisten« zum »paranoiden Killer« – *Welt/Welt am Sonntag*

Ein Hauch von Selbstkritik und Hinterfragung der gängigen Deutungsmuster wird immerhin von der *Welt* vorgetragen. Auch sie geht in ihrer Samstagsausgabe noch von einem islamistischen Terrorakt aus und zitiert einen Professor der Norwegischen Polizeihochschule: »Es ist schwer, sich darunter etwas anderes vorzustellen als Terror«.[251] Die Schießerei auf der Insel kann diese Sichtweise nicht entkräften. Die *Welt* vermutet, dass der Anschlag dort dem Regierungschef gegolten habe, der dort erwartet worden war. Die islamistische ›Natur‹ beider Attentate wird nicht bezweifelt.

In der *Welt am Sonntag* wird dann die Korrektur vorgenommen und in einer Art Editorial wird zur Berichterstattung vom Vortag zumindest indirekt Stellung genommen:

250 Vgl. hier die Schilderungen in Schimmeck 2010 und Schimmeck 2011, aber auch Zumach 2011, der vor allem auch die Drucksituation schildert, unter die Journalist*innen arbeiten. Insofern ist die Position der *WAZ* hier auch nur exemplarisch zu verstehen und zu kritisieren.

251 Norwegens verwundete Hauptstadt, *Welt* v. 23.7.2011.

»So sehr hat man sich in Europa schon an eine terroristische Bedrohung durch Islamisten gewöhnt, dass der größte Schrecken dieser Tat wohl darin liegt, dass es sich eben nicht um einen solchen Hintergrund handelt. Auch wenn die kaltblütige Zerstörung jungen Lebens das Werk eines fanatischen Einzeltäters sein sollte: Woher rührt dieser hausgemachte Fundamentalismus? Wie wird sich Norwegen von einem solchen Schock erholen?«

Und in dem Artikel »Norwegen unter Schock« spricht Jutta Martha Beiner auch die vorschnellen Annahmen an. Sie schreibt:

> »In den ersten Stunden glaubten die meisten, es habe sich um einen Anschlag von al Qida gehandelt. Zwar hielt sich die Polizei am Freitag mit Vermutungen bedeckt, doch die Zerstörungen in den Straßenzügen Oslos schienen ganz die Handschrift islamistischen Extremisten zu tragen. Es hatte in Norwegen ja in jüngster Zeit wahrlich genug Kritik an islamistischem Fanatismus gegeben, um die Vermutung zu nähern, dass der oder die Täter keinesfalls aus den eigenen norwegischen Reihen kommen könnten. Aber der Täter entpuppte sich noch am Freitag als ein blonder, blauäugiger ethnisch norwegischer 32-jähriger Rechtsextremist […].«[252]

Auch wenn hier eine Infragestellung von vorherrschenden Perspektiven vorgenommen wird, so ist doch nicht zu überlesen, dass in beiden Äußerungen die Verantwortung für diese Sichtweise »Islamisten« zu geschrieben wird. Sie haben durch terroristische Anschläge ein Bedrohungsgefühl entstehen lassen, bzw. sie haben die »Handschrift« der Anschläge geprägt, insofern der Täter vorgegangen sei wie »Islamisten«.

Was die Einordnung des Täters angeht, betont die *WamS*, dass es sich um einen »Einzeltäter« handele, der über ein »geschlossenes Weltbild« verfüge, »in dem der Islam Europa bedroht und die Linke, der Multikulturalismus und die politische Korrektheit den Kampf gegen diese Gefahr behindern«.[253] Diese These lässt sich die *WamS* von einem Experten bestätigen:

> »Die Art der Anschläge und ihr Verlauf passen ›zu keiner politischen Gruppierung‹ […]. ›Für das organisierte rechtsextreme Milieu wäre ein Massenmord an Kindern untypisch, weil man jegliche Unterstützung in der Bevölkerung verlieren würde.‹« (Kai Hirschmann stellvertretender Direktor des Instituts für Terrorismusforschung, Essen)[254]

---

252 Norwegen unter Schock, *WamS* v. 24.7.2011.

253 Die kranke Welt des Anders B., *WamS* v. 24.7.2011.

254 Das unfassbare Verbrechen, *WamS* v. 24.7.2011.

Er bescheinigt Breivik eine »hohe operative Intelligenz«. Dieser habe »sich offensichtlich sehr genau die ›erfolgreichen‹ Terroranschläge der letzten Jahre angeschaut« – womit der islamistische Terrorismus wieder im Spiel ist. Und bleibt. Die Anschläge extrem Rechter werden hier explizit ausgeblendet. Mehr noch: Solch grausame Anschläge seien für die extreme Rechte untypisch. Unter den Tisch fallen somit die Anschläge Rechter in Oklahoma, in Bologna, auf das Münchener Oktoberfest. Kontinuitäten werden nur beim Islamismus festgestellt. Auf die Frage, ob er in Deutschland mit einem ähnlichen Anschlage rechne, bringt er die Gedankenwelt von Extremismus und Islamismus ein:

> »Ein Einzeltäter, egal, aus welchem politischen Milieu er stammt, ist immer unberechenbar. Da kann zwanzig Jahre nichts passieren und plötzlich geschieht etwas wie in Norwegen. Aus der Ecke der links- und rechtsextremistischen Strukturen in Deutschland würde ich einen solchen Anschlag in nächster Zeit nicht erwarten. Anders sieht es beim sogenannten ›Home grown‹-Islamismus aus, also bei Leuten, die hier aufgewachsen sind und sich hier in Kleingruppen radikalisieren. Da ist nicht die Frage, ob ein Anschlag passieren wird, sondern wann.«[255]

Auch die Frage, ob Anders Breivik möglicherweise »ein Psychopath« sei, beschäftigt die *WamS*, sie will sie jedoch nicht eindeutig beantworten. »Zunehmend scheinen die hasserfüllten Gedanken, die er selbst in die Welt setzt, übermächtig geworden zu sein.« [256] Auch Zitate aus dem Kompendium lassen sie zu dem Schluss kommen: »Möglicherweise fantasierte sich Anders B. so in die Rolle des einsamen Rächers potentieller Opfer des Islam und des allzu laschen ›Multikulturalismus‹ hinein.«

10.1.4 Der »blonde Teufel« der *Bild-Zeitung*

Einen ›Sonderfall‹ in der Berichterstattung über die Anschläge stellt die *Bild-Zeitung* insofern dar, als sie nur an einer Stelle in ihrer Samstagsausgabe davon ausgeht, der Bombenanschlag in Oslo könnte auf das Konto islamistischer Terroristen gehen.[257] Dann aber leitet sie eine Korrektur dieser Sicht

---

255 »Hohe operative Intelligenz«, *WamS* v. 24.7.2011. Auch weist er darauf hin, dass diese »Form von koordinierten, nahezu gleichzeitigen Anschlägen [...] man bislang in dieser Dimension von Einzeltätern nicht [kennt].«

256 Die kranke Welt des Anders B., *WamS* v. 24.7.2011.

257 »Terrorexpert*innen vermuten zunächst einen Vergeltungsschlag durch die Al-Qaida, weil norwegische Soldaten in Afghanistan für den Frieden kämpfen. Laut » ›New York Times‹ bekannte sich die Terror-Gruppe Ansar al-Jihad al-Alami. Gestern wurde

ein und zitiert die Polizei, die den Festgenommen als einen Mann beschreibt, »›der mit dem derzeitigen politischen System nicht einverstanden ist. Wir kennen das Milieu, in dem er sich bewegt.‹« Dies lässt die Zeitung dann schlussfolgern; »Also möglicherweise ein Neo-Nazi!«[258] Die Theorie vom islamistischen Anschlag ist für die Bild damit vom Tisch.

Mit einer gewissen Häme wird in der Montagsausgabe Bezug auf die Fehldeutung der Anschläge genommen. In der Rubrik Verlierer wird Elmar Theveßen als »Möchtegern-Experte!« kritisiert, weil er »frisch und frei« über einen islamistischen Hintergrund des Oslo-Massakers spekuliert habe. Dass er aber mit dieser Deutung nicht alleine dastand, sondern große Teile der Medien die Anschläge als Werk islamistischer Terroristen einordneten, ist kein Thema.

In *Bild* mutiert der bereits am Samstag als Neo-Nazi ausgemachte Täter in der Montagsausgabe zum »blonden Teufel«. Im Unterschied zu den Kommentaren und Beschreibungen anderer Zeitungen werden seine Bezüge zum christlichen Fundamentalismus besonders hervorgehoben und das Massaker auf diese Weise als ein Religionskonflikt gedeutet.[259]

Breivik habe zeigen wollen »dass sich der Tag des Jüngsten Gerichts nähert«.[260] Er habe »zum Kreuzzug gegen den Islam« aufgerufen.[261] Mehrfach wird Anders Breivik als »blonder Teufel« bezeichnet, der sich infamer Weise »als Beschützer verkleidet [...]« habe und der »keine Reue« zeige. Auf dem im Internet veröffentlichten Kompendium »prangt ein rotes Kreuz. Das Symbol des Tempelritter-Ordens.«[262]

Der Gastkommentar in dieser Ausgabe wird dann bezeichnender Weise von einem Weihbischof (Dr. Hans-Jochen Jaschke) formuliert. Dieser ordnet die Tat als Mord »im Namen der Religion« ein, eine »schlimmere Gotteslästerung« könne es nicht geben.

---

auf der Insel Utøya ein mutmaßlicher Attentäter verhaftet, er ist Norweger.« Hier auf der Straße liegen blutende Menschen«, *Bild* v. 23.7.2011.

258 Am Insel-Ufer erschoss der Killer die Kinder des Ferienlagers, *Bild* v. 23.7.2011.

259 Darüber hinaus stellt *Bild* aber auch weitere Facetten des Täters dar, in dem er als »nordischer Psycho«, als »Killer«, »Massenmörder«, »Amokläufer«, »Monster« bezeichnet wird, in dessen »Kopf [...] der Wahnsinn [wabert]«. Vgl. Und der Killer zeigt keine Reue, *Bild* v. 25.7.2011.

260 Und der Killer zeigt keine Reue, *Bild* v. 25.7.2011.

261 Er rief zum Kreuzzug gegen den Islam auf, *Bild* v. 25.7.2011.

262 Er rief zum Kreuzzug gegen den Islam auf, *Bild* v. 25.7.2011.

10.1.5 Zwischenfazit

Die Analyse der ersten Reaktionen in den deutschen Printmedien hat sichtbar gemacht, wie sehr das herrschende anti-muslimische Diskursklima die Wahrnehmung der Anschläge strukturiert hat. Das Bedrohungsgefühl durch islamistischen Terrorismus konnte sofort aufgerufen und aktualisiert werden. Es wurden aus dem Stand Gründe dafür präsentiert, weshalb nun auch Norwegen ins Kreuzfeuer dieses Terrorismus geraten ist. In diesem Kontext erschienen die Anschläge nahezu logisch.

Nachdem deutlich wurde, dass die Taten jedoch das Werk eines »ethnischen« Norwegers waren, zeigte sich eher Ratlosigkeit. Trotzdem wirkte auch hier ein Zwang zu eindeutigen Bewertungen und je nachdem, welcher Kontext aufgerufen wird, griffen auch hier wieder eingespielte Deutungsmuster.

Wird Anders Breivik als ein Rechtsextremer wahrgenommen, stellt sich sofort die Frage: Hatte er Komplizen, ist er gar einer rechtsextremen Gruppierung zuzuordnen? Die Antwort lautet: Es handelt sich um einen ›Einzeltäter‹. Auf diese Weise wird die Gefahr einerseits eingegrenzt, andererseits wird sie auch einzigartiger und unberechenbarer.

Das gilt auch dann, wenn Anders Breivik als geistesgestört und psychisch krank gedeutet wird. Dann wird zwar auch zur Kenntnis genommen, dass solche Täter im Innern westlicher Gesellschaften heranwachsen. Doch mit seiner Krankheit fällt der Täter aus dem gesellschaftlichen Normengerüst heraus. Die Brutalität der Anschläge, die Auslassungen des Täters bei seiner Vernehmung und im Internet haben den eigentlich zu erwartenden Effekt, dass eine solche Person therapiert werden muss, aber auch nicht entstehen lassen. Vielmehr wurde eine Ab- und Ausgrenzung aus der gesellschaftlichen ›Mitte‹ vollzogen und damit konnte das Gleichgewicht in der Gesellschaft, das für einen Moment drohte zerstört zu werden, wieder hergestellt werden.

Dabei hätte die mediale Verarbeitung der Anschläge in Norwegen den Journalist*innen zu einem Lehrstück darüber werden können, was Diskurse mit uns und ihnen machen und wie stark wir in diese verstrickt sind. Dazu wäre allerdings eine kritische Hinterfragung der jeweiligen Perspektiven notwendig gewesen. Diese hat nur sehr zaghaft stattgefunden. Dass in der Folge antimuslimische Positionen vehement kritisiert wurden, die von den gleichen Zeitungen vor nicht allzu langer Zeit noch eingenommen oder verteidigt haben, wurde völlig übersehen. Doch wurde in den Medien in den folgenden Wochen durch die Diskussion über die möglichen Motive des Täters eine Diskussion über den Umgang der Gesellschaft mit Rassismus geführt. Wie und mit welchen Effekten diese Diskussion geführt wurde, soll im Folgenden beschrieben werden.

10.1.6 Zwischen der Suche nach den Schuldigen und der Abwehr von Rassismus-Kritik

Eine Analyse von *FAZ, Süddeutscher Zeitung* und *taz* in den zwei den Anschlägen folgenden Wochen ergab, dass deutsche Leitmedien nach der anfänglichen Deutung des Ereignisses durchaus breit über Rassismus als Motiv dieser Taten berichteten. Sie gingen allerdings sehr unterschiedlich damit um und setzten unterschiedliche Prioritäten.[263]

Die Anschläge als Reaktion einer »Islamisierung«. Die Sicht der *FAZ*

In der *Frankfurter Allgemeinen Zeitung* werden Breiviks Motive überwiegend nicht in seinen politischen Statements, sondern in Phänomenen von Hass und Wahnsinn gesucht. So ist es nicht verwunderlich, dass sich am Montag nach der Tat auf der Titelseite dieser Zeitung kein Wort von Breiviks rechter, antimuslimischer Gesinnung finden lässt. In dem Anreißer ist schlicht die Rede von einem »Einzeltäter«[264]

Auch der Kommentar auf Seite eins kommt ohne eine politische Einordnung des Täters aus. Vielleicht auch, weil der Autor Georg Paul Hefty die Tat als politisch nicht kategorisierbar einstuft.[265] Er hält sie – mystifizierend – für den »Höhepunkt in der endlos langen Reihe solcher nicht zu erklärender Geschehnisse«. Welche Geschehnisse er meint, darauf kann die folgende Aufzählung Aufschluss geben, die er anstrengt, um nahezulegen, dass abgegebene politische Erklärungen für politische Gewalt einzig Beweis für den »Irrsinn« der Täter seien. Der Wahnsinnige, so schließt der Kommentar, antworte eben nicht auf seine Umwelt, »sondern auf seine eigensten Störungen«[266].

Matthias Hannemann schreibt im Feuilleton der gleichen Ausgabe, Breivik habe eine »Gebrauchsanweisung für terrorwillige Antiislamisten«

263 Vgl. auch die ausführliche Analyse in Wamper 2011.

264 Stoltenberg: Der Hass eines Einzelnen darf nicht triumphieren, in: *FAZ* v. 25.7.2011.

265 David Gelernter hält die politischen Überzeugungen des Täters gar für gänzlich irrelevant (Nicht rechts, nicht links, nur böse, *FAZ* v. 29.7.2011.).

266 Keine Erklärung, *FAZ* v. 25.7.2011.

geschrieben.[267] Diese Bezeichnung ist insofern aufschlussreich, als sie suggeriert, Breiviks antimuslimischer Rassismus sei nicht gegen Muslime und Muslima allgemein gerichtet, sondern sei eine Abwehr gegen »Islamismus«. Der »Islamismus« geht damit dem antimuslimischen Rassismus voraus. Die Objekte des Rassismus werden so – und das ist ein gängiges, wie falsches Bild in Rassismusdiskursen – mitverantwortlich für die sie ausgrenzenden Diskurse gemacht.

Wenn auch die Terminologie des »Antiislamisten« nicht durchgehalten wird, so wird auch in einem anderen Artikel getitelt: »Im blinden Hass gegen Hass« (26.7.2011). Das, wogegen sich Breivik richtete, wird in den gleichen Worten beschrieben, wie seine eigene Motivation. Auch dies suggeriert eine Verwandtschaft und einen Zusammenhang zwischen Breiviks ideologischem Angriffsziel, einer vermeintlichen »Islamisierung« Europas und dem, was ›Terrorismusexperten‹ »Islamismus« nennen. Und noch ein weiterer Artikel bedient sich des Begriffs »Antiislamismus«[268] Einen Schritt weiter geht es in der *FAZ*, wenn gar behauptet wird, Breivik habe »die Drecksarbeit« der »militanten Islamisten« erledigt.

> »Der durch die islamistischen Terroranschläge auf europäischem Boden zu neuem Leben erweckte alte Islamhass der Europäer greift um sich, wird salonfähiger und damit auch zusehends aggressiver.«[269]

Hier wird die Ansicht expliziert, dass das Handeln oder Nicht-Handeln von Muslimen oder Muslima Einfluss auf einen antimuslimischen Rassismus habe. In eine ähnliche Richtung wird argumentiert, wenn darauf hingewiesen wird, dass »ein Fünftel der Bevölkerung Oslos muslimisch geworden« sei und in dieser Zeit – und das soll wohl eine Kausalbeziehung kennzeichnen – seien rund um die Fortschrittspartei »ausländerfeindliche Regungen«[270] entstanden. So lässt sich festhalten, dass, wenn in der *FAZ* von Rassismus in Verbindung mit den Anschlägen gesprochen wird, dann wird er meist als Reaktion auf Migration oder »islamistischen Terrorismus« gekennzeichnet. Eine solche Sichtweise ist dazu geeignet, die Gesellschaft zu entlasten, indem

267 Mein kleines Land gibt es nicht mehr, *FAZ* v. 25.7.2011.

268 Im Netz des Rechtsextremismus, *FAZ* v. 26.7.2011. Vgl. auch: Die ungestellten Fragen von Oslo, *FAZ* v. 4.8.2011.

269 Der Terrorschüler aus Norwegen, *FAZ* v. 26.7.2011.

270 Im blinden Hass gegen Hass, *FAZ* v. 26.7.2011.

die Ursache für Rassismus umgekehrt und den von Rassismus Betroffenen angelastet wird.

10.1.7 Rechtsextremismus und Rechtspopulismus als Nährboden der Anschläge. Die Sicht der *Süddeutschen Zeitung* (*SZ*)

In der *SZ* werden vor allem rechtsextreme Diskurse als Ursache der Anschläge ausgemacht. Deren Protagonist*innen wird zwar keine direkte Schuld zugewiesen, doch es wird betont, dass in diesem Milieu gefährliche Weltbilder geformt werden könnten.

Neben einer ausführlichen Auseinandersetzung mit den in Breiviks Texten publizierten Ideologiefragmenten, wird das politische Milieu dargestellt, aus dem er kommt: der »Rechtspopulismus und die sogenannte Islamkritik«[271]. Daniel Poohl, Chefredakteur der norwegischen antifaschistischen Zeitschrift *expo*, weist in einem Interview darauf hin, dass es sich bei diesen Zusammenhängen nicht um Neonazis handele, die antimuslimische Bewegung habe sich schließlich »vor etwa 10 Jahren von den Neonazis abgespalten«. Dennoch konstatiert er – zu Recht – die Gemeinsamkeiten zwischen »Rechtspopulismus« und »Neonazismus«: Homophobie, Rassismus, Verherrlichung der Familie. Und er weist auf die Unterschiede zwischen beiden politischen Strömungen hin: der Positivbezug auf Israel bei den Rechtspopulisten und der offene Antisemitismus bei den Neonationalsozialisten.[272]

Sowohl rechtspopulistische Parteien, deren abwiegelnde Reaktionen, wie auch antimuslimische Internetblogs werden in der *SZ* als ideologische Vorläufer der Taten dargestellt. Die Autor*innen wiegeln nicht ab, sondern beschreiben das politische Programm rechter Parteien und Zusammenschlüsse und verorten Breivik in diesem Spektrum. Zwar würden sich die europäischen Rechten von Breiviks Methoden öffentlich distanzieren, die Inhalte aber würden nach wie vor von ihnen verteidigt. Debattiert wird, inwieweit das öffentliche Vertreten von rechten, antimuslimischen, rassistischen Inhalten, die Suggestion einer »Islamisierung« Europas eine Handlungsnotwendigkeit vermittelt. Zwar seien die Zusammenhänge, von denen diese Ideologien propagiert werden, nicht »unmittelbar verantwortlich«, so wird etwa der Rechtsextremismusforscher Hajo Funke zitiert, aber: »Jede Form

271 Mission Massenmord, *SZ* v. 25.7.2011.

272 »Breivik ist der erste anti-muslimische Terrorist«, *SZ* v. 25.7.2011.

von Rechtspopulismus senkt die Hemmschwelle für solche vermutlichen Einzeltäter«[273]. Und auch Gunnar Herrmann meint, dass die rechten Politiker und Publizisten, »von denen viele Bestandteile des wirren Machwerks stammen«, zwar keine direkte Schuld an den Verbrechen tragen, Worte allein nicht töten, »aber sie können ein gefährliches Weltbild formen und zu schlimmen Taten anstacheln«.[274]

Obwohl Breiviks antimuslimischer Rassismus in der *Süddeutschen Zeitung* kritisiert und das rechte Spektrum, in dem er sich bewegte, dezidiert ausgemacht wird, bleibt es jedoch auffällig ruhig um den politischen Mainstream. Dass es aber nicht nur extrem rechte Zusammenhänge sind, die antimuslimische Stimmung machen, sondern gerade im letzten Jahr solche Auffassungen eklatant auch im politischen Mainstream vertreten wurden, davon ist in der *Süddeutschen Zeitung* nicht oder kaum die Rede. Nur ein Artikel von Stefan Weidner erwähnt die Sarrazin-Debatte, die ein Meisterstück in Sachen antimuslimischer Rassismus war. Er stuft die »Kritik« des Sozialdemokraten Sarrazin als »im Prinzip hilfreiche, aber offenbar wenig willkommene Kritik (am nicht mehr finanzierbaren Sozialsystem, am Werteverfall, an Bildungsferne und anderem)« ein. Dieser also an sich sinnvolle Anstoß Sarrazins sei in eine überaus »hässliche Islamdebatte« verwandelt worden.[275]

Der ausgeprägte Rassismus Sarrazins fällt jedoch auch hier unter den Tisch. Das gilt auch für den Umstand, dass sich ein großer Teil der deutschen Medien – die *SZ* eingeschlossen – an der Reproduktion des sarrazinschen Rassismus beteiligte. Eine Selbstkritik oder zumindest eine Kritik am politischen Mainstream bleibt somit auch die *SZ* schuldig. Stattdessen verbannt sie Rassismus ins gesellschaftliche Außen; der ›ganz normale‹ Rassismus wird de-thematisiert bzw. de-thematisierbar – was wiederum in einem Kommentar durchaus kritisiert wird. So wird die Diskussion um ein NPD-Verbot als ein »falsches Beruhigungsmittel« angesehen: »Bevor die bürgerliche Mitte nach allen möglichen Verboten ruft, sollte sie sich die eigene Fremdenfeindlichkeit verbieten [...].«[276]

273 Sehnsucht nach einer Welt ohne Fremde, *SZ* v. 25.7.2011.

274 Rechts im Norden, *SZ* v. 28.7.2011.

275 Die anderen sind wir selbst, *SZ* v. 29.7.2011. Zur Sarrazin-Debatte insgesamt vgl. Friedrich (Hg.) 2011.

276 Der Ausschaltknopf gegen Islamhass, *SZ* v. 29.7.2011. Allerdings verwundert die prinzipielle Kritik-Zurückhaltung gegenüber den Positionen der ›politischen Mitte‹ bei

10.1.8 Rassismuskritik oder Meinungsfreiheit. Die Sicht der *tageszeitung*

In der *taz* wird vorwiegend gesellschaftlicher Rassismus als Ursache für die Anschläge in Norwegen ausgemacht. Es wird sowohl extrem rechten und »islamkritischen« Zusammenhängen und Personen eine Mitschuld und -verantwortung zugewiesen, als auch kritisiert, dass Rassismus in und von der medialen Öffentlichkeit reproduziert wird. Dabei wird häufig differenziert zwischen einer direkten (Mit-)Schuld und gesellschaftlicher Verantwortung.

So sei die anfängliche Konstruktion des Ereignisses als »islamistischer Terror« ein Ausdruck dafür, was gleichzeitig zum ideologischen Repertoire des Täters gehöre. Rassismus wird hier also nicht ins gesellschaftliche Außen projiziert. Allerdings wird die Debatte um gesellschaftlichen Rassismus in der *taz* mit einer Debatte um Meinungsfreiheit verknüpft und von ihr überlagert. Meinungsfreiheit und Rassismus werden mitunter gegeneinander ausgespielt.

Direkt am Montag nach den Anschlägen in Norwegen wird ein diskursiver Zusammenhang zwischen dem Reflex, die Anschläge einer »islamistischen Terrorgruppe« zuzuschreiben und den antimuslimischen Motivationen des Täters ausgemacht.

> »Was bedeutet es für uns alle, auch für Deutschland, wenn der erste Reflex auf ein Bombenattentat immer der gleiche ist: die Mutmaßung, dass es islamistische Terrorgruppen sind, die hinter dem Morden stecken? Wo genau hängt das zusammen: die fast selbstverständliche Islamophobie, verbreitet zu den besten Sendezeiten auf der einen Seite, und auf der anderen Seite ein Mann, der in rechtspopulistischen Vereinigungen geprägt wird und schließlich offensichtlich als Einzeltäter in blinder Mordlust wütet?«[277]

der *Süddeutschen Zeitung* nicht wirklich. Bereits im August 2010 hat sich Thomas Steinfeld auf dem Höhepunkt der Sarrazin-Debatte zu einem »demokratischen Rassismus« geäußert: »Es ist unangenehm, ja sogar peinlich, sich Rechenschaft abzulegen darüber, dass es einen demokratischen Rassismus gibt. Aber es gibt ihn, in allen Parteien, in weiten Teilen der Bevölkerung, überall, wo überhaupt die Vorstellung einer natürlichen Staatsangehörigkeit auftaucht. Und es mag schädlicher sein, diesem Ressentiment nur verhohlen nachzugeben, als es offen auszusprechen« (Die Guten ins Töpfchen, die Schlechten ins Kröpfchen..., *SZ* v. 31.8.2010 http://www.sueddeutsche.de/kultur/thilo-sarrazin-die-guten-ins-toepfchen-die-schlechten-ins-kroepfchen-1.994024-3 (16.6.2012)).

277 Offene Gesellschaft herausgefordert, *taz* v. 25.7.2011.

Mit dieser Frage wird eine Debatte um gängige Islambilder und um antimuslimischen Rassismus eröffnet. Immer wieder wird darauf hingewiesen, dass die reflexhafte Konstruktion des Ereignisses als »islamistischer Terror« die Ideologie von Breivik reproduziere.[278]

Dabei wird zugleich kategorisiert: Der Täter Breivik kam »von innen«[279] »islamistische Terrorgefahr« komme »von außen«[280]. Mit dieser Kategorisierung wird allerdings – wenn auch nur implizit – eine Grundannahme des antimuslimischen Rassismus festgeschrieben: Das ›Innen‹, also die eigene Gesellschaft, ist christlich oder zumindest nicht muslimisch, während das ›Außen‹ als muslimisch imaginiert wird. Daraus folgt für die Anschläge von Norwegen: Terrorismus von ›Außen‹ ist kein ›hausgemachtes Problem‹, von ›Innen‹ schon.

Und wohl deshalb ist in der *taz* zwar hier und da von der Angst der Mehrheitsbevölkerung vor dem Islam die Rede, was dann mit Begrifflichkeiten wie ›Islamophobie‹ zu fassen versucht wird. Die Angst der Muslime und Muslima vor Rassismus wird dagegen nur in einem Artikel thematisiert. Mely Kiyak fokussiert die Perspektive derer, die »wahlweise als islamistisch, fundamentalistisch, rückständig, besonders kriminell, besonders ungebildet, besonders gebährfreudig, besonders bedrohlich, besonders zerstörerisch für Wirtschaft, Fortschritt oder Demokratie« charakterisiert werden. Sie beschreibt, dass solche Zuschreibungen die gesellschaftlichen Handlungsspielräume dieser Menschen einengen und auch, dass die weiß-dominierte mediale oder politische Öffentlichkeit nicht daran interessiert ist, diese Perspektiven zu thematisieren. So würden aber diejenigen, über die gesprochen werde, unsichtbar gemacht. Das Verwehren von solchen diskursiven Partizipationsmöglichkeiten kennzeichnet strukturelle Benachteiligung.[281]

Rassismus wird somit in der *taz* nicht per se ins Außen definiert, weder in die skandinavischen Länder, noch in die »politischen Ränder« bürgerlicher Gesellschaften: »Ist Anders B. im Kern seiner Religion von Thilo Sarrazin zu unterscheiden? [...] Für diese todschicken Hassprediger brauchen wir nicht

278 Vgl. Terrorexperten? Errorexperten! *taz* v. 25.7.2011.

279 Der Feind von innen, *taz* v. 25.7.2011.

280 Offene Gesellschaft herausgefordert, *taz* v. 25.7.2011.

281 Wer will das wissen? *taz* v. 2.8.2011.

auf Skandinavien zu zeigen«[282]. Häufig wird in diesem Zusammenhang die Sarrazin-Debatte erwähnt oder darauf angespielt.[283]

Entsprechend rege wird diskutiert, inwieweit eine Verantwortung der »islamkritischen Szene« für solche Anschläge bestehe. Es ist in diesem Zusammenhang auch die Rede von ›Mittäterschaft‹. Diesbezügliche Kommentare argumentieren gegen die Einzeltäterthese, die nicht nur suggeriere, Breivik habe alleine gehandelt, sondern auch, er habe aus dem ideologischen Nichts gehandelt. So kritisiert etwa Robert Misik die Entpolitisierung der Tat durch die Einzeltäterthese und stellt zugleich fest, dass »Politiker, Blogger, Publizisten [...] das Klima angeheizt haben, in dem einer wie Anders Behring Breivik erst auf die Idee kommen konnte, dass der ›bloße‹ politische oder publizistische Kampf gegen die als elementar bedrohlich imaginierte Moslemgefahr nicht mehr ausreicht«. Er resümiert, dass »wenn der Begriff vom ›geistigen Mittäter‹ je einmal Sinn gemacht hat, dann hier«.[284]

Auch Ines Kappert weist in der *taz* der »europäische[n] Öffentlichkeit Verantwortung« zu, stellt aber auch fest:

> »Um Missverständnissen vorzubeugen: Solange Breivik als schuldfähig eingestuft wird, trifft ihn allein die Schuld an seinem Größenwahn, niemanden sonst. Das heißt aber noch lange nicht, dass die Diskurseliten und ihre Adepten keine Verantwortung tragen. Breivik hält ihnen einen blutigen Zerrspiegel vor.«

Damit beschreibt sie auch eine »Chance« für die Debatten: »Muslimenfeindlichkeit dürfte sich ab jetzt schlechter verkaufen lassen. [...] [Sie] hat ihre vermeintliche Harmlosigkeit verloren«.[285]

Es wird aber auch Kritik an solchen Thesen geäußert. Hannes Stein, Autor beim Netzwerks Die Achse des Guten und *Welt*-Korrespondent, etwa warnt davor, »Islamkritik« per se als antimuslimischen Rassismus zu kennzeichnen: »Es gibt eine demokratische und eine liberale Kritik am Islam und es gibt eine rechtsradikale«. In einem Interview verteidigt er die Notwendigkeit der »Islamkritik«. Er kämpfe damit für eine offene Gesellschaft:

---

282 Wie geht es uns, Herr Küppersbusch, *taz* v. 25.7.2011.

283 Vgl. etwa: Die These vom Einzeltäter ist zu bequem, *taz* v. 26.7.2011, Wie geht es uns, Herr Küppersbusch, *taz* v. 25.7.2011; Im Geiste Draculas, taz v. 26.7.2011; »Nicht einheitlich verfassungswidrig«, *taz* v. 27.7.2011; Prima Klima für Einzeltäter, *taz* v. 27.7.2011.

284 Prima Klima für Einzeltäter, *taz* v. 27.7.2011.

285 Die These vom Einzeltäter ist zu bequem, *taz* v. 26.7.2011.

»Etwa die Meinungsfreiheit mitsamt der Freiheit, den Islam zu kritisieren. Flemming Rose von der dänischen Zeitung *Jyllands-Posten* hat dazu einmal gesagt: Er möchte, dass die Muslime in Europa integriert werden. Dazu gehört, dass man sich über ihre Religion genauso lustig machen kann wie, sagen wir, über den Katholizismus. Die Muslime haben, so komisch das klingt, ein Recht darauf.«[286]

Eine »Integration« von Muslimen und Muslima daran festzumachen, ob man sich über ihre Religion lustig machen kann, blendet allerdings die unterschiedlichen Sprecher*innenpositionen aus, die durch unterschiedliche gesellschaftliche Machtstrukturen entstehen. Doch bilden diese die Kontexte, in die hineingesprochen wird. Dabei spielt »Lustigmachen« offensichtlich auf den Karikaturenstreit an und nimmt die damals geführte Debatte um Meinungsfreiheit erneut auf.

Zwar wird in der *taz* durchaus anerkannt, dass es offensichtlich einen Unterschied macht, sich in Europa über den Katholizismus oder über den Islam lustig zu machen. Allerdings führt diese Erkenntnis nicht dazu, die sich hinter diesem Unterschied verbergenden Fragen von gesellschaftlicher Macht und Marginalisierung zu stellen. Die Forderung, dass Katholizismus und Islam gleichbehandelt werden sollen, übergeht die gesellschaftliche Voraussetzungen bzw. die Hindernisse dafür. Die durch gesellschaftliche Privilegien und Partizipationsmöglichkeiten bedingte Differenz wird ausgeblendet, in dem man sich auf eine ›allgemeine Religionskritik‹ beruft. Dadurch kann jedoch Gegenteiliges bewirkt werden: eine Verstärkung gesellschaftlicher Ausgrenzung.

Klaus-Peter Klingelschmitt meint sogar, dass, wer zukünftig »antidemokratische oder antiemanzipatorische Tendenzen im Islam« kritisiere, Gefahr laufe, von Gutbürgerlichen oder Linken mit »Breivik in einen Sack gesteckt zu werden«.[287]

Insgesamt findet sich in der *taz* viel Kritik an den herrschenden Auffassungen, Breivik sei ein Einzeltäter und seine Taten hätten mit dem politischen Klima sowohl in Norwegen wie auch in Deutschland nichts zu tun. Es wird aber gleichzeitig hervorgehoben, dass Kritik am Rassismus nicht die Meinungsfreiheit einschränken dürfe. Diese müsse als Wert verteidigt wer-

286 »Muslime als Orks: Das ist nicht intelligent«, *taz* v. 29.7.2011.

287 Aufklärung, ganz radikal, *taz* v. 1.8.2011.

den. Vermittelt wird so eine Dichotomie zwischen Meinungsfreiheit und der Abwehr von Rassismus. Beides zusammen, so scheint es, sei nicht möglich.

10.1.9 Zwischenfazit

Die Analyse der deutschen Printmedien in den Tagen nach den Anschlägen in Norwegen lässt drei Strategien erkennen, mit denen gesellschaftlicher Rassismus de-thematisiert wird: Rassismus wird als eine Reaktion auf Migration und damit verbundenen Islamismus begriffen. Gegen Rassismus vorzugehen, bedeutet in dieser Logik Migration abzuwehren oder einzuschränken und sicherheitspolitische Maßnahmen gegen Islamismus zu verstärken. Rassismus wird als ein Problem angesehen, dass außerhalb der Gesellschaft seinen Ursprung hat und vor allem bei der extremen Rechten zu verorten ist, die nicht als Teil der Gesellschaft begriffen wird. Rassismus begünstigende Aussagen werden als Akte der Meinungsfreiheit angesehen, die verteidigt werden müsse.

10.1.10 Gesamtfazit

Die Analyse der medialen Aufarbeitung der Anschläge in Norwegen verdeutlicht, wie eng Terrordiskurse mit dem Islamdiskurs verkoppelt sind und wie wenig mediales Augenmerk auf extrem rechten Terror gelegt wird. Dass dieser mediale Blick Kontinuität hat, verdeutlichen die Debatten um die NSU-Morde in Deutschland. Es entspricht einer solchen medialen Perspektive, dass diese Morde nicht früher bekannt wurden. Im Rahmen der NSU-Morde wurde sowohl ermittlungstechnisch wie auch medial davon ausgegangen, dass die Täter*innen im Umfeld der Opfer zu suchen seien. Dieser Blick unterstellte den Opfern (und deren Familien) eine Mitverantwortung – sie hätten sich in kriminellen Milieus aufgehalten. Neonazis wurden weder von der breiten Öffentlichkeit noch von Polizeibehörden als Täter*innen in Betracht gezogen. So zeigt sich auch im Fall der NSU-Morde, dass Kriminalität und Migration eng miteinander verknüpft werden, und Rassismus und Rechtsextremismus als Tatmotiv nicht angenommen werden.

Eine weitere Parallele zeigt sich bei der Frage nach kriminellen Netzwerken oder Einzeltäter*innen. Während die Opfer des NSU – ohne Hinweise – als Teil krimineller Netzwerke angenommen wurden, ist beim NSU trotz Hinweisen auf unterstützende neonazistische Netzwerke immer noch weitgehend die Rede vom »Terror-Trio«. Ihre Geschichte hat diese Figur vom neonazistischen Einzeltäter in dem Anschlag auf das Münchener Oktoberfest und in den pogromartigen Anschlägen Anfang der 1990er Jahre auf Flüchtlingsheime. Obwohl letztere Anschläge in Serie standen, wurde stets von Einzeltäter*innen ausgegangen.

Geht es hingegen um »islamistische« Anschläge, werden auch dann, wenn den Täter*innen keine direkten Verbindungen zu Netzwerken bewiesen werden können, diese dennoch medial angenommen. In diesem Falle reicht meist eine ideologische Nähe, um sie als Teil von Netzwerken zu sehen. Diese charakteristische Unterscheidung – je nach angenommenem Kontext – zeigt sich auch im Fall Breivik. Der am ersten Tag der Berichterstattung vermutete islamistische Terrorismus wurde reflexhaft als vernetzte Gefahr und mit dem Islam innewohnenden ideologischen Ursachen imaginiert. Die Frage war nicht, welcher »islamistische« Einzeltäter da am Werk war, sondern welches Netzwerk. In den folgenden Tagen schwenkte die Berichterstattung um auf das rechtsextreme Motiv und die Einzeltäterthese.

Hier zeigt sich nicht nur, dass Terrorismus im mediopolitischen Diskurs mit Islam verkoppelt ist, sondern auch die unterschiedlichen Implikate von rechtem Terror und »islamistischem« Terror. Neben der Einzeltäterthese wird rechter Terror als pathologisch angenommen. Während »Islamismus« als politisches Motiv verstanden wird, ist rechter Terror ideologisch nicht erklärbar. Breivik wird zwar als ›Rechter‹ ausgemacht, doch diese politische Positionierung allein könne die Taten nicht erklären: Breivik sei ›irrsinnig‹. Diese Pathologisierungen sprechen ihn zwar nicht von Schuld frei, dennoch dienen sie dazu, sein politisches Kompendium keiner grundsätzlichen Kritik unterziehen zu müssen. Machtstrukturen, die solche rassistischen, nationalistischen und sexistischen Positionen hervorbringen und begünstigen, können ausgeblendet werden. Das gilt dann auch für die eigene – in diesem Falle mediale – Verantwortung dafür.[288]

So wundert es nicht, dass sich in Verbindung mit den Anschlägen in Norwegen nur marginal mit dem Thema des westlichen, also auch in der

288 Interessant ist dabei, dass hier offenbar unterschiedliche Verständnisse über das Verhältnis von Sprechen und Handeln – man könnte auch sagen, über das Gewicht gesellschaftlicher Diskurse – angenommen werden. Für den Westen wird hier ein fundamentaler Unterschied zwischen Sprechen und Handeln angenommen. Ein solcher Zusammenhang gilt allerdings nur für den Westen. Geht es um Islamismus, wird das alles anders gesehen. Hier führen Hass-Predigten direkt in den Terror. Dem Islam kommt in dieser Weltsicht Hate-Speech zu, dem Westen Free-Spreech. Dass auch über Medien vermittelte Diskurse subjektivieren, Weltsichten prägen, Subjekte produzieren, das weist man im »Westen« von sich.

deutschen Gesellschaft grassierenden Rassismus auseinandergesetzt wurde. Tendenziell war das Gegenteil zu beobachten: Die Rede vom »Antiislamismus«, der Breiviks Taten geleitet habe, suggerierte, dass dieser Rassismus etwas mit dem Verhalten der Betroffenen zu tun habe. In Deutschland hat diese Argumentationsfigur durchaus Kontinuität. Wenn wir uns an die Pogrome gegen Flüchtlinge und Einwander*innen Anfang der 1990er erinnern, so sind wir damals bereits dieser Auffassung begegnet. Damals wurden der angebliche »Flüchtlingsstrom« und der vorgebliche »Missbrauch« des Grundgesetzartikels 16 als Grund für diese Taten erklärt. Also wurde das Asylrecht so verändert, dass es faktisch abgeschafft wurde. Dies sollte dann für ein Ende des rassistischen Mordens sorgen. Gebrannt hat es weiterhin, berichtet wurde darüber nur noch selten. Auch während der Berichterstattung über die Anschläge in Norwegen wurde die Ursächlichkeit für Rassismus vielfach in Migration gesucht. Rassistische Topoi wurden dabei weiterhin bedient.

Weitgehend ausgespart blieben in der Berichterstattung über die Anschläge die durch sie gleichfalls aufgeworfenen Themen von Nationalismus, Antimarxismus und Sexismus. Das Einlassen auf Breiviks Kompendium führte bei einigen Zeitungen allein dazu, seinen Thesen von einer »Islamisierung Europas« nachzugehen und zu untersuchen, ob der Islam tatsächlich einen solchen Einfluss in Norwegen habe. Damit jedoch ließ man sich implizit auf die Gedankenwelt des Täters ein. Seine Auslassungen gegen Frauen und Linke wurden nicht zurückgewiesen. Dies wurde verstellt durch die mediale Sicht auf Breivik als »Antiislamisten«. Sie ließ übersehen, dass er sich auch und speziell gegen die politische Linke richtete, deren Vertreter*innen er auf der Insel Utøya tötete.

Den wenigen Debatten, die in Folge der Anschläge medial zum Problem des gesellschaftlichen Rassismus und der Ausgrenzung von Muslimen und Muslima geführt wurden, wurde mit dem Argument der Verteidigung der Meinungsfreiheit begegnet. Auch dieses Argument ist nicht neu, wir finden es prominent im Karikaturenstreit und in der Sarrazin-Debatte. Es rekurriert auf die je eigene, individuelle Freiheit zur Ausgrenzung und wird in der Regel aus privilegierten gesellschaftlichen Positionen und Perspektiven hervorgebracht. Redefreiheit wird allerdings nicht für die eingefordert, die von Ausgrenzungen betroffen sind. Insofern wurde auch in der Berichterstattung zu Norwegen aus einer weißen, nicht-muslimischen Perspektive heraus gesprochen.

10.1.11 Literatur

Friedrich, Sebastian (Hg.) 2011: Rassismus in der Leistungsgesellschaft, Münster: edition assemblage

Jadtschenko, Ekaterina/Jäger, Margarete 2011: Was, wenn sich der Kontext ändert, in: Wamper/Jadtschenko/Jacobsen (Hg.), 40-55

Jäger, Siegfried 2009: Kritische Diskursanalyse. Eine Einführung. 5., gegenüber der 2., überarb. und erw. unveränderte Auflage. Duisburg

Schimmeck, Tom 2010: Am Besten nichts Neues, Medien, Macht und Meinungsmache, Frankfurt: Westend-Verlag

Schimmeck, Tom 2011: Medien, Macht und Meinungsmache. Situation und Funktion des Journalismus in der Krise, in: van Raden/Jäger (Hg.), 17-42

van Raden, Rolf/Jäger, Siegfried (Hg.) 2011: Im Griff der Medien. Krisenproduktion und Subjektivierungseffekte, Münster: Unrast

Wamper, Regina 2011: »Nicht rechts, nicht links, nur böse«? Die Berichterstattung hegemonialer Printmedien zu den Anschlägen in Norwegen, in: Wamper/Jadtschenko /Jacobsen (Hg.), 56-95

Wamper, Regina/Jadtschenko, Ekaterina/Jacobsen, Marc (Hg.) 2011: »Das hat doch nichts mit uns zu tun!« Die Anschläge in Norwegen in deutschsprachigen Medien, edition DISS Bd. 30, Münster: Unrast

Zumach, Andreas 2011: Gute Medien, böser Krieg? Die Rolle der Medien zur Schaffung und Stabilisierung von Kriegsbereitschaft, in: van Raden/Jäger (Hg), 95-103

10.2 Exemplarische Feinanalyse: »Heute schon gegendert?«

Die folgende Analyse ist Teil einer Kritische Diskursanalyse des Geschlechterdiskurses der extremen Rechten (Wamper 2016). Dort wurde u.a. die NPD-Zeitung Deutsche Stimme (DS) analysiert. Dieser Feinanalyse geht eine Strukturanalyse der Artikel des Geschlechterdiskurses aus den Jahren 2007 bis Mitte 2012 voraus.

In der Deutschen Stimme wird davon ausgegangen, dass Feminismus eine staatstragende Idee und Bewegung sei und dass Männer, Heterosexuelle und traditionelle Familien benachteiligt seien. Allerdings finden sich auch vermehrt Aussagen, die nicht aus der vermeintlichen Perspektive der Marginalisierung sprechen, sondern sich offensiv gegen die Idee der Gleichwertigkeit stellen. Es dominiert ein traditionelles patriarchales Wunschbild von Familie. Diese traditionelle Familie wird vom Paradigma der Volksgemeinschaft abgeleitet. Feminismus stehe der völkischen Idee entgegen. Im Themenbereich Feminismus fokussieren sich die Autor*innen auf Gender Mainstreaming, das als dekonstruktivistisches Konzept verstanden wird. Feminismus gilt als marxistische Idee, Dekonstruktion sei ein direkter Angriff auf die Grundfesten des völkischen Staates. Von Gender Mainstreaming gehe so eine fundamentale Gefahr aus.

In dem Artikel der Feinanalyse werden die Themenbereiche Feminismus, Demographie, Weiblichkeit, Familie, Männlichkeit und Sexualität angesprochen. Zahlreiche in der Strukturanalyse festgestellten Aussagen zum Thema Feminismus lassen sich in ihm finden, wie beispielsweise die der Umerziehung, des Rollentauschs und der wirtschaftlichen Interessen von Gender Mainstreaming mit dem Ziel einer manipulierbaren Masse. Im Themenbereich Familie wird auch in diesem Artikel von einer Zerstörung derselben ausgegangen. Homosexualität wird als Gefahr für Heterosexualität und den Fortbestand der Gesellschaft verstanden und ein hierarchisches Geschlechterverhältnis bevorzugt. Die biologistische Argumentationsweise, die typisch für die DS ist, durchzieht den Artikel. Der Text kann als typischer Artikel des Geschlechterdiskurses angesehen werden. Er wurde auch wegen der Dichte der Aussagen ausgewählt. Diese recht umfangreiche Feinanalyse zeigt, wie ergiebig es sein kann, Implikate, Anspielungen und Kollektivsymbolik zu untersuchen, um Aussagen zu finden, die nicht offensichtlich sind oder gar der Textoberfläche widersprechen. Ebenso zeigt sie, wie wichtig es sein kann, den Kontext eines Artikels zu betrachten, also die anderen Artikel in der Ausgabe der Deutschen Stimme. Auch die Untersuchung von Quellen des Wissens ist hier ergiebig.

»Heute schon gegendert? Gender Mainstreaming: Die Umerziehung der Massen unter dem Deckmantel der ›Geschlechtergerechtigkeit‹«

von Regina Wamper

Der Artikel »Heute schon gegendert? Gender Mainstreaming: Die Umerziehung der Massen unter dem Deckmantel der ›Geschlechtergerechtigkeit‹« von Wolfgang Hackert erschien in der Septemberausgabe im Jahr 2009 in der Rubrik *Hintergrund* auf Seite 12 der Monatszeitung *Deutsche Stimme*. In dem Artikel, der am ehesten im Stil einer Betrachtung gehalten ist, wendet sich Hackert gegen Gender Mainstreaming, denn dies sei eine planvolle Zerstörung der Familien und geschlechtlichen Identitäten.

Wolfgang Hackert ist bekennender »Reichsbürger«,[289] steht dem *Deutschen Kolleg* nahe und dem inzwischen verbotenen *Collegium Humanum*.[290] Er ist journalistisch tätig und publizierte mehrfach in der *Deutschen Stimme*. Laut dem Rechtsextremismusforscher Anton Maegerle war Hackert zudem Interviewpartner der Zweiwochenzeitung *Der Schlesier*.[291] Hackert wurde 2008 wegen Leugnung des Holocaust angeklagt und verurteilt. Er ist Autor verschiedener, teils indizierter Bücher. Neben dem geschichtsrevisionistischen Werk »Der große Wendig« veröffentlichte er das Buch »Getürkt und gelinkt. Wem nützt ›rechte Gewalt‹?« im *Deutsche Stimme Verlag*, in dem laut der Verlagsankündigung auf der Homepage des *Deutsche Stimme Versands* die Auffassung vertreten wird, die mediale Debatte um rechte Gewalt sei eine »aus der Giftküche der gegen das deutsche Volk geführten psychologischen Kriegsführung« entsprungene Strategie, denn: »Im Olymp der Psychokrieger weiß man sehr wohl, dass ein schlechtes Gewissen ein wichtiges Instrument der Umerziehung ist«. Hackert veröffentlichte zudem das Buch »Die Jüdische Epoche. Ordo ab chao«[292] im *Libergraphix-Verlag*. Den Angaben aus der Verlagsmeldung zum Buch auf der Homepage des *Libergraphix-Verlags* ist zu entnehmen, dass der Autor dort die Position vertritt, das »politisch-gesellschaftliche Bewusstsein der Bürger im Einzugsbereich unserer abendländisch-westlichen Wertegemeinschaft [...] werde von hochdotierten Hilfstruppen extrem finanzstarker Hintergrundmächte geprägt«. Mit den Hilfstruppen sind »Printmedien, [...] Bildungsinstanzen« und TV-Medien gemeint, die Hintergrundmächte sind jüdisch konnotiert. Sie werden als »Bankster-Globalisten« bezeichnet. Ziel der weltweiten Verschwörung solle es sein, »tausendjährige deutsche und europäische Kultur aus dem Buch der Geschichte zu eliminieren« mit Hilfe einer regierenden »Ochlokratenkaste«. Dieses Buch von Wolfgang Hackert wurde ein Jahr nach seinem Erscheinen von der Bundesprüfstelle für jugendgefährdende Medien indiziert.[293]

---

289 Die Reichsbürgerbewegung ist ein extrem rechter Zusammenschluss, dessen politische Grundidee die Annahme ist, das Deutsche Reich bestehe in den Grenzen von 1937 fort und die Bundesrepublik Deutschland sei völker- und verfassungsrechtlich illegal.

290 Vgl. O.A., Publikative 2009.

291 Vgl. Maegerle, Blick nach Rechts 2013.

292 Hackert 2011.

293 Vgl. Maegerle, Blick nach Rechts 2013.

10.2.1 Der Artikel im Wortlaut

1 Heute schon gegendert?
2 Gender Mainstreaming: Die Umerziehung der Massen unter dem Deckmantel der »Geschlechtergerechtigkeit«
3 Den auf das deutsche Volk an-
4 gesetzten Psychokriegern, Fe-
5 ministinnen und Umerziehern
6 gehen die Einfälle nicht aus.
7 Nach »repressionsfreier Erzie-
8 hung«, Zwangssexualisierung
9 deutscher Kinder in den Schu-
10 len und dem Ruin des einst
11 weltweit führenden deutschen
12 Bildungssystems oktroyieren
13 sie jetzt dem deutschen Volk
14 ihre neueste Schnapsidee auf:
15 »Gender Mainstreaming«.
16 Wolfgang Hackert
17 Die aus dem Angelsächsi-
18 schen stammende Worthül-
19 se ist kaum zu übersetzen.
20 »Gender« ist das englische
21 Wort für »Geschlecht« im
22 grammatikalischen – nicht
23 sexuellen – Sinn.
24 Der Begriff wurde erstmals
25 1985 auf der 3. UN-Weltfrau-
26 enkonferenz in Nairobi vor-
27 gestellt und dient den Globa-
28 listen seit der 4. Weltfrauen-
29 konferenz in Peking im Jahre
30 1995 als deren neueste Wun-
31 derwaffe im Kampf gegen die
32 etablierten gesellschaftlichen
33 Strukturen. Durch »Gender-
34 mainstreaming« soll die Fa-

milie als Konkurrenzunternehmen auf dem Erziehungssektor beseitigt und durch eine identitätslose, leicht zu manipulierende Masse von mehr oder weniger gleichförmigen Wesen ersetzt werden.

Die blauen Ameisen Mao Tse-tungs lassen grüßen.

In vergangenen Zeiten dienten Schulen der Vermittlung von Wissen. Die menschenfreundlichen Globalisten haben mit dieser »faschistoiden« Geisteshaltung aufgeräumt und die Schulen in Laboratorien zur Heranzüchtung der von ihnen benötigten Bio-Masse verwandelt, jenes zukünftigen Menschenschlages, dem das Licht des Tages nicht allzu hell leuchten darf. Der Mensch der Zukunft muss so beschaffen sein, wie er gefälligst zu sein hat; überflüssiges Wissen beeinträchtigt nur das Endziel.

Die »Gender«-Theoretiker betrachten die Einteilung der Menschheit in Männlein und Weiblein als einen Betriebsunfall der zivilisatorischen Entwicklung, den es zu korrigieren gilt. Ist doch die Geschlechterunterteilung gemäß ihren Vorstellungen nichts anderes als die Folge repressiver Erziehung und ist deshalb durch Umerziehung rückgängig zu machen.

Ein weiterer Aspekt in diesem Spiel mit staatlich gezinkten Karten ist die Überordnung sexuell abartig Veranlagter über sexuell Normale, die in der Diktion der Gendermainstream-Propagandisten als »Zwangsheteros« figurieren. Wenn Sex zwischen den Geschlechtern durch Sex mit dem eigenen Geschlecht ersetzt wird, ist eine unfruchtbare Gesellschaft die natürliche Folge.

Soviel zur vernebelnden Theorie.

Fatales Wirken des »Familienministeriums«

Wie die meisten Ergüsse reälitätsferner Theoretiker hat dieser Aspekt mit der Wirklichkeit wenig bis nichts zu tun. In allen Kulturen haben die Geschlechter unterschiedliche kulturelle Merkmale, Frauen tragen für gewöhnlich Röcke und die Männer Hosen. Kleine Mädchen wickeln ihre Puppen, während die Jungen eher mit Pfeil und Bogen spielen. Frauen haben in der Regel einen stark ausgeprägten Pflegetrieb, während

109 Männer für gewöhnlich im
110 Schutz der ihnen anvertrau-
111 ten Familie ihre geschlechts-
112 spezifische Hauptaufgabe er-
113 kennen.
114 Diese Unterschiede ent-
115 wickelten sich nicht aus den
116 biologischen Unterschieden,
117 sondern sind vererbt. Da die
118 Wirklichkeit stört, propagiert
119 man die Behauptung, das
120 geschlechtsspezifische Rol-
121 lenverhalten sei lediglich an-
122 erzogen. Daraus entwickelte
123 man die Vorstellung von ei-
124 nem »sozialem Geschlecht«
125 mit dem Modenamen »Gen-
126 der«. Deshalb auch kann der
127 Fernsehkonsu-
128 ment sich jetzt
129 nach Feierabend an
130 boxenden und fußballspie-
131 lenden Frauen und Mädchen
132 delektieren.
133 In der Bundesrepublik ist
134 in erster Linie das Familien-
135 ministerium unter der Ägide
136 von Familienministerin Ursu-
137 la von der Leyen für die po-
138 litisch-korrekte Verbreitung
139 dieses neuesten Geistesblitzes
140 der Globalisten verantwort-
141 lich. Während man vorgibt,
142 zum Wohl der Familie zu wir-
143 ken, arbeitet man in Wirklich-
145 keit an deren Zerstörung. An
146 der Berliner Humbold-Uni-

versität hat die Familienministerin eine als »Gender-Kompetenz-Zentrum« bezeichnete Institution gegründet, die an vorderster Front die Auflösung der Familie betreibt. Dies in Gemeinschaft mit den Ministerien der Länder, die seit Jahrzehnten das bundesrepublikanische Schulsystem »reformieren«.

Politisch inspirierte Geschlechtsumwandlung

Auf der Internetseite des Familienministeriums liest sich die Absicht, oberflächlich gelesen, wertneutral: »Die tatsächliche Gleichberechtigung von Frauen und Männern wird effektiv gefördert, wenn sich die Arbeit der gesamten Bundesverwaltung durchgängig am Leitprinzip der Gleichstellung von Frauen und Männern orientiert. Diese Strategie, für die sich in Europa der Begriff ›Gender mainstreaming‹ etabliert hat, basiert auf der Erkenntnis, dass es keine geschlechtsneutrale Wirklichkeit gibt und Männer und Frauen in sehr unterschiedlicher Weise von politischen und administrativen Entscheidungen betroffen sein können. Das Leitprinzip Geschlechtergerechtigkeit verpflichtet die politischen Akteure, bei allen Vorhaben die unterschiedlichen Interessen und Bedürfnisse von Frauen und Männern zu analysieren und ihre Entscheidungen so zu gestalten, dass sie zur Förderung einer tatsächlichen Gleichstellung der Geschlechter beitragen. Ein solches Vorgehen erhöht nicht nur die Zielgenauigkeit und Qualität von politischen Maßnahmen, sondern auch die Akzeptanz der Ergebnisse bei Bürgerinnen und Bürgern.« Was uns hier als übergreifendes Rollenverständnis verkauft wird, ist in Wirklichkeit eine politisch inspirierte Geschlechtsumwandlung, die bereits mit dem Schuleintritt ihren Anfang nimmt. Die neuesten pädagogischen Leitlinien fordern ein Hineindrängen von Mädchen in Männerberufe während man die Jungen nötigt, sich mit Handarbeit, Pflegeberufen, Kochen und ähnlichen (sic) zu befassen. Die Berufsberater sind beauftragt, Jungen möglichst in Frauenberufe zu vermitteln.

Seit etwa anderthalb Jahren finanziert das Bundesministerium die Aktion »Neue Wege für Jungs«, eine Art Berufsberatung für männliche Jugendliche, während Mädchen von den gleichen Berufsberatern dazu gebracht werden, auf die klassischen Frauenberufe wie Friseurin oder Altenpflegerinnen zu verzichten. So erleben wir es, dass »Neue Wege für Jungs« den männlichen Schulabgängern eben jene Pflegeberufe empfiehlt, zu denen man den Mädchen nicht mehr rät.

Politisch inkorrekte Hirschbrunft

Wenn Frauen ihr angeborener Pflegetrieb ausgetrieben ist und Männer ihre Schutzaufgabe über die Familie nicht mehr wahrnehmen können oder dürfen, ist das angestrebte Ziel in seinen wesentlichsten Teilen erreicht. Die Gender-Strategie kann nur funktionieren, wenn der Mann seiner Funktion als Familienvorstand enthoben ist. Deshalb auch setzt seine Entmännlichung so früh als möglich ein. Die dabei angewandten Methoden erwecken mitunter Assoziationen an das

Treiben der Schildbürger. In Berlin agiert ein mit dem »Gender-Kompetenz-Zentrum« verbundener Verein unter dem Namen »Dissens«. Dieser gibt vor, Jungenarbeit zu betreiben, versucht sich aber in Wirklichkeit an der psychischen Geschlechtsumwandlung. »Dissens«-Mitarbeiter spielten anlässlich einer Projektwoche mit Jungen im Berliner Stadtteil Marzahn einen »Vorurteilswettbewerb«, was immer das sein soll, an dessen Ende die Erkenntnis stehen sollte, dass sich Männer und Frauen in den wesentlichsten Punkten der Geschlechterrolle nicht unterscheiden. Darüber entspann sich unter anderem eine Debatte um die Welten bewegende Frage, ob Mädchen auch im Stehen pinkeln sollen. Am Ende warfen die Dissensleute einem besonders uneinsichtigen Jungen vor, »dass er eine Scheide habe und nur so tue, als sei er ein Junge«. Genau so steht es im Protokoll. Einem Knaben die Existenz seines Geschlechtsteils abzusprechen, ist schon ein Stück aus dem Tollhaus, was die Dissensleute aber in Kauf nahmen. Ihnen ging es unter anderem um die »Zerstörung von Identitäten«, wie sie schrieben. Das Ziel einer »nichtidentitären Jungenarbeit« sei »nicht der andere Junge, sondern gar kein Junge«. Diese Burleske ist unter anderem nachzulesen in Gerhard Wisnewskis Buch »2009 – Das andere Jahrbuch, verheimlicht, vertuscht, vergessen« S.140 ff.

In einem anderen Fall schickte das Umweltministerium von Nordrhein-Westfalen im Auftrag unserer Familienministerin ein Expertenteam, eine Soziologin und eine Ökotrophologin, mit einem immanent wichtigen Auftrag in den Nationalpark Eifel: »Gender Mainstreaming im Nationalpark Eifel – Entwicklung von Umsetzungsinstrumenten«. Man wollte beweisen, dass Sexismus nicht vor den Grenzen von Naturschutzgebieten Halt macht.

Nach elf Monaten Arbeit legte das Forscherteam einen 67-seitigen Abschlussbericht vor. Unter anderem empfahl es, Bilder von der Hirschbrunft aus Werbebroschüren zu streichen, da derartiges »stereotype Geschlechterrollen« fördere. Die Landesregierung überwies 27.000 Euro für die Studie.

Deutsche Stimme, 2009, Nr. 09, S. 12.

10.2.2 Argumentationsweise: Ziele und Zwischenziele des Textes

Wolfgang Hackert versteht Gender Mainstreaming als gezielte Umerziehungs-Strategie, um Familien abzuschaffen und (geschlechtliche) Identitäten aufzulösen. Der Begriff der Umerziehung vermittelt dabei die vorgebliche Befürchtung des Autors, statt Gleichberechtigung solle eine Asymmetrie der Macht zu Ungunsten der Männer erreicht werden. Dies geschehe, um gesellschaftlich etablierte Strukturen anzugreifen und so eine manipulierbare Masse zu formen, um »die Familie als Konkurrenzunternehmen auf dem Erziehungssektor« (Z. 34-37) zu beseitigen. So werden ökonomische Gründe ausgemacht, als Verursacher gelten »Globalisten« (Z. 27 f.), die in eine ideologische Nähe zu kommunistischen Gesellschaftsentwürfen gerückt werden (vgl. Z. 42 f.). Für die Umsetzung verantwortlich sei in erster Linie das Familienministerium unter der damaligen Familienministerin Ursula von der Leyen. Dieser Hauptaussage des Textes werden verschiedene unterstützende Aussagen zugefügt.

Die »Umerziehung« (Z. 2), von der Hackert spricht, finde in Serie statt und die finde in großem Stil statt. All diese undurchsichtigen Maßnahmen seien oktroyiert, also von oben nach unten getroffen und durchgeführt. Die »Gender- Strategie« (Z. 249) sei nur eine von vielen Maßnahmen gegen das »deutsche Volk« (Z. 3). So wird Gender Mainstreaming in eine Reihe gesetzt mit »›repressionsfreier Erziehung‹, Zwangssexualisierung deutscher Kinder in den Schulen und dem Ruin des einst weltweit führenden deutschen Bildungssystems« (Z. 7-12). Diese vermeintliche Serie bedinge sich gegenseitig. Schulen seien heute keine Orte der reinen Wissensvermittlung mehr, sondern stark ideologisiert. Nur so könnten Vertreter_innen von Gender Mainstreaming dort wirken, denn auch hier handele es sich um Ideologisierung. Diese gehe hauptsächlich vom *Gender-Kompetenz-Zentrum* in Berlin und den Landesministerien aus (vgl. Z. 148-157).

Konstruktivismus als theoretische Grundlage seiner Gegner_innen beschreibt Hackert auch als Angriff auf »repressive[...] Erziehung« (Z. 72). Durch diese erst sei laut Konstruktivist_innen Geschlechterbinarität entstanden und könnte entsprechend ›aberzogen‹ werden. Letztes theoretisches Standbein von Gender Mainstreaming sei »die Überordnung sexuell abartig Veranlagter über sexuell Normale« (Z. 77-80). Die »Diktion« (Z. 81) wolle »Sex zwischen den Geschlechtern durch Sex mit dem eigenen Geschlecht« (Z. 84-87) ersetzen. Diesem vermeintlichen Ansinnen hält Hackert die demographische Entwicklung entgegen. Eine unfruchtbare Gesellschaft sei die Folge dieser »vernebelnden Theorie« (Z. 90 f.).

Diesen Annahmen über die theoretischen Grundlagen von Gender Mainstreaming stellt Hackert seiner Interpretation der Vererbungslehre entgegen. Geschlechterspezifische Unterschiede seien in allen Kulturen gegeben. Sie zeigen sich, so der Autor, in unterschiedlichen Präferenzen, was Kleidung und Spielzeug angehe, aber auch in den »geschlechterspezifische[n] Hauptaufgabe[n]« (Z. 111 f.), dem »Pflegetrieb« (Z. 108) der Frau und dem »Schutz der [...] Familie« (Z. 110 f.) durch den Mann. All diese Differenzen, das soziale Geschlecht betreffend, seien nicht auf biologische Unterschiede zurückzuführen, sondern vererbt (vgl. Z. 114-117). Versuche, der geschlechtergerechten Änderung von Rollenzuschreibungen sind für den Autor »eine politisch inspirierte Geschlechtsumwandlung« (Z. 106 f.), die dazu diene, das vermeintliche Ziel von Gender Mainstreaming zu erreichen. Wichtigstes Mittel sei es, den Mann aus seiner Funktion als Familienvorstand zu entheben (vgl. Z. 249-253).

10.2.3 Die graphische Gestaltung

Der Artikel ist mit einer Zeichnung bebildert, die einem Holzschnitt ähnelt. Zu sehen sind zwei Figuren gleicher Größe mit Flügeln und Kronen. Einzig die Brust und die Muskulatur deuten darauf hin, dass es sich um eine weibliche und um eine männliche Figur handelt, sowohl die Gesichtszüge, als auch die Haare und der Körperbau der Figuren sind weitgehend identisch. Die beiden Figuren sind zueinander gewandt, umschlungen. Während die männliche Figur die rechte Hand um den Nacken der weiblichen legt und die linke auf ihren Rippen ruht, liegt die linke Hand der weiblichen Figur auf seiner Hüfte und ihre rechte verdeckt sein Genital. Zwar erinnert die Zeichnung an den Präraffaelismus und an mittelalterliche Holzschnitte, die siamesische Zwillinge abbilden, dennoch ist aufgrund der Freizügigkeit der Darstellung nicht wahrscheinlich, dass die hier abgebildete Zeichnung selbst mittelalterlich ist. Die Darstellung ist eindeutig erotisch, an der Grenze zur Pornographie. Links neben der Zeichnung deutet ein Name, der mit einem

Copyright-Zeichen[294] versehen ist, auf die Urheberschaft hin: »Meister Dietrich«. Betitelt ist die Zeichnung mit den Worten: »Natürlich und

12 Deutsche Stimme HINTERGRUND September 2009

Heute schon gegendert?

Gender Mainstreaming: Die Umerziehung der Massen unter dem Deckmantel der »Geschlechtergerechtigkeit«

Den auf das deutsche Volk angesetzten Psychokriegern, Feministinnen und Umerziehern gehen die Einfälle nicht aus. Nach »repressionsfreier Erziehung«, Zwangssexualisierung deutscher Kinder in den Schulen und dem Ruin des einst weltweit führenden deutschen Bildungssystems oktroyieren sie jetzt dem deutschen Volk ihre neueste Schnapsidee auf: »Gender mainstreaming«.

Wolfgang Hackert

Die aus dem Angelsächsischem stammende Worthülse ist kaum zu übersetzen. »Gender« ist das englische Wort für »Geschlecht« im grammatikalischen – nicht sexuellen – Sinn.

Der Begriff wurde erstmals 1985 auf der 3. UN-Weltfrauenkonferenz in Nairobi vorgestellt und dient den Globalisten seit der 4. Weltfrauenkonferenz in Peking im Jahre 1995 als deren neueste Wunderwaffe im Kampf gegen die etablierten gesellschaftlichen Strukturen. Durch »Gender-mainstreaming« soll die Familie als Konkurrenzunternehmen auf dem Erziehungssektor beseitigt und durch eine identitätslose, leicht zu manipulierende Masse von mehr oder weniger gleichförmigen Wesen ersetzt werden. Die blauen Ameisen Mao Tse-tungs lassen grüßen.

In vergangenen Zeiten dienten Schulen der Vermittlung von Wissen. Die menschenfreundlichen Globalisten haben mit dieser »faschistoiden« Geisteshaltung aufgeräumt und die Schulen in Laboratorien zur Heranzüchtung der von ihnen benötigten Bio-Masse verwandelt, jenes zukünftigen Menschenschlages, dem das Licht des Tages nicht allzu hell leuchten darf. Der Mensch der Zukunft muß so beschaffen sein, wie er gefälligst zu sein hat; überflüssiges Wissen beeinträchtigt nur das Endziel.

Die »Gender«-Theoretiker betrachten die Einteilung der Menschheit in Männlein und Weiblein als einen Betriebsunfall der zivilisatorischen Entwicklung, den es zu korrigieren gilt. Ist doch die Geschlechterunterteilung gemäß ihren Vorstellungen nichts anderes als die Folge repressiver Erziehung und ist deshalb durch Umerziehung rückgängig zu machen.

Ein weiterer Aspekt in diesem Spiel mit staatlich gezinkten Karten ist die Überordnung sexuell abartig Veranlagter über sexuell Normale, die in der Diktion der Gender-mainstream-Propagandisten als »Zwangsheteros« figurieren. Wenn Sex zwischen den Geschlechtern durch Sex mit dem eigenen Geschlecht ersetzt wird, ist eine unfruchtbare Gesellschaft die natürliche Folge. Soviel zur vernebelnden Theorie.

Fatales Wirken des »Familienministeriums«

Wie die meisten Ergüsse realitätsferner Theoretiker hat dieser Aspekt mit der Wirklichkeit wenig bis nichts zu tun. In allen Kulturen haben die Geschlechter unterschiedliche kulturelle Merkmale, Frauen tragen für gewöhnlich Röcke und die Männer Hosen. Kleine Mädchen wickeln ihre Puppen, während die Jungen eher mit Pfeil und Bogen spielen. Frauen haben in der Regel einen stark ausgeprägten Pflegetrieb, während Männer für gewöhnlich im Schutz der ihnen anvertrauten Familie ihre geschlechtsspezifische Hauptaufgabe erkennen.

Diese Unterschiede entwickelten sich nicht aus den biologischen Unterschieden, sondern sind vererbt. Da die Wirklichkeit stört, propagiert man die Behauptung, das geschlechtsspezifische Rollenverhalten sei lediglich anerzogen. Daraus entwickelte man die Vorstellung von einem »sozialem Geschlecht« mit dem Modenamen »Gender«. Deshalb auch kann der

Natürlich und nicht totzukriegen: Geschlechterpolarität

Fernsehkonsument sich jetzt nach Feierabend an boxenden und fußballspielenden Frauen und Mädchen delektieren.

In der Bundesrepublik ist in erster Linie das Familienministerium unter der Ägide von Familienministerin Ursula von der Leyen für die politisch-korrekte Verbreitung dieses neuesten Geistesblitzes der Globalisten verantwortlich. Während man vorgibt, zum Wohl der Familie zu wirken, arbeitet man in Wirklichkeit an deren Zerstörung. An der Berliner Humboldt-Universität hat die Familienministerin eine als »Gender-Kompetenz-Zentrum« bezeichnete Institution gegründet, die an vorderster Front die Auflösung der Familie betreibt. Dies in Gemeinschaft mit den Ministerien der Länder, die seit Jahrzehnten das bundesrepublikanische Schulsystem »reformieren«.

Politisch inspirierte Geschlechtsumwandlung

Auf der Internetseite des Familienministeriums liest sich die Absicht, oberflächlich gelesen, wertneutral: »Die tatsächliche Gleichberechtigung von Frauen und Männern wird effektiv gefördert, wenn sich die Arbeit der gesamten Bundesverwaltung durchgängig am Leitprinzip der Gleichstellung von Frauen und Männern orientiert. Diese Strategie, für die sich in Europa der Begriff ›Gender mainstreaming‹ etabliert hat, basiert auf der Erkenntnis, daß es keine geschlechtsneutrale Wirklichkeit gibt und Männer und Frauen in sehr unterschiedlicher Weise von politischen und administrativen Entscheidungen betroffen sein können.

Das Leitprinzip Geschlechtergerechtigkeit verpflichtet die politischen Akteure, bei allen Vorhaben die unterschiedlichen Interessen und Bedürfnisse von Frauen und Männern zu analysieren und ihre Entscheidungen so zu gestalten, daß sie zur Förderung einer tatsächlichen Gleichstellung der Geschlechter beitragen. Ein solches Vorgehen erhöht nicht nur die Zielgenauigkeit und Qualität von politischen Maßnahmen, sondern auch die Akzeptanz der Ergebnisse bei Bürgerinnen und Bürgern.«

Was uns hier als übergreifendes Rollenverständnis verkauft wird, ist in Wirklichkeit eine politisch inspirierte Geschlechtsumwandlung, die bereits mit dem Schuleintritt ihren Anfang nimmt. Die neuesten pädagogischen Leitlinien fordern ein Hineindrängen von Mädchen in Männerberufe, während man die Jungen nötigt, sich mit Handarbeit, Pflegeberufen, Kochen und ähnlichen zu befassen. Die Berufsberater sind beauftragt, Jungen möglichst in Frauenberufe zu vermitteln.

Seit etwa anderthalb Jahren finanziert das Bundesministerium die Aktion »Neue Wege für Jungs«, eine Art Berufsberatung für männliche Jugendliche, während Mädchen von den gleichen Berufsberatern dazu gebracht werden, auf die klassischen Frauenberufe wie Friseurin oder Altenpflegerinnen zu verzichten. So erleben wir es, daß »Neue Wege für Jungs« den männlichen Schulabgängern eben jene Pflegeberufe empfiehlt, zu denen man den Mädchen nicht mehr rät.

Politisch inkorrekte Hirschbrunft

Wenn Frauen ihr angeborener Pflegetrieb ausgetrieben ist und Männer ihre Schutzaufgabe über die Familie nicht mehr wahrnehmen können oder dürfen, ist das angestrebte Ziel in seinen wesentlichsten Teilen erreicht. Die Gender-Strategie kann nur funktionieren, wenn der Mann seiner Funktion als Familienvorstand enthoben ist. Deshalb auch setzt seine Entmännlichung so früh als möglich ein. Die dabei angewandten Methoden erwecken mitunter Assoziationen an das Treiben der Schildbürger.

In Berlin agiert ein mit dem »Gender-Kompetenz-Zentrum« verbundener Verein unter dem Namen »Dissens«. Dieser gibt vor, Jungenarbeit zu betreiben, versucht sich aber in Wirklichkeit an der psychischen Geschlechtsumwandlung. »Dissens«-Mitarbeiter spielten anläßlich einer Projektwoche mit Jungen im Berliner Stadtteil Marzahn einen »Vorurteilswettbewerb«, was immer das sein soll, an dessen Ende die Erkenntnis stehen sollte, daß sich Männer und Frauen in den wesentlichsten Punkten der Geschlechterrolle nicht unterscheiden. Darüber entspann sich unter anderem eine Debatte um die Welten bewegende Frage, ob Mädchen auch im Stehen pinkeln sollen.

Am Ende warfen die Dissensleute einem besonders uneinsichtigen Jungen vor, »daß er eine Scheide habe und nur so tue, als sei er ein Junge«. Genau so steht es im Protokoll. Einem Knaben die Existenz seines Geschlechtsteils abzusprechen, ist schon ein Stück aus dem Tollhaus, was die Dissensleute aber in Kauf nahmen. Ihnen ging es unter anderem um die »Zerstörung von Identitäten«, wie sie schrieben. Das Ziel einer »nichtidentitären Jungenarbeit« sei »nicht der andere Junge, sondern gar kein Junge«. Diese Burleske ist unter anderem nachzulesen in Gerhard Wisnewskis Buch »2009 – Das andere Jahrbuch. verheimlicht, vertuscht, vergessen« S. 140 ff.

In einem anderen Fall schickte das Umweltministerium von Nordrhein-Westfalen im Auftrag unserer Familienministerin ein Expertenteam, eine Soziologin und eine Ökotrophologin, mit einem immanent wichtigen Auftrag in den Nationalpark Eifel: »Gender Mainstreaming im Nationalpark Eifel – Entwicklung von Umsetzungsinstrumenten«. Man wollte beweisen, daß Sexismus nicht vor den Grenzen von Naturschutzgebieten Halt macht.

Nach elf Monaten Arbeit legte das Forscherteam einen 67-seitigen Abschlußbericht vor. Unter anderem empfahl es, Bilder von der Hirschbrunft aus Werbebroschüren zu streichen, da derartiges »stereotype Geschlechterrollen« fördere. Die Landesregierung überwies 27.000 Euro für die Studie.

294 Auch dies deutet darauf hin, dass es sich hier nicht um eine mehr als 70 Jahre alte Zeichnung handelt. Ältere Darstellungen sind gemeinfrei und benötigen keinen Copyright-Hinweis.

nicht totzukriegen: Geschlechterpolarität«. Tatsächlich wirken die eher androgynen Figuren nicht optimal ausgewählt zur bildlichen Darstellung von Geschlechterbinarität. Suggeriert wird aber dennoch der heteronormative Bezug aufeinander sowie eine gemeinsame Augenhöhe von Mann und Frau, die vordergründig auch im Text befürwortet wird.

10.2.4 Argumentationsstruktur

In der Argumentationsstruktur des Artikels werden im Rahmen der Beweisführung verschiedene Beispiele angebracht. Dass Gender Mainstreaming eine gezielte ideologisierte Umerziehungs-Strategie sei, von Hackert in dem Begriff der »Geschlechtsumwandlung« (Z. 207) eingefangen, stellt er einem Zitat aus der Internetseite des Bundesministeriums für Familie, Senioren, Frauen und Jugend entgegen.[295] In dem zitierten Text wird beschrieben, dass Gleichberechtigung nur dann zu erreichen sei, wenn sich die gesamte Verwaltung an diesem Leitprinzip orientiere. Diese Annahme werde in dem Begriff Gender Mainstreaming gefasst und basiere auf der Erkenntnis, dass es keine geschlechtsneutrale Wirklichkeit gebe. Gender Mainstreaming verpflichte politische Akteur_innen, Entscheidungen so zu treffen, dass sie zur Förderung der Gleichstellung beitragen. Hackert bemerkt, dass die Eigenaussage des Ministeriums »oberflächlich gelesen, wertneutral« (Z. 162 f.) gehalten sei und »als übergreifendes Rollenverständnis verkauft« (Z. 203-205) werde, sich tatsächlich aber – bei genauerem Hinsehen – eine »politisch inspirierte Geschlechtsumwandlung« (Z. 206 f.) erkennen lasse. Die Differenz zwischen der zitierten Passage und Hackerts Interpretation von Gender Mainstreaming soll die Undurchsichtigkeit der ministeriellen Maßnahme beweisen. Das angeführte Zitat also beweist nicht seine Aussage, sondern durch den eklatanten Widerspruch zu seiner Aussage die vermeintliche Geheimstrategie des Ministeriums, die »Umerziehung der Massen« unter dem »Deckmantel der »Geschlechtergerechtigkeit« (Z. 2) vollziehen zu wollen. Zur Unterstützung seiner eigenen Aussage, dass es nicht um Gleichstellung gehe, die damit vordergründig affirmiert wird, sondern um eine Umkehrung des geschlechtlichen Machtverhältnisses, führt der Autor pädagogische Leitlinien an. Nach diesen seien Berufsberater_innen beauftragt, Jungen traditionelle Frauenberufe zu empfehlen und das Interesse von Mäd-

295 Vgl. Bundesfamilienministerium für Familie, Senioren, Frauen und Jugend 2014. Der Text auf der Internetseite ist inzwischen leicht abgeändert.

chen für traditionelle Männerberufe zu wecken. Als Beispiel führt Hackert das Projekt des *Dissens e.V.* »Neue Wege für Jungs« an. Dieses würde – vom Bund finanziert – Berufsberater_innen empfehlen, Jungen in traditionelle Frauenberufe zu vermitteln, während Mädchen »dazu gebracht werden, auf die klassischen Frauenberufe wie Friseurin oder Altenpflegerinnen zu verzichten« (Z. 229-233). Hackert wertet dies als Beweis für seine These der gesteuerten Umerziehung.[296]

Für Hackerts These, dass eine »Entmännlichung« (Z. 254) so früh wie möglich einsetze, führt er ein weiteres Beispiel aus der »nichtidentitären Jungenarbeit« (Z. 298 f.) von *Dissens e.V.* an. Der Berliner Verein würde auf die »Zerstörung von Identitäten« (Z. 195 f.) hinarbeiten und betreibe eine »psychische[...] Geschlechtsumwandlung« (Z. 266 f.). Um dies zu unterlegen, beschreibt er ein Projekt von *Dissens,* das laut Eigenbeschreibung, die allerdings von Hackert nicht aufgegriffen wird, nicht auf eine Zerstörung von Identität, sondern auf die Veränderbarkeit starrer Identitäten abzielt: »An die Stelle der Suche nach versteinerten Identitäten, die immer schon geschlechtliche und sexuelle Verwerfungen einschließen, tritt die Genealogie des Geschlechts und die Entwicklung von prozessualen Identitäten, die eine Gewordenheit und damit auch Wandelbarkeit vermitteln«.[297] In polemisierender Weise greift Hackert einen Baustein der von *Dissens* organisierten Projekttage heraus und zitiert selektiv die Stellen, die seine These der »Entmännlichung« untermauern können. So schließt er mit dem Zitat, das Ziel nichtidentitärer Jungenarbeit sei, »nicht der andere Junge, sondern gar kein Junge« (Z. 299 ff.) und suggeriert so, dass es nicht nur um die Abschaffung von Männlichkeit gehe, sondern auch um die Abschaffung des Mannes.

296 In der Selbstverortung des Projektes »Neue Wege für Jungs«, die Hackert nicht erwähnt, heißt es hingegen, dass oftmals »traditionelle Männlichkeitsvorstellungen nicht mehr zu modernen Partnerschafts- und Familienmodellen und zu den Anforderungen des Arbeitsmarkts« passen würden und man »Jungen in ihren sozialen Kompetenzen stärker« fördern wolle. Sie würden darin unterstützt, »Arbeitsbereiche kennen[zu]lernen, in denen bisher eher Frauen tätig sind«. Eine geschlechtersensible Unterstützung von Jungen sei dringend erforderlich, dabei seien geschlechtersensible Angebote relevant, »die Differenzen berücksichtigen ohne sie zu zementieren und ohne die Vielfalt innerhalb der Geschlechtergruppen zu vernachlässigen«.(http://www.neue-wege-fuer-jungs.de/Neue-Wege-fuer-Jungs/Projekt/Hintergrund2)

297 Die Seite mit der Beschreibung zur »Projektwoche RESPECT!« ist inzwischen nicht mehr erreichbar.

Das letzte Beispiel, das Hackert anführt, soll illustrieren, was er als »Treiben der Schildbürger« (Z. 258) beschreibt. Das Umweltministerium von Nordrheinwestfalen habe im Nationalpark Eifel ein Projekt unter dem Titel »Gender Mainstreaming im Nationalpark Eifel – Entwicklung von Umsetzungsinstrumenten« durchführen lassen. Das einzige Ergebnis, das Hackert nennt, ist die Empfehlung »Bilder von der Hirschbrunft aus Werbebroschüren zu streichen« (Z. 327 ff.). Er betont, dass die Landesregierung für die Studie 27.000 Euro bezahlte. Dieses Beispiel soll nicht nur durch die extrem verkürzte[298] Darstellung von Gründen und Ergebnissen des Projektes die Absurdität von Gender Mainstreaming darstellen, sondern auch die damit verbundenen Kosten skandalisieren.

Zusammenfassend führt Hackert vier Beispiele an, die seine zentralen Thesen belegen sollen. Erstens sei Gender Mainstreaming ein Projekt, das das Ziel der Geschlechtergerechtigkeit nur vorgebe. Zweitens sei Gender Mainstreaming ein Projekt, das eine Umkehrung der geschlechtlichen Machtverhältnisse anstrebe. Drittens sei Gender Mainstreaming ein Projekt der Entmännlichung, der Abschaffung des Mannes und viertens sei Gender Mainstreaming ein absurdes Vorhaben, das zudem finanziell kostspielig sei.

10.2.5 Unterthemen und Diskursverschränkungen

Das Hauptthema des Artikels, der dem Geschlechterdiskurs zugeordnet werden kann, ist Gender Mainstreaming. Unterthemen sind entsprechend der Struktur des Diskursstrangs Familienpolitik, Homosexualität und Geschlechterkonstruktionen.

Dabei nimmt das Thema Familie eine dominante Position ein. An mehreren Stellen im Text wird betont, dass Gender Mainstreaming vor allem den Zweck der Zerstörung oder »Auflösung der Familie« (Z. 151 f.) verfolge. Geschlechterkonstruktionen determiniert Hackert als biologisch, bzw. genetisch[299]. Frauen hätten einen angeborenen Pflegetrieb, während Männern die

298 Die Studie findet sich bei Hayn 2005.

299 Seine Anmerkung, dass geschlechterspezifische Verhaltensunterschiede sich nicht »aus den biologischen Unterschieden [entwickeln], sondern [...] vererbt [sind]« (Z. 114-117), ist insofern konfus, als dass die Vererbungslehre durchaus Disziplin der Biologie ist. Der Gegensatz zwischen Biologie und Vererbung, den er hier konstruiert, scheint auf sein Verständnis der Grundlagen der Gender Studies zu verweisen, das er dahingehend interpretiert, dass gender, also das soziale Geschlecht sich aus sex, also dem biologischen Geschlecht entwickele. Hackert scheint diese Sichtweise dahingehend zu kritisieren, dass er

Funktion des Schutzes der Familie vererbt sei (vgl. Z. 89-113 und 241-253). Dabei nimmt er ein hierarchisches Verhältnis als ebenso deterministische Konstante an, wenn er meint, dass Gender Mainstreaming nur dann seine Wirkung im »Kampf gegen die etablierten gesellschaftlichen Strukturen« (Z. 31 ff.) entfalten könne, wenn »der Mann seiner Funktion als Familienvorstand enthoben ist« (Z. 251 ff.). Traditionelle Männlichkeitskonstruktionen sieht Hackert so als natürlichen Gegenpol zu Gender Mainstreaming.

In dem Artikel finden sich verschiedene Diskursverschränkungen. Im Geschlechterdiskurs wird Gender Mainstreaming mit den Diskurssträngen Bildung/Schulsystem/Erziehung, Kommunismus und Meinungsfreiheit verschränkt, zudem findet sich eine Diskursverschränkung zwischen dem Unterthema Homosexualität und Demographie.

Gender Mainstreaming wird bereits im Lead des Artikels mit dem Themenbereich Bildung assoziiert. Hackert spricht von »›repressionsfreier Erziehung‹, Zwangssexualisierung deutscher Kinder in den Schulen und dem Ruin des einst weltweit führenden deutschen Bildungssystems« (Z. 7-12). Er bestimmt als Urheber dieser als Probleme verstandenen tatsächlichen oder imaginierten Prozesse und Ideen »Psychokrieger[...], Feministinnen und Umerzieher[...]« (Z. 4 f.), die er an anderer Stelle auch als »Globalisten« (Z. 27 f.) beschreibt. Im Textverlauf nimmt Hackert an vier Stellen die Verknüpfung zwischen Gender Mainstreaming und Bildung/Erziehung wieder auf. Durch Gender Mainstreaming solle »die Familie als Konkurrenzunternehmen auf dem Erziehungssektor beseitigt« (Z. 34-37) werden. Diese These expliziert Hackert nicht, im Kontext der Kernaussagen in der *Deutschen Stimme* lässt sich dies dennoch lesen als Ablehnung der Frauenerwerbsarbeit. Unterstützt wird diese These von der Vorstellung eines »angeborene[n] Pflegetrieb[s]« (Z. 107f und 241 f.) bei Frauen. Bezüglich des Bildungssystems spricht Hackert davon, dass in »vergangenen Zeiten« (Z. 44) – wann genau das gewesen sein soll, lässt sich dem Text nicht entnehmen – Schulen der Vermittlung von Wissen dienten. Dies sei durch den Einfluss der »Globalisten« heute nicht mehr Zweck von Schulen. Mit Formulierungen, die an Science Fiction erinnern, beschreibt Hackert, dass Schulen

die so verstandene Prozesshaftigkeit, die er in dem Verb »entwickeln« einfängt, ablehnt und der Vererbung gegenüberstellt. Er ignoriert dabei, dass in den Gender Studies nicht gender von sex abgeleitet wird, sondern das soziale Geschlecht »Produkt gesellschaftlicher Machtverhältnisse« (Degele 2008, 101) ist und vor allem in dekonstruktionistischen Lesweisen auch sex eine »diskursiv erzeugte Materialisierung« (ebd., 105).

inzwischen in »Laboratorien zur Heranzüchtung der von ihnen benötigten Bio-Masse verwandelt« (Z. 51 f.) worden seien. Er schreibt seinen politischen Gegner*innen damit Formung des Menschens, v.a. des Kindes, zu, während er sich selbst ideologisch dort verortet, wo es um die Vermittlung vermeintlich reinen Wissens geht. Im weiteren Textverlauf betont der Autor noch zweimal, dass die Akteur*innen des Gender Mainstreamings »seit Jahrzehnten[300] das bundesrepublikanische Schulsystem ›reformieren‹« (Z. 155 ff.) bzw. in Schulen »eine politisch inspirierte Geschlechtsumwandlung« (Z. 206 f.) vornehmen ließen. Mit der Diskursverschränkung zum Thema Bildungspolitik und Erziehung versucht Hackert zu verdeutlichen, dass es sich bei Gender Mainstreaming um eine Strategie der Umerziehung handele, die vor allem auf Kinder und Jugendliche abziele. Es ist das Mittel der Skandalisierung, das er wählt. Hackert vermittelt, bei der Ablehnung von Gender Mainstreaming gehe es um den Schutz der Kinder.

An einer Stelle im Text verknüpft der Autor die Themen Gender Mainstreaming und Kommunismus miteinander. Er meint, Gender Mainstreaming ersetze die Familie »durch eine identitätslose, leicht zu manipulierende Masse von mehr oder weniger gleichförmigen Wesen« (Z. 37-41) und fügt hinzu: »Die blauen Ameisen Mao Tse-tungs lassen grüßen« (Z. 42 f.). Es ist sicherlich weniger Hackerts Anliegen hier Aussagen zur chinesischen Kulturrevolution zu tätigen, als solche zum vermeintlichen Wesen feministischer Praxis. Der Widerspruch, den Hackert vermittelt, ist auch hier der zwischen Gleichheit und Differenz, während Gender Mainstreaming dem Gleichheitsprinzip und die Abwehr des Gender Mainstreaming dem Prinzip der Differenz zugeschrieben wird. Mit dem Verweis auf Mao, bzw. auf den sogenannten Mao-Anzug soll verdeutlicht werden, dass Gender Mainstreaming homogenisierte, identitätslose, quasi seelenlose Wesen herstellen wolle. Die Referenz auf den Maoismus stellt die Akteur_innen in eine ideologische Nähe zum Kommunismus maoistischer Prägung und verstärkt so das Bedrohungsszenario.

An zwei Stellen nimmt Hackert eine Diskursverschränkung zum Thema Meinungsfreiheit vor, eingefangen in den Begriffen der politischen Korrektheit. Er spricht von der »politisch-korrekte[n] Verbreitung dieses neuesten Geistesblitzes der Globalisten« (Z. 137-140) und vermittelt so, dass zum

300 Gender Mainstreaming wurde in Deutschland per Kabinettbeschluss der Bundesregierung vom 23. Juni 1999 als Querschnittsaufgabe anerkannt und per Kabinettbeschluss vom 26. Juli 2000 durch eine Novellierung der Gemeinsamen Geschäftsordnung der Bundesministerien gesetzlich verankert. Der Artikel von Hackert ist von 2009.

einen Political Correctness ein Instrument der Herrschenden sei, um Herrschaftspolitik unkritisierbar durchzusetzen und zum anderen Kritik an Gender Mainstreaming nicht möglich sei. Angenommen wird so von ihm eine eklatante Einschränkung der Meinungsfreiheit, die aber zumindest er in seinem Artikel durchbricht. Die zweite Referenz auf Political Correctness findet sich in einer Zwischenüberschrift, in der es heißt: »Politisch inkorrekte Hirschbrunft« (Z. 239 f.). Dies soll nicht nur Political Correctness in einen Gegensatz zu natürlichen Vorgängen stellen und so als wider die Natur kennzeichnen, sondern auch Gender Mainstreaming der Lächerlichkeit preisgeben.

Das Thema Homosexualität sei ein »weiterer Aspekt in diesem Spiel mit staatlich gezinkten Karten« (Z. 75 ff.), wird – wie folgt – mit dem Thema Demographie verknüpft. Zum einen unterstellt Hackert, es gehe Verfechter*innen von Gender Mainstreaming nicht um eine rechtliche Gleichstellung von Homosexuellen, sondern um »die Überordnung sexuell abartig Veranlagter über sexuell Normale« (Z. 77-80) und zum anderen überspitzt er diese durchaus homophobe Sichtweise zu der Vorstellung, dass »Sex zwischen den Geschlechtern durch Sex mit dem eigenen Geschlecht ersetzt« (Z. 84-87) werden solle, so dass eine »unfruchtbare Gesellschaft die natürliche Folge« (Z. 88 f.) sei. Durch diese Annahme erscheinen Gleichstellungsbestrebungen als direkte kausale Bedingungen für demographischen Stillstand.

10.2.6 Quellen des Wissens

Die einzige Quelle, die Hackert affirmativ anführt, ist das Buch von Gerhard Wisnewski »2009 – Das andere Jahrbuch, verheimlicht, vertuscht, vergessen«. Wisnewski ist Autor mehrerer verschwörungstheoretischer Bücher und veröffentlichte häufig im *Kopp Verlag*. Zudem publizierte er in der Zeitschrift *Compact*.

Eine nicht angegebene Quelle des Wissens, so zumindest liegt es nahe, ist ein *Spiegel*-Artikel von René Pfister unter dem Titel: »Regierung: Der neue Mensch. Unter dem Begriff ›Gender Mainstreaming‹ haben Politiker ein Erziehungsprogramm für Männer und Frauen gestartet. Vorn dabei: Familienministerin Ursula von der Leyen.«[301] Der besagte Artikel beginnt mit dem auch von Hackert angesprochenen Beispiel bezüglich des Nationalparks Eifel.

301 Pfister Spiegel 01/07.

Fast wortgleich beschreibt der Autor René Pfister den Vorgang:

> »Das Umweltministerium Nordrhein-Westfalen traute dem Frieden nicht und schickte ein Expertenteam los, eine Soziologin, eine promovierte Ökotrophologin, sie hatten einen wichtigen Auftrag: ›Gender Mainstreaming im Nationalpark Eifel – Entwicklung von Umsetzungsinstrumenten‹. Das klingt kompliziert, aber dahinter stand die Überzeugung, dass Sexismus nicht vor den Grenzen eines Naturschutzgebiets haltmacht. Nach elf Monaten Arbeit legte das Forscherteam einen 67-seitigen Abschlussbericht vor. Es empfahl zum Beispiel, Bilder von der Hirschbrunft möglichst aus Werbebroschüren zu streichen, denn so etwas fördere ›stereotype Geschlechterrollen‹. Die Landesregierung überwies 27 000 Euro für die Studie.«[302]

Zum Vergleich aus dem Artikel von Wolfgang Hackert:

> »In einem anderen Fall schickte das Umweltministerium von Nordrhein-Westfalen im Auftrag unserer Familienministerin ein Expertenteam, eine Soziologin und eine Ökotrophologin, mit einem immanent wichtigen Auftrag in den Nationalpark Eifel: ›Gender Mainstreaming im Nationalpark Eifel – Entwicklung von Umsetzungsinstrumenten‹. Man wollte beweisen, dass Sexismus nicht vor den Grenzen von Naturschutzgebebieten Halt macht. Nach elf Monaten Arbeit legte das Forscherteam einen 67-seitigen Abschlussbericht vor. Unter anderem empfahl es, Bilder von der Hirschbrunft aus Werbebroschüren zu streichen, da derartiges ›stereotype Geschlechterrollen‹ fördere. Die Landesregierung überwies 27.000 Euro für die Studie«. (Z. 307-333)

Die einzigen Abweichungen in diesen Schilderungen liegen in Überspitzungen Hackerts des bereits ironischen Untertons von Pfister. Während der *Spiegel*-Autor von einem »wichtigen Auftrag« spricht, bezeichnet Hackert dies als »immanent wichtigen Auftrag«. Auch das Beispiel zum Verein *Dissens* führt Pfister an:

> »So spielten *Dissens*-Mitarbeiter bei einer Projektwoche mit Jungs in Marzahn einen ›Vorurteilswettbewerb‹, an dessen Ende die Erkenntnis stehen sollte, dass sich Männer und Frauen viel weniger unterscheiden als gedacht. Es entspann sich eine heftige Debatte, ob Mädchen im Stehen pinkeln und Jungs Gefühle zeigen können, Sätze flogen hin und her. Am Ende warfen die beiden *Dissens*-Leute einem besonders selbstbewussten Jungen vor, ›dass er eine Scheide habe und nur so tue, als sei er ein Junge‹, so steht es im Protokoll. Einem Teenager die Existenz des Geschlechtsteils abzusprechen ist ein ziemlich verwirrender Anwurf, aber das nahmen die Dissens-Leute in Kauf, ihnen ging es um die ›Zerstörung von

302 Ebd.

> Identitäten‹, wie sie schreiben. Das Ziel einer ›nichtidentitären Jungenarbeit‹ sei ›nicht der andere Junge, sondern gar kein Junge‹.«[303]

Und auch hier zum Vergleich Hackerts Ausführungen:

> »›Dissens‹-Mitarbeiter spielten anlässlich einer Projektwoche mit Jungen im Berliner Stadtteil Marzahn einen ›Vorurteilswettbewerb‹, was immer das sein soll, an dessen Ende die Erkenntnis stehen sollte, dass sich Männer und Frauen in den wesentlichsten Punkten der Geschlechterrolle nicht unterscheiden. Darüber entspann sich unter anderem eine Debatte um die Welten bewegende Frage, ob Mädchen auch im Stehen pinkeln sollen. Am Ende warfen die Dissensleute einem besonders uneinsichtigen Jungen vor, ›dass er eine Scheide habe und nur so tue, als sei er ein Junge‹. Genau so steht es im Protokoll. Einem Knaben die Existenz seines Geschlechtsteils abzusprechen, ist schon ein Stück aus dem Tollhaus, was die Dissensleute aber in Kauf nahmen. Ihnen ging es unter anderem um die ›Zerstörung von Identitäten‹, wie sie schrieben. Das Ziel einer ›nichtidentitären Jungenarbeit‹ sei ›nicht der andere Junge, sondern gar kein Junge‹.« (Z. 267-301)

Auch hier finden einige ironische Überspitzungen Hackerts statt, im Wesentlichen sind die Passagen aber wortgleich.

Schließlich spricht auch Pfister das Projekt »Neue Wege für Jungs« an. Auf »den ersten Blick« findet der Autor das Ansinnen »durchaus vernünftig«, eigenartig sei nur, dass »›Neue Wege für Jungs‹ den männlichen Schulabgängern genau jene Pflege- und Sozialberufe empfiehlt, zu denen man Mädchen nicht mehr raten will, weil sie zu geringe Karriereaussichten bieten«.[304] Es ist davon auszugehen, dass dieser Artikel aus dem *Spiegel* als Vorlage für jenen aus der *Deutschen Stimme* galt. Beide Artikel stimmen nicht nur in den angeführten Beispielen überein, sondern auch in der Wortwahl und den zentralen Aussagen. Es gibt aber ebenso eklatante Widersprüche.

Bezüglich der Ziele vertreten beide Autoren die Position, dass Gender Mainstreaming nicht nur die Lage der Menschen ändern wolle, sondern die Menschen selbst. Es handele um ein Umschreibeprogramm für Menschen, der Staat wolle neue Rollenbilder entwickeln, Hackert fasst dies unter den Begriff der politisch inspirierten Geschlechtsumwandlung.[305] Ebenso ei-

303 Ebd.

304 Ebd.

305 Der Begriff der »politischen Geschlechtsumwandlung« in Bezug auf Gender Mainstreaming wurde prominent von Volker Zastrow u.a. in der *FAZ* verwendet (Zastrow FAZ online 19.6.2006). Innerhalb der extremen Rechten schließt man überaus häufig an diese Begrifflichkeit an.

nig sind sich die Autoren in der These, dass kaum eineR wisse, was Gender Mainstreaming bedeute. So wird die Vermutung der Geheimstrategie nahegelegt. Entsprechend meint Pfister, dass Ursula von der Leyen sich eine Doppelstrategie überlegt habe, um Kritik auszuweichen. »Öffentlich wird die Ministerin das Wort Gender Mainstreaming nicht mehr in den Mund nehmen, in einer Leitungsbesprechung in ihrem Haus wurde verfügt, dass künftig die Formel ›Gleichstellungspolitik als Erfolgsstrategie‹ zu verwenden sei. Aber das ändert nichts an ihrer Linie.«[306] Dies entspricht Hackerts bereits in der Überschrift festgehaltener These, die »Umerziehung der Massen« finde »unter dem Deckmantel der ›Geschlechtergerechtigkeit‹« (Z. 2) statt. Die Betonung, dass Gender Mainstreaming ein zudem kostspieliges Projekt sei, nehmen ebenso beide Autoren vor. Die beiden eklatanten Differenzen zwischen den Texten liegen in der Frage nach tatsächlichen gesellschaftlichen Ungleichverhältnissen bzw. dem Wunsch nach der Abschaffung dieser und in der Frage nach den Gründen geschlechtsspezifischen Verhaltens. René Pfister stellt im *Spiegel* fest: »Es ist unbestritten, dass in Deutschland von echter Gleichberechtigung keine Rede sein kann.«[307] Solch eine Feststellung – zudem als Problem gekennzeichnet – liegt in der *Deutschen Stimme* außerhalb des Sagbarkeitsfeldes. Hackert hingegen warnt davor, den »Mann seiner Funktion als Familienvorstand« (Z. 251 f.) zu entheben. Pfister wertet Gender Mainstreaming als falsche Strategie, geschlechtliche Gleichberechtigung zu erzielen, erkennt die Notwendigkeit aber dennoch an. Bezüglich der Gründe geschlechterspezifischer Unterschiede bezeichnet er es als politische Frage, »ob Natur oder Kultur den Menschen zu Mann oder Frau macht«, das heißt, er nimmt keine der beiden Positionen ein und erkennt an, dass durchaus die Gefahr bestehen könnte, dass »Gegner einer echten Gleichstellung der Geschlechter es zu einer Art Naturgesetz erklären, dass Frauen ihr Leben in Sorge um Kind und Heim verbringen müssen«, wenn sich die Sichtweise durchsetzt, dass »allein Gene und Hormone das Verhalten der Menschen steuern«.[308] Hackert hingegen hat sich längst entschieden. Unterschiedliche Verhaltensweisen der Geschlechter seien auf Vererbung zurückzuführen (vgl. Z. 114-117) und Frauen hätten nun mal einen angeborenen Pflegetrieb (vgl. Z. 241 f.).

306 Pfister *Spiegel* 01/07.

307 Ebd.

308 Ebd.

Festgehalten werden kann, dass beide Autoren Gender Mainstreaming ablehnen, teils auch mit übereinstimmenden Argumenten, allerdings von unterschiedlichen gesellschaftlichen Verhältnissen ausgehend und unterschiedliche Ziele verfolgend.

Der Verein *Dissens e.V.* veröffentlichte nach dem Erscheinen des *Spiegel*-Artikels eine Stellungnahme, in der die zentralen Kritikpunkte an *Dissens* zurückgewiesen wurden.[309] Gender Mainstreaming sei entgegen der Schilderungen von Pfister nicht ein Erziehungsprogramm, sondern »eine Strategie, die auf Veränderung von Politik und Verwaltungshandeln zielt«.[310] Zudem seien Beispiele aus Studien willkürlich herausgegriffen, um »seltsame Auswüchse einer scheinbar absurden Verwaltungstätigkeit« vermitteln zu wollen.[311] Über die Gesamtaussagen der Studien und die Motive der auftraggebenden Verwaltungen würden die Leser*innen nichts erfahren. Pfister versuche, durch seine Darstellung sowohl die Arbeit von »Neue Wege für Jungs« als auch von *Dissens e.V.* in einer polemisierenden Weise »zu diffamieren und der Lächerlichkeit preiszugeben«.[312] Im Folgenden stellen die Autor*innen der Stellungnahme ihre Sicht auf ihre Arbeit bei *Dissens* dar. Zentral gehe es nicht um die Vorgabe eines bestimmten Rollenverhaltens, sondern um »die Erweiterung von Geschlechtervorstellungen«.[313] Zusammengefasst könnte das Ziel als Entideologisierung ideologisierter Rollenzuschreibungen gefasst werden.

10.2.7 Implikate

Die zentrale gesellschaftspolitische Vorstellung, die der Artikel von Wolfgang Hackert transportiert, ist eine umfassende Weltverschwörung: »Psychokrieger[...], Feministinnen und Umerzieher[...]« (Z. 4 f.) seien auf »das deutsche Volk« (Z. 3) angesetzt. Wer hinter dieser Strategie stehe, wird nicht eindeutig benannt. Es seien »Globalisten« (Z. 27 f., 47f, 140), die dafür verantwortlich seien. Ursula von der Leyen als ehemals zuständige Ministerin sei lediglich für die Verbreitung verantwortlich (vgl. Z. 136-141). Das suggeriert, dass die offiziellen Entscheidungsträger*innen nicht die

309 Vgl. Geschäftsführung *Dissens* e.V. 2007.

310 Ebd.

311 Ebd.

312 Ebd.

313 Ebd.

tatsächliche politische Macht hätten, sondern im Dienste anderer handeln würden. Neben von der Leyen werden, v.a. in den Beispielen, noch andere Akteur*innen des Gender Mainstreamings ausgemacht. Sie alle seien aber nur Ausführende einer »vernebelnden Theorie« (Z. 90 f.), die von Hackert als »neueste Wunderwaffe im Kampf gegen die etablierten gesellschaftlichen Strukturen« (Z. 30 ff.) verstanden wird. Es gebe also, so vermittelt es der Autor, eine globale Strategie zur gezielten Zerstörung etablierter gesellschaftlicher Strukturen mit einem »Endziel« (Z. 61), das nicht näher beschrieben wird. Dass dies auch im Dienste des Ökonomischen passiere, suggeriert der Autor mit der Aussage, die Familie solle als Konkurrenzunternehmen auf dem Erziehungssektor zerstört werden (vgl. Z. 36 f.).

Die »identitätslose [...] Masse« (Z. 38 f.) erscheint als Gegensatz zur binären Geschlechtsidentität. Sie sei das (erwünschte) Ergebnis von Entnormierungen des sozialen Geschlechts. Differenz begreift der Autor so alleinig als kategoriale Differenz. Hybride Identitäten, Vielheiten innerhalb von Identitätskonstruktionen, Differenz jenseits von Binarität sind für ihn nicht denkbar. Der Stellenwert, den geschlechtliche binäre Identität für den Autor hat, ist enorm. Ohne diese sind Menschen als Einzelne nicht denkbar, sie erscheinen lediglich als »Masse«.[314] Da der Autor binäre Geschlechtsidentität sowohl auf der Ebene *sex* als auch *gender* als essentiell, als natürlich und wesentlich begreift, was auch die Stereotypisierung einschließt, erscheinen feministische Bestrebungen der Gleichstellung als Ideologisierung. Dieser Vorwurf trifft vor allem die Ansätze, die *gender* nicht als essentialistische Kategorie begreifen, sondern als Effekt von Diskursivierungen. Als Beispiel für

314 Gabriel Kuhn schreibt hingegen und in Anlehnung an Derrida, Baudrillard und Foucault, dass in der »Identität [...] die Unterschiede ausgelöscht [sind]. Ob es um die Identität eines einzelnen Menschen oder einer einzelnen Nation geht, die wesentlich keine Vielheiten sein dürfen, sondern abgeschlossene Ganzheiten zu sein haben, oder ob es um die Identität des Menschen und der Nation geht, wichtig ist dabei immer, klarzustellen, was das Wesentliche eines bzw. des Menschen, einer bzw. der Nation ausmacht, das Wesentliche, das etwa dem Menschen einerseits sagt, was er eigentlich ist, und andererseits, was er mit allen Menschen teilt, so dass alle Differenzen verblassen, nebensächlich und unbedeutend werden (bzw. identitätshierarchisiert werden: es gibt zunächst die Identität des Menschen, und dann die Unteridentitäten der Einzelnen usw.). Die Identitätslogik, die eine ›Ökonomie des Gleichen‹ ist, lässt die Differenz hinter der Hierarchie, dem Gegenteil und dem schwachen Abbild verschwinden. Sie errichtet ein ›Universum von binären Strukturen und Gegensätzen‹, in dem Differenz negiert oder auf die Negation reduziert wird« (Kuhn 2005, 31 f.).

diese Strömung innerhalb von Gender Mainstreaming-Ansätzen (die durchaus differenten Definitionen von gender folgen) gilt dem Autor der Verein *Dissens e.V.* Der dekonstruktivistische Ansatz der Jungenarbeit, den *Dissens* praktiziert, hat nach eigenen Angaben das Ziel, dass Jungen sich »grundsätzlich individuell frei von einengenden gesellschaftlich zugeschriebenen Männlichkeitsbildern entwickeln und verhalten [...] dürfen«.[315] Es geht hier also um eine Überwindung von und Befreiung aus ideologisierter geschlechtlicher Zuschreibung und Anrufung. Wolfgang Hackert versteht dies hingegen als Kampf wider die Natur und entsprechend als Ideologisierung. Dekonstruktivistische Ansätze gelten ihm dabei als Beispiel für Gender Mainstreaming insgesamt, ungeachtet der unterschiedlichen Definitionen innerhalb von Gender Mainstreaming – die dekonstruktivistische Lesart ist bei weitem nicht die Übliche.[316] Und dekonstruktivistische Ansätze versteht er als »Entmännlichung« (Z. 254) nicht im Sinne der Dekonstruktion von

315 Geschäftsführung *Dissens e.V.* 2007.

316 Die Geschlechterforscherin Nina Degele beschreibt drei Definitionen von gender innerhalb des Gender Mainstreamings. Zum einen sieht sie die dominierende Richtung, die gender als Synonym für Mann und Frau übersetzt, »denen essentialisierend jeweils spezifische Interessen, Fähigkeiten, Eigenschaften, Verhaltensweisen, Lebenslagen et cetera zugeordnet werden können« (Degele 2008, 155). Gleichstellung messe sich innerhalb dieser Richtung an »der quantitativen Repräsentanz von Frauen einerseits und Männern andererseits auf jeder Hierarchieebene« (ebd.). Zweitens gebe es die Lesart, dass gender als soziales Geschlecht begriffen werde, dennoch aber binär verstanden werde. »Durch die Fokussierung auf seine soziale Konstruiertheit kommt jedoch die Vielfalt der sozialen Ausdrucksformen von Geschlecht weit eher in den Blick als in der zuerst dargestellten Variante« (ebd., 156). Drittens seien zwar dekonstruktivistische Ansätze vorhanden, würden aber bislang in der Praxis kaum eine Rolle spielen. In diesem Ansatz wird gender als Problem wahrgenommen, »da es die überkommenen geschlechtlichen Stereotypisierungen und Zuschreibungen samt den in ihnen eingeschriebenen Hierarchisierungen unvermeidbar reproduziere und so keinen Beitrag zum Abbau geschlechtlich konnotierter Ungleichheit leisten könne« (ebd.). Diese drei Ansätze, in denen also gender verstanden wird als »eine essentialistische und zugleich essentialisierende Kategorie, in der zweiten ein Struktur- und Interaktionseffekt und in der dritten ist es die Bezeichnung für geschlechtlich konnotierte Hierarchien, Machtverhältnisse und Ungleichheiten« (ebd., 157) sind meist als Mischformen anzutreffen. »In Deutschland spielen insbesondere die ersten beiden gender-Interpretationen eine Rolle, während die letztgenannte bislang eine seltene Ausnahme geblieben ist. In der Wirtschaft wird, wenn überhaupt, entsprechend dem erstgenannten Ansatz verfahren, in der Verwaltung ist eine Kombination aus erster und zweiter Variante üblich; die dritte Herangehensweise wird hingegen vor allem im pädagogischen Bereich diskutiert« (ebd.).

Männlichkeit als hegemoniales Konzept oder als Pluralisierung von Männlichkeit auf der Konzeptebene, sondern als Abschaffung des Mannes. Dies wird deutlich, wenn er *Dissens e.V.* im Anschluss an den Artikel im *Spiegel* dahingehend zitiert, dass ihr Ziel »nicht der andere Junge, sondern gar kein Junge« (Z. 299 ff.) sei. Hackert verwechselt hier theoretische Debatte zur Dekonstruktion mit der tatsächlichen, also physischen oder psychischen Zerstörung auf Ebene des konkreten Subjekts. Dies impliziert eine Gleichsetzung von Subjektivierungsprozess mit dem Subjekt. Aber nicht nur die Geschlechterdifferenz samt stereotyper Zuschreibungen essentialisiert Hackert, auch das hierarchische, patriarchale Geschlechterverhältnis gilt ihm als natürlich. Dies wird deutlich, wenn er es als Teil der von ihm befürchteten und als widernatürlich begriffenen ›Entmännlichung‹ sieht, dass »der Mann seiner Funktion als Familienvorstand enthoben« (Z. 251 f.) wird. Entgegen des sonst in der *DS* vorwiegenden Argumentes, traditionelle Frauenbereiche seien gleichwertig mit traditionellen Männerbereichen, nimmt der Autor hier eine Wertung vor. Dem als traditionell weiblich verstandenen Bereich der Familie ist der Mann vorgestellt.

10.2.8 Anspielungen und Ironisierungen

Wolfgang Hackert arbeitet in seinem Artikel mit etlichen Anspielungen und Ironisierungen. Bereits die Überschrift »Heute schon gegendert?« (Z. 1) ironisiert zum einen feministische Sprachpolitiken, zum anderen handelt es sich um eine Anspielung auf den Werbeslogan »Heute schon geschweppt?« des Getränkeherstellers *Schweppes*. So wird Gender Mainstreaming mit einer Marketingstrategie assoziativ verknüpft. In der Unterüberschrift ist die Rede von Gender Mainstreaming als »Umerziehung der Massen« (Z. 2, siehe auch Z. 5 und Z. 73). Im Kontext des Erscheinungsortes, der *Deutschen Stimme* und unter Berücksichtigung des Geschlechterdiskurses in der *Deutschen Stimme*, in dem, wie gezeigt, Diskursverschränkungen zum Umgang mit dem Nationalsozialismus vorliegen, verweist dieser Begriff auf die Reeducation und Re-orientation, die nach dem Ende des Zweiten Welt-Krieges durch die Alliierten durchgeführt wurde. Gender Mainstreaming erscheint so einmal mehr als geplante Strategie von außen, wobei dem Außen eine immense Macht über das Innen zugeschrieben wird.

Die Referenz auf ›Globalisten‹ und die Globalisierung kann in der *DS* auch als antisemitische Referenz angesehen werden, denn ›Globalisten‹ und die Globalisierung werden im Ökonomiediskurs der *DS* immer wieder mit dem Judentum verknüpft.[317] ›Globalisten‹ werden von Hackert ironisierend als »menschenfreundlich[...]« (Z. 47) charakterisiert. Sie würden vorgeben, gegen faschistoide Geisteshaltungen (vgl. Z. 48 f.) zu opponieren. In diesem Sinne hätten sie Schulen »in Laboratorien zur Heranzüchtung der von ihnen benötigten Bio-Masse verwandelt« (Z. 50-53). Zuvor seien Schulen Orte der »Vermittlung von Wissen« (Z. 45 f.) gewesen, dieses »überflüssige[...] Wissen« behindere jedoch das »Endziel« der ›Globalisten‹ (Z. 60 f.). Mit diesen Ironisierungen werden verschiedene Aussagen vermittelt. Zum einen werden ›Globalisten‹ mit Antifaschist_innen assoziiert, was wiederum nahelegt, dass Linke im Dienste der Globalisierung stünden, und mit Globalisierung ist wohl nicht nur eine kosmopolitische Haltung gemeint, sondern der Begriff der Globalisierung steht für ökonomische, neoliberale Globalisierung.[318] Zum anderen wird auch in diesen Äußerungen ein Widerspruch zwischen Wissen und Ideologie hergestellt, wobei die eigene Überzeugung, also essentialisierte Geschlechterbinarität und -hierarchie als ›Wissen‹ begrifflich gefasst und die abzulehnende Haltung, also eine konstruktivistische Auffassung von Geschlecht, als ›Ideologie‹ verstanden wird. Gender Mainstreaming assoziiert Hackert so sowohl mit Ideologisierung als auch mit der Formung des Menschen. Essentialistische Ansätze entkoppelt er von der Funktion der Subjektivierung. Das geschlechtliche Subjekt gilt ihm als gesetzt, als biologisch determiniert und jeder Versuch, geschlechtliche Identität zu dekonstruieren oder Geschlechterverhältnisse zu verändern, gilt ihm als

317 Jürgen Gansel schrieb 2005 in einem programmatischen Artikel in der *DS*, dass es sich bei der Globalisierung »ganz allgemein um das planetarische Ausgreifen der kapitalistischen Wirtschaftsweise unter der Führung des Großen Geldes [handelt]. Dieses hat, obwohl seinem Wesen nach jüdisch-nomadisch und ortlos, seinen politisch-militärischen Standort vor allem an der Ostküste der USA« (Gansel DS 12/05, 17). Auch in etlichen anderen Artikeln der Zeitung ist diese diskursive Verbindung gegeben (vgl. Wamper 2009, 75 ff.). Aus antisemitischer Literatur, im modernen Antisemitismus, ist die Verbindung zwischen Judentum und kapitalistischer Ökonomie nicht wegzudenken. Dem Judentum, so schreiben es Theodor Adorno und Max Horkheimer, wird »das ökonomische Unrecht der ganzen Klasse aufgebürdet« (Adorno/Horkheimer 2001, 183). Der Bankier wie der Intellektuelle, Geld und Geist, die Exponenten der Zirkulation, seien das verleugnete Wunschbild der durch Herrschaft Verstümmelten, dessen die Herrschaft sich zu ihrer eigenen Verewigung bediene (vgl. ebd., 181) Zur antisemitischen Identifikation des Juden als Kapitalisten siehe auch Barkai 1995 und Raphael 1995. Zu antisemitischen Konstruktionen und ihren Chiffren bei der *NPD* vgl. Erb 2012, 421.

318 Zum Globalisierungsdiskurs in der *DS* siehe Wamper 2009. Zur Definition der Globalisierung in der *DS* siehe ebd., 69 ff.

gewaltvoller Eingriff in die Subjektkonstitution des Einzelnen und der Einzelnen. Tatsächlich, so wird es vermittelt, sei nicht das faschistoid, was gesellschaftlich weitgehend konsensual als solches verstanden wird, nämlich Erscheinungsformen der extremen Rechten, sondern wissenschaftliche Ansätze des Konstruktivismus. Diese Aussage unterstützt Hackert mit dem Begriff des »Endziel[s]« (Z. 61), ein Begriff, der im Nationalsozialismus als Euphemismus für die Shoa genutzt wurde.[319] »Wissen« ist in Hackerts Ausführungen nicht nur ideologiefrei, sondern stehe in einem antagonistischen Verhältnis zur Theorie. An mehreren Stellen des Textes charakterisiert der Autor Befürworter_innen des Gender Mainstreaming, Konstruktivist_innen und Feministinnen als »Theoretiker« (vgl. Z. 62f, Z. 90f, Z. 95). »Theorie« ordnet er der »Ideologie« zu, während dem gegenübergestellt die »Wirklichkeit« mit »Wissen« gekoppelt wird. Auch »Wissen« wird damit essentialisiert, es sei nichts, was theoretisch entwickelt, gewonnen wird und durchaus der Veränderung unterliegt, sondern essentiell. Jeder Versuch, herrschende Wissensregime zu verändern, wirkt so als Ideologisierung. Entsprechend wird Gender Mainstreaming und Konstruktivismus als »Propaganda« beschrieben (Z. 82 f.). Bestrebungen, Geschlechterhierarchien und Sexismus abzubauen, zieht der Autor durch Ironisierungen ins Lächerliche. Sexismus erscheint in Hackerts Artikel eher als Phantom, denn als tatsächlich vorhandenes Problem. »Man«, würde beweisen wollen, »dass Sexismus nicht vor den Grenzen von Naturschutzgebieten Halt macht« (Z. 319-322). Auch die Zwischenüberschrift »Politisch inkorrekte Hirschbrunft« (Z. 239 f.) soll die Irrsinnigkeit von Gleichstellungsprojekten zum einen vermitteln, zum anderen aber auch die vermeintlich undemokratischen Methoden, mit denen Akzeptanz für diese geschaffen werden soll.

Mit Ironisierung arbeitet Hackert auch durch das Setzen von Anführungszeichen.[320] So schreibt er etwa in einer Zwischenüberschrift vom fata-

319 Siehe etwa: Mallmann/Böhler/Matthäus 2008, 145.

320 Das ›Spiel mit den Anführungszeichen‹ der extremen Rechten erläutert Pörksen wie folgt: »Schlag- und Reizwörter, die man gemäß der eigenen Perspektive der Weltbetrachtung für falsch bzw. für diffamierend hält, werden in neonazistischen Publikationen aufgegriffen, sie werden umgewertet und ideologiegemäß richtiggestellt. Die Umwertung des gegnerischen Begriffs, die den Zweck verfolgt, den im Wort ausgedrückten Inhalt zu bezweifeln oder schlicht zu negieren, geschieht dabei graphemisch durch den Gebrauch von ›destruktiven Anführungszeichen‹. Mit ihrer Hilfe sollen ›Wörter ins Zwielichtige gerückt werden, eine ironische oder sogar pejorative Bedeutung‹ erhalten« (Pörksen 2000, 137). Diese Strategie ist in allen hier untersuchten Zeitungen gegeben und findet

len Wirken des »›Familienministeriums‹« (Z. 92 f.). Dieses, so vermittelt er damit, handele eben nicht im Sinne der Familie oder dessen, was der Autor als legitime Familie wahrnimmt.

10.2.9 Kollektivsymbolik

Kollektivsymbolisch schließt der Artikel an verschiedene Bildspendebereiche an. Der politische Gegner, der Feminismus, wird mit Bildern des Krieges, des Kampfes beschrieben. Als »Psycho*krieger*[...]«[321] (Z.4) würden diese, manche an »vorderster *Front*« (Z. 151), mit »Wunder*waffe[n]*« (Z. 30 f.) den »*Kampf* gegen die etablierten gesellschaftlichen Strukturen« (Z. 31 ff.) führen. Die eigene Position bleibt hier passiv, es ist ein einseitiger Krieg, der suggeriert wird, dem man sich ausgesetzt fühlt. Vermittelt wird auch, dass vor feministischen Interventionen ein Zustand der Friedfertigkeit geherrscht habe. Dass es dem Feminismus weder um Kritik, noch um den Abbau von Ungleichheitsverhältnissen geht, sondern um Macht, die gewaltvoll, mindestens aber mit undemokratischen, diktatorischen Mitteln durchgesetzt werde, verdeutlicht sich auch kollektivsymbolisch. Das Familienministerium selbst befinde sich quasi in einem Obhutsverhältnis, es stehe *unter* der Ägide (vgl. Z. 135) von Ursula von der Leyen. Erkenntnisse der dekonstruktivistischen Gender Studies werden als *Diktion* (Vgl. Z. 81) beschrieben und an zwei Stellen im Text auch als *Propaganda* (vgl. Z. 82 und 118). Feminismus und vor allem Gender Mainstreaming erscheint so als machtvoll und manipulativ. Die Kosten, eine Gegenposition zu beziehen, scheinen damit hoch zu sein. Der Autor ist damit vermeintlich derjenige, der gegen eine machtvolle gesellschaftliche Struktur risikoreich aufbegehrt. Tatsächliche gesellschaftliche Ungleichverhältnisse zu Ungunsten von Homosexuellen, Frauen und Mädchen werden ausgeblendet. Zum Bild der gewaltsamen Methode des Feminismus »im Kampf gegen die etablierten gesellschaftlichen Strukturen« (Z. 31 ff.) passt die kollektivsymbolisch vermittelte gewaltvolle Wirkung auf das Subjekt. Bezüglich der Geschlechterkonstruktionen wird die traditionelle geschlechtsspezifische Verteilung bei der Berufsausübung, als auch bei Freizeitbeschäftigungen als natürlich vermittelt. Versuche der geschlechterspezifischen Gleichberechtigung bzw. ›Chancengleichheit‹ in diesen gesell-

sich häufig bei Begriffen wie Homophobie, Sexismus und Rassismus, deren Existenz so negiert werden soll.

321 Alle Hervorhebungen in diesem Kapitel sind nicht im Original.

schaftlichen Bereichen werden als »*Hineindrängen* von Mädchen in Männerberufe« (Z. 211 ff.) beschrieben, während Jungen *genötigt* würden, sich mit Reproduktionsarbeiten zu beschäftigen. Nötigung ist in Deutschland ein Straftatbestand. Sie verstößt gegen die Freiheit der Willensentschließung und Willensbetätigung. Die abwertende Konnotation, die bei »Handarbeit, Pflegeberufen, Kochen und ähnliche[m]« so mitschwingt, konterkariert die rhetorische Aufwertung von Reproduktionsarbeiten und Pflegeberufen, wenn diese von Frauen übernommen werden. Gleichzeitig vermittelt die Substantivierung »*Hineindrängen*«, eine Bewegung hin zu einem Ort, an dem kein Platz für eine ist, an dem es damit eng wird, einen mitunter gewaltvollen Akt. Beides wird so aus der Sicht von Männern und entlang der Folgen für Männer betrachtet. So wird den unterschiedlichen Arbeiten Wertigkeit zugewiesen, die wiederum naturalisiert wird. Kollektivsymbolisch wird so ein gewaltsamer Akt beschrieben, der darin bestehe, traditionelle geschlechterspezifische Rollenaufteilungen zu verändern. Ebenso die Infragestellung geschlechterhierarchischer Strukturen wird als machtvoll dargestellt: »Die Gender-Strategie kann nur funktionieren, wenn der Mann seiner Funktion als Familienvorstand *enthoben* ist« (Z. 249-253). Der Begriff des Enthebens vermittelt Einseitigkeit, er vermittelt, dass jemand ein Amt oder eine Position durch eineN andereN verliert. Zugleich wird der Mann so als natürliches Bollwerk gegen Gender Mainstreaming charakterisiert.

Ein weiterer Bildspendebereich ist der der Biologie, der Natur, wobei auf biologische Experimente angespielt wird. Schulen seinen inzwischen zu »*Laboratorien* zur *Heranzüchtung* von [...] *Bio-Masse*« (Z. 51 ff.) geworden. Den Begriff der Massen verwendet Hackert bereits in der Unterüberschrift (vgl. Z. 2). Bei Gender Mainstreaming, so soll es diese Bildlichkeit vermitteln, handelt es sich um ein widernatürliches Experiment, den Protagonist*innen wird Entmenschlichung und rationalistisches Kalkül zugeschrieben. Es gehe darum, Verhaltensweisen auszutreiben (vgl. Z. 242 f.), um Züchtung. Den Gender Mainstream Befürworter*innen kommt dabei die Position der Durchführenden eines Experiments zu. Auch die Tiermetapher der *Ameisen* (vgl. Z. 42) verweist auf die Zuschreibung eines entmenschlichenden Charakters der Protagonist*innen.

Symboliken aus dem Bereich der Biologie verwendet Hackert aber nicht nur, um seinen Gegner*innen widernatürliche Handlungen und Denkweisen zu attestieren. Sie werden auch direkt selbst als widernatürlich eingeordnet. So beschreibt Hackert Homosexualität als sexuelle *Abart* (vgl. Z. 78 f.).

Feministinnen werden in Hackerts Ausführungen als sich über die Natur, die Biologie und Evolution stellend, beschrieben. Ein Bild aus der Arbeitswelt unterstreicht dies. Geschlechterbinarität werde als »*Betriebsunfall* der zivilisatorischen Entwicklung« (Z. 65 ff.) aufgefasst, so Hackert. Projekte, die als dem Gender-Mainstreaming verpflichtet angesehen werden, verweist Hackert in den Bereich des Irrsinns und der Krankheit. Er assoziiert diese Projekte mit dem »*Treiben der Schildbürger*« (Z. 258), also mit Erzählungen aus der Narrenliteratur. Die Schildbürger stehen für List, für nur vorgespielte Dummheit. Auch auf Irrsinn wird angespielt, wenn Hackert das *Dissens*-Projekt mit einem »*Stück* aus dem *Tollhaus*« (Z. 292) vergleicht. Zu dem Bild der List passen die Kollektivsymboliken aus dem Bereich des Handels, des Spiels und des Betrugs. Gender Mainstreaming sei eine »*Schnapsidee*« (Z. 14), ein »*Spiel* mit staatlich *gezinkten Karten*« (Z. 76 f.), es handele sich um eine »*Burleske*« (Z. 301), also eine derbe Komödie. Die eigentlichen Ziele würden verdeckt, die »*vernebelnde*[...] Theorie« (Z. 90 f.) »*verkauf[e]*« nur ihr Ziel der Geschlechtergerechtigkeit, diese sei nur ein »*Deckmantel*« (Z. 2) für andere Zwecke.

10.2.10 Kollektivsymbolik: Freunde und Feinde

Das Freund/Feind-Schema, das Hackert entwickelt, ist recht simpel. Die einzig positive Referenz, die er anführt, ist Gerhard Wisnewski, ein Autor verschwörungstheoretischer Publikationen.

Zur Wir-Gruppe gehören jedoch noch mehr. Es sind all die, auf den der vermeintliche Zugriff des Gender Mainstreaming erfolge, diejenigen, die zu den ›Normalen‹ gerechnet werden. Hackert benennt hier explizit »deutsche[.] Kinder« (Z. 9), die »Familie« (Z. 111) und »sexuell Normale« (Z. 79 f.). Aus dieser Gruppe wird das »deutsche Volk« (Z. 3) konstruiert, alle anderen stehen diesem feindlich gegenüber, sind nicht Teil der Wir-Gruppe und damit nicht Teil des ›deutschen Volkes‹. Diese Konstruktion ist entlang der Differenzkategorien Ethnizität, Geschlecht und sexueller Orientierung gefasst. Wenn Hackert von »uns« (Z. 203) spricht, sind damit all die gemeint, die als legitime Teile des ›deutschen Volkes‹ gedeutet werden. Dieser Gruppe stehen »Psychokrieger[...]« (Z. 4), Feministinnen (Z. 4 f.), »Umerzieher[...]« (Z. 5), Globalisten« (Z. 27 f., Z. 140), »Mao Tsetung[...]« (Z. 42 f.) »sexuell abartig Veranlagte[...]« (Z. 78 f.), »Propagandisten« (Z. 82 f.), »Theoretiker« (Z. 62 f., Z. 95), die »Familienministerin Ursula von der Leyen« (Z. 136 f.), die »Ministerien der Länder« (Z. 154), das

»Gender-Kompetenz Zentrum« (Z. 260 f.), »Berufsberater« (Z. 217), »*Dissens*-Mitarbeiter« (Z. 267 f.), das »Umweltministerium von Nordrhein-Westfalen« (Z. 308 f.), eine »Soziologin und eine Ökotrophologin« (Z. 312 f.) gegenüber. Diese Benennungen lassen sich zusammenfassen in Feministinnen, ›Globalist*innen‹, Marxist*innen, Theoretiker*innen, Homosexuelle, Wissenschaftler*innen, Regierende und Ausführende von Gender-Mainstreaming-Konzepten, also all diejenigen, denen gesellschaftliche Macht zugesprochen wird. Die als politische Gegner*innen beschriebenen Personen und Gruppen erscheinen nicht als Teil des ›deutschen Volkes‹, sondern seien vielmehr auf dieses »angesetzt[...]« (Z. 3 f.). Der innere Feind, den Hackert konstruiert, wird mit dem nationalen Außen verbunden, vor allem durch den Verweis auf die angelsächsische Herkunft des Gender-Begriffs und die Assoziierung der ›Globalisten‹ mit der »4. Weltfrauenkonferenz in Peking« (Z. 28 f.).

10.2.11 Das Umfeld des Artikels in der September-Ausgabe der Deutschen Stimme von 2009

In der gesamten September-Ausgabe der *Deutschen Stimme* von 2009 finden sich gleich mehrere Artikel zum Thema Geschlechterverhältnisse. Auf Seite eins ist allerdings keine Referenz auf Hackerts Artikel zu finden, stattdessen wird auf einen anderen Artikel zum Thema von Stella Hähnel auf Seite zehn verwiesen.

Auf Seite acht der Ausgabe veröffentlichte Reinhard Busch einen Artikel unter dem Titel: »›Unsere Jugend soll sauber bleiben!‹ Litauen verbietet Schwulenpropaganda«, in dem der Autor an Hackerts Ablehnung von Homosexualität anschließt.[322] Busch sympathisiert mit dem Gesetzentwurf, welcher »Propaganda« für Homosexualität, die als Aufklärung verkauft werde, an Schulen verbieten wolle. Für Busch entspringen Kritiken daran einer »seltsame[n] Logik«. Es sei uneinsichtig, warum dieser Vorgang Homosexuelle stigmatisiere, der »Vorwurf« der Homophobie (wobei dieser Begriff abgrenzend in Anführungszeichen gesetzt ist) sei dann auch nicht mehr weit. Was stattdessen Busch sich unter Stigmatisierung und Homophobie vorstellt, erläutert er nicht. Im Kontext auch zu Hackerts Artikel verdeutlicht sich hier, was in der *DS* mit Meinungsfreiheit gemeint ist. Sie schließt staatliche Zensur und juristisch durchgesetzte Sprechverbote als le-

322 Busch *DS* 09/09, 8.

gitime Möglichkeit dann ein, wenn es sich nicht um die Meinung der *DS*-Autor*innen handelt.

Stella Hähnel veröffentlichte auf Seite zehn einen Artikel zur Bevölkerungspolitik[323], in dem sie sich gegen Kitas und für weibliche Erziehungsarbeit ausspricht, denn Kinder bis zu sechs Jahren würden laut Neurobiologie selbst unter einer stundenweisen Trennung von der Mutter leiden. Explizit würdigt sie Reproduktionsarbeit, die von Frauen geleistet wird. Zudem würden Frauen mit mehr als zwei Kindern »Deutschland einen unschätzbaren Dienst« erweisen. Eine Steigerung der Geburtenzahl sei unter demographischen Gesichtspunkten absolut notwendig. Einwanderung könne eine angenommene demographische Krise nicht ausgleichen. Deswegen fordert Hähnel in ihrem Artikel ein Müttergehalt. Kinder seien »unser aller Glückes Unterpfand, Mütter damit ebenso«. So wird von Hähnel der Wert der Frau als Mutter am Kind gemessen.

Schließlich findet sich auf Seite 28 ein Artikel, in dem Sigrid Schüßler die Webseite der Organisation Jeanne D. vorstellt, die »Sand im Getriebe der Gender-Republik« sei.[324] Als Kontext zu Hackerts Artikel ist jedoch ein Beitrag von Jürgen Gansel am relevantesten, der mit Geschlechterpolitik erst einmal nichts zu tun hat. Es ist ein Nachruf auf Theodor W. Adorno, den Gansel auf Seite 23 verfasst hat.[325] Auch Gansel beklagt – wie Hackert – die »Volks- und Staatszerstörung« und schreibt diese explizit den »meist jüdischen Köpfen der ›Frankfurter Schule‹« zu, deren Werke Gansel als Grundlage für die »Umerziehung der Deutschen«[326] nach dem Nationalsozialismus einordnet. Adorno sei »zum Säulenheiligen der Umerziehungsrepublik« avanciert. Die Zuschreibungen, die den Vertretern der Frankfurter Schule zukommen, sind die gleichen, mit denen Hackert Feministinnen belegt. Gansel spricht von einem »nachwirkenden Zersetzungswerk[...]«, davon, dass die Kritische Theorie ein »Giftfraß« sei, der »die inneren Organe und das Gehirn der deutschen Volksgemeinschaft anfressen sollte«. Die »frankfurter Dekonstruktions-Einrichtung« – auch hier findet sich eine Parallele zur Abwehr des dekonstruktivistischen Feminismus – hätte die »Sprengkraft ihrer antiautoritären, egalitären und universalistischen

323 Hähnel *DS* 09/09, 10.

324 Schüßler *DS* 09/09, 28.

325 Gansel *DS* 09/09, 23.

326 Ebd.

Ideologie« getestet, zu der Hackert wiederum auch den Feminismus zählt. Selbst auf der Ebene der Kollektivsymbolik finden sich Entsprechungen. Auch Adorno wird vorgehalten, ein »Laboratorium« gegründet zu haben, eine Studentenbewegung »herangezüchtet« zu haben, alles mit dem Ziel der »Heranzüchtung des ›demokratischen Menschen‹«.[327] Die antisemitischen Aussagen Gansels sind explizit. Mehrfach wird auf die jüdische Herkunft all derer hingewiesen, denen Gansel die ›Zersetzung‹ attestiert:

> »Seit 1930 war Adorno Assistent am Frankfurter Institut für Sozialforschung, dessen Gründung 1923 der jüdische Millionärssohn Felix Weil finanziert hatte. Zusammen mit Max Horkheimer, Herbert Marcuse und Friedrich Pollock, allesamt Söhne reicher Juden, machte Adorno das Institut schon zu Weimarer Zeiten zu einer neomarxistischen und neofreudianischen Denkschule. Deren ›Kritische Theorie‹ verband in ihrer Gesellschaftstheorie sozioökonomische Auffassungen des Juden Karl Marx mit der Psychoanalyse des Juden Sigmund Freud.«[328]

Die Konnotationen des Judentums mit der Zersetzung der Gesellschaft und der »Diffamierung des deutschen Wesens« sind unmissverständlich. Adorno als Jude erscheint in Gansels Artikel als Giftmischer, als »antinationaler Neurotiker«, als »geifernde[r] Hasser«, als »giftspritzende[r] Theoretiker«. Seine theoretischen Ausführungen seien Ausdruck »seines pathogenen Denkens, das nur dem Gemeinschaftshass des entwurzelten jüdischen Intellektuellen entspringen konnte«, so formuliert Gansel in antisemitischem Jargon.

Auch wenn Gansel meint, dass »die Dialektik der Aufklärung« eine »gewisse Verwandtschaft zu ›rechten‹ Denkfiguren« habe, die er vor allem in der Kulturkritik Adornos und Horkheimers verortet, so expliziert er ebenso die grundlegende Differenz:

> »Nicht ein Mehr an Freiheit und Autonomie ist die Lösung für die teilweise richtig diagnostizierte Gesellschaftskrise, sondern die Wiedereinwurzelung der menschlichen Sozialatome in die sinnstiftende Volksgemeinschaft.«[329]

Werte der Gleichheit, Freiheit und Autonomie auf der Ebene des Individuums betrachtet Gansel als »neuerliche Entfremdung und Entmündigung des Menschen«, denn in seiner völkischen Denkweise ist die Volksgemeinschaft der entscheidende Faktor, der Menschen davor schützt, zum »manipulier-

327 Ebd.

328 Ebd.

329 Ebd.

baren Spielball anonymer Machtstrukturen« zu werden. Da, »wo das Volk zerstört wird, stirbt die Gemeinschaft, wo die Gemeinschaft zerstört wird, stirbt die Kultur, und wo die Kultur zerstört wird, stirbt der Mensch«.

In Gansels Artikel sind in der antisemitischen Zuschreibung an Juden und in der Konstruktion der jüdischen Denkweise und deren Implikate wie Gleichheit, Freiheit und Autonomie grundlegende Parallelen aufzufinden zu Hackerts Interpretation des Feminismus. Beide seien dekonstruktivistisch, hätten gemeinsame Werte und würden durch einen Angriff auf das völkische Prinzip erst zum kapitalistischen Zugriff führen können. In der verschwörungstheoretischen Denkweise beider Autoren nehmen Juden und Feministinnen den gleichen Platz ein, den Platz derer, die das Volk zerstören, und damit, wie Gansel meint, den Menschen selbst.

10.2.12 Zusammenfassung der Feinanalyse

Auf der Ebene der Textoberfläche vermittelt Wolfgang Hackert in dem hier einer Feinanalyse zugeführten Artikel die Gleichberechtigung der Geschlechter als Wert, Meinungsfreiheit als gesellschaftliches Muss, die Notwendigkeit des Schutzes von Kindern und genereller des Individuums vor Ideologisierung und Differenzdenken als positive Eigenschaft. Dabei ist die text- und diskursimmanente Definition der Begriffe relevant, da diese von alltäglichen, gesellschaftlich weitgehend konsensualen Definitionen abweicht. Hier liegen Umdeutungen vor, deren Entschlüsselung die Aussagen erst möglich machen.

Gleichberechtigung bedeutet in Hackerts Text die Wertschätzung der traditionellen geschlechterstereotypen Verhaltensweisen und Arbeitsbereiche und die Aufrechterhaltung binärer geschlechtlicher Kategorien. Ideologisierung oder Ideologie wird verstanden als Theorien, die von biologistisch deterministischen Ideen abweichen. Vor allem dekonstruktionistische Ansätze gelten als Ideologie. Die eigene Denkweise (Essentialismus) wird als Wissen beschrieben, die politisch abzulehnende (Dekonstruktivismus) als Theorie, die dem Wissen gegenübergestellt wird. Differenz wird ausschließlich als Differenz auf der Ebene von Kollektivsubjekten gedacht und nicht als individuelle Differenzen innerhalb von Kollektivsubjekt-Konstruktionen.

Auf der Aussagenebene bedeutet dies, dass Hackert Frauen den gesellschaftlichen Bereich der Mutterschaft, Kindererziehung und häuslichen Reproduktionsarbeit zuweist. Männern kommt der öffentliche Bereich zu, sowie in einem durchaus geschlechterhierarchischen Verhältnis der Vorstand über den weiblichen Bereich. Diese Verortungen werden essentialisiert, ebenso wie der heteronormative Bezug von Mann und Frau aufeinander. Heterosexualität gilt Hackert als normale Sexualität, Homosexualität als Abart. Sie bewirke demographischen Stillstand und sei somit dem völkischen Prinzip entgegenlaufend. Hackert tritt so für die Ungleichberechtigung von Frauen gegenüber Männern ein und für die Ungleichberechtigung von Homosexuellen gegenüber Heterosexuellen.

Feminismus und vor allem Gender Mainstreaming – das Hackert ebenfalls nicht im gebräuchlichen Sinne als Verwaltungshandeln, sondern als Geschlechtsumwandlung deutet – werden als politische Gegenkonzepte zum Eigenen ausgemacht. Gender Mainstreaming wolle eine Nivellierung geschlechtlicher Identität, eine Machtumkehr statt Gleichberechtigung, eine Abschaffung des Mannes. Der Mann, der sich nicht entsprechend Hackerts Männlichkeitsvorstellungen verhält, wird damit nicht mehr als Mann anerkannt. Der traditionelle Mann hingegen gilt als natürlicher Verteidiger etablierter, also traditioneller gesellschaftlicher Vorstellungen. Gender Mainstreaming sei ferner gewaltvoll, werde als Geheimprojekt vollzogen und sei kostspielig. Es ziele auf die Zerstörung der Gesellschaft und des Volkes, also der völkischen Einheit. Feminismus richte sich gegen die Natur des Menschen und gegen das völkische Prinzip. Androzentrismus und Heterozentrismus sind nicht nur die Perspektiven des Textes, sondern auch die des bevorzugten Gesellschaftsentwurfes. Jede Infragestellung dessen gilt als Angriff auf die Grundlagen des (völkischen) Überlebens.

Die Aussagenebene widerspricht so der Textoberfläche. Die vordergründige Ablehnung eines vermeintlich machtvollen Charakters des Feminismus, das vordergründige Eintreten für eine (ideologie)freie Entwicklung des Menschen erweist sich auf der Aussagenebene als Essentialisierung geschlechtlicher Stereotypisierung, als Befürwortung der Hierarchisierung der Geschlechter und als Normierung von Identität.

Wolfgang Hackerts Artikel ist in weiten Teilen ein Plagiat eines Artikels aus dem *Spiegel*. Beide Autoren verfolgen ähnliche Interpretationen von Gender Mainstreaming und führen in weitgehend übereinstimmendem Stil identische Beispiele an, um feministische Praxen auf Staatsebene zu diskreditieren und lächerlich zu machen. Dabei gelten jedoch unterschiedliche Kontexte. Während im *Spiegel* die Notwendigkeit von Gleichberechtigung der Geschlechter als Ziel anerkannt wird und im Sinne des gesellschaftlichen Kontextes als nicht gegeben wahrgenommen wird, verkennt der Artikel in der *Deutschen Stimme* beides. Die deutsche Gesellschaft wird nicht als androzentrische wahrgenommen, vielmehr wird gegenteilig von einer Macht des Feminismus ausgegangen. Geschlechtergerechtigkeit im Sinne gleicher Chancen, ein gleicher Zugriff auf Ressourcen, gleiche Rechte sowie Wahlfreiheit des eigenen Lebensentwurfs gelten Hackert nicht als erstrebenswerte Ziele. Zum einen zeigt sich hier, dass Diskurse durchlässig sind, es also einen diskursiven Austausch zwischen sogenannter gesellschaftlicher Mitte und der extremen Rechten gibt. Es zeigt sich, dass bürgerlicher Antifeminismus als Stichwortgeber für die extreme Rechte genutzt wird. Aber es zeigt sich auch, zum anderen, dass es unterschiedliche Grundannahmen, Aussagen und Kontexte gibt zwischen antifeministischen Diskursen der ›Mitte‹ und denen der völkischen Rechten.

Hackerts Artikel weist in seiner Feindbestimmung Parallelen zu antisemitischen Denkfiguren auf. Feministinnen wird die gesellschaftliche Funktion der ›Zersetzung‹, ›Umerziehung‹, ›Entwurzelung‹ zugeschrieben, sie erscheinen als Theoretikerinnen, als Verschwörerinnen, als ›Globalistinnen‹. In einem Artikel von Jürgen Gansel in der gleichen Ausgabe der *Deutschen Stimme* werden all diese Eigenschaften als jüdische Eigenschaften den Wissenschaftlern der Kritischen Theorie, insbesondere Adorno, zugeschrieben. Die als jüdisches Denken gewertete dekonstruktivistische Theorie,[330] mit der gesellschaftliche Werte wie Freiheit, Gleichheit und Autonomie assoziiert werden, gelten als Ursachen der ›Entwurzelung‹ des Menschen. Der Platz des ›Zersetzers‹ völkischer Einheit wird von Gansel mit Juden besetzt, von Hackert mit Feministinnen. Die Denkbewegung weist deutliche programmatisch-strukturelle Ähnlichkeiten auf. Antisemitismus und Antifeminismus erscheinen im Vergleich beider Artikel als Konstruktionen mit einem gemeinsamen semantischem Code.

10.2.13 Literatur und Quellen

Adorno, Theodor W./Horkheimer, Max. 2001: Dialektik der Aufklärung, 13. Auflage, Frankfurt/Main (zuerst 1947).

Bundesfamilienministerium für Familie, Senioren, Frauen und Jugend: Strategie »Gender Mainstreaming« 2014: Strategie »Gender Mainstreaming«, online einsehbar unter: http://www.bmfsfj.de/BMFSFJ/gleichstellung,did=192702.html (6.1.2015).

Busch, Reinhard: »Unsere Jugend soll sauber bleiben!« Litauen verbietet Schwulenpropaganda, in: Deutsche Stimme, 2009, Nr. 9, S.8.

330 Dass Gansel Dekonstruktivismus mit Kritischer Theorie verwechselt, sei hier angemerkt. Im Rahmen dieser Arbeit kann ich nicht auf die grundlegenden Differenzen zwischen Kritischer Theorie und poststrukturalistischer Philosophie eingehen.

Degele, Nina 2008: Gender/Queer Studies, Paderborn.

Erb, Rainer 2012: Nationaldemokratische Partei Deutschlands, in: Benz, Wolfgang (Hg.) 2012: Handbuch des Antisemitismus. Judenfeindschaft in Geschichte und Gegenwart. Band 5: Organisationen, Institutionen, Bewegungen, Berlin/Boston, S.419-423.

Gansel, Jürgen: Die Nation als soziale Schutz und Solidargemeinschaft. Über die Gleichzeitigkeit von DeNationalisierung und ReNationalisierung im Globalisierungszeitalter, in: Deutsche Stimme, 2005, Nr. 12, S.17.

Gansel, Jürgen: Theoretiker der Volks und Staatszerstörung. Jubiläum mit Beigeschmack: Vor 40 Jahren verstarb Theodor Wiesengrund Adorno, in: Deutsche Stimme, 2009, Nr. 9, S.23.

Geschäftsführung Dissens e.V. 2007: Stellungnahme zum Spiegelartikel, online einsehbar unter: http://www.dissens.de/de/press/spiegel070114.php#solidaritaet (1.3.2015).

Hackert, Wolfgang 2011: Die Jüdische Epoche. Ordo ab chao, Gröditz.

Hackert, Wolfgang: Heute schon gegendert? Gender Mainstreaming: Die Umerziehung der Massen unter dem Deckmantel der »Geschlechtergerechtigkeit«, in: Deutsche Stimme, 2009, Nr. 09, S.12.

Hähnel, Stella: Es geht nicht ohne eigenen Nachwuchs. Bevölkerungsentwicklung: Deutsche Kinder, deutsche Mütter – unseres Glückes Unterpfand, in: Deutsche Stimme, 2009, Nr. 9, S.10.

Hayn, Doris 2005: Das Pilotprojekt »Gender Mainstreaming im Nationalpark Eifel« – Entwicklung von Umsetzungsinstrumenten Bericht im Rahmen der Umsetzung von Gender Mainstreaming im Ministerium für Umwelt und Naturschutz, Landwirtschaft und Verbraucherschutz (MUNLV) des Landes Nordrhein-Westfalen, online einsehbar unter: http://www.nationalparkeifel.de/data/inhalt/Abschlussbericht_GMNP_1370430297.pdf (1.3.2015).

Kuhn, Gabriel 2005: Tier-Werden, Schwarz-Werden, Frau-Werden. Eine Einführung in die politische Philosophie des Poststrukturalismus, Münster.

Maegerle, Anton 2013: Verschwörungstheoretisches Machwerk, in: Blick nach Rechts online vom 8.1.2013, online einsehbar unter: http://www.bnr.de/artikel/aktuellemeldungen/verschwoerungstheoretischesmachwerk (15.7.2014).

Mallmann, Klaus-Michael/Böhler, Jochen/Matthäus, Jürgen 2008: Einsatzgruppen in Polen: Darstellung und Dokumentation, Darmstadt.

O.A. 2009: So modern ist die NPD: ›Reichsbürger‹ Hackert zu ›70 Jahre Kriegsausbruch‹, in: Publikative vom 29.10.2009, http://www.publikative.org/2009/10/29/somodernistdienpdreichsburgerhackertzu70jahrekriegsausbruch/ (1.2.2015).

Pfister, René: »Regierung: Der neue Mensch. Unter dem Begriff ›Gender Mainstreaming‹ haben Politiker ein Erziehungsprogramm für Männer und Frauen gestartet. Vorn dabei: Familienministerin Ursula von der Leyen, in: Spiegel, 2007, Nr. 01, 2729, online einsehbar unter: http://www.spiegel.de/spiegel/print/d50034726.html (1.4.2015).

Pörksen, Bernhard 2000: Die Konstruktion von Feindbildern. Zum Sprachgebrauch in neonazistischen Medien, Wiesbaden.

Schüßler, Sigrid: Sand im Getriebe der GenderRepublik, in: Deutsche Stimme, 2009, Nr. 9, S.28.

Wamper, Regina 2009: Gefühlter Antikapitalismus. Der Globalisierungsdiskurs in der Deutschen Stimme, in: Gebhardt, Richard/Clemens, Dominik (Hg.) 2009: Volksgemeinschaft statt Kapitalismus? Zur sozialen Demagogie der Neonazis, Köln, S.6689.

Zastrow, Volker: »Gender Mainstreaming«. Politische Geschlechtsumwandlung, in: FAZ online vom 19.6.2006, online einsehbar unter: http://www.faz.net/aktuell/politik/gendermainstreamingpolitischegeschlechtsumwandlung1327841p8.html?printPagedArticle=true#pageIndex_8 (1.3.2015).

10.3 Exemplarische Strukturanalyse: Das »Logbuch der Alan Kurdi«

Am 29.6.2019 legte Kapitänin Carola Rackete mit dem Seenotrettungsboot »Sea-Watch 3« trotz einer anderslautenden Anweisung im Hafen von Lampedusa an, um 40 aus Seenot Gerettete an Land zu bringen. Rackete wird verhaftet, angeklagt und später freigesprochen. Im deutschen mediopolitischen Diskurs erfährt Rackete viel Sympathie als humane Gegenspielerin des damaligen italienischen Innenministers Matteo Salvini, welcher Seenotrettung kriminalisiert. Die Debatte dieses Diskursmoments untersucht die Kritische Diskursanalyse *Deutsche Rettung* (Friede u.a. 2022). Dort haben sich während der Struktur- und Feinanalysen von Kommentaren der FAZ, TAZ und SZ Fragen ergeben, denen anschließend durch ergänzende Analysen nachgegangen wurde. Eine Frage war, ob das Leid der Geflüchteten, das in den Kommentaren oft nur ziemlich abstrakt benannt wird, in einer anderen Textform plastischer und empathischer dargestellt wird. Deshalb erweiterten wir das Dossier um eine Reportage-Serie in FAZ.NET, da wir vermuteten, dass in Reportagen am ehesten ein empathischer Zugang zu Geflüchteten zu finden ist. Dazu wurden die Texte einer Strukturanalyse unterzogen.

Es zeigte sich, dass es über die ursprünglich sehr enge Fragestellung heraus interessant ist, allgemeiner zu untersuchen, *ob* Geflüchtete zu Wort kommen und vor allem *welches* Wissen von Geflüchteten *wie* im hegemonialen Diskurs sagbar ist. Deshalb wurden auch die Aspekte Kollektivsymbolik (einschließlich des Subjektstatus), Akteur*innen sowie Quellen des Wissens mit in die Strukturanalyse einbezogen. Diese Analysekategorien und die Frage danach, *wie* etwas gesagt wird, werden üblicherweise nur in Feinanalysen betrachtet, erschienen hier aber lohnend, um eine differenzierte Antwort auf die Frage zu erhalten. Aufgrund des recht übersichtlichen Dossiers aus nur einer Reportage-Serie war die Untersuchung mit akzeptablem Zeitaufwand machbar.

Besonderer Wert wird in der folgenden Analyse außerdem auf die Darstellung der emotionalisierenden Wirkung der Reportage gelegt sowie auf die Perspektive, aus der heraus erzählt wird. Das Sagbarkeitsfeld wird abschließend durch einen Aussagegraphen visualisiert. Im Rahmen der Analyse wird auch darauf geachtet, was nicht gesagt wird. Das ermöglicht Kritik.

Diese Analyse kann einfach als Strukturanalyse gelesen werden, die um einzelne Werkzeuge erweitert wurde, oder als *aspektorientierte Analyse*, deren Analysedesign speziell auf die Untersuchung eines bestimmten Aspektes ausgerichtet wurde, eben der Darstellung des Leids der Geflüchteten und der Sagbarkeit ihres Wissens.

Analyse des »Logbuch der Alan Kurdi« des FAZ.NET Juni & Juli 2019

Das Essen ist nicht so wichtig.
Hauptsache, wir sind in Sicherheit.

von Benno Nothardt

Vom 24.6. bis 9.7.2020 veröffentlichte *FAZ.NET*, das Online-Nachrichtenportal der *Frankfurter Allgemeinen Zeitung*, im Ressort »Politik: Ausland«[331] die zehnteilige Reportage-Serie »Logbuch der Alan Kurdi«[332]. In dieser berichtet Julia Anton von Bord des Seenotrettungsschiffs Alan Kurdi der Hilfsorganisation Sea-Eye. Die Autorin ist seit »Mai 2018 [...] politische Redakteurin in [der] Online-Redaktion der F.A.Z.« (FAZ.NET, o. J.).

In der folgenden aspektorientierten Analyse wird der gesamte Text einerseits wie bei einer Strukturanalyse vollständig im Hinblick auf Aussagen sowie Themen und Diskursstrangverschränkungen untersucht. Dabei wird sich zeigen, dass sich die Reportage-Serie auf einige wenige Aussagen konzentriert. Das sind hauptsächlich die Aussagen *Leid der Geflüchteten* und *Politikkritik* sowie in Zusammenhang mit diesen *gemeinsame europäische Lösung*, *Kriminalisierung von Seenotrettung* und *Seenotrettung als moralisches Gebot*. Andererseits werden, wie bei einer Feinanalyse, die Darstellung der Akteur*innen, Quellen des Wissens und Kollektivsymbolik genauer unter-

331 Die Folgen 1 und 5 werden nur dem Ressort »Politik«, alle anderen dem Unterressort »Politik: Ausland« zugeordnet.

332 Der Titel der Reportage-Serie wird in manchen Folgen abweichend geschrieben: Teilweise wird der Artikel »der« weggelassen, Alan Kurdi in Anführungszeichen gesetzt oder der ganze Titel in Großbuchstaben geschrieben.

sucht, welche insbesondere zum vollständigen Verständnis der Aussagen *Leid der Geflüchteten* und *Politikkritik* wichtig sind.

Am Ende der Analyse findet sich das Dossier mit Internetadressen aller Folgen. Bei Zitaten wird im Folgenden jeweils nur durch eine Zahl auf die entsprechende Folge verwiesen.

10.3.1 Forschungsinteresse

Im Lead der ersten Folge der Reportage-Serie wird angekündigt, dass das »Logbuch« darstellen soll, wie »die Situation für Retter und Flüchtende derzeit auf dem Mittelmeer« (1) aussehe. Das macht die Reportage-Serie in dreifacher Hinsicht interessant:

1. Die Studie »Von der Willkommenskultur zur Notstandsstimmung« des DISS kommt zu dem Ergebnis, dass es im Herbst 2015 zu einer »massiven Verschiebung des Sagbarkeitsfeldes« gekommen sei, unter anderem »von der Betonung der Not der Geflüchteten hin zur Konstatierung der Not der Staaten wegen der Geflüchteten, von der Notwendigkeit des Schutzes der Geflüchteten hin zum Schutz vor den Geflüchteten« und »von dem Lob der Helfenden hin zu ihrer Diskreditierung als ›Gutmenschen‹« (Jäger & Wamper 2017, S.114). Diese Verschiebungen waren Teil einer »Denormalisierung von Flucht und Migration« (ebd. S.181) und zugleich einer »Normalisierung des Sterbens im Mittelmeer« (ebd., S.179).
   Eine naheliegende Schlussfolgerung aus diesen Feststellungen ist , dass es wichtig wäre, die Situation und das *Leid der Geflüchteten* wieder in den Fokus der politischen Diskussion und der Berichterstattung zu nehmen. Die Reportage bedeutet eine Annäherung an Geflüchtete und so stellt sich die Frage, ob und wie das *Leid der Geflüchteten* hier angesprochen wird und welche Effekte dies hat.
2. Die Strukturanalysen aus der vorliegenden Studie kommen zu dem Schluss, dass das *Leid der Geflüchteten* im Juni & Juli 2019 zwar nicht mehr vollständig aus dem Sagbarkeitsfeld ausgeschlossen ist, jedoch meist nur abstrakt benannt oder durch ein Abwägen gegen die Aussage *Migration als Last der Aufnahmebevölkerung* relativiert wird. Hier stellt sich die Frage, ob das *Leid der Geflüchteten* vielleicht in anderen Textformen einen Ort im hegemonialen Mediendiskurs findet. Das »Logbuch der Alan Kurdi« könnte ein solcher Ort sein, auch weil Reportagen besonders gut geeignet sind, um Empathie zu wecken.

3. Die Strukturanalysen zeigen auch, dass die Ereignisse um die Sea-Watch 3 erst dann in Kommentaren der *FAZ*, *SZ* und *taz* verhandelt werden, als Carola Rackete trotz Verbots in den Hafen von Lampedusa einfährt. Aber auch wenn die Ereignisse um die Sea-Watch 3 bis zu diesem Zeitpunkt nicht kommentarwürdig sind, zeigt sich ein großes Medieninteresse an dem Diskursmoment schon vorher in anderen Textformen durch intensive Berichterstattung und eben auch durch das Entsenden einer Reporterin aus dem eigenen Hause der *FAZ* auf ein anderes Seenotrettungsschiff.

10.3.2 Inhalt

Im »Logbuch der Alan Kurdi« wird von der ersten Reportage an immer wieder in vielfältiger Weise Bezug zu den Ereignissen um die Sea-Watch hergestellt (vgl. 1-5 & 7), sodass die Reportage-Serie auch als Parallelgeschichte dazu gelesen werden kann. Die Fahrt der Sea-Watch 3 selbst begleiteten übrigens zur gleichen Zeit die Reporter*innen Nadia Kailouli und Jonas Schreijäg für das YouTube-Reportageformat *STRG_F* (*NDR, Funk*) und das TV-Magazin *Panorama* (*ARD)* (vgl. Edelhoff et. al. 11.7.2019).[333]

Die Rahmenhandlung beginnt im Hafen von Burriana (Spanien), wo die Mannschaft sich durch hartes Training und gut geplante Bevorratung auf den »Ernstfall« (2) der Rettung vorbereitet (vgl. 12). Die Vorbereitungen werden während der langen Anfahrt weiter fortgesetzt (vgl. 3-4). Außerdem werden Erzählungen dreier Crew-Mitglieder über vorangegangene Rettungsaktionen ausführlich wiedergegeben, in denen sie auch von Fluchtursachen, Leid und Gefahren der Flucht sowie der Angst der Geflüchteten vor einem Pull-Back[334] durch die libysche Küstenwache nach Libyen berichten (vgl. 4).

Endlich erreichen die Seenotretter*innen die »Such- und Rettungszone vor Libyen« (5) und empfangen einen Notruf, dem sie folgen (vgl. 6). Die libysche Küstenwache und andere nationale Seenotleitstellen sind nicht erreichbar (vgl. 6-7), anders als die »Behörden in Deutschland«, die als »stets sehr lösungsorientiert« (5, vgl. auch 6) bewertet werden. Schließlich entdeckt die Besatzung das Boot in Seenot »rund 34 Meilen vor der libyschen Küste« (7) und nimmt die Geflüchteten an Bord. In der 8. Folge erzählt ein geborgener Somalier an Bord der Alan Kurdi über Fluchtursachen, die Ge-

333 Die Reportage selbst auf YouTube: Kailouli & Schreijäg 23.7.2019.

334 »Pull-Back« bezeichnet hier »das Abfangen und gewaltsame Zurückbringen von Flüchtlingsbooten nach Libyen durch die ›libysche Küstenwache‹« (Pro Asyl 26.3.2019).

fahren, denen er bei seiner Flucht begegnete und seine Hoffnung, in Europa Arbeit zu finden.

Eine »überraschend schnell erzielte[] europäische[] Einigung« (9) ermöglicht es, dass die Geflüchteten nach Malta einreisen dürfen. Zum Abschied bekommt die Crew Applaus. Anschließend fährt die Alan Kurdi noch einmal aus (vgl. 9) und kann weitere Geflüchtete aus Seenot retten. Danach fährt das Schiff »nach Hause« (10) und wird auf die nächste Mission vorbereitet.

Eingebettet in die Erzählung dieser Rahmenhandlung werden Textteile mit Hintergrundinformationen, erklärende Kommentarteile und Hinweise auf die Parallelhandlung auf der Sea-Watch 3: Es wird erklärt, dass der Namensgeber der Alan Kurdi »der zwei Jahre alte Junge aus Syrien [war], dessen Leiche 2015 an der türkischen Küste angespült wurde« (1) und dessen Foto um die Welt gegangen sei. Kurze Exkurse stellen häufig die schwierige Situation von Seenotretter*innen und Geflüchteten dar sowie einmal die Migrationspolitik als Ursache für ein steigendes »Risiko, zu ertrinken« (1) und eine fehlende Einigung innerhalb der EU als Ursache für die unhaltbare Situation. Außerdem werden immer wieder die Ereignisse um die Sea-Watch 3 und der Konflikt zwischen Rackete und dem damaligen italienischen Außenminister Matteo Salvini angesprochen (vgl. 1-5, 7). Dabei wird die Sympathie der Crew für Rackete unter anderem durch die Erwähnung einer »›#FreeCarola‹-Flagge« (4) am Vormast der Alan Kurdi deutlich.

Außerdem sind die Folgen der Reportage-Serie bebildert, wobei meist Seenotretter*innen in Aktion, Geflüchtete in Schlauchbooten oder bei der Bergung, Rettungsschiffe, meist orangefarbenes Rettungsequipment und blaues, glattes Meer zu sehen sind. Zusätzlich sind noch einzelne Videos eingefügt.

10.3.3 Themen und Diskursstränge

Themen: Die Reportage-Serie spricht einige der Themen an, die in den Strukturanalysen für den Migrations- und Fluchtdiskurs im Juni & Juli 2019 herausgearbeitet wurden: Zentrale Themen sind die Seenotrettung, die Situation von Seenotretter*innen und die Situation von Geflüchteten. Weitere Themen werden hauptsächlich in Form eingebetteter Hintergrundinformationen, der Parallelhandlung auf der Sea-Watch 3 sowie von Berichten von Geflüchteten oder Besatzungsmitgliedern angesprochen: Häufig sind das Migrationspolitik, EU-Politik, Carola Rackete, Fluchtrouten und Fluchtursachen sowie vereinzelt auch Recht und deutsche Innenpolitik. Andere Themen, die in den Kommentaren angesprochen werden, werden im »Logbuch der Alan Kurdi« nicht oder nur marginal angesprochen.

Diskursstränge: Entsprechend werden auch nur wenige Diskursstränge aufgegriffen. Der dominante Migrations- und Fluchtdiskurs wird eng verschränkt mit dem EU-Diskurs und dem Diskurs über italienische Politik, die jeweils in mehr als der Hälfte der Folgen angesprochen werden. Diese Verschränkung findet sich insbesondere bei den Aussagen *Politikkritik* und *gemeinsame europäische Lösung*. Andere Diskurse werden fast gar nicht angesprochen, lediglich punktuell der Diskurs über Rechtsstaat und Rechte (3, ansatzweise auch in 2, 8), der Sicherheitsdiskurs in Bezug auf Rackete (vgl. 3) sowie der Geschlechter- und Sexualitätsdiskurs durch die Erwähnung des Geschlechts von Geflüchteten.

Der Migrations- und Fluchtdiskurs wird hier also fast gar nicht mit dem Geschlechter- und Sexualitätsdiskurs und dem Islamdiskurs verschränkt und ebenso wenig mit dem Sicherheitsdiskurs oder dem Thema Terror. Dies ist ungewöhnlich, da diese Verschränkungen seit dem Herbst 2015 ansonsten im hegemonialen Diskurs sehr stark ausgeprägt sind und wichtige Entstehungsorte für Rassismus, die Forderung nach Fluchtabwehr und Ethnisierung von Sexismus darstellen (vgl. auch Jäger 2017, S.178 & S.112). Diese Effekte bleiben im »Logbuch der Alan Kurdi« aus.

10.3.4 Aussagen

Leid der Geflüchteten

Das *Leid der Geflüchteten* ist eine zentrale Aussage der Reportage-Serie, was daran deutlich wird, dass in fast allen Folgen darauf Bezug genommen wird (vgl. 1-4, 6-10), die Aussage in einigen Folgen besonders ausführlich behandelt wird (vgl. 1, 4, 8) und eine ganze Reihe verschiedener Themen in Zusammenhang mit dieser Aussage angesprochen werden, sodass ein recht breit gefächertes Wissen über das *Leid der Geflüchteten* und dessen Ursachen vermittelt wird.

Schon in der ersten Folge wird die Bedeutung dieser Aussage deutlich. Eingebettet in die Rahmenhandlung werden Hintergrundinformation zum Thema Situation der Geflüchteten angesprochen: Erklärt wird, dass das Rettungsschiff nach Alan Kurdi benannt ist, einem »zwei Jahre alte[n] Junge[n] aus Syrien, dessen Leiche 2015 an der türkischen Küste angespült wurde« (1). Während diese Information die tödlichen Gefahren für die Geflüchteten affektiv vermittelt, werden kurz darauf statistische Daten angeführt, nämlich dass »in diesem Jahr bereits 539 Menschen auf dem Mittelmeer als tot oder vermisst zu beklagen« seien und damit »jeder 42. Migrant ums Leben« komme, während es im »vergangenen Jahr [...] jeder 51.« gewesen sei (1). Zusätzlich werden diese Daten noch in Form eines interaktiven Balkendiagramms veranschaulicht:

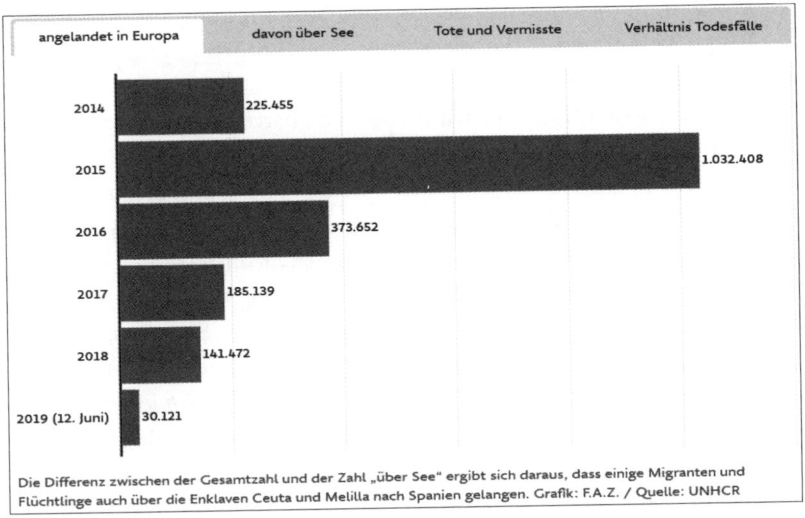

Screenshot aus 1. Interaktives Balkendiagramm »angelandet in Europa«

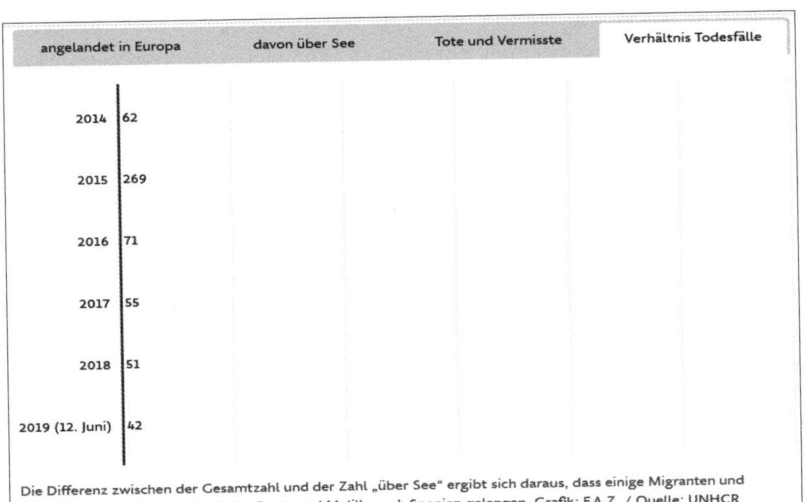

*Screenshot aus 1. Interaktives Balkendiagramm »Verhältnis Todesfälle« (42 bedeutet beispielsweise, dass von 42 Geflüchteten eine*r gestorben ist)*

In diesem Zusammenhang wird als Ursache für die steigende Todesrate die »schwieriger geworden[e]« (1) politische Situation genannt, da Europas »Bewohner sich zunehmend abgeschottet« (1) hätten. Außerdem wird das Thema Seenotrettung angesprochen und dabei auf den Mangel an Rettungsschiffen und die Behinderung der privaten Seenotrettung am Beispiel der Sea-Watch 3 hingewiesen, die seit »knapp zwei Wochen [...] nicht in italienisches Hoheitsgebiet einfahren« (1) dürfe.

Die statistischen Daten dienen einerseits als harte Faktenargumente und wirken andererseits durch die steigenden Todesraten auch subjektiv bedrohlich und denormalisierend. Sie werden weiter affektiv aufgeladen und explizit als kollektivsymbolische[335] Applikationsvorgaben verwendet: »Es sind Zahlen, die die Seenotretter der ›Alan Kurdi‹ [...] antreiben« (1). Dieses Zitat stellt zugleich eine Brücke von der Einbettung zurück zur Rahmenhandlung der Reportage und dem Thema Situation der Seenotretter*innen her. Beschrieben wird deren hartes Training »bei rund 30 Grad in der Mittagssonne« (1). Das bietet die Gelegenheit, das *Leid der Geflüchteten* schon im Voraus zu antizipieren. Geübt wird beispielsweise die Rettung einer »im Wasser treibenden Person«, die »in Sekundenschnelle untergehen« könne oder der Transport eines »Bewusstlosen« (1).

Ähnliche Passagen finden sich auch in den weiteren Folgen der Reportage-Serie. Außerdem wird beschrieben, wie und welche Lebensmittel auf dem Schiff eingelagert werden, um dann zu antizipieren, dass zukünftige Gerettete »vielleicht schon länger nichts mehr zu essen hatten« (2). Obwohl das *Leid der Geflüchteten* hier nur antizipiert wird, wird es plastischer und emotionaler, indem es mit den Aktivitäten und Emotionen der Crew verbunden wird, die offensichtlich weiß, wie ernst diese Gefahren zu nehmen sind, da sie ein Training absolviert, das »es in sich« (1) hat und beim Üben der Reanimation hofft, »diese Handgriffe nach der Abfahrt nicht zu brauchen« (2). Die Antizipation möglichen *Leids der Geflüchteten* wird noch gesteigert: In der sechsten Folge wird von einem Notruf eines Bootes erzählt, das »ein Leck [habe] und sinke« (6). Eine genaue Position habe der Anrufer aber nicht angeben können und die Verbindung sei dann abgebrochen (vgl. 6). Hier wird nicht nur das mögliche Sinken des Bootes antizipiert, son-

335 Da Todeszahlen und Todesraten von Geflüchteten im Mittelmeer regelmäßig von Medien berichtet, in ihrer Entwicklung beobachtet und in der politischen Debatte als Argumente angeführt werden, wirken sie als Kollektivsymbole für das Sterben im Mittelmeer. Das machen auch die hier angeführten Zitate deutlich.

dern zusätzlich Spannung erzeugt, da das Schicksal der Geflüchteten unklar bleibt. Die Spannung wird am Ende der Folge nicht aufgelöst, sondern in ein andauerndes Gefühl der Unsicherheit und Fassungslosigkeit transformiert:

> »Vielleicht sei der Notruf ja ein Fake gewesen, sagt jemand. [...] Es ist ein Gedanke, der sich leichter fassen lässt, als das, was auch passiert sein könnte: Da ist ein Boot mit Dutzenden Menschen untergegangen, und niemand war da, um ihnen zu helfen.« (6)

Auch der Mangel an Rettungsschiffen wird immer wieder angesprochen (vgl. 1-4, 9-10) und teilweise als Folge einer restriktiven Migrationspolitik und der *Kriminalisierung von Seenotrettung* sowie als Ursache für das Sterben im Mittelmeer angeführt. Besonders dramatisierend und emotional geschieht das in folgender Erklärung des Einsatzleiters der Alan Kurdi und Vorsitzenden von Sea-Eye, Gorden Isler:

> »Aufgeben will die Sea-Eye mit Blick auf die Blockaden und [die] Kriminalisierung der privaten Seenotrettung auf dem Mittelmeer nicht. [...] ›Die Menschen fahren trotzdem los. Wie viele sterben, lässt sich kaum noch dokumentieren.‹« (3)

Diese Aussage vermittelt auch deutlich, dass das Sterben auf dem Mittelmeer als Denormalisierung erfahren wird.

Die Ereignisse um die Sea-Watch 3 werden ebenso genutzt, um das *Leid der Geflüchteten* anzusprechen. So wird erwähnt, dass die italienische Regierung trotz Verbots einer Einfahrt in den Hafen von Lampedusa, »Verletzte und besonders Schutzbedürftige« (2) versorgen müsse. Und Rackete wird mit der Aussage zitiert: »Ich weiß, was ich riskiere, aber die 42 Geretteten sind erschöpft« (3). Hier wirkt der Heldenmut Racketes dramatisierend, trotz drohender »Haftstrafe und bis zu 50.000 Euro Bußgeld« (3) die Geflüchteten in Sicherheit zu bringen.

In der vierten Folge werden drei ausführliche Erzählungen von Crew-Mitgliedern über frühere Rettungseinsätze in wörtlicher Rede wiedergegeben. Dabei werden, neben der Schilderung von Leid und Gefahren der Überfahrt über das Mittelmeer, weitere Themen in Zusammenhang mit dem *Leid der Geflüchteten* angesprochen. Zum einen werden zum ersten Mal in der Reportage-Serie Fluchtursachen thematisiert:

> »Ein Mann hat mir erzählt, dass sein Heimatdorf in Nigeria von Boko Haram[336] überfallen wurde. Seine beiden Kinder seien tot, für ihn gebe es keine Möglichkeit mehr, dort zu bleiben.« (4)

Zum anderen wird hier und später auch in der achten Folge eindringlich die Angst der Geflüchteten vor einem Pull-Back nach Libyen beschrieben und mit der Angst vor Gewalt und Folter in diesem Transitland erklärt (vgl. 4, 8). Deshalb hätten viele gesagt, »sie würden lieber über Bord springen als zurückzukehren« (4).

Solche konkreten Berichte über Ereignisse und Einzelschicksale erzeugen emotionale Nähe und befördern Empathie. Dies wird verstärkt durch Dramatisierungen und die subjektive Darstellung aus Sicht der Crew-Mitglieder, die das Leid der Geflüchteten einfühlsam spiegeln, wie in der Erzählung des »erfahrenen« (4) Crew-Mitglieds Nani Cooper: In einer Klimax wird erzählt von »völlig überfüllten Schlauchbooten« und einem Boot, in dem »die Leichen von zwei Frauen« liegen, von denen eine »schwanger« (4) gewesen sei. Nach dieser Dramatisierung wird die emotionale Reaktion der Geflüchteten benannt und sofort von den Seenotretter*innen gespiegelt: »Die Menschen auf den Booten haben geweint, und wir fühlten uns überfordert« (4). So wird das *Leid der Geflüchteten* zum Leid der Retter*innen. Und da diese dem kollektivsymbolischen Wir zugerechnet werden, wird es auch zu *unserem* Leid und so für die Leser*innen subjektiv erfahrbar.

Ähnlich kann auch die Guardia Costiera[337] das *Leid der Geflüchteten* spiegeln und so Empathie verstärken, als ihr Leichen übergeben werden: »Die waren auch alle total bleich und haben sehr unter der Situation gelitten« (4). Die Leser*innen dürfen aber auch an den schönen Momenten der Seenotrettung emotional teilhaben, wenn nachts ein »kleine[s] Kind aufwacht und über den Frachter« (4) tapst oder wenn die Geflüchteten »auf die Knie« (10) fallen und beten, sobald sie in Sicherheit sind.

Nur jeweils sehr knapp kommen Geflüchtete selbst zu Wort (vgl. 7, 10, indirekt in Berichten von Crew-Mitgliedern auch in 4). In der achten Folge steht dann allerdings der ausführliche Bericht eines Geflüchteten im Zentrum: »Ein junger Mann aus Somalia« (8) spricht viele Themen an, die ein recht vielfältiges Wissen über die Situation von Geflüchteten vermitteln und deren Leid illustrieren. Er erzählt von Krieg und Arbeitslosigkeit als

336 Boko Haram ist eine terroristische Gruppierung, die die Scharia durchsetzen will.

337 italienische Küstenwache

Fluchtursachen, seiner Fluchtroute über Ägypten und Libyen, seinen Gewalterfahrungen, der Korruption im Transitland Libyen, den Gefahren der Überfahrt sowie seiner Hoffnung, in Europa Arbeit zu finden, »am liebsten [...] in Deutschland« (8). Auch berichtet er von den lebensgefährlichen Verharmlosungen seiner Fluchthelfer: »Die Überfahrt, habe man ihnen gesagt, würde 24 Stunden dauern« (8), was nach Einschätzung der Autorin erklären könnte »warum so wenig Proviant an Bord war« (8). Außerdem erzählt er, dass er vor der Überfahrt seine Familie gebeten habe, für ihn zu beten (vgl. 8) und dass diese noch nicht wisse, »dass es ihm gut« (8) gehe. Die Gebete verbildlichen dabei die Lebensgefährlichkeit der Überfahrt und die Unwissenheit der Familie und können menschliche Nähe und Empathie auslösen. Als während des Gesprächs ein Fischerboot auftaucht, wird die Angst der Geflüchteten beschrieben, es könnte sich um die libysche Küstenwache handeln. Kontrastiert wird das Leid abschließend mit einer Darstellung von Stolz und Hoffnung: Über die Verpflegung an Bord der Alan Kurdi sagt der Somalier: »Das Essen ist nicht so wichtig, Hauptsache, wir sind in Sicherheit« (8).

Politikkritik

Die Aussage *Politikkritik* bezieht sich auf das Wissen über falsch handelnde europäische Staaten oder Politiker*innen in Bezug auf die Migrationspolitik. *Politikkritik* wird an mehreren Stellen der Reportage-Serie geäußert, meist in Zusammenhang mit den Themen Seenotrettung, Migrationspolitik, EU-Politik und Carola Rackete.

Kritisiert wird häufig die Blockade von italienischen und maltesischen Häfen für private Seenotrettungsschiffe (vgl. 2-5, 9) und einmal allgemeiner, dass Europas »Bewohner sich zunehmend abgeschottet« (1) hätten. Die Kollektivsymbole Blockade und Abschottung sind in diesem Kontext eindeutig negativ konnotiert, anders als in Kommentaren beispielsweise aus dem Herbst 2015, als »Abschottung« als notwendiger Schutz vor Geflüchteten und Terror an der kollektivsymbolischen Grenze zwischen Innen und Außen gefordert wurde (vgl. Jäger 2017, S.113)[338]. Dabei werden verschiedene Auswirkungen der Blockade erklärt: Zum einen wird angeführt, dass sich »[t]atsächlich [...] deutlich weniger Flüchtlinge und Migranten auf den Weg

338 vgl. auch S.66 für die *taz*, S.117 für die *FAZ und* S.102 für die *SZ* und den Zusammenhang mit der Diskursverschränkung des Migrations- und Fluchtdiskurses mit dem Sicherheitsdiskurs und dem Terrordiskurs.

Richtung Europa« (1) machen würden. In diesem Zitat macht das Adverb »[t]atsächlich« deutlich, dass dies als eine intendierte Auswirkung der Migrationspolitik gesehen wird und später heißt es entsprechend über Salvini: »Die insgesamt deutlich gesunkenen Zahlen derer, die in diesem Jahr in Europa« ankämen, sähe »er als Erfolg seiner Politik« (3). Die Autorin Anton bewertet dieses intendierte Ziel nicht, sondern setzt ihm andere Auswirkungen entgegen und kritisiert die Blockadepolitik dadurch: Es wird beschrieben, dass die Arbeit der privaten Seenotrettung verzögert wird, beispielsweise durch verlängerte Anfahrtswege und das lange Warten auf die Möglichkeit, gerettete Schiffbrüchige an Land zu bringen (vgl. z.B. 1, 2). Als Folge daraus wird immer wieder beklagt, dass zu wenige Rettungsschiffe in der Such- und Rettungszone vor der libyschen Küste verfügbar seien oder gar »mehr als zwei Wochen lang [...] gar kein einsatzbereites Schiff einer NGO« (3) mehr dort war. Dieser Mangel wird dann als Ursache für das Sterben auf dem Mittelmeer benannt: Für »diejenigen, die die Überfahrt trotzdem wagen, ist das Risiko zu ertrinken, gestiegen« (1). Dieser Zustand wird skandalisiert: »Wie viele sterben, lässt sich kaum noch dokumentieren« (3).

Darüber hinaus wird eine ausbleibende Unterstützung durch Behörden kritisiert. Es wird erzählt, dass die Besatzung der Alan Kurdi über einen Notruf informiert werde und Angaben über die Position eines sinkenden Schlauchbootes benötige, dass die libysche Küstenwache aber nicht erreichbar sei, »weder per Funk noch telefonisch« (8). Weiter heißt es: »Bei der Nummer des Anrufers läuft eine Ansage auf Arabisch« (8). Dadurch wird implizit auch in Frage gestellt, ob die libyschen Behörden überhaupt Interesse an internationaler Zusammenarbeit hätten, für die als internationale Sprache vermutlich Englisch von der Autorin erwartet würde. Auch die verschiedenen nationalen Seenotrettungsleitstellen werden als unzuverlässig dargestellt: Nachdem die Alan Kurdi Menschen aus einem Schlauchboot retten konnte, wird beschrieben, dass sie sofort »die Seenotleitstellen in Tripolis, Rom, Malta und Bremen« benachrichtigt habe, von »den meisten« aber »eine Antwort noch« ausstehe (7). Ob dieses unkooperative Verhalten eine Folge von politischem Unwillen zur Hilfe oder fehlende Professionalität ist, wird nicht entschieden. Zur Entschuldigung wird an einer Stelle angeführt, dass eine Seenotleitstelle »in der Nacht der Rettung mit mehr als tausend Schiffbrüchigen bereits völlig überlastet« (4) gewesen sei.

Als Zwischenfazit lässt sich festhalten, dass das Verhalten europäischer Staaten sowie Libyens in Bezug auf die Seenotrettung im Mittelmeer häufig und deutlich kritisiert wird und auch die teilweise tödlichen Folgen dieser Politik aufgezeigt werden. In der ersten Folge wird außerdem geäußert, dass sich die Bewohner*innen Europas »zunehmend abgeschottet« (1) hätten und dies als Ursache für eine sinkende Anzahl an Überfahrten und ein steigendes Risiko zu ertrinken benannt. So wird ein Zusammenhang zwischen einem auf Abwehr ausgerichteten Migrations- und Fluchtdiskurs der letzten Jahre und einer entsprechenden Praxis europäischer und deutscher Migrationspolitik angedeutet. Konkret benannt werden aber ausschließlich Maßnahmen, die unmittelbar die Seenotrettung behindern. Der sogenannte Libyen-Deal wird hingegen nicht thematisiert, obwohl er eine Ursache der beschriebenen Situation ist: Im Rahmen von Kooperationsvereinbarungen zwischen der EU und Libyen seit 2016 wird die libysche Küstenwache »von der EU [...] ausgebildet und finanziell unterstützt«, obwohl diese nach Angaben von Pro Asyl »aus unterschiedlichen Warlords« besteht, die die Geflüchteten »abfangen und in die Folterlager Libyens zurückschaffen« (Meyer & Kopp 2019, S.18). Obwohl in fast allen Folgen die »Such- und Rettungszone« vor der libyschen Küste als Ziel der Rettungsfahrt erwähnt wird (1, 2, 4-7, 10), wird nicht angesprochen, dass diese kurz zuvor im Sommer 2018 stark vergrößert wurde, indem Italien »ein großes Seegebiet an Libyen« (Meyer & Kopp 2019, S.19) abgab, sodass die libysche Küstenwache jetzt in einem größeren Radius Pull-Backs durchführen kann, was auch die große Angst der Geflüchteten erklären kann, die in der Reportage-Serie ohne Nennung von Ursachen geschildert wird.

Die *Politkritik* wird in das kollektivsymbolische Grundschema Innen vs. Außen eingebettet: Dem kollektivsymbolischen Innen von verantwortungsbereiten und aktiven Seenotretter*innen (siehe unten im Unterkapitel e) wird hier ein Außen entgegengesetzt, nämlich eine verantwortungslose und handlungsunfähige Politik der Mittelmeeranrainerstaaten Libyen, Italien und anderer EU-Staaten.

Dabei wird diese Entgegensetzung im Verlauf der Reportage-Serie teilweise national kodiert: In der ersten Folge wird noch allgemein von »Europa [...], dessen Bewohner sich zunehmend abgeschottet haben« (1), geschrieben. Hier wird also noch nicht zwischen Deutschland und anderen europäischen Staaten unterschieden. In den weiteren Folgen wird dann aber nur noch die Blockade italienischer oder maltesischer Häfen beklagt (vgl. 2-4). In Zusammenhang mit den Ereignissen auf der Sea-Watch 3 wird dann in der fünften Folge deutsche Politik von der Politik anderer Staaten unterschieden: Isler erklärt, dass die Alan Kurdi – anders als die Sea-Watch 3 – nicht unter niederländischer Flagge fahre, weil Sea-Eye »sich von der deutschen Flagge mehr Sicherheit« (5) verspreche. Als Beispiele für Deutschlands Bereitschaft zur Unterstützung wird »das Bündnis ›Seebrücke‹ « angeführt und, dass »mehr als 60 Städte« anböten, »die Menschen von den Booten aufzunehmen« (5). Deutschland wird aber nicht nur gegen die Niederlande abgegrenzt, sondern auch gegen verschiedene Mittelmeeranrainerstaaten: Als die libysche Küstenwache nicht erreichbar ist, weil unter »der Nummer [...] eine Ansage auf Arabisch« läuft, wird berichtet, dass deutsche Behörden »den Kontakt hergestellt und noch eine weitere Nummer geschickt« (6) hätten. Noch deutlicher wird die Entgegensetzung in Bezug auf Italien:

> »Die Zusammenarbeit mit den Behörden in Deutschland sei [bei der Übergabe von Geretteten] stets sehr lösungsorientiert gewesen, berichtet Isler. Die ›Sea-Watch 3‹ hingegen wartete bereits 17 Tage, als Rackete entschied, in den Hafen von Lampedusa einzufahren.« (5)

Die deutsche Zivilgesellschaft, Politik und Behörden werden also nahezu uneingeschränkt als hilfsbereit dargestellt und weniger hilfsbereiten oder unkooperativen Akteur*innen anderer Nationen entgegengesetzt. Dadurch werden Ursachen für das Sterben im Mittelmeer nur im nicht-deutschen Außen gefunden und eine Verantwortung Deutschlands dethematisiert. Allerdings werden nicht-deutsche Akteur*innen nicht immer negativ bewertet: So wird auch »ein Segelschiff einer italienischen Hilfsorganisation« lobend erwähnt, das Geflüchtete »vor der libyschen Küste gerettet hatte« (7) und Mitarbeiter*innen der Guardia Costiera zeigen Empathie, indem sie beim Anblick geborgener Leichen »total bleich« (4) werden.

Diese nationale Polarisierung wird zugespitzt und personifiziert als Konflikt zwischen der »deutschen Kapitänin« (5) Rackete und dem unverantwortlichen und emotionalen »italienischen Innenminister« (7) Salvini: Salvinis Entscheidung, die Sea-Watch 3 nicht anlegen zu lassen, wird kritisiert, da es die völkerrechtlichen Verpflichtungen der Kapitänin konterkariere (vgl. 4). Die Adjektive »lautstark« (7) und »verärgert« (3) implizieren darüber hinaus, dass Salvini emotional agiert, während Rackete sachlich und verantwortungsvoll argumentiert: »Ich weiß, was ich riskiere, aber die 42 Geretteten sind erschöpft. Ich bringe sie jetzt in Sicherheit« (3). Rackete wird also als verantwortungsvoll, mutig und entschlossen, Salvini hingegen als unverantwortlich und emotional beschrieben.

Auch wenn der Begriff »Populismus« nicht verwendet wird, impliziert die beschriebene Darstellung Salvinis darüber hinaus einen emotionalen und populistischen Politikstil, der einem verantwortungsvollen und lösungsorientierten deutschen Politikstil entgegengesetzt wird, den auch Rackete repräsentiert. Durch diese personifizierte Entgegensetzung wird eine deutsche Mitschuld am *Leid der Geflüchteten* endgültig in ein Außen geschoben. Eine darüberhinausgehende politische Charakterisierung von Salvinis Rechtspopulismus oder dem der italienischen Regierung aus Movimento 5 Stelle[339] und der Lega Nord[340] wird nicht vorgenommen. Dadurch bleibt Kritik an Salvini weitgehend auf seinen Regierungsstil beschränkt und das politische Wirken seiner Regierung wird nicht hinterfragt. Insbesondere wird nicht hinterfragt, inwieweit politische Positionen rechtsextremer Diskurse über eine rechtspopulistische Diskursstrategie[341] vermittelt werden und so die Migrationspolitik der italienischen Blockade der Häfen beeinflussen. Aber auch Rassismus als politisches Handlungsmotiv wird nicht angesprochen.

Gemeinsame europäische Lösung

Das dramatisch dargestellte *Leid der Geflüchteten* verlangt nach einer Lösung. Eine solche wird ausschließlich als eine *gemeinsame europäische* Lösung gedacht, deren Fehlen als Grundübel der Situation erscheint. Besonders häufig und drastisch geschieht dies in direktem Zusammenhang mit den Ereignissen um die Sea-Watch 3 und Rackete:

> »Da ist die Sorge um das Schicksal von der inhaftierten deutschen Kapitänin. Und da ist auch die Wut auf die Europäische Union – genauer müsste es wohl [...] die Wut auf die einzelnen Mitgliedsstaaten sein – die bis heute keine[n] Verteilmechanismus für Flüchtlinge ermöglicht hat.« (5)

Die Forderung nach einer *gemeinsamen europäischen Lösung* wird mantrahaft wiederholt. Als Lösung wird dabei ausschließlich eine Einigung darüber angeführt, »wie Geflüchtete [...] verteilt werden sollen« (2). Es wird

339 deutsch auch: Fünf-Sterne-Bewegung

340 Das Kabinett Conte I mit Giuseppe Conte als Ministerpräsident und Salvini als einem seiner Stellvertreter und Innenminister bestand vom 1.6.2018 bis 5.9.2019.

341 Vgl. Jäger 2019, S. 1-5 zur theoretischen Bestimmung von Rechtspopulismus als Strategie der extremen Rechten, Aussagen zu produzieren, die von rechtsextremen Grundsemantiken abweichen und dadurch leichter Eingang in den mediopolitischen Diskurs finden.

nicht hinterfragt, ob eine andere Verteilung der wenigen Geflüchteten, die es schaffen, in die EU zu gelangen, das *Leid der Geflüchteten* insgesamt tatsächlich beenden kann. Die Fixierung auf diesen einen Ansatz verhindert eine umfassende Reflexion der Ursachen für das *Leid der Geflüchteten* und blendet weitergehende Lösungsmöglichkeiten aus dem Sagbarkeitsfeld aus.

Kriminalisierung von Seenotrettung oder Fluchthilfe
In der Reportage-Serie wird *Kriminalisierung von Seenotrettung* ausschließlich ablehnend angesprochen, wie das auch die Strukturanalysen für den hegemonialen Diskurs insgesamt zeigen. Ihr werden juristische Normen entgegengesetzt, nämlich die »völkerrechtlichen Verpflichtungen« und das »internationale[] Seerecht«, gemäß dem »aus Seenot Gerettete in den nächsten sicheren Hafen gebracht werden« (3) müssten. Schädliche Auswirkungen der Kriminalisierung, insbesondere durch die italienische Regierung, werden ausführlich dargestellt: Sie wird für den Mangel an privaten Rettungsschiffen mitverantwortlich gemacht. So erfährt man, dass sowohl »die ›Sea-Watch 3‹ als auch die ›Alex‹ […] nach ihrer unerlaubten Einfahrt in den Hafen von Lampedusa beschlagnahmt und damit nicht einsatzfähig« seien (9). Wie schon ausgeführt, wird die Kriminalisierung auch direkt für das *Leid der Geflüchteten* mitverantwortlich gemacht. In diesem Zusammenhang heißt es: »Die Menschen fahren trotzdem los« (3). Mit dieser Aussage wird implizit auch der These widersprochen, die private Seenotrettung sei ein Pull-Faktor, der Geflüchtete dazu verleite, die Überfahrt über das Mittelmeer zu riskieren. Diese These wurde im Flucht- und Migrationsdiskurs der Jahres 2018 und 2019 häufig diskutiert und teilweise genutzt, um die private Seenotrettung als ungewollte Schuldige am Sterben im Mittelmeer zu diskreditieren oder als ungewollte Verbündete von kommerziellen Fluchthelfer*innen darzustellen, die kollektivsymbolisch als »Schlepper« bezeichnet und so abgewertet werden (vgl. Friede u.a. 2022, Kapitel Chronologie der Ereignisse, Jahr 2018). Eine solche Position nimmt in der Reportage-Serie hingegen nur Salvini ein, der mit den Worten zitiert wird, seine Regierung werde alles tun, um zu verhindern, dass Italien zu einem Hafen für Schlepper werde (vgl. 7). Die Reportage hingegen formuliert den Standpunkt der Seenotretter*innen: »Aufgeben will die Sea-Eye mit Blick auf die Blockaden und [die] Kriminalisierung der privaten Seenotrettung auf dem Mittelmeer nicht« (3).

Seenotrettung als moralisches Gebot
Wie bei der vorangegangenen Aussage angeführt, werden das Völkerrecht und das internationale Seerecht der *Kriminalisierung von Seenotrettung oder Fluchthilfe* entgegengesetzt. Ansonsten wird nicht explizit auf moralische, juristische oder religiöse Gebote hingewiesen. Eine implizit moralische Argumentation wird jedoch vereinzelt verwendet, wenn beispielsweise in der ersten Folge auf den Namensgeber der Alan Kurdi hingewiesen wird, »dessen Leiche 2015 an der türkischen Küste angespült wurde« und dessen Foto »um die Welt« gegangen sei (1), oder wenn das Crewmitglied Nani Cooper sagt: »Am schlimmsten fand ich aber, dass die ganze Zeit noch ein zweiter Frachter in der Nähe war, der nicht auf unsere Funksprüche reagiert hat« (4). Außerdem werden Gebete von Geflüchteten (vgl. 4, 10) beziehungsweise Angehörigen (8) erwähnt, was entfernt eine religiöse beziehungsweise moralische Verpflichtung zur Rettung assoziieren lassen kann.

Weitere Aussagen
Wie die Strukturanalysen zeigen, sind folgende Aussagen für den Migrations- und Fluchtdiskurs des Untersuchungszeitraums dieser Studie wichtig. In der Reportage-Serie hingegen wird entweder nur assoziativ oder gar nicht Bezug auf sie genommen: *Zivilgesellschaft ist heuchlerisch* (vgl. 4), *Migration polarisiert* (vgl. 2-5, 7), *Migration als Last der Aufnahmebevölkerung* (vgl. 2-3), *Ethnisierung von Kriminalität* (keinerlei Bezug), *Ethnisierung von Sexismus* (keinerlei Bezug) und *Trennung erwünschte/unerwünschte; legale/illegale; legitime/illegitime Migration* (keinerlei Bezug).

10.3.5 Akteur*innen, Quellen des Wissens, Kollektivsymbolik

*Akteur*innen*
Im Folgenden werden alle Akteur*innen, über die in der Reportage-Serie berichtet wird oder die selbst zu Wort kommen, sortiert aufgelistet. Sie lassen sich größtenteils in Geflüchtete und Seenotetter*innen unterteilen, wobei sich bei deren Entgegensetzung interessante Unterschiede erkennen lassen.

Geflüchtete werden häufig als Kollektivakteur angesprochen. Dabei werden sie bezeichnet als:

> »Geflüchtete« (5-8, 10)[342], »Flüchtlinge und Migranten« (1), »Migranten« (9) oder »Gerettete« (2) bezeichnet, außerdem als »Menschen« (3), »Menschen in Not« (10), »Menschen auf den Booten« (4) oder »Menschen auf einem Schlauchboot« (6) sowie als »Gäste« (2).

Häufig wird dabei ihre Anzahl angegeben:

> »17 Menschen« (1), »30 Menschen« (4), »53 Menschen«, »65 Menschen« (7-9), »weitere 39 Menschen« (10), »Dutzende Menschen« (6), »zwischen 80 und 100 Personen« (4), »60 Gerettete« (4), »44 Migranten« (10), »42 Geflüchtete«, »64 Geflüchtete« (5).

Diese gehäuften Zahlenangaben könnten bei Leser*innen einen entindividualisierenden Effekt auslösen, könnte aber auch im Gegenteil als Signal dafür gelesen werden, dass jede*r einzelne Geflüchtete im Wortsinn und im übertragenen Sinn zählt. Letztere Lesart passt zu der skandalisierenden Kontrastierung, dass die Anzahl der Sterbenden auf dem Mittelmeer, »sich kaum noch dokumentieren« lasse (3). Ähnlich, aber weniger dramatisch, ist der Verweis darauf, dass die Crew der Alan Kurdi damit rechnen muss, Gerettete versorgen zu müssen, »aber keiner weiß, wie viele und wie lange« (2). Während die Nicht-Zählbarkeit hier Unsicherheit oder gar Denormalisierung des Sterbens auf dem Mittelmeer konnotiert (vgl. auch oben zur Aussage *Leid der Geflüchteten*), konnotieren die genauen Zahlen Kontrolle durch die Seenotretter*innen und können so als eine eingeschränkte Normalitätsversicherung wirken.

Darüber hinaus werden Geflüchtete auch als Repräsentant*innen des *Leid der Geflüchteten* charakterisiert:

> »Personen, die von ihrem Flüchtlingsboot ins Wasser gefallen oder gesprungen sind« (1), »im Wasser treibende Person« (1), »Verletzte und besonders Schutzbedürftige« (2), »die Geretteten, die vielleicht schon länger nichts mehr zu essen hatten« (2), »zwei weitere Gerettete als medizinischer Notfall« (3), »in Seenot Geratene« (9/Bildunterschrift), »Schwerverletzte und Menschen mit Folterwunden« (4).

Geflüchtete werden aber auch als individuelle Akteur*innen adressiert. Individualisiert werden sie dabei über ihre Nationalität, Verwandtschaftsbeziehungen, ihr Geschlecht oder ihr Alter als junge Männer oder Kinder:

342 In diesem Kapitel werden für eine bessere Lesbarkeit zitierte Bezeichnungen bei Bedarf ohne Markierung durch rechteckige Klammern grammatikalisch angepasst.

> »einer der Libyer, die wir gerettet hatten« (4), »einer der Somalier an Bord« (8), »drei erkrankte[] Somalier«; »sieben Schwestern [...] in Mogadischu, ebenso ein Bruder, ein zweiter [...] in Amerika« (8), »seine beiden Geschwister [...] ihre Eltern« (10); »eine Frau« (7), »vier Frauen« (10), »Leichen von zwei Frauen« (4), »ein Mann« (4, 6); »ein junger Mann aus Somalia« (8), »ein anderer junger Mann« (8), »überwiegend junge Männer« (7); »sein ein Jahr altes Kind« (4), »[mindestens] einer [der Menschen] ist minderjährig« (7), »zwei Sechzehnjährige und eine Frau« (9), »Kleinkinder« (10), »drei Kinder« (10).

Es wird auch thematisiert, dass sich auf den Booten der Geflüchteten hauptsächlich Männer und nur einzelne Frauen befinden, so heißt es: »Eine Frau ist darunter, sonst sind es überwiegend junge Männer« (7)[343].

Namen werden bei Geflüchteten hingegen nahezu nie genannt. Die einzigen Ausnahmen sind Alan Kurdi, der als Namensgeber des gleichnamigen Rettungsschiffes vorgestellt wird (vgl. 1), der »Dummy ›Werner‹«, mit dem die Crew übt, und der »ein Jahr alte Yusuf«, über den man lediglich erfährt, dass er und »seine beiden Geschwister« nach glücklicher Rettung als erstes »den maltesischen Streitkräften« (10) übergeben worden seien.

*Seenotretter*innen* werden als Kollektivakteur angesprochen, wenn es sich um die Besatzung der Alan Kurdi handelt. Diese wird regelmäßig als »Crew« bezeichnet:

> »Crew« (5, 9-10) mit »insgesamt 20 Mitgliedern« (1-3), »freiwillige Crew« (3), »Crew-Mitglieder« (4), »Crew der ›Alan Kurdi‹« (6), »Crew der deutschen ›Alan Kurdi‹« (7), »Crew der Sea-Eye« (3).

Es werden aber auch andere Bezeichnung verwendet:

> »Besatzung« (1, 6, 9-10), »alle an Bord« (9), »Team« (6), »Einsatzteam« (7), »das erste Wachteam« (6), »Wache« (7), »Retter« (1), »Truppe« (1) oder »Personen aus sechs verschiedenen Nationen« (3).

Einmal wird auch kurz über die »Crew der Sea-Watch 3« (3) berichtet.

Seenotretter*innen werden auch häufig als individuelle Akteur*innen benannt, aber nur solche, die innerhalb der Besatzung aufgrund ihrer hohen Stellung, ihrer Funktion oder besonderen Erfahrung hervortreten. Individualisiert werden sie einerseits über die gerade genannten Attribute, andererseits wird fast immer auch der volle Name und teilweise auch das Alter an-

343 Über die zweite beschriebene Rettungsaktion der Alan Kurdi heißt es, dass neben »den drei Kindern [...] auch vier Frauen an Bord« gewesen seien (10).

gegeben. Mit Abstand am häufigsten wird von »Einsatzleiter Gorden Isler« (1-3, 6, 9-10) berichtet, der auch bezeichnet wird als:

> »Gorden Isler, Einsatzleiter der Mission und Vorsitzender des Sea-Eye e.V.« (5) oder einfach nur »Gorden Isler« (1, 7).

Des Weiteren wird berichtet von:

> »Kapitän (37-jährig) Waldemar Mischutin« (1), »Kapitän Waldemar Mischutin« (9), dem »Kapitän« (10), dem »Ersten Offizier« (7), den »Ärzte[n] Lena Böff und Rainer Blendin« (2) sowie den »erfahrene[n] Mitglieder[n] [der Crew]« (4) »Nani Cooper, 33« (4), »Rainer Blendin, 70« (4), »Fabian Heinz, 29« (4) und einem anderen »Kapitän«, der auch als »Seefuchs« angesprochen wird (4).

Kollektiv oder ohne Namen werden hierarchisch hochstehende Mitglieder der Besatzung hingegen nur selten angesprochen: Zweimal ist von der »Brücke« (6, 7) und einmal ohne Namen von der »Einsatzleitung« (1) die Rede.

Bei Seenotretter*innen wird das Geschlecht mit Ausnahme der »Kapitänin« (3, 5) Carola Rackete nie explizit genannt (s. u.). Durch die Namen sind jedoch die individualisiert dargestellten Besatzungsmitglieder meist männlich gelesen. Der Vorname »Lena« (2) markiert eine der Ärzt*innen jedoch als weiblich. Die Bebilderung des Artikels zeigt einige männlich wie einige weiblich gelesene Seenotretter*innen.

Vergleicht man die beiden Gruppen, zeigt sich, dass sowohl Geflüchtete als auch Seenotretter*innen oft als Kollektivakteure angesprochen werden. Dabei wird bei Geflüchteten häufig eine genaue Anzahl genannt, was eine gewisse Kontrolle durch die Seenotrettung und damit eingeschränkte Normalitätsversicherung gegen ein kaum noch zählbares Sterben auf dem Mittelmeer konnotiert. Teils werden Geflüchtete auch als kollektive Repräsentant*innen vom *Leid der Geflüchteten* angesprochen, beispielsweise als »Verletzte und besonders Schutzbedürftige« (2).

Geflüchtete und Seenotretter*innen werden oft als individuelle Akteur*innen angesprochen. Bei der Art ihrer Charakterisierung ergeben sich dabei deutliche Unterschiede: Geflüchtete werden über die äußeren Merkmale Nationalität, Verwandtschaftsbeziehungen, Geschlecht oder Alter individualisiert, Seenotretter*innen hingegen über einen besonderen Status oder Verdienst innerhalb der Besatzung, durch eine hohe Stellung, eine hervorgehobene Funktion oder besondere Erfahrung. So bleiben Geflüchtete, auch wenn sie als Individuen angesprochen werden, weitgehend

Repräsentant*innen ihrer Gruppe, während Seenotretter*innen als Persönlichkeiten mit Verdiensten innerhalb der Hierarchie der Besatzung hervortreten. Dies wird dadurch verstärkt, dass bei Seenotretter*innen fast immer ihr voller Name angegeben wird, bei Geflüchteten nahezu nie.

In Bezug auf Geflüchtete wird Geschlecht explizit thematisiert, indem angeführt wird, dass sich auf den Booten hauptsächlich Männer und nur einzelne Frauen befinden und indem Akteur*innen teilweise über ihr Geschlecht charakterisiert werden, beispielsweise als »ein Mann« (4, 6) oder »vier Frauen« (10). In Bezug auf Seenotretter*innen wird Geschlecht hingegen nie explizit thematisiert, obwohl auch hier die Mehrheit der durch Namen geschlechtlich gelesenen individuellen Akteur*innen männlich ist. Die Bebilderung zeigt allerdings mehr weiblich gelesene Seenotretter*innen und abweichend vom gerade Gesagten wird Carola Rackete (s. u.) zweimal durch das Femininum »Kapitänin« (3, 5) angesprochen.

*Weitere Akteur*innen:* Neben Geflüchteten und Seentorretter*innen werden weitere Kollektivakteur*innen benannt, insbesondere Behörden und Organisationen mit Bezug zur Seenotrettung. Auf Seiten der Seenotretter*innen stehen dabei recht vielen Kollektivakteur*innen:

> Die »spanischen NGO ›Proactiva Open Arms‹« (3), »das maltesische oder italienische Militär« (3), die italienische »Guardia Costiera« (4), das deutsche »Auswärtige Amt« (7), »die Hilfsorganisation ›Alarm Phone‹« (6), eine »italienische Hilfsorganisation« (7), »andere Hilfsorganisationen« (6), »die Küstenwache von Lampedusa« (10), »das Bündnis ›Seebrücke‹« (5), »mehr als 60 [deutsche] Städte« (5), »Behörden in Deutschland« (5), »Deutsche Behörden« (6).

Ambivalent bewertet wird die Rolle der Seenotleitstellen (siehe Aussage Politikkritik S.72):

> »Seenotleitstellen« (4, 5) (libysche, maltesische, allgemein), »Seenotleitstellen in Tripolis, Rom, Malta und Bremen« (7).

Als Gegenspieler*innen fungieren:

> »italienische Behörden« (3), »Malteser« (9-10), die »maltesische Regierung« (9), die »libysche Küstenwache« (3), ein »Kommandant der libyschen Küstenwache« (6) sowie die »Bewohner Europas«, die »sich zunehmend abgeschottet haben« (1).

Als individuelle Akteur*innen werden noch benannt:

> Der »Hochkommissar der Vereinten Nationen für Flüchtlinge (UNHCR)«, »ein Fischer« (9) sowie die Kontrahent*innen »Carola Rackete« (3-5, 7) und »Matteo Salvini« (3) beziehungsweise die »Kapitänin« (3) oder »inhaftierte deutsche Kapitänin« (5) und »de[r] lautstarke[] italienische[] Innenminister« (5), »Innenminister« (3), »italienische Innenminister« (5) oder »Italiens Innenminister« (7) (siehe Aussage Politikkritik).

Außerdem wird im Lead einmal »unsere Autorin« (5) benannt und in der achten Folge verwendet diese zweimal das Personalpronomen »wir«.

Quellen des Wissens
Die Rahmenhandlung wird aus der Beobachtung der Autorin Anton erzählt. Für eingebettete Hintergrundinformationen, Erzählungen von Fluchterfahrungen sowie Bewertungen der politischen Situation und der Parallelhandlung auf der Sea-Watch 3 greift sie aber auch auf explizit benannte Quellen zurück:

Am häufigsten wird Isler als Quelle des Wissens herangezogen, der oft direkt oder indirekt zitiert wird (vgl. 2, 3, 5, 6, 9, 10) und dabei Hintergrundinformationen und Wertungen zur Situation der Alan Kurdi und zum Thema Seenotrettung sowie zum Konflikt zwischen Rackete und Salvini liefert. Als er beklagt, »dass [...] niemand bei der libyschen Küstenwache zu erreichen sei«, wird zur Bestärkung auf »andere Hilfsorganisationen« verwiesen, die das »auch immer wieder« berichteten (7). Außerdem wird die Crew als Kollektivakteur herangezogen, um die Forderung nach einer *gemeinsamen europäischen Politik* durch ihre »Wut auf die Europäische Union« zu untermalen, »die bis heute keine[n] Verteilmechanismus für Flüchtlinge ermöglicht hat« (5).

Die vierte Folge ist größtenteils den Berichten von drei Crew-Mitgliedern über vorangegangene Rettungsaktionen vorbehalten, die hier als vielfältige Quellen des Wissens dienen und sich zu den Themen Seenotrettung, Situation von Seenotretter*innen, Situation von Geflüchteten, Fluchtrouten und Fluchtursachen äußern. Dabei greifen sie teilweise auf Aussagen von geretteten Geflüchteten zurück, die damit zu indirekten Quellen des Wissens werden. Teilweise bewerten die Crew-Mitglieder dabei Ereignisse und üben so implizit *Politikkritik*, wenn Cooper sagt: »Am schlimmsten fand ich aber, dass die ganze Zeit noch ein zweiter Frachter in der Nähe war, der nicht auf unsere Funksprüche reagiert hat« (4), oder Blendin anmerkt, dass die »Seenotleitstelle [...] in der Nacht der Rettung [...] völlig überlastet« (4) gewesen sei.

Geflüchtete kommen seltener zu Wort, sehr knapp in 7 und 10, indirekt in 4 und ausführlich in 8. Dabei werden sie in Bezug auf recht viele Themen als Quellen des Wissens herangezogen, nämlich Fluchtursachen, Fluchtrouten, Situation von Geflüchteten sowie aktive Fluchthilfe. Dadurch liefern sie recht vielfältiges Wissen in Bezug auf die Aussage *Leid der Geflüchteten* (s.o.).

Zwischenfazit: Während Seenotretter*innen als Quelle des Wissens zu vielen verschiedenen Aussagen herangezogen werden, nämlich *Politikkritik, Seenotrettung als moralisches Gebot, Leid der Geflüchteten, gemeinsame europäische Lösung, Kriminalisierung von Seenotrettung oder Fluchthilfe,* werden Geflüchtete ausschließlich in Bezug auf die Aussage *Leid der Geflüchteten* herangezogen. Sie erzählen nur von sich selbst und ihren persönlichen Erfahrungen, während Seenotretter*innen sowohl über sich selbst als auch über Geflüchtete und andere politische Akteur*innen sprechen. Außerdem wird von Seenotretter*innen ausführlich wiedergeben, wie sie das Verhalten anderer Akteur*innen bewerten oder *Politikkritik* üben. Isler übt beispielsweise scharfe Kritik an Salvini (vgl. 3) und rechtfertigt Racketes Verhalten (vgl. 5). Der »junge[] Mann aus Somalia«, der in der achten Folge ausführlich zu Wort kommt, sagt zwar, dass er »von der ›Sea-Watch‹« gehört habe (8), dann wird aber nicht nachgefragt, was er über diese weiß oder wie er den Konflikt einschätzt. Ebenfalls wird im Konjunktiv der indirekten Rede wiedergegeben, wie derselbe erzählt, dass »man ihnen gesagt« (8) habe, die Überfahrt »würde 24 Stunden dauern« (8). Es wird dann aber nicht ihm überlassen, diese Lüge von Fluchthelfer*innen zu kritisieren, sondern die Autorin wendet im Indikativ ein: »Tatsächlich sind die mehr als 150 Meilen für ein Schlauchboot wenn überhaupt nur in mehreren Tagen zu schaffen« (8). Danach »erzählt der junge Somalier« (8) dann weiter über die Schrecken der Überfahrt.

Als weitere Quelle des Wissens wird der »Hochkommissar der Vereinten Nationen für Flüchtlinge (UNHCR)« (1) als Quelle für statistische Daten über das Sterben im Mittelmeer angegeben. Außerdem wird zweimal auf Tweets von Salvini im Mikrobloggingdienst Twitter verwiesen (vgl. 3, 7) sowie einmal auf einen Tweet des Seenotrettungsvereins Mission Lifeline (vgl. 10).

Kollektivsymbolik

Die bisher herausgearbeitete meist antithetische Darstellung von Seenotretter*innen und Geflüchteten setzt sich auch in der Kollektivsymbolik fort.

Screenshot aus 4. Bildunterschrift: »Das Seenotrettungsschiff Alan Kurdi im Mittelmeer mit Kurs auf Libyen«

Sehr häufig werden die Schiffe und Boote sowie das Rettungsequipment der Seenotretter*innen beschrieben und in Fotografien gezeigt. Neben der »Alan Kurdi« (1-10) und der »Sea-Watch 3« (1, 3, 5, 9) werden auch die »Sea-Watch 1« (4), die »Seefuchs« (4), die »Alex« (9), ein »Schiff der spanischen NGO ›Proactiva Open Arms‹« (3) und ein »Segelschiff einer italienischen Hilfsorganisation« (7) sowie ein »vorbeikommender Frachter« (40) und Schiffe der maltesischen Streitkräfte (9-10) erwähnt. Darüber hinaus werden Rettungsboote beziehungsweise Beiboote häufiger beschrieben.

Screenshot aus 2. Bildunterschrift: »Die Crew verstaut Wasservorräte an Deck der ›Alan Kurdi‹«

In einem Foto in der vierten Folge sieht man die Alan Kurdi vor blauem Himmel durch ebenso blaues und ruhiges Meer fahren, was Sicherheit und Zuverlässigkeit konnotiert. Im Text wird eingeschränkt, dass das »39 Meter lange Schiff« (2) angesichts der angelieferten Mengen an Vorräten

»plötzlich ganz schön klein« wirke (2) und die Sea-Watch 1 wird sogar als »nur ein kleines Schiff mit einer Besatzung von sieben Leuten und ein paar Rettungsinseln« (4) beschrieben. Den Mangel an Platz kompensieren die Seenotretter*innen durch planerisches Geschick, indem sie die Vorräte »in den Schränken und unter den Sitzbänken im Esszimmer« (2) stapeln und sie dabei so sicher unterbringen, »dass selbst bei starkem Seegang nichts durch die Kabinen fliegt« (2). Das Schiff wird damit zur knappen Ressource und seine Beladung zum Symbol verantwortungsvoll planender Seenotretter*innen. Vorratsplanung wird auch an anderen Stellen thematisiert und die Symbolik so durch Wiederholungen gefestigt. Bei »einem Zwischenstopp in Palma [werden] noch fehlender Proviant und Ersatzteile aufgestockt« (3) und nach Abschluss einer Rettungsmission bereitet sich die Besatzung auf die nächste vor, indem »Vorräte und Rettungswesten [...] sortiert und das Hospital [...] wieder hergerichtet« (9) werden. In Anbetracht ausreichend verbliebener Vorräte spricht der Einsatzleiter explizit von Verantwortungsbewusstsein: »Jetzt noch einmal in die Rettungszone statt nach Hause zu fahren, sei auch ein verantwortungsbewusster Umgang mit diesen Ressourcen, findet Isler« (9).

Darüber hinaus werden weitere Vorbereitungen der Seenotretter*innen beschrieben, die ebenfalls verantwortungsvolles Planen, aktives Handeln, hohe Leistungsbereitschaft und Abenteuerlust konnotieren. Alles zusammen findet sich in folgendem Zitat:

> »Die Tage auf der ›Alan Kurdi‹ sind gut durchgetaktet. Um halb acht wird gefrühstückt, um 12 gibt es Mittag- und um 18 Uhr Abendessen. Am Vormittag stehen Inventur und der Bau eines Sonnensegels auf dem Programm, am Nachmittag wird der Umgang mit den kleinen Rettungsbooten trainiert. Abends sitzt die Crew beisammen – und die erfahrenen Mitglieder erzählen, was sie erlebt haben.« (4)

Fleiß und gute Organisation werden auch durch einen »Wach- und Putzplan« (9) sowie eine volle »To-Do-Liste« (2) konnotiert. Professionalität und Entschlossenheit konnotiert die Beschreibung von Training »bei rund 30 Grad in der Mittagssonne« (1), »Schweiß auf der Stirn« (2) und Medikamenten »gegen Seekrankheit« (2, 3). Die Seenotretter*innen leiden aber nicht unter den Belastungen, sondern sind in »Aufbruchsstimmung« (2) und zur »Belohnung gibt es Pizza zum Abendessen« (1).

Screenshot aus 1. Bildunterschrift: »Die Mannschaft der Sea-Eye auf einem ihrer Rettungsboote«

In den Fotografien, die die Reportage-Serie illustrieren, dominiert das leuchtende Orange der Sicherheitsausrüstung bestehend aus Rettungswesten, Schutzkleidung und Helmen (1, 4, 7, 8), Beibooten (1) sowie Rettungsringen (2, 3). Dieses symbolisiert ebenfalls Verantwortungsbewusstsein und Professionalität der Seenotretter*innen.

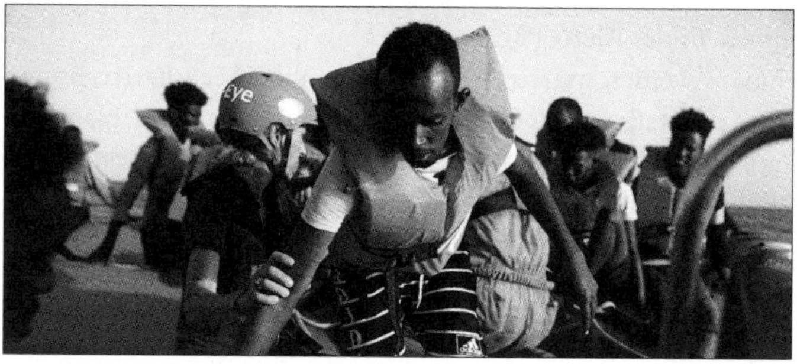

Screenshot aus 8. Bildunterschrift: »Ein Geflüchteter verlässt vor der Küste Libyens ein Schlauchboot: Die Crew der Rettungsorganisation Sea Eye hat ihn und die anderen Geflüchteten an Bord genommen.«

Zugleich stellt das Orange eine symbolische Verbindung zu Geflüchteten her, die in zwei Fotos ebenfalls orangene Rettungswesten tragen (7, 8). Dabei bleiben die Seenotretter*innen durch zusätzliche Helme und Schutzkleidung unterscheidbar. Ein Kontrast zwischen aktiv helfenden Seenotretter*innen und hilfsbedürftigen Geflüchteten wird dabei hergestellt, indem auf einem Bild (7) ein*e einzelne Seenotretter*in steht, während eine große Anzahl an Geflüchteten auf einem Schlauchboot sitzend wartet. Im anderen Bild (8) greift ein*e Seenotretter*in helfend oder führend an den Arm eines Geflüchteten.

Screenshot aus 7. Bildunterschrift: »Ein Beiboot der Alan Kurdi trifft am Freitagmorgen im libyschen Meer auf ein Schlauchboot mit 65 Flüchtlingen an Bord.«

Den zwar etwas kleinen, ansonsten aber sicheren und zuverlässigen Schiffen der Seenotrettung stehen die »völlig überfüllten« (4) beziehungsweise »übervolle[n]« (7) Boote der Geflüchteten antithetisch gegenüber, die »in Seenot« (1, 9) geraten. Ein Holzboot hat einen »defekte[n] Motor« (10). Bei einem Schlauchboot ist der »Motor *noch* manövrierfähig« (7, Hervorhebung durch Verfasser*in) und auch ansonsten ist es schlecht ausgestattet:

> »An Bord hatte es elf Kanister Benzin, einen Kanister mit Wasser und kaum Proviant. Kein GPS, kein Satellitentelefon. Die Insassen waren damit orientierungslos. Das Fabrikat sei billig gewesen [...]« (7).

Die unzureichenden Boote konnotieren hier zugleich hilflose und handlungsunfähige Geflüchtete. Dies gilt auch für die Geflüchteten auf einem anderen Boot, die mit der Aussage zitiert werden, ihnen »sei nach einem Tag das Benzin ausgegangen, sodass sie hilflos auf dem Meer trieben« (10). Mangelnde Vorräte stehen der vorausschauenden Bevorratung durch die Seenotretter*innen antithetisch gegenüber: Während auf einem Schlauchboot »wenig Proviant an Bord war« (8), kann die gut bevorratete Besatzung der Alan Kurdi den Geretteten zum Frühstück »Milchreis mit Rosinen, Ananas und Datteln« (8) bieten. In einem anderen Fall symbolisiert Nahrung darüber hinaus die spontane Empathie der Seenotretter*innen: »Die ganze Crew war rührend, alle haben ihre Keksvorräte geplündert und den Geretteten angeboten« (4).

Noch deutlicher wird der Gegensatz in einem Übungsszenario vor der Abfahrt der Alan Kurdi:

> »Direkt ins Boot ziehen soll die Crew die [im Wasser treibende] Person im besten Fall nicht: Das wäre ein fatales Signal an die anderen Migranten auf dem Boot, ebenfalls ins Wasser zu springen. Dabei [...] müssen die Seenotretter die Kontrolle über den Wechsel der in Not Geratenen [...] behalten und für Ruhe sorgen.« (1)

Hier wird ein planloses und irrationales Handeln der Geflüchteten antizipiert, das Kontrolle durch die Seenotretter*innen nötig macht.

Abweichend von der restlichen Reportage-Serie finden sich in dem Bericht des jungen Mannes aus Somalia in der achten Folge Stellen, an denen die Kollektivsymbolik Geflüchtete als zielstrebig, aktiv oder planend erscheinen lässt. Er verkündet: »Das Essen ist nicht so wichtig, Hauptsache, wir sind in Sicherheit« (8). Der Nahrungsmangel wird so uminterpretiert als Symbol für die Hoffnungen und Zielstrebigkeit Geflüchteter. Weiter erzählt er, wie die Geflüchteten eindringendes Wasser »mit einem Handtuch immer wieder aufgewischt« hätten (8). Dieses Bild konnotiert einen aktiven Kampf gegen Gefahren und steht im Widerspruch zu den Bildern von hilflos auf ihre Rettung wartenden Geflüchteten. Dass der junge Somalier nicht planlos in ein Boot gestiegen ist, sondern sich der Gefahren einer Überfahrt bewusst war, macht er auch deutlich, wenn er erzählt, dass er vor der Abfahrt »noch mit seiner Familie telefoniert [habe], ›damit sie für ihn betet‹« (8). Das Beten kann hier als Symbol für antizipierte Gefahr und Hoffnung verstanden werden.

Vereinzelt gibt es auch andere Stellen in der Reportage-Serie, in der Geflüchtete ansatzweise planend oder aktiv werden. So wird eine emotionale und symbolische Situation beschrieben, in der ein »Mann sein ein Jahr altes Kind« den Seenotretter*innen hinhält und sagt, ihm »sei es egal, was mit ihm selbst passiere, Hauptsache das Baby komme sicher nach Europa« (4). Die Handlung des Geflüchteten besteht hier allerdings lediglich darin, sich selbstlos gegenüber dem Kind zurückzunehmen und Hilfe für dieses einzufordern. Das Problem, das Kind »ohne entsprechendes Equipment die Strickleiter« (4) hochzubringen, löst er nicht selbst, sondern die Retter*innen: »Schließlich hat ein Crewmitglied des Frachters das Kind geholt und ist mit ihm im Arm irgendwie die Leiter hochgeklettert« (4). Die hoch symbolische Handlung des Mannes konnotiert also selbstloses, vorausschauendes Planen, aber auch passive Zurücknahme und Hilfsbedürftigkeit. Außerdem werden dreimal Situationen beschrieben, in denen Geflüchtete Angst vor einem Push-Back oder Pull-Back nach Libyen haben, die als Kollektivsymbole für das *Leid der Geflüchteten* und deren ständige Bedrohung wirken. Einmal werden die Geflüchteten dabei aktiv und flüchten mit ihrem Schlauchboot vor der Alan Kurdi (vgl. 7), die sie mit einem Schiff der libyschen Küstenwache verwechseln, zweimal können sie aber nur passiv mit ängstlichen Fragen (vgl. 8) oder einer »Panikattacke« (4) reagieren.

Die Reportage-Serie reproduziert das kollektivsymbolische Grundschema Innen – Grenze – Außen in modifizierter Form: Es wird fast ausschließlich aus Perspektive der Besatzung der Alan Kurdi berichtet. Das Vehikel Schiff wird dabei zu einem Kollektivsymbol für das Innen, das von empathischen, aktiv handelnden und verantwortungsvoll planenden Seenotretter*innen bewohnt wird. Die kleinen, überfüllten Holz- oder Schlauchboote der Geflüchteten hingegen markieren ein Außen, in dem hilfsbedürftige, passive oder sogar planlose Menschen auf ihre Rettung warten. Durch diese Charakterisierung wird der Subjektstatus der Geflüchteten zwar in Frage gestellt, ihnen aber nicht vollständig aberkannt: Die Möglichkeit aktiven oder planenden Handelns von Geflüchteten wird vereinzelt in Betracht gezogen, wenn diese selbst zu Wort kommen und über ihre Fluchterfahrungen berichten. Außerdem wirkt der eingeschränkte Subjektstatus hier nicht als Bedrohung und Feindbestimmung, sondern löst ausschließlich Mitleid aus.

Interessant ist hier noch ein Blick auf die kollektivsymbolische Grenze zwischen Innen und Außen: Die Bordwand von »drei Meter Höhe« (1) erweist sich für die Geflüchteten als schwer zu überwindendes Hindernis. Diese Grenze soll allerdings nicht verteidigt werden, sondern die Seenotretter*innen helfen den Geflüchteten, diese beispielsweise mithilfe eines »Kran[s]« (1) oder einer »Strickleiter« (4) zu überwinden. Die Bordwand als Grenze ist dabei insofern sicher, dass Geflüchtete sie eben nur mit aktiver Hilfe der Seenotretter*innen überschreiten können. Diese (kontrollierte) Offenheit der Grenze steht kollektivsymbolisch im Gegensatz zu Blockade und Abschottung, die Europas »Bewohner« (1), vor allem aber italienischen und maltesischen Häfen (vgl. 2-5, 9) sowie Salvini (vgl. 7) vorgeworfen werden. Das Kollektivsymbol Abschottung ist hier also keine Forderung, sondern im Gegenteil ein Kriterium dafür, die verantwortungslose Politik der Mittelmeeranrainerstaaten Libyen, Italien und anderer EU-Staaten in ein zweites kollektivsymbolisches Außen zu positionieren. Dieses zweite Außen steht ebenfalls in Antithese zu den empathischen, aktiven und verantwortungsbewusst handelnden Seenotretter*innen. Anders als die Geflüchteten wird dieses Außen jedoch negativ bewertet (Genauer dazu: siehe Aussage Politikkritik).

Auffällig ist, dass ein Großteil der Kollektivsymbole der Reportage-Serie Pragmasymbole sind, also Symbole, bei denen sowohl die denotierte (wörtliche), als auch die konnotierte (übertragene) Bedeutung gelesen werden können.[344] So kann ein Foto einer orangenen Rettungsweste oder die Beschreibung schweißtreibenden Trainings sowohl wörtlich als konkreter Gegenstand beziehungsweise konkrete Handlung verstanden werden, als auch im übertragenen Sinne als Bild für Verantwortungsbewusstsein. Durch diese Kopplung wird die Wirkung der übertragenen Bedeutung von Pragmasymbolen verstärkt. Dabei werden sie gewissermaßen naturalisiert, indem sie oft gar nicht bewusst als Symbolik mit übertragener Bedeutung wahrgenommen werden, sondern als unhinterfragbare Fakten. Dieses gilt auch für die teils denormalisierende, teils normalitätsversichernde Wirkung von Zahlen (siehe Aussage *Leid der Geflüchteten* und 10.3.5 zu Akteur*innen).

10.3.6 Fazit

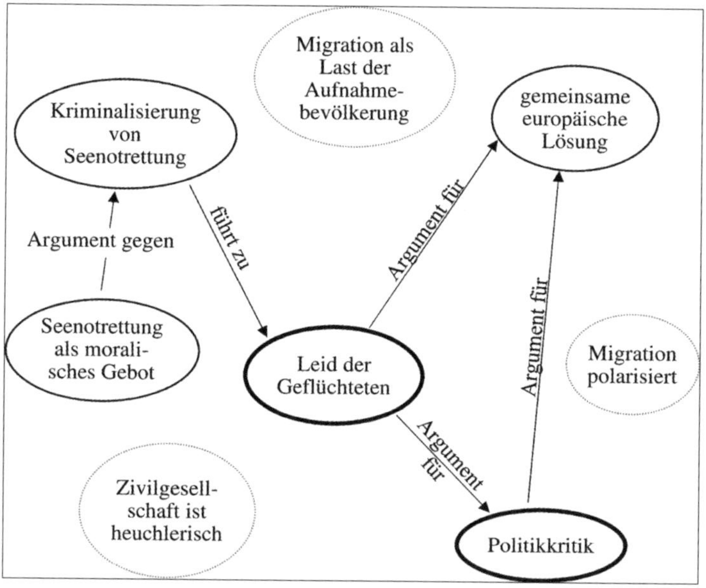

Aussagenschema Alan Kurdi

344 Zum Begriff des Pragmasymbols vgl. Jäger 2015, S. 61-62 oder Link 2018, S. 187 (hier verwendet Jürgen Link den ähnlichen Begriff »Synekdoche«).

Das Aussagenschema verdeutlicht, dass in der Reportage-Serie nur ein Teil der Aussagen angesprochen werden, die sich in den Strukturanalysen der Kommentare finden. Anders als in diesen wird hier das Leid der Geflüchteten sehr ausgiebig und dramatisch dargestellt und dient zugleich als Argument für die ebenfalls häufig angesprochene Politikkritik. Die anderen relevanten Aussagen stehen in Zusammenhang mit der zentralen Aussage Leid der Geflüchteten. Weitere Aussagen werden nur assoziativ angesprochen (grau) oder gar nicht: Ethnisierung von Kriminalität, Ethnisierung von Sexismus und Trennung erwünschte/unerwünschte; legale/illegale; legitime/illegitime Migration.

Das zentrale Forschungsinteresse dieser aspektorientierten Analyse war es herauszufinden, ob und wie in der Reportage-Serie das *Leid der Geflüchteten* dargestellt wird. Es hat sich gezeigt, dass diese Aussage in fast allen Folgen und im Zusammenhang mit vielen Themen angesprochen wird. Dabei wird das *Leid der Geflüchteten* nicht nur relativ ausführlich dargestellt, sondern auch stark emotional vermittelt und für die Leser*innen subjektiv erfahrbar gemacht, wodurch Empathie gefördert werden kann. Dazu dienen vielfältige Mittel, insbesondere sprachliche Strategien der Dramatisierung, statistische Daten über das Sterben im Mittelmeer als kollektivsymbolische Applikationsvorgabe und emotionale Berichte von Crew-Mitgliedern. Die Geflüchteten werden zwar nicht dem kollektivsymbolischen Wir zugerechnet, aber häufig spiegeln empathische Seenotretter*innen deren Leid, und machen so das *fremde* Leid zu *unserem* Leid. Hinzu kommen die Darstellung von subjektiven Ängsten und Wünschen von Geflüchteten und rührenden Gesten des Danks oder der Hoffnung sowie ein emotionaler Bericht eines geretteten Geflüchteten. Mitleiderregend wirken auch kurze, aber drastische Darstellungen der Gewalt in Herkunftsländern und dem Transitland Libyen sowie der Gefahren und Entbehrungen der Flucht über das Mittelmeer. Es wird über männlich und weiblich gelesenen Geflüchtete, über gerettete und gestorbene Kinder sowie über Schwangere und betende Angehörige der Geflüchteten berichtet, was vielfältige Angebote zur Identifikation und Empathie schafft. Außerdem wird die Hilflosigkeit von Geflüchteten in seeuntauglichen Schlauchbooten mit der Blockadepolitik der Anrainerstaaten sowie dem Mangel an Rettungsbooten kontrastiert.

Die Notwendigkeit des Schutzes der Geflüchteten wird aus Perspektive der Seenotrettung als zentrales Anliegen dargestellt und der Schutz vor Geflüchteten durch Anlegeverbote in italienischen oder maltesischen Häfen kollektivsymbolisch als Blockaden beschrieben, die als Ursache des *Leids der Geflüchteten* kritisiert werden. Seenotretter*innen werden als Held*innen präsentiert, die aktiv handeln, Menschenleben retten und das »internationale[] Seerecht« (3) auf ihrer Seite haben. Sie werden einer verfehlten und oft passiven Migrationspolitik und EU-Politik entgegengesetzt. Die *Kriminalisierung von Seenotrettung* wird kritisiert als Ursache für einen Mangel an Rettungsschiffen und infolgedessen für das Sterben von Geflüchteten. Dabei wird das Sterben im Mittelmeer als Denormalisierung beschrieben, wenn es beispielsweise heißt: »Die Menschen fahren trotzdem los. Wie viele sterben, lässt sich kaum noch dokumentieren« (3). Mit vorangehendem Zitat wird auch der im Migrations- und Fluchtdiskurs der Jahres 2018 und 2019 häufig diskutierten These implizit widersprochen, die private Seenotrettung sei ein Pull-Faktor, der Geflüchtete dazu verleite, die Überfahrt über das Mittelmeer zu riskieren.

Zusammenfassend lässt sich feststellen, dass sich die Annäherung an die Realität von Geflüchteten durch eine Reportage über Seenotrettung tatsächlich als ein Ort für Empathie für Geflüchtete zeigt. Fluchtursachen werden benannt und das *Leid der Geflüchteten* wird auf vielfältige Weise als dramatisch dargestellt. Dadurch wird das Sterben im Mittelmeer als Denormalisierung erfahren und nicht die Flucht – andersherum als im Herbst 2015 (s. o. im Unterkapitel zum Forschungsinteresse). Ebenfalls anders als im Herbst 2015 wird weder eine Not der Staaten durch Geflüchtete noch eine Notwendigkeit des Schutzes vor Geflüchteten geäußert, stattdessen wird deren Schutz durch Seenotrettung als Notwendigkeit dargestellt. Anstatt wie im Herbst 2015 Helfende mit dem Kampfbegriff und Unwort »Gutmenschen«[345] zu diskreditieren (vgl. Jäger & Wamper 2017, S.114), wird in der Reportage-Serie der *Kriminalisierung von Seenotrettung* widersprochen. Außerdem wird diese Aussage Salvini zugewiesen, der im kollektivsymbolischen Außen verortet wird.

345 »Gutmensch« wurde 2015 zum Unwort des Jahres gewählt, da es »es im Zusammenhang mit dem Flüchtlingsthema im letzten Jahr besonders prominent geworden« sei und damit »insbesondere auch diejenigen beschimpft [wurden], die sich ehrenamtlich in der Flüchtlingshilfe engagieren oder die sich gegen Angriffe auf Flüchtlingsheime stellen« (Sprachkritische Aktion Unwort des Jahres 2016, S.1). Zusammen mit dem »Phraseolexem« (Erdl 2019, S.51) der »Politischen Korrektheit« ist das Wort einerseits ein Kampfbegriff in rechtsextremen Diskursen, andererseits aber auch seit längerem im hegemonialen Diskurs etabliert und damit gut geeignet für rechtspopulistische Diskursstrategien (vgl. Gießelmann 2019, S.284 und Erdl 2019).

Die Aussage *Politikkritik* wird in Bezug auf die Themen Seenotrettung, Migrationspolitik, EU-Politik und Carola Rackete realisiert. Dabei wird das Verhalten europäischer Staaten sowie Libyens in Bezug auf die Seenotrettung im Mittelmeer stark kritisiert und teilweise die tödlichen Folgen dieser Abwehrpolitik aufgezeigt. Ein Zusammenhang mit einem insgesamt auf Abwehr, statt Hilfe ausgerichteten Migrations- und Fluchtdiskurs der letzten Jahre und einer entsprechenden Praxis europäischer und deutscher Migrationspolitik wird nur angedeutet. Konkret benannt werden aber ausschließlich Maßnahmen, die unmittelbar die Seenotrettung behindern, nicht jedoch beispielsweise die Kooperation der EU mit Libyen bei der brutalen Abwehr Geflüchteter. In Zusammenhang mit der Politikkritik wird ein kollektivsymbolisches Außen konstruiert: Den verantwortungsbereiten und aktiven Seenotretter*innen als kollektivsymbolischem Innen wird eine verantwortungslose und handlungsunfähige Politik der Mittelmeeranrainerstaaten Libyen, Italien und anderer EU-Staaten als Außen entgegengesetzt. Diese Entgegensetzung wird national kodiert und erweitert. Die »deutsche[] Kapitänin« (7) Rackete wird dabei zur symbolischen Repräsentantin des Innen und der »lautstarke[] italienische[] Innenminister« (7) Salvini zum Repräsentanten eines Außen, das oft durch mangelnde Kooperationsbereitschaft gekennzeichnet ist. Ähnlich wird die »Zusammenarbeit mit den Behörden in Deutschland« von Isler als »lösungsorientiert« (5) bewertet und der Blockade der Sea-Watch 3 durch die italienische Regierung entgegengesetzt (vgl. 5). Durch diese Realisierungsform von *Politikkritik* wird die Verantwortung für das Sterben im Mittelmeer in das Außen der anderen europäischen Länder geschoben, insbesondere in das rechtspopulistisch regierte Italien. Als Innen wird hingegen ein Deutschland konstruiert, das aus verantwortungsbewussten Seenotretter*innen und dem »Bündnis ›Seebrücke‹« (5) als zivilgesellschaftlichen Akteur*innen sowie lösungsorientierten Behörden und hilfsbereiten Städten (vgl. 5) besteht.

Als Lösung wird mehrmals eine *gemeinsame europäische Lösung* angeführt. Dass es keine Einigung darüber gibt, wie die wenigen Geflüchteten verteilt werden, denen es überhaupt gelingt, die EU zu erreichen, erscheint so als Grundübel:

> »Und da ist auch die Wut auf die Europäische Union – genauer müsste es wohl [...] die Wut auf die einzelnen Mitgliedsstaaten sein – die bis heute keine[n] Verteilmechanismus für Flüchtlinge ermöglicht hat« (5).

Die Fixierung auf diesen einen mantrahaft wiederholten Erklärungsansatz verhindert eine umfassende Reflexion der Ursachen für das *Leid der Geflüchteten* und blendet andere, weitergehende Lösungsmöglichkeiten aus dem Sagbarkeitsfeld aus.

Zusammenfassend lässt sich feststellen, dass ein national deutsch kodiertes lösungsorientiertes und verantwortungsbewusstes kollektivsymbolisches Innen mit starken zivilgesellschaftlichen Akteur*innen einem Außen der restlichen EU-Staaten entgegengesetzt wird, das verantwortungslos ist und eine *gemeinsame europäische Lösung* verhindert. Durch diese Form von *Politikkritik* wird die Verantwortung für das Sterben im Mittelmeer und die Verantwortung für eine Lösung ins EU-Außen geschoben. Die deutsche Politik kann in dieser Entgegensetzung nicht als mitverantwortlich beschrieben werden. Aber auch andere Ursachen und Lösungsmöglichkeiten werden aus dem Sagbarkeitsfeld ausgeblendet. Ein Zusammenhang einer restriktiven Migrationspolitik mit Rassismus der Mitte oder einer erfolgreichen Wirkung rechtsextremer Diskursstrategien wird nicht hergestellt.

Geflüchtete werden teilweise als kollektive Repräsentant*innen des *Leid der Geflüchteten* angesprochen, beispielsweise als »Verletzte und besonders Schutzbedürftige« (2). Außerdem werden häufig Zahlenangaben gemacht, wie beispielsweise »64 Geflüchtete« (5) oder »60 Gerettete« (4). Diese stehen im Kontrast zu der Erklärung, dass die Anzahl der Sterbenden auf dem Mittelmeer »sich kaum noch dokumentieren« (3) lasse. Während die Nicht-Zählbarkeit Unsicherheit oder gar Denormalisierung konnotiert, konnotieren die genauen Zahlen Kontrolle durch die Seenotretter*innen und können damit als eine eingeschränkte Normalitätsversicherung wirken.

Werden Geflüchtete oder Seenotretter*innen als individuelle Akteur*innen angesprochen, ergeben sich deutliche Unterschiede: Geflüchtete werden über die äußeren Merkmale Nationalität, Verwandtschaftsbeziehungen, Geschlecht oder Alter individualisiert und bleiben dabei Repräsentant*innen ihrer Gruppe, Seenotretter*innen hingegen treten als Persönlichkeiten mit Verdiensten innerhalb der Hierarchie der Besatzung hervor. Dies wird dadurch verstärkt, dass bei Seenotretter*innen fast immer ihr voller Name angegeben wird, bei Geflüchteten nahezu nie.

Während Seenotretter*innen als Quelle des Wissens zu vielen verschiedenen Aussagen herangezogen werden, werden Geflüchtete ausschließlich in Bezug auf das *Leid der Geflüchteten* zitiert. Sie erzählen nur von sich selbst und ihren persönlichen Erfahrungen. Von Seenotretter*innen hingegen wird auch ausführlich wiedergegeben, wie sie von Geflüchteten oder anderen Akteuren erzählen. Sie sind auch nicht auf das Erzählen beschränkt, sondern bewerten auch das Verhalten anderer Akteur*innen oder üben *Politikkritik*. Während Isler von Sea-Eye beispielsweise scharfe Kritik an Salvini übt (vgl. 3) und Racketes Verhalten rechtfertigt (vgl. 5), wird zwar wiedergegeben, dass der »junge[] Mann aus Somalia«, der in der achten Folge zu Wort kommt, »von der ›Sea-Watch‹« (8) gehört habe, dann wird aber nicht nachgefragt wird, was er über diese wisse oder wie er den Konflikt einschätze.

Auch die Analyse der Kollektivsymbolik zeigt eine meist antithetische Darstellung von Seenotretter*innen und Geflüchteten. Dabei wird das kollektivsymbolische Grundschema Innen – Grenze – Außen reproduziert: Schiffe stehen kollektivsymbolisch für das Innen der empathischen, aktiv handelnden und verantwortungsvoll planenden Seenotretter*innen. Die kleinen, überfüllten Holz- oder Schlauchboote der Geflüchteten symbolisieren hingegen ein Außen. Die Geflüchteten werden als Gegenfiguren gezeichnet: Sie erscheinen meist als hilfsbedürftig, passiv oder sogar planlos. Dies zeigt sich auch an Kollektivsymbolen aus dem Bildbereich der Bevorratung und symbolisch aufgeladen Übungsszenarien: Während beschrieben wird, dass auf der Alan Kurdi Proviant »sicher verstaut« (2) werde, hätten die Geflüchteten auf ihrem Schlauchboot »kaum Proviant« (7), seien mangels GPS »orientierungslos« (7) und könnten sich dazu verleiten lassen, »ins Wasser zu springen« (1), wenn »die Seenotretter die Kontrolle über den Wechsel der in Not Geratenen« (1) nicht behalten würden. Die Beschreibungen des Trainings der Seenotretter*innen »bei rund 30 Grad in der Mittagssonne« (1), mit »Schweiß auf der Stirn« (2) sowie illustrierende Fotografien ihres meist orangefarbenen Equipments sind hingegen Kollektivsymbole für Professionalität und Entschlossenheit.

Eine wichtige Ausnahme von der passiven Darstellung Geflüchteter stellt ein »junger Mann aus Somalia« (8) dar, dem Platz eingeräumt wird, um ausführlich seine Fluchtgeschichte und Pläne für die Zukunft zu erzählen. Zwar wird auch sein Name nicht genannt, er wird aber deutlich als aktives und selbstbewusst planendes Subjekt erkennbar, das Vorstellungen von seiner Zukunft hat und bereit ist, Entbehrungen zu erdulden, um seine Ziele später erreichen zu können. So sagt er an Bord der Alan Kurdi: »Das Essen ist nicht so wichtig, Hauptsache, wir sind in Sicherheit« (8).

Als kollektivsymbolische Grenze zwischen Innen und Außen dient die Bordwand, die die Geflüchteten nur mit Hilfe der Seenotretter*innen überwinden können. Diese kontrollierte Offenheit der Grenze steht kollektivsymbolisch im Gegensatz zu Blockade und Abschottung, die Europas »Bewohner« (1), vor allem aber italienischen und maltesischen Häfen sowie Salvini vorgeworfen werden.

Zusammenfassend lässt sich feststellen, dass die Reportage eine Entgegensetzung von Seenotretter*innen als Teil eines kollektivsymbolischen Wir beziehungsweise Innen und Geflüchteten als diesem entgegengesetzt reproduziert. Dabei werden aktiv handelnde, verantwortungsvoll planende und zuverlässig informierende Seenotretter*innen meist passiven, namenlosen und hilfsbedürftigen Geflüchteten entgegengesetzt. Dieses Schema wird nur teilweise durchbrochen, wenn Geflüchtete selbst zu Wort kommen. Die Untersuchung der Quellen des Wissens hat aber gezeigt, dass Geflüchtete auch dann weitgehend nur als Repräsentant*innen des *Leids der Geflüchteten* wahrgenommen werden, die das politische Geschehen nicht kommentieren. Sie werden zwar individualisiert und nicht als kollektivsymbolische Masse ohne Subjektstatus dargestellt, ihr Subjektstatus bleibt aber insofern eingeschränkt, als dass sie eben nicht als vollwertige, politische Subjekte wahrgenommen werden. Der eingeschränkte Subjektstatus wirkt dabei aber nicht als Feindbestimmung, sondern löst Mitleid aus.

Insgesamt steht also einem kollektivsymbolischen Innen aus lösungsorientierten deutschen Behörden, verantwortungsvollen Seenotretter*innen und Rackete als deren Repräsentantin ein Außen gegenüber, das einerseits aus passiven Geflüchteten und andererseits verantwortungslosen anderen Staaten besteht, deren Repräsentant Salvini ist.

Die Reportage-Serie spricht relativ wenige Themen an. Der Migrations- und Fluchtdiskurs wird nahezu nicht mit dem Geschlechter- und Sexualitätsdiskurs, dem Islamdiskurs oder dem Sicherheitsdiskurs verschränkt sowie das Thema Terror nicht angesprochen. Diese Verschränkungen sind seit dem Herbst 2015 in anderen Teilen des hegemonialen Diskurses wichtige Entstehungsorte für Rassismus, die Forderung nach Fluchtabwehr und Ethnisierung von Sexismus. Die Reportage-Serie hingegen verschränkt den Migrations- und Fluchtdiskurs eng mit dem EU-Diskurs und dem Diskurs über italienische Politik, was mit den Aussagen *Politikkritik* und *gemeinsame europäische Lösung* korrespondiert.

10.3.7 Dossier

Anton, Julia: Logbuch der Alan Kurdi (1). Retten will gelernt sein, FAZ.NET v. 24.6.2019, https://www.faz.net/aktuell/politik/logbuch-der-alan-kurdi-1-retten-will-gelernt-sein-16250964.html (22.6.2020).

Anton, Julia: Logbuch der Alan Kurdi (2). Bereit machen zur Abfahrt, FAZ.NET v. 26.6.2019, https://www.faz.net/aktuell/politik/ausland/fluechtlingsretter-der-alan-kurdi-machen-sich-bereit-zur-abfahrt-16254922.html (22.6.2020).

Anton, Julia: Logbuch der Alan Kurdi (3). Kräfte sparen, FAZ.NET v. 28.6.2019, https://www.faz.net/aktuell/politik/ausland/alan-kurdi-legt-ab-fahrt-zur-rettungszone-vor-libyen-dauert-16258709.html (22.6.2020).

Anton, Julia: Logbuch Alan Kurdi (4). Was Crew-Mitglieder erlebten, FAZ.NET v. 30.6.2019, https://www.faz.net/aktuell/politik/ausland/logbuch-alan-kurdi-4-was-crew-mitglieder-erlebten-16261571.html (22.6.2020).

Anton, Julia: Logbuch Alan Kurdi (5). Mit dem Schicksal der »Sea-Watch 3« an Bord, FAZ.NET v. 1.7.2019, https://www.faz.net/aktuell/politik/mit-dem-schicksal-der-sea-watch-3-an-bord-16263432.html (22.6.2020).

Anton, Julia: Logbuch der Alan Kurdi (6). Ein Notruf ohne Positionsangaben, FAZ.NET v. 3.7.2019, https://www.faz.net/aktuell/politik/ausland/auf-dem-seenotrettungsschiff-alan-kurdi-6-ein-notruf-ohne-positionsangabe-16267230.html (22.6.2020).

Anton, Julia: Logbuch Alan Kurdi (7): Flüchtlinge in Sicht! FAZ.NET v. 5.7.2019, https://www.faz.net/aktuell/politik/ausland/rettungsschiff-alan-kurdi-birgt-65-migranten-aus-seenot-16269914.html (22.6.2020).

Anton, Julia: Logbuch »Alan Kurdi« (8). »Hauptsache wir sind in Sicherheit«, FAZ.NET v. 6.7.2019, https://www.faz.net/aktuell/politik/ausland/logbuch-alan-kurdi-8-hauptsache-wir-sind-in-sicherheit-16272064.html (22.6.2020).

Anton, Julia: Logbuch der Alan Kurdi (9). »Wir retten weiter«, FAZ.NET v. 8.7.2019, https://www.faz.net/aktuell/politik/ausland/logbuch-der-alan-kurdi-9-wir-retten-weiter-16274630.html (22.6.2020).

Anton, Julia: Logbuch der Alan Kurdi (10). »Erfolgreiches Ende einer Rettung«, FAZ.NET v. 9.7.2019, https://www.faz.net/aktuell/politik/ausland/crew-von-alan-kurdi-will-nach-zweiter-rettung-heimreise-antreten-16276721.html (22.6.2020).

10.3.8 Literatur

Erdl, Marc Fabian 2019: »Gefahr erkannt, davongerannt«. Wie die Linken in den Neunzigerjahren den Kairos verpassten, den Mythos der Politischen Korrektheit zu versittlichen, in: Bey, Paul & Nothardt, Benno (Hg.): Kämpfe um Meinungsfreiheit und Medien. Im Spannungsfeld von Hate Speech, Fake News und Algorithmen. Münster: Unrast, S.51-80.

Friede, Judith/Kalchschmidt, Louis/Marx, Fabian/Mayer, Anna-Maria/Nothardt, Benno/Slat, Milan/Sydow, Christian (2022): Deutsche Rettung? Eine Kritische Diskursanalyse des Fluchtdiskurses um Carola Rackete und Moria. Münster: Unrast.

Geißelmann, Bente 2019: Political Correctness, in: Gießelmann, Bente; Kerst, Benjamin; Richterich, Robin; Suermann, Lenard & Virchow, Fabian (Hg.): Handwörterbuch rechtsextremer Kampfbegriffe. Frankfurt a.M.: Wochenschau, 2. Aufl., S.284-300.

Jäger, Margarete & Wamper, Regina (Hg.) 2017: Von der Willkommenskultur zur Notstandsstimmung. Der Fluchtdiskurs in deutschen Medien 2015 und 2016, Duisburg: Duisburger Institut für Sprach- und Sozialforschung. http://www.diss-duisburg.de/wp-content/uploads/2017/02/DISS-2017-Von-der-Willkommenskultur-zur-Notstandsstimmung.pdf (19.6.2020).

Jäger, Siegfried & Zimmermann, Jens (Hg.) in Zusammenarbeit mit der Diskurswerkstatt im DISS 2019: Lexikon Kritische Diskursanalyse, Eine Werkzeugkiste, 2. Aufl., Münster: Unrast.

Jäger, Siegfried 2015: Kritische Diskursanalyse, Eine Einführung, 7. Aufl., Münster: Unrast.

Kailouli, Nadia & Schreijäg, Jonas 2019: Exklusiv: Was geschah auf der Sea-Watch 3? STRG_F (Video), YouTube: https://www.youtube.com/watch?v=mRvzVpTCuVY (20.6.2020).

Link, Jürgen 2018: Normalismus und Antagonismus in der Postmoderne. Krise, New Normal, Populismus, Göttingen: Vandenhoeck & Ruprecht.

Meyer, Dominik & Kopp, Karl Juni 2019: Libyen und das Mittelmeer. 12.748 Tote und ein menschenverachtender Deal, in: Förderverein Pro Asyl e.V.: Tag des Flüchtling 2019: Menschen & Rechte sind unteilbar. https://www.proasyl.de/material/heft-tag-es-fluechtlings-2019 (21.7.2020).

Pro Asyl 26.3.2019: Der menschenverachtende Deal der EU mit Libyen. https://www.proasyl.de/news/der-menschenverachtende-deal-der-eu-mit-libyen (25.10.2020).

Sprachkritische Aktion Unwort des Jahres 2016: Pressemitteilung: Wahl des 25. »Unworts des Jahres« vom 12.1.2016, archiviert unter https://web.archive.org/web/20160118150503/http://www.unwortdesjahres.net/fileadmin/unwort/download/pressemitteilung_unwort2015.pdf (24.7.2020).

10.4 Exemplarische Analyse: Diskursebene Alltag: Synoptische Analyse aus Fatale Effekte

Die Darstellung der folgenden synoptischen Analyse ist der Studie *Fatale Effekte. Die Kritik am Patriarchat im Einwanderungsdiskurs* (M. Jäger 1996, S.146-163) entnommen. Die Studie ging der Frage nach, welche Effekte von einer Ethnisierung von Sexismus ausgehen. Hintergrund war die in Medien und Alltag häufig vorgetragene Argumentation, dass muslimische und/oder türkische Männer Frauen besonders unterdrücken. Diskursanalytisch gesprochen handelt es sich dabei um eine Diskursverschränkung von Einwanderungs- und Frauen- bzw. Geschlechterdiskurs.

Dazu wurden mit Männern und Frauen deutscher Herkunft Interviews geführt. Neben der Kategorie des Geschlechts wurden das Lebensalter und die soziale Situation als mögliche unterschiedliche Diskurspositionen berücksichtigt.

Der folgenden synoptischen Analyse ging die Strukturanalyse der Interviews voraus, so dass die Analyse sehr präzise zeigt, dass und welche Aussagen aus den Äußerungen der Interviewten elizitiert wurden.

Synoptische Analyse

von Margarete Jäger

10.4.1 Vorbemerkung

Die Beschreibung des aktuellen Einwanderungsdiskurses auf der diskursiven Ebene des Alltags hat gezeigt, in welcher Weise dieser Diskurs von rassistischen und/oder ethnozentristischen Elementen durchsetzt ist. Dabei konnte aber auch deutlich werden, dass und wie sich antirassistische Normen in diesem Diskursstrang artikulieren, ohne dass sie die Stärke entwickeln können, die notwendig wäre, um die rassistischen und/oder ethnozentristischen Elemente zurückzudrängen.[346]

Bei der folgenden synoptische Analyse geht es nun um die Frage, welche Bedeutung innerhalb dieser rassistischen und/oder ethnozentristischen Argumentation der Kritik an sexistischem Verhalten von Einwanderern zukommt. Es geht somit darum, die Bedeutung der Diskursverschränkung der Themen Einwanderung und Frauen, deren diskursive Effekte hier analysiert werden sollen, innerhalb dieses Einwanderungsdiskurses genauer zu verorten.

Da die von den Interviewten vorgenommenen Bewertungen sich vorrangig aus dem Einwanderungsdiskurs speisen, sollen zunächst ihre zentralen Bewertungen betrachtet werden. Es zeigt sich, dass durchaus von einer Hierarchie von Ablehnungen verschiedener Einwanderungsgruppen gesprochen werden kann. Ein weiterer Gesichtspunkt, der Hinweise auf die subjektive Verstrickung der Diskursbeteiligten in diese Diskursverschränkung zu ge-

346 Normen sind hier nicht als Normen des sprachlichen Ausdrucks zu verstehen. Unter Normen verstehe ich im weitesten Sinne ethische Ansprüche, die von der Gesellschaft als »normal« erwartet werden und deren Abweichungen von ihr (potentiell) sanktioniert werden. Ich habe bereits darauf hingewiesen, dass es nach dem hier zugrundeliegenden Verständnis von Diskursanalyse nicht darum gehen kann, die Intentionen der Sprechenden zu erfassen. Hier könnten eh lediglich Vermutungen angestellt werden. Insofern es mir aber um die Erfassung der diskursiven Effekte des Gesagten geht, sind die ethischen Normen, die artikuliert werden, von großer Bedeutung. [...]

ben verspricht, ist die Betrachtung der eigenen Situation und Position, so wie sie von den Interviewten innerhalb der Gesellschaft artikuliert wird. Das Hauptaugenmerk dieser Betrachtung richtet sich dabei darauf, wie die Interviewten ihre eigenen Handlungsmöglichkeiten einschätzen, ob und welche Alternativen zur herrschenden Einwanderungspolitik von ihnen gesehen werden. Schließlich wird es darum gehen, die Frage danach zu beantworten, inwiefern die Diskursposition der Interviewten für ihre subjektive Verstrickung in die Diskursverschränkung von Einwanderung und Flucht von Belang ist. Schließlich werden verschiedene Verschränkungskonstellationen, die im Einwanderungsdiskurs vorliegen, betrachtet und systematisiert.

10.4.2 Rassismus und Ethnozentrismus: Die Hierarchie der Ablehnungen

Die Vorbehalte und Ablehnungen gegenüber nicht-deutschen, nicht-weißen, nicht-christlich geprägten Personen werden von den Interviewten in verschiedenen Abstufungen vorgetragen, die gleichzeitig mit rassistischen bzw. ethnozentristischen Äußerungen verquickt sind.

Fast durchgängig werden Flüchtlinge, die häufig als »Asylanten« oder »Wirtschaftsflüchtlinge« bezeichnet werden, ganz allgemein negativ bewertet und abgelehnt. Die Gründe für diese Ablehnung reichen von der Annahme, diese Menschen wollten auf Kosten der Einheimischen zu Wohlstand gelangen bis zu der, Deutschland könne sie einfach nicht aufnehmen, weil es so viele seien und »wir« deshalb in Platznöte gerieten. Vorgebracht werden diese Ablehnungen in der Regel in Gestalt von rassistischen Konstruktionen, wie etwa der, dass diese Menschen für ein Leben in Europa nicht qualifiziert seien.

Gleichfalls starke und durchgängige Ablehnung erfahren auch Personen aus Afrika, Südamerika, insgesamt aus armen Regionen der Welt, auch dann, wenn sie nicht ausdrücklich als Flüchtlinge angesehen werden. Ohne die Motive ihrer Einwanderung zu beachten, werden sie der Gruppe von Menschen zugerechnet, deren Unterlegenheit gegenüber Deutschen/Weißen/Christen nicht mehr eigens ausgesprochen werden muss; es versteht sich offenbar von selbst, dass sie unterlegen bzw. minderwertig sind. Dies gilt ebenfalls für Chinesen und Menschen aus asiatischen Ländern. Darüber hinaus erfahren Cinti und Roma eine besonders starke und rigorose Ablehnung, wobei diese Personengruppen meist in Verbindung mit Kriminalität in Deutschland oder einer Zunahme derselben gesehen werden. All diese genannten Personengruppen

– Flüchtlinge, Personen aus armen Regionen der Welt sowie Cinti und Roma – unterliegen starken rassistisch-motivierten Vorbehalten.

Auf große Vorbehalte stoßen Moslems, auch wenn sie sich in ihren Heimatländern aufhalten. Diese rassistischen Vorbehalte werden jedoch, im Unterschied zu den zuvor genannten, meistenteils eigens expliziert und häufig mit kulturrassistischen Argumenten untermauert. So werden z.B. die Zustände in islamisch geprägten Ländern von den Interviewten als sehr rückständig und als teilweise unüberbrückbar zu europäischen Lebenslagen angesehen. Mehrfach wird der fundamentale Unterschied zwischen Orient und Okzident beschrieben, wobei dieser Unterschied in der Regel an der Stellung der Frauen in Familie und Öffentlichkeit festgemacht wird.

Die in Deutschland lebenden Türken erfahren demgegenüber eine geringere Stufe von Ablehnung. Sie ist nicht so durchgängig zu beobachten, und sie ist vor allem auch nicht so pauschal. Türken in Deutschland werden in der Regel als die Gruppe angesehen, die die in islamisch geprägten Ländern vorhandenen Probleme und Konfliktlagen auch in Deutschland austragen. Damit trügen sie zur Unsicherheit und Verunsicherung in der Bevölkerung bei.

Zwar ist die Auffassung vorherrschend, Türken lebten eine andere, und zwar rigidere, Kultur als deutsche, christlich sozialisierte Menschen; das mache sie insgesamt verschlossener. Auch wird hervorgehoben, dass es schwierig sei, in Kontakt mit ihnen zu treten, weil sie häufig die deutsche Sprache nicht beherrschten. Türken werden insgesamt als rückständig, traditionalistisch und deshalb als tendenziell intolerant geschildert.

Im Unterschied jedoch zu anderen Gruppen von Einwanderern werden Türken von vielen Interviewten aber auch differenzierter wahrgenommen. So wird z.B. zwischen Männern und Frauen unterschieden, wobei den türkischen Frauen meist ein Opferstatus zugewiesen wird, weil sie aus Sicht der Interviewten keine oder kaum Rechte haben. Es wird darüber hinaus unterschieden zwischen jungen und alten Türken und dann betont, es seien vornehmlich alte Türken, die nicht mit der (so wahrgenommenen) Tradition brechen wollten oder könnten. Auf diesem Wege wird türkischen Mitbürger*innen die Möglichkeit attestiert, sich nach einer gewissen Gewöhnungsphase nun doch noch an hiesige Verhältnisse anpassen zu können. Weil in den Interviews die Rückständigkeit türkischer Personen sehr häufig an der (so wahrgenommenen) unterlegenen Position von Frauen festmacht wird, wird diese Anpassungsprognose mit dem Hinweis auf frühere Zustände in Deutschland verbunden.

Diese differenzierte Wahrnehmung führt dazu, dass in den Interviews rassistische und ethnozentristische Argumentationen häufig gleichzeitig und nebeneinander auftreten, je nachdem, auf welche türkische Personengruppe Bezug genommen wird.

Widersprüchlich ist die Ablehnung von Türken in Deutschland aber auch noch in einer anderen Hinsicht: Die Großfamilie, die häufig als der Ort ausgemacht wird, der Integration und Anpassung systematisch verhindere, wird gleichzeitig auch positiv gewertet, indem auf den familiären Zusammenhalt verwiesen wird. Dieser positive Rassismus verweist uns auf ein Defizit im Leben der Interviewten, die damit auch den mangelnden Zusammenhalt im eigenen Umfeld ansprechen.

Die geringsten Probleme werden im Umgang und im Zusammenleben mit Angehörigen europäischer, vor allem westeuropäischer Länder, sowie mit Nordamerikanern gesehen. Dies ist deshalb der Fall, weil diese in der Wahrnehmung der Interviewten »wie wir« seien. Hierzu zählen übrigens auch explizit sogenannte »Gastarbeiter« aus Spanien, Italien, Portugal und dem ehemaligen Jugoslawien[347].

Auch Ostdeutsche werden von den Interviewten nicht durchgängig negativ bewertet. Ostdeutsche rufen bei einigen Interviewten eher Mitleidseffekte hervor, weil und insofern Westdeutsche deren Notlage nach dem Zusammenbruch des Sozialismus schmählich ausnutzten.[348] Zwar ist auch weiterhin der Vorwurf zu hören, Ostdeutsche stellten zu hohe Ansprüche, sie wollten zu viel auf einmal, und immer noch wird ihnen auch unterstellt, auf Kosten der Westdeutschen zu Wohlstand gelangen zu wollen – ein Argument, das vielfach auch gegenüber Flüchtlingen vorgebracht wird. Auch Vorbehalte, bei denen die kommunistische Vergangenheit der Grund tiefen Misstrauens ist, sind vorfindbar. Dennoch sind aber auch Stimmen zu hören,

347 Eine ähnliche Hierarchie der Ablehnungen ist auch in der Untersuchung von Siegfried Jäger festgestellt worden (vgl. Jäger 1993a, S.231 f.). Eklatant zeigt sich hier auch die hohe Übereinstimmung mit dem Politikerdiskurs in der Bundesrepublik: Die Hierarchie der Ablehnungen ist auf die [...] Rede von Alfred Dregger im Bundestag zu applizieren (Vgl. Wichert 1994).

348 Bei den Interviews, die für das Projekt BrandSätze Ende 1990/Anfang 1991 erhoben wurden, war dies nicht bzw. kaum der Fall. Zu dieser Zeit war der innerdeutsche Diskurs derart mit rassistischen Elementen aufgeladen, dass auch die »Anderen« aus dem Osten mit rassistischen Diskriminierungen überzogen wurden. Zumindest »in einigen Fällen« sei »von einem innerdeutschen (kulturellen) Rassismus zu sprechen« (Jäger 1993a, S.215).

die beklagen, dass die Westdeutschen mit ihren ostdeutschen Landsleuten ungerecht umgehen. Doch in der Regel wird nicht bezweifelt, dass Ostdeutsche – eben, weil sie Deutsche seien – Anspruch auf Wohlstand und westlichen Reichtum haben. Es artikuliert sich hier eine Strömung im innerdeutschen Diskurs, die westdeutsches Handeln kritisch thematisiert und damit den Zustand in Ostdeutschland nicht allein als Folge »kommunistischer Misswirtschaft« charakterisiert, sondern auch als Resultat der Ausbeutung und Zerstörung seitens westdeutscher Unternehmen und Politiker.

Eine derart kritische Sicht gegenüber den (West-)Deutschen findet sich nicht nur in dieser Frage. Das Bild der Deutschen über sich selbst, das in den Interviews artikuliert wird, ist keinesfalls einhellig positiv. In allen Interviews werden durchaus auch negative Bewertungen vorgenommen, wenn auch Deutsche insgesamt als modern, aufgeschlossen, christlich, reich und fleißig geschildert werden.[349] Doch gesellt sich zu diesen Charakterisierungen auch Kritik. Deutsche seien zwar reich, doch sie seien auch anspruchsvoll und egoistisch. Deutsche seien zwar fleißig, aber sie seien auch hochnäsig. Sie seien zwar westlich orientiert, und das bedeutet prinzipiell tolerant, doch sie seien auch stur an ihren Normen orientiert und deshalb auch häufig aggressiv gegenüber denjenigen, die diese Normen nicht erfüllen. An dieser Stelle wurde als Beispiel häufiger das schlechte und feindliche Verhältnis gegenüber ausländischen Mitbürger*innen ins Spiel gebracht.

Unabhängig davon, dass die kritischen Bewertungen von Deutschen wie auch die gelegentlichen positiven Bewertungen ausländischer Mitbürger*innen auch Teil einer Strategie positiver Selbstdarstellung sind, wird damit doch deutlich, dass der Diskurs über Einwanderung und Flucht durchaus (selbst-) kritische Momente bereithält, deren sich die Einzelnen im Alltagsdiskurs zu bedienen wissen. Dies verweist darauf, dass von einer Hermetik rassistischer bzw. ethnozentristischer Einstellungen nicht geredet werden kann. Auch wenn insgesamt der rassistische bzw. ethnozentristische Befund im Einwanderungsdiskurs sehr umfassend und dominant ist, sollten solche selbstkritischen Momente nicht übersehen werden.

349 Dieses Thema ist dabei in der Regel von mir ins Gespräch gebracht worden. Dies ist allerdings für die Beurteilung dessen, was die Interviewten über »die« Deutschen gesagt haben, wie sie darüber denken, unwichtig. Allenfalls ist in Rechnung zu stellen, dass die häufige Betonung, Deutsche hätten Schwierigkeiten, mit ausländischen Mitbürgern umzugehen, aus dem Thema des Interviews generell erwachsen ist und möglicherweise in einem anderen thematischen Zusammenhang nicht so häufig angesprochen worden wäre.

Die Interviews zeigen zudem, insofern sie ein Ausdruck und Ausschnitt des Alltagsdiskurses über Einwanderung und Flucht sind, dass die bundesrepublikanische Bevölkerung deutscher Herkunft nicht-europäischen Personen mit rassistischen Vorbehalten begegnet und damit einer politischen Option, die Europa gegenüber anderen, vor allem armen Teilen der Welt abschotten will, durchaus entgegenkommt (Vgl. dazu auch Jäger/Wichert 1993.).

10.4.3 Freiwillige Selbstentmündigung

In den Interviews fällt eine Eigentümlichkeit ins Auge, die für die Frage von Bedeutung ist, auf welche Weise den rassistischen und ethnozentristischen Vorurteilen im Einwanderungsdiskurs begegnet werden kann und sollte.

Einerseits nehmen die Interviewten, angesprochen auf politische Sachverhalte – wie etwa Einwanderungsmodalitäten, deutsche Vereinigung sowie Lösungswege zum Abbau von Armut in der Welt – das allseits bekannte Argument auf, nach dem die Politiker sowieso nur darauf bedacht seien, ihre Interessen durchzusetzen und sich nicht um die Meinung der Bürger*innen scherten. Solche Artikulation eigener Ohnmacht paart sich jedoch damit, dass die Interviewten andererseits auch nicht bereit und/oder in der Lage dazu sind, Lösungsvorschläge zu entwickeln. Wir haben es hier gewissermaßen mit einer freiwilligen Selbstentmündigung zu tun: Viele Interviewte sprechen sich selbst die Kompetenz ab, über politische Sachverhalte zu entscheiden, artikulieren dies aber gleichzeitig als Beschneidung ihrer politischen Beteiligungsrechte.

Dabei können zwei unterschiedliche Konzepte dieser freiwilligen Selbstentmündigung beobachtet werden. So waren einige Interviewte nur schwer dazu zu bewegen, überhaupt eine eigene Position zu strittigen Fragen zu artikulieren. Eher waren sie geneigt, Entscheidungen an Politiker oder andere Experten zu delegieren. »Das sollen Schlauere entscheiden«. »Das sollen die Politiker entscheiden, dafür werden sie schließlich auch gut bezahlt« – so etwa lauteten die Einwände. Die Bereitschaft, sich, und sei es auch nur spielerisch, einmal in eine Entscheidungsposition zu versetzen, war kaum vorhanden.

Bei anderen war diese Bereitschaft zwar anzutreffen, doch auch sie nahmen eine Selbstentmündigung in der Weise vor, dass sie ein so komplexes und kompliziertes Bild der Situation zeichneten, dass letztlich keine Lösung möglich sei.

> »Ich glaub, es ist schwierig, per Gesetzgeber etwas zu machen. ... Ich glaub, es ist verdammt schwer. Also is ja eine solche ... Verzahnung und Verkettung, und wenn Sie mal die momentane Situation, der gesamte Weltmarkt ... ist ja restlos kaputt und durcheinander. ... bis der mal wieder in Bewegung kommt, das wird ›ne Weile dauern. Eh, aber * eh, wir freuen uns ja auch, wenn der Kaffee, was weiß ich, also sechs Mark kostet und nich fuffzehn Mark, eh, freun wir uns drüber, eh, pfh, ungeachtet der Tatsache, dass der Preisrutsch, eh, die Existenz also vieler Leute in Brasilien oder in den Anbaugebieten, eh, kaputtmacht. ... Das heißt, wir müssten unser Kaufverhalten auch bewusst dann daraufhin ändern. ... ich persönlich kann mir nicht vorstellen, dass das also mit dazu beitragen würde, ... dieses Problem zu lösen zu helfen, ich glaub es nicht.« (14/750-817)[350]

Solche Formen freiwilliger Selbstentmündigung verweisen darauf, dass eine Kritik an mangelnden Möglichkeiten einer politischen Beteiligung im Alltagsdiskurs auch dazu dienen kann, eigene Entscheidungsunzulänglichkeiten zuzudecken. Auf diese Weise werden diese mangelnden Beteiligungsmöglichkeiten aber auch von den Bürger*innen diskursiv reproduziert und tragen mit dazu bei, den Anspruch auf Einordnung in und Anpassung an auch kritikable Normalitäten beim Einzelnen zu festigen.

Im Zusammenhang mit den rassistischen und ethnozentristischen Vorbehalten im Einwanderungsdiskurs blockieren solche Haltungen, insofern sie als Norm im Diskurs reproduziert werden, jedoch das Aufbrechen dieser Vorbehalte. Im Vorgriff darauf, dass sich diese Normalität sowieso nicht verändern lässt – sei es, weil diejenigen, die die Macht dazu haben, es nicht wollen, sei es, weil die Situation so kompliziert und verworren ist –, erscheint es nur als destruktiv, diese Normalität überhaupt infrage zu stellen.

Dadurch wird aber nicht nur verhindert, dass z.B. Einwanderung auch als ein Problem einer ungerechten und unzumutbaren Reichtumsverteilung zwischen den Regionen dieser Welt angesehen wird. Es wird ebenso das Nachdenken darüber verhindert, auf welche Weise diese Verteilung so verändert werden könne, dass Hunger, Obdachlosigkeit und anderes Elend für einen Teil der Weltbevölkerung verhindert werden. Schließlich verhindert es darüber hinaus, die Selbstschädigungen wahrzunehmen, die auch für Eingeborene durch rassistische und ethnozentristische Vorurteile verbunden sind.

Auf solche Selbstschädigungen macht Nora Räthzel aufmerksam. Dabei begreift sie Rassismus als eine Form »rebellierender Selbstunterwerfung«

350 Die Quellenangabe bezieht sich auf M. Jäger 1996: Fatale Effekte. Die Kritik am Patriarchat im Einwanderungsdiskurs, Materialband, Duisburg

(Räthzel 1991, S.40). Mit rassistischen Vorbehalten rebellieren diejenigen, die sich ihrer bedienen, gegen eigene »verdrängte und unterdrückte ›Produktive Bedürfnisse‹«, indem sie diese Rebellion gegen Schwächere wenden (ebd.). Deshalb müsse eine Strategie gegen Rassismus eine Strategie »für die Entwicklung gesellschaftlicher Handlungsfähigkeit sein, ... für die Fähigkeit ..., die eigenen Interessen und Bedürfnisse zu artikulieren ...« (Räthzel 1991, S.45).

Damit macht Nora Räthzel darauf aufmerksam, dass rassistische Vorbehalte nur dann wirksam abgebaut werden können, wenn es auch gelingt, die unterstellte Universalität unserer gelebten Normalität in Frage zu stellen.

Voraussetzung dazu ist allerdings, dass die im Diskurs zu beobachtende freiwillige Selbstentmündigung als Selbstschädigung erkannt wird und praktische Strategien entwickelt werden, mit denen diese Schädigungen abgebaut werden können.

10.4.4 Der Einfluss der Diskursposition

[...] Die[.] diskursiv erzeugte und reproduzierte soziale Lage (oder Diskursposition) spielt bei der Beurteilung von Einwanderung und Flucht wie auch bei der Beurteilung des Geschlechterverhältnisses innerhalb dieses Diskurses auf zweifache Weise eine Rolle.

Sie prägt zum einen die Wahrnehmung der Interviewten. Verständnis für das Motiv von Flüchtlingen, aus Elend und Not herauszukommen, artikuliert sich bei denjenigen eher, die eine Diskursposition innehaben, in die eine untere soziale Lage eingeht. Zudem wird dies oft mit dem Verweis auf eigene Erfahrungen begründet. Diejenigen, in deren Diskursposition demgegenüber eine privilegierte soziale Lage einfließt, artikulieren ein solches Verständnis nicht.

Umgekehrt verhält es sich bei der Thematisierung und Beurteilung des Verhältnisses zwischen den Geschlechtern. Die Emanzipationsdiskussion der letzten Jahrzehnte ist vor allem im Gefolge der Studentenbewegung von Menschen geführt worden, die sich in einer privilegierteren Lebenslage befinden. Dies kann erklären, weshalb vor allem solche Menschen ein Verhalten, das nicht mit ihren Emanzipationsansprüchen konform geht (oder auch nur als Abweichung davon imaginiert wird), schärfer wahrnehmen, als dies bei Angehörigen unterer sozialer Lagen der Fall ist. Hier wird die Frauenrolle eher konservativ gesehen und beurteilt.

Die zweite Weise, mit der sich im Diskurs die soziale Lage zur Geltung bringt, ist, dass sie selbst artikuliert wird, um ein soziales Verhalten zu erklären. Besonders häufig wird die soziale Lage angesprochen, wenn es darum geht, rassistisches Verhalten von Deutschen zu erklären. Rassistische Einstellungen werden vornehmlich bei den unteren Schichten gesehen und im weitesten Sinne mit mangelnder Bildung begründet. Auch in Bezug auf die Gleichberechtigung von Männern und Frauen wird ein Mangel zumeist in den unteren Schichten vermutet. Interessant ist dabei, dass diese Auffassungen von allen Interviewten geäußert werden – unabhängig davon, welcher diskursiv erzeugten und produzierten sozialen Lage sie selbst angehören.

Dass Frauen bei einer Ethnisierung sexistischer Haltungen den Sexismus häufig anders gewichten als Männer, ist nicht sehr verwunderlich. Ihr Geschlecht weist ihnen hier eine deutlich andere Diskursposition zu. In den Interviews kommt dies bereits dadurch zum Ausdruck, dass weibliche Interviewte die eigene Betroffenheit von sexistischem Verhalten männlicher Einwanderer mehrfach artikulieren. Dies geschieht entweder durch Verweis auf eigene Erfahrungen, oder dadurch, dass die Möglichkeit einer solchen Erfahrung in Betracht gezogen wird.

Dies ist natürlich bei den interviewten Männern nicht der Fall. Ihr generische Position macht sich aber ebenfalls geltend: Zum einen ist festzustellen, dass sie sich offensichtlich weniger für diese Thematik interessieren. Zum anderen zeigt sich bei ihnen eine große Selbstverständlichkeit, mit der sie ihre männliche Perspektive zur allgemeinen Norm machen.

Allerdings ist zu betonen, dass auch Frauen diesen »männlichen Blick« praktizieren; ihre Verstrickung in den patriarchalen und sexistischen Diskurs ist durchaus vorhanden. Hier wird darüber hinaus noch einmal deutlich, dass die generische Position (als Ergebnis diskursiver Auseinandersetzungen) lediglich ein Moment ist, das sich in der Diskursposition zur Geltung bringt.

Die Häufigkeit, in der sich im Alltagsdiskurs solche Verweise auf die Diskurspositionen der Sprechenden finden, lässt darauf schließen, dass trotz der Dominanz der Medien, die ja für eine gewisse Demokratisierung und Egalisierung von Informationen sorgen, indem sie Applikationsvorlagen für alle Konsument*innen liefern, die Diskurspositionen für den jeweils besonderen Zugang zum Gesamtdiskurs von großer Bedeutung sind und deshalb bei einer Analyse des Alltagsdiskurses nicht vernachlässigt werden dürfen.

10.4.5 Variationen der Ethnisierung von Sexismus

In fast allen Interviews spielt die Ethnisierung sexistischer Verhaltensweisen eine wichtige Rolle.[351] Doch auch wenn ein besonderes, von deutschen/christlichen Normen negativ abweichendes Geschlechterverhältnis bei Moslems bzw. zumeist verallgemeinernd bei Türken ziemlich durchgängig angenommen wird, so gibt es dennoch unterschiedliche Variationen in seiner Artikulation.

10.4.5.1 »Statische« und »dynamische« Ethnisierungen von Sexismus

Die Zuschreibungen von Sexismus auf Einwanderer können einen unterschiedlichen Grad an Festigkeit aufweisen. Zwei unterschiedliche Ausprägungen lassen sich im Einwanderungsdiskurs auffinden:

Bei einer »statischen« Ethnisierung von Sexismus wird das Geschlechterverhältnis zu einem Merkmal von Rassenkonstruktion. In der Wahrnehmung der Interviewten zeigen Moslems aufgrund ihrer »Kultur« sexistische Verhaltensweisen gegenüber Frauen. Hier wird Sexismus als eine natürliche Eigenschaft von Moslems definiert. Demgegenüber haben in der Sicht der Interviewten Deutsche bzw. Angehörige christlicher Kulturen ein gleichberechtigteres Verhältnis untereinander. Diese Form von Ethnisierung von Sexismus verweist auf einen ihr zugrundeliegenden Rassismus, und sie muss als eine Ausdrucksform von Rassismus begriffen werden.[352]

So äußert zum Beispiel Florian[353] auf die Frage, ob er »gravierende« Unterschiede zwischen moslemischen und christlichen Partnerschaften sähe, wie folgt:

> »Ich warn nich davor, ich sag nur einfach, die Mentalität von den Leuten ist zu verschieden. ... Ich sag jetzt mal, die deutsche Frau, die is ja, die is so aufgewachsen, die ist so erzogen worden, dass sie gleichberechtigt is. ... Und wenn jetzt en Araber käm, der so aufgewachsen is, der sich auch gar nich vorstellen kann, dass es irgendwat anderes gibt in der Beziehung Mann Frau, wie soll dat gutgehen?

351 Dies ist natürlich insofern kein Wunder, als ja die Interviews auf diese Thematik hin angelegt waren. Was aber von Bedeutung ist, das ist die Affirmation und negative Bewertung dieser Ethnisierung von Sexismus durch die Interviewten. Lediglich in zwei der fünfzehn Interviews ist dies nicht der Fall, dort wird die Ethnisierung von Sexismus mit einer positiven bzw. »neutralen« Bewertung versehen.

352 Eine solche »statische« Ethnisierung von Sexismus findet sich vorwiegend in den Interviews mit Andrea, Imma, Petra, Ewald, Gerhard, Florian und Ortwin.

353 Die Namen der Interviewten sind natürlich erfunden.

> ... * Weil er wird immer auf seine Erziehung pochen, auf das Recht, was er hatte, und die deutsche Frau wird sich das nie- mals gefallen lassen, also die wenigsten würden sich so wat gefallen lassen. *« (5/724-736)

Florian nimmt hier zwar keine biologische Naturalisierung in dem Sinne vor, dass er unterstellt, moslemische Männer seien von Natur aus dominant. Vielmehr betrachtet er die moslemische Erziehung als so prägend, dass eine Veränderung des Einzelnen ihm danach nicht mehr möglich erscheint. Auf diese Weise konstruiert er Sexismus zu einem Charakteristikum des moslemischen Mannes. Die Erziehung kann in diesem Sinne als eine zweite Natur angesehen werden. Entscheidend ist dabei, dass die Vorherrschaft des Mannes als ein Bestandteil islamischer Religion unterstellt wird. Florian argumentiert hier also kulturrassistisch. [...]

Eine »dynamische« Ethnisierung ist demgegenüber dann gegeben, wenn die Zuschreibungen eines patriarchalen Verhältnisses zwischen Männern und Frauen bei Moslems bzw. Türken mit einer Veränderungs- und Entwicklungsmöglichkeit verbunden, mitunter diese Entwicklung sogar als zwangsläufig prophezeit wird. Eine Naturalisierung des Geschlechterverhältnisses findet hier nicht statt, so dass diese »dynamische« Ethnisierung als Ausdruck einer eher ethnozentristischen Auffassung angesehen werden kann.[354]

Eine Textpassage aus dem Interview mit Karin soll diese Variante verdeutlichen, wenn sie auf die gleiche Frage, die ich Florian (s.o.) stellte, antwortet:

> »da is natürlich, die führen natürlich ›ne andere Ehe als hier die christlichen Leutchen. Mhm. * Ich mein, ich müsste auch mal, eh, den Koran lesen, hab ich mir auch mal vorgenommen, und da- her nehmen die ja auch ihre kulturellen Werte, ne? ... Was der * Mohammed denen alles erzählt hat. Da weiß ich zu wenig, aber ich glaube, dass da die Frau wirklich nich so gut wegkommt, wie hier in unserer christlichen Ehe. ... Dass die gewisse, ehm, Rechte und Freiheiten auch haben, diese mohamedanischen Frauen. Aber dass die doch nich so * viel Freiheit haben wie wir hier, ich mein, hatten wir Frauen ja auch noch nich mal vor zwanzig Jahren, als ich verheiratet war, hab ich ja auch noch wenig Rechte gehabt, wenn ich daran denke?! Oh, dann könnt‹ ich aber erzählen!« (10/1086-1103)

Auch Karin bemüht hier die »kulturellen Werte«, die moslemische Personen in ihrem Verhalten beeinflussten. Auch sie unterstellt, dass die Frauen innerhalb dieser Werte in ihrer Freiheit beschnitten sind. Doch sie spricht

354 Eine solche »dynamische« Ethnisierung findet sich vorwiegend in den Interviews mit Magdalene, Karin, Hanna, Daniel, Boris und Norbert.

auch die Veränderungsmöglichkeiten an, indem sie Vergleiche zu ihrer eigenen früheren Situation zieht. Die Zeitachse »vor zwanzig Jahren« prophezeit den Fortschritt einer Anpassung islamischer Werte an »unsere« Normen. Im Unterschied zur »statischen« Ethnisierung von Sexismus wird hier der islamischen Religion eine Entwicklungsmöglichkeit zugestanden. Dabei besteht die ethnozentristische Komponente darin, dass diese Entwicklung nur als eine denkbar ist, die sich zu »unserer« Kultur hinbewegt.

10.4.5.2 Begründungen der Ethnisierung von Sexismus

Es liegt auf der Hand, dass der Islam in fast allen Interviews eine wichtige Rolle spielt, wenn es darum geht, zu begründen, weshalb das Verhältnis in türkischen/moslemischen und deutschen/christlichen Paarbeziehungen unterschiedlich sei. Dabei wird häufig die türkische Herkunft mit moslemischer Herkunft gleichgesetzt. So äußert sich Boris über Türk*innen:

> »Ehm, ich sag jetzt mal, die Türkinnen s-, also die Türken, die denken im Grunde genommen genaus- genauso wie wir. Sind natürlich so durch den Glauben en bisschen eingeschränkt, dat is ›ne Glaubensfrage, soweit meine Kenntnisse da noch eben ausreichen.« (2/470-473)

Verschränkt mit dieser Sichtweise vom Islam, aber auch unabhängig davon, lassen sich jedoch noch andere Begründungsvarianten auffinden.

Da ist zum einen die Auffassung, die den Islam vor allem als eine andere Kultur wahrnimmt, innerhalb derer Frauen eine andere Stellung einnehmen. So erklärt sich Boris den Unterschied, den er zwischen Türken und Deutschen bei Paarbeziehungen feststellt, wie folgt:

> »Ehm, vielleicht hat's tatsächlich da auch mit der Kultur zu tun. ... ich weiß ja nich wie die selber, ... in der Türkei ... leben. Es is nun eben so hier, es gibt ja diese türkischen Kulturvereine, portugiesische und so wat. Bei den Türken is et natürlich etwas krasser. Spanier un, un Italiener und so, nich, die sind, sind die Frauen immer direkt mit dabei, die gehn zusammen zu diesen Veranstaltungen auch hin, und wie ich schon eben eingangs sagte, ich spielte in so ›ner spanischen Mannschaft Fußball, das war hier im Pablo Picasso und die hatten, eh, eh, auch jeden Sonntag offen, das war wie ›ne Gastwirtschaft, und da warn da eben alle Spanier drin, also die ganze Familie, mit Kindern und allem drum und dran. Und, eh, da war natürlich dann auch, standen Frauen mit Männern zusammen anne Theke oder an den Tischen mit den Familien, da war es nich so drastisch; da war es also mehr oder weniger wie bei uns überhaupt bei uns, eh, Europäern eben, dass man da wirklich inne Gastwirtschaft geht, und die Frau is einfach so mit dabei. Und bei den Türken sieht man, sieht man einfach nur, dass sie d- da sitzen die ganzen

> Männer da, spielen Karten und, und solche Sachen, und die Frauen sind nun mal eben nich so dabei. Aber andererseits sitzen die Frauen aber untereinander auch wieder irgendwo anders zusammen. Und da würd ich mir gar nich großartige Gedanken drüber machen. Ich kann ja nich dahin gehen und sagen: So is das nich richtig, wie ihr das macht. Die Leute leben damit gut, und d- das is doch für mich kein Zeichen davon, dass die irgendwie unterdrückt sind oder wie auch immer, eh, sie leben nun mal eben anders.« (2/595-620)

Auch im Interview mit Karin äußert diese, angesprochen auf das Buch von Betty Mahmoody[355]:

> »Wenn man einen Mann aus einem andern Kulturkreis heiratet, also, wie gesagt, gut. Ehm, ja wat soll ich dazu sagen? Also wie der Film das gezeigt hat, da wurde die ja im Iran unwahrscheinlich unterdrückt. Ihrer Freiheit beraubt, würde ich schon sagen.« (10/158-161)

Mit der Gegenüberstellung verschiedener Kulturen bzw. »Kulturkreise« wird nicht nur der Sexismus der eigenen Kultur ausgeblendet. Gleichzeitig werden sexistische Haltungen gleichsam dadurch objektiviert, dass diese als fester Bestandteil einer Kultur angesehen werden, für die die einzelne Person nicht mehr verantwortlich gemacht werden kann.[356]

Ähnliches geschieht, wenn die Familienstrukturen für die (so wahrgenommene) untergeordnete Stellung von Frauen eingewanderter Personengruppen verantwortlich gemacht werden.

---

355 Damit ist das Buch von Betty Mahmoody »Nicht ohne meine Tochter« angesprochen, das 1988 in deutscher Sprache erschien. Es enthält einen Erfahrungsbericht der Autorin und berichtet über ihre Ehe und ihr Flucht mit ihrer Tochter vor ihrem Mann aus dem Iran. Dieses Buch war in Deutschland ein Bestseller und erschien 1991 bereits in der 40. Auflage. 1991 wurde das Buch verfilmt.

356 Mit dem Begriff des »Kulturkreises«, der sich seit einigen Jahren im Diskurs etabliert, hat sich Jürgen Link auseinandergesetzt. »der hegemoniefähige neonationalismus und neorassismus definiert ›unsere‹ »nationale identität« als die eines »kulturkreises«, der sich wiederum durch die entgegensetzung »fremder kulturkreise« bestimmt. es handelt sich um einen alltagssprachlich derart ›evidenten‹ begriff, der zudem quer durch ideologische und politische spektren benutzt wird, dass auf dieser ebene nichts dagegen zu sagen ist« (Link 1985, S.7 f.). Im neorassistischen (hegemoniefähigen) Diskurszusammenhang jedoch werde dieser Begriff einfarbig verstanden: »jeder »kulturkeis« hat seine eigene monokultur – der ›kreis‹ ist im sinne des symbolischen basisschemas feste grenze und deich. ein weltweites homeland-konzept zeichnet sich ab: alle individuen werden in ihre »kulturkreise« eingesperrt« (ebd., S.8). Der auffallend häufige Gebrauch dieses Begriffes in den Interviews zeigt, dass Jürgen Links Befürchtungen zu Recht bestehen.

So bemerkt Jutta in Verbindung mit unserem Gespräch über Betty Mahmoody, für die sie kein Verständnis hat:

> »Und dann kommt die Familie rein, und dann nimmt der se mit nach Hause, und dann erlebt se das alles. Also, ich sag immer: Wer sich in Gefahr u- begibt, der kommt um. Und ich weiß durch Medien und durch alle andern, dass, wenn ich dahin komm, ich komm da in eine Großfamilie rein, dass ich mich zu fügen hab. ... Und das ist ihr auch so passiert. Ne?« (9/302-309)

Auch ihre Kinder möchte Jutta deshalb nicht gerne mit Türken verheiratet sehen, denn:

> »... weil man so verschiedentlich hört, dass da die- diese Familientradition doch die Ausländer einengt. Sie können hier, ich hab hier son Bericht über ›ne Deutsche gelesen, die is mit ›nem Italiener verheiratet, sie hat tausend Probleme. ... die Familie hat sie aufgesaugt wie ein Schwamm. Und da gibt's nix anderes. Ne? Un, un so nehm ich das auch an da inne Türkei ...« (9/393-399)

Mit der Definition der Familie als Ort, in dem die Einengung von Frauen geschieht, werden – wie bei der Verengung des Problems auf eines der Kultur auch – die Handelnden unsichtbar gemacht.

Dem steht eine weitere Variante gegenüber, mit der der bei Einwanderern festgestellte Sexismus begründet wird: Hier wird auf den dominanten, patriarchalen türkischen und/oder moslemischen Mann verwiesen.

Andrea erzählt über ihre Erfahrungen, die sie in Bezug auf Ausländer nicht verallgemeinern möchte, wohl aber in Bezug auf Türken:

> »Und als Kind, muss ich ganz ehrlich sagen, hab ich also ausländische Männer, vor allen Dingen Türken jetzt, sag ich mal ... sehr gemieden, weil da hab ich also auch, eh, schon mal negative Erfahrungen mit gehabt, ne? ... die sind mal hinter uns hergelaufen und haben mit Geld gewunken und haben sich dann ausgezogen und so. ... is mir mal als Kind passiert, ... das war in H. (Stadtteil von Duisburg) damals; wir haben damals in H. gespielt; da war ... son großes Haus mit so ›ner Feuerleiter, sind wir immer runtergerutscht, ... und aufer andern Seite, da war en Haus, da wohnten vorwiegend, eh, Alleinstehende, auch viele Ausländer jetzt, aber auch alleinstehende Männer im großen und ganzen, und da war eben einer, der hatte sich dann gezeigt am Fenster und kam dann hinter- auch hinter uns her und hat dann mit ›nem Hundertmarkschein gewunken und so. Das verbinde ich stellenweise mit männlichen ... Türken jetzt, nich, eh, pauschal Ausländer, aber mit Türken jetzt, ne?« (1/55-82)

Diese Variante ist möglicherweise deshalb in der Regel von weiblichen Interviewpartnern angesprochen worden, weil diese – wie die Passage von Andrea bereits verdeutlicht – ihre eigenen Erfahrungen mit sexistischem Verhalten allgemein auf solche konzentrieren, die sie mit Männern türkischer Herkunft gemacht haben.

Wenn auch nicht so häufig wie die bereits genannten, so finden sich dennoch auch im Diskurs Begründungen, die ein sexistisches Verhalten mit einer anderen Mentalität oder »Rasse« in Verbindung bringen. Ein Beispiel dazu ist auch die Äußerung von Florian, die in diesem Kapitel bereits zitiert wurde und in der er davon spricht, dass »die Mentalität von den Leuten ... zu verschieden« sei (5/724-725).

Ebenso findet sich – meist in Verbindung mit dem Verweis auf die Tradition der anderen Kultur – eine Erklärung, nach der dominantes Verhalten gegenüber Frauen eine Erscheinung vor allem bei armen Menschen sei, die zudem in ihren Herkunftsländern auf dem Lande gewohnt hätten. So erzählt Karin:

> »Ich mein, man sieht et ja auch im Fernsehen, man kann sich dat ja auch denken. ... Und die Menschen halt, die aus den Dörfern kommen, ... erstens haben die kein Geld, um mit (lacht etwas) der Mode mitzugehen, dat schon mal sowieso. Und dann hält sich in diesen Dörfern oder Kleinstädten natürlich die, die Tradition, eh, die, die hält sich da ganz anders als in den Städten. Dat is genauso wie bei uns auch.« (10/190-200)

Gerade das letzte Textbeispiel zeigt, dass die aufgeführten Varianten einer Ethnisierung von Sexismus sich gegenseitig keineswegs ausschließen, sondern durchaus auch zusammen auftreten. Karin nimmt hier eine dynamische Ethnisierung von Sexismus vor, wobei sie sich den Sexismus mit mangelndem Reichtum der betreffenden Personen zu erklären versucht.

Wenn auch gesagt werden muss, dass der Sexismus im Diskurs fast durchgängig in der einen oder anderen Variante ethnisiert wird, so gilt dies nicht für seine negative Bewertung. Es findet sich durchaus auch die Variante, dass der ethnisierte Sexismus positiv gewertet wird – so z.B. bei Lars –, wie auch, dass er kein Anlass besonderer Kritik ist – so z.B. bei Jutta.[357]

10.4.6 Zusammenfassung und Schlussfolgerungen

Es konnte verdeutlicht werden, dass die Ethnisierung von Sexismus, die im Einwanderungsdiskurs vorgenommen werden, als ein Element des rassistisch

---

357 Festzustellen ist darüber hinaus, dass sich Frauen insgesamt ausführlicher zu diesem Themenkomplex äußern als Männer.

strukturierten Einwanderungsdiskurses wirkt, das sich (nahtlos) in weitere rassistische und ethnozentristische Vorbehalte einfügt.

Darüber hinaus konnte auch herausgearbeitet werden, dass es eine Hierarchie der Ablehnungen einzelner Gruppen von Einwanderern gibt. Personengruppen außerhalb Westeuropas werden stärker abgelehnt als Personengruppen innerhalb Westeuropas. Diese Hierarchie passt sich insofern in die »offizielle« Ausländerpolitik ein, als auch hier unterschieden wird zwischen »Ausländern« aus der Europäischen Gemeinschaft und »Ausländern« aus anderen Teilen der Welt, die dann mit verschiedenen Rechten ausgestattet werden. Darüber hinaus erlaubt diese Hierarchie der Ablehnungen ein Einverständnis mit einer Ausländerpolitik, die Westeuropa gegenüber Einwanderung abzuschotten sucht.[358]

Trotz dieses unübersehbaren rassistischen Gehalts des Einwanderungsdiskurses artikulieren sich im Diskurs aber auch (selbst-) kritische Momente. Diese sind nicht nur darin zu sehen, dass rassistische Vorbehalte gegenüber der antirassistischen Norm relativierend und verhüllend vorgetragen werden und vereinzelt auch positive Bewertungen von Einwanderergruppen stattfinden. Sie sind auch darin zu sehen, dass von einer überheblichen Einschätzung der Deutschen von sich selbst nicht gesprochen werden kann. Hier werden Bruchstellen sichtbar, die für antirassistische Diskursstrategien nutzbar sind.

Solche Bruchstellen ließen sich in der Analyse auch in Verbindung mit der Selbstpositionierung der Interviewten aufweisen. Es konnte gezeigt werden, dass die Interviewten eine widersprüchliche Haltung gegenüber ihrer eigenen Handlungs- und Partizipationsmöglichkeit innerhalb der Gesellschaft einnehmen: Einerseits wird die mangelnde Einflussmöglichkeit seitens der »normalen« Bürger*innen beklagt, andererseits verweigern sie sich geradezu, Lösungswege aus gesellschaftlichen Problemfeldern zu entwickeln.

Diese »freiwillige Selbstentmündigung« stellt ein Hindernis nicht nur bei einer Demokratisierung des Einwanderungsdiskurses dar. Es ist ein Hindernis, dass auch darüber hinaus für andere gesellschaftliche Bereiche und deren Problembewältigung gilt. Bezüglich des Einwanderungsdiskurses macht dieser Befund jedoch deutlich, dass ein Gegendiskurs, der sich nur auf die Frage von Einwanderung bezieht, etwa indem er für Verständnis für die Anwesenheit von Einwanderern in der BRD wirbt, zu kurz greifen muss.

358 Dies erklärt auch, wieso der Widerspruch und Widerstand aus der Bevölkerung, als es um die Änderung des Artikel 16 GG ging, nicht stärker gewesen ist. Mit dieser Grundgesetz-Änderung ist ein Schritt in Richtung »Festung Europa« vollzogen worden.

Vielmehr weisen die rassistischen und ethnozentristischen Vorbehalte, die in diesem Diskurszusammenhang dominant sind, auch auf Probleme der Eingeborenen und deren unzureichenden Lebenslagen hin. Diese sollten bei einem Gegendiskurs ebenso berücksichtigt werden.

Auch die Verweise auf die unterschiedlichen Diskurspositionen machen diese Notwendigkeit deutlich. Die Verstrickung der Einzelnen in den Diskurszusammenhang ist nicht zuletzt davon beeinflusst, in welcher Lebenslage die Personen stehen. Es konnte deutlich gemacht werden, dass die unterschiedliche Diskursposition von Frauen und Männern für den Einwanderungsdiskurs und seiner Verschränkung mit dem Frauendiskurs von Bedeutung sind. Ob sich diese Bedeutung jedoch hinsichtlich der diskursiven Effekte, die durch eine solche Diskursverschränkung erzielt werden, geltend macht, dieser Frage wird in den folgenden Feinanalysen nachgegangen.

Schließlich konnten verschiedene Formen und Variationen der Ethnisierung sexistischer Haltungen herausgearbeitet und hinsichtlich der Frage ihrer Festigkeit wie auch ihrer Begründung systematisiert werden. Die nun folgenden linguistischen Feinanalysen werden deshalb diese verschiedenen Variationen von Ethnisierung von Sexismus aufnehmen und hinsichtlich ihrer Diskurswirkungen untersuchen.

10.4.7 Literaturverzeichnis

Jäger, Siegfried 1993: BrandSätze. Rassismus im Alltag. 3. Auflage, Duisburg.

Jäger Siegfried/Wichert, Frank 1993: »Wir können uns hier nicht alles aufladen«. Flucht und Einwanderung im Deutschen Alltagsdiskurs, in: Butterwegge, Christoph/Jäger, Siegfried (Hg.): Europa gegen den Rest der Welt? Flüchtlingsbewegungen – Einwanderung – Asylpolitik, Köln, S.96-110.

Link, Jürgen 1985: Multikulturen: Auf verlorenen Posten gegen den Neonationalismus? KultuRRevolution 10 (1985) S.6-12.

Räthzel, Nora 1991: Formen von Rassismus in der Bundesrepublik, in: Jäger, Margret/Jäger, Siegfried (Hg.): Aus der Mitte der Gesellschaft (1), Zu den Ursachen von Rechtsextremismus und Rassismus in Europa, Duisburg, S.31-48.

10.5 Übung zur Strukturanalyse

Wer zum ersten Mal eine Materialaufbereitung für eine Strukturanalyse macht, steht vor vielen Fragen, die sich oft erst in der Praxis klären lassen. Die folgenden Übungen sollen darauf vorbereiten.

Wir stellen uns dazu vor, wir würden in einer Strukturanalyse untersuchen, welches Wissen in hegemonialen Printmedien über den Aufstieg der AfD vermittelt wird. Dazu haben wir ein Dossier mit allen Artikeln zum Thema aus den Zeitungen Bild, FAZ, SZ und taz erstellt für den Tag der Landtagswahlen in Bayern und Hessen am 8.10.2023 und die folgenden 4 Wochen.

10.5.1 Übung zur Ermittlung einer Aussage

Lese als Vorbereitung Kapitel 4.2. zu Äußerungen und Aussagen.

Über die Seite 4 der Bild vom 9.10.2023 finden sich folgende Äußerungen verstreut:

1. »AfD 15,7 % (+5,5 %)«
2. »Der Siegeszug der AfD setzt sich fort.«
3. »Jubel bei der AfD! Rekordergebnisse in Bayern und Hessen!«
4. »Alice Weidel: Die AfD-Chefin zählt zu den Siegern des Wahltags.«

Notiere eine Aussage, auf die sich alle diese Äußerungen beziehen. Lösungsvorschläge in der Fußnote.[359]

10.5.2 Übung zur Ermittlung von Aussagen

Ab jetzt bezieht sich die Übung auf den faksimilierten Artikel (Abbildung). Suche alle Äußerungen, die sich auf die Aussage *stetiger Aufstieg der AfD beziehen*. Lösungshinweis[360]

In der Diskurswerkstatt beobachten wir schon seit längerem die Aussage *Migration als Ursache für Rechtsextremismus.* Finde eine auf dieses Wissen verweisende Äußerung. Lösung[361]

Suche jetzt *alle* Aussagen, auf die im Text verwiesen wird. Lösungsvorschlag[362]

---

359 Mögliche Lösungen beispielsweise: *stetiger Aufstieg der AfD, Machtposition der AfD* oder *Unaufhaltsamkeit der AfD.* Das sind nur erste Vorschläge. Welche Bezeichnung das Wissen, auf das in den Äußerungen referiert wird, am genauesten beschreibt, wird sich erst mit der Analyse weiterer Artikel nach und nach abzeichnen.

360 Lösungshinweis: Du wirst etliche Äußerungen finden, beispielsweise: »Darum ist die AfD jetzt [...] so stark!«, »Rekord für die AfD« oder »In Bayern verlor die CSU fast 100 000 Stimmen an die AfD«. Auch das Foto der jubelnden Alice Weidel ist eine Äußerung.

361 »Prof. Falter: ›Es hat sich viel Unbehagen zusammengebraut. Das speist sich primär aus Kritik der anschwellenden Migrantenzahlen [...]‹«. (Aus dem Kontext wird klar, dass diese Äußerung die Aussage *Migration als Ursache für Rechtsextremismus* impliziert.)

362 *Verortung der AfD als sehr rechts, Verschiebung des politisches Spektrums nach rechts, Aufstieg der AfD, Protestwahl, Migration als Ursache für Rechtsextremismus, linke Politik*

Darum ist die AfD jetzt auch im Westen so stark!

Berlin – **Sie werden immer stärker!**

Rekord für die AfD: Die Rechtsaußen fahren ihre bisher besten Ergebnisse bei Landtagswahlen im Westen ein. AfD-Parlamentsgeschäftsführer Bernd Baumann frohlockte: „Der Wind dreht sich jetzt von links nach rechts." Das merke auch die CDU.

▶ Warum wählen immer mehr die AfD?

Politik-Professor Jürgen Falter (79, Uni Mainz): „Es gibt einen harten Kern überzeugter AfD-Anhänger, die das Programm der Partei und ihre führenden Köpfe befürworten. Ein großer Teil der hinzugewonnenen Stimmen dürfte allerdings von Protestwählern stammen."

Heißt: Viele wählen AfD nur aus Unzufriedenheit mit den anderen Parteien.

Tatsächlich erhielt die AfD in Hessen allein von 20 000 Ex-SPD-Wählern die Stimme. Obendrauf kamen 18 000 FDP-Wähler. Von der CDU wanderten nur 2 000 über. In Bayern verlor die CSU fast 100 000 Stimmen an die AfD. Die AfD holte hier auch 70.000 Nichtwähler an die Urnen zurück.

▶ Woher rührt der massive Frust über SPD, Union, Grüne und FDP?

Prof. Falter: „Es hat sich viel Unbehagen zusammengebraut. Das speist sich primär aus Kritik der anschwellenden Migrantenzahlen und der unsensiblen Wärmewende-Politik, die manche als Angriff auf ihr Eigentum empfinden."

Wahlschlappe dagegen in Sachsen-Anhalt. Bürgermeister von Bitterfeld-Wolfen bleibt Armin Schenk (CDU). In der Stichwahl setzte er sich mit 53,82 Prozent gegen AfD-Mann Henning Dornack (46,18%) durch.

Hat Rückenwind: AfD-Co-Chefin Alice Weidel (44)

Foto: JÖRG HALISCH

Bild, 9.10.2023, S.5

10.5.3 Übung zu Themen und Diskurssträngen

Die Unterscheidung von Themen und Diskurssträngen kann schwierig sei. Deshalb lohnt es sich noch einmal Kapitel 5.1.2 und besonders 5.1.3 zu lesen sowie für Beispiele die Tabelle am Ende von Kap 6.1.8.1 anzuschauen. Oft hilft als Unterscheidungskriterium, dass ein Diskursstrang immer eine Genealogie bzw. längere Geschichte hat. Es gibt also keinen Sinn, von einem Diskursstrang über die Landtagswahl in Hessen 2023 oder einem Diskursstrang über Alice Weidel zu sprechen. Beides sind Themen, die unter anderem im Diskursstrang über Parteien oder allgemeiner im Demokratiediskurs verhandelt werden, aber auch im Diskursstrang über Rechtsextremismus und anderen Diskurssträngen.

Suche im Artikel alle angesprochenen Themen und Diskursstränge. Ein Lösungsvorschlag findet sich im folgenden Unterkapitel.

10.5.4 Tabelleneintrag

Alle Ergebnisse der Analyse kann man in eine Zeile einer Tabelle eintragen, die dann die Materialaufbereitung des Dossiers für die Strukturanalyse darstellt (siehe Beispiel am Ende von Kap. 6.1.8.1 zur Aufbereitung des Dossiers). Wer viel schreibt und sich durch die Tabellenkalkulation beengt fühlt, kann auch für jeden Artikel eine Seite in einer Textverarbeitung anlegen. Als Beispiel zeigen wir im Folgenden einen Eintrag für den oben faksimilierten Artikel.

- - - *Formalia* – - -
Datum: 9.10.2023
Zeitung: Bild
Titel: Darum ist die AfD jetzt auch im Westen so stark
Autor*in: Nadja Aswad, Josef Forster, Sebastian Geisler, Nikolaus Harbusch, Florian Kain, Karina Mößbauer, Philip Fabian, Filipp Piatov, Jan Schäfer, Peter Tiede, Elias Sedlmayr, Hans-Jörg Vehlewald, Luisa Volkhausen, Stefan Schlagenhaufer, Lena Zander (für die ganze Doppelseite)
Textsorte: Bericht
Rubrik: –

---

als Ursache für Rechtsextremismus (oder treffender *verfehlte Politik der Koalition?*), *Situation in Ostdeutschland als Ursache für Rechtsextremismus.* (Es gibt hier natürlich nicht die eine richtige Lösung.)

Seite: 5

- – - Struktur – - -

Aussagen
Verortung der AfD als sehr rechts
Verschiebung des politisches Spektrums nach rechts
Aufstieg der AfD
Protestwahl
Migration als Ursache für Rechtsextremismus
linke Politik als Ursache für Rechtsextremismus (hier ökologisch)
Situation Ostdeutschland als Ursache für Rechtsextremismus

Themen
Wahlergebnisse AfD
Landtagswahl Hessen (8.10.2023), Landtagswahl Bayern (8.10.2023): Wähler*innenwanderungen zur AfD
Bürgermeister*innenstichwahl in Bitterfeld-Wolfen (8.10.2023): Sieg CDU über AfD
AfD-Wähler*innen (politische Verortung als rechtsextrem bis Protestwahl)
Einwanderungsstatistik (nur kollektivsymbolisch als »anschwellende[] Migrantenzahlen«)
Effizienzpolitik der Bundesregierung (Wärmewende)
Stimmung in der Bevölkerung
Alice Weidel (nur im Foto)

Diskursstränge
Diskursstrang zu Demoskopie
Demokratiediskurs
Migrations- und Fluchtdiskurs
Ökologiediskurs
Diskursstrang zu Sozialpolitik

- – - Optionales – - -
Quellen des Wissens
parlamentarischer Geschäftsführer der AfD-Bundestagsfraktion MdB Bernd Baumann
Politikwissenschaftler Jürgen W. Falter
Wahlstatistiken

grafische Gestaltung
Foto: Alice Weidel jubelnd in einer Menschengruppe. Untertitel: »Hat Rückenwind: AfD-Co-Chefin Alice Weidel (44)« –> *Aufstieg der AfD*

Einbettung in Zeitungsseite/direkter Kontext
Doppelseite 4/5 ist großteils den Landtagswahlen in Hessen und Bayern gewidmet: Schlechte Ergebnisse der Ampel (SPD, Grünen, FDP) werden dominant und gehäuft angesprochen. Erfolge der AfD werden in drei anderen Artikeln nur knapp und meist gegen Ende erwähnt, im Kommentar »Abwahl der Ampel« wird die AfD gar nicht thematisiert. Artikel »Darum ist…« steht am Ende (S.5 r.u.). Acht weitere Fotos, meist Politiker*innen, keine AfD; Infografiken zur Wahl ohne Hervorhebung der AfD.

- – - Notizen – - -
prägnante Zitate
»Prof. Falter: ›Es hat sich viel Unbehagen zusammengebraut. Das speist sich primär aus der Kritik der anschwellenden Migrantenzahlen und der unsensiblen Wärmewende-Politik […]«
Besonderheiten/Forschungstagebuch[363]
Während ansonsten auf der Doppelseite Verluste der Ampel gegen partielle Erfolge der Union und einen erfolgreichen Hubert Aiwanger (Freie Wähler) gestellt werden, wird im Artikel »Darum ist die AfD…« ausdrücklich Unzufriedenheit auch mit der Union benannt: »den anderen Parteien« bzw. »SPD, Union, Grüne und FDP«. Beobachten!

Viele statistische Daten als Beleg (Wähler*innenwanderung)

Aussage: *linke Politik als Ursache für Rechtsextremismus*: evtl. auch *Politik der Ampel*? oder *unfähige Politik*?

Sind *Verschiebung des politisches Spektrums nach rechts* und *Aufstieg der AfD wirklich* zwei verschiedene Aussagen oder nur eine. Oder mehrere Aussagen: *linke Politik …*; *ökologische Politik …*, *liberale Geschlechterpolitik …*?

Eventuell zusätzlich Rubrik Normalismus einführen: Was wird als denormalisiert beschrieben? Finden sich Renormalisierungsstrategien?). Hier im Artikel: Denormalisierung der AfD: »immer stärker«, »Rechtsaußen«; Denormalisierung der Ampel: »massiver Frust« »Unbehagen zusammen-

363 Hier werden Auffälligkeiten und offene Fragen notiert. Aber auch Überlegungen dazu, wo Kategorisierungen später eventuell noch einmal überdacht werden müssen.

gebraut«, »Angriff«; Denormalisierung Migration: »anschwellenden Migrantenzahl«

Kandidat für Feinanalyse:
vielleicht

11 Literaturverzeichnis

Zur Zitierweise: Texte mit alter deutscher Rechtschreibung sind stillschweigend und behutsam an die seit der Rechtschreibreform 1996 gültige Schreibweise angepasst worden.

Die exemplarischen Analysen im Anhang enthalten jeweils ein eigenes Literaturverzeichnis.

11.1 Werke Michel Foucaults

Die hier aufgeführten Schriften von Michel Foucault sind in dieser Einführung nicht alle zitiert, sondern sie dokumentieren sein Gesamtwerk.

11.1.1 Bücher (chronologisch)

WG Wahnsinn und Gesellschaft. Eine Geschichte des Wahns im Zeitalter der Vernunft, übers. v. Ulrich Koppen, Frankfurt/M.: Suhrkamp 1969, ²1973 [Folie et déraison. Histoire de la folie à l'âge classique. Paris: Plon 1961; 2. Aufl. unter dem Titel: Histoire de la folie à l'âge classique. Paris: Gallimard 1972, mit neuem Vorwort und Anhängen, die seit der 3. Aufl. 1976 wieder weggelassen wurden].

GK Die Geburt der Klinik. Eine Archäologie des ärztlichen Blicks, übers. v. Walter Seitter, München: Hanser 1973, 2. Aufl. Berlin: Ullstein 1976, 3. Aufl. Frankfurt/M. 1988 [Naissance de la clinique. Une archéologie du regard médical. Paris: P.U.F. 1963, 2. leicht veränderte Aufl. 1972].

OD Die Ordnung der Dinge. Eine Archäologie der Humanwissenschaften, übers. v. Ulrich Koppen, Frankfurt/M.: Suhrkamp 1971 [mit Foucaults »Vorwort zur deutschen Ausgabe«], Nachauflagen unverändert [Les mots et les choses. Une archéologie des sciences humaines. Paris: Gallimard 1966].

AW Archäologie des Wissens, übers. v. Ulrich Koppen, Frankfurt/M. 1973: Suhrkamp, Nachauflagen unverändert [L'Archéologie du savoir. Paris: Gallimard 1969].

ODis Die Ordnung des Diskurses, übers. v. Walter Seitter, München: Hanser 1974, Frankfurt/M.: Ullstein 1977, erweiterte Neuausgabe Frankfurt/M.: Fischer 1991 [L'ordre du discours. Paris: Gallimard 1971].

ÜS Überwachen und Strafen. Die Geburt des Gefängnisses, übers. v. Walter Seitter, Frankfurt/M.: Suhrkamp 1976, Nachauflagen unverändert [Surveillir et punir. La naissance de la prison. Paris: Gallimard 1975].

FR (Hg.) Der Fall Rivière. Materialien zum Verhältnis von Psychiatrie und Strafjustiz, Frankfurt/M.: Suhrkamp 1975, zuerst frz. Gallimard 1973.

WW Der Wille zum Wissen, übers. v. Ulrich Raulff und Walter Seitter, Frankfurt/M.: Suhrkamp 1977 (Sexualität und Wahrheit, Bd. 1) [Histoire de la sexualité, Bd. 1: La volonte de savoir. Paris: Gallimard 1976]. In späteren Auflagen eventuell abweichende Seitenzahlen.

GL Der Gebrauch der Lüste, übers. v. Ulrich Raulff und Walter Seitter, Frankfurt/M.: Suhrkamp 1986 (Sexualität und Wahrheit, Bd. 2) [Histoire de la sexualité, Bd. 2: L'usage des plaisirs. Paris: Gallimard 1984].

SS Die Sorge um sich, übers. v. Ulrich Raulff und Walter Seitter, Frankfurt/M.: Suhrkamp 1986 (Sexualität und Wahrheit, Bd. 3) [Histoire de la sexualite, Bd. 3: Le souci de soi. Paris: Gallimard 1984].

11.1.2 Vorlesungen

VL 1973/74 Die Macht der Psychiatrie, Frankfurt/M.: Suhrkamp 2005 [Le Pouvoir psychiatrique. Cours au Collège de France 1973/74. Paris 2003].

VL 1974/75 Die Anormalen, Frankfurt/M.: Suhrkamp 2003 [Les anormaux. Cours au Collège de France 1974/75. Paris 1999].

VL 1975/76 In Verteidigung der Gesellschaft, Frankfurt/M.: Suhrkamp 1999 [»Il faut défendre la société«. Cours au Collège de France 1976. Paris 1997].

VL 1977/78 Geschichte der Gouvernementalität 1: Sicherheit, Territorium, Bevölkerung, Frankfurt/M.: Suhrkamp 2004 [Sécurité, Territoire et Population. Cours au Collège de France 1977/78. Paris 2004].

VL 1978/79 Geschichte der Gouvernementalität II: Die Geburt der Biopolitik. Frankfurt/M.: Suhrkamp 2004 [Naissance de la biopolitique. Cours au Collège de France 1978/79. Paris 2004].

VL 1981/82 Hermeneutik des Subjekts, Frankfurt/M.: Suhrkamp 2004. [L'Herméneutique du Sujet. Cours au Collège de France 1981/82. Paris 2001].

11.1.3 Kleine Schriften Foucaults (nach Nummern der DE).

DE Dits et Ecrits. Schriften 1-4, Frankfurt/M.: Suhrkamp 2001-2005 [Dits et Ecrits, 4 Bände. Paris: Gallimard 1994].

11.1.4 Texte Foucaults und Textsammlungen außerhalb von DE.

Foucault 1968 Psychologie und Geisteskrankheit, Frankfurt/M.: Suhrkamp [Maladie mentale et psychologie. Paris 1962].

Foucault 1975 (Hg.) Der Fall Rivière. Materialien zum Verhältnis von Psychiatrie und Strafjustiz, Frankfurt/M.: Suhrkamp [Moi, Pierre Rivière, ayant égorgé ma mère, ma sœur et mon frère... Un cas de parricide au XIXe siècle. Paris 1973].

Foucault 1976 Mikrophysik der Macht, Berlin: Merve.

Foucault 1976 Vorlesung vom 17. März 1976, in: Foucault, Michel: In Verteidigung der Gesellschaft. Vorlesungen am Collège de France (1775-76). Aus dem Französischen von Michaela Ott. Frankfurt a.M.: Suhrkamp, 2001, S.282-311.

Foucault 1977 »Der Klassenkampf, das ist sehr konkret die Totalität, in der und wie wir leben«. Michel Foucault im Gespräch mit vier Militanten der Ligue Communiste Révolutionnaire, Mitarbeiter des Kulturteils der Tageszeitung *Rouge*, Juli 1977, in: kultuRRevolution 83 (Nov. 2022), S.47-60.

Foucault 1978a Wahrheit und Macht. Interview mit Michel Foucault von Alessandro Fontana und Pasquale Pasquino, in: Foucault 1978b, S.21-54.

Foucault 1978b Dispositive der Macht. Michel Foucault über Sexualität, Wissen und Wahrheit, Berlin: Merve.

Foucault 1982 Der Staub und die Wolke, Bremen: Trotzdem-Verlag.

Foucault 1984 Von der Freundschaft. Michel Foucault im Gespräch, Berlin: Merve.

Foucault 1985a Freiheit und Selbstsorge, in: Foucault 1985b, S.7-28.

Foucault 1985b Freiheit und Selbstsorge, Frankfurt/M.: Materialis.

Foucault 1985c Geschichte der Sexualität. Interview mit Foucault, in: Ästhetik und Kommunikation, Heft 57/58, S.157-164.

Foucault 1987 Warum ich Macht untersuche: Die Frage des Subjekts, in: Dreyfus/Rabinow, S.243-261.

Foucault 1988 Das Wahrsprechen des Anderen. 2. Vorlesungen von 1983/84, hg. und eingeleitet von Ulrike Reuter, Frankfurt/M.: Materialis Verlag.

Foucault 1989 mit Arlette Farge (Hg.): Familiäre Konflikte. Die »Lettres de cachet« aus den Archiven der Bastille im 18. Jahrhundert, Frankfurt/M.: Suhrkamp [Le désordre des familles. Lettres de cachet des Archives de la Bastille au XVIIIe siècle. Paris 1983].

Foucault 1990 Funktionen der Literatur [unveröffentlichtes, unredigiertes Gespräch mit Roger-Pol Droit vom 20.7.1975], in: Erdmann, /Forst/Honneth (Hg.), S.229-234.

Foucault 1991 Von der Subversion des Wissens, München 1974, Frankfurt/M. u. a. 1978, Frankfurt/M. 1987, ungekürzte Aufl. Frankfurt/M. 1991: Fischer.

Foucault 1992 Was ist Kritik? Berlin: Merve.

Foucault 1996 Diskurs und Wahrheit. Die Problematisierung der Parrhesia. Berkeley-Vorlesungen 1983, Berlin: Merve.

Foucault 1998 (mit Herculine Barbin:) *Über Hermaphrodismus,* Frankfurt/M.: Suhrkamp.

Foucault 2000 Staatsphobie, in: Bröckling/Krasmann/Lemke (Hg.), S.68-71.

Foucault 2005 Die Heterotopien. Der utopische Körper. Frankfurt/M.: Suhrkamp.

11.2 Weitere zitierte und herangezogene Literatur

Ahrenholz, Bernt (Hg.) 2008: Empirische Forschung und Theoriebildung: Beiträge aus Soziolinguistik, Gesprochene-Sprache- und Zweitspracherwerbsforschung, Frankfurt/M.: Lang.

Allolio-Näcke, Lars 2010: Diskursanalyse – Bestandsaufnahme und interessierte Anfragen aus einer dichten Foucault-Lektüre, in: Forum Qualitative Sozialforschung 11(3), Art. 26.

Amin, Samir 2012: Revolution in der Sturmzone. Vom ägyptischen Frühling zum kapitalistischen Herbst? In: Blätter für deutsche und internationale Politik 2, S.81-94.

Androtspopoulos, Jannis/Runkehl, Jens/Schlobinski, Peter/Siever, Torsten (Hg.) 2006: Neuere Entwicklungen in der Internetforschung, Opladen: Olms.

Angermuller, Johannes 2014: »Der« oder »das« Korpus? Perspektiven aus der Sozialforschung, in: Angermuller/Nonhoff/Herschinger u.a. (Hg.) Bd 1, S.604-613.

Angermuller, Johannes/Schwab, Veit 2014: Zu Qualitätskriterien und Gelingensbedingungen in der Diskursforschung, in: Angermuller/Nonhoff/Herschinger u.a. (Hg.), Bd 1, S.645-649.

Angermuller, Johannes/Nonhoff, Martin/Herschinger, Eva u.a. (Hg.) 2014: Diskursforschung: Ein interdisziplinäres Handbuch, Bd 1 und 2, Bielefeld: transcript Verlag.

Bachmann-Medick, Doris 2006: Cultural Turns. Neuorientierungen in den Kulturwissenschaften, Reinbek: Rowohlt.

Balibar, Étienne 1991: Foucault und Marx. Der Einsatz des Nominalismus, in: Ewald/Waldenfels (Hg.), S.39-65.

Bartel, Daniel/Ullrich, Peter/Ehrlich, Kornelia 2008: Kritische Diskursanalyse: Darstellung anhand der Analyse der Nahostberichterstattung linker Medien, in: Freikamp/Leanza/Mende u. a. (Hg.), S.53-72.

Barthes, Roland 2010: Der verlorene Kontinent, in: Barthes, Roland: Mythen des Alltags, vollständige Ausgabe, Berlin: Suhrkamp, (gekürzte Ausgabe ebd. 1964, frz. 1957) S.212-215.

Bau, Walter 2017: Twitter macht FDP-Chef Lindner zum Thermomix-Vertreter. Abendblatt online, 24.8.2017, https://www.abendblatt.de/politik/article211690987/Twitter-macht-FDP-Chef-Lindner-zum-Thermomix-Vertreter.html (7.9.2023).

Bauer, Ingrid 2015: Islam im Bild. Eine kritische Diskursanalyse der TV- Magazinsendung »Orientierung« des ORF, https://phaidra.univie.ac.at/download/o:1314444 (8.6.2022).

Becker, Andrea 2019: Trolling, Memes, strategische Verstärkung. Zum rechten »Kampf um die Algorithmen«, in: Bey/Nothardt (Hg.): Kämpfe um Meinungsfreiheit und Medien. Im Spannungsfeld von Hate Speech, Fake News und Algorithmen, Münster: Unrast (= Edition DISS Bd. 44) S.29-49.

Becker, Frank/Gerhard, Ute/Link, Jürgen 1997: Moderne Kollektivsymbolik. Ein diskurstheoretisch orientierter Forschungsbericht mit Auswahlbibliographie, in: Internationales Archiv für Sozialgeschichte der deutschen Literatur (IASL), 22. Bd., Heft 1, S.70-154.

Benning, Wilhelm 1983: Komparatistische Analyse aktueller journalistischer Kollektiv-Symbole in Griechenland und der Bundesrepublik Deutschland, Diss. masch., Bochum.

Bey, Paul 2019: Parlamentarische Redebeiträge von Abgeordneten der Fraktion »Alternative für Deutschland« (AfD). Landtag Nordrhein-Westfalen. 17. Wahlperiode (2017 – 2022). Halbzeitanalyse. 1. Juni 2017 bis 31. Dezember 2019, http://www.diss-duisburg.de/wp-content/uploads/2023/10/Landtagsreden-AfD-2017-2019-Gutachten-Bey-Paul.pdf (9.2.2024).

Bickes, Hans/Butulussi, Ina/Otten, Tina/Schendel, Janina/Sdroulia, Amalia /Steinhof, Alexander 2012: Die Dynamik der Konstruktion von Differenz und Feindseligkeit am Beispiel der Finanzkrise Griechenlands: Hört beim Geld die Freundschaft auf? Kritisch-diskursanalytische Untersuchungen der Berichterstattung deutscher und griechischer Medien, München: Iudicium.

Block, Katharina/Dickel, Sascha 2020: Jenseits der Autonomie. Die De/Problematisierung des Subjekts in Zeiten der Digitalisierung, in: Behemotz 13 (1), S.109-131.

Bogdal, Klaus Michael 1990: Symptomatische Lektüre und historische Funktionsanalyse (Louis Althusser), in: Bogal (Hg.): Neue Literaturtheorien. Eine Einführung, Opladen: van den Hoeck u. Ruprecht, S.82-106.

Bogdal, Klaus Michael (Hg.) 1997 (2. Aufl.): Neue Literaturtheorien. Eine Einführung, Opladen: Westdeutscher Verlag.

Bogdal, Klaus Michael 2003: Diskursanalyse, literaturwissenschaftlich, in: Haß. Ulrike/ König, Christoph (Hg.): Literaturwissenschaft und Linguistik von 1960 bis heute, Göttingen: Wallstein, S.153-174.

Böhm, Gottfried 1994: Die Wiederkehr der Bilder, in: Böhm, Gottfried (Hg.): Was ist ein Bild? München: Fink, S.11-38.

Böke, Karin/Jung, Matthias/Wengeler, Martin (Hg.) 1996: Öffentlicher Sprachgebrauch. Praktische, theoretische und historische Perspektiven. Georg Stötzel zum 60. Geburtstag, Opladen: Westdeutscher Verlag.

Bolz, Norbert 1993: Am Ende der Gutenberg-Galaxis. Die neuen Kommunikationsverhältnisse, München: Fink.

Brecht, Bertolt 1967: Kunst des Manövrierens, in: Me-ti. Buch der Wendungen, in: Gesammelte Werke, 20 Bde., Frankfurt a.M.: Suhrkamp, Bd. 12, S.464.

Bredehöft, Sonja 1987: Diskursive Verfahren der Aneignung von Arbeitslosigkeit. Gesprächsanalysen, Oldenburg, Univ. Prüfungsarbeit. Brieler, Ulrich 1998: Die Unerbittlichkeit der Historizität. Foucault als Historiker, Köln: Böhlau.

Bredehöft, Sonja 1994: Diskurse über Arbeitslosigkeit. Gesprächsanalyse als

Handlungsforschung, Wiesbaden: Dt. Univ.-Verl., 1994. (Zugleich: Oldenburg, Univ., Diss., 1993)

Brieler, Ulrich 2002: »Erfahrungstiere« und »Industriesoldaten«: Marx und Foucault über das historische Denken, das Subjekt und die Geschichte der Gegenwart, in: Martschukat, Jürgen (Hg.): Geschichte schreiben mit Foucault, Frankfurt/M.-New York: Campus, S.42-78.

Brieler, Ulrich 2003: Blind Date. Michel Foucault in der deutschen Geschichtswissenschaft, in: Honneth, Axel/Saar, Martin (Hg.): Michel Foucault. Zwischenbilanz einer Rezeption. Frankfurter Foucault-Konferenz, Frankfurt/M.: Suhrkamp, S.311-334.

Brieler, Ulrich 2008a: Foucault und 1968: Widerspenstige Subjektivitäten, in: Hechler, Daniel/Philipps, Axel (Hg.): Widerstand denken. Michel Foucault und die Grenzen der Macht, Bielefeld: transcript, S.19-37.

Brieler, Ulrich 2008b: Historische Wahrheitskämpfe und »Fernsehgeschichte«, in: Jäger, S. (Hg.) 2008, S.82-86.

Brieler, Ulrich 2010: Globales Arbeiten und absolute Demokratie. Das Politische bei Michael Hardt und Antonio Negri, in: Bröckling, Ulrich/Feustel, Robert (Hg.): Das Politische Denken, 2. Aufl., Bielefeld: transcript. S.229-251.

Brinker, Klaus 1997: Linguistische Textanalyse. Eine Einführung in Grundbegriffe und Methoden, 4. Aufl., Berlin: Erich Schmidt. (zuerst 1985)

Brocke, Michael/Jäger, Margarete/Jäger, Siegfried/Paul, Jobst/Tonks, Iris 2009: Visionen der gerechten Gesellschaft. Der Diskurs der deutsch-jüdischen Publizistik im 19. Jahrhundert, Köln: Böhlau.

Bröckling, Ulrich/Krasmann, Susanne/Lemke, Thomas (Hg.) 2000: Gouvernementalität der Gegenwart. Studien zur Ökonomisierung des Sozialen, Frankfurt/M.: Suhrkamp.

Bromley, Roger/Göttlich, Udo/Winter, Carsten (Hg.) 1999: Cultural Studies. Grundlagentexte zur Einführung, Lüneburg: Zu Klampen.

Bublitz, Hannelore 2011: Im Beichtstuhl der Medien, in: van Raden/Jäger, S. (Hg.), S.151-164.

Bublitz, Hannelore/Bührmann, Andrea D./Hanke, Christine/Seier, Andrea (Hg.) 1999: Das Wuchern der Diskurse. Perspektiven der Diskursanalyse Foucaults, Frankfurt/ M.-New York: Campus.

Bührmann, Andrea D. 2005: Chancen und Risiken angewandter Diskursforschung, in: Keller/Hirseland/Schneider/Viehöver (Hg.), S.229-250.

Bührmann, Andrea D./Schneider, Werner 2008: Vom Diskurs zum Dispositiv. Eine Einführung in die Dispositivanalyse, Bielefeld: transcript.

Bukow, Gerhard Chr./Fromme, Johannes/Jörissen, Benjamin (Hg.) 2012: Raum, Zeit, Medienbildung. Untersuchungen zu medialen Veränderungen unseres Verhältnisses zu Raum und Zeit, Wiesbaden: Springer VS.

Burger, Harald/Luginbühl, Martin 2014: Mediensprache. Eine Einführung in Sprache und Kommunikationsformen der Massenmedien, Berlin/Boston: De Gruyter.

Burke, Shani/Goodman 2012: "Bring back Hitler's gas chambers": Asylum seeking, Nazis and Facebook – a discursive analysis, in: Discourse and Society 23, No. 1, S.19-33.

Busch, Albert 2007: Der Diskurs: ein linguistischer Proteus und seine Erfassung – Methodologie und empirische Gütekriterien für die sprachwissenschaftliche Erfassung von Diskursen und ihrer lexikalischen Inventare, in: Warnke (Hg.), S.141-163.

Busse, Dietrich 1987: Historische Semantik, Stuttgart: Klett-Cotta.

Busse, Dietrich 1992: Textinterpretation. Sprachtheoretische Grundlagen einer explikativen Semantik, Opladen: Westdeutscher Verlag.

Busse, Dietrich 2007: Diskurslinguistik als Kontextualisierung –Sprachwissenschaftliche Überlegungen zur Analyse gesellschaftlichen Wissens, in: Warnke (Hg.), 81-105.

Busse, Dietrich 2008: Diskurslinguistik als Epistemologie. Das verstehensrelvante Wissen als Gegenstand linguistischer Forschung, in: Warnke/Spitzmüller (Hg.), S.57-88.

Busse, Dietrich/Teubert, Wolfgang 1994: Ist Diskurs ein sprachwissenschaftliches Objekt? Zur Methodenfrage der Historischen Semantik, in: Busse, Dietrich/Hermanns, Fritz/Teubert, Wolfgang (Hg.): Begriffsgeschichte und Diskursgeschichte. Methodenfragen und Forschungsergebnisse der historischen Semantik, Opladen: Westdeutscher Verlag, S.10-28.

Butler, Judith 1997: Körper von Gewicht. Die diskursiven Grenzen des Geschlechts. Berlin: Suhrkamp.

Butler, Judith 2001: Was ist Kritik? Ein Essay über Foucaults Tugend, https://transversal.at/transversal/0806/butler/de?hl=was%20ist%20kritik (14.8.2012)

Caborn, Joannah 2006: Schleichende Wende. Diskurse von Nation und Erinnerung bei der Konstituierung der Berliner Republik, Münster: Unrast (= Edition DISS Bd. 10).

Celik, Semra 2006: Grenzen und Grenzgänger. Diskursive Positionierungen im Kontext türkischer Einwanderung, Münster: Unrast (= Edition DISS Bd. 12).

Cetin, Emel 2010: Dispositiv/Dispositivanalyse, in: Jäger, S./Zimmermann (Hg.), S.51-53.

Chlada, Marvin 2006: Räume sind Träume, in: Jungle World 2 vom 11 Januar.

Chlada, Marvin/Dembowski, Gerd (Hg.) 2002: Das Foucaultsche Labyrinth. Eine Einführung, Aschaffenburg: Alibri.

Clarke, Adele E. 2012: Situationsanalyse: Grounded Theory nach dem Postmodern Turn. Wiesbaden: VS Verlag für Sozialwissenschaften.

Cleve, Gabriele 1998: Rassismus und völkisches Denken im Alltag, in: Jäger/Kretschmer/Cleve u.a., S.228-265.

Connolly, William 1987: Politics and Ambiguity, Madison (Wis.): University of Madison Press.

Defert, Daniel 2005: Raum zum Hören, in: Foucault 2005, S.69-92.

Deleuze, Gilles/Foucault, Michel 1977: Der Faden ist gerissen, Berlin: Merve.

Deleuze, Gilles/Guattari, Félix 1977: Rhizom, Berlin: Merve.

Demirovic, Alex 1997: Demokratie und Herrschaft. Aspekte kritischer Gesellschaftstheorie, Münster: Westfälisches Dampfboot.

Demirovic, Alex 2008: Das Wahr-Sagen des Marxismus: Foucault und Marx, in: Prokla 151, 38. Jg., Nr. 2, S.179-201.

Demirovic, Alex/Prigge, Walter (Hg.) 1988: Diskurs – Macht – Hegemonie, Themenschwerpunkt der kultuRRevolution 17/18.

Derrida, Jacques 1995: Marx' Gespenster. Der verschuldete Staat, die Trauerarbeit und die neue Internationale, Frankfurt/M.: Fischer.

Derrida, Jacques/Mallet, Marie-Luise 2008: The animal that therefore I am, New York: Fordham University Press.

Diaz-Bone, Rainer 2003: Entwicklungen im Feld der foucaultschen Diskursanalyse, in: Historical Research, Vol. 28, No. 4, S.60-102.

Diaz-Bone, Rainer 2006: Kritische Diskursanalyse. Zur Ausarbeitung einer problembezogenen Diskursanalyse im Anschluss an Foucault. Siegfried Jäger im Gespräch mit Rainer Diaz-Bone, in: Forum Qualitative Sozialforschung 7(3), Art. 21.

Diaz-Bone, Rainer 2018: Foucaults Diskursanalyse und Ungleichheitsforschung, in: ZGF – Zeitschrift für Qualitative Forschung 19 (1+2). S.47-61.

Diaz-Bone, Rainer/Krell, Gertraude (Hg.) 2009: Diskurs und Ökonomie. Diskursanalytische Perspektiven auf Märkte und Organisationen, Wiesbaden: VS Verlag.

Disselnkötter, Andreas/Parr, Rolf 1994: Kollektivsymbolsystem – Didaktisch aufbereitet (mit Graphiken von Dorothea Hein), in: kultuRRevolution 30, S.52-65.

Dorostkar Niku/Preisinger, Alexander 2012: CDA 2.0 – Leserkommentarforen aus kritisch-diskursanalytischer Perspektive, Wiener Linguistische Gazette, Institut für Sprachwissenschaft Universität Wien; 76, S.1-47.

Dreesen, Philipp/Kumiega, Lukasz/Spieß, Constanze (Hg.) 2012: Mediendiskursanalyse: Diskurse – Dispositive – Medien – Macht, Wiesbaden: Springer VS.

Drews, Axel/Gerhard, Ute/Link, Jürgen 1985: Moderne Kollektivsymbolik. Eine diskurstheoretisch orientierte Einführung mit Auswahlbibliographie, Internationales Archiv für Sozialgeschichte der deutschen Literatur (IASL), 1. Sonderheft Forschungsreferate, Tübingen: De Gruyter, S.256-375.

Dreyfus, Hubert/Rabinow, Paul 1987: Michel Foucault: Jenseits von Strukturalismus und Hermeneutik, Frankfurt/M.: Athenäum.

Drüeke, Ricarda/Klaus, Elisabeth 2014: Öffentlichkeiten im Internet. Zwischen Feminismus und Antifeminismus, in: Femina Politica. Zeitschrift für feministische Politikwissenschaft 23 (2), S.59-71.

Drüeke, Ricarda 2017: Politische Kommunikationsräume im Internet, in Klaus, Elisabeth/Drüeke, Ricarda (Hg.) 2017: Öffentlichkeiten und gesellschaftliche Aushandlungsprozesse. Theoretische Perspektiven und empirische Befunde, Bielefeld: Transcript. S.39-60.

Duisburger Institut für Sprach- und Sozialforschung (Hg.) 1999: Medien und Straftaten. Vorschläge zur Vermeidung diskriminierender Berichterstattung über Einwanderer und Flüchtlinge, Duisburg: DISS.

Dünne, Jörg/Günzel, Stephan (Hg.) 2006: Raumtheorie. Grundlagentexte aus Philosophie und Kulturwissenschaften, Frankfurt/M.: Suhrkamp.

Dzudzek, Iris 2016: Kreativpolitik. Über die Machteffekte einer neuen Regierungsform des Städtischen, Bielefeld.

Ebeling, Knut 2008: Genealogie, in: Kammler/Parr/Schneider (Hg.), S.221-222.

Eder, Franz X. (Hg.) 2006: Historische Diskursanalysen. Genealogie, Theorie, Anwendungen, Wiesbaden: VS Verlag.

Ehlich, Konrad 1986: Funktional-Pragmatische Kommunikationsanalyse – Ziele und Verfahren, in: Hartung, Wolfdietrich (Hg.): Untersuchungen zur Kommunikation – Ergebnisse und Perspektiven. Arbeitsberichte Nr. 149. Berlin: Zentralinstitut f. Sprachwissenschaft. S.15-40.

Erdmann, Eva/Forst, Rainer/Honneth, Axel (Hg.) 1990: Ethos der Moderne. Foucaults Kritik der Aufklärung, Frankfurt/M.: Campus.

Ewald, Francois/Waldenfels, Bernhard (Hg.) 1991: Spiele der Wahrheit. Michel Foucaults Denken, Frankfurt/M.: Suhrkamp.

Fairclough, Norman 1992: Discourse and social Change, Cambridge: Polity Press.

Fairclough, Norman 1993: Critical Discourse Analysis and the marketization of public Discourse, in: Discourse and Society 4 (2), S.133-168.

Fairclough, Norman 2009: A dialectical-relational approach to critical discourse analysis to social research, in: Wodak/Meyer (Hg.), S.162-186.

Fleischer, Michael 1996: Das System der deutschen Kollektivsymbolik. Eine empirische Untersuchung, Bochum: Brockmeyer.

Flügel-Martinsen, Oliver 2011: Jenseits von Glauben und Wissen. Philosophischer Versuch über das Leben in der Moderne, Bielefeld: transcript.

Folkers, Andreas/Lim, Il-Tschung 2014: Irrtum und Irritation. Für eine kleine Soziologie der Krise nach Foucault und Luhmann, in: Behemoth 7 (1), S.48-69.

Fraas, Claudia 2005: Diskurse on- und offline, in: Fraas, Claudia/Klemm, Michael (Hg.): Mediendiskurse. Bestandsaufnahme und Perspektiven, Berlin: Lang, S.83-103.

Fraas, Claudia/Barczok, Achim/Di Gaetano, Nina 2006: Intermedialität – Transmedialität. Weblogs im öffentlichen Diskurs, in: Androtspopoulos, Jannis/Runkehl, Jens/ Schlobinski, Peter/Siever, Torsten (Hg.): Neuere Entwicklungen in der Internetforschung, Opladen: Olms., S.132-160.

Fraas, Claudia/Meier, Stefan/Pentzold, Christian 2013: Zur Einführung; Perspektiven einer interdisziplinären transmedialen Diskursforschung, in: Fraas, Clauda/Meier, Stefan/Pentzold, Christian (Hg.): Online-Diskurse – Theorien und Methoden transmedialer Online-Diskursforschung. Köln: Herbert von Halem Verlag. S.7-34.

Fraas, Claudia/Pentzold, Christian 2008: Online-Diskurse – Theoretische Prämissen, methodische Anforderungen und analytische Befunde, in: Warnke/Spitzmüller (Hg.), S.291-326.

Freikamp, Ulrike 2008: Bewertungskriterien für eine qualitative und kritisch-emanzipatorische Sozialforschung, in: Freikamp/Leanza/Mende u.a. (Hg.), S.215-232.

Freikamp, Ulrike/Leanza, Matthias/Mende, Janne/Müller, Stefan/Ullrich, Peter/Voß, Heinz-Jürgen (Hg.) (2008): Kritik mit Methode? Forschungsmethoden und Gesellschaftskritik, Berlin: Dietz.

Friede, Judith/Kalchschmidt, Louis/Marx, Fabian/Mayer, Anna-Maria/Nothardt, Benno/Slat, Milan /Sydow, Christian 2022: Deutsche Rettung? Eine Kritische Diskursanalyse des Fluchtdiskurses um Carola Rackete und Moria, Münster: Unrast (= Edition DISS Bd. 47).

Friedrich, Sebastian 2025: Die Problematisierung von Gammlern im mediopolitischen Interdiskurs der Bundesrepublik 1965-68 (Arbeitstitel), Dissertation Universität Wuppertal, im Entstehen.

Friedrich, Sebastian/Jäger, Margarete 2011: Die Kritische Diskursanalyse und die Bilder. Methodologische und methodische Überlegungen zu einer Erweiterung der Werkzeugkiste, in: DISS-Journal 21, S.14-16, http://www.diss-duisburg.de/download/dissjournal-dl/diss-journal-21-2011.pdf (4.8.2022).

Gallas, Helga 1981: Das Textbegehren des Michael Kohlhaas. Die Sprache des Unbewußten und der Sinn der Literatur, Reinbek: Rowohlt.

Ganz, Kathrin/Meßmer, Anna-Katharina 2015: Anti-Genderismus im Internet. Digitale Öffentlichkeiten als Labor eines neuen Kulturkampfes, in: Hark, Sabine/Villa, Paula-Irene (Hg.): Anti-Genderismus: Sexualität und Geschlecht als Schauplätze aktueller politischer Auseinandersetzungen, Bielefeld: Transcript, S.59-77.

Gardt, Andreas 2007: Diskursanalyse – Aktueller theoretischer Ort und methodische Möglichkeiten, in: Warnke (Hg.), S.27-52.

Gasch, André 2010a: Macht und Herrschaft, in: Jäger, S./Zimmermann (Hg.), S.79-80.

Gasch, André 2010b: Macht-Wissens-Komplex, in: Jäger, S./Zimmermann (Hg.), S.80-81.

Geisenhanslüke, Achim 2020: Literaturwissenschaft, in Kammler/Parr/Schneider 2020 (Hg.), S.376-384.

Gerhard, Ute 1998: Nomadische Bewegungen und die Symbolik der Krise. Flucht und Wanderung in der Weimarer Republik, Opladen: Westdeutscher Verlag.

Gerhard, Ute/Grünzweig, Walter/Link, Jürgen/Parr, Rolf 2003: Zur Einleitung: Facetten des Faszinationstyps »(nicht) normale Fahrt«, in: Gerhard/Grünzweig/Link/Parr (Hg.),S.7-17.

Gerhard, Ute/Link, Jürgen 1991: Zum Anteil der Kollektivsymbolik an den Nationalstereotypen, in: Link, Jürgen/Wülfing, Wulf (Hg.): Nationale Mythen und Symbole in der zweiten Hälfte des 19. Jahrhunderts. Strukturen und Funktionen nationaler Identität, Stuttgart: Klett Cotta, S.16-52.

Gerhard, Ute/Grünzweig, Walter/Link, Jürgen/Parr, Rolf (Hg.) 2003: (Nicht) normale Fahrten. Faszinationen eines modernen Narrationstyps. Heidelberg: Synchron (= Diskursivitäten; Bd. 6)

Gerhard, Ute/Link, Jürgen/Schulte-Holtey, Ernst (Hg.) 2001: Infografiken, Medien, Normalisierung. Zur Kartografie politisch-sozialer Landschaften, Heidelberg: Synchron. (= Diskursivitäten; Bd. 1)

Graevskaia, Alexandra 2023: Polizei in der postmigrantischen Gesellschaft. »Interkulturelle Öffnung« zwischen Anerkennung und Rassismus. Eine dispositivanalytische Perspektive, https://doi.org/10.17185/duepublico/78739 (9.2.2024).

Grewenig, Adi/Jäger, Margret (Hg.) 2000: Medien in Konflikten: Holocaust – Krieg – Ausgrenzung, Duisburg: DISS.

Grittmann, Elke/Ammann, Ilona 2018: Quantitative Bildtypenanalyse. in: Petersen, Thomas/Schwender, Clemens (Hg.): Die Entschlüsselung der Bilder. Methoden zur Erforschung visueller Kommunikation. Ein Handbuch, Köln: Herbert von Halem Verlag, S.163-178.

Grossberg, Lawrence 1997: Bringing it all back home. Essays on Cultrural Studies, Durham: Duke University Press.

Großkopf, Steffen 2007: Rezension zu Keller, Reiner/Hirseland, Andreas/Schneider, Werner/Viehöver, Willy 2006: Handbuch Sozialwissenschaftliche Diskursanalyse. Band 1: Theorien und Methoden, Forum Qualitative Sozialforschung, 9 (1), Art. 14, http://www.qualitative-research.net/index.php/fqs/article/view/357/781 (13.1.2024)

Günzel, Stephan (Hg.): Raumwissenschaften, Frankfurt/M.: Suhrkamp.

Gür-Şeker, Derya 2014: Zur Verwendung von Korpora in der Diskurslinguistik, in: Angermuller/Nonhoff/Herschinger u.a. (Hg.), S.583-603.

Halliday, Michael A. K. 1978: Language as social Semiotics, London: Edward Arnold.

Halliday, Michael A. K. 1985: An Introduction to Functional Grammar, London: Edward Arnold.

Hanke, Christine 1999: Kohärenz versus Ereignishaftigkeit? Ein Experiment im Spannungsfeld der foucaultschen Konzepte »Diskurs« und »Aussage«, in: Bublitz/Bührmann/Hanke/Seier (Hg.), S.109-118.

Haug, Wolfgang Fritz (Hg.) 1995: Historisch-kritisches Wörterbuch des Marxismus, Bd. 2, Hamburg: Argument.

Hauser, Claudia/dpa 2018: Kindergeld-Debatte: Sinti und Roma empört über Duisburgs Oberbürgermeister, Rheinische Post, 14.8.2018, https://rp-online.de/nrw/staedte/duisburg/duisburg-sinti-und-roma-empoert-ueber-ob-soeren-link_aid-24350279 (2.5.2022).

Heinze, Thomas 1992: Qualitative Sozialforschung. Erfahrungen, Probleme und Perspektiven, 2., um einen Nachtrag erweiterte Aufl., Opladen: Westdeutscher Verlag.

Hepp, Andreas/Krotz, Friedrich/Thomas, Tanja 2009: Einleitung, in: Hepp, Andreas/Krotz, Friedrich/Thomas, Tanja (Hg.): Schlüsseltexte der Cultural Studies, Wiesbaden: VS Verlag. S.7-17.

Hepp, Andreas/Winter, Rainer (Hg.) 2006: Kultur – Medien – Macht. Cultural Studies und Medienanalyse, 3., überarb. u. erw. Aufl., Wiesbaden: VS Verlag.

Hermanns, Fritz 1995: Sprachgeschichte als Mentalitätsgeschichte. Überlegungen zu Sinn und Form und Gegenstand historischer Semantik, in: Gardt, Andreas/Mattheier, Klaus/Reichmann, Oskar (Hg.): Sprachgeschichte des Neuhochdeutschen. Gegenstände, Methoden, Theorien, Tübingen: Niemeyer, S.69-101.

Herschinger, Eva 2014: Zum Verlauf des Forschungsprozesses – linear oder zirkulär? In: Angermuller/Nonhoff/Herschinger u.a. (Hg.), 628-633.

Holert, Tom 2000: Bildfähigkeiten, Visuelle Kultur, Repräsentationskritik und Politik der Sichtbarkeit, in: Holert, Tom (Hg.) 2000: Imagineering: visuelle Kultur und Politik der Sichtbarkeit, Köln: Oktagon, S. 14-33.

Holzkamp, Klaus 1973: Sinnliche Erkenntnis. Historischer Ursprung und gesellschaftliche Wahrnehmung, Frankfurt/M.: Fischer Athenäum.

Holzkamp, Klaus 1983: Grundlegung der Psychologie, Frankfurt/M.: Campus.

Holzkamp, Klaus 1993: Lernen. Subjektwissenschaftliche Grundlegung, Frankfurt/M.: Campus.

Huhnke, Brigitta 1993: Intermediale Abhängigkeiten bei der Inszenierung rassistischer Feindbilder seit Mitte der achtziger Jahre am Beispiel der Wochenzeitungen »Bild am Sonntag« und »Der Spiegel«, in: Jäger, S./Link (Hg.), S.213-266.

Iveson, Richard 2011: Zoogenesis: Thinking Encounter with Animals, London: Pavement Book.

Jadtschenko, Ekaterina/Jäger, Margarete 2011: Was, wenn sich der Kontext ändert? Die Anschläge in Norwegen zwischen islamistischem Terrorismus, Rechtsextremismus und Wahnsinn, in: Wamper/Jadtschenko/Jacobsen (Hg.), S.40-55.

Jäger, Margret 1988: Lernziel: Gewalt. Die Jugendzeitschrift Klartext, in: Jäger, S. (Hg.), S.195-219.

Jäger, Margret 1996: Fatale Effekte. Die Kritik am Patriarchat im Einwanderungsdiskurs, Duisburg: DISS, http://www.diss-duisburg.de/jaeger-margret-1996-fatale-effekte (9.2.2024).

Jäger, Margarete 2010a: Kollektivsymbol, Kollektivsymbolik, in: Jäger, S./Zimmermann (Hg.), S.70-72.

Jäger, Margarete 2010b: Nominalismus, flexibel- und proto-normalistisch, in: Jäger, S./Zimmermann (Hg.), S.87-89.

Jäger, Margret/Jäger, Siegfried 1993: Verstrickungen. Der rassistische Diskurs und seine Bedeutung für den politischen Gesamtdiskurs in der Bundesrepublik Deutschland, in: Jäger, S./Link, J. (Hg.), S.49-79.

Jäger, Margret/Cleve, Gabriele/Ruth, Ina/Jäger, Siegfried 1998: Von deutschen Einzeltätern und ausländischen Banden. Medien und Straftaten. Mit Vorschlägen zur Vermeidung diskriminierender Berichterstattung, Duisburg: DISS.

Jäger, Margret/Jäger, Siegfried 1999: Gefährliche Erbschaften. Die schleichende Restauration rechten Denkens, Berlin: Aufbau.

Jäger, Margret/Jäger, Siegfried (Hg.) 1995: Studien zu rechtsextremen und (neo-)konservativen Diskursen, Duisburg: DISS.

Jäger, Margarete/Cleve, Gabriele/Ruth, Ina/Jäger, Siegfried 2002: Leben im Stadtteil. Der öffentliche Diskurs über den Stadtteil Gelsenkirchen-Bismarck/Schalke-Nord und seine Auswirkungen auf die Bevölkerung. DISS-Forschungsbericht, Duisburg: DISS, http://www.diss-duisburg.de/wp-content/uploads/2019/12/DISS-2002-Leben-im-Brennpunkt.pdf (9.2.2024).

Jäger, Margarete/Jäger, Siegfried 2002: Ein Projekt mit Haken und Ösen. Vorwort und Danksagung, in: Jäger, M./Jäger, S. (Hg.) 2002, S.7-9.

Jäger, Margarete/Jäger, Siegfried 2007: Deutungskämpfe. Theorie und Praxis Kritischer Diskursanalyse, Wiesbaden: VS-Verlag.

Jäger, Margarete/Jäger, Siegfried 2011: Krieg ohne Ende: Afghanistan und die Medien, in: van Raden/Jäger, S. (Hg.), S.76-94.

Jäger, Margarete/Jäger, Siegfried 2012: Der Afghanistankrieg als diskursives Kampffeld, in: Riegraf, Birgit/Spreen, Dierk/Mehlmann, Sabine (Hg.): Medien – Körper – Geschlecht. Diskursivierungen von Materialiät, Bielefeld: transcript, S.235-255.

Jäger, Margarete/Wamper, Regina 2012: Die Anschläge in Norwegen in deutschsprachigen Medien. Zur Verknüpfung von Terror und Islam sowie Rechtsextremismus und Krankheit, in: Jäger M./Kauffmann (Hg.), S.126-144

Jäger, Margarete/Kroppenberg, Max/Nothardt, Benno/Wamper, Regina 2019: #120Dezibel: Frauenrechte oder Antifeminismus? Populistische Diskursstrategien der extremen Rechten und Anschlussstellen im politischen Mainstream. Düsseldorf: Forschungsinstitut für gesellschaftliche Weiterentwicklung. https://nbn-resolving.org/urn:nbn:de:0168-ssoar-68584-6

Jäger, Margret/Jäger, Siegfried/Ruth, Ina/Schulte-Holtey, Ernst/Wichert, Frank (Hg.) 1997: Biomacht und Medien. Wege in die Bio-Gesellschaft, Duisburg: DISS.

Jäger, Margarete/Jäger, Siegfried 2000: Von der Diskurs- zur Dispositivanalyse. Überlegungen zur Weiterführung eines Stadtteilprojekts. Vortrag, gehalten auf dem Workshop des DISS am 27. Mai 2000 in Freudenberg. http://www.diss-duisburg.de/2000/05/von-der-diskurs-zur-dispositivanalyse (27.4.2024).

Jäger, Margarete/Jäger, Siegfried (Hg.) 2002: Medien im Krieg. Der Anteil der Printmedien an der Erzeugung von Ohnmachts- und Zerrissenheitsgefühlen, Duisburg: DISS.

Jäger, Margarete/Kauffmann, Heiko (Hg.) 2002: Leben unter Vorbehalt. Institutioneller Rassismus in Deutschland, Duisburg: DISS.

Jäger, Margarete/Kauffmann, Heiko (Hg.) 2012: Skandal und doch normal. Impulse für eine antirassistische Praxis, Münster: Unrast.

Jäger, Margarete/Link, Jürgen (Hg.) 2006: Macht- Religion- Politik, Zur Renaissance religiöser Praktiken und Mentalitäten, Münster: Unrast (= Edition DISS Bd. 11).

Jäger, Margarete/Wamper, Regina (Hg.) 2017: Von der Willkommenskultur zur Notstandsstimmung. Der Fluchtdiskurs in deutschen Medien 2015 und 2016, http://www.diss-duisburg.de/wp-content/uploads/2017/02/DISS-2017-Von-der-Willkommenskultur-zur-Notstandsstimmung.pdf (9.2.2024).

Jäger, Siegfried 1988, 1989, 1991, 1993, 1994: Text- und Diskursanalyse. Eine Anleitung zur Analyse politischer Texte, 1. Aufl., 2. überarb. und erw. Aufl., 3. neu gestaltete Aufl., 4.+5. Aufl., Duisburg: DISS. (= DISS-Texte Nr. 7 (1. Aufl.), Nr. 16)

Jäger, Siegfried 1991: Alltäglicher Rassismus. 22 Interviews mit Bürgerinnen und Bürgern aus Deutschland, Duisburg: DISS.

Jäger, Siegfried 1992, 1996: BrandSätze. Rassismus im Alltag, 1. Aufl. 1992, 4. Aufl. 1996, Duisburg: DISS, http://www.diss-duisburg.de/Internetbibliothek/Buecher/Brandsaetze/Brandsaetze.htm (9.2.2024).

Jäger, Siegfried 1993: Der Großregulator. Analyse der BILD-Berichterstattung über den rassistisch motivierten Terror und die Fahndung nach der RAF im Sommer 1993, Duisburg: DISS.

Jäger, Siegfried 1995: Diskurstheorie und Diskursanalyse. Ein Überblick, in: Jäger, M./Jäger, S. (Hg.), S.3-16.

Jäger, Siegfried 1996: Die Wirklichkeit ist diskursiv, in: Jäger, Margarete/Wichert, Frank (Hg.): Rassismus und Biopolitik. Werkstattgespräche, Duisburg DISS, S.9-20.

Jäger, Siegfried 1997: Kulturkontakt – Kulturkonflikt, in: Jung/Wengeler/Böke (Hg.), S.71-88.

Jäger, Siegfried 1999, 2001, 2004, 2009: Kritische Diskursanalyse. Eine Einführung, 3., 4. und 5., gegenüber der 2., überarbeiteten und erweiterten Auflage von 1999, unveränderte Aufl. Münster: Unrast (= Edition DISS Bd. 3).

Jäger, Siegfried 2001: Diskurs und Wissen. Theoretische und methodische Aspekte einer Kritischen Diskurs- und Dispositivanalyse, in: Keller/Hirseland/Schneider/Viehöver (Hg.), S.81-112.

Jäger, Siegfried 2001: Dispositiv, in: Kleiner (Hg.), S.72-89.

Jäger, Siegfried 2002: Kritische Diskursanalyse in der Praxis, in: Chlada, Marvin/Dembowski, Gerd (Hg.): Das Foucaultsche Labyrinth. Eine Einführung, Aschaffenburg: Alibri, S.113-124.

Jäger, Siegfried 2006: Diskurs und Wissen. Theoretische und methodische Aspekte einer kritischen Diskurs- und Dispositivtheorie, in: Keller/Hirseland/Schneider/Viehöver (Hg.), S.83-114.

Jäger, Siegfried 2007: Diskurs als »Fluss von Wissen durch die Zeit«. Ein transdisziplinäres politisches Konzept zur Deutung gesellschaftlicher Wirklichkeit, in: Jäger, M./Jäger, S., S.15-37.

Jäger, Siegfried 2008a: (Die Rezeption Foucaults in der) Sprachwissenschaft, in: Kammler/Parr/Schneider (Hg.), S.341-346.

Jäger, Siegfried 2008b: Von der Ideologiekritik zu Foucault und Derrida. Ein (noch sehr vorläufiger) Beitrag zu einer möglichen Wende kritischer Wissenschaft, in: Jäger, S. (Hg.) 2008, S.18-37.

Jäger, Siegfried 2010a: Der öffentliche Diskurs über die Benachteiligung von Jungen. Eine kursorische Diskursanalyse unter Berücksichtigung biopolitischer Aspekte, in: De Cillia, Rudolf/Gruber, Helmut/Krzyzanowski, Michal/Menz, Florian (Hg.) 2010: Diskurs, Politik, Identität. Festschrift für Ruth Wodak, Tübingen: Stauffenberg. S.83-94.

Jäger, Siegfried 2010b: Diskursiver Kontext, in: Jäger, S./Zimmermann (Hg.), S.42 f.

Jäger, Siegfried 2010c: Strategie, Diskursstrategie, in: Jäger, S./Zimmermann (Hg.), S.115.

Jäger, Siegfried 2011a: Vollständigkeit. Interessierte Anfrage zur Kritischen Diskursanalyse, in: DISS-Journal 21, S.12-13.

Jäger, Siegfried 2011b: Auf ins Ungewisse: Jenseits von Glauben, Wissen und Wahrheit. Einige Überlegungen zu den wissenschaftlichen Grundlagen der Möglichkeiten von Kritik bei der Kritischen Diskursanalyse. Ein befragender Essay, in: DISS-Journal 21, S.9-11.

Jäger, Siegfried 2012, 2015: Kritische Diskursanalyse. Eine Einführung, 6. überarbeitete und erweiterte Auflage, 7., gegenüber der 6. unveränderte Aufl., Münster: Unrast (= Edition DISS Bd. 32).

Jäger, Siegfried (Hg.) 1988: RechtsDruck. Die Presse der Neuen Rechten, Bonn: Dietz.

Jäger, Siegfried (Hg.) 2008: Wie kritisch ist die Kritische Diskursanalyse? Ansätze zu einer Wende kritischer Wissenschaft, Münster: Unrast (Edition DISS Bd. 20).

Jäger, Siegfried/Januschek, Franz (Hg.) 1992: Der Diskurs des Rassismus, Osnabrück. OBST (Osnabrücker Beiträge zur Sprachtheorie, Heft 46).

Jäger, Siegfried/Paul, Jobst 1992: Von Menschen und Schweinen. Der Singer-Diskurs sowie einige Bemerkungen zu seiner Funktion für den Neo-Rassismus, 2. Aufl., Duisburg: DISS.

Jäger, Siegfried/Link, Jürgen (Hg.) 1993: Die vierte Gewalt. Rassismus und die Medien, Duisburg: DISS.

Jäger, Siegfried/Jäger, Margret (Hg.) 1995: Studien zu rechtsextremen und (neo-)konservativen Diskursen. DISS Forschungsbericht 1995, Duisburg: DISS.

Jäger, Siegfried/Kretschmer, Dirk/Cleve, Gabriele/Griese, Birgit/Jäger, Margret/Kellershohn, Helmut/Krueger, Coerw/Wichert, Frank 1998: Der Spuk ist nicht vorbei. Völkisch-nationalistische Ideologeme im öffentlichen Diskurs der Gegenwart, Duisburg: DISS.

Jäger, Siegfried/Jäger, Margarete 2002: Medien im Krieg. Der Anteil der Printmedien an der Erzeugung von Ohnmachts- und Zerissenheitsgefühlen, Duisburg: DISS.

Jäger, Siegfried/Jäger, Margarete 2003: Medienbild Israel. Zwischen Solidarität und Antisemitismus, Münster: Lit-Verlag.

Jäger, Siegfried/Halm, Dirk (Hg.) 2007: Mediale Barrieren. Rassismus als Integrationshindernis, Münster: Unrast (= Edition DISS Bd. 13).

Jäger, Siegfried/Zimmermann, Jens (Hg.) in Zusammenarbeit mit der Diskurswerkstatt im DISS 2010: Lexikon Kritische Diskursanalyse. Eine Werkzeugkiste, Münster: Unrast (= Edition DISS Bd. 26).

Janicaud, Dominique 1991: Rationalität und Macht, in: Ewald/Waldenfels (Hg.), S.251-276.

Januschek, Franz 1986: Arbeit an Sprache. Konzept für die Empirie einer politischen Sprachwissenschaft, Opladen: Westdeutscher Verlag.

Januschek, Franz 1991: Rechtspopulismus und NS-Anspielungen am Beispiel des österreichischen Politikers Jörg Haider, Duisburg: DISS.

Januschek, Franz 1994: J. Haider und der rechtspopulistische Diskurs in Österreich, in: Trubitsch, Gudmund (Hg.): Schlagwort Haider. Ein politisches Lexikon seiner Aussprüche von 1986 bis heute. Mit einem Essay von Franz Januschek, Wien: Falter, S. 284-335.

Januschek, Franz 2008: Kritische Diskursanalyse als Spiel, in: Jäger, S. (Hg.), S.87-107.

Januschek, Franz 2010: Armut ist (k)eine Schande, in: Tekst i Dyskurs. Text und Diskurs 3, S.83-97, auch: https://tekst-dyskurs.eu/resources/html/article/details?id=223468

Januschek, Franz 2022: »Qualitative« Diskursanalyse von Netzkommmunikation, in OBST (Osnabrücker Beiträge zur Sprachtheorie), Heft 100, S.65-83, https://doi.org/10.17192/obst.2022.100.8462 (16.1.2024).

Jarosz, Josef 2010: Weblogs – eine neue Qualität im öffentlichen Diskurs, in: Lipczuk/Schiewe/Westphal/Misiek (Hg.), S.169-186.

Johnson, Peter 2006: Unravelling Foucaults "different spaces", in: History of the Human Sciences, Vol. 19, No. 4, S.75-90.

Jung, Matthias 1996: Linguistische Diskursgeschichte, in: Böke/Jung/Wengeler (Hg.), S.453-472.

Kalchschmidt, Louis/Mayer, Anna-Maria/Nothardt, Benno/Perna, Carmen/Slat,Milan/Sydow, Christian/Topsir, Zeynep/Tugra, Ebru: Offenkundig hilft es sich leichter, wenn es um Nachbarn geht. Der Fluchtdiskurs zur Ukraine, in: DISS-Journal und kultuRRevolution, Juli 2022: Sonderheft für eine andere Zeitenwende, S.30-33, http://www.diss-duisburg.de/download/dissjournal-dl/DISS-Journal-Sonderausgabe-5.pdf. (16.1.2024).

Kaltseis, Magdalena 2022: TV-Talkshows als Propagandainstrument Russlands im Ukrainekonflikt (2014), Berlin/Boston: De Gruyter.

Kammler, Clemens 1986: Michel Foucault. Eine kritische Analyse seines Werks, Bonn: Bouvier.

Kammler, Clemens 1997: Historische Diskursanalyse (Michel Foucault), in: Bogdal (Hg.) 1997, S.32-56.

Kammler, Clemens/Parr, Rolf (Hg.) 2007: Foucault in den Kulturwissenschaften. Eine Bestandsaufnahme, Heidelberg: Synchron.

Kammler, Clemens/Parr, Rolf/Schneider, Ulrich Johannes (Hg.) 2008: Foucault Handbuch, Stuttgart: Metzler/Poeschel.

Kammler, Clemens/Parr, Rolf/Schneider, Ulrich Johannes (Hg.) 2020: Foucault Handbuch, 2. aktualisierte und erweiterte Auflage, Stuttgart: Metzler/Poeschel.

Keilani, Fatina/Kögel, Annette (8.10.2009): Umstrittene Äußerungen. Sarrazin ist nah dran und doch daneben. Tagesspiegel online: https://www.tagesspiegel.de/berlin/umstrittene-aeusserungen-sarrazin-ist-nah-dran-und-doch-daneben/1611714.html (11.7.2022).

Keller, Reiner 1997: Diskursanalyse, in: Hitzler, Roland/Honer, Anne (Hg.): Sozialwissenschaftliche Hermeneutik. Eine Einführung, Opladen: Leske + Budrich, S.309-333.

Keller, Reiner 2004: Diskursforschung. Eine Einführung für SozialwissenschaftlerInnen, Opladen: Leske + Budrich.

Keller, Reiner 2005: Wissenssoziologische Diskursanalyse. Grundlegung eines Programms, Wiesbaden: VS-Verlag.

Keller, Reiner 2008a: Diskurse und Dispositive analysieren. Die wissenssoziologische Diskursanalyse als Beitrag zu einer wissensanalytischen Profilierung der Diskursforschung, Historical Social Research, Vol. 33, No. 1, S.73-107 und Forum Qualitative Sozialforschung 8(2), Art. 19.

Keller, Reiner 2008b: Wissenssoziologische Diskursanalyse. Grundlegung eines Forschungsprogramms, 2. Aufl., Wiesbaden: VS-Verlag.

Keller, Reiner 2011: Wissenssoziologische Diskursanalyse. Grundlegung eines Forschungsprogramms, 3. Aufl., Wiesbaden: VS-Verlag.

Keller, Reiner/Hirseland, Andreas/Schneider, Werner/Viehöver, Willy (Hg.) 2001: Handbuch sozialwissenschaftliche Diskursanalyse, Band 1: Theorien und Methoden, Opladen: Leske + Budrich.

Keller, Reiner/Hirseland, Andreas/Schneider, Werner/Viehöver, Willy (Hg.) 2005: Die diskursive Konstruktion der Wirklichkeit. Zum Verhältnis von Wissenssoziologie und Diskursforschung, Konstanz : UVK.

Keller, Reiner/Hirseland, Andreas/Schneider, Werner/Viehöver, Willy (Hg.) 2006: Handbuch sozialwissenschaftliche Diskursanalyse, Band 1: Theorien und Methoden, 2., aktualisierte und erweiterte Aufl., Wiesbaden: VS-Verlag.

Keller, Reiner/Hirseland, Andreas/Schneider, Werner/Viehöver, Willy (Hg.) 2010: Handbuch sozialwissenschaftliche Diskursanalyse, Band 2: Forschungspraxis, 4. Aufl., Wiesbaden: VS Verlag.

Keller, Reiner/Hirseland, Andreas/Schneider, Werner/Viehöver, Willy (Hg.) 2008: Handbuch sozialwissenschaftliche Diskursanalyse, Band 2: Forschungspraxis, 3. Aufl., Wiesbaden: VS Verlag.

Keller, Reiner/Hirseland, Andreas/Schneider, Werner/Viehöver, Willy (Hg.) 2011: Handbuch sozialwissenschaftliche Diskursanalyse, Band 1: Theorien und Methoden, 3. akt. und erw. Aufl. Wiesbaden: VS-Verlag.

Keller, Reiner/Schneider, Werner/Schünemann, Wolf J./Viehöver, Willy (Hg.) 2021: Schwerpunkt Emotionen und Moral in Problematisierungsdiskursen, in: Zeitschrift für Diskursforschung Nr. 01/2021.

Kellershohn, Helmut 1995: Was heißt völkischer Nationalismus? in: Jäger, S./Jäger, M. (Hg.), S.92-100.

Kellershohn, Helmut 1998: Völkischer Nationalismus und seine Kernideologeme. Eine knappe Begriffsklärung, in: Jäger, S./Kretschmer/Cleve/Griese/Jäger, M./Kellershohn/Krüger/Wichert, S.26-30.

Kellershohn, Helmut/Kastrup, Wolfgang (Hg.) 2023: Der Krieg in der Ukraine. Weltordnungskrieg und »Zeitenwende«. Münster: Unrast.

Kempe, Lene 2021: Die diskursive Seite hegemonialer Ordnungen. Eine Neubestimmung des Verhältnisses von Diskurs, Macht und Hegemonie. Münster: Westfälisches Dampfboot.

Kendi, Ibram X. 2017: Stamped from the beginning. The definitive history of racist ideas in America. London: Bold Type Books.

Kirchner, Andrea/Kreischer, Sebastian/Ruth, Ina 2002: Bilder, die zum Handeln auffordern, in: Jäger, M./Jäger, S. (Hg.) 2002, S.29-71

Klass, Tobias 2008: Heterotopie, in: Kammler/Parr/Schneider (Hg.), S.263-266.

Klaus, Elisabeth 2001: Das Öffentliche im Privaten – Das Private im Öffentlichen. Ein kommunikationstheoretischer Ansatz, in: Herrmann, Friederike/Lünenborg, Margreth (Hg.): Tabubruch als Programm. Privates und Intimes in den Medien. Opladen: Leske und Budrich, S.15-35.

Klaus, Elisabeth 2006: Von der Beschränktheit unserer Öffentlichkeitstheorien im europäischen Kontext, in: Langenbucher, Wolfgang R./Latzer, Michael (Hg.): Europäische Öffentlichkeit und medialer Wandel. Eine transdisziplinäre Perspektive. Wiesbaden: VS Verlag, S.93-106.

Klaus, Elisabeth/Lünenborg, Margreth 2013: Zwischen (Post-)Feminismus und Antifeminismus. Reflexionen zu gegenwärtigen Geschlechterdiskursen in den Medien, in: Gender – Zeitschrift für Geschlecht, Kultur und Gesellschaft 5 (2), S.78-93.

Klawitter, Arne 2003: Die »fiebernde Bibliothek«. Foucaults Sprachontologie und seine diskursanalytische Konzeption moderner Literatur, Heidelberg: Synchron. (= Diskursivitäten; Bd. 8)

Kleiner, Marcus S. (Hg.) 2001: Michel Foucault. Eine Einführung, Frankfurt/M.: Campus.

Klemperer, Victor 1987: LTI. Notizbuch eines Philologen, 4. Aufl., Köln: Röderberg (zuerst 1947).

Klöppel, Ulrike 2010a: Foucaults Konzept der Problematisierungsweise und die Analyse diskursiver Transformation, in: Landwehr, Achim (Hg.): Diskursiver Wandel. Wiesbaden, S.255-263.

Klöppel, Ulrike 2010b: XX0XY ungelöst. Hermaphroditismus, Sex und Gender in der deutschen Medizin. Eine historische Studie zur Intersexualität, Bielefeld.

Kögler, Hans-Herbert 1994: Foucault, Stuttgart: Metzler.

Kögler, Hans-Herbert 2008: (Die Rezeption Foucaults in den) Naturwissenschaften, in: Kammler/Parr/Schneider (Hg.), S.428-434.

Koselleck, Reinhart 1979: Begriffsgeschichte und Sozialgeschichte, in: Koselleck, Reinhart (Hg.): Sprachen und Geschichte, Bd. 1, Stuttgart: Klett Cotta, S.19-36.

Kreft, Ursula 2001: Tiefe Risse, bedrohliche Verwerfungen. Soziale Ordnung und soziale Krise in deutschen Printmedien, in: Gerhard/Link/Schulte-Holtey (Hg.) 2001, S.127-146.

Kress, Gunter/van Leuwen, Theo 1996: Reading Images. The Grammar of Visual Design, London: Routledge.

Kuhn, Gabriel 2005: Tier-Werden, Schwarz-Werden, Frau-Werden.Eine Einführung in die politische Philosophie des Poststrukturalismus, Münster: Unrast.

Kuhn, Gabriel 2009: Vielfalt, Bewegung, Widerstand. Texte zum Anarchismus, Münster: Unrast.

kultuRRevolution/DISS-Journal 1999: Im Auge des Tornados, http://www.diss-duisburg.de/wp-content/uploads/2023/03/DISS-Journal-04-1999.pdf (16.1.2024).

kultuRRevolution/DISS-Journal 2003: Sonderheft Irak-Krieg 2003, http://www.diss-duisburg.de/wp-content/uploads/2023/03/DISS-Journal-11-2003.pdf (16.1.2024).

kultuRRevolution/DISS-Journal 2022: Für eine andere "Zeitenwende", http://www.diss-duisburg.de/wp-content/uploads/2023/03/DISS-Journal-Sonderausgabe-5.pdf (16.1.2024).

Kunert, Joachim/Montag, Astrid/Pöhlmann, Sigrid 2001: Das Galtonbrett und die Glockenkurve, in: Gerhard/Link/Schulte-Holtey (Hg.) 2001, S.25-54.

Labov, William/Fanshel, D. 1977: Therapeutic Discourse. Psychotherapy as Conversation, New York: Academic Press.

Lacan, Jacques 1966: Écrits, Paris: du Souil.

Lammert, Norbert 2011: Wahrheiten und Mehrheiten. Warum die Politik kein Vollzugsorgan wissenschaftlicher Empfehlungen sein kann, in: Süddeutsche Zeitung vom 9. Februar, S.16.

Landwehr, Achim 2008: Geschichte des Sagbaren. Einführung in die historische Diskursanalyse, 2. Aufl., Tübingen: Edition Diskord.

Langer, Antje/Nonhoff, Martin/Reisigl, Martin (Hg.) 2019: Diskursanalyse und Kritik, Wiesbaden: Springer VS.

Laugstien, Thomas 1995: Diskursanalyse, in: Haug (Hg.), Sp. 228-743.

Lemke, Thomas 1997: Eine Kritik der politischen Vernunft. Foucaults Analyse der modernen Gouvernementalität, Hamburg: Argument.

Levinson, Stephen C. 1990: Pragmatik, Tübingen: Niemeyer.

Link, Jürgen 1982: Kollektivsymbolik und Mediendiskurse. Zur aktuellen Frage, wie subjektive Aufrüstung funktioniert, in: kultuRRevolution, Nr. 1 (X. 1982), S.6-21.

Link, Jürgen 1983a: Was ist und was bringt Diskurstaktik, in: kultuRRevolution 2, S.60-66.

Link, Jürgen 1983b: Kleines Begriffslexikon: Interdiskurs, in: kultuRRevolution 2, S.66.

Link, Jürgen 1983c: Asylanten. Ein Killwort, in: kultuRRevolution 2, S.36-38.

Link, Jürgen 1984: Diskursive Rutschgefahren ins vierte Reich? Rationales Rhizom, in: kultuRRevolution 5, S.12-20.

Link, Jürgen 1985: Literaturwissenschaftliche Grundbegriffe. Eine programmierte Einführung auf strukturalistischer Basis, München: Wilhelm Fink.

Link, Jürgen 1986a: interdiskurs. Kleines Begriffslexikon, in: kultuRRevolution 11, S.71.

Link, Jürgen 1986b: Noch einmal: Diskurs, Interdiskurs, Macht, in: kultuRRevolution 11, S.4-7.

Link, Jürgen 1986c: Isotope, Isotopien. Versuch über die erste Hälfte von 1986, in: kultuRRevolution 13, S.30-46.

Link, Jürgen 1987: Ballade vom Einstieg in den Ausstieg aus unserem Atom-U-Boot, kultuRRevolution 16, S.41-43.

Link, Jürgen 1988a: Über Kollektivsymbolik im politischen Diskurs und ihren Anteil an totalitären Tendenzen, in: kultuRRevolution 17/18, S.47-53.

Link, Jürgen 1988b: Literaturanalyse als Interdiskursanalyse: Am Beispiel des Ursprungs literarischer Symbolik in der Kollektivsymbolik, in: Fohrmann, Jürgen und Müller, Harro (Hg.): Diskurstheorien und Literaturwissenschaft, Frankfurt a.M.: Suhrkamp, S.284-307.

Link, Jürgen 1990: Literaturwissenschaftliche Grundbegriffe, 4. Aufl., München: Fink.

Link, Jürgen 1992a: Normalismus. Konturen eines Konzepts, in: kultuRRevolution 27, S.50-70.

Link, Jürgen 1992b: Die Analyse der symbolischen Komponenten realer Ereignisse. Ein Beitrag der Diskurstheorie zur Analyse neorassistischer Äußerungen, in: Jäger, S./Januschek (Hg.), S.37-52.

Link, Jürgen 1995a: Diskurstheorie, in: Haug (Hg.) Sp. 744-748.

Link, Jürgen 1995b: Grenzen des flexiblen Normalismus? In: Schulte-Holtey, Ernst (Hg.) 1995: Grenzmarkierungen. Normalisierung und diskursive Ausgrenzung, Duisburg: DISS., S.24-39.

Link, Jürgen: Wie »ideologisch« war der Ideologie-Begriff von Marx? Zur verkannten Materialität der Diskurse und Subjektivitäten im Marxschen Materialismus, in: Scholz, Rüdiger und Bogdal, Klaus-Michael (Hg.): Literaturtheorie und Geschichte. Zur Diskussion materialistischer Literaturwissenschaft. Opladen: Westdeutscher Verlag. S.132-148.

Link, Jürgen 1997: Versuch über den Normalismus. Wie Normalität produziert wird, Opladen: Westdeutscher Verlag.

Link, Jürgen 1998: Von der »Macht der Norm« zum »flexiblen Normalismus«. Überlegungen nach Foucault, in: Joseph Jurt (Hg.) (1998): Zeitgenössische französische Denker. Eine Bilanz, Freiburg i. Br.: Rombach, S.251-268.

Link, Jürgen 1999a: Versuch über den Normalismus. Wie Normalität produziert wird. 2., aktualisierte und erw. Aufl., Opladen u.a.: Westdeutscher Verlag.

Link, Jürgen 1999b: Diskursive Ereignisse, Diskurse, Interdiskurse. Sieben Thesen zur Operativität der Diskursanalyse, am Beispiel des Normalismus, in: Bublitz/Bührmann/Hanke/Seier (Hg.), S.148-161.

Link, Jürgen 2000: »Diese Bilder!« Über einige Aspekte des Verhältnisses von dokumentarischen Bildmedien und Diskurs, in: Grewenig/Jäger, M. (Hg.), S.239-251.

Link, Jürgen 2001: Aspekte der Normalisierung von Subjekten. Kollektivsymbolik, Kurvenlandschaften, Infografiken, in: Gerhard/Link/Schulte-Holtey (Hg.) 2001, S.77-92.

Link, Jürgen 2002: Normal/Normalität/Normalismus, in: Barck, Karlheinz (Hg.): Ästhetische Grundbegriffe. Historisches Wörterbuch in sieben Bänden, Stuttgart/Weimar: Metzler, 2002. Bd. 4, S.538-562.

Link, Jürgen 2003a: Kulturwissenschaft, Interdiskurs, Kulturrevolution, in: kultuRRevolution 45/46, S.10-23.

Link, Jürgen 2003b: (Nicht) normale Lebensläufe, (nicht) normale Fahrten. Das Beispiel des experimentellen Romans von Sibylle Berg, in: Gerhard/Grünzweig/Link/Parr (Hg.), S.21-36.

Link, Jürgen 2005a: kultuRRevolution – ein notwendiges Konzept, in: DISS-Journal 14, S.17-18.

Link, Jürgen 2005b: Warum Diskurse nicht von personalen Subjekten »ausgehandelt« werden. Von der Diskurs- zur Interdiskurstheorie, in: Keller/ Hirseland/Schneider/ Viehöver (Hg.), S.77-100.

Link, Jürgen 2006a: Versuch über den Normalismus. Wie Normalität produziert wird, 3., ergänzte, überarbeitete und neu gestaltete Aufl., Göttingen: Vandenhoeck & Ruprecht.

Link, Jürgen 2006b: As-Soziationskrisen zwischen Kapitalismus und Normalismus und die verstärkte Attraktivität apokalyptischer Religiosität. Einige vorläufige Gesichtspunkte, in: Jäger, M./Link (Hg.), S.265-279.

Link, Jürgen 2007: Dispositiv und Interdiskurs. Mit Überlegungen zum »Dreieck« Foucault – Bordieu – Luhmann, in: Kammler/Parr (Hg.) 2007, S.219-238.

Link, Jürgen 2008: Disziplinartechnologien/Normalität/Normalisierung, in: Kammler/ Parr/Schneider (Hg.), S.242-246.

Link, Jürgen 2009: Versuch über den Normalismus. Wie Normalität produziert wird, 4. Aufl., Göttingen: Vandenhoeck & Ruprecht.

Link, Jürgen 2013a: Versuch über den Normalismus. Wie Normalität produziert wird, 5. Auflage, Göttingen: Vandenhoeck & Ruprecht.

Link, Jürgen 2013b: Normale Krisen? Normalismus und die Krise der Gegenwart, Konstanz: Konstanz University Press.

Link, Jürgen 2016: Normalismus und Antagonismus in der Postmoderne. Auch ein Beitrag zur Diagnostik der Krise, in: kultuRRevolution 70, S.7-56.

Link, Jürgen 2017: Populismus zwischen Normalisierung und Denormalisierung, in: kultuRRevolution 72, S.47-56.

Link, Jürgen 2018 (= NAP): Normalismus und Antagonismus in der Postmoderne, Göttingen: Vandenhoeck & Ruprecht.

Link, Jürgen 2020a: Für welche Krise ist »Corona« der Name? »Neue Normalität« zwischen dem Traum vom hyperflexiblen Normalismus und massiv protonormalistischen Tendenzen, in kultuRRevolution 79.

Link Jürgen 2020b: Coronas Kurven. Das Virus stellt die Frage nach der Normalität. Und nach transnormalistischen Alternativen, in: der Freitag, Ausgabe 33/2020, https://www.freitag.de/autoren/der-freitag/coronas-kurven (25.10.2021).

Link, Jürgen 2021: »Deutschland – aber normal« (AfD). Was heißt hier »aber«? in DISS-Journal 41.

Link, Jürgen 2022: Konturen des Kollektivsymbolsystems der ZeitenWende, in: kultuR-Revolution 83 (Nov. 2022), S.11-16.

Link, Jürgen/Link-Heer, Ulla 1990: Diskurs/Interdiskurs und Literaturanalyse, in: Zeitschrift für Literaturwissenschaft und Linguistik 77, S.88-99.

Link, Jürgen/Link-Heer, Ulla 1994: Kollektivsymbolik und Orientierungswissen. Das Beispiel des »Technisch-medizinischen Vehikel-Körpers« in: Der Deutschunterricht 4, S.44-55.

Link, Jürgen/Link-Heer, Ursula 2007: Kulturrevolutionäre Perspektiven in den Zeiten von Fast Knowledge, in: kultuRRevolution 2, S.20-25.

Link, Jürgen/Parr, Rolf 1997: Semiotik und Interdiskursanalyse, in: Bogdal (Hg.) 1997, S.108-133.

Link-Heer, Ursula 2000: Michel Foucault: Les mots et les choses (1966), in: Erhart, Walter/Jaumann, Herbert (Hg.): Jahrhundertbücher. Große Theorien von Freud bis Luhmann, München: Beck, S.313-334.

Lipczuk, Ryszard/Schiewe, Jürgen/Westphal, Werner/Misiek, Dorota (Hg.) 2010: Diskurslinguistik – Systemlinguistik. Theorien – Texte – Fallstudien, Hamburg: Kovac.

Lueger, Heinz-Helmut 1995: Pressesprache, 2. Aufl., Tübingen: Niemeyer.

Lünenborg, Margreth/Maier, Tanja 2017: Wir und die Anderen? Eine Analyse der Bildberichterstattung zu den Themen Flucht, Migration und Integration. Gütersloh: Verlag Bertelsmann Stiftung. Seitenzahlen beziehen sich auf die E-Book-Ausgabe.

Luutz, Wolfgang (Hg.) 1994: Das soziale Band ist zerrissen. Sprachpraktiken sozialer Desintegration, Leipzig: Universitätsverlag.

Maar, Christa/Burda, Hubert (Hg.) 2004: Iconic Turn. Die neue Macht der Bilder. Köln: DuMont.

Maas, Utz 1984: »Als der Geist der Gemeinschaft eine Sprache fand.« Sprache im Nationalsozialismus, Opladen: Westdeutscher Verlag.

Madjlessi-Roudi, Sara 2022: Ordnen und Regieren. Eine postkoloniale Diskursanalyse des Konzepts »Zivilgesellschaft« in der deutschen Entwicklungspolitik, Münster: Unrast (= Edition DISS Bd. 48).

Maingueneau, Dominique 1994: Die »französische Schule«, in: Ehlich, Konrad (Hg.): Diskursanalyse in Europa, Frankfurt/M.: Lang, S.187-195.

Marx, Karl: Das Kapital, MEW Bd. 23.

Maset, Michael 2002: Diskurs, Macht und Geschichte. Foucaults Analysetechniken und die historische Forschung, Frankfurt/M: Campus.

Mautner, Gerlinde 2009: Checks and balances: how corpus linguistics can contribute to CDA, in: Wodak/Meyer (Hg.) 2009, S.22-143.

Mayer, Anna-Maria/Nothardt, Benno/Slat, Milan/Friede, Judith/Kalchschmidt, Louis/Marx, Fabian/Sydow, Christian 2022: Eine Analyse der Beziehungen zwischen Aussagen. Am Beispiel des Fluchtdiskurses um Carola Rackete und Moria, DISS-Journal Nr. 43 (Mai 2022), S.52-56.

Mayerhauser, Torsten 2006: Diskurse Bilder. Überlegungen zur diskursiven Funktion von Bildern in polytechnologischen Dispositiven, in: Maasen, Sabine/Mayerhauser, Torsten/Renggli, Cornelia (Hg.): Bilder als Diskurse – Bilddiskurse. Göttingen: Velbrück Wissenschaft, S.71-94.

Mayring, Philipp 2002: Einführung in die qualitative Sozialforschung, 5., überarb. und neu ausgestattete Aufl., München: Beltz.

Meibauer, Jörg 2013: Hassrede. Von der Sprache zur Politik, in Meibauer, Jörg (Hg.): Hassrede/Hatespeech. Interdisziplinäre Beiträge zu einer aktuellen Diskussion. Gießen: Gießener Elektronische Bibliothek.

Meier, Stefan 2008: (Bild-)Diskurse im Netz. Konzept und Methode für eine semiotische Diskursanalyse im World Wide Web, Köln: Herbert von Halem Verlag.

Meier, Stefan 2009: Bild und Frame. Eine diskursanalytische Perspektive auf visuelle Kommunikation und deren methodische Operationalisierung, https://www.tuchemnitz.de/phil/imf/mk/online-diskurse/pdf/meier/meier_bild-frame_diskurs-analyse.pdf (25.8.2023).

Meier, Stefan 2011: Multimodalität im Diskurs. Konzept und Methode einer multimodalen Diskursanalyse, in: Keller/Hirseland/Schneider/Viehöver (Hg.), S.499-532.

Merten, Klaus 1994: Wirkungen von Kommunikation, in: Merten, Klaus/Schmidt, Siegfried J./Weischenberg, Siegfried (Hg.): Die Wirklichkeit der Medien, Opladen: Westdeutscher Verlag., S.291-328.

MEW: Marx, Karl/Engels, Friedrich: Marx-Engels-Werke, Bd. 1-46, ab 1956 hg. v. Institut für Marxismus-Leninismus beim Zentralkomitee der SED (Bd. 1-42), Institut für Geschichte der Arbeiterbewegung (Bd. 43) bzw. von der Rosa-Luxemburg-Stiftung (Bd. 44, ab 1999 Hg. für alle Bände)

Miggelbrink, Judith/Schlottmann, Antje 2009: Diskurstheoretisch orientierte Analyse von Bildern, in: Glasze, Georg/Mattissek, Annika (Hg.): Handbuch Diskurs und Raum. Theorien und Methoden für die Humangeographie sowie die sozial- und kulturwissenschaftliche Raumforschung, Bielefeld: transcript, S.181-198.

Mitchell, William J. T. 1992: The Pictorial Turn, in: ArtForum, 30. März, S.89-95.

Mitchell, William J.T. 2003: Interdisziplinarität und visuelle Kultur, in: Wolf, Herta (Hg.): Diskurse der Fotografie. Fotokritik am Ende des fotografischen Zeitalters. Band II, Frankfurt/M: Suhrkamp, S.38-50.

Moeller, Judith/Helberger, Natali 2018: Beyond the filter bubble: Concepts, myths, evidence and issues for future debates. University of Amsterdam, https://www.ivir.nl/publicaties/download/Beyond_the_filter_bubble__concepts_myths_evidence_and_issues_for_future_debates.pdf (3.2.2024).

NAP: Link, Jürgen (2018): Normalismus und Antagonismus in der Postmoderne, Göttingen: Vandenhoeck & Ruprecht.

Nascosta 2022 (im Erscheinen): Rechte Frauenbewegungen in antifeministischen Öffentlichkeiten. Eine kritische Diskursanalyse politischer Selbstinszenierungsstrategien auf der Social Media Plattform Instagram. http://www.diss-duisburg.de/online-bibliothek/bucher-im-volltext/rechtefrauenbewegung.

Needham, Joseph 1977: Wissenschaftlicher Universalismus. Über Bedeutung und Besonderheit der chinesischen Wissenschaft, Frankfurt/M.: Suhrkamp.

Neumann, Hanna/Paul, Jobst 2010: Historische Diskursanalyse, in: Jäger, S./Zimmermann (Hg.), S.64-65.

Neumeyer, Harald 2010: Methoden diskursanalytischer Ansätze, in: Nünning, Vera/Nünning, Ansgar (Hg.): Methoden der literatur- und kulturwissenschaftlichen Textanalyse. Ansätze – Grundlagen – Modellanalysen, Stuttgart: Metzler. S.177-200.

Nichols 2012: Die Neue Linke in Amerika. Politische Lehren aus Wisconsin, Ohio und Occupy, Blätter für deustche und internationale Politik 8/12, S.37-49.

Niehr, Thomas/Böke, Karin 2008: Diskursanalyse unter linguistischer Perspektive – am Beispiel des Migrationsdiskurses, in: Keller/Hirseland/Schneider/Viehhöver (Hg.) Bd 2, 359-385.

Nonhoff, Martin 2019: Diskursanalyse und/als Kritik, in: Langer/Nonhoff/Reisigl 2019, S.15-45.

Nothardt, Benno 2003: Filmisches Erzählen von (A-)Normalitäten: Die deutsche Synchronfassung der Fernsehserie »Ally McBeal«. Staatsarbeit, Uni Dortmund, http://www.diss-duisburg.de/online-bibliothek/bucher-im-volltext/allymcbeal (15.7.2023).

Parr, Rolf 2003: Vom "rasenden Stillstand" zur "Poetik der Widersprüche". Ausnahmezustände und (De-)Normalisierung bei F. C. Delius, in: Gerhard/Grünzweig/Link/Parr (Hg.), S.85-105.

Parr, Rolf/Thiele, Matthias 1998: Zwischen Exzentrik und Normalität. Re-Entry-Strukturen in Spiel und Fernsehfilmen, in: kultuRRevolution 37, S.88-94.

Parr, Rolf/Thiele, Matthias 2003: Normalize it, Sam! In: Gerhard/Grünzweig/Link/Parr (Hg.), S.37-64.

Parr, Rolf/Thiele, Matthias 2010: Link(s). Eine Bibliographie zu den Konzepten »Interdiskurs«, »Kollektivsymbolik«, und »Normalismus« sowie einigen weiteren Fluchtlinien, 2. Aufl., Heidelberg: Synchron.

Paul, Jobst 1999: »Erinnerung« als Kompetenz: Zum didaktischen Umgang mit Rassismus, Antisemitismus und Ausgrenzung, Duisburg: DISS.

Paul, Jobst 2004: Das (Tier)-Konstrukt – und die Geburt des Rassismus. Zur kulturellen Gegenwart eines vernichtenden Arguments, Münster: Unrast. (= Edition DISS Bd. 2)

Paul, Jobst 2012: Das Entwürdigende in Worte fassen. Zur kulturellen Dimension des Institutionellen Rassismus – am Beispiel des Unworts des Jahres 2011, in: DISS-Journal Nr. 23, S.54-56.

Paul, Jobst 2018: Der binäre Code. Leitfaden zur Analyse herabsetzender Texte und Aussagen, Frankfurt a.M.: Wochenschau Verlag.

Paul, Jobst 2019a: Handlungsfähigkeit zurückgewinnen. Die Rhetorik der Herabsetzung unter der Lupe der Sprachkritik, in: Demokratie gegen Menschenfeindlichkeit 1/2019 (Shrinking Spaces), S.130-139.

Paul, Jobst 2019b: Wir gegen Sie. Zu den Abgründen sprachlicher Grenzziehungen. Referat vom 16. Mai 2019, im Kunstverein Heilbronn. Aus Anlass der Bundesgartenschau 2019, http://www.diss-duisburg.de/download/onlinebibliothek/Wir-gegen-Sie-Referat.pdf (9.2.2024).

Paul, Jobst 2022: The Philosophical Animal Deconstructet. From Linguistic to Curricular Methodology, in: Hübner, Andreas/Edlich, Micha Gerrit Philipp /Moss, Maria (Hg.): Multispecies Futures. New Approaches to Teaching Human-Animal Studies, Neofelis, S.187-200. https://doi.org/10.52007/9783958084025 (28.2.2024)

Paul, Jobst 2023: Die Binarismus-Analyse als Beitrag der Sprachwissenschaft zur Frage der Rassismus/Antisemitismus-Interferenz. Problemaufriss und Lösungsansätze, Jahrbuch für Antisemitismusforschung 32, Berlin: Metropol-Verlag, S.387-416.

Pawlinski, Maria Kim Anastasia/Taner, Nuran/Walkerling, Constantin 2023: Zwischen Repression und Verständnis. Kommentaranalysen zu den Ereignissen der Silvesternacht 2022/23, in: DISS-Journal Nr. 45, Juni 2023, S.47-49, http://www.diss-duisburg.de/2023/06/zwischen-repression-und-verstaendnis (3.7.2023).

Pietzek, Christian 2010a: Genealogie, in: Jäger, S./Zimmermann (Hg.), S.57-59.

Pietzek, Christian 2010b: Positivist, fröhlicher, in: Jäger, S./Zimmermann (Hg.), S.100-101.

Pomerantz, A. 1978: Compliment Responses. Notes of the Co-operation of multiple Constraints, in: Schenkein (Hg.), S.57-102.

Rau, Jan Philipp/Stier, Sebastian: Die Echokammer-Hypothese. Fragmentierung der Öffentlichkeit und politische Polarisierung durch digitale Medien? In: Zeitschrift für vergleichende Politikwissenschaft, 2019, Vol.13 (3), S.399-417.

Reinecke, Siegfried 1992: Autosymbolik in Journalismus, Literatur und Film. Strukturalfunktionale Analysen vom Beginn der Modernisierung bis zur Gegenwart, Bochum: Franz Steiner.

Reinfeldt, Sebastian 2000: Nicht-wir und Die-da. Studien zum rechten Populismus, Wien: Braumüller.

Reisigl, Martin 2007: Nationale Rhetorik in Fest- und Gedenkreden. Eine diskursanalytische Studie zum »österreichischen Millennium» in den Jahren 1946 und 1996, Tübingen: Stauffenburg.

Reisigl, Martin/Wodak, Ruth 2001: Discourse and Discrimination. Rhetorics of Racism and Antisemitism. London u.a.: Routledge.

Rensmann, Lars 2004: Enthauptung der Medusa. Zur diskurshistorischen Rekonstruktion der Walser-Debatte im Licht politischer Psychologie, in: Brumlik, Micha/Funke, Hajo/Rensmann, Lars (Hg.): Umkämpftes Vergessen. Walser Debatte, Holocaust-Mahnmal und neuere deutsche Geschichtspolitik, 2., erweiterte Auflage. Berlin: Schiler, S.28-126.

Robin, Harry 1992: The Scientific Image: From Cave to Computer. New York: Harry N. Abrams.

Rohrbacher Stefan/Schmidt, Michael 1991: Judenbilder. Kulturgeschichte antijüdischer Mythen und antisemitischer Vorurteile. Hamburg.

Rosenbrock, Hinrich 2012: hate speech: Hass als Emotion und Strategie, in: Kemper, Andreas (Hg.): Die Maskulisten, Münster: Unrast, S.139-145.

Runkehl, Jens/Schlobinski, Peter/Siever, Torsten 1998: Sprache und Kommunikation im Internet. Überblick und Analysen, Opladen: Westdeutscher Verlag.

Ruoff, Michael 2009: Foucault-Lexikon, Entwicklung – Kernbegriffe – Zusammenhänge, 2., durchgesehene Aufl., Paderborn: Wilhelm Fink.

Saar, Martin 2007: "Genealogie als Kritik, Geschichte und Theorie des Subjekts nach Nietzsche und Foucault", Frankfurt: Campus.

Sacks, Harvey/Schlegloff, Emmanuel A./Jefferson, Gail 1978: A simplest systematics for the organization of turn-taking conversation, in: Schenkein (Hg.), S.7-55.

Sarasin, Philipp 2003: Geschichtswissenschaft und Diskursanalyse, Frankfurt/M.: Suhrkamp.

Sarrazin, Thilo 2009: Klasse statt Masse. Von der Hauptstadt der Transferleistungen zur Metropole der Eliten, in: Lettre International, Herbst 2009, S.197-201.

Schenkein, Jim (Hg.) 1978: Studies in the Organization for Conversational Interaction, New York: Academic Press.

Scherer, Carmen 2006: Korpuslinguistik, Heidelberg: Winter.

Schobert, Alfred 1998: Foucaults Werkzeugkiste. Thomas Lemke hat sie sortiert. Welche politischen Eingriffsmöglichkeiten bleiben im Liberalismus, in: Jungle World 5 vom 29. Januar, S.23.

Schößler, Franziska 2006: Literaturwissenschaft als Kulturwissenschaft, Tübingen: Narr Francke Attempto Verlag (= UTB).

Schubert, Karsten 2018: Freiheit als Kritik. Sozialphilosophie nach Foucault, Bielefeld: Transcript.

Schulte-Holtey, Ernst 2001: Über Kurvenlandschaften in Printmedien. Am Beispiel der Hamburger Wochenzeitung »Die Woche«, in: Gerhard/Link/Schulte-Holtey (Hg.) 2001, S.93-114.

Schwab-Trapp, Michael 2002: Kriegsdiskurse. Die politische Kultur des Krieges im Wandel 1991-1999, Opladen: Leske + Budrich.

Seier, Andrea 1999: Kategorien der Entzifferung; Macht und Diskurs als Analyseraster in: Bublitz/Bührmann/Hanke/Seier (Hg.), S.75-86.

Seier, Andrea 2001: Macht, in: Kleiner (Hg.), S.90-107.

Sommer, Luana: Analyse politischer Legitimationsdiskurse in Frankreich zu Militäreinsätzen in Mali (Arbeitstitel), Dissertation Justus-Liebig-Universität Gießen (im Entstehen).

Sowinski, Bernhard 1978: Deutsche Stilistik. Frankfurt/Main: Fischer-Taschenbuch.

Spain, Daphne 1992: Gendered Spaces, University of North Carolina Press.

Spitzmüller, Jürgen 2010: Wege zum Diskurs. Methodische und methodologische Überlegungen zur diskurslinguistischen Praxis, in: Lipczuk/Schiewe/Westphal/Misiek (Hg.), S.53-74.

Stegmaier, Werner 2000: Trennung durch Vernunft, in: Stegmaier (Hg.) 2000: Die politische Aktualität der jüdischen Tradition, Frankfurt a.M.: Suhrkamp, S.12-40.

Steinke, Ines 1999: Kriterien qualitativer Forschung. Ansätze zur Bewertung qualitativ-empirischer Sozialforschung, München: Juventa.

Stötzel, Georg/Wengeler, Martin 1995: Kontroverse Begriffe. Geschichte des öffentlichen Sprachgebrauchs in der Bundesrepublik Deutschland, Berlin: de Gruyter.

Teubert, Wolfgang 1999: Zum Verlust von Pluralität im politisch-gesellschaftlichen Diskurs: Das Beispiel Besitzstände, in: Kreft, Ursula/Uske, Hans/Jäger, Siegfried (Hg.): Kassensturz. Politische Hypotheken der Berliner Republik, Duisburg: DISS, S.29-48.

Theweleit, Klaus 1977/1978: Männerphantasien (2 Bde.). Reinbek bei Hamburg: Rowohlt, 1980. [Ursprünglich: Frankfurt a.M.: Roter Stern, 1977 (Bd. 1) u. 1978 (Bd. 2)].

Thiele, Matthias 2005: Flucht, Asyl und Einwanderung im Fernsehen, Konstanz: UVK Verlagsgesellschaft.

Titscher, Stefan/Wodak, Ruth/Meyer, Michael/Vetter, Eva 1998: Methoden der Textanalyse. Leitfaden und Überblick, Opladen: Westdeutscher Verlag.

Todorov, Tzvetan 1977: Theories du symbole, Paris: Ed. Du Seuil.

Tsianos, Vassilis 2010: Heterotopie, in: Jäger, S./Zimmermann (Hg.), S.63 f.

Tsianos, Vassilis/Karakayali, Serhat 2008: Das Konzept der Autonomie der Migration und das Recht auf Flucht der »kommenden Gemeinschaft«: Ein Einsatz zwischen Marx und Foucault, in: Jäger, S. (Hg.), S.110-128.

Tsomou, Margarita/Tsianos, Vassilis/Papadopolos, Dimitris 2011: Athen Metropolitane Blockade, direkte Demokratie, in: DISS-Journal 22, S.14-17.

van Dijk, Teun A. 1972: Some Aspects of Text Grammars, Paris: The Hague.

van Dijk, Teun A. (Hg.) 1985: Handbook of Discourse Analysis, 4 Bde., London: Academic Press.

van Dijk, Teun A. 1987: Communicating racism: Ethnic prejudice in thought and talk, Newbury Park, CA: Sage.

van Dijk, Teun A. 1991: Rassismus heute. Der Diskurs der Elite und seine Funktion für die Reproduktion des Rassismus, Dortmund: pad (zuerst erschienen als DISS-Texte 14).

van Dijk, Teun A. 1992: Subtiler Rassismus in westlichen Parlamenten, in: Butterwegge, Christoph/Jäger, Siegfried (Hg.): Rassismus in Europa, Köln: Bund, S.200-212.

van Dijk, Teun A. 1993: Principles of Critical Discourse Analysis, in: Discourse and Society, Vol. 4, No. 2, April, S.249-283.

van Dijk, Teun A. 2008: Discourse and Context. A sociocognitive approach, Cambridge: Cambridge University.

van Dijk, Teun A. 2007: Rassismus und die Medien in Spanien, in: Jäger, S./Halm (Hg.), S.105-149.

Van Dijk, Teun A. 2009: Society and discourse. How Context controls Text and Talk. Cambridge: Cambridge University.

van Dijk, Teun A./Kintsch, Walter 1983: Strategies of Discourse Comprehension, Orlando: Academic Press.

van Raden, Rolf/Jäger, Siegfried (Hg.) 2011: Im Griff der Medien. Krisenproduktion und Subjektivierungseffekte, Münster: Unrast (= Edition DISS Bd. 29).

Vogl, Joseph 2008: Genealogie, in: Kammler/Schneider/Parr (Hg.), S.255-258.

Wachtel, Thomas 2011a: Das Ende der Selbstverständlichkeiten. Eine neue kulturgeographische Diskursanalyse des Desertec Projekts im EUMENA-Raum anhand ausgewählter Printmedien, Berlin: Diplomarbeit.

Wachtel, Thomas 2011b: Die Sonne – neuer Rohstoff des Postkolonialismus, in: DISS-Journal 22, S.29-33.

Waldschmidt, Anne/Klein, Anne/Tamayo Korte, Miguel/Dalman-Eken, Sibel 2007: Diskurs im Alltag – Alltag im Diskurs: Ein Beitrag zu einer empirisch begründeten Methodologie sozialwissenschaftlicher Diskursforschung, FQS 8 (2), Art. 15, http://nbn-resolving.de/urn:nbn:de:0114-fqs0702156 (9.8.2012).

Wamper, Regina 2010a: Widerstand, in Jäger, S./Zimmermann (Hg.), S.127-128.

Wamper, Regina 2010b: Dekonstruktion, in: Jäger, S./Zimmermann (Hg.), S.35-36.

Wamper, Regina 2011: »Nicht rechts, nicht links, nur böse«? Die Berichterstattung hegemonialer Printmedien zu den Anschlägen in Norwegen. In Wamper/Jadtschenko/Jacobsen (Hg.), S.56-95.

Wamper, Regina/Jadtschenko, Ekaterina/Jacobsen, Marc (Hg.) 2011: »Das hat doch nichts mit uns zu tun!« Die Anschläge in Norwegen in deutschsprachigen Medien, Münster: Unrast.

Wamper, Regina 2016: Das rechte Geschlecht. Geschlechterkonstruktionen in extrem rechten Medien und deren Relevanz für völkisches Denken, http://publications.rwth-aachen.de/record/699032/files/699032.pdf (9.2.2024).

Wamper, Regina/Jäger, Margarete (Hg.) 2017: Von der Willkommenskultur zur Notstandsstimmung. Der Fluchtdiskurs in deutschen Medien 2015 und 2016, http://www.diss-duisburg.de/wp-content/uploads/2017/02/DISS-2017-Von-der-Willkommenskultur-zur-Notstandsstimmung.pdf (16.1.2024).

Warnke, Ingo 2007: Diskurslinguistik nach Foucault – Dimensionen einer Sprachwissenschaft jenseits textueller Grenzen, in: Warnke (Hg.): S.3-23.

Warnke, Ingo 2007 (Hg.): Diskurslinguistik nach Foucault. Theorie und Gegenstände, Berlin: de Gruyter (Linguistik – Impulse und Tendenzen 25).

Warnke, Ingo H./Spitzmüller, Jürgen 2008: Methoden und Methodologie der Diskurslinguistik – Grundlagen und Verfahren einer Sprachwissenschaft jenseits textueller Grenzen, in: Warnke/Spitzmüller (Hg.), S.3-54.

Warnke, Ingo H./Spitzmüller, Jürgen (Hg.) 2008: Methoden der Diskurslinguistik. Sprachwissenschaftliche Zugänge zur transtextuellen Ebene, Berlin: de Gruyter.

Weber, Max 1968: Die »Objektivität« sozialwissenschaftlicher und sozialpolitischer Erkenntnis, in: Gesammelte Aufsätze zur Wissenschaftslehre, hg. von Winkelmann, Johannes, Tübingen: Kröner (zuerst 1904).

Weber, Max 1985: Gesammelte Aufsätze zur Wissenschaftslehre, hg. von Winckelmann, Johannes, 6. Aufl., Tübingen: Mohr Siebeck UTB.

Wedekind, Lara 2017: Ein ganz normales »Bootsunglück«. Eine Ereignisanalyse, in: Wamper/Jäger, M. (Hg.), S 170-177.

Wengeler, Martin 2003: Topos und Diskurs. Begründung einer argumentationsanalytischen Methode und ihre Anwendung auf den Migrationsdiskurs (1960-1985), Tübingen: Niemeyer.

Wengeler, Martin 2007: Topos und Diskurs – Möglichkeiten und Grenzen der topologischen Analyse gesellschaftlicher Debatten, in: Warnke (Hg.), S.165-186.

Wessel, Lisa 2021: Under Pressure? »Querdenken« – Kollektivierung als Praxisproblem einer Bewegung unter Druck«. Masterarbeit in Internationale Studien/Friedens- und Konfliktforschung an der Goethe-Universität Frankfurt a.M. https://publikationen.ub.uni-frankfurt.de/frontdoor/index/index/docId/83252 (20.3.2024).

Winkler, Hartmut 2004: Diskursökonomie. Versuch über die innere Ordnung der Medien, Frankfurt/M.: Suhrkamp.

Wodak, Ruth 2009: The Discourse of Politics in Action. Politics as Usual, Palgrave: Macmillan.

Wodak, Ruth/Nowak, Peter/Pelikan, Johanna/Gruber, Helmut/de Cillia, Rudolf/Mitten, Richard 1990: »Wir sind alle unschuldige Täter.« Diskurshistorische Studien zum Nachkriegsantisemitismus, Frankfurt/M.: Suhrkamp.

Wodak, Ruth/van Dijk, Teun (Hg.) 2000: Racism at the Top. Parliamentary Discourses on Ethnic Issues in Six European States, Klagenfurt: Drava.

Wodak, Ruth/Meyer, Michael (Hg.) 2009: Methods of Critical Discourse Analysis, Second Edition, London-Thousand Oaks-New Delhi-Singapore: Sage.

Zettl, Herbert 2013: Sight Sound Motion. Applied Media Aesthetics, Belmont/California: Wadsworth/Cengage Learning.

Zettl, Herbert 2015: Sight Sound Motion. Applied Media Aesthetics, Belmont/Boston: Cengage Learning.

Zimmermann, Jens 2010: Wissenschaftstheoretische Elemente einer Kritik an der Extremismusforschung und Kritische Diskursanalyse als alternative Perspektive für eine kritische Rechtsextremismusforschung, in: Wamper, Regina/Kellershohn, Helmut/Dietzsch, Martin (Hg.): Rechte Diskurspiraterien. Strategien der Aneignung linker Codes, Symbole und Aktionsformen, Münster: Unrast, S.264-284.

12 Über die Autor*innen

Siegfried Jäger (1937-2020), Prof. Dr., lehrte Sprachwissenschaft an der Universität Duisburg und war Gründer und lange Jahre Leiter des Duisburger Instituts für Sprach- und Sozialforschung (DISS). Er veröffentlichte zahlreiche Diskursanalysen zu Rassismus und Migration, Rechtsextremismus und Krieg, vor allem auch die bisherigen Auflagen der Kritischen Diskursanalyse.

Margarete Jäger, Dr. phil, Dipl.-Oec., ist Kulturwissenschaftlerin und Leiterin des Duisburger Instituts für Sprach- und Sozialforschung (DISS). Ihre Forschungsschwerpunkte sind Studien zu Politik-, Medien- und Alltagsdiskursen, insbesondere in Bezug auf Gender, Rassismus, Migration, Rechtsextremismus und Krieg.

Regina Wamper, Dr. phil, Politikwissenschaftlerin und Mitarbeiterin des Duisburger Instituts für Sprach- und Sozialforschung (DISS). Ihre Forschungsschwerpunkte sind Diskurstheorie und diskursanalytische Studien, insbesondere in Bezug auf die extreme Rechte, Antifeminismus und Rassismus.

Benno Nothardt arbeitet im DISS ehrenamtlich in den Arbeitskreisen Migration, DISS-Journal, Edition DISS und Diskurswerkstatt mit. Außerdem betreut er Praktikant*innen, organisiert Workshops zur Einführung in die KDA und hat an zwei Diskursanalysen mitgewirkt.

Duisburger Institut für Sprach- und Sozialforschung

Seit 37 Jahren wird im DISS ein Themenspektrum bearbeitet, das in der Öffentlichkeit vielfach als unbequem und lästig angesehen wird. Doch brisante Themen wie Rassismus und Rechtsextremismus, Antisemitismus und Antizionismus, Militarisierung und Nationalismus, Sozialstaatsabbau und Ausgrenzung von Minderheiten müssen angesprochen werden, damit sie sich nicht unter der Oberfläche verbreiten können. Das DISS will einen Beitrag dazu leisten, die Konstitutionsprozesse solcher Vorgänge deutlich zu machen. Dabei geht es nicht nur um die Beschreibung von Gefährdungen, sondern auch darum, positive Potentiale innerhalb der Gesellschaft zu entdecken und zu stärken. Dazu entwickeln wir Theorie und Methode der Kritischen Diskursanalyse (KDA) ständig weiter.

Im DISS existiert eine Bibliothek und ein umfangreiches Archiv zu Publikationen der extremen Rechten, das auch von externen Wissenschaftler*innen sowie von Journalist*innen genutzt werden kann.

Daneben unterhalten wir im Unrast-Verlag (Münster) die Edition DISS, in der Monographien und Sammelbände veröffentlicht werden.

Zweimal im Jahr erscheint unsere Institutszeitung DISS-Journal, in der wir unsere Arbeitsergebnisse darstellen und Kommentare zu aktuellen politischen Ereignissen publiziert werden. Es wird Interessent*innen gegen die Erstattung einer Schutzgebühr zugeschickt und ist auf unserer Homepage verfügbar.

Das DISS ist auf finanzielle Unterstützung durch Einzelpersonen und Organisationen angewiesen, damit es seine Arbeit „gegen den Strich" fortsetzen kann. Spenden sind steuerlich absetzbar:

IBAN: DE33 3505 0000 0209 0116 67 BIC: DUISDE33XXX

DISS, Siegstraße 15, 47051 Duisburg Tel 0203-20249,
E-Mail: info@diss-duisburg.de, www.diss-duisburg.de, Blog: disskursiv.de